国际贸易：理论、政策与实践
（第二版）

周 俊 张 涛 朱冬梅 编著

苏州大学出版社

图书在版编目(CIP)数据

国际贸易:理论、政策与实践/周俊,张涛,朱冬梅编著.—2版.—苏州:苏州大学出版社,2017.12
 ISBN 978-7-5672-2343-1

Ⅰ.①国… Ⅱ.①周…②张…③朱… Ⅲ.①国际贸易-高等学校-教材 Ⅳ.①F74

中国版本图书馆 CIP 数据核字(2017)第 322997 号

国际贸易:理论、政策与实践(第二版)
周 俊 张 涛 朱冬梅 编著
责任编辑 薛华强

苏州大学出版社出版发行
(地址:苏州市十梓街1号 邮编:215006)
丹阳市兴华印刷厂印装
(地址:丹阳市胡桥镇 邮编:212313)

开本 787 mm×960 mm 1/16 印张 27.75 字数 573 千
2017 年 12 月第 2 版 2017 年 12 月第 1 次印刷
ISBN 978-7-5672-2343-1 定价:59.00 元

苏州大学版图书若有印装错误,本社负责调换
苏州大学出版社营销部 电话:0512-65225020
苏州大学出版社网址 http://www.sudapress.com

前　言

作为最早出现同时也是最重要的经济全球化形式，国际贸易在"二战"后取得了显著发展，国际贸易对全球经济体系、各国的生产活动以及人们的工作和生活正产生着日益重要的影响。国际贸易对主权国家来说是柄"双刃剑"——运用得当的话，国际贸易可以帮助贸易国实现主要的宏观经济目标；如若运用不当，国际贸易将会损害相关国家的经济安全和经济增长的稳定性。因此，主权国家的政府应当有所作为，通过制定与执行相应的贸易政策和产业政策，并通过参与国际协调等手段来实现"趋利避害"的目标，从而使得国际贸易能够更好地为本国经济和社会发展服务。

本教材阐释国际贸易模式的形成原因、贸易及贸易政策的福利效应，梳理国际贸易理论的发展脉络，总结国际贸易政策的具体类型、演变历史、最新动态及未来趋势。本教材的相关内容有助于相关专业学生扩展全球视野，掌握探究国际贸易现实问题的相关理论工具和分析手段，并更准确地评判各国政府对贸易活动的调节行为。

本教材具有以下特点：第一，系统性。在借鉴国内外同类优秀教材的基础上，全面、系统地介绍了国际贸易的基本理论和基本方法。在理论内容上力求全面、完整，在理论体系上力求严谨、科学。第二，新颖性。本书注意吸收学科最新成果、最新知识以及国际贸易发展的最新动态，对国际贸易领域的一些最新实践（包括产业内贸易、服务贸易以及低碳经济背景下的国际贸易）进行了比较翔实的阐述。

与第一版相比，本教材第二版主要做出了以下改进：第一，更新了绝大部分数据。第二，补充了国际贸易政策的最新动态，包括RCEP谈判、TPP谈判、多哈回合谈判以及"英国脱欧"，等等。第三，对第一版的结构安排和文字表述做了进一步的推敲并做了必要调整，力求内容更加科学严谨。第四，书中的"专栏"基本上引用并介绍国内外优秀期刊的成果，以增强相关内容的理论启示性。此外，为了增强教学效果，我们将向任课教师提供本书第二版的教学课件以及课后练习题的答案，欢迎老师们与我们联系，电子邮箱是 zhoujun2009@suda.edu.cn。

本教材的编著人员均在较长的时间内从事国际贸易理论课程的教学工作,积累了较为丰富的教学经验。具体分工如下:周俊负责设计总体编写框架、承担统筹定稿任务,并负责编写第一章至第十章的内容;第十一章和第十二章由张涛编写;朱冬梅老师负责编写第十三章。苏州大学出版社薛华强主任为本书的出版投入了大量心血和智慧,在此表示深深的谢意!

由于学术水平有限,本书第二版虽对第一版的内容进行了修改和完善,但文中仍难免有不足乃至错误之处,敬请读者批评指正!

编著者

2017 年 10 月

目 录

第一章 导论 …………………………………………………………… (1)
- 第一节 国际贸易的重要性 ……………………………………… (1)
- 第二节 国际贸易的主要概念 …………………………………… (15)
- 第三节 本书结构 ………………………………………………… (23)
- 关键概念 …………………………………………………………… (23)
- 内容提要 …………………………………………………………… (24)
- 复习思考题 ………………………………………………………… (24)

第一篇 国际贸易理论篇 ………………………………………… (27)

第二章 古典国际贸易理论 …………………………………………… (29)
- 第一节 绝对优势理论 …………………………………………… (29)
- 第二节 比较优势理论 …………………………………………… (32)
- 第三节 相互需求理论 …………………………………………… (41)
- 关键概念 …………………………………………………………… (43)
- 内容提要 …………………………………………………………… (43)
- 复习思考题 ………………………………………………………… (44)

第三章 新古典国际贸易理论 ………………………………………… (46)
- 第一节 国际供求理论与提供曲线 ……………………………… (47)
- 第二节 要素禀赋论 ……………………………………………… (50)
- 第三节 特定要素模型 …………………………………………… (63)
- 关键概念 …………………………………………………………… (65)
- 内容提要 …………………………………………………………… (65)
- 复习思考题 ………………………………………………………… (66)

第四章 新贸易理论 …………………………………………………… (68)
- 第一节 新生产要素理论 ………………………………………… (68)
- 第二节 产品生命周期理论 ……………………………………… (70)

第三节　偏好相似理论 …………………………………………… (75)
　　第四节　规模经济理论 …………………………………………… (76)
　　第五节　国家竞争优势理论 ……………………………………… (80)
　　关键概念 …………………………………………………………… (88)
　　内容提要 …………………………………………………………… (89)
　　复习思考题 ………………………………………………………… (89)

第五章　保护贸易理论 ………………………………………………… (91)
　　第一节　重商主义思想 …………………………………………… (91)
　　第二节　幼稚产业保护理论 ……………………………………… (95)
　　第三节　凯恩斯主义的超保护贸易思想 ………………………… (104)
　　第四节　"中心—外围"理论 ……………………………………… (107)
　　第五节　战略性贸易政策理论 …………………………………… (111)
　　第六节　贸易保护的政治经济学分析 …………………………… (117)
　　第七节　支持保护贸易的其他论点 ……………………………… (120)
　　关键概念 …………………………………………………………… (128)
　　内容提要 …………………………………………………………… (129)
　　复习思考题 ………………………………………………………… (129)

第二篇　国际贸易政策篇 ……………………………………………… (132)

第六章　贸易政策的类型 ……………………………………………… (133)
　　第一节　限制进口的政策 ………………………………………… (133)
　　第二节　鼓励进口的政策 ………………………………………… (157)
　　第三节　限制出口的政策 ………………………………………… (159)
　　第四节　鼓励出口的政策 ………………………………………… (163)
　　关键概念 …………………………………………………………… (172)
　　内容提要 …………………………………………………………… (173)
　　复习思考题 ………………………………………………………… (174)

第七章　发达国家的贸易政策 ………………………………………… (176)
　　第一节　发达国家贸易政策的历史演变 ………………………… (177)
　　第二节　部分发达国家的贸易政策 ……………………………… (182)
　　关键概念 …………………………………………………………… (197)

内容提要……………………………………………………………(197)
　　复习思考题…………………………………………………………(197)

第八章　发展中国家的贸易政策……………………………………(199)
　　第一节　发展中国家的贸易政策类型……………………………(199)
　　第二节　发展中国家面临的主要贸易难题………………………(206)
　　第三节　中国的贸易政策…………………………………………(207)
　　关键概念……………………………………………………………(214)
　　内容提要……………………………………………………………(214)
　　复习思考题…………………………………………………………(215)

第九章　多边贸易体制………………………………………………(216)
　　第一节　关税与贸易总协定………………………………………(216)
　　第二节　世界贸易组织……………………………………………(223)
　　第三节　中国与世界贸易组织……………………………………(244)
　　关键概念……………………………………………………………(250)
　　内容提要……………………………………………………………(250)
　　复习思考题…………………………………………………………(251)

第十章　区域经济一体化……………………………………………(252)
　　第一节　定义、分类、动因及最新发展…………………………(253)
　　第二节　区域经济一体化的相关理论……………………………(258)
　　第三节　主要的区域经济一体化实践……………………………(264)
　　关键概念……………………………………………………………(282)
　　内容提要……………………………………………………………(282)
　　复习思考题…………………………………………………………(283)

第三篇　国际贸易专题篇……………………………………………(285)

第十一章　产业内贸易………………………………………………(286)
　　第一节　产业内贸易概述…………………………………………(286)
　　第二节　产业内贸易的理论发展…………………………………(291)
　　第三节　产业内贸易程度的度量…………………………………(304)
　　第四节　产业内贸易的影响因素及经济效应……………………(306)

第五节　我国产业内贸易现状及对策…………………………………(314)
　　关键概念………………………………………………………………(322)
　　内容提要………………………………………………………………(322)
　　复习思考题……………………………………………………………(323)

第十二章　服务贸易………………………………………………………(324)
　　第一节　国际服务贸易概述…………………………………………(324)
　　第二节　国际服务贸易的产生及发展………………………………(336)
　　第三节　《服务贸易总协定》的基本内容……………………………(344)
　　第四节　中国服务业的对外开放及发展……………………………(366)
　　第五节　美国服务贸易发展现状及其对我国的启示………………(377)
　　关键概念………………………………………………………………(385)
　　内容提要………………………………………………………………(386)
　　复习思考题……………………………………………………………(387)

第十三章　低碳经济背景下的国际贸易…………………………………(389)
　　第一节　低碳经济概述………………………………………………(390)
　　第二节　低碳经济背景下我国外贸发展面临的问题及应对………(398)
　　第三节　低碳经济对我国贸易结构的影响…………………………(404)
　　第四节　国外发展低碳经济的政策措施及其启示…………………(408)
　　第五节　以低碳经济理念促进我国对外贸易可持续发展…………(416)
　　关键概念………………………………………………………………(425)
　　内容提要………………………………………………………………(425)
　　复习思考题……………………………………………………………(426)

主要参考文献………………………………………………………………(427)

第一章 导　论

随着科学技术的不断进步和民族国家的日益开放,经济全球化进程在不断推进。作为最早出现同时也是最重要的经济全球化形式,国际贸易在"二战"后取得了显著发展。从1945年到今天,国际贸易额迅速增长,增长速度超过以往任何时期,商品贸易额增长率超过商品产出增长率,服务贸易更是异军突起。国际贸易的快速增长态势导致世界各国对国际贸易的依赖程度明显增加,贸易依存度不断提升。国际贸易正对全球经济体系、各国的生产活动以及人们的工作和生活产生着日益重要的影响。本书认为,国际贸易对主权国家来说是柄"双刃剑"——运用得当的话,国际贸易可以帮助各国实现主要的宏观经济目标;如若运用不当,国际贸易将会损害各国的经济安全和经济增长的稳定性。各国政府在面对国际贸易这把"双刃剑"时应该有所作为,通过制定贸易政策、产业政策和参与国际贸易政策协调,各国完全有可能做到趋利避害。由于国际贸易的开展背景、产生机理和经济后果与国内贸易存在比较明显的差异,因此,探寻国际贸易的特殊规律对于世界各国更好地利用国际贸易来实现国民经济目标具有十分重要的意义。

本章是本书的导论部分。首先介绍国际贸易的发展现状,然后论述学习本课程的必要性,接着说明本书的主要概念,最后阐述本书的内容框架。

第一节　国际贸易的重要性

一、国际贸易的发展现状

(一) 国际贸易额迅猛增长

1. 商品贸易额增长较快

根据《国际贸易统计2010》,如果将2000年的世界商品出口额指数定为100,那么,1950年的指数为1,2009年的指数则为194,59年间世界商品出口额增长了约193倍,同期世界各国GDP之和只增长了7.07倍。1950—2009年,世界商品出口年均环比增长率为9.34%。其中,1970—1979、1980—1985、1985—1990、1990—1995、1995—2000、2000—2005等时间段的商品贸易额年均增长率分别为5.0%、2.1%、5.8%、6.5%、

7.0%、4.5%,均高于同期商品产出的增长速度(表1-1)。2008年金融危机以来,世界商品贸易额一度萎缩,但商品贸易增速超过产出增速的长期趋势并没有发生改变。

表1-1　1970—2005年世界商品产出和贸易的年均增长率(%)

	1970—1979	1980—1985	1985—1990	1990—1995	1995—2000	2000—2005
商品产出	4.0	1.7	3.0	2.0	4.0	2.0
商品出口	5.0	2.1	5.8	6.5	7.0	4.5

资料来源:丹尼斯·R.阿普尔亚德等.国际经济学(国际贸易分册)[M].北京:机械工业出版社,2008.

2. 服务贸易额增加迅速,结构亦发生了深刻的变化

1970—2013年间,全球服务贸易出口从710亿美元扩大到47 202亿美元,增长了65.48倍,年均环比增长率为10.25%,远远高于同期的产出增长率,与同期商品贸易出口增长率基本持平。服务贸易总额占世界贸易额的比例在过去的几十年中大体稳定,维持在17%至21%的区间。从表1-2可以看出,国际服务贸易在保持长期高速增长态势的同时,亦表现出一定的短期波动特征。1995—2013年间,因受全球经济衰退的影响,世界服务贸易总额三次出现年增速在1%以下的情况,其中2008年爆发的金融危机对服务贸易的冲击最大,2009年全球服务贸易总额下降了9.92%。

表1-2　1995—2013年世界服务贸易额及其增长率

年份	服务贸易额(亿美元)			服务贸易增长率(%)		
	出口	进口	总额	出口	进口	总额
1995	12 222	12 409	24 631	11.35	11.87	11.61
1996	13 173	13 156	26 329	7.22	5.68	6.45
1997	13 726	13 512	27 238	4.03	2.63	3.34
1998	13 900	13 544	27 444	1.25	0.24	0.75
1999	14 356	14 308	28 664	3.18	5.34	4.26
2000	15 220	15 194	30 414	5.68	5.83	5.75
2001	15 251	15 378	30 629	0.20	1.20	0.70
2002	16 341	16 231	32 572	6.67	5.26	5.97
2003	18 966	18 627	37 593	13.84	12.86	13.36
2004	23 024	22 287	45 311	17.63	16.42	17.03

续表

年份	服务贸易额(亿美元)			服务贸易增长率(%)		
	出口	进口	总额	出口	进口	总额
2005	25 732	24 724	50 456	10.52	9.86	10.20
2006	29 087	27 580	56 667	11.53	10.36	10.96
2007	34 902	32 814	67 716	16.66	15.95	16.32
2008	39 162	37 545	76 707	10.88	12.60	11.72
2009	35 556	34 230	69 786	−10.14	−9.68	−9.92
2010	38 963	37 393	76 356	8.74	8.46	8.60
2011	43 729	41 806	85 535	10.90	10.56	10.73
2012	44 738	42 927	87 665	2.26	2.61	2.43
2013	47 202	44 992	92 194	5.22	4.59	4.91

资料来源：http://stat.wto.org。

20世纪90年代以来，世界服务贸易的构成发生了重要变化。其中，旅游业发展迅速，已经成为国际服务贸易的第一大产业。2016年旅游服务贸易出口额达到11 736亿美元，占服务贸易出口额的比例达到24.28%；运输贸易的地位退居第二，2016年的出口额为8 334亿美元，占比17.24%；政府服务出口所占比例则从2005年的2.03%下降到2016年的1.33%。随着科技和信息技术的不断发展，新兴服务贸易发展比较迅速。增长最快的是通信、计算机和信息服务，其出口额增速是其他服务贸易出口平均增速的2倍以上，占比从2005年的4.70%骤增至2016年的9.96%，已成为仅次于旅游和运输贸易的第三大服务贸易行业。此外，金融服务、知识产权使用服务等新兴服务贸易的增长也很快，2016年这两者占全球服务贸易出口额的比例分别高达8.49%和6.48%。以上变化说明世界服务贸易的结构正进一步朝着技术、知识密集型方向发展。

（二）绝大多数国家的贸易依存度呈现上升趋势

几乎对所有国家和每一类国家来说，国际贸易的相对重要性正在不断提高。部分发达国家和发展中国家1970年、2005年以及2016年的出口依存度（表1-3）可以充分揭示这一特点。从1970年至2016年，主要发达国家的出口依存度呈现上升的长期趋势，即便是美国这个全球最大的经济体，出口在其经济增长中的贡献也在增加，出口依存度从1970年的6%上升至2005年的10%，2016年进一步增至16%，这说明美国与他国的贸易联系在逐步强化。1970—2005年期间，大部分发展中国家的出口依存度增加得更快。例如：中国的出口依存度从3%上升至35%，印度从4%增至20%，而新加坡则从102%提高到226%。中国、印度和阿根廷等发展中国家的出口依存度虽然在

2005—2016年间有所下降,但这不能改变其出口依存度在过去四五十年间快速提升的趋势。表1-4提供了更直接的证据。从1990年到2016年,世界各国的平均出口依存度从19%增至29%,平均进口依存度从20%增加到29%,平均贸易依存度则从39%上升到58%。

表1-3 一些国家和国家集团1970年、2005年以及2016年的出口依存度(%)
(产品和非生产要素服务出口占GDP的比例)

国家和国家集团	1970年	2005年	2016年
发达国家			
美国	6	10	13
英国	23	25	28
日本	11	14	18
德国	NA	38	46
意大利	16	25	30
加拿大	23	37	31
法国	16	26	29
发展中国家			
中国	3	35	20
阿根廷	9	23	13
印度	4	20	19
俄罗斯	NA	35	26
墨西哥	6	27	38
新加坡	102	226	172

资料来源:1970年数据来自丹尼斯·R.阿普尔亚德等.国际经济学(国际贸易分册)[M].北京:机械工业出版社,2008.2005年及2016年数据来自世界银行"世界发展指标"。

表1-4 1990—2016年间部分年份的全球各国平均贸易依存度

年份	1990	2000	2010	2016
商品和服务出口额占GDP的比例(%)	19	26	29	29
商品和服务进口额占GDP的比例(%)	20	25	28	29
平均的贸易依存度(%)	39	51	57	58

资料来源:世界综合贸易解决方案(WITS)。

（三）发展中经济体与发达经济体在商品贸易规模上的差距有所缩小

近年来，发展中经济体的商品贸易规模增速较快，排名有所上升。2009年，商品出口额前15名的国家（地区）中，有9个属于发达国家，6个来自发展中国家（地区）；前10名中仅有2个（中国大陆和韩国）属于发展中经济体，其余8个都是发达国家。虽然作为发展中经济体最大代表的中国大陆的商品出口额在2009年首次跃居全球第一，但第二至第八名的位置分别被德国、美国、日本、荷兰、法国、意大利和比利时等国占据（表1-5）。2015年，商品出口额前15名的国家中发展中国家虽然仍只有6个，但前10名中发展中经济体的席位增至3个。中国的商品出口额保持着第一名的地位，并且扩大了对第二、第三名的领先优势。韩国的排名由第九上升至第五，中国香港则由第十一名上升到第六名。

表1-5　2009、2015年排名前十五位的国家或地区的商品出口额（亿美元）

	2009			2015	
排名	经济体	商品出口额	排名	经济体	商品出口额
1	中国大陆	12 016	1	中国大陆	22 819
2	德国	11 278	2	美国	15 039
3	美国	10 567	3	德国	13 285
4	日本	5 807	4	日本	6 249
5	法国	4 641	5	韩国	5 269
6	荷兰	4 315	6	中国香港	5 105
7	意大利	4 065	7	法国	4 939
8	比利时	3 709	8	荷兰	4 738
9	韩国	3 635	9	英国	4 663
10	英国	3 596	10	意大利	4 570
11	中国香港	3 294	11	加拿大	4 088
12	加拿大	3 152	12	比利时	3 977
13	俄罗斯	3 018	13	墨西哥	3 806
14	新加坡	2 698	14	新加坡	3 466
15	墨西哥	2 297	15	俄罗斯	3 439

资料来源：世界综合贸易解决方案（WITS）。

图 1-1 展现了工业七国和金砖国家的商品出口额占全球比例的变化情况。作为发达经济体的代表,工业七国(美国、德国、日本、法国、英国、意大利和加拿大)的出口份额从 1995 年的 53.2% 下降为 2015 年的 34.0%,下降了 19.2 个百分点;同期,作为发展中经济体代表的金砖国家(中国、印度、俄罗斯、巴西和南非)的出口份额从 7.3% 上升到 20.3%,提高了 13 个百分点。

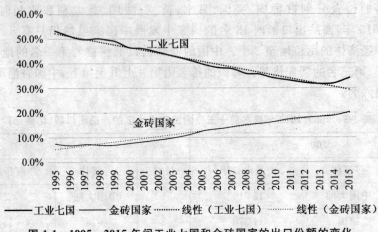

图 1-1　1995—2015 年间工业七国和金砖国家的出口份额的变化

资料来源:根据世界综合贸易解决方案(WITS)的数据整理而得。

(四)在服务贸易领域,发展中经济体与发达经济体的差距仍很明显

表 1-6 呈现了 2009 年和 2016 年排名前十五位的国家或地区的服务贸易出口额。2009 年服务贸易出口额前十五强中,有 11 个属于发达国家,仅有 4 个发展中经济体——中国大陆(第五)、新加坡(第十一)、印度(第十二)和中国香港(第十三)进入前 15 名。美国是服务贸易第一强国,其服务贸易出口额几十年来持续高居全球首位,2009 年的出口额为 4 739 亿美元,占全世界服务贸易出口总额的 14.36%,且美国在服务贸易项目上一直存在着巨额贸易顺差。紧随美国的是英国、德国和法国,它们 2009 年的服务贸易出口额分别为 2 333 亿美元、2 266 亿美元和 1 425 亿美元(表 1-6)。发达国家中服务贸易出口额前十名的国家在 2009 年的服务贸易出口额之和高达 16 920 亿美元,占全球服务贸易出口总额的 51.28%。2016 年,印度和新加坡跻身全球服务贸易出口额前十强,发展中经济体在前十强中的席位增加到了 3 个;但是,发展中经济体列在前十五名中的数量没有增加,仍然只有 4 个,且出口额最高的前十个发达国家的出口份额之和仍高达 50.25%。2009—2016 年间,作为服务贸易出口规模最大的发展中经济体,中国与出口额最高的发达国家美国之间的差距没有明显缩小。2009 年中国服务贸易出口额占美国服务贸易出口额的 27.13%,2016 年该比例仍只有 27.77%。

发展中经济体与发达国家的差距不仅体现在贸易规模上,还体现在贸易差额的性质以及贸易结构上。从贸易差额来看,总体而言,发达国家对发展中经济体保持贸易顺差,并且美国是服务贸易顺差最高的国家,其 2016 年的顺差高达 2 494 亿美元;相反,服务贸易规模最大的发展中经济体中国 2016 年的贸易逆差高达 2 445 亿美元。从贸易结构来看,发展中经济体的服务贸易主要集中在传统服务业(如交通、旅游和劳动密集型产业如建筑业);相反,发达经济体具有优势的领域则集中在现代服务业(如保险、金融服务、专有权利使用和特许及文化贸易)。

表 1-6　2009 年、2016 年年排名前十五位的国家或地区的服务贸易出口额(亿美元)

2009 年			2016 年		
排名	经济体	服务出口额	排名	经济体	服务出口额
1	美国	4 739	1	美国	7 524
2	英国	2 333	2	英国	3 272
3	德国	2 266	3	德国	2 727
4	法国	1 425	4	法国	2 367
5	中国大陆	1 286	5	中国大陆	2 085
6	日本	1 259	6	荷兰	1 798
7	西班牙	1 221	7	日本	1 738
8	意大利	1 012	8	印度	1 618
9	爱尔兰	967	9	新加坡	1 496
10	荷兰	909	10	爱尔兰	1 467
11	新加坡	878	11	西班牙	1 271
12	印度	874	12	比利时	1 110
13	中国香港	863	13	意大利	1 014
14	比利时	788	14	中国香港	984
15	荷兰	688	15	卢森堡	945

资料来源:国际贸易中心的官方网站。

(五)"北北贸易"成为国际贸易的重要部分

要素禀赋论认为,国家间的要素禀赋差异是国际贸易的重要原因,据此,国际贸易应主要发生在发达国家(资本丰裕国)与发展中国家(劳动丰裕国)之间(即"南北贸易")。20 世纪 50 年代之前的国际贸易的确绝大部分属于"南北贸易"。但是 20 世纪 60 年代后,发达国家之间的贸易(即"北北贸易")在国际贸易中所占的比率逐步上升,成为国际贸易的重要部分。如表 1-7 所示,2000 年,工业七国(G7)相互间的出口额占其出口总额的平均比例、相互间的进口额占其进口总额的平均比例分别为48%、43%，与其对外贸易额占全球比例相当。2015年，工业七国相互间的出口额占其出口总额的平均比例、相互间的进口额占其进口总额的平均比例虽然分别降为38%、35%，但仍与其对外贸易额占全球的比例大体相同。与20世纪50年代之前"北北贸易"可忽略不计的状况相比，近几十年"北北贸易"的比例上升较为显著。

表1-7　2000年工业化国家之间的贸易额占其贸易总额的比例(%)

国　家	2000年		2015年	
	出口到工业化国家的比例	从工业化国家进口的比例	出口到工业化国家的比例	从工业化国家进口的比例
美　国	44	43	33	31
英　国	45	40	36	38
加拿大	92	82	83	74
日　本	41	26	27	17
德　国	41	33	33	23
意大利	47	42	39	33
法　国	45	50	40	40
全部工业化国家	48	43	38	33

资料来源：根据联合国商品贸易数据库的数据计算。

（六）区域性自由贸易迅速发展

"二战"后，随着国际竞争程度的日益加剧，世界主要贸易国为保持其在全球市场上的竞争力，不断寻求与其他国家的联合，通过优惠贸易安排、自由贸易区、关税同盟、共同市场等不同方式，组建区域贸易集团，实现区域内贸易的自由化。进入20世纪90年代早期，区域经济一体化组织的数量迅速增加，合作的广度和深度不断推进。自世界贸易组织成立至2017年4月28日，各成员方通报给世界贸易组织的区域贸易协定（涉及商品贸易或服务贸易）累计超过400件，是1948—1994年40多年时间内各缔约方向GATT通报的区域贸易协定累计数目的3倍多。

从全球范围来看，各区域一体化集团的区域内部贸易占全球贸易额的比例已超过50%。2001—2009年，欧盟内部成员间的出口额占全部出口额的比例处于66.7%至68.8%之间，内部成员间的进口额占进口总额的比例处于63.4%至67.1%之间。同一期间，北美自由贸易区成员间的出口额占全部出口额的比例在50%上下波动，绝大部分年份超过50%；而内部成员间的进口额占其进口总额的比例介于30%～40%（表1-8）。

表 1-8 部分区域经济一体化组织的内部贸易所占比例(%)

区域一体化组织	比例	2000年	2001年	2002年	2003年	2004年	2005年	2006年	2007年	2008年	2009年
欧盟	内部出口的比例	68.0	67.9	68.0	68.8	68.5	67.8	68.3	68.3	67.4	66.7
欧盟	内部进口的比例	64.5	65.6	66.8	67.1	66.8	65.2	64.9	65.0	63.4	64.6
北美自由贸易区	内部出口的比例	55.6	55.1	56.1	55.9	56.0	55.9	54.2	51.6	49.7	47.9
北美自由贸易区	内部进口的比例	39.7	39.7	38.6	37.1	35.6	34.6	34.0	33.9	33.2	32.9
东盟	内部出口的比例	22.9	22.3	22.7	24.7	24.9	25.2	24.9	25.2	25.5	24.8
东盟	内部进口的比例	22.7	22.2	23.0	24.5	24.4	25.1	25.3	25.1	24.4	24.7

(七) 产业内贸易取代产业间贸易成为主要的贸易模式

"二战"后,国际分工的主要形式由原来的产业间、垂直型分工转变为产业内、水平型分工,这使得国际贸易的发展由产业间贸易向产业内贸易转变,各国之间同类产品的进出口双向流动加速,促使产业内贸易得到了迅速发展。据世界贸易组织(WTO)的统计,2004年北美自由贸易区(NAFTA)贸易总额的88%属于产业内贸易,东亚也已经达到72%。1970—1999年间,工业化国家的产业内贸易指数平均值由56.8%上升到85.5%,而发展中国家的相应指标从22.3%激增至82.5%(表1-9)。今天,产业内贸易在各个方面的重要影响已经不容忽视,它对产业技术水平的提高、产业结构的升级、资源配置效率以及企业经营效率的提高发挥着至关重要的作用。

表 1-9 部分国家制造业部门的产业内贸易指数(%)

工业化国家	1970年	1987年	1999年	发展中国家	1970年	1987年	1999年
美国	55.1	61.0	81.1	印度	22.3	37.0	88.0
日本	32.8	28.0	62.3	巴西	19.1	45.5	78.8
德国	59.7	66.4	85.4	墨西哥	29.7	54.6	97.3
法国	78.1	83.8	97.7	土耳其	16.5	36.3	82.2
英国	64.3	80.0	91.9	泰国	5.2	30.2	94.8

续表

工业化国家	1970年	1987年	1999年	发展中国家	1970年	1987年	1999年
意大利	61.0	63.3	86.0	韩　国	19.4	42.2	73.3
加拿大	62.4	71.6	92.8	阿根廷	22.1	36.4	48.7
西班牙	41.2	67.4	86.7	新加坡	44.2	71.8	96.8
平　均	56.8	65.3	85.5	平　均	22.3	44.3	82.5

数据来源：转自海闻，P.林德特，王新奎.国际贸易[M].上海：上海人民出版社，2003.

(八) 低碳经济发展模式要求贸易变革

2009年哥本哈根大会之后，低碳已然成为全球最大的共同话题，关于低碳和气候变化的议题几乎人人皆知。发展低碳经济是全球经济继工业革命和信息革命之后的又一次系统变革，被视为推动全球经济复苏的新动力源泉。低碳经济将逐步成为全球意识形态和国际主流价值观，低碳经济正以其独特的优势和巨大的市场成为世界经济发展的热点。发展"低碳经济"已成为世界各国的共识，倡导低碳消费也已成为各国居民新的生活方式。为了发展低碳经济，各国政府和企业采取了或正在尝试采取某些措施，对国际贸易产生直接影响的措施包括：(1) 争推"碳标签"。法国的环境与能源管理部门出台相关政策，规定从2011年1月1日开始，在法国境内销售的消费品，将强制性要求披露产品环境信息。目前，法国某些大型零售商已经着手对其产品进行碳指标标识工作。无独有偶，日本农林水产省也决定，从2011年4月开始实施农产品碳标签制度。(2) 企业打造绿色供应链。包括联合利华、屈臣氏、戴尔、苹果、可口可乐、耐克、英国石油公司等在内的世界1 000多家顶级买家已接受低碳理念，致力于打造绿色供应链。世界零售巨头沃尔玛要求10万家供应商必须完成碳足迹验证，瑞典家具巨头宜家要求供应商贴上碳标签。非低碳产品或缺少"碳标签"的产品将无法进入这些跨国公司的采购系统。(3) 征收"碳关税"。2009年6月，美国国会众议院通过《2009清洁能源安全法案》，提议授权从2020年起对不实施碳减排的国家征收惩罚性的"碳关税"。同年11月，法国政府提出，从2010年1月1日开始对环保立法不及欧盟严格的发展中国家的进口品征收碳关税。欧盟于2011年5月13日向世界宣布了欧盟排放交易体系(European union Emission Trading Scheme，简称EUETS)的"霸王条款"，要求从2012年1月起将航空业正式纳入欧盟的碳排放交易机制。届时，所有在欧盟境内飞行的2 000多家外国航空公司的碳排放量都将受到限制，超额排放必须掏钱购买。据估计，欧盟此举将令国际航空业每年增加34亿欧元成本。(4) 构建碳交易体系。碳交易是为促进全球温室气体减排，减少全球二氧化碳排放所采用的市场机制。碳交易机制是规范国际碳交易市场的一种制度。《京都议定书》规定的三种碳交易机制包括清洁发展机制(CDM)、排放贸易(ET)和联合履约(JI)。

低碳经济将对国际贸易造成巨大的冲击,主要表现在以下三个方面:(1)对发展中国家和发达国家产生非对称的影响,对于单位 GDP 能耗较高的发展中国家来说,其对外贸易将受到更大的冲击;(2)催生低碳技术领域的国际贸易;(3)促进各国国内碳交易市场体系的健全和国际化。

二、国际贸易对各国国民经济的影响

(一)积极作用

国际贸易对国民经济增长的促进机制可以归结为以下几个方面。

1. 促进分工进而推动生产率的增长

亚当·斯密认为,分工的发展是促进生产率长期增长的主要因素,而分工的程度则受到市场范围的强烈约束;对外贸易是市场范围扩展的显著标志,因而必然能够促进分工的深化和生产率的提高,加速经济增长。

2. 为闲置产品或资源提供出路

亚当·斯密指出,一国在开展对外贸易之前处于不均衡状态,存在闲置资源或剩余产品;对外贸易为本国的剩余产品提供了"出路";由于出口的是"剩余物"或由闲置资源生产的产品,出口所带来的收益或由此而增加的进口也没有机会成本,因而必然促进该国经济的增长。加拿大学者因尼斯(H. Innis)结合加拿大的实际情况于20世纪30年代提出了与亚当·斯密相类似的观点。他认为,大宗商品的供给,即原材料或自然资源密集型产品的供给是无限的,这些产品的开发和新发现,常常导致大量的国内剩余,通过扩大对外贸易,便可解决剩余问题,减少国内资源的闲置,增加国民收入和消费,提高储蓄和投资,从而带动整个经济的增长。迈因特运用"剩余出路论"揭示了贸易对发展中国家的作用。他指出,发展中国家普遍存在大量剩余劳动力,可以以很低的甚至零成本扩大生产能力出口剩余产品,换回国内需要的进口品,提高消费水平,促进经济增长;对外贸易不仅能够改善一国的资源配置,而且能够促进其闲置资源的充分利用,为剩余产品提供出路,同时提高生产和消费水平,促进经济增长。刘易斯(W. Arthur Lewis)于1954年提出了二元经济模型,把发展中国家的经济划分为低效率的农业(即传统部门)和现代化的工业(即现代工业部门)。他认为,如果现代工业部门生产的是出口产品,通过扩大现代工业部门的出口,有助于扩大现代工业部门产品的市场和需求,增加现代工业部门的就业,使传统农业部门的"无限"剩余劳动力转移到现代工业部门,从而增加工业部门的利润和资本积累,促进经济增长。

3. 国际贸易是增长的引擎

最早提出"增长引擎论"的是英国经济学家 D. H. 罗伯特逊(D. H. Robertson)。他于1938年在《国际贸易的未来》一文中提出了"国际贸易是经济增长的发动机"的著名论断,认为国际贸易是一个国家经济增长的动力源,通过对外贸易特别是出口,可以拉动本国经济不断增长。20世纪50年代,美籍爱沙尼亚裔学者罗格纳·纳克斯(Ragnar

Nurkse)对其做了进一步的补充和发展。他主要根据英国及新移民国家(美国、加拿大、澳大利亚、新西兰、阿根廷、南非等)经济快速增长的实例得出外贸是经济增长发动机的结论。

4. 国际贸易启动贸易国的供给

澳大利亚经济学家马克斯·科登(Walner Max Corden)将对外贸易与宏观经济变量联系起来,从供给的角度剖析对外贸易对经济增长的影响。他认为,国际贸易对经济增长产生五个方面的影响:一是收入效应;二是资本积累效应;三是替代效应;四是收入分配效应;五是要素加权效应。

5. 对外贸易可以刺激有效需求的增长

凯恩斯主义者认为,出口是需求的重要组成部分,在经济萧条的情况下,出口可以带动相对低迷的有效需求,促使国内的闲置资源投入到经济运行体系中,从而引起经济产出的成倍增长。

6. 对外贸易促进技术进步

20 世纪 80 年代中期以来,以罗默(Paul Romer)、卢卡斯(Robert E. Lucas, Jr.)和斯文森等为代表的新增长理论把技术进步作为推动生产率增长的核心因素。他们认为,对外贸易可以通过"干中学"、技术外溢和外部竞争来促进一国的技术进步,从而提高生产率,推动经济增长。

(二)可能的消极影响

一些学者从发展中国家所处的不利的国际分工格局出发,阐述了国际贸易对发展中国家的消极影响;另一些学者关注国际贸易对国内贫富差距和环境的不利影响。

1. 国际贸易对发展中国家的不利影响

(1)可能会导致发展中国家贸易条件的恶化。阿根廷的劳尔·普雷维什(Raul Prebisch)、美国的汉斯·辛格(Hans W. Singer)和瑞典的米达尔(Gunnar Myrdal)等人认为,对外贸易已成为发展中国家经济进步的阻力。这三位学者指出,处于外围的发展中国家的贸易条件呈现长期恶化的趋势。这主要是由于三大原因:第一,初级品需求收入弹性低,价格弹性小;第二,发达国家人工合成替代品的大量使用及节约原材料技术的发展,进一步减少了对发展中国家出口的需求;第三,市场结构存在差异,发达国家垄断初级品进口市场和制成品出口市场。

(2)发展中国家可能会陷入"贫困化增长"的境地。1958 年,美国经济学家贾格蒂什·巴格瓦蒂(Jagadish Bhagwati)在观察和分析发展中国家的出口贸易后认为,如果过度出口导致的贸易条件恶化所造成的本国出口商品国际购买力的降低值超过了出口增长所带来的财富,这种增长就有可能导致该国的净福利水平出现下降。

(3)"南北贸易模式"理论认为,贸易不一定能促进"南方"国家经济的增长。该理论认为,"北方"国家在制成品生产中产生外部经济和高额利润,这与垄断力量相结合,通过不断循环的资本积累,刺激了发达国家经济增长的加速;需求弹性的差别、资本流动、人才迁移等因素,导致"北方"国家的竞争优势进一步强化。根据"南北贸易模式"理论,发达国家可以通过贸易进一步积累相对于发展中国家的竞争优势。

2. 国际贸易扩大国内贫富差距

国际贸易影响贸易国的国内财富分配。根据广义要素禀赋论,国际贸易增进一国丰裕要素所有者的福利,但会损害稀缺要素所有者的福利。而根据特定要素模型,出口部门的特定要素所有者因贸易而获利,而与进口品相竞争部门的特定要素所有者的利益因贸易而受损。也就是说,国际贸易一定会产生"赢家"和"输家",如果"输家"的损失得不到相应的补偿,则贸易国的国内贫富差距会不断扩大。2016年以来在西方国家涌现出"逆全球化"潮流,其原因之一就是贸易自由化带来了严重的国内财富分配问题,而政府未能采取有效措施加以应对。

3. 贸易与环境保护间的冲突

近几十年来,世界各环保组织对环境保护的呼吁不断增强,消费者对企业生产行为产生环境危害的关注意识不断提高。并且,全球环境问题一直吸引着国际学术界的关注,贸易与环境问题则是其中的一个热点。其实,早在20世纪70年代初期,就已经有学者开始了这方面的研究。Dua 和 Esty(1997)提出了"逐底竞争"(Race to the Bottom)假说,认为各国会纷纷降低各自的环境质量标准以维持或增强竞争力。当然,这方面的实践证据非常有限。一些学者提出了"环境成本转移说"。如果将廉价初级产品的国际间流动看作"生态流动",由于环境成本从进口国转移到出口国,那么更自由的贸易可能促使更多的环境负担从进口国向出口国转移。发展中国家生产并出口劳动密集型和资源密集型产品,发达国家则通过进口发展中国家的资源密集型产品,从而把污染物以"合理"买卖的形式留在发展中国家;更有甚者,发达国家向不少发展中国家(特别是中国)直接出售垃圾,从而使得发展中国家成为"污染避难所"。以上贸易实践改善了发达国家的环境质量,却恶化了发展中国家的环境。

此外,国际贸易可能增加贸易国对外部经济的依赖程度。外部经济的波动或者是其他国家和地区的制约措施,都有可能对贸易国的经济产生不利影响。

尽管国际贸易存在着一些不利影响,但任何国家都不能因此而抵制自由贸易,走"闭关锁国"的道路。正如联合国前秘书长科菲·安南所说:"在当今极不平等的世界中,主要的失败者不是那些过度地暴露于全球化的国家,而是那些置身全球化之外的国家。"

三、学习国际贸易课程的意义

国际贸易课程是一门关于理论和政策的学问。一方面,国际贸易课程要从理论层面探讨有关国际贸易的各种问题,包括贸易模式的决定因素、贸易的经济影响、贸易政策的经济效应以及影响贸易政策选择的因素;另一方面,国际贸易课程强调"学以致用",从政府的角度探讨贸易政策的选择。

当前,国际贸易越来越成为中国融入世界经济的重要纽带。中国的外贸依存度一直在高位运行,2006年达到了65.17%的历史高点(表1-10),这样高水平的依存度在世界大国中是绝无仅有的。近10年来,中国外贸依存度虽有所降低,但仍是经济大国中较高的。1991—2015年间,中国的货物进出口总额从7 225.8亿元上升至245 502.9亿元(表1-10),增长了32.98倍,年均环比增长率为15.82%,略高于GDP同期的增长速度。中国已然成为世界贸易大国。自2009年起,中国商品出口额已连续8年雄踞世界第一的位置。2013年,中国成为世界第一大商品贸易国,并成为世界上首个商品贸易额超过4万亿美元的国家。

中国虽已是贸易大国,但绝非贸易强国。目前,中国对外贸易面临的主要问题包括:(1)加工贸易的比重仍偏高,附加值较低;(2)出口的工业制成品价值偏低,价格贸易条件恶化;(3)重要资源严重依赖进口,如2011年1月至5月,中国原油对外依存度达到55.2%,超过全球第一大能源消费国美国(53.5%),2016年更是上升至65.5%;(4)大宗商品的进出口国际定价权均存在严重的缺失;(5)服务贸易规模偏小,结构不合理,且贸易逆差全球最大;(6)美国、日本、欧盟和印度等经济体频繁对中国出口品实施贸易限制,在"逆全球化"势力不断抬头的背景下,未来若干年中国产品遭遇的贸易限制必然有增无减;(7)2008年金融危机发生后,国际市场一直处于低迷状态;(8)贸易在很大程度上促进了中国的经济发展并改善了人民的生活,但它也加剧了中国的环境污染。

当前,中国的外贸发展面临着巨大的外部威胁和内部挑战,如何引导中国外贸走向可持续发展的轨道,让其成为中国经济增长、环境保护和资源高效利用的助推力,是摆在国人面前亟待解决的问题。中国需要有更多的人关心国际贸易,同时需要更多的人认真研究和学习国际贸易,了解、掌握国际贸易的基本理论和主要政策,以便更好地为中国对外贸易和国民经济的发展服务,为世界经济的增长和人类社会的进步做出贡献。

表1-10　1991—2009年中国的货物进出口总额及外贸依存度

年份	国内生产总值(亿元)	货物进出口总额(亿元)	外贸依存度	年份	国内生产总值(亿元)	货物进出口总额(亿元)	外贸依存度
1991	21 781.5	7 225.8	33.17%	1996	71 176.6	24 133.8	33.91%
1992	26 923.5	9 119.6	33.87%	1997	78 973.0	26 967.2	34.15%
1993	35 333.9	11 271.0	31.90%	1998	84 402.3	26 849.7	31.81%
1994	48 197.9	20 381.9	42.29%	1999	89 677.1	29 896.2	33.34%
1995	60 793.7	23 499.9	38.66%	2000	99 214.6	39 273.2	39.58%

续表

年份	国内生产总值(亿元)	货物进出口总额(亿元)	外贸依存度	年份	国内生产总值(亿元)	货物进出口总额(亿元)	外贸依存度
2001	109 655.2	42 183.6	38.47%	2009	340 506.9	150 648.1	44.24%
2002	120 332.7	51 378.2	42.70%	2010	411 265.2	201 722.1	49.05%
2003	135 822.8	70 483.5	51.89%	2011	484 753.2	236 402.0	48.77%
2004	159 878.3	95 539.1	59.76%	2012	539 116.5	244 160.2	45.29%
2005	184 937.4	116 921.8	63.22%	2013	590 422.4	258 168.9	43.73%
2006	216 314.4	140 971.4	65.17%	2014	644 791.1	264 241.8	40.98%
2007	265 810.3	166 740.2	62.73%	2015	682 635.1	245 502.9	35.96%
2008	314 045.4	179 921.5	57.29%				

资料来源：相关年份的《中国统计年鉴》。

第二节 国际贸易的主要概念

一、国际贸易和对外贸易

国际贸易(International Trade)是指世界各国(地区)之间的商品和服务交换，它是各国(地区)在国际分工的基础上形成相互联系的主要形式之一。国际贸易是在社会生产力发展基础之上的国际分工深化的结果。国际贸易在奴隶社会和封建社会就已发生，并随生产的发展而逐渐扩大；到了资本主义社会，其规模空前扩大，具有世界性。

对外贸易(Foreign Trade)，又称进出口贸易，是指一国(地区)与其他国家(地区)之间的商品和服务交换。可见，对外贸易和国际贸易的区别在于关注角度的不同，前者是从特定国家(地区)的角度考察商品和服务的交换。对外贸易有广义和狭义之分，广义的对外贸易包括货物贸易与服务贸易，而狭义的对外贸易单指货物贸易，不含服务贸易。

二、对外贸易总额和国际贸易额

对外贸易总额(Total Value of Foreign Trade)是指以某种货币计价的一国(地区)在一定时期内进口货物及出口货物的金额总和。国际贸易额(Value of International Trade)是以某种货币表示的以现行世界市场价格计算的各国进口额或出口额之和，通常用出口额之和来表示。由于各国(地区)一般都是按离岸价格(FOB)计算出口额，按到岸价格(CIF)计算进口额，因此世界出口总额总是小于进口总额。由于进口总额中包含了运输、保险费，因此使用出口额之和能更好地反映贸易品的价值。

三、对外贸易量和国际贸易量

对外贸易额和国际贸易额一般是以现行价格计算的,商品和服务价格在各年份会发生变化,这导致不同年份的贸易额之可比性下降。为剔除价格波动的影响,可以分别采用对外贸易量(Quantum of Foreign Trade)和国际贸易量(Quantum of International Trade)来代替对外贸易额和国际贸易额。对外/国际贸易量是以一定时期不变价格为标准计算的各个时期的对外/国际贸易额。

联合国等机构通常采用国际贸易额和国际贸易量两个指标,以供对照。由于国际服务贸易的统计标准尚没有统一,加之服务贸易本身的特点,服务贸易只公布贸易额,不公布贸易量。

四、贸易差额

贸易差额(Balance of Trade),是指一国(地区)在一定时期内(如一年、半年、一季、一月)出口总额与进口总额之间的差额。当出口总额与进口总额相等时,称为"贸易平衡";当出口总额大于进口总额时,出现贸易盈余,称为"贸易顺差"(Trade Surplus),或称"出超"、黑字;当进口总额大于出口总额时,出现贸易赤字,称为"贸易逆差"(Trade Deficit)或"入超"。通常,贸易顺差以正数表示,贸易逆差以负数表示。一国(地区)的进出口贸易收支是其国际收支中经常项目的重要组成部分,是影响一个国家国际收支的重要因素。如果出口额大于进口额,则出口额与进口额之差,称为净出口(Net Export);如果出口额小于进口额,则进口额与出口额之差,称为净进口(Net Import)。

五、贸易附加值

近几十年,全球价值链(Global Value Chain,GVC)的兴起极大地改变了全球商品和服务生产的组织形式,导致了"生产的分割"(Jones 和 Kierzkowski,2001)。传统贸易统计方法的局限性日渐凸显,主要表现在以下几个方面:第一,中间贸易品的价值被重复计算;第二,不能反映贸易对一国经济增长、国民收入和就业的真实影响,导致"所见非所得"(Maurer 和 Degain,2010);第三,传统贸易统计方法不关注出口国在最终产品中的实际附加值的多少,已不适应经济全球化迅速发展的客观现实,事实上扭曲了当代国际贸易关系的真实面貌(张海燕,2013)。为克服传统统计方法的局限,2012年,WTO 和 OECD 联合发布《附加值贸易:概念、方法与挑战》报告,正式界定了用以测度一国贸易竞争力和福利水平的"贸易附加值"。贸易附加值被定义为"在产品生产过程中,对本地投入的劳务、资本、非金融资产和自然资源的补偿,是直接或间接包含在另一国最终消费中的一国价值增值"。该报告指出,若以贸易附加值为统计口径,2008年中国对美国的贸易顺差将缩水40%。2013年1月16日,WTO 与 OECD 合作推出附加值贸易测算法。OECD 秘书长古里亚说:"这一测算法将从根本上改变人们传统的贸易观。"

专栏 1-1　揭开"中国制造"面纱

直到 30 年前,产品在一个国家组装,采用的零部件还是来自同一个国家,因此,计算贸易额很容易。2011 年却是另一番景象,制造活动受到全球供应链的推动,而大多数进口商品都应贴上"全球制造"的标签,而非"中国制造"或者其他类似标签。这不是一种学术差异。鉴于贸易失衡引发了主要经济体之间的摩擦,在当前这个比以往任何时候都更需要合作的时候,我们采用的计算方法可能会大大加剧地缘政治紧张关系。

目前我们是按照所谓的"总值"来计算国际贸易的。当一件进口商品抵达海关时,这件商品的全部商业价值都会归到一个原产国名下。当经济学家大卫·李嘉图(David Ricardo)在世时,这种方法很管用:200 年前,葡萄牙用"葡萄牙制造"的葡萄酒交换"英格兰制造"的英国纺织品。但今天,"原产国"的概念已经过时了。我们所说的"中国制造"确实是在中国组装的,但其商业价值却是来自组装之前的众多国家。从"他们"和"我们"的角度来考虑贸易已经再无意义。

这并不是说,假如我们改变贸易计算方法,所有的国际贸易紧张关系就会在一夜之间化为乌有。但是,如果我们是要讨论像贸易失衡这么重要的事情,我们就应当以能够反映现实的数据作为依据。扭曲的贸易图景可能导致双边关系恶化,在当前保护主义压力不断积聚之际,还可能触发反贸易情绪。经济学家早就摒弃了"贸易是零和游戏"的观点,但政治和市场在日常事务中似乎仍固守着陈旧的重商主义信念。这场危机无疑加重了这种感觉,尽管全球制造已使得"我们"和"他们"之分变得更加没有意义。

苹果(Apple)的 iPhone 就清楚地说明了这点。这款手机是在中国组装的,尔后出口到美国和其他地区。但零部件却是来自许多不同的国家。根据亚洲开发银行研究所(Asian Development Bank Institute)近期发表的一篇研究报告,如果沿用传统的原产国概念,iPhone 为美中贸易逆差贡献了 19 亿美元,但如果按照"增加值"来计算中国对美国的 iPhone 出口——即这款产品中由中国创造的价值——那么这项出口额仅为 7 350 万美元。

不只是手机,在汽车、飞机、电子产品,乃至服装领域,一件商品由许多国家共同生产的现象也越来越普遍。如今没有一辆汽车或一架商务飞机只用来自一个国家的零部件就能生产出来。商界领袖也明白,在全球供应链时代,爆发新贸易摩擦的危害尤其严重。在零部件付运过程中遭遇的进口关税、繁文缛节或其他拖延及收费手段都会抬高商品成本。而我们传统的贸易统计方法大大增加了发生此类摩擦的可能性。

把产品的商业价值归属于最后一个原产国而造成的统计偏差,歪曲了双边贸易失衡的真实经济维度。这会影响政治辩论,形成被误导的观念。以美中贸易逆差为例。假如按照实际本国含量进行一系列计算,那么两国的逆差规模起码能减少一半。

我们使用的计算方法也关系到贸易对就业的影响。有关苹果 iPod 的研究表明,2006 年因生产 iPod 而创造的 4.1 万个就业岗位中,有 1.4 万个在美国。其中约有 6 000 个属于专业岗位。不过,由于美国工人的工资比较高,他们从中获得的收入总计 7.5 亿美元,而海外工人的所得仅为 3.2 亿美元。事实上,如果苹果不知道亚洲企业能供应零部件、亚洲工人会参与生产、亚洲消费者会购买生产出来的产品,iPod 可能永远不会问世。在认识贸易对就业的影响方面,计算增加值的统计方法能够提供一个更可靠的视角。

转变贸易计算方法关系到的远远不只是美国和中国。从增加值的角度考虑贸易,可以使我们跳出双边贸易平衡的政治立场。采用这种视角,贸易就从一对一的关系转变为由增加值链条构成的网络,各方相互依存,走向共赢。最重要的是,它将有助于政策制定者及其民众认识到加强多边贸易合作的必要性——以及由此能够带来的全球增长和就业。

资料来源:帕斯卡尔·拉米.揭开"中国制造"面纱[EB/OL].FT中文网,2011-11-28.

六、国际贸易商品结构和对外贸易商品结构

国际贸易商品结构(Composition of International Trade)指一定时期内各种商品在整个国际贸易中的比重。对外贸易商品结构(Composition of Foreign Trade)是指一定时期内一国(地区)进出口贸易中各种商品的构成,分为出口贸易商品结构和进口贸易商品结构,前者指各种商品的出口额占出口总额的比例,而后者指各种商品的进口额占进口总额的比例。一个国家对外贸易商品结构,主要是由该国的经济发展水平、产业结构状况、自然资源状况和贸易政策决定的。发达国家附加值高的出口商品和服务所占比例较高,而发展中国家出口的初级品、附加值低的工业制成品所占比例较高。因此,我们可以根据一国(地区)的对外贸易出口商品结构来判断一国(地区)的经济实力和科学技术水平。

七、国际贸易地理方向和对外贸易地理方向

国际贸易地理方向(Direction of International Trade),亦称国际贸易地区分布(International Trade by Regions),它是反映国际贸易地区分布和商品流向的指标,衡量各个国家(地区)在国际贸易中所处的地位,通常以它们的出口额占世界各国总出口额或进口额占世界各国总进口额的比重来表示。

对外贸易地理方向(Direction of Foreign Trade),亦称对外贸易地区分布或国别结构,是指一定时期内各个国家(地区)在一国(地区)对外贸易中所占有的地位,通常以它们在该国进出口总额或进口总额、出口总额中的比重来表示。对外贸易地理方向指明一国(地区)出口商品的去向和进口商品的来源,从而反映一国(地区)与其他国家(地区)之间经济贸易联系的程度。一国的对外贸易地理方向通常受经济互补性、国际分工的形式以及贸易政策的影响。对外贸易地理方向的集中度过高将会增加一国(地区)的经济风险,这是因为主要贸易国(地区)的经济增速放缓或政策调整都将对贸易伙伴的进出口产生重大冲击。因此,对外贸易地理方向分散化是各国(地区)提升贸易竞争力的方向之一。

八、外贸依存度、出口依存度和进口依存度

外贸依存度(Foreign Trade Dependency),又称外贸系数、外贸贡献度,是指一国(地区)在一定时期内进出口总额占该国(地区)GDP或GNP的比重,反映该国(地区)国民经济对外贸的依赖程度。决定一国(地区)外贸依存度高低的主要因素包括:(1)经济规模,一般来说,经济规模较大的国家(地区)对外部市场的依赖性相对较小;

(2) 政策导向,执行内向发展政策(如:进口替代战略)的国家(地区)的外贸依存度较低,而执行外向型发展战略(如:出口导向战略)的国家(地区)的外贸依存度较高;(3) 自然资源的丰裕程度,一般而言,自然资源充裕的国家(地区)出口额占 GDP 的比重较大,而自然资源稀缺的国家(地区)进口额占 GDP 的比重较高;(4) 经济增长方式和经济增速,经济增长较快且增长方式偏粗放型的国家(地区)的外贸依存度较高;(5) 吸收外商直接投资的规模,通常情况下,利用外商直接投资的规模与进出口额正相关。

出口依存度是从对外贸易依存度发展而来,是指一个国家(地区)的国民经济对出口贸易的依赖程度,是用本国(地区)的出口贸易额占 GDP 或 GNP 的比重表示的。类似地,进口依存度是用本国(地区)的进口贸易额占 GDP 或 GNP 的比重衡量的。

九、贸易条件

贸易条件(Terms of Trade)是用来衡量在一定时期内一个国家出口相对于进口的盈利能力和贸易利益的指标。

贸易条件分为五种类型,即总易货贸易条件、净易货贸易条件(亦称价格贸易条件)、收入贸易条件、单要素贸易条件和双要素贸易条件。总易货贸易条件是一段时间内商品进口数量和出口数量指数之比,其计算公式为 $G=Q_m/Q_x\times 100$,Q_m、Q_x 分别为进口和出口数量指数。只有在一国(地区)贸易收支平衡时,使用"总易货贸易条件"才是恰当的。净易货贸易条件,又称价格贸易条件,是某国(地区)一段时间内出口品价格指数和进口品价格指数之比,计算公式为 $N=P_x/P_m\times 100$,P_x、P_m 分别是出口品和进口品价格指数。净易货贸易条件是最常用的贸易条件指数。但是,净易货贸易条件不能很好地反映一国(地区)贸易福利的变化。收入贸易条件和单要素贸易条件可以较好地弥补净易货贸易条件的不足。前者的计算公式是 $I=P_x/P_m\times Q_x$,后者的计算公式为 $S=P_x/P_m\times Z_x$,其中 Z_x 为本国(地区)出口品的劳动生产率。可见,一国(地区)即使净易货贸易条件恶化,但只要它的收入贸易条件或单要素贸易条件改善,则该国(地区)居民的实际福利水平依然上升。第五种贸易条件是双要素贸易条件,其计算公式为 $D=P_x/P_m\times Z_x/Z_m$,其中,Z_m 为进口品的劳动生产率。因其经济学含义模糊、实践意义不明确,因而较少被采用。

十、贫困化增长

贫困化增长最初是由布雷维什和辛格提出的,后来印度裔经济学家巴格瓦蒂将贸易条件和经济增长联系起来研究,其基本含义是:大国经济增长引起的贸易条件严重恶化,致使社会福利的下降程度远远高于人均产量增加对社会福利的改善程度,最终会出现越增长越贫困的结果,因此又叫作"悲惨的增长"。实质上,贫困化增长对应的是一国的净易货贸易条件、收入贸易条件和单要素贸易条件全部下降的情形。只有在特定的条件下,一国才有可能陷入贫困化增长的困境之中。1991 年,彼得·林德特在《国际经济学》中归纳了贫困化增长的三个前提条件：一是该国必须是贸易大国,因为只有贸易大国的进出口数量变化才会影响世界商品价格;二是该国必须在很大程度上依赖于国际贸易,因此,贸易条件的下降对福利关系重大,足以抵消因为能供应更多商品而取得的利益;三是国外对该国出口商品的需求必须有较小的价格弹性。因此,该国出口供给的扩大会导致价格的猛跌。我国学者王如忠1999年补充了另一个必要条件,即国民经济的增长必须是偏向于出口的。

十一、显示性比较优势指数

1965年,美国经济学家贝拉·巴拉萨提出了显示性比较优势指数(Revealed Comparative Advantage Index,RCA)。显示性比较优势指数是一国某产品的出口额占全世界该产品出口额的比例与该国所有产品的出口额在世界总出口额中的份额的比率。这一指标反映了一个国家某一产品的出口与世界平均出口水平的相对优势,它剔除了国家总量波动和世界总量波动的影响,能较好地反映一国生产该产品的相对优势。

国家 i 产品 a 的显示性比较优势指数的计算公式如下:$RCA_{ia} = (X_{ia}/X_i)/(X_{wa}/X_w)$。式中,$X_{ia}$是国家 i 产品 a 的出口额,$X_{wa}$是全球所有国家 a 产品的出口额之和,$X_i$是 i 国的总出口额,$X_w$是全球所有国家的出口额之和。一般而言,若$RCA_{ia} > 2.5$,表明 a 国 i 产品贸易具有极强的国际竞争力;若$1.25 \leq RCA_{ia} \leq 2.5$,表明 a 国 i 产品贸易具有较强的国际竞争力;若$0.8 \leq RCA_{ia} < 1.25$,表明 a 国 i 产品贸易具有中等的国际竞争力;若$RCA_{ia} < 0.8$,则表明 a 国 i 产品的国际竞争力较弱。

为了反映进口对出口竞争力的影响,1989年,贝拉·巴拉萨又提出了一个改进的显示性比较优势指数,用一国某一产业的出口额占该国总出口额的比例与该国该产业进口额占总进口额的比例之差来表示该产业的贸易竞争优势,这一指数被称为"净出口显示性比较优势指数"(NERCA,net export revealed comparative advantage)。若该指数大于0,表明该产业具有贸易竞争优势;若该指数小于0,意味着该产业处于竞争劣势。

十二、贸易竞争力指数

贸易竞争力指数(TC,Trade Competitiveness Index),亦称"可比净出口指数"(Index of Normalized Trade Balance),用商品的净出口额与总贸易额的比值来表示。计算公式如下:i 国 j 产品的贸易竞争力指数 $TC_{ij} = (X_{ij} - M_{ij})/(X_{ij} + M_{ij})$。其中,$X_{ij}$表示 i 国 j 产品的出口额,$M_{ij}$表示 i 国 j 产品的进口额。TC 指数处于 -1 到 1 之间,取值越高说明国际竞争力越强。一般认为,若 $TC > 0.8$,表明该产品具有非常明显的竞争优势;当 $0.5 \leq TC \leq 0.8$ 时,表明该产品具有较明显的竞争优势;当 $0 < TC < 0.5$ 时,该产品具有竞争优势,但不明显。当 $TC < -0.8$ 时,表明该产品处于非常明显的竞争劣势;当 $-0.8 \leq TC \leq -0.5$ 时,该产品处于较明显的竞争劣势;当 $-0.5 < TC < 0$ 时,该产品处于竞争劣势,但不明显。当 TC 接近于 0 时,该产品的竞争力呈现中性,即与国

际平均水平相当。

十三、总贸易与专门贸易

总贸易是指以国境作为统计对外贸易标准的进出口贸易。商品和服务进入国境的一律列为总进口,离开国境的视为总出口,总出口额和总进口额之和就是总贸易额。

专门贸易是指以关境作为统计对外贸易标准的进出口贸易。商品和服务进入关境的为专门进口,商品和服务离开关境的是专门出口,专门出口额和专门进口额之和为专门贸易额。

国境是指一个国家行使全部主权的国家空间,包括领陆、领海、领空。"二战"结束后,经济一体化组织、自由贸易区、保税区、自由港大量出现,国境等于关境的原则不断被突破。在有的情况下,关境大于国境。例如:几个国家结成关税同盟,组成一个共同关境,实施统一的海关法规和关税制度,其成员国的货物在彼此之间的国境进出不征收关税,此时关境大于其成员国的各自国境。在另一些情况下,关境小于国境。保税区、保税仓库虽在国境之内,但从征收关税看,它可以被视为在关境之外,此时关境小于国境。

十四、货物贸易和服务贸易

货物贸易(Goods Trade),又称有形贸易或商品贸易,是指以实物形态表现的各种实物性商品的国际交换。服务贸易(Service Trade),又称无形贸易,是指一国(地区)的法人或自然人在其境内或进入他国(地区)境内提供服务的贸易行为。中国学者汪尧田和周汉民教授认为,"国际服务贸易在概念上有广义与狭义之分。狭义的国际服务贸易是无形的,是指发生在国家之间的符合严格服务定义的直接服务输出与输入活动;而广义的国际服务贸易既包括有形的劳动力的输出输入,也包括无形的提供者与使用者在没有实体接触的情况下的交易活动,如卫星传送与传播、专利技术贸易等"。1994年4月15日达成的《服务贸易总协定》(General Agreement on Trade in Services, GATS)指出,根据服务提供者和消费者所处的位置以及交易时间的不同,服务贸易可以分为以下四种方式:(1)跨境交付(Cross-border supply),是指从一国境内向另一国境内的消费者提供服务。此类服务主要包括咨询和市场调研、远程培训、远距离诊疗服务、建筑绘图、租赁服务等。(2)境外消费(Consumption abroad),是指一国境内的服务提供者向其他国家的消费者或企业提供服务,其他国家的消费者作为旅游者、留学生或病人等前往服务提供者境内进行服务消费。(3)商业存在(Commercial presence),是指一国的服务提供者(如企业或专业机构)通过在其他国家境内设立附属企业或分支机构的方式为该国提供服务。商业存在往往与服务业的境外直接投资紧密相连,已成为发达国家进行国际服务贸易的最主要形式。(4)自然人流动(Presence of natural persons),是指一国的服务提供者以自然人流动的方式前往另一国境内提供服务,如讲学、法律服务、医疗服务等。

十五、直接贸易、间接贸易与转口贸易

依据有无第三方参加,国际贸易分为直接贸易、间接贸易和转口贸易。

直接贸易(Direct Trade)，是指商品或服务由出口国(地区)的供应方直接提供给进口国(地区)的消费方、不经过第三方而直接进行的贸易活动。间接贸易(Indirect Trade)，是指商品或服务的供应方和最终消费方之间没有直接联系，商品或服务是通过第三国(地区)的中间商实现转移的。转口贸易(Entrepot Trade)，是指商品或服务的所有权经由第三国(地区)的中间商从出口国转移至进口国，经过第三方改装加工或转手，或不经过第三方直接运至消费国。间接贸易和转口贸易的区别在于视角的不同。间接贸易是相对于生产国(地区)和消费国(地区)而言的，而转口贸易是相对于第三国(地区)来说的。

十六、出口贸易、进口贸易和过境贸易

出口贸易(Export Trade)，又称输出贸易，是指某国(地区)将生产或提供的商品(服务)输往国外市场销售。复出口(Re-Export)是指外国商品进口以后未经加工制造又出口，也称再出口。复出口在很大程度上同转口贸易、过境贸易有关。

进口贸易(Import Trade)，又称输入贸易，是指将外国(地区)商品(服务)输入本国(地区)市场销售。输往其他国家(地区)的商品未经消费和加工又输入本国(地区)，称为复进口或再输入(Re-Import Trade)。

过境贸易(Transit Trade)，是指商品途径第三国而实现的国际交换。从第三国的角度来看，商品由于需要通过该国的国境或关境，因此构成了进出口贸易的一部分，过境贸易分为直接过境贸易和间接过境贸易。直接过境贸易是外国商品纯系转运性质经过本国，并不存放在本国海关保税仓库，在海关监督下离开本国。直接过境贸易计入对外贸易额。间接过境贸易，是外国商品运到国境后，先存放在海关保税仓库，以后未经加工改制，又从海关保税仓库提出，再运出国境。根据专门贸易体系，这种商品移动不计入对外贸易额内。

有人认为，过境贸易是转口贸易的一部分，这是不准确的。转口贸易和过境贸易是两个相对独立、相互区别的概念。其区别主要表现在三个方面：第一，转口贸易的交易对象未必要经过第三国，这与过境贸易不同；第二，转口贸易中，必然伴随商品所有权向第三国中间方的转移，但过境贸易不需要；第三，转口贸易以营利为目的，通常有个正常的商业加价，而过境贸易只收取少量的手续费。

十七、自由结汇方式贸易和易货贸易

自由结汇方式贸易(Free Liquidation Trade)，又称现汇贸易，是指以可自由兑换货币(如：美元)为清偿工具所进行的贸易。易货贸易(Barter Trade)，是指以经过计价的货物作为清偿工具所进行的贸易。易货贸易的优点包括：(1)以货易货，可做到进出口大体平衡；(2)缓解一国国际清偿力不足的问题。缺点则有：(1)贸易开展的前提比较苛刻，潜在的买卖方必须拥有对方所需要的产品；(2)每次进出口都要保持贸易平衡，这限制了贸易规模；(3)交换的贸易条件往往不那么合理，通常情况下，货币资

本比较充裕的交易方获利较多。

十八、单证贸易和无纸贸易

单证贸易(Trade With Documents),是以纸面单证为基本交易手段的贸易,这是一种传统的贸易方式。无纸贸易(Trade Without Documents),以电子数据交换(EDI,Electronic Data Interchange)为交易手段,是一种将贸易、运输、保险、海关等行业信息通过电子信息系统实现各有关部门之间的数据交换,利用计算机按国际统一规定进行商务处理的新的国际贸易方式。无纸贸易是国际贸易、电子商务和电子政务相结合的产物,体现在以下三个方面:(1)贸易各方将商业文件标准化和格式化,并通过计算机网络进行信息和文件的交换与自动处理,实现贸易凭证和国际物流单证的无纸化;(2)贸易许可证发证机关实现许可证计算机联网管理和电子数据网上核查;(3)海关依靠信息技术和网络技术,直接对进出口货物的电子申报数据进行处理,实现无纸通关。无纸贸易是国际贸易的发展方向,将逐步取代传统的单证贸易。

第三节　本书结构

本书分为导论、国际贸易理论篇、国际贸易政策篇和国际贸易专题篇四大部分。第一部分为第一章,阐述国际贸易的重要性、学习国际贸易的意义,并介绍国际贸易的有关重要概念。第二部分为本书第一篇"国际贸易理论篇",介绍国际贸易纯理论,包含四章(第二至第五章),分别为古典国际贸易理论(第二章)、新古典国际贸易理论(第三章)、新贸易理论(第四章)以及保护贸易理论(第五章)。第三部分为本书第二篇"国际贸易政策篇",包含四章(第六至第十章),依次介绍贸易政策的类型(第六章)、发达国家的贸易政策(第七章)、发展中国家的贸易政策(第八章)、多边贸易体制(第九章)、区域经济一体化(第十章)。第四部分为本书第三篇"国际贸易专题篇",介绍国际贸易领域的最新实践和动态,包含产业内贸易(第十一章)、服务贸易(第十二章)和低碳经济背景下的国际贸易(第十三章)。

关 键 概 念

国际贸易,对外贸易,对外贸易额,国际贸易额,对外贸易量,国际贸易量,贸易差额,贸易顺差,贸易逆差,附加值贸易,国际贸易商品结构,对外贸易商品结构,国际贸易地理方向,对外贸易地理方向,外贸依存度,出口依存度,进口依存度,贸易条件,总易货贸易条件,净易货贸易条件(价格贸易条件),收入贸易条件,单要素贸易条件,双要素贸易条件,贫困化增长,总贸易,专门贸易,关境,货物贸易,服务贸易,直接贸易,间接贸易、转口贸易、出口贸易、进口贸易、过境贸易、自由结汇方式贸易、易货贸易、单证贸易、无纸贸易、显示性比较优势指数、净出口显示性比较优势指数、贸易竞争力指数

内容提要

1. 作为各国间经济联系的最重要纽带，国际贸易推动经济全球化进程，并深刻地影响着各国国民经济的发展。

2. 从"二战"后的长期趋势来看，商品贸易和服务贸易的增长速度均超过同期世界产出的增长速度，并且，服务贸易的结构有所优化。

3. 绝大多数国家的贸易依存度呈现上升趋势。

4. 发展中经济体与发达经济体在商品贸易规模上的差距有所缩小。

5. 在服务贸易领域，发展中经济体与发达经济体的差距仍很明显。

6. "北北贸易"成为国际贸易的重要部分。

7. 区域性自由贸易迅速发展。

8. 产业内贸易取代产业间贸易成为主要的贸易模式。

9. 低碳经济发展模式要求贸易变革。

10. 国际贸易对各国国民经济的影响具有"双刃剑"特征：既具有积极作用，又可能产生消极影响（特别是对发展中国家来说）。

11. 本书分为导论、国际贸易理论篇、国际贸易政策篇和国际贸易专题篇四个部分。

复习思考题

1. 根据表 1-11 中的数据，计算中国 2000—2015 年间每年的出口依存度、进口依存度和外贸依存度，并分析中国外贸依存度的变化趋势及其原因。

表 1-11　2000—2015 年间中国的进出口额及 GDP　　　（单位：亿元）

年 份	2000	2001	2002	2003	2004	2005	2006	2007
出口总额	20 634	22 024	26 948	36 288	49 103	62 648	77 595	93 456
进口总额	18 639	20 159	24 430	34 196	46 436	54 274	63 377	73 285
GDP	99 215	109 655	120 333	135 823	159 878	184 937	216 314	265 810
年 份	2008	2009	2010	2011	2012	2013	2014	2015
出口总额	100 395	82 030	107 023	123 241	129 359	137 131	143 884	141 167
进口总额	79 527	68 618	94 699	113 161	114 801	121 038	120 538	104 336
GDP	314 045	340 507	411 265	484 753	539 117	590 422	644 791	682 635

资料来源：历年《中国统计年鉴》。

2. 根据表1-12的数据,判断改革开放以来中国是否陷入"贫困化增长"的境地,为什么?中国应该如何进一步提高本国的贸易福利?

表1-12　1980—2006年中国价格贸易条件和收入贸易条件

年份	出口价格指数	进口价格指数	出口总量指数	价格贸易条件	收入贸易条件
1980	100	100	100	100	100
1981	100	97.67	121.59	102.38	124.49
1982	94.06	94.19	131.11	99.87	130.94
1983	86.14	101.16	142.56	85.15	121.39
1984	84.16	102.33	171.61	82.25	141.14
1985	86.14	109.30	175.43	78.81	138.25
1986	79.21	109.30	215.83	72.47	156.41
1987	85.15	105.81	255.90	80.74	205.92
1988	87.13	112.79	301.31	77.25	232.76
1989	93.07	106.98	311.89	87.00	271.35
1990	96.04	110.47	357.20	86.94	310.56
1991	97.03	112.79	409.47	86.03	352.25
1992	99.01	112.79	473.99	87.78	416.08
1993	96.04	111.63	527.80	86.04	454.09
1994	99.01	113.95	675.25	86.89	586.70
1995	103.96	119.77	790.71	86.80	686.35
1996	105.94	117.44	802.76	90.21	724.14
1997	106.93	113.95	944.48	93.84	886.27
1998	102.97	109.30	985.74	94.21	928.64
1999	100.00	112.79	1 077.01	88.66	954.87
2000	99.01	116.28	1 390.63	85.15	1 184.11
2001	96.68	112.59	1 520.63	85.87	1 305.83
2002	94.84	110.81	1 896.78	85.58	1 623.36
2003	94.66	114.31	2 555.78	82.82	2 116.61
2004	96.29	123.24	3 290.99	78.13	2 571.31

续表

年份	出口价格指数	进口价格指数	出口总量指数	价格贸易条件	收入贸易条件
2005	95.32	114.27	4 226.34	83.41	3 525.19
2006	96.33	116.86	5 374.43	82.43	4 430.14

资料来源：根据联合国贸易与发展会议公布的数据以及历年《中国统计年鉴》整理。

3. 什么是"贫困化增长"？一国陷入"贫困化增长"的必要条件有哪些？

4. 什么是国际贸易条件？贸易条件有哪些类型？

5. 为什么说中国是贸易大国，但还不是贸易强国？

6. 有观点认为，对一国来说，持续的贸易顺差是最理想的情形。请谈谈你对这个观点的看法。

7. 在世界主要大国中，中国是外贸依存度最高的国家之一。请分析造成这种现象的原因。外贸依存度高会带来哪些问题？

8. 根据联合国商品贸易数据库的统计数据，2015年中国出口额为2.28万亿美元，世界各国的出口额之和为14.93万亿美元，世界各国的服装出口额之和是1 902亿美元，中国服装的出口额是838亿美元，进口额是23亿美元。试根据上述数据，计算中国服装产业的显示性比较优势指数和贸易竞争力指数。

9. 请查阅相关资料，分析新中国成立以来中国对外贸易地理方向的变化情况，并探讨发生这些变化的原因。

第一篇　国际贸易理论篇

　　重商主义产生于欧洲封建制度解体和资本主义原始积累时期。当时,西欧没落的封建贵族需要金银货币来维持奢侈的消费,而为了扩大再生产加快资本增值,新兴的资产阶级同样需要大量的金银货币。因此,整个社会产生了对货币财富的巨大需求。在官员、商人和学者们就如何增加财富这一问题的思考过程中,重商主义作为一种经济学说开始形成。重商主义学说在欧洲思想意识形态中逐渐占据主导地位,并左右了西欧主要国家的政策和法律制定,对新兴资产阶级实现资本的原始积累和西欧各国的迅速崛起发挥了不可忽视的历史性作用。但随着西欧主要国家(特别是英国)工业实力的增强,代表生产力新发展方向的工业资产阶级感受到了重商主义政策对自由竞争和他们自身利益的制约,因此,他们积极要求取消国家对经济生活的干预,解除封建主义残余和重商主义政策的束缚。亚当·斯密,这位倡导自由贸易的领军人物,于1776年出版集大成之作《国富论》。在这本书中,他深刻批判了重农主义和重商主义思想,提出了绝对优势论,认为各国应该专门生产并出口自身具有绝对优势的产品。然而,绝对优势论不能解释发展水平差异极大的国家之间的垂直贸易,即不能适用于"全优全劣"的情形。1815年,英国议会通过了损害工业资产阶级利益的《谷物法》,大卫·李嘉图站在工业资产阶级的立场上反对《谷物法》,并明确提出了比较优势理论。他认为,各国应该专注于生产并出口本国具有比较优势的产品。比较优势论具有广泛的适用性,可以解释绝对优势论不能解释的所有产品都处于"绝对优势"或"绝对劣势"的国家如何参与国际贸易的问题。但是,比较优势论和绝对优势论都不能解释国际贸易的利益分配问题。约翰·斯图亚特·穆勒从相互需求的角度回答了这个问题。他指出,一国对他国商品的需求强度越是大于他国对该国商品的需求强度,则该国从贸易中获得的利益比例就越小;反之则相反。以上理论,即绝对优势论、比较优势论和相互需求论,属于古典国际贸易理论。本书的第二章将重点介绍这些理论。

　　本书第三章介绍主要的新古典国际贸易理论。新古典贸易思想是在古典贸易思想的基础上,放弃了李嘉图的劳动价值论,引入劳动之外的其他生产要素、陶西格的生产费用说、马歇尔的提供曲线、哈勃勒的机会成本与生产可能性曲线等,采用许多数学工具和分析方法,是对古典贸易思想的改进,但由于对贸易三大问题的探讨没有重大突破,所以仍称为新古典贸易思想。马歇尔的国际供求论认为,国际需求与供给共同决定国际贸易条件。马歇尔引入了国际提供曲线,运用几何方法比较形象地阐释了穆勒的相对需求论。詹姆斯·爱德华·米德于1952年运用现代经济学的手段和方法对国际提供曲线进行了推导。瑞典经济学家赫克歇尔和俄林从各国要素禀赋特征和产品的要素密集度角度揭示了比较优势的新来源,他们创立的要素禀赋论是对李嘉图比较优势论的继承和补充。

古典国际贸易理论和新古典国际贸易理论无法解释20世纪50年代以来国际贸易领域出现的许多新现象,这些新现象包括:产业内贸易迅速增加;发达国家间水平贸易的重要性明显增加;产品生产的领先地位在国家间不断发生迁移;服务贸易增速一度超过货物贸易;等等。为解释这些新的现象,学者们提出了一系列新理论,包括:新生产要素理论、产品生命周期理论、偏好相似理论、规模经济理论和国家竞争优势理论。这些理论统称为国际贸易新理论。之所以称为新理论,主要是因为三个方面的原因:第一,20世纪50年代后出现的贸易理论解释的是一些新的贸易现象,这些现象是传统的国际贸易理论所无法解释的;第二,20世纪50年代后出现的贸易理论放松了传统贸易理论的假设,譬如引入了技术等新的生产要素,引入规模经济效应和不完全竞争假设;第三,不少理论采用了全新的分析框架。本书第四章将介绍主要的国际贸易新理论。

第二至第四章介绍的是一些支持自由贸易的理论。根据这些理论,自由贸易不是零和博弈,它可以使得世界产出最大化并且可以提高贸易国的福利。但在现实世界中,几乎所有国家都会对贸易采用各种政策进行干预(包括限制进口、鼓励进口、鼓励出口、出口管制),它们的政策选择与自由贸易理论的政策建议明显相背。本书第五章将阐释支持贸易保护主义的主要理论,包括重商主义学说、幼稚产业(infant industry)保护理论、凯恩斯主义的超保护贸易思想、"中心—外围"论、战略性贸易政策理论、贸易保护的政治经济学分析以及其他主张保护贸易的论点。

第二章 古典国际贸易理论

在文艺复兴晚期和资本主义原始积累时期,欧洲占据主导地位的国际贸易学说是重商主义。西欧各国的封建贵族和资产阶级为了满足其对金银货币的巨大需求,采取各种军事、政治和经济手段,试图保持本国对其他国家的持续的贸易顺差,以便从国外获取金银货币,增加本国财富。重商主义的思想和主张对资本主义完成原始积累发挥了重大作用,但是,随着欧洲主要国家工业资产阶级力量的崛起,重商主义成了他们前进道路上的"绊脚石"。亚当·斯密在《国富论》一书中对重商主义进行了严厉的批判,并提出各国要基于绝对优势开展国际分工和贸易。亚当·斯密的绝对优势论开创了古典国际贸易理论之先河,为西方国家执行自由贸易政策提供了理论支持。但是,该理论无法解释"什么绝对优势都没有的经济后进国家开展出口业务"的普遍现象。鉴于此,李嘉图提出了更具一般性的比较优势理论框架,认为各国应该生产、出口具有比较优势的产品并进口处于比较劣势的产品。但是,李嘉图和斯密一样,他们都没有考虑到贸易利益的国际分配问题。最先论述这一问题的是约翰·斯图亚特·穆勒,他运用国内交换比例和相对需求强度等概念解释了贸易利益的范围与分配。本章将依次介绍绝对优势论、比较优势论和相互需求论的主要观点、影响、贡献及不足。

第一节 绝对优势理论

一、时代背景

亚当·斯密(Adam Smith,1723—1790)是资产阶级经济学派的主要奠基人之一,是国际分工和自由贸易理论的创始者。由于英国资产阶级革命的不彻底性,在亚当·斯密所生活的时代,封建残余势力仍然对社会生活施加着较大的影响。大地主阶级和封建贵族利用在议会中的多数优势保持着政府和社会方面的主要职务。他们在对外贸易方面坚持一系列重商主义政策和保护关税制度,使得新兴工业资产阶级难以从海外获得生产所需的廉价原材料,并且不利于他们将产品销往海外市场,从而严重阻碍了资本主义经济的发展。在这种情况下,英国工业资产阶级迫切需要解除封建主义残余和重商主义政策的束缚,实行自由竞争和自由贸易,以保证资本主义经济的自由发展和产业革命的顺利进行。亚当·斯密站在工业资产阶级的立场上,在1776年出版了《国民财富的性质和原因研究》(简称《国富论》),集中批判了重商主义,并提出了倡导国际分工和自由贸易的绝对优势理论。

二、主要观点

绝对优势论认为,各国应该按照各自的绝对优势进行分工,然后交换各自生产的产品,从而使得各国的资源、劳动力和资本都得到有效的利用。绝对优势论的主要论点包括:(1)分工可以增加国家财富。衡量一国财富的标准不是其所拥有的贵重金属的多少,而是用这些贵重金属可购买的商品数量。国家财富依赖于可供消费的商品数量,要增加国家财富就必须增加可供消费的商品数量,而这又依赖于劳动生产率的提升。分工可以提高劳动生产率,这主要是通过三个途径来实现的:第一,分工可以提高劳动者的熟练程度;第二,分工可以节约不同工序间的转换时间;第三,分工有利于促进创新。(2)国家应该参与国际分工。斯密认为,小到家庭大到国家,都应该参与分工。他提道:"裁缝不要亲自制作自己的鞋子,而向鞋匠购买;鞋匠绝不要亲自制作自己的衣服,而向裁缝购买……如果每一个私人家庭的行为是理性的,那么整个国家的行为就很难是荒唐的。如果某个国家能以比我们低的成本提供商品,那么我们最好用自己有优势的商品同他们交换。"(3)国际分工的原则是绝对优势。斯密认为,如果"某一国在某种产品或某个行业中占有很大的自然优势,以致全世界认为,跟这种优势做斗争是枉然的",那么该国就专门生产这种产品,其他国家根据所在行业的优势分工生产其他商品。两国分工的原则是"只要甲国有此优势,乙国无此优势,乙国向甲国购买,总比自己制造有利"。

三、示例

设想有两个国家——英国和法国,两种商品——小麦和生铁,这两种商品的生产都只需投入劳动这种生产要素。假设英法两国的劳动储量都为300人·天,英国生产1吨小麦和1吨生铁的劳动投入分别为200人·天和100人·天,法国生产1吨小麦和1吨生铁的劳动投入分别为100人·天和200人·天。分工前,英法两国的小麦和生铁产量均为1吨,两国自给自足,因此,小麦和生铁的消费量也均为1吨(表2-1)。但是,在不分工的条件下两国的资源配置状况显然不是最优。由于英国生铁的劳动生产率绝对高于法国,而法国小麦的劳动生产率绝对高于英国,因此,英国生产生铁具有绝对优势,而法国生产小麦具有绝对优势。根据绝对优势理论,英国应该专门生产生铁,产量为3吨;法国应该专门生产小麦,产量也为3吨。表2-2列示了分工后两国的生铁和小麦产量。可见,分工后,英法两国小麦总产量和生铁总产量都比分工前的总产量增加了1吨。如果英法两国按照1:1的比例开展交换,英国以1.1吨生铁同法国交换1.1吨小麦,那么,交换后英法两国在两种产品上的消费量均大于分工前的消费量(见表2-1和表2-3)。以上分析表明,分工不仅增加了整个世界的产出,还改善了各贸易国的消费者福利。

表 2-1 分工前两国的产出/消费量

国家 产品	英国	法国
小麦(吨)	1	1
生铁(吨)	1	1

表 2-2 分工后两国的产出

国家 产品	英国	法国
小麦(吨)	0	3
生铁(吨)	3	0

表 2-3 交换后两国的消费量

国家 产品	英国	法国
小麦(吨)	1.1	1.9
生铁(吨)	1.9	1.1

四、评价

(一) 理论意义

第一,绝对优势论动摇了重商主义的理论根基。亚当·斯密对重商主义思想进行了彻底批判,并且采用绝对优势论取而代之,既破"旧"又立"新",这是以往批判重商主义的学者们没有做到的。

第二,绝对优势论论证了国际贸易并非零和博弈。各贸易国乃至整个世界都可以从自由贸易中获益,这样的观点促进了自由贸易,推动了资本主义的发展进程。

第三,从劳动分工的生产领域强调按绝对优势参与国际贸易是对国际贸易理论的重大贡献。与只关心流通领域的重商主义者不同,斯密比较注重对生产领域的经济现象进行分析,从而对国际贸易问题提出了不同的观点。

第四,斯密肯定了劳动对价值形成的作用,这是劳动价值论的雏形。他把劳动看作价值的源泉,认为劳动是衡量一切商品交换的真实尺度。作为价值尺度的劳动,它可以是生产中所消耗的劳动,也可以是交换中所购得的劳动。

(二) 局限性

第一,绝对优势论的适用范围有限,只能说明在不同产品生产上各具绝对优势地位的国家能够通过国际贸易获利,不能解释在各种产品的生产上都处于绝对优势的国家和都处于绝对劣势的国家如何开展国际贸易的问题。根据绝对优势理论,后者什么也不应该生产,成为纯进口国。这显然不符合发达国家和发展中国家之间的贸易现状。

第二,绝对优势论仅仅从供给的角度论证贸易的必要性和贸易利益,没有从供需结合的角度来分析贸易品的相对价格,因而不能说明贸易利益在国与国之间的分配问题。

第二节 比较优势理论

一、时代背景

大卫·李嘉图(David Ricardo,1772—1823)是英国古典政治经济学的集大成者。李嘉图没有接受过多少正规教育,14岁随父从事证券交易,25岁时即拥有200万英镑财产。在学术研究方面,李嘉图属于大器晚成。他27岁才开始阅读斯密的《国富论》,经过十年的辛苦钻研于37岁时发表了第一篇学术论文,此后一发不可收拾,在14年短暂的学术生涯中,他为后人留下了大量的著作、文章、笔记、书信、演说。其中,1817年出版的《政治经济学及赋税原理》(Principles of Political Economy and Taxation)最具盛名。

李嘉图生活的时代是英国社会经济、政治和意识形态急剧变动的时代。工业革命在英国的率先开展,产生了两大主要后果:一是英国的生产力迅速发展,使得英国成为"工业太阳",其工业品出口所向无敌;二是经济政治势力上升的资产阶级和没落的贵族地主阶级之间的矛盾激化。1815年,在地主和农业资本家的要求下,英国议会通过并颁布《谷物法》,规定当小麦每夸特售价跌到80先令时即禁止谷物进口。这直接提高了工业资本家的经营成本,并且由此引发的贸易保护主义可能会阻碍英国工业品的出口,因而损害了工业资本家的利益。围绕《谷物法》的存废,两派展开了激烈的争论。李嘉图站在当时进步的工业资产阶级立场上反对《谷物法》,在同反对者辩论的过程中,李嘉图的思想逐渐成熟,其关于比较优势的思想系统地体现在《政治经济学及赋税原理》一书中。

二、主要观点

斯密认为,国际贸易发生的原因在于不同地区的商品成本的绝对差异。李嘉图则认为,一国即使两种商品成本都比另一国高/低,但只要高/低的程度有差异,国际贸易同样能发生,贸易双方都能获利。在国际贸易和国际分工中真正起作用的是**比较优势**,而不是绝对优势。根据李嘉图的比较优势理论,各国应集中生产并出口其具有"**比较优势**"的产品,进口其具有"比较劣势"的产品,这样各国都可以获得各自所需要的利益。

三、比较优势的界定

通常采用两种方法判断一国具有比较优势的产品。

(一) 采用相对劳动生产率衡量

相对劳动生产率是指不同产品劳动生产率的比值。假设某国生产 A、B 两种产品，则该国 A 产品的相对劳动生产率是它生产 A 产品的劳动生产率和 B 产品劳动生产率之比。如果一个国家某种产品的相对劳动生产率高于其他国家同样产品的相对劳动生产率，则该国在这一产品上就拥有比较优势；反之，则只有比较劣势。

(二) 采用机会成本衡量

只有当产品的生产都只采用劳动这种生产要素时，采用相对劳动生产率来判断比较优势的做法才是合理的。而现实中，绝大部分产品的生产需要使用两种或两种以上的生产要素，此时，判断比较优势就需要采用哥特弗里德·哈勃勒(Gettfried Harberler)提出的机会成本概念。甲产品相对于乙产品的机会成本是运用生产特定数量甲产品所需资源所能生产的乙产品数量。如果在某国甲产品相对于乙产品的机会成本低于在另一国相应的机会成本，那么，该国生产甲产品具有比较优势；反之，该国生产甲产品处于比较劣势。

假定在美国制造 100 000 台电脑和生产 1 000 万朵玫瑰所需资源相同，在南美制造 30 000 台电脑和生产 1 000 万朵玫瑰所需资源相同，则在美国生产一台电脑的机会成本是少生产 100 朵玫瑰，在南美生产一台电脑的机会成本则为少生产 333 朵玫瑰，可见，美国生产电脑的机会成本低于南美。因此，美国生产电脑具有比较优势，而南美在玫瑰的生产上具有比较优势。

四、示例

假设存在两个国家——英国和葡萄牙，两种产品——葡萄酒和毛呢，这两种产品都只使用劳动进行生产。在葡萄牙，生产 1 吨葡萄酒需要 80 人·天，生产 1 吨毛呢需要 90 人·天；在英国，生产 1 吨葡萄酒需要 120 人·天，生产 1 吨毛呢需要 100 人·天。假设在封闭状态下，英国、葡萄牙使用全部的国内劳动都只能生产 1 吨葡萄酒和 1 吨毛呢（见表 2-4）。

表 2-4　分工前两国的产出/消费量

国家 产品	英　国	葡萄牙
葡萄酒（吨）	1	1
毛呢（吨）	1	1

虽然葡萄牙在葡萄酒和毛呢的生产上都具有劳动生产率的绝对优势，但这并不意味着葡萄牙要同时向英国出口葡萄酒和毛呢，而英国在这两种产品上只能选择进口。葡萄牙在葡萄酒上的相对劳动生产率为 9/8，英国在葡萄酒上的相对劳动生产率为 5/6，因此，葡萄牙生产葡萄酒具有比较优势，而英国生产毛呢具有比较优势。

根据比较优势论,葡萄牙应该专门生产葡萄酒,用以交换英国的毛呢;而英国则应该专门生产毛呢,以换取葡萄牙的葡萄酒。表 2-5 列示了分工后两国的葡萄酒和毛呢产量。葡萄牙葡萄酒的产量为 2.125 吨,英国毛呢产量为 2.2 吨。可见,分工后,英葡两国葡萄酒及毛呢的总产量均大于分工前对应的总产量。如果英葡两国按照 1:1 的比例开展交换,英国以 1.1 吨毛呢同葡萄牙交换 1.1 吨葡萄酒,那么,交换后英葡两国在两种产品上的消费量均大于分工前的消费量(见表 2-4 和表 2-6)。以上分析表明,分工不仅增加了整个世界的产出,而且改善了各贸易国的消费者福利。

表 2-5 分工后两国的产出

国家 产品	英国	葡萄牙
葡萄酒(吨)	0	2.125
毛呢(吨)	2.2	0

表 2-6 交换后两国的消费量

国家 产品	英国	葡萄牙
葡萄酒(吨)	1.1	1.025
毛呢(吨)	1.1	1.1

五、命题的数学推理

比较优势理论建立的假设前提主要有:(1)只有两个国家、两种产品、一种投入(即劳动)($2\times2\times1$);(2)劳动同质,单位产品劳动投入不变,劳动的规模收益不变;(3)劳动在国内可以自由流动,但跨国流动受到禁止;(4)劳动得到充分利用;(5)产品市场和要素市场完全竞争;(6)没有运输费用,没有贸易壁垒,开展自由贸易;(7)两国在不同产品上的生产技术不同,相对劳动生产率存在着差异;(8)贸易为易货贸易。

假定 A 国的劳动储量为 L_A,A 国在 X、Y 产品上的劳动生产率分别为 a_X 和 a_Y,产量分别为 Q_{AX}、Q_{AY},劳动投入量分别为 L_{AX} 和 L_{AY},价格分别为 P_{AX} 和 P_{AY},两部门的工资率分别为 w_{AX} 和 w_{AY}。假定 B 国的劳动储量为 L_B,B 国在 X、Y 产品上的劳动生产率分别为 b_X 和 b_Y,产量分别为 Q_{BX}、Q_{BY},劳动投入量分别为 L_{BX} 和 L_{BY},价格分别为 P_{BX} 和 P_{BY},两部门的工资率分别为 w_{BX} 和 w_{BY}。由于劳动力在 A 国和 B 国国内均自由流动,所以两部门的工资率应相等,即 $w_{AX}=w_{AY}=w_A, w_{BX}=w_{BY}=w_B$。若 A 国 X 产品的相对劳动生产率 a_X/a_Y 大于 B 国 X 产品的相对劳动生产率 b_X/b_Y,则 A 国在 X 产品的生产上具有比较优势。

在封闭状态下,A 国 X 产品的价格 $P_{AX}=w_A/a_X$,Y 产品的价格 $P_{AY}=w_A/a_Y$,这样 A 国 X 产品的相对价格为 $p_{AX}=a_Y/a_X$;同样道理,封闭状态下 B 国 X 产品的相对价格为 $p_{BX}=b_Y/b_X$。可知,封闭条件下,A 国 X 产品的相对价格低于 B 国 X 产品的相对价格。因此,在开放条件下,若国际市场上 X 产品的相对价格介于 p_{AX} 和 p_{BX} 之间,A 国可以在国际市场上用一定数量的 X 产品换回比在国内市场更多的 Y 产品,因此,A 国生产 X 产品,并向 B 国出售一部分 X 产品以换回 Y 产品供国内消费。同理,B 国生产 Y 产品,并向 A 国出售一部分 Y 产品以换回 X 产品供国内消费。

六、贸易利益分析

我们可以分别采用消费者效用和贸易品的数量来衡量各贸易国的贸易利益。

(一) 采用消费者效用来测量

在封闭条件下,一国消费者面临的收入预算线与该国的生产可能性曲线重叠,且生产均衡点和消费均衡点重叠,都是生产可能性曲线(消费预算线)和社会无差异曲线的切点。

现考察"命题的数学推理"中的 A 国和 B 国。封闭条件下,A 国的生产可能性曲线和收入预算线为 $Q_{AX}/a_X+Q_{AY}/a_Y=L_B$,斜率为 $-a_Y/a_X$,其绝对值为 A 国 X 产品的相对价格。B 国的生产可能性曲线和收入预算线为 $Q_{BX}/b_X+Q_{BY}/b_Y=L_B$,斜率为 $-b_Y/b_X$,其绝对值为 B 国 X 产品的相对价格。显然,封闭条件下 B 国的生产可能性曲线和消费预算线比 A 国的更陡峭。如图 2-1a 和图 2-1b 所示,封闭条件下 A 国的消费者均衡点和生产均衡点均为 A_0,B 国的消费者均衡点和生产均衡点分别均为 B_0,代表的效用分别为 U_{A0} 和 U_{B0}。

开放条件下,A 国和 B 国的生产可能性曲线均保持不变,但消费预算线向外扩展,消费预算线通过开放条件下的生产均衡点,其斜率为国际市场上 X 产品的相对价格,介于封闭条件下 A 国国内和 B 国国内 X 产品的相对价格之间。在图 2-1a 和图 2-1b 中,A 国和 B 国的生产均衡点分别为 M 和 W,消费均衡点分别为 A_1 和 B_1,代表的效用分别为 U_{A1} 和 U_{B1}。

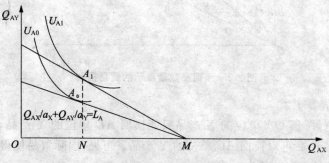

图 2-1a 贸易前后 A 国消费者效用的变化

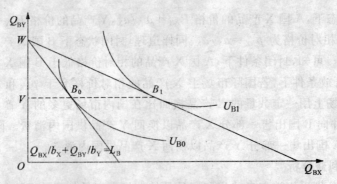

图 2-1b　贸易前后 B 国消费者效用的变化

可见，A、B 两国消费者效用的增量分别为 $U_{A1}-U_{A0}$，$U_{B1}-U_{B0}$，这就是基于比较优势的分工与贸易给这两个国家消费者带来的福利。

在图 2-1a 中，从 A_1 绘制对横轴的垂线，垂足为 N，所得三角形 MNA_1 为 A 国的贸易三角形。类似的方法可得 B 国的贸易三角形 WVB_1，如图 2-1b 所示。贸易三角形是直角三角形，两条直角边的长度分别代表进口量和出口量，斜边代表开放条件下的相对价格线，斜边与表示出口量的直角边所组成的锐角的正切就是相关国家的贸易条件。

(二) 采用贸易品数量来测量

假设 A 国向 B 国出口 OA 单位的 X 产品，从 B 国进口 OB 单位的 Y 产品。两国进出口量及产品的交换比例如图 2-2 所示。OE 和 OF 线的斜率分别表示封闭条件下 A、B 两国 X 和 Y 产品的国内交换比率，OC 线的斜率表示在开放条件下 X 产品和 Y 产品的国际交换比例。

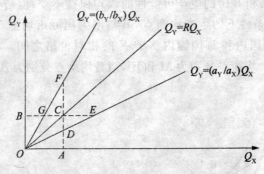

图 2-2　用商品数量表示的贸易福利

1. A 国的贸易利益

封闭条件下，A 国 OA 单位的 X 产品只能换回 AD 单位的 Y 产品，而在开放条件下同样数量的 X 产品可以换回 AC 单位的 Y 产品。可见，国际贸易使得 A 国消费者多消费了 CD 单位的 Y 产品。

封闭条件下，A 国要想多消费 OB 单位的 Y 产品，它需要少消费 BE 单位的 X 产品。而在开放条件下，A 国以 OA 单位的 X 产品就换回了 OB 单位的 Y 产品。可见，在维持 Y 产品消费量不变的前提下，国际贸易使 A 国节约了 CE 单位的 X 产品。

2. B 国的贸易利益

类似的方法可知：B 国的贸易利益表现为多消费 CG 单位的 X 产品或节约 CF 单位的 Y 产品。

七、经验证据

李嘉图的比较优势理论从劳动生产率相对差异的角度揭示了国际贸易发生的原因以及贸易利益。社会科学理论的生命力主要表现为对实践的解释或预测能力。为了探讨该理论与现实世界的吻合程度，学者们进行了相关的实证检验。

在"二战"结束后不久，英国几乎每个部门的劳动生产率都低于美国，即美国在绝大部分产品的生产上具有绝对优势。但当时，英国的出口额却和美国几乎相同。绝对优势理论显然无法解释这种现象，但比较优势论却可以对此进行合理的解释。解释的逻辑如下。美国虽然在几乎所有的部门具有劳动生产率上的绝对优势，但其在一些部门的绝对优势较小，因而在这些部门处于比较劣势的地位，美国应选择进口；美国只有在绝对优势较明显的部门才具有比较优势，才可以出口。同样的道理，英国在绝对劣势不明显的部门具有比较优势，应该选择出口；而在绝对劣势明显的部门处于比较劣势的地位，这些部门应该选择进口。由于英美各有一些具有比较优势的出口部门，这就有可能使得英国在绝大部分产业的劳动生产率处于绝对劣势的情况下，拥有与美国相近的出口额。

最早对李嘉图模型进行实证检验的研究者之一是 MacDougall(1951)。他以 1937 年的数据来检验美英各行业的出口绩效和劳动生产率之间的关系。在作者所考察的行业中，美英之间的贸易壁垒对双边贸易产生了重要影响。为克服贸易壁垒对检验结果的不利影响，在判断比较优势时，作者利用美国、英国对世界其他国家的出口份额作为判断标准。也就是说，如果美国在某一产品上对世界其他国家的出口份额比英国的高，那么就说明美国生产该产品具有比较优势；反之则说明英国有比较优势。根据 MacDougall 的估算，1937 年美国制造业的工资率大约是英国的两倍。根据李嘉图模型，MacDougall 提出以下假说：美国在劳动生产率是英国两倍以上的行业具有比较优势，出口份额应该比英国高；反之则是英国的出口份额更高。MacDougall 利用 1937 年的数据进行了简单的比较。他发现，在选取的 25 个行业中，有 20 个行业支持上述假说。

匈牙利经济学家贝拉·巴拉萨(Bela Balassa)于 1963 年采用美英两国 28 个部门的数据，也采用"第三国"方法进行了实证检验。作者认为两国劳动生产率的差异对贸易的影响有滞后性，因此他首先采用 1950 的劳动生产率数据和 1951 年的出口数据。一元回归结果表明，劳动生产率的回归系数高达 0.721，劳动生产率和出口比率的相关系数为0.8。这说明,劳动生产率比率与滞后一期的出口比率是显著正相关的。随后,作者又采用1950年的劳动生产率数据与1954—1956年的出口比率数据,仍得出了类似的结果。巴拉萨的上述发现支持了李嘉图模型。

以上两项研究均支持李嘉图模型,但也有一些对李嘉图模型提出质疑的实证研究。例如,McGilvray和Simpson(1973)以1964年英国和爱尔兰的相互出口为研究对象。作者选择了47个行业,首先分别计算出爱尔兰和英国在每个行业的单位劳动产出的比率以及它们每个行业的出口倾向和进口倾向,然后计算出单位劳动产出的比率和出口倾向以及单位劳动产出比率和进口倾向之间的秩相关系数。结果发现,单位劳动产出的比率和出口倾向负相关,与进口倾向正相关;这些相关系数虽不显著,但正负号与李嘉图模型的预测相反。

八、评价

(一)实践影响

李嘉图的比较优势论为英国当时的工业资产阶级争取自由贸易提供了有力的思想武器,对英国资本主义的发展起到了显著的推动作用。该理论对于世界上绝大多数国家确立对外贸易政策具有重要的指导意义,对于世界多边贸易体系的建立产生了重大影响。

(二)理论贡献

比较优势思想的问世,标志着国际贸易学说总体系的建立。美国当代经济学家萨缪尔森称它为"国际贸易不可动摇的基础,是经济学中最深刻的真理之一"。比较优势论具有广泛的适用性。该理论认为,没有绝对优势的国家可以凭借比较优势参加国际分工和贸易。这一观点与斯密的绝对优势思想相比更符合现实情况。

(三)局限性

第一,仅仅关注静态比较优势,忽视了对动态比较优势的研究。李嘉图简单地把动态的经济世界抽象成静止的世界,他的理论只能分析国际贸易的短期利益,不能分析长远的动态利益。一国(尤其是发展中国家)如果只注重发挥静态的比较优势,它虽然有可能获得短期的贸易利益,但该国的长期福利有可能恶化,掉入"比较优势陷阱"。所谓"比较优势陷阱",是指一国(尤其是发展中国家)如果完全按照静态比较优势生产并出口初级产品和劳动密集型产品,则在与技术和资本密集型产品出口为主的发达国家的国际贸易中,极有可能被"锁定"在全球价值链的最低端。

第二,比较优势论从供给角度、从劳动生产率的相对差异角度论证贸易模式,而这只是国际贸易产生的原因之一。该理论无法对"二战"后迅速发展起来的产业内贸易以及发达国家间的水平贸易提供有力的解释。

第三,比较优势论不能解释贸易利益在国际和国内的分配问题。首先,该理论仅仅考虑了供给层面的因素,忽略了需求的影响,因而不能解释贸易利益在国与国之间的分配。其次,该理论只考察了劳动这种生产要素,因而不能分析国际贸易对国内不同类型要素所有者的影响。最后,它忽视了劳动的异质性以及导致劳动跨行业流动的其他障碍,因而其不能分析不同行业的劳动者的福利变化。

第四,比较优势论没有深入探究比较优势的来源。该理论提出,劳动生产率的差异导致比较优势。哪些因素会导致劳动生产率的差异?除了劳动生产率之外,还有哪些因素使得一国在特定产品的生产上具有比较优势?显然,李嘉图没有回答这些问题。

第五,诸多严格的假设偏离现实经济世界。李嘉图关于生产要素的类型、要素流动性、要素生产率、运输费用、贸易政策、产品和要素市场结构的假定,都与现实不符。根据这些假设,很容易得出一些似是而非的结论。比如:比较优势理论预测的"完全专业化分工"现实中几乎不存在。

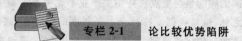

专栏 2-1　　论比较优势陷阱

"比较优势"似乎是经济学的基本规律,然而发展中国家要是一味地发挥"比较优势",势必陷入"比较优势陷阱",即陶醉于自然资源的比较优势不能自拔,固化于产业链的低端,最终丧失竞争力,并影响经济发展。

实施"比较优势"原则应当区别国际与国内

比较优势原理最先由亚当·斯密提出,不过斯密所讲的是绝对比较优势。他举例说,两个人一开始同时进行着打猎和造弓箭,后来其中一个发现他最合适打猎,在打猎上具有绝对比较优势,就专门打猎换弓箭。另一个则发现自己更擅长于造弓箭,在造弓箭上具有绝对优势,就专门造弓箭以换猎物,这样不仅可以增加个人财富,也可以增加社会财富。进而,斯密将这一论述由国内推及世界,认为各国都可以发挥本国资源和劳动的比较优势。斯密举例说,例如甲国生产某一种商品需要十个小时,但是同一商品在乙国生产则需要十五个小时,这时乙国向甲国购买这种商品而不是自己生产将是最为有利的。

大卫·李嘉图发展了斯密的绝对优势学说,提出了比较成本理论。斯密认为,国与国之所以会发生贸易,是因为一国所输出的商品一定是具有绝对优势的商品,这个国家生产这种商品所需要的成本绝对地小于其他国家。李嘉图认为,在国际贸易中一国只要生产自己具有相对比较优势的产品就会对双方都有好处。

亚当·斯密和大卫·李嘉图之所以提出上述学说,除了经济理论本身的发展规律之外,还在于他们当时身处发达国家。斯密看到了最初的市场经济的魅力,反映的是最发达国家的心态。而在李嘉图的时代,英国已完成了工业革命,其大工业在世界上占绝对优势,其工业品冲击着其他国家的市场。同时英国也需要更多廉价的粮食和原料,用以加速其大工业的发展。

把比较优势理论不加分析地应用于发达和欠发达国家之间的国际贸易,会影响到欠发达国家竞争力的形成和经济的发展。德国经济学家弗里德里希·李斯特最先洞察到了这一理论的弊端并做了深刻的剖析。当时德国经济比较落后,李斯特从这种落后的现实出发,认为斯密的学说错在只有世界(世界主义)和个人(个人主义),没有国家。如果像斯密(也包括李嘉图)设想的那样各国发挥比较优势,则发达国家的比较优势是技术、大量的工业品和剩余资本,欠发达国家的比较优势是廉价的劳动力、资源和尚未被污染的环境,在此基础上进行不设防的自由贸易,英国会进一步成为庞大的工业帝国,那些欠发达国家的经济就会每况愈下。

在李斯特看来,欠发达国家需要自由贸易,但同样需要保护,在保护中形成具有国际竞争力的产业,再进行自由贸易。他把这样的过程分为三个阶段:第一个阶段是,对比较先进的国家实行自由贸易,以此为手段,使自己脱离未开化阶段,在农业上求得发展;第二个阶段是,用商业限制政策促进工业、渔业、海运事业和国外贸易的发展;最后一个阶段是,当财富和力量已达到最高度以后,再行恢复到自由贸易原则,在国内外市场进行竞争,使从事工商业的人们在精神上不致松懈,并且可以鼓励他们不断努力保持既得优势地位。李斯特提出要重点保护,形成产业竞争力,实际上就是我们今天所讲的通过合理的产业政策,形成关键产业的核心竞争力和整个国民经济的竞争力。

从一定意义上讲,李斯特揭示了后发国家的一般发展轨迹。不仅德国后来的崛起与李斯特的保护政策不无关系,日本、韩国的崛起也与重点扶持相关产业不无关系。新中国在最初的建设中,所以能够很快自立于世界民族之林,也与我们发挥社会主义制度的优越性,兴办关键性工业部门密不可分。如果我们当时遵循所谓的比较优势原理,发挥所谓劳动力便宜、资源丰富的比较优势,就很难建成独立的工业体系和国民经济体系,可能至今还会受制于人。

综上,比较优势原理更适合在一国范围内发挥作用,当把它应用到世界范围的时候,应当是有条件、有限度的。发展中国家如果不明白这一点,就会陷入比较优势的陷阱,贻误本国经济的发展。

静态的比较优势在科学技术迅猛发展的今天可能成为劣势

在科学技术迅速发展的今天,一国传统的、静态的比较优势可能恰恰是劣势,甚至会成为一国经济发展的软肋。迈克尔·波特在《国家竞争优势》里指出,传统的比较优势原理已经不能解释由于科技进步所带来的一系列新现象:(1)不能解释自然条件处于不利地位的地区或国家为什么能变不利为有利并成为竞争的佼佼者,如黄沙漫天的以色列,农业及与农业相关的技术却相当发达;(2)不能解释更多与要素禀赋无关的企业的兴起,如需要精密技术或熟练工人的新产业,而这些产业又是一个国家兴旺发达的重要组成部分;(3)不能解释为什么全球绝大多数贸易发生在条件相当或要素禀赋没有多大差异的发达国家,在这些国家新材料、新能源被源源不断地创造出来,市场需求大,产品互补性强。

既然比较优势原理不能解释一系列新的现象,又为什么会在 18、19 世纪兴起呢?原因在于那时产业粗糙,是低级生产要素在起作用。在科学技术发展的今天,是高级生产要素即高素质的人力资本和科学技术在起作用。波特用"钻石理论"解释了新出现的现象:(1)高级生产要素;(2)需求条件或需求的力量;(3)相关产业或支持性产业;(4)企业战略。这四个因素分布于一个菱形的四角,恰如一枚钻石。托马斯·弗里德曼在《世界是平的》一书中,从另外的视角描述了同样的现象:一些没有传统比较优势的国家或地区经济发展相当之好。他说:"所谓平坦系数是这样一个概念——一个国家自身越平坦,也就是说一个国家的自然资源越少,那么这个国家在平坦的世界中的处境就越好。在平坦的世界里,一个理想的国家是没有任何资源的,因为没有任何资源的国家无依无靠,所以倾向于挖掘自己的潜力,提高自身的竞争能力。这些国家会设法调动起全体国民的干劲、创业精神、创造力和学习知识的热情,而不是热衷于挖油井。"他认为日本、韩国、中国台湾地区、中国沿海省份的成功概因于此。

既然如此,发展中国家就不应陶醉于传统比较优势,更不能陷入比较优势的陷阱。令人遗憾的是,由于具有传统比较优势的产业进入门槛低,很多发展中国家都选择了这样的产业。当越来越多的国家和越来越多的人被这种产业所吸引之后,除了优势不断消失之外,还产生了一系列的消极后果,例如环境污染,缺少竞争力和经济主动性,少有的利润取决于国际经济如何波动。发展中国家正确的做法是主动割舍、积极扬弃。日本是这方面成功的典范,日本在劳动密集型产品还有优势的情况下便进行了主动割舍,没有陷入比较优势的陷阱,培育了许多拥有自有技术、自主品牌、驰名世界的产品,提升了日本的产业竞争力。

重新审视比较优势原理给我们的现实启迪

首先,要认识到比较优势原理在一国范围内是普遍适用的,在世界范围内其适用性是有条件的。具体到我国,各省各地区之间一定要发挥比较优势,遏制地方保护,建立全国统一的市场;但在面对世界性的竞争时,如果我们敞开胸襟在世界范围内发挥传统的比较优势,就只能造衬衣——便宜的劳动力是我们所谓的比较优势。一个时期以来,我们在很多产业上,例如大飞机产业、关键性装备制造业上缺少竞争力或者竞争力下滑,大概与我们一味发挥传统的比较优势不无关系。这种比较优势的发挥,虽然使我们在一段时间内促进了经济一定程度的发展,但各种弊端在此次金融危机中却暴露无遗。广东省委书记汪洋曾指出:"当前的金融危机给广东上了生动的一课,过去利用廉价的土地、人力资本优势,承接国际产业转移发展起来的劳动密集型产业,其低端生产能力在金融危机冲击下深层次矛盾暴露无遗。"现在看来,20世纪50年代我国的一些作法依然是有现实意义的,即发挥社会主义制度的优越性,集中财力兴办关键产业,形成关键性产业的竞争力。事实上,日本、韩国的成功也在于利用产业政策造就了关键性产业的竞争力。

其次,选择经济增长模式要注意到科学技术迅速发展的时代背景。要认识到在静态的、传统的比较优势原理的框架内是优势的,在动态的状态下恰恰是劣势,例如劳动力便宜,换一个角度看可能就是劳动力素质不高、劳动力性价比不高、创新能力不强;低端产业迅速发展的另一面则是附加值低、缺少自主知识产权和国际品牌、环境污染。如果说在经济发展的最初阶段,我们靠传统的比较优势完成了必要的积累,那么在经济已有了一定程度发展的今天,我们应当加紧转变经济增长模式,提升经济增长的技术含量,避免陷入比较优势的陷阱。有人担心,转变经济增长模式会产生机器排挤工人的现象。从发达国家的实践来看,至今也没有发生过这样的现象,因为随着新机器、新生产方式的诞生,会产生新的产业和就业岗位。当然,我国幅员辽阔,各地情况很不一样,这就使得劳动密集型经济增长模式在一些地方确有存在的必要性,但在经济发达地区,率先提升经济增长模式确实刻不容缓。

资料来源:李义平,《光明日报》,2009年6月30日。

第三节　相互需求理论

一、理论背景

约翰·斯图亚特·穆勒(John Stuart Mill,1806—1873),英国心理学家、哲学家和经济学家,其父为著名经济学家詹姆斯·穆勒(James Mill,1773—1836)。在詹姆斯·

穆勒的影响下,约翰·穆勒很早就开始博览群书。3岁开始学希腊文,8岁开始学拉丁文并开始接触几何与代数,9岁开始阅读古希腊文学与历史作品,10岁读完古希腊哲学家柏拉图和德摩斯提尼的原著,12岁开始学习逻辑,熟读亚里士多德的逻辑学著作;尤其值得指出的是,13岁时,在父亲的指导下,他开始阅读李嘉图的《政治经济学及赋税原理》,接着又阅读了亚当·斯密的《国富论》。除了接受詹姆斯·穆勒的指导,边沁、萨伊和李嘉图等著名经济学家对约翰·穆勒的成长都发挥了重要的促进作用。约翰·穆勒生活在英国的工业革命时期,当时社会动荡多变,工业资产阶级通过与贵族地主阶级的激烈斗争,最终确立了优势地位。约翰·穆勒受到了英国工业革命的熏陶,其思想包含很多关于工业发展的观点。穆勒所处的时代,正是李嘉图比较优势思想盛行的时期,在詹姆斯·穆勒和大卫·李嘉图的亲自指导下,约翰·穆勒深入研读了李嘉图的《政治经济学及赋税原理》。在认可、拥护李嘉图国际贸易学说的前提下,约翰·穆勒对李嘉图的理论进行了补充,从需求的角度阐释了国际贸易的利益范围和利益分配问题。

二、主要观点

约翰·穆勒在1848年出版的《政治经济学原理》一书中提出了相互需求论,该理论又称"国际需求方程式"或"国际价值法则"。穆勒认为,商品的国际价值受到国际间需求均衡规律的支配,而国内贸易的商品价值则取决于该商品的生产费用,两者是不相同的。

相互需求论主要包含五条论点。前三条是关于国际交换比例的确定,后两条是关于国际贸易利益的分配。第一,国际交换比率的上下限是由两国的国内交换比率所决定的。只有国际交换比率处在两国的国内交换比率之间,两国才都能获得贸易利益,贸易才会发生。第二,实际贸易条件就是促使双方进出口都达到均衡的那种交换比率,它是由两国的相互需求决定的。第三,一国对他国商品的需求强度越是大于他国对该国商品的需求强度,实际贸易条件就越接近该国的国内交换比例。第四,两国从一项国际贸易活动所获利益之和的多少,取决于两国贸易交换比率之范围的大小。两国国内交换比率的差异越大,可能获得的贸易利益之和也越大;反之则相反。第五,贸易利益在两国之间的分配取决于具体的交换比率,即实际贸易条件越靠近对方的国内交换比率,自己获取的利益份额就越大;反之则越小。

三、示例

假定有两个国家——英国和德国,两种商品——毛料和亚麻布。如果英德两国的国内交换比例差距越大,则这两个国家获得的贸易利益之和就越大。假定在封闭条件下,英国10码毛料可以交换15码亚麻布,而德国10码毛料则可以交换20码亚麻布(表2-7)。根据相互需求论,开放条件下,10码毛料可以交换超过15码、低于20码的亚麻布。如果英国对德国亚麻布的需求强度大于德国对英国毛料的需求强度,则国际交换比例越接近英国的国内交换比例,英国获得的贸易利益越小;反之,国际交换比例越接近德国的国内交换比例,德国获得的贸易利益越小。

表 2-7 英德两国毛料和亚麻布的国内交换比例

国家 产品	英 国	德 国
毛料	10 码	10 码
亚麻布	15 码	20 码

四、评价

（一）理论意义

穆勒的相互需求论从需求角度论证国际贸易的利益范围和利益分配,是对仅从供给角度分析贸易模式的比较优势论的重要补充和发展。一方面,回答了国际贸易能够为双方带来的利益之和的范围问题。李嘉图的比较优势只是强调国际贸易能够给双方带来利益,但却没有进一步论证影响贸易利益之和的因素。另一方面,探讨了贸易利益如何在国家间分配的问题。在李嘉图的比较优势模型中,两国的国际交换比例只是在两国国内交换范围内的一个交换比例,他没有说明国际交换比例的决定机制,更没有解释国际交换比例的取值和贸易利益分配之间的关系。

（二）局限性

第一,穆勒对国际价值的解释偏离了劳动价值论;第二,相互需求论的前提假设是物物交换下供给等于需求,而现实中出口和进口往往不是同时进行的,而是彼此分离的;第三,均衡的贸易条件究竟在哪一点,穆勒没有给出具体的可操作性办法。

关 键 概 念

绝对优势,比较优势,相对劳动生产率,机会成本,生产可能性曲线,国际交换比率,国内交换比例,贸易三角形

内 容 提 要

1. 绝对优势论认为,各国应该按照各自的绝对优势进行分工,然后交换各自生产的产品,从而使得各国的资源、劳动力和资本都得到有效的利用。

2. 比较优势理论认为,各国应集中生产并出口其具有比较优势的产品,进口其处于比较劣势的产品,这样两国都可以获得各自所需要的利益。

3. 比较优势可以利用"相对劳动生产率"和"机会成本"来衡量。

4. 可以采用消费者效用和贸易品的数量来衡量各贸易国的贸易利益。

5. 相互需求理论认为,国际交换比率的上下限是由两国的国内交换比率所决定

的;实际贸易条件就是促使双方进出口都达到均衡的那种交换比率,它是由两国的相互需求决定的;一国对他国商品的需求强度越是大于他国对该国商品的需求强度,实际贸易条件就越接近该国的国内交换比例;两国从一项国际贸易活动所获利益之和的多少,取决于两国贸易交换比率之范围的大小;贸易利益在两国之间的分配取决于具体的交换比率。

复习思考题

1. 绝对优势论的主要观点是什么?绝对优势论有何理论意义和局限性?
2. 可以采用哪些方式来衡量比较优势?
3. 比较优势论的主要观点是什么?该理论有何理论意义和局限性?
4. 在李嘉图模型中,为什么是商品的相对价格而不是绝对价格决定了商品的国际流向?
5. 中国大部分制成品的劳动生产率低于美国,为什么中国仍能对美国保持高额的商品贸易顺差?
6. 相互需求论的主要观点有哪些?该理论的理论意义和缺陷体现在哪些方面?
7. 本国生产单位小麦和布的劳动投入分别为 1/5 和 1,外国生产单位小麦和布的劳动投入分别为 1 和 1/3,则:

(1) 本国和外国的绝对优势产品分别是什么?为什么?

(2) 两国的国内交换比例分别为多少?

(3) 假如本国用 5 单位小麦换取外国 3 单位布,本国与外国的贸易得益分别是多少?

(4) 假如本国用 5 单位小麦换取外国 6 单位布,两国的贸易得益分别为多少?为什么?

8. "有比较优势的产品一定有绝对优势,但有绝对优势的产品并不一定有比较优势",请评析这句话。

9. "贸易只对发达国家有利",请运用所学理论评析这句话。

10. 假设世界上打字最快的打字员恰好是个律师,他应该自己打字还是雇佣一个秘书?请运用所学理论予以回答。

11. 假定 A 国和 B 国的劳动禀赋均为 400。A 国生产 1 个单位的 X 产品需要 5 个单位的劳动,而生产 1 个单位 Y 产品需要 4 个单位的劳动。B 国生产 1 个单位的 X 产品需要 4 个单位的劳动,而生产 1 个单位的 Y 产品需要 8 个单位的劳动。A、B 两国的消费者效用函数均为 $u=xy$,其中 x,y 分别为 X 产品、Y 产品的消费量。

(1) 画出两个国家的生产可能性边界。

(2) 哪个国家在哪种产品上有绝对优势?为什么?根据绝对优势理论,贸易方向如何？为什么？

(3) 根据绝对优势理论,如果允许自由贸易,专业化生产在多大程度上发生？为什么？每种商品各自生产多少？

(4) 不使用绝对优势定理而用比较优势定理回答(2)和(3)的问题。

(5) (2)和(3)的答案和(4)的答案有无不同？为什么？

(6) 假定国际交换比例为 1∶1,A、B 两国基于比较优势开展国际贸易,则贸易量是多少？

(7) 基于比较优势的国际贸易给两国带来的贸易利益有多大？请分别用消费者效用和商品数量来表示。

12. 假设某国拥有 20 000 单位的劳动,产品 X、Y 的单位产出所要求的劳动投入分别为 5 个单位和 4 个单位。

(1) 确定生产可能性边界。

(2) 若 X 的国际相对价格为 2,进口量为 2 000 单位,试绘制贸易三角形。

第三章 新古典国际贸易理论

英国经济学家阿尔弗雷德·马歇尔(Alfred Marshall,1842—1924)在继承古典贸易学派抽象演绎方法的基础上,率先将新古典经济学的研究范式和分析方法用于国际贸易研究,开创了国际贸易的现代分析方法,成为新古典贸易理论的创始人。瑞典经济学家埃利·菲·赫克歇尔(Eli F. Heckscher,1879—1952)和贝蒂尔·俄林(Bertil Ohlin,1899—1979)提出了要素禀赋理论,这是新古典贸易理论的最重要成果之一。他们从要素比例的角度解释贸易流,得出了要素禀赋差异和要素密集度差异共同决定国际贸易模式的重要结论。后来,美国经济学家保罗·萨缪尔森(Paul A. Samuelson,1915—2009)、英国经济学家詹姆斯·爱德华·米德(James Edward Meade,1907—1995)等杰出学者对新古典贸易理论做了进一步的发展。

古典的国际贸易理论存在明显的局限性,包括但不限于以下四方面:① 要求完全专业化生产;② 基本不考虑需求因素;③ 只考察一种生产要素;④ 仅限于逻辑演绎,缺乏严谨的数学工具。新古典贸易思想是在古典贸易思想的基础上,放弃了李嘉图的劳动价值论,引入劳动之外的其他生产要素、陶西格的生产费用说、马歇尔的提供曲线、哈勃勒的机会成本与生产可能性曲线等,采用许多数学工具和分析方法,是对古典贸易理论的改进。但是,与古典贸易理论相比,新古典贸易理论对于国际贸易理论三大问题(贸易基础,贸易利益,贸易与经济、要素禀赋的动态互动)的探讨并没有重大的突破。

新古典贸易理论保留了古典贸易理论的以下假设:① 市场完全竞争;② 产品在国家间完全自由流动;③ 生产要素在国内各部门完全自由流动,但在国家间完全不能流动;④ 没有交易成本。不过,新古典贸易模型引入了一些新的假设,包括:① 生产产品需要投入多种生产要素,生产者通过要素组合实现利润最大化;② 消费者在预算约束下通过选择消费组合来实现效用最大化;③ 从连续和可微的意义上看,决定要素组合的生产技术以及衡量消费者效用的偏好函数都是性状良好的。

本章将依次阐述国际供求理论与提供曲线、赫克歇尔和俄林的要素禀赋论以及萨缪尔森和琼斯的特定要素模型。

第一节 国际供求理论与提供曲线

一、时代背景

阿尔弗雷德·马歇尔,是19世纪末20世纪初英国最著名的经济学家,新古典经济学派的奠基者,剑桥学派的创始人和主要代表。他于1890年发表的《经济学原理》,被看作是与斯密的《国富论》、李嘉图的《政治经济学及赋税原理》齐名的划时代的著作。在这本书里,马歇尔创立了均衡价值理论。1923年,马歇尔将均衡价值论用于对国际贸易问题的分析和研究,提出了国际供求关系决定国际交换均衡价值进而决定贸易利益分配格局的理论——国际供求理论。

二、马歇尔国际供求论的主要内容

马歇尔的国际供求论包含以下主要观点:(1)国际需求与供给共同决定国际贸易条件。国际贸易不仅是"国际需求"问题,也是"国际供给"问题,需要从需求和供给相结合角度研究国际贸易条件。(2)一种产品的国际价格是使得出口国(对进口品的)需求和进口国(对出口品的)供给相等时的均衡价格。(3)国际贸易条件一般取决于需求价格弹性和需求强度。贸易条件的确定不利于需求强度高、需求价格弹性小的国家,而有利于需求强度低、需求价格弹性大的国家。大国相对于小国、富国相对于穷国的需求弹性更小,因此大国和富国在对外贸易中获得的利益较少。

三、运用提供曲线解释贸易条件的决定及变动

提供曲线(Offer curve),又称相互需求曲线(Reciprocal demand curve),是指在不同的相对价格条件下,一国愿意进口和出口的商品数量组合。马歇尔在使用某一特定曲线描述贸易中的供求均衡时,将该曲线称为国际供需曲线。诺贝尔经济学奖得主詹姆斯·爱德华·米德在1952年出版的《国际贸易几何学》一书中,运用现代经济学的手段和方法对国际供需曲线进行了推导。

(一)提供曲线的推导

提供曲线一般是运用生产可能性曲线、社会无差异曲线以及相对价格线推导出来的。假定有两个国家——本国和外国,两种产品——X产品和Y产品。本国在X产品生产上具有比较优势,向外国出口X产品以换取Y产品。图3-1阐释了本国提供曲线的推导过程。在封闭条件下,本国的生产均衡点和消费均衡点均为A点,X产品相对价格为p_1。可见,当相对价格为p_1时,进出口量均为0,这对应着提供曲线上的原点。只有当X产品的国际相对价格大于p_1时,本国才会向外国出口X产品。若相对价格上升为p_2,则出口量为BD,进口量为DE;若相对价格为p_3,则出口量为CF,进口量为FG。类似的方法,可以得到其他相对价格条件下本国的进出口量。采用描点法,可以

绘制出反映不同相对价格条件下本国的进出口数量组合之轨迹,即本国的提供曲线。同样的方法,可得外国的提供曲线,见图3-2。

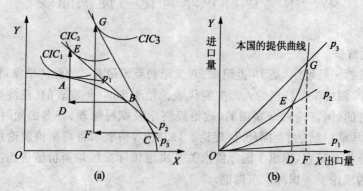

图 3-1　本国提供曲线的推导

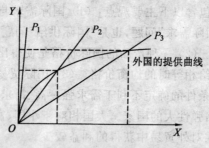

图 3-2　外国的提供曲线

可以看出,本国和外国的提供曲线都凸向代表具有比较优势商品的坐标轴。这是由于两个方面的原因:一是因为出口商品的边际机会成本递增;二是由于进口商品的边际效用递减。

（二）均衡贸易条件的推导

如果将本国和外国的提供曲线合并到一张图上,它们就会交于一点。在图3-3中,本国和外国提供曲线的交点是E_0点。E_0点是国际市场的进出口均衡点;OE_0与横轴构成的夹角之正切表示本国的贸易条件;而OE_0与纵轴夹角的正切表示外国的贸易条件。

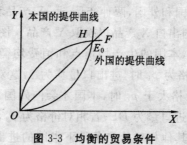

图 3-3　均衡的贸易条件

(三)贸易条件的变动

一国的供给或需求发生变化时,该国提供曲线的位置将会移动。从需求角度来看,引起提供曲线变化的原因包括收入水平、年龄结构、消费观念等因素的变化;从供给角度来看,导致提供曲线移动的因素包括资源总量、资源结构、技术水平等因素发生变化。当需求或供给因素的变化导致提供曲线发生移动后,两国之间均衡的贸易数量和贸易条件都将可能发生变化。也就是说,提供曲线的移动会产生两种效应:一是贸易条件效应;二是贸易数量效应。

假定本国对出口商品 X 的国内需求变得更加强烈,则在国际相对价格相同时,本国愿意出口的 X 商品量减少,本国的提供曲线由 OH 移动到 OH_1。均衡点由 E_0 移动到 E_1,本国的贸易条件改善,进出口量均减少(图 3-4)。

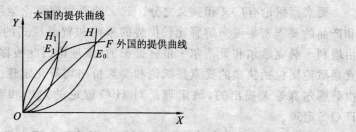

图 3-4　本国对出口品需求的增加导致的变化

根据类似的原理,可以推断其他因素的变化对贸易条件和贸易量的影响,见表 3-1。

表 3-1　其他因素变化产生的贸易条件效应和贸易量效应

因素变化	对本国的影响	对外国的影响
本国对出口品的需求减弱	贸易条件恶化,进出口量增加	贸易条件改善,进出口量增加
本国对进口品的需求增强	贸易条件恶化,进出口量增加	贸易条件改善,进出口量增加
本国对出口品的供给能力增加	贸易条件恶化,进出口量增加	贸易条件改善,进出口量增加
本国对进口替代品的供给能力增加	贸易条件改善,进出口量减少	贸易条件恶化,进出口量减少

四、评价

(一)理论贡献

马歇尔国际供求理论的理论贡献体现在两个方面:第一,提供曲线的分析比穆勒的文字表述更精确,运用提供曲线对贸易条件的分析,开创了把几何方法作为国际贸易理论分析工具的先河,为西方传统国际贸易理论增添了新的表达方法。第二,马歇尔最早地将供给和需求综合起来,对国际贸易问题加以全面考察。之前的亚当·斯密和大卫·李嘉图只考虑国际贸易的供给层面,而约翰·穆勒只考察了国际贸易的需求层面,这导致其相关理论都带有一定的片面性。

(二) 局限性

同之前的国际贸易理论家一样,马歇尔没有对国际生产关系的性质及其对贸易利益分配的影响展开研究。因此,马歇尔的理论无法从根本上解决国家间的商品交换是否合理、是否平等交换的问题。

第二节 要素禀赋论

一、理论背景

要素禀赋论有广义和狭义之分。狭义的要素禀赋论运用国家的生产要素丰裕度和产品的要素密集度来解释比较优势的来源和贸易模式的产生原因,其主要观点是由埃利·赫克歇尔和贝蒂尔·俄林提出的,该理论因此被称为 H-O 理论。广义的要素禀赋论则包括狭义的要素禀赋论和要素价格均等化定理。要素价格均等化定理是由萨缪尔森等人提出的,该定理是对 H-O 理论的发展和有益补充,因此又被称为 H-O-S 定理。

赫克歇尔是当代著名的瑞典经济学家,斯德哥尔摩大学教授。1919 年,赫克歇尔发表了题为《国际贸易对收入分配的影响》的论文,对要素禀赋理论的核心思想——要素禀赋差异是国际贸易比较优势形成的基本原因做出了初步的分析。他指出,产生比较成本差异进而引起国际贸易必须具备两个前提:一个是两个国家的要素禀赋不一样;另一个则是不同产品生产过程中所使用的要素比例不一样。不过,赫克歇尔的理论论证不够严密,也没有提出过完整的理论模式。

俄林是瑞典经济学家、社会活动家。1919 年在赫克歇尔的指导下,俄林获得斯德哥尔摩大学的经济学硕士学位;1924 年在卡塞尔指导下,获得斯德哥尔摩大学的博士学位。此后,俄林任各大学的教授及政党领袖、议员和政府官员等职。1929—1933 年资本主义世界爆发的空前严重的经济危机导致各国贸易保护主义抬头,这让国内市场狭小、一向对国外市场依赖很大的瑞典陷入困境和不安。在此背景下,俄林继承其导师赫克歇尔的论点,对之进行了深入的理论探讨。1933 年,俄林出版了著名的《国内贸易与国际贸易》一书,在书中对其老师的思想做了清晰而全面的解释,深入探讨了要素禀赋差异产生国际贸易的机制以及国际贸易对收入分配的影响,从而实现并发展了赫克歇尔的设想,提出了比较完整的要素禀赋思想体系。由于其贡献,俄林与詹姆斯·米德分享了 1977 年度的诺贝尔经济学奖。

自赫克歇尔和俄林先后提出并建立起要素禀赋理论体系以后,20 世纪 40 年代以来萨缪尔森、斯托尔珀(W. F. Stopler)、雷布金斯基(T. M. Rybczynski)等经济学家,在狭义要素禀赋论的基础上进行了大量的理论研究，丰富和发展了相关理论。

二、核心概念

(一) 要素丰裕度(factor abundance)

要素丰裕度衡量的是一国各种生产要素的相对供给量大小。这是一个相对的概念，其相对性表现在两个方面：第一，比较对象是相关国家同种生产要素的相对供给量，而不是绝对供给量；第二，相对于不同的参照国，同一国家的要素丰裕类型可能会有所变化。我们可以采用两种方法来界定一国的要素丰裕度。

1. 实物单位定义法

假设 A、B 两国拥有的资本 K 的总量分别为 TK_A 和 TK_B，拥有的劳动 L 的总量分别为 TL_A 和 TL_B。如果 A 国的资本和劳动之比 $TK_A/TL_A < TK_B/TL_B$，则 A 国为劳动丰裕国和资本稀缺国，而 B 国为劳动稀缺国和资本丰裕国。

2. 要素相对价格定义法

若一国某要素的相对价格低于别国同种要素的相对价格，则该国该要素比别国丰裕。假定 A、B 两国的工资率分别为 w_A、w_B，利率分别为 r_A、r_B。如果 A 国劳动的相对价格 w_A/r_A 小于 B 国劳动的相对价格 w_B/r_B，则 A 国为劳动丰裕国和资本稀缺国，B 国为劳动稀缺国和资本丰裕国。

实物单位定义法只考察了要素的供给，而以相对价格法衡量的要素丰裕度综合考察了要素的供给和需求两个方面，因而更为科学。

(二) 要素密集度(factor intensity)

要素密集度衡量的是产品生产过程中各种要素投入比例的相对大小。如果一种产品的某要素投入相对比例始终大于其他产品同种要素投入的相对比例，则该产品的该要素密集度高。假定在两产品(X 和 Y)两要素(资本 K 和劳动 L)经济中，生产 X 产品投入的资本和劳动量分别为 K_X、L_X，而生产 Y 产品投入的资本和劳动量分别为 K_Y、L_Y。如果在工资率和利率比值相同的任何情况下，不等式 $K_X/L_X < K_Y/L_Y$ 总成立，则 X 产品为劳动密集型产品，而 Y 产品为资本密集型产品。

根据上述定义，可以用两种图形展示产品的要素密集度。在图 3-5a 中，XX 线和 YY 线分别表示 X 和 Y 产品的劳动相对价格 w/r 和资本劳动投入之比 K/L 之间的关系。在劳动相对价格相同的任何情况下，Y 产品的资本和劳动投入之比均大于 X 产品的资本和劳动投入之比。因此，Y 产品为资本密集型，X 产品为劳动密集型。在图 3-5b 中，X 产品和 Y 产品的等产量线和等成本线的切点分别为 X_0 和 Y_0，分别对应 X 产品和 Y 产品在劳动相对价格为 w_0/r_0 条件下的生产均衡点。OX_0 的斜率 k_{X0}、OY_0 的斜率 k_{Y0} 分别代表生产 X 和 Y 产品所投入的劳动与资本之比。不难发现，$k_{X0} > k_{Y0}$，这意味着生产 X 产品所投入的劳动和资本之比值较 Y 的高。如果在劳动的相对价格发生任意变化的情况下，上述斜率间的大小关系始终保持不变，则 X 产品为劳动密集型产品，Y 产品为资本密集型产品。

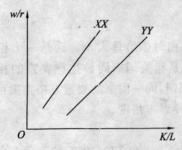
图 3-5a　要素密集度的图示方法之一

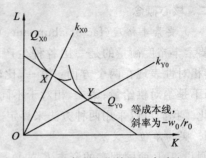
图 3-5b　要素密集度的图示方法之二

三、狭义要素禀赋论的主要观点

产生国际贸易的基本条件是产品的价格差异。在产品市场完全竞争的条件下，产品的价格差异源于生产成本的差异。而生产成本的差异根源于各国生产要素禀赋的差异，这是因为：(1) 在产品需求既定的情况下，一国对要素的衍生需求既定，此时，要素禀赋是影响生产要素价格的决定性因素。(2) 在技术相同的情况下，生产要素价格是导致产品生产成本差异的决定性因素。

如果一国的某种生产要素丰裕，则在产品需求相同的情况下，该国的这种生产要素的相对价格较低；因此，在技术相同的情况下，密集使用这种生产要素的产品的生产成本相对较低；在产品市场完全竞争的条件下，密集使用该生产要素的产品的相对价格也较低。因此，该国在密集使用本国丰裕要素的产品上具有比较优势。相反地，该国在密集使用本国稀缺要素的产品上处于比较劣势。综上，各国应该生产并出口密集使用本国丰裕要素的产品，进口密集使用本国稀缺要素的产品。

四、命题推导

（一）前提假设

狭义要素禀赋论成立的前提包括：(1) 存在两个国家——本国(H)和外国(F)，两种产品——X 产品和 Y 产品，这两种产品的生产均需要投入两种生产要素（这里假设为资本 K 和劳动 L）；(2) 本国劳动要素丰裕，外国资本要素丰裕；(3) X 为劳动密集型，Y 为资本密集型；(4) 生产要素在国内完全自由流动，在国家间完全不能流动；(5) 两国的技术水平相同；(6) 两国消费者的偏好完全相同；(7) 产品和生产要素市场完全竞争；(8) 不存在运输费用，也不存在其他贸易限制所产生的支出；(9) 规模报酬不变。

（二）两国的生产可能性边界

在图 3-6a 中，本国和外国的要素禀赋点分别为 E_H、E_F。本国投入其所占有的全部要素最多可生产 Y_H 单位 Y 产品或 X_H 单位 X 产品，外国投入其所占有的全

部要素最多可生产 Y_F 单位 Y 产品或 X_F 单位 X 产品。这样可得本国和外国的生产可能性曲线，见图 3-6b。可见，资本丰裕的国家（外国）在资本密集型产品上的相对供给能力较强，劳动丰裕的国家（本国）在劳动密集型产品上的相对供给能力较强。

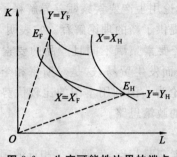

图 3-6a 生产可能性边界的端点

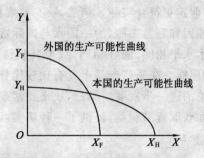

图 3-6b 两国的生产可能性曲线

（三）相对供求分析

相对供给曲线 RS 衡量 X 产品的相对价格（P_X/P_Y）和 X 产品的相对供给量（Q_X/Q_Y）之间的正向关系。那么，本国和外国的相对供给曲线的相对位置如何？根据图 3-7a，在两国 X 产品相对价格相同的任何情况下，本国 X 产品的相对供给量均大于外国。因此，本国 X 产品的相对供给曲线 RS_H 位于外国 X 产品相对供给曲线 RS_F 的右下方，而整个世界（由本国和外国构成）的相对供给曲线 RS_W 处于两国相对供给曲线之间（图 3-7b）。由于本国和外国的消费偏好完全相同，因此，本国、外国以及整个世界的相对需求曲线重叠，均为 RD。这样，在封闭条件下，本国 X 产品的相对价格为 P_{HX}/P_{HY}，低于外国 X 产品的相对价格 P_{FX}/P_{FY}。因此，作为劳动丰裕国的本国应该向作为资本丰裕国的外国出口劳动密集型产品 X，并从作为资本丰裕国的外国进口资本密集型产品 Y；这种贸易使得本国劳动密集型产品 X 的相对价格上升，资本密集型产品 Y 的相对价格下降。外国的情形恰恰相反。

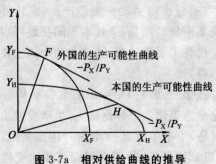

图 3-7a 相对供给曲线的推导

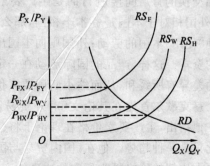

图 3-7b 相对供求均衡

五、对狭义要素禀赋论的评价

（一）贡献

狭义要素禀赋论在继承李嘉图比较优势论的基础上，又有了新的理论拓展。第一，狭义要素禀赋论假定产品的生产需要两种生产要素，这比比较优势论的"单一生产要素（劳动）"假定更符合实际。第二，狭义要素禀赋论用生产要素禀赋差异解释了国际贸易的产生原因和利益来源，为一国参与国际贸易提供了新的理论解释。它表明，即使两个国家技术水平相同、偏好相同，只要其初级生产要素禀赋不同且产品的要素密集度不同，它们照样会在某些产品上具有比较优势，从而发生贸易，这是对斯密和李嘉图国际分工理论的进一步发展。第三，狭义要素禀赋论为一国利用本国的比较优势来参与国际分工和获取贸易利益，提供了一种切实可行的政策思路。

（二）不足

第一，狭义要素禀赋论不能有效地解释要素禀赋相近、发展水平相近的国家之间的贸易。根据狭义要素禀赋论，发展水平差距较大的国家间应该有更为密切的贸易关系。但是，"二战"后发展水平相近的发达国家之间的贸易关系变得密切，这是狭义要素禀赋论无力解释的现象。第二，狭义要素禀赋论存在诸多不符合实际的假设。例如：只考虑到传统的生产要素（包括土地、资本和劳动），忽视了新的生产要素（如技术、管理等）的作用；忽视了同类生产要素的异质性；假定不存在运输费用和贸易壁垒；等等。上述假设都与实际相差甚远。第三，狭义要素禀赋论具有静态的性质，没有考察要素禀赋变动的原因以及由要素禀赋变动所带来的比较优势变迁。第四，支持性的证据不足。里昂惕夫等人发现了诸多与狭义要素禀赋论的预测相违背的实证结果。

六、狭义要素禀赋论的扩展

（一）要素价格均等化定理

1. 要素价格均等化思想的逻辑

要素禀赋不同的两个国家交换要素密集度不同的产品，这不仅仅是商品的交换，在商品交换的背后间接进行的是生产要素的"交换"。如果本国相对于外国是劳动丰裕国，外国相对于本国是资本丰裕国，那么本国可通过出口劳动密集型产品，来让外国间接地"使用"本国的劳动；外国则向本国出口资本密集型产品，来让本国间接地"使用"外国的资本。这样，产品的国际流动在一定程度代替了要素的流动，使得两个国家要素禀赋的差异有所缓和，从而缩小两国要素价格的差异。

赫克歇尔首先在其论文《对外贸易对收入分配的影响》中提出要素价格均等化思想。他指出，生产要素价格在理论上将趋于完全均等化。俄林则认为，生产要素价格均等化只是一种趋势。他在《国内贸易与国际贸易》一书中指出："对每一国家来说，包含着更大比例的价格更为便宜的要素的商品出口到国外，这种要素同以前相比变得相对稀缺，而同时，包含着更大比例的本国相对稀缺的要素的商品自国外进口，这种要素变得不那么稀缺。通过要素转移可以获得同样的结果。可见,国际贸易可以起到替代国家间要素流动的作用。"据此,俄林认为,国际贸易促使生产要素价格均等化。俄林同时指出,由于"国际贸易中还存在很多障碍"、"某些商品只能在某个国家生产,然后再出口到外国"、"产业对要素的需求是对多种要素的组合需求,且这种需求组合不能随意改变"、"此外,要素也不能充分地自由流动",这导致各国的要素价格不可能完全均等化。1941年萨缪尔森与斯托尔珀合作发表了《实际工资和保护主义》一文,提出了生产要素价格日趋均等化的观点。萨缪尔森还于1948年发表了《国际贸易与要素价格均等化》、1953年发表了《一般均衡中的要素价格和商品价格》等文章,对要素价格均等化进行了数学推理,并严格证明了要素价格均等化定理(又称H-O-S定理)。该定理指出,在满足一系列前提假定的情况下,国际贸易使不同国家间生产要素相对价格与绝对价格均等化,这种均等化不仅是一种趋势,而且是一种必然。由于萨缪尔森的前提假设在现实中往往并不成立,因此,萨缪尔森和俄林的表述并没有本质的区别,只是同一观点的不同表述而已。在现实世界中,国与国之间的要素价格差异并没有明显缩小,甚至在某些情形中有所扩大,其中的原因在于H-O-S定理成立的前提条件不能够得到完全的满足。

2. 对要素价格均等化定理的简单推理

斯托尔伯和萨缪尔森探究了产品相对价格和要素相对价格之间的关系。他们指出,自由贸易条件下产品相对价格的变化会导致生产中密集使用的生产要素的相对价格向同方向更大比例的变化,此即斯托尔伯-萨缪尔森定理(简称SS定理)。如果X产品、Y产品分别是劳动密集型产品和资本密集型产品,则X的相对价格P_X/P_Y和劳动的相对价格w/r之间的关系如图3-8a所示,图中的曲线为SS曲线。

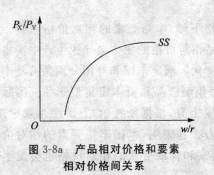

图3-8a　产品相对价格和要素
相对价格间关系

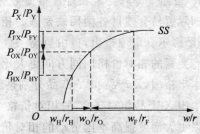

图3-8b　国际贸易对两国产品
价格和要素价格的影响

假定本国是劳动丰裕国,外国是资本丰裕国;X产品、Y产品分别是劳动密集型产品和资本密集型产品;在封闭状态下,本国X、Y的价格分别是P_{HX}、P_{HY},本国工资率和利率分别为w_H、r_H,外国X、Y价格分别是P_{FX}、P_{FY},外国工资率和利率分别为w_F、r_F(见图3-8b)。不难发现:$w_H/r_H < w_F/r_F$,$P_{HX}/P_{HY} < P_{FX}/P_{FY}$。两国开展自由贸易后,

本国 X 产品的相对价格上升,外国 X 产品的相对价格下降,根据 SS 定理,贸易使得本国劳动的相对价格上升,而外国劳动的相对价格下降。如果不存在交易成本,两国 X 产品的相对价格最终完全相等,都等于 P_{OX}/P_{OY};而劳动的相对价格也相等,都等于 w_0/r_0。

3. 现实中的工资率差异

如表 3-2 所示,现实中各国工资率存在较大差异,且差异没有明显缩小趋势。其原因在于 H-O-S 定理的很多前提条件在现实中不成立。第一,贸易壁垒和运输费用始终存在,这使得产品的国内价格和国际价格不可能相等。第二,产品市场和要素市场通常不是完全竞争的。第三,劳动等要素通常不能跨部门自由流动。第四,要素不同质,各国的劳动生产率存在很大差异。第五,政府目标存在差异,某些国家的政府并不以居民福利最大化为目标。

表 3-2 部分国家生产性工人的每小时工资率(美国=100)

年份	2000	2005	年份	2000	2005
美国	100	100	韩国	41	57
德国	121	140	葡萄牙	24	31
日本	111	92	墨西哥	12	11
西班牙	55	75			

资料来源:美国劳动统计局。

(二) 国际贸易与收入分配

1. 国际贸易对要素相对价格的影响

国际贸易会使得各国稀缺要素的相对价格下降,丰裕要素的相对价格上升。斯托尔珀-萨缪尔森定理指出,自由贸易条件下产品相对价格的变化会导致生产中密集使用的生产要素的相对价格向同方向更大比例的变化。假定本国和外国分别是劳动丰裕国和资本丰裕国,X 产品和 Y 产品分别是劳动密集型产品和资本密集型产品。国际贸易使得本国 X 产品相对于 Y 的相对价格 P_X/P_Y 上升,根据斯托尔珀-萨缪尔森定理,这将会以更大幅度提高本国劳动的相对价格 w/r。这表明,本国丰裕要素的相对价格上升,而稀缺要素的相对价格下降。外国丰裕要素和稀缺要素的相对价格也会发生类似的变化。

2. 国际贸易对要素绝对价格的影响

假定本国和外国分别是劳动丰裕国和资本丰裕国,X 产品和 Y 产品分别是劳动密集型产品和资本密集型产品。国际贸易使得 X 产品的相对价格提升,X 部门的资本和劳动可获得比 Y 部门更多的报酬,这导致 Y 部门的资本和劳动流向 X 部门。由于 X

部门需要相对较多的劳动和相对较少的资本,而 Y 部门供给相对较少的劳动和相对较多的资本,所以劳动新增的供给少于新增的需求,劳动价格上升;相同的道理,资本价格下降。类似地,外国劳动价格下降,而资本价格上升。可见,国际贸易使得各国丰裕要素的绝对价格上升,稀缺要素的绝对价格下降。

3. 国际贸易对要素实际价格的影响

作为劳动丰裕国的本国出口劳动密集型产品 X,这导致本国劳动的相对价格上升,人们会用资本代替劳动,X 和 Y 产品生产中投入的劳动要素与资本要素比例下降,这导致劳动在 X、Y 产品上的边际产出(分别是 MP_{LX} 和 MP_{LY})增加,资本在 X、Y 产品上的边际产出(分别是 MP_{KX} 和 MP_{KY})降低。在产品市场完全竞争的情况下,本国的实际工资率 $w/P_X=MP_{LX}$,$w/P_Y=MP_{LY}$,实际利率 $r/P_X=MP_{KX}$,$w/P_Y=MP_{KY}$。可见,本国的实际工资率上升,实际利率下降。依据同样的逻辑,外国的实际工资率下降,实际利率上升。综上所述,贸易国丰裕要素的实际价格上升,该种要素所有者的实际生活水平提高;而稀缺要素的实际价格下降,该种要素所有者的实际生活水平降低。

可见,无论是依据生产要素的绝对价格、相对价格还是实际价格,我们都可以得出以下结论,即国际贸易使国内充裕要素所有者获利而使国内稀缺要素所有者的利益受损。当然,以上结论是建立在所有要素都可自由流动的前提之上。如果存在某些不可自由流动的要素,结论将有所不同。

(三)雷布金斯基定理

1. 雷布金斯基定理的主要内容

狭义要素禀赋论关于国际贸易的分析是静态的,即假设各方的生产要素禀赋差异以及由此引致的贸易模式是既定的。但实际上,各国要素禀赋发生着动态的变化,一国要素禀赋的变化对产出将会产生怎样的影响呢?

波兰学者雷布金斯基 1955 年对该问题进行了回答。他指出,在产品相对价格既定的条件下,如果一种生产要素量增加,那么密集使用该要素的产品的供给会增加,而密集使用其他生产要素的产品的供给会减少;反之则相反。这就是雷布金斯基定理的主要内容。

2. 雷布金斯基定理的证明

假定在初始状态下,一国的资本和劳动占有量分别为 K_0 和 L_0,X 产品为劳动密集型产品,生产 X 产品的资本和劳动投入比例为 $k_X=K_X/L_X$;Y 产品为资本密集型产品,生产 Y 产品的资本和劳动投入比例为 $k_Y=K_Y/L_Y$。其中,K_X、L_X、K_Y、L_Y 依次代表生产 X 产品投入的资本和劳动、生产 Y 产品所投入的资本和劳动。K_0、L_0、k_X、k_Y 为已知量。考虑到资源占有量和投入比例的约束,可得四个等式:$K_X/L_X=k_X$,$K_Y/L_Y=k_Y$,$K_X+K_Y=K_0$,$L_X+L_Y=L_0$。四个方程式联解,可得 X 产品和 Y 产品生产过程中分别投入的各种要素总量。再根据 X 和 Y 产品的生产函数,可得初始状态下的均衡产量。

这里采用埃奇沃斯盒状图对上述过程进行图示。在图 3-9a 中,资源配置的初始均衡点为 A 点,X 产品产量为 Q_{XA},Y 产品产量为 Q_{YA}。资本总量增加后,该国的资源配置均衡点由 A 移动到 B,X 和 Y 产品的产量分别为 Q_{XB}、Q_{YB},如图 3-9b 所示。由于生产函数为不减函数,所以 $Q_{XA} > Q_{XB}$,$Q_{YA} < Q_{YB}$。可见,资本总量增加后,资本密集型产品(Y 产品)的产量上升,而劳动密集型产品(X 产品)的产量下降。

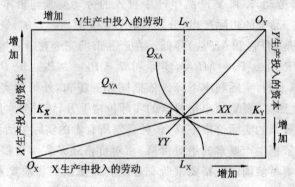

图 3-9a 初始状态下的资源配置

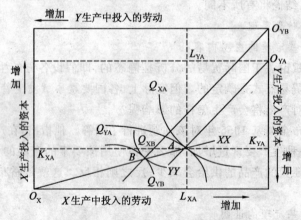

图 3-9b 资本增加后的资源配置

我们也可以利用生产可能性边界去证明雷布金斯基定理。假定某国资本占有量增加,而劳动占有量保持不变;X、Y 产品分别为劳动密集型和资本密集型产品;X 产品的相对价格是 p,保持不变。在初始状态下,生产可能性边界为 PPF_0,生产均衡点位于 Q_0。在资本占有量增加之后,生产可能性边界不均匀地向外扩展,变为 PPF_1,新的生产均衡点则变为 Q_1,如图 3-10 所示。可见,资本占有量增加之后,劳动密集型产品 X 的产量下降,而资本密集型产品 Y 的产量上升。

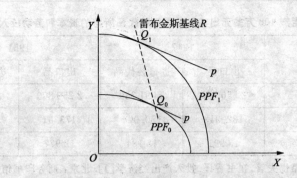

图 3-10 资本量增加导致生产均衡点的移动

雷布金斯基定理表明,要素禀赋的变化会导致产业结构的调整。雷布金斯基定理所阐述的规律,在现实世界存在不少例证,最典型的是"荷兰病"现象。20 世纪 60 年代,荷兰发现了天然气,使得石油出口部门和服务业迅速扩张,而工业的其他部门出现萎缩。

七、里昂惕夫之谜及其解释

(一) 里昂惕夫之谜

瓦西里·里昂惕夫(Wassily W. Leontief,1906—1999),俄裔美籍经济学家,投入产出经济学的创始人,第四届(1973 年)诺贝尔经济学奖获得者。他的代表作为《投入产出经济学》,该书收录了他从 1947 到 1965 年间公开发表的 11 篇论文,其中有两篇主要研究国际贸易,即《国内生产与对外贸易:美国地位的再审查》(1953 年)和《要素比例和美国的贸易结构:进一步的理论和经济分析》(1956 年)。"二战"刚结束的那段时间,美国相对其他国家属于资本丰裕型国家。根据要素禀赋论的预测,美国出口品的资本密集度应该高于进口品的资本密集度。里昂惕夫运用投入产出分析法,于 1953 年估算了美国 1947 年 100 万美元出口品和 100 万美元进口替代品所需投入的资本和劳动量(里昂惕夫用进口替代品的要素投入去估算进口品的要素投入),于 1956 年估算了美国 1951 年 100 万美元出口品和 100 万美元进口替代品所需投入的资本和劳动量。这两次研究的结果均表明,美国出口品的资本密集度低于进口替代品的资本密集度(表 3-2),这与要素禀赋论的预测完全相反。里昂惕夫的惊人发现引起了经济学界的广泛关注,被称为里昂惕夫之谜(Leontief paradox)。其后,日本经济学家建元正弘(M. Tatemoto)和市村真一(S. Ichimura)(1959)、加拿大经济学家沃尔(D. F. Wahl)(1961)、美国经济学家鲍德温(Robert Baldwin)(1971)等人采用类似的办法,对相关国家进出口商品的要素密集度进行了检验,得出了大相径庭的实证结果:一部分支持要素禀赋论,另一部分则和里昂惕夫之谜类似。

表 3-2　美国每生产 100 万美元出口品和进口替代品所需的资本和劳动投入

	1947		1951	
	出口品	进口替代品	出口品	进口替代品
资本 K（美元，1947 年价格）	2 550 780	3 091 339	2 256 800	2 303 400
劳动力 L（人·年）	182.313	170.004	173.91	167.81
资本/劳动 K/L（美元/人·年）	13 991	18 184	12 977	13 726

资料来源：瓦西里·里昂惕夫著，崔书香译. 投入产出经济学[J]. 北京：商务印书馆，1980.

（二）对里昂惕夫之谜的不同解释

里昂惕夫之谜出现之后，许多西方经济学家力图解开这个"谜"，提出了许多种解释。这里介绍几种有代表性的解释。

1. 要素密集度倒转论

在狭义要素禀赋论的推导中，我们假定，X 与 Y 两种产品的要素密集度都是不会改变的，无论要素的相对价格如何变化，X 产品永远都是劳动密集型产品，Y 产品永远都是资本密集型产品。但事实上，某些产品的要素密集类型可能会随着要素相对价格的变化而变化，我们把这种现象称为要素密集度倒转。出于成本最小化的考虑，生产者倾向于用成本较低的丰裕要素代替成本较高的稀缺要素。在劳动丰裕的国家，生产者会较多地使用劳动代替资本，这使得产品在劳动丰裕国的资本密集度低于它在资本丰裕国的资本密集度，在劳动丰裕国的劳动密集度高于其在资本丰裕国的劳动密集度；反之则相反。当两种产品的生产要素替代弹性以及两国的要素相对价格差异较大时，可能会出现这两种产品在不同国家的要素密集类型发生转变，即要素密集度倒转。假定存在两种产品——X 和 Y，X 产品的生产要素替代弹性小于 Y 产品的生产要素替代弹性，即前者等产量曲线的弯曲程度小于后者等产量曲线的弯曲程度（见图 3-11）。假定本国为劳动丰裕国，外国为资本丰裕国，因此，本国劳动的相对价格 ω_H 低于外国劳动的相对价格 ω_F。这样，本国的等成本线更为平坦（图 3-11）。在本国，X 产品的资本和

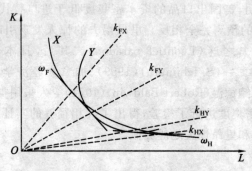

图 3-11　要素密集度倒转示意图

劳动投入比率 k_{HX} 低于 Y 产品的资本和劳动投入比率 k_{HY}，因此，X 产品在本国为劳动密集型产品，Y 产品在本国则为资本密集型产品。在外国，X 产品的资本和劳动投入比率 k_{FX} 反倒大于 Y 产品的资本和劳动投入比率 k_{FY}，这样在外国 X 产品变成了资本密集型产品，Y 产品则转变为劳动密集型产品。

当存在要素密集度倒转现象时，一种在美国为资本密集型的产品，在其他国家则有可能变成劳动密集型产品。这样，里昂惕夫以美国的生产投入数据来估算进口品的要素投入，就有可能高估国外进口品实际的资本投入水平同时低估劳动投入的实际水平，从而高估进口品的资本密集度。当要素密集度倒转现象比较普遍时，统计上的偏误就可能十分明显，以至于美国进口品的实际资本密集度低于美国出口品的资本密集度。此时，里昂惕夫之谜也就不存在了。

那么，要素密集度倒转是不是一种很普遍的现象呢？明哈斯(B. S. Minhas)(1963)指出，一种商品在劳动丰裕的国家是劳动密集型产品，在资本丰裕的国家则有可能变为劳动密集型产品。这种要素密集度倒转的现象很普遍，大约占样本总数的 1/3。随后，一些学者否定了明哈斯的观点。1964 年，里昂惕夫改正了导致偏差的一个重要因素，发现要素密集度倒转现象仅占 8%；而且，若除去生产中需要大量使用自然资源的两个产业，则要素密集度倒转现象仅占 1%。波尔(D. P. S. Ball)(1966)也认为，很少发生密集度倒转的现象。这表明，要素密集度倒转对于里昂惕夫之谜的解释力有限。

2. 人力资本高效论

里昂惕夫曾认为自己没有认真评估美国的要素禀赋，想当然地假定美国是资本丰裕的国家。他从有效劳动(effective labor)的角度做出了相关解释。他提到，美国工人的劳动生产率要相当于世界平均水平的 3 倍，所以美国实质上是劳动丰裕国。如果美国是劳动丰裕国，里昂惕夫之谜也就不存在了。然而，只有 3 倍的转换系数才能导致美国成为劳动力较为丰裕的国家，而后来的研究无法证实里昂惕夫所假定的 3 倍转换系数。如：克赖宁的研究表明，美国劳动力的生产效率只比外国的劳动力高出 20% 或 25%。里昂惕夫本人后来也否定了原来的看法。他指出，美国的资本和劳动生产率一样，都比其他国家高，而且倍数又差不多。这样，将美国视为劳动丰裕国的观点是站不住脚的。

一些经济学家在要素禀赋论的框架下引入人力资本这一因素，认为里昂惕夫计量的资本只考察了物质资本，而忽略了人力资本。劳动可区分为熟练劳动和非熟练劳动。其中，熟练劳动是指具有一定技能的劳动，这种技能不是先天具备的，而是通过后天的教育投资、工作培训等手段积累起来的。美国拥有大量的熟练劳动力，这使得其出口品含有较多的熟练劳动力。如果把熟练劳动的收入超过简单劳动的部分算作人力资本，并同物质资本相加，经过这样处理之后，美国仍然是出口资本密集型产品。这样，里昂惕夫之谜就消失了。但这种解释的困难在于，人们难以获取相关数据以准确计量人力资本的真正价值。

3. 自然资源贫乏论

戴珀(1956)和瓦尼克(1959)认为,国际贸易研究至少要考察另一种要素,即自然资源。瓦尼克对 1870—1955 年间美国的进出口商品进行了分类,发现美国出口项目中的自然资源价值只有进口项目中的一半,即美国是自然资源(包括石油、煤炭、铜)的净进口国。而原油、粗钢等自然资源的开采一般是高度资本密集型的,美国作为自然资源净进口国的状况使得美国进口品的资本密集度偏高。这样的解释得到了经验证据的部分或完全支持。一些学者发现,里昂惕夫之谜并不存在于美国同日本、西欧等自然资源贫瘠的国家之间的贸易,却存在于同加拿大和发展中国家等自然资源丰富的国家的贸易中。里昂惕夫在 1956 年测算 1951 年的数据时,在减去 19 种自然资源密集型产品后,出口品和进口品的资本劳动比率之比由 0.96 上升到 1.14,里昂惕夫之谜消失。罗伯特·鲍德温在 1971 年研究 1962 年数据时,在剔除自然资源密集型产品后,出口品和进口品的资本劳动比率之比由 0.79 上升到 0.96,尽管没有完全消弭里昂惕夫之谜,但在程度和比例上已经下降很多。这些实证结果显示,自然资源贫乏论对存在于美国进出口中"里昂惕夫之谜"具有较强的解释力。但也有些学者对自然资源贫乏论提出了质疑。他们指出,自然资源密集型产品的贸易是国际贸易的重要组成部分,任何剔除这部分产品贸易的解释都不具有广泛的适用性,人们应该探索更加切合实际的分析模式。

4. 产品需求偏好论

一般而言,资本要素相对丰裕国家的居民对资本密集型商品具有超强消费偏好,而劳动要素相对丰裕国家的居民对劳动密集型商品具有超强消费偏好。如果资本丰裕的国家对资本密集型产品的需求远远甚于对劳动密集型产品的偏好,需求偏好就有可能超过要素禀赋差异对产品相对价格的影响。如果美国人确实强烈地偏好资本密集型产品,这就可能导致资本密集型产品的国内相对价格偏高,从而美国更多地进口资本密集型产品并出口劳动密集型产品。这种说法从逻辑上可以解释里昂惕夫之谜,但可惜的是,没有找到多少经验证据予以支持。赫撒克尔 1957 年对许多国家的家庭消费模式的研究表明,各国对食品、衣物、住房以及其他种类的商品的需求函数和收入需求弹性是很相似的。而且,随着人均收入的增加,整个社会倾向于在服务一类的劳动密集型产品上支出更多。在"二战"刚结束的 10 年内,美国的人均收入明显高于其他国家,因此,美国人的需求偏好应更多地指向劳动密集型产品。这样,产品需求偏好论的解释就显得缺乏说服力了。

5. 贸易保护论

由于历史的原因和现实的利益博弈,美国对一些丧失比较优势的劳动密集型产业(如纺织服装业)予以保护,采取措施限制国外劳动密集型产品的输入,这势必人为地提高进口产品的资本密集度。这种解释注意到了关税手段等贸易政策对于实际贸易格局的明显影响,但没有深入剖析这种影响的实际内容,也没有具体计量这种保护究竟在多大程度上促成了里昂惕夫之谜,因而只具有部分的解释力。

6. 技术领先论

基辛(K. B. Keesing)、格鲁勃(W. H. Gruber)、梅达(D. Mehta)、弗农(R. Vernon)等经济学家将"研究与开发要素"引入对一国贸易结构和商品流向的研究。根据他们的研究,美国依据研究开发要素相对丰裕的禀赋确定自己的比较优势,出口的大部分商品都是研究开发要素密集型的高科技产品。依据产品生命周期理论,美国出口的主要是处于引入期的产品,这类产品的生产需要投入较多的劳动(如科学家、工程师和顶尖的技师),因而出口品的劳动密集度较高。这样,里昂惕夫之谜就得到了解释。但遗憾的是,这种解释本身缺乏有力的经验证据作支撑。

(三) 对里昂惕夫之谜及其解释的评价

里昂惕夫之谜及其解释对"二战"后国际贸易理论的发展具有开创性的意义。第一,里昂惕夫之谜是西方传统国际贸易理论发展的界碑。里昂惕夫之谜的发现引导经济学家把过去忽略的因素引入国际贸易思想的研究中,引发了人们对国际贸易新现象和新问题的探索,促使学者们寻求一些新的理论体系。第二,里昂惕夫用投入产出分析法对美国贸易结构的计算分析,开辟了用统计数据全面检验贸易理论的道路。第三,针对里昂惕夫之谜的解释结合实际,对要素禀赋论前提中的劳动同质、两要素模型和完全竞争等假定进行了修正。以比较优势为核心、经过修正的要素禀赋论仍是西方传统国际贸易理论的基石之一。第四,里昂惕夫之谜及其解释促使人们关注传统生产要素(包括土地、资本和劳动)以外的其他生产要素——技术和人力资本等。第五,针对里昂惕夫之谜的各种解释虽有一定的可取之处,但大部分解释比较片面,不少解释缺乏实证数据的支持。

第三节 特定要素模型

根据要素禀赋论,丰裕要素所有者因国际贸易而获利,稀缺要素所有者的利益则因贸易而受损。这一结论的一个很自然的推论是,中国所有的资本所有者都反对中美贸易,所有的劳动者都支持中美贸易;而美国所有的资本家都支持中美贸易,所有的劳动者都反对中美贸易。这一推论与我们的日常观察明显不一致。现实中,各类要素(如土地、资本、劳动)所有者对自由贸易的态度因其所在部门而异,这一现象明显不同于要素禀赋论的预测。事实上,要素禀赋论属于长期分析,它假定所有生产要素都可以完全自由地跨部门流动。但是,在短期内并非所有的要素都可以自由地跨部门流动,例如,特定要素就不能自由地流动。如果一种要素的用途仅限于某一部门,而不适合于其他部门的需要,这种要素就属于特定要素。一般而言,不同行业需要不同的专用生产设备,以这些设备形式存在的资本就属于特定要素;不同行业需要不同类型的专业技术人才,这些人才的专业技能在特定行业适用但在其他行业的作用会大打折扣,他们所提供的劳动就成了特定要素。在存在特定要素的情况下,国际贸易对收入分配的影响不取决于要素是丰裕要素还是稀缺要素,而取决于要素是特定要素还是非特定要素。

一、模型的基本假设

特定要素模型有很多种类型,这里考察其中较简单的一种:一个国家、两种产品、三种生产要素。假定如下:① 生产两种产品:食品(F)和汽车(C);② 生产食品需要投入土地(T)和劳动(L_F),生产汽车需要投入劳动(L_C)和资本(K);③ 劳动同质,可在两个部门间自由流动;④ 土地和资本均为特定要素,投入量固定不变;⑤ 劳动总量(L^0)是固定的,并且实现充分就业;⑥ 食品和汽车的生产均满足规模报酬不变;⑦ 产品市场和要素市场都是完全竞争的。

二、模型的均衡解

在均衡状态下,食品部门的工资率(w_F)和汽车部门的工资率(w_C)相等,$w_F = VMPL_F = P_F \times MPL_F$,$w_C = VMPL_C = P_C \times MPL_C$,$L_C + L_F = L^0$。其中,$VMPL_F$、$VMPL_C$ 分别为食品部门和汽车部门劳动的边际产出价值,P_F、P_C 分别为食品和汽车的价格,MPL_F、MPL_C 分别为食品部门和汽车部门劳动的边际产出,P_F、P_C、L^0 以及食品和汽车的生产函数均为已知。根据以上条件,可以用代数方法求解两部门的均衡工资率、均衡利率和均衡地租率。

下面用上端开口的埃奇沃思盒状图来形象地展示均衡解,如图 3-12 所示。在封闭条件下,该国生产食品投入了 L_0 单位的劳动,均衡工资率为 w_0。在开放条件下,该国出口食品,进口汽车。与封闭条件下相比,该国食品相对于汽车的价格上升。为了简化分析,我们假定 P_C 不变而 P_F 上升,这样食品部门的劳动边际产出价值曲线由 $VMPL_{F0}$ 移动到 $VMPL_{F1}$。开放条件下,该国生产食品投入的劳动增加至 L_1,均衡工资率增至 w_1。

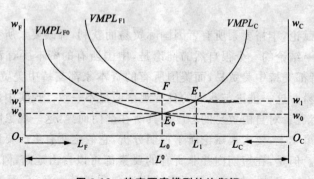

图 3-12 特定要素模型的均衡解

接下来,我们比较开放条件和封闭条件下劳动、资本和土地等要素的实际报酬。

(1) 可自由流动要素劳动的实际报酬。劳动的实际报酬是 $w/[a\times P_F+(1-a)P_C]$,$0\leqslant a\leqslant 1$,劳动者的消费结构越倾向于食品,则 a 越接近 1;反之则相反。在开放条件下,$w/P_F=MPL_F$ 下降,而 $w/P_C=MPL_C$ 上升,因此若 a 越接近于 1,则劳动的实际报酬越有可能下降;反之则相反。可见,可自由流动要素劳动的实际报酬的变化性质取决于劳动者的消费结构:劳动者越偏好出口品,则贸易越有可能降低他们的购买力;反之,若劳动者更偏好进口替代品,则贸易更有可能提高他们的购买力。

(2) 特定要素资本的实际报酬。资本的实际报酬是 $r/[b\times P_F+(1-b)P_C]$,$0\leqslant b\leqslant 1$,资本家的消费结构越倾向于食品,则 b 越接近 1;反之则相反。在开放条件下,$r/P_C=MPK_C$ 下降,$r/P_F=MPK_C\times P_C/P_F$ 也下降。因此,无论 b 接近哪个值,资本的实际报酬都会下降。可见,贸易使得进口替代部门的特定要素所有者福利下降。

(3) 特定要素土地的实际报酬。土地的实际报酬是 $rent/[c\times P_F+(1-c)P_C]$,$0\leqslant c\leqslant 1$,土地所有者的消费结构越倾向于食品,则 c 越接近 1;反之则相反。在开放条件下,$rent/P_F=MPT_F$ 上升,$rent/P_C=MPT_F\times P_F/P_C$ 也上升。可见,无论 c 接近哪个值,土地的实际报酬都会上升。根据以上分析可知,贸易提高出口部门特定要素所有者的福利。

在特定要素的贸易模型中,贸易对要素所有者福利的影响取决于要素的特定性以及特定要素所处的部门。总的来说,贸易对可自由流动要素所有者福利的影响不确定,其影响性质取决于要素所有者的消费结构;贸易对特定要素所有者福利的影响取决于其所属部门,贸易会损害进口替代部门的特定要素所有者的福利,增加出口部门特定要素所有者的福利。

关 键 概 念

新古典国际贸易思想,提供曲线,狭义要素禀赋论,广义要素禀赋论,要素丰裕度,要素密集度,要素价格均等化定理,斯托尔伯-萨缪尔森定理,雷布金斯基定理,雷布金斯基线,里昂惕夫之谜,要素密集度倒转,特定要素

内 容 提 要

1. 马歇尔的国际供求论认为,国际需求与供给共同决定国际贸易条件;一种产品的国际价格是使得出口国需求和进口国供给相等时的均衡价格;国际贸易条件一般取决于需求价格弹性和需求强度。

2. 提供曲线,又称相互需求曲线,是指在不同的相对价格条件下,一国愿意进口和出口的商品数量组合。进出口国提供曲线的交点对应着进出口均衡点。

3. 要素禀赋论有广义和狭义之分。狭义要素禀赋论运用国家的生产要素丰裕度和产品的要素密集度来解释比较优势的来源和贸易模式的产生原因。广义的要素禀赋论则包括狭义的要素禀赋论和要素价格均等化定理。

4. 狭义要素禀赋论认为,各国应该生产并出口密集使用本国丰裕要素的产品,进口密集使用本国稀缺要素的产品。

5. 自由贸易条件下产品相对价格的变化会导致生产中密集使用的生产要素的相对价格向同方向更大比例的变化,此即斯托尔伯-萨缪尔森定理(简称SS定理)。

6. 萨缪尔森指出,在满足一系列前提假定的情况下,国际贸易使不同国家间生产要素相对价格与绝对价格均等化,这种均等化不仅是一种趋势,而且是一种必然。

7. 根据广义要素禀赋论,自由贸易会损害贸易国稀缺要素所有者的福利,增进贸易国丰裕要素所有者的福利。

8. 在商品相对价格既定的条件下,如果一种生产要素增加,那么密集使用该要素的产品的供给会增加,而密集使用其他生产要素的产品的供给会减少;反之则相反。这就是雷布金斯基定理的主要内容。

9. 针对里昂惕夫之谜的解释包括:要素密集度倒转论、人力资本高效论、自然资源贫乏论、产品需求偏好论、贸易保护论、技术领先论。

10. 在特定要素模型中,贸易对可自由流动要素所有者福利的影响不确定,其影响性质取决于要素所有者的消费结构;贸易对特定要素所有者福利的影响性质取决于其所在的部门,进口替代部门的特定要素所有者的福利受损,而出口部门特定要素所有者的福利上升。

复习思考题

1. 简述马歇尔国际供求论的主要内容、理论贡献及局限性。
2. 简述狭义要素禀赋论的核心观点、贡献及不足。
3. 阐述学者们对里昂惕夫之谜的主要解释,这些解释的说服力如何?
4. "中国工人的小时工资水平为2.5美元,如果允许中国向美国出口,美国工人的工资水平也会降到这个水平。你不可能只进口5美元一件的服装而不进口与此相联系的工资率。"请运用所学理论评析这段话。
5. 美国政府对中国的部分劳动密集型产品采取反倾销、反补贴等措施,甚至考虑以中国操纵人民币汇率为由对中国进行限制。请用要素禀赋论探讨原因及后果,美国应该怎么做?
6. 如果X和Y产品的要素密集度完全相同,那么本国和外国的要素禀赋差异是否会引起国际贸易?
7. 假定中国香港和日本的偏好与技术都完全相同。中国香港劳动力丰富,日本资本丰富。服装是劳动密集型产品,汽车是资本密集型产品。

(1) 画出中国香港和日本的生产可能性曲线,解释为什么它们的形状会是这样。

(2) 在封闭条件下,两个经济体具有比较优势的产品分别是什么?解释原因。

(3) 在开放条件下,当中国香港和日本进行贸易时,根据 H−O 定理,会有什么情况发生?

8. 在20世纪90年代北美自由贸易区(美国、加拿大和墨西哥)的谈判中,一些反对派认为,由于墨西哥的工资水平比美国低得多,所以自由贸易区会使美国丧失大量的工作岗位。这一推理是对还是错?

9. 假设有两个国家:甲国和乙国。甲国、乙国的资本总量(K)分别为 60 000 亿美元、120 000 亿美元,这两个国家15至60岁人口(L)分别为 2 亿、3 亿。又假设有两种商品:X 商品和 Y 商品。X 商品的生产函数为 $Q_X = K^2 L$,Y 商品的生产函数 $Q_Y = KL^2$。

(1) 试以要素丰裕度为依据,确定甲国和乙国的国家类型。

(2) 试判断 X、Y 商品的要素密集类型,请说明理由。

(3) 判断甲国和乙国间的贸易模式,并说明理论依据。

10. 相对于 X 产品,Y 产品是劳动密集型产品。

(1) 如果 A 国的资本和劳动总量均低于 B 国,但劳动相对多一些,试确定两国生产可能性边界之间的关系。

(2) 试绘图求解两国在封闭和开放条件下的一般均衡。

11. 若资本和劳动在短期内均不能自由流动,那么,国际贸易会对要素的实际报酬产生怎样的影响?

12. 假设某国只有水稻和小麦两个生产部门,小麦和水稻的生产均只需要投入土地和劳动两种生产要素;产品和要素市场完全竞争。小麦的单位成本 $AC_{小麦} = 30w + 50r$,水稻的单位成本是 $AC_{水稻} = 60w + 20r$,其中 w、r 分别为工资率和地租率。

(1) 判断小麦和水稻的要素密集类型。

(2) 如果小麦和水稻的市场价格均为80,工资率 w 和地租率 r 分别为多少?生产1单位水稻和小麦的地租成本各为多少?

(3) 其他条件不变,如果小麦价格升至100,工资率和地租率的均衡水平变为多少?

(4) 本题中,SS 定理是否成立?为什么?

第四章 新贸易理论

20世纪50年代以来,国际贸易领域出现了许多新的现象。首先,国家间同类产品之间的贸易,即产业内贸易迅速增加;其次,发达国家之间的水平贸易规模大大增加,明显超过第二次世界大战前发达国家间的水平贸易在全球贸易中的相对地位;再次,具体产品生产的领先地位在国家间不断发生迁移,一些发展中国家开始生产并出口原本依赖进口的产品,而最初出口这些产品的发达国家反而需要进口;最后,传统的商品贸易比重下降,而服务贸易的比重迅速增加。以上现象在由古典和新古典贸易论所组成的传统国际贸易理论框架内难以得到解释,这促使经济学家寻求新的贸易理论来解释这些现象,经济学家的这种努力促成了新国际贸易理论的形成。本章依次介绍新生产要素理论、产品生命周期理论、偏好相似理论、规模经济理论和国家竞争优势理论。

第一节 新生产要素理论

传统国际贸易理论仅仅关注土地、劳动和资本三种类型的生产要素。随着科技水平的提高和生产力的发展,西方经济学者赋予生产要素更丰富的内涵,并扩展了生产要素的外延。他们认为,技术、研究与开发、信息、人力资本、管理等属于新型的生产要素。一些学者尝试从新要素的视角来阐释贸易的基础和贸易格局的变化。

一、技术差距论

(一) 主要观点

技术差距论(Technological Gap Theory),又称创新和模仿理论(Innovation and Imitation Theory),是把技术看作独立于传统的三大要素之外的新生产要素,探讨技术差距或技术变动对国际贸易影响的理论。

克拉维斯(Kravis)于1956年指出H-O理论不能解释工业品贸易,他以袖珍计算器为例说明技术对于贸易模式的重要性。最早系统提出技术差距理论的是美国经济学家波斯纳(M.V.Posner)。为了修正H-O理论,1961年,波斯纳在《牛津经济论丛》发表《国际贸易和技术变化》一文,对技术差距论进行了系统论述。他认为,工业化国家之间的工业品贸易,有很大一部分是以技术差距的存在为基础进行的。

技术差距论的主要观点如下：第一，技术是一种生产要素，是过去对研究和开发进行投资的结果。技术能够改变土地、劳动和资本在生产中的比例关系。第二，各国的技术水平存在差距，在某项技术领先的国家拥有生产该种技术密集型产品的竞争优势，因而将产品出口到技术比较落后的国家。第三，这种技术会通过转让专利权、直接投资、国际贸易的示范效应等机制传播到其他国家，当其他国家的技术积累到一定程度的时候，原来的进口国可能会减少对进口的依赖，甚至不再进口，以技术差距为基础的贸易随之消失。

波斯纳把技术差距产生到技术差距引起国际贸易终止之间的时间间隔称为模仿时滞(Imitation Lag)，该时期分为两个阶段：反应时滞（Reaction Lag）和掌握时滞（Mastery Lag）。反应时滞是指从创新国开始产品创新到模仿国以创新国方式开始生产该产品的时间间隔，其长短主要取决于企业家的进取精神、模仿国的市场规模、关税、运输成本、国外市场容量以及居民收入水平高低等因素；掌握时滞是指从模仿国开始生产到模仿国停止进口的时间间隔，长短主要取决于模仿国的技术吸收能力。需求时滞是反应时滞的前半段，是指从创新国开始生产、使用创新产品到模仿国使用这种产品的时间间隔，间隔长短取决于两国的收入水平差距和市场容量差距。胡弗鲍尔(G. C. Hufbauer)用图形形象地描绘了波斯纳的学说，如图4-1所示。

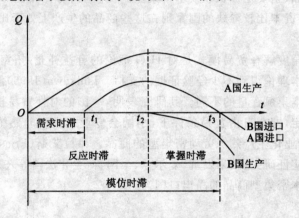

图4-1　技术差距与国际贸易

（二）经验证据

研究者发现了不少支持技术差距论的经验证据。1963年，哥登·道格拉斯(Gordon Douglas)运用模仿时滞的概念，解释了美国电影业的出口模式，认为如果某个国家在给定产品上处于技术领先的优势，该国将在相关产品的出口上取得领先优势。1966年，胡弗鲍尔利用模仿时滞的概念，解释了合成材料产业的贸易模式。他发现一个国家在合成材料出口市场的份额，可以用该国的模仿时滞和市场规模来解释。胡弗鲍尔按照各国的模仿时滞长短对国家进行排序，发现模仿时滞短的国家最先引进新合成材料技术,并开始生产且向模仿时滞长的国家出口;随着技术的传播,模仿时滞长的国家也逐步开始生产这种合成材料,并逐步取代模仿时滞短的国家的出口地位。

(三) 评价

技术差距论首次成功引入技术这种新的生产要素,从技术创新与模仿的角度揭示了产品贸易优势在创新国和追随国之间的动态转移,这是富有创新意义的。技术创新论为产品生命周期理论的提出奠定了理论基础。

二、人力资本理论

人力资本理论以基辛(D. B. Keesing)、凯南(P. B. Kenen)、舒尔茨(T. W. Schultz)为代表。这些经济学家将人力资本作为一种新的生产要素引入贸易研究中,对 H-O 理论做了进一步的扩展。

诺贝尔经济学奖获得者舒尔茨认为,人力资本是体现于人身体上的知识、技能和健康,个人接受教育后,一旦"能够提供一种有经济价值的生产性服务,这就成为了一种资本"。贝克尔则深受明塞尔的影响,他的研究突出了人力资本的时间价值,认为人力资本不仅意味着才干、知识和技能,还意味着时间、健康和寿命。将人力资本作为一种新的生产要素引入贸易研究之中,按照 H-O 理论的逻辑,人力资本丰裕的国家在生产人力资本密集型产品(主要是知识和技术密集型产品)上具有比较优势,因此是这类商品的出口国;而人力资本比较稀缺的国家则在这些商品的生产上处于比较劣势,它们选择进口此类商品。

从人力资本角度解释贸易模式是对 H-O 理论的有益补充,拓宽了 H-O 理论的适用范围。人力资本理论得到不少经验证据的支持。Ishikawa(1996)假定两国间的唯一差异在于人力资本禀赋存量的不同。其研究表明,一国的对外贸易模式主要由其人力资本禀赋存量决定,即在自由贸易条件下,小国会专业化生产非熟练劳动密集型的商品,而大国则会专业化生产熟练劳动密集型的商品。弗拉艾斯(Frias)等(2000)以欧盟国家为样本进行实证研究,结果发现,爱尔兰、德国、荷兰和法国等人力资本指标值较高的国家是人力资本密集型商品的净出口国。

第二节 产品生命周期理论

一、主要观点

1966 年,美国哈佛大学教授弗农(R. Vernon)在《国际投资和产品生命周期中的国际贸易》一文中提出了产品生命周期理论。

弗农认为,产品和生命体一样是有生命周期的。产品的生命周期是指新产品从上市开始,经历诞生、发展、衰退、消亡的过程。弗农把这一演变过程概括为三个连续的时期：创新阶段、成熟阶段和标准化阶段。这三个阶段产品的要素密集类型会发生变化，因而具有比较优势的生产地点也在发生相应的变化(图 4-2)。

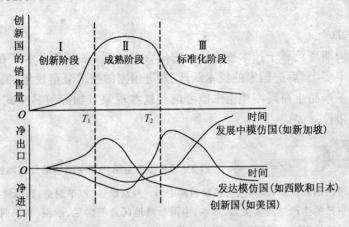

图 4-2 产品生命周期与进出口变化

第一阶段是产品创新阶段。技术尚处于发明的新阶段，所需的主要资源是发达的科学知识和大量的研究开发经费。处于创新阶段的产品往往是知识密集型产品，技术创新国（如美国）是生产的首选地点，也是理所当然的出口国。

第二阶段是产品成熟阶段。以大量生产为主要手段，所需资源是机械设备和熟练劳动力，此阶段的产品变成了技能密集型和资本密集型，资本和熟练工人丰裕的国家（如日本和西欧各国等发达模仿国）拥有产品生产的比较优势，逐步取代创新国成为主要的生产国和出口国。

第三阶段是产品标准化阶段。在这一阶段，产品的生产技术被设计到机器或生产装配线中，生产过程和机器设备都变得标准化，技术和资本对产品竞争优势的重要性明显降低，劳动力成本成了决定生产是否具有比较优势的关键。产品的特征变为劳动密集型，此阶段劳动丰裕的国家（如发展中模仿国）在生产上具有比较优势，成为产品的主要出口国。

威尔斯（Louis T. Wells）、赫希哲（Hirsch）等人发展了弗农的产品生产周期说，认为由于技术的创新和扩散，产品生命周期先后经历了五个不同的阶段——新产品阶段、产品成长阶段、产品成熟阶段、标准化阶段和衰退阶段，各国在产品生命周期不同阶段的国际贸易地位是不同的。

二、评价

(一) 贡献

运用动态分析方法，从技术创新和技术传播的角度，分析了国际贸易的基础和贸易格局的动态扩展。这一理论对解释国际贸易、国际投资和国际技术转移等，都具有重要的意义。与技术差距论相比,产品生命周期理论更趋完善。它不仅解释了技术差距产生和消失的原因,而且指出了技术的动态变化导致比较优势本身的变化进而导致贸易格局的变化。

（二）局限性

产品生命周期理论属于技术被动论。它隐含地认为,各国技术水平在世界上的地位是不变的。事实上,后进国家的技术跃迁、先进国家的技术衰落现象,虽不普遍,但也是有所发生的。产品生命周期理论未能考虑到这些现象对国际贸易模式的影响,因而带有一定的局限性。

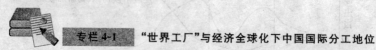

专栏 4-1　"世界工厂"与经济全球化下中国国际分工地位

随着中国经济的迅猛发展,国际投资纷纷涌向中国。从纺织业、汽车制造,到高科技的电子产品,跨国公司纷纷把自己的生产基地从美国、日本、中国台湾地区乃至印尼、泰国、马来西亚移往中国大陆,"中国成为世界工厂"这一话题则成为国内外媒体、学术界、政界、企业界讨论的热点和争论的焦点。2001 年,日本通产省发表的白皮书首次提出"中国已成为'世界的工厂'"。更有人将这一发展比作 100 多年前"世界工厂"从英国转移到美国所引起的世界经济的重组,认为这是中国在未来赶上美国的转折点。但笔者认为,在研究这个问题之前,我们首先更应了解"世界工厂"究竟由何而来,如何看待经济全球化下"世界工厂"新的内涵,我们更应重点分析中国在当前国际分工体系中究竟处于何种地位,中国究竟应成为怎样意义上的"世界工厂",以及中国应如何主动融入全球生产体系。

"世界工厂"的由来

"世界工厂"(the factory of the world),同时与之相关的另一个词是"世界工场"(the workshop of the world,或译为"世界车间")。目前无论是学者的论著,还是新闻媒体的报道,提及"中国是否是世界工厂(工场)",对这两个词汇基本上是混而很少加以定义的。

回顾历史,"工业革命"时期,英格兰东北部的兰开夏市被誉为"世界工场",继而英国成为公认的"世界工场"。这是相对于当时普遍的"世界农业"而言的。随着工业化在全球的推进,"世界农业"已不复存在,"世界工场"的意义已被"世界工厂"逐渐取代,在谈到后来的美、日时,我们更多地称其为"世界工厂"或称之为"世界经济增长的重心"。人均 GDP 仅仅能够反映一个国家自身的经济增长阶段,而"世界工厂"必须把一个国家放到整个世界经济中去考虑。那些人口不足 1 000 万的小国也许永远不可能成为"世界工厂"。

从 18 世纪 30 年代第一次产业革命起,英国诞生了纺纱机、多轴纺纱机、蒸汽机等一系列重大技术发明。随着英国的机器传入欧洲大陆并与当地的诸多技术革新结合,法、德乃至远在大西洋彼岸的美国也相继掀起了产业革命高潮。到 1860 年前后,英国工业发展达到鼎盛期,国内外贸易迅速扩大,成为举世闻名的"世界工场"和最大的殖民帝国。进入 20 世纪,全球性制造中心日渐移至美国。随着 T 型福特汽车、电除尘器、电冰箱、空调等民用产品相继面世,美国在第一次世界大战后成为世界上最重要的汽车、家电生产国。"二战"后,日本从战争废墟上开始经济复兴,在 20 世纪 60 年代实现了重化学工业化。到 70、80 年代,"日本制造"风靡世界,"世界工厂"的桂冠转到了日本头上。

"世界工厂"在经济全球化下新的内涵

经济全球化是指世界各国的经济活动和经济过程,都被纳入一个以通信技术和网络技术联结起来的全球性网络,在全球范围内寻求资源的最佳配置。进入90年代以后,计算机技术和通信技术得到迅猛发展,信息全球化、网络化开始形成;由航空业、远洋运输业、高速公路网连成的全球性高速交通网也正初具规模,经济全球化进程正在明显加快。在经济全球化的时代背景下,"世界工厂"已有了不同于过去的新的内涵。从国际分工地位的角度来分析"中国世界工厂"问题才是更为客观的。

经济全球化使世界经济以全球为版图配置资源,表现出了极强的经济活力。顺应这一趋势,世界正在经历史无前例的大规模重新分工。一方面通过国际贸易快速增长,使国际分工的数量迅速增加;另一方面国际分工的模式出现了重要变化,从不同产业的全球分工,到产业内全球分工,又发展到企业内的全球分工。以跨国公司为载体,资金、人才、技术的全球流动正深刻地改变着世界经济格局。跨国公司的发展使国际分工进入一个新阶段,"世界工厂"也有了更广泛的内涵,其再不能直接简单地等同于国家的经济地位和国际竞争力。而后者是依一个国家在全球国际分工中究竟处于什么地位而定。

按照在国际分工中的地位,"世界工厂"可以分为三类。第一类是来料加工型的"世界工厂"。由于发展中国家劳动力便宜,跨国公司就把发展中国家作为工业品的生产加工基地。这类"世界工厂"在国际分工生产价值链中处于最低端。第二类是原材料的采购和零部件的制造实行本土化为主,跨国公司控制着研发和市场销售网络。这种类型较第一种类型的层次提高一步,但仍然属于生产车间型的"世界工厂"。第三种类型是既具有研发能力和名牌,也控制着国际市场的销售网络,既在本土进行加工制造,同时也在全球范围内进行采购,以实现资源的最优配置。这一类"世界工厂"能够获得生产链的最大经济利益。只有成为第三类"世界工厂",才能真正成为对世界经济有重要影响的经济体。

中国制造业的现实发展与国际分工地位

在经济全球化的背景下,资本必然向生产成本最低、资本利润率最高的地方集中。国际分工由垂直分工发展到水平分工,现在已进入网络化分工。跨国公司对生产的一切环节在全球范围内进行资本与其他生产要素(劳动力是其主要方面)的最佳结合,而中国在加工制造方面的优势则吸引着全球的跨国公司看好中国。

作为一个正在快速发展中的大国,中国拥有很多其他国家发展制造业无可比拟的优势:中国劳动力成本低廉;中国劳动力素质较高而且还在不断提高;困扰制造业发展的基础设施瓶颈障碍目前已经基本消除;中国工业配套能力较强;中国拥有广阔的国内市场;中国社会与政治环境稳定……

统计表明,改革开放以来,中国制造业增长是全球最快的。其中,1985—1990年的工业生产指数上升了1.86倍,1991—1996年中国的工业生产指数又上升了3.75倍,而世界上其他制造业大国如美国、日本的增长相对较低,日本在20世纪90年代后甚至出现了负增长。由于中国制造业生产快于世界平均水平,导致中国制造业的全球份额呈不断上升之势。1980—1997年的17年间,中国占世界制造业增加值的份额从1.4%上升至5.9%,平均每年上升约0.26个百分点,这表明中国制造日益成为世界的新生力量。通过十几年的迅速发展,中国在不少重要工业产品方面已成为世界上数一数二的生产大国,中国现在已有100多种制造产品的产量处于世界第一位,囊括了家电制造业、通信设备、纺织、医药、机械设备、化工等十多个行业。

但是,中国制造业本身仍存在很多劣势:很少有属于中国的世界知名品牌,物流成本高,物流企业分散,基础设施薄弱,人才结构不合理。与工业先进国家相比,也存在着规模和质量上的显著差距。

目前我国只是在劳动密集型产业如纺织、服装、日用品等轻纺工业领域,以及劳动密集型与技术密集型相结合的组装加工业领域,如家用电器、电脑零部件等领域,可以说已成为世界的工厂,即上述第一、二种类型的"世界工厂",而在资本密集和技术密集型的制造业领域,目前还不具备成为"世界工厂"的规模和水平。并且尽管中国工业制成品的产量相当大,但所获得的经济利益并不高。在经济全球化背景下,能够获得最大经济利益的是发达国家的跨国公司。发达国家尽力参与并抢占各产业中的高技术和高附加值环节,同时将低技术与低附加值环节转移给处于发展阶梯较低的其他国家,从而完成产业价值链的分离和转移,以确保效益和收益最大化。如美国跨国公司主要是把加工和装配的工艺过程置于中国,而将研发和销售等关键价值增长环节置于国内,显示出在跨国公司构建的全球生产体系中,中国处于较低级层次。因此,要成为上述第三类型的"世界工厂",中国必须继续保持比较优势,并不断缩小技术水平和生产规模上的差距,增强竞争优势。

中国应积极融入全球生产体系

经济全球化的深入发展使得21世纪的世界制造业面临深刻的战略性重组,美国、欧洲和日本等制造业发达国家在努力保持本国高新技术垄断地位的同时,正以降低生产成本和提高市场竞争力为最终目标,在全球范围内进行着新一轮制造业资源的优化配置。世界制造业大规模转移为中国利用本国广阔市场和廉价劳动力的优势发展制造业提供了难得的机遇。在对外开放中,发达国家和地区陆续把劳动密集型加工制造业向中国沿海地区转移,之后把劳动密集型的高科技制造业如电子器件、通讯、计算机装配等向中国转移,又将部分资本密集型重化工业如石化等向中国转移。与此同时,发达国家从某些产业中的退出,给中国工业化过程腾出了空间。中国应抓住国际产业转移的机遇,利用各种资源包括资本、技术、人才、管理等向中国集聚的优势,加快传统产业的工业化进程以及信息产业、生物技术产业等知识经济产业的跨越式发展,主动融入全球生产体系。

中国企业应积极参与研究与开发的全球化合作,发现"盲点",避免在国内开发一些国外已经相当成熟的产品,推动企业对技术的引进、消化、吸收、创新等工作向更高的层次发展,使企业站在全球的高度,按照自己的思路对世界技术发展做出自己的理解和判断,使技术开发和引进的层次更高。

跨国产业转移是一种双向行为,未来世界经济发展的大趋势是经济一体化和信息化不断加强,中国应充分利用这种趋势,走开放、竞争、发展之路,中国的大中型企业必须走国际化经营之路。在经济全球化越来越深入发展的情况下,谁能充分利用国际市场,谁就能发展得更快,从而也就更具有竞争力。在大量吸引外资的基础上,中国也应逐步培养壮大自己的跨国公司,进入吸引外资与对外投资并举的新阶段,在全球生产价值链中获得更多的利益。

中国能否成为"世界工厂",更多的不是一种目标,而是客观发展的过程,而这种过程正是与跨国公司在全球的网络化生产以及中国在当今国际分工中的地位紧密结合的。中国所追求的应不仅仅是"MADE IN CHINA",而是成为如英国、美国一样世界经济的重心。也就是说中国不仅应成为一个工业生产大国,同时也应逐步成为一个工业生产强国。

资料来源:于蕾,沈桂龙."世界工厂"与经济全球化下中国国际分工地位[J].世界经济研究, 2003(4):35-38.

第三节 偏好相似理论

偏好相似论(preference similarity theory),又称需求重叠理论(overlapping demand theory),是瑞典经济学家斯戴芬·伯伦斯坦·林德(Staffan B. Linder)于 1961 年在其论文《论贸易和转型》中提出的,首次从需求角度论述了国际贸易的产生原因。

一、主要观点

偏好相似论的主要观点如下:(1)国际贸易是国内贸易的延伸。一种产品的国内需求是其能够出口的前提条件,产品的出口结构、流向及贸易量的大小决定于本国的需求偏好。(2)影响一国需求结构的最主要因素是收入水平。高收入国家对技术水平高、加工程度深、价值较大的高档商品的需求较大,而低收入国家则以低档商品的消费为主以满足基本生活需求。所以,收入水平可以作为衡量两国需求结构或偏好相似程度的主要指标。(3)人均收入水平越相近的国家之间的需求重叠范围也越大,两国存在重复需求的商品都有可能成为贸易品,所以,收入水平相似的国家,互相间的贸易关系也就可能越密切。(4)如果各国的国民收入不断提高,则由于收入水平的提高,新的需求重复的商品便不断出现,贸易范围也相应调整,贸易中的新品种就会不断地出现。

二、图示

考察平均人均收入分别为 y_A 和 y_B 的 A、B 两个国家。在图 4-3 中,横轴表示人均收入水平 y,纵轴表示消费者所需的各种商品的品质等级 q。A、B 两国的平均需求档次分别对应纵轴上的 D 点和 G 点。由于国内的财富分配不可能完全平均,因此 A、B 两国的需求范围分别处在 CF 和 EH 之间,需求重叠的区域为 EF。一般来说,两国的人均收入越接近,需求重叠的范围就越大,贸易关系也就越密切。

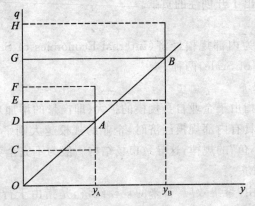

图 4-3 重叠需求与国际贸易

三、评价

林德的偏好相似理论是第一个从需求角度解释贸易动因的理论,该理论适合于解释发生在发达国家之间的水平式产业内贸易(Intra-industry Trade),尤其是制造业内部的水平式贸易。但是,该理论对发达国家的发展中国家之间贸易的解释能力有限,原因如下:第一,发展中国家向发达国家的初级品出口不能用偏好相似论解释,这是因为初级品的需求与收入的相关性不大,且初级品的国际贸易不需要以国内贸易的存在为前提——即使生产国国内没有需求,只要有自然禀赋的优势,照样可以成为出口国。第二,人口基数大、国内收入分配差距大的发展中国家虽与发达国家存在较多的需求重叠,但因发展中国家的企业满足这部分重叠需求的能力有限,所以这两种发展水平不同的国家在有重叠需求的商品上更多发生的是从发达国家出口到发展中国家的单向贸易。

第四节 规模经济理论

一、理论背景

保罗·克鲁格曼(Paul Krugman,1953—   ),诺贝尔经济学奖获得者,1977年在麻省理工学院取得经济学博士学位,毕业后去耶鲁大学任教。在1979年发表的《规模报酬递增、垄断竞争和国际贸易》、1985年与赫尔普曼(Elhanan Helpman)合著出版的《市场结构与对外贸易》等文献中,克鲁格曼突破了传统的国际贸易理论,对"二战"后大量出现的工业国家之间和同行业内部的贸易做出了解释。通过引入微观经济学中的产品差异、垄断竞争、规模经济等原理,克鲁格曼不仅为国际贸易理论建立了一个新的分析框架,而且将经济学基本原理与国际贸易中的新思路有机地结合了起来,从而为当代国际贸易理论的发展做出了开创性的贡献。

二、主要概念

规模经济效应分为内部规模经济(Internal Economies of Scale)和外部规模经济(External Economies of Scale)两种。

(一)内部规模经济

内部规模经济是指由于企业自身规模的扩大(即产量的增加)而导致的企业长期平均成本下降的现象。具有内部规模经济时,企业的规模越大则平均成本越低,因此,市场竞争呈现"大鱼吃小鱼"的规律,这导致市场结构一般为不完全竞争的市场结构。

(二)外部规模经济

外部规模经济是由"聚集效应"带来的规模经济,是指由于行业内企业数量的增加和行业整体规模的扩大所导致的企业长期平均成本下降的现象。外部规模经济与企业在地理位置上的集中所引起的专业化供应商队伍的集中、知识外溢和技术扩散、劳动力市场共享等因素有关。

三、内部规模经济与国际贸易

(一) 理论逻辑

当存在内部规模经济效应时,一国如果自给自足的话,该国的消费者就面临"低价格"和"消费多样性"不可兼得的问题。要帮助消费者同时实现"低价格"和"消费多样性"的目标,各国就必须执行自由贸易政策。一方面,自由贸易可以使生产某类产品的企业面临更大的市场,因而生产规模较大从而导致较低的平均生产成本;另一方面,通过自由贸易,一国消费者可以从世界各国生产的商品中进行选择,从而满足对商品的多样化需求。

(二) 经济学模型

1. 模型假设

假定某产业是一个垄断竞争性产业,该产业共有 n 家势均力敌的企业。任一家企业面临的需求函数是 $Q=S\times[1/n-b\times(P-P^1)]$,其中:$S$ 为产业的整体销量,P 为所考察的厂商的产品定价,P^1 为其他厂商的产品定价,b(正常数)表示该厂商销售量与价格之间的关系。总成本函数为 $C=F+c\times Q$,其中:F 为固定成本,c 为单位变动成本。

2. 封闭条件下的长期均衡

垄断竞争条件下,厂商的决策规则是"边际收益 MR 等于边际成本 MC"。由于 $MC=c$,$MR=P-1/(n\times b)$,这样,厂商的产品定价 $P=c+1/(n\times b)$。处于长期均衡状态时,每家厂商均分整个市场,平均成本 $AC=c+n\times F/S$。由于长期均衡时,每家企业的均衡利润为 0,所以 $P=AC$,可得均衡状态时企业的数量为 $\sqrt{S/bF}$,均衡价格为 $P=c+\sqrt{F/bS}$。

假定本国和外国产业的总销量分别为 S_H 和 S_F,其他条件相同。根据上述推导,很容易求得本国和外国企业的产品定价函数、平均成本函数、均衡时的企业数量和均衡价格。这里分别用 CC_H、CC_F 线表示封闭条件下本国和外国产品的平均成本和企业数量之间的关系,用 PP 线表示封闭条件下本国和外国产品定价与企业数量之间的关系,见图4-4。CC_H 线和 PP 线的交点 H、CC_F 线和 PP 线的交点 F 分别对应封闭条件下本国和外国的长期均衡点。

3. 开放条件下的长期均衡

如果本国和外国开展自由贸易,则揭示产品定价和企业数量之间关系的 PP 线保持不动,但表明产品平均成本和企业数量之间关系的 CC 线会向右下方移动至 CC_W。均衡点为 W 点,均衡的企业数量为 n_W,均衡价格为 P_W(图4-4)。

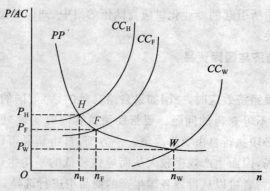

图 4-4　封闭和开放条件下的长期均衡

可见,开放条件下一体化市场中的均衡企业数量多于封闭条件下本国以及外国的均衡企业数量,而且开放条件下的均衡价格既低于封闭条件下本国的均衡价格也低于封闭条件下外国的均衡价格。

4. 贸易利益

根据上述分析,国际贸易使得贸易国的消费者在购买产品时支付比封闭条件下更低的价格,并且消费者可以获得更多的消费选择。这就是存在内部规模经济效应时贸易给各国消费者带来的贸易利益。正因如此,各国倾向于进行国际贸易。这就解释了技术水平相同、偏好相同的国家在存在内部规模经济效应的产业开展产业内贸易的原因。

四、外部规模经济与国际贸易

(一) 外部规模经济的来源

为什么集中在一起的厂商比单个孤立厂商的效率更高？这是由于三个方面的原因：第一,厂商在某个地区的集中会吸引大批专业化的供应商,专业化供应商的集中可以使得所在地区的企业能够以较低成本获得所需的原材料和中间品投入。第二,厂商的集中能为拥有高度专业化技术的人才创造出一个完善的劳动力（人才）市场,从而导致劳动力（人才）的地理集中,而这又便于厂商低成本地、快速地寻找到其所需要的人才。第三,厂商的集中可以促进同行业企业间的技术溢出,从而使得任一企业的技术进步都有可能迅速提高整个产业其他企业的技术水平。

(二) 外部规模经济对贸易模式的影响

在存在外部规模经济的情况下,如果一国某行业的生产规模足够大,即使该国生产要素的价格较高,它往往也能够以较低的生产成本生产相应的产品,从而成为该产品的出口国。相反,如果一国在某行业的起步晚、生产规模很小,即使其生产要素价格较低,它的生产成本仍然可能较高,因而被迫选择进口。也就是说,外部规模经济使得先期进入某行业的国家获得"先动优势",而后进国则遭遇"后发劣势"。

瑞士很早就进行手表的生产，属于"先发国"，包括泰国在内的很多其他国家则属于手表生产的"后进国"。作为先发国，瑞士向全球市场供应手表，这使得瑞士手表行业的整体生产规模较大，因此获得了比较充分的规模经济效应。在图 4-5 中，瑞士的手表总产量是 Q_A，手表平均成本和售价是 P_A。作为后进国，泰国的生产要素成本虽然较低，其平均成本线在瑞士的下方，但只要泰国的国内市场容量低于某一临界规模，泰国生产手表的平均成本就要高于瑞士。因此，在自由贸易的环境下，泰国的手表产业将无法生存，瑞士将得以保持其出口国的地位。

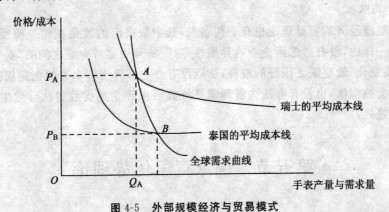

图 4-5　外部规模经济与贸易模式

基于外部规模经济的贸易模式对整个世界福利的影响是不确定的。要素成本较高的国家借助外部规模经济效应向其他国家出口商品，对整个世界来说只是一种"次优"的状态。在图 4-5 中，如果是泰国（而不是瑞士）率先生产并向全球供应手表，则各国消费者就能以 P_B 的价格购买到手表，对于全球消费者来说，这显然优于由瑞士向全球供应手表的情形。

五、评价

（一）理论贡献

第一，内部规模经济理论可以很好地解释发生在发达国家之间的产业内贸易。根据李嘉图的比较优势论、赫克歇尔和俄林提出的要素禀赋论等贸易理论，世界上占据主导地位的贸易模式应该是发展水平差异较大的国家之间开展的产业间贸易。"二战"之前的贸易格局基本上可以用上述理论解释。但"二战"之后，发达国家与发达国家之间的水平式产业内贸易大量发生，比较优势论和要素禀赋论对这一新现象无法提供有效解释。克鲁格曼等人通过引入垄断竞争市场中的内部规模经济效应，成功揭示了这样一个道理，即发展水平相同、技术水平相同、偏好相同的国家之间为了增加"低成本"和"消费多样化"的折中余地，照样有开展贸易的必要。基于内部规模经济的贸易理论的最大贡献在于，它克服了传统贸易理论所遇到的困境，提高了理论对现实的解释能力，能够解释产业内的国际分工,很好地诠释了现实中的贸易模式。

第二,克鲁格曼等人运用外部规模经济解释了分工发生前初始条件的细微差别和偶然性因素对国际贸易模式的影响。正如海闻(1995)所分析的那样,由于工业品的多样性,任何一国都不能囊括一行业所有的产品,从而使国际贸易成为必然,但是具体哪一国生产哪一种产品,则没有固定的模式。不同国家在分工中拥有哪些优势产业,往往取决于分工发生前初始条件的细微差别。而且分工模式一旦形成,优势产业就会由于路径依赖而在相当长时间内得以延续,而落后产业则很难有"咸鱼翻身"的机会。

(二)局限性

基于规模经济的贸易理论也有一些弱点,其中最突出的就是在相关模型中所有的企业都是一样的,没有考虑到企业的异质性,对贸易开展之后企业之间的"竞争淘汰"效应和"规模变化"效应缺乏很好的解释,所以没有办法解释为什么有的企业规模会扩大,有的企业会被淘汰,也没有办法去解释贸易开放后由于企业优胜劣汰导致生产效率提高带来的好处。

第五节 国家竞争优势理论

一、理论背景

迈克尔·波特(Michael E. Porter)是哈佛大学商学院的大学教授(University Professor),竞争战略和国家竞争力领域的国际权威之一,被誉为"竞争战略之父"。20世纪80年代,美国面临国家竞争力减弱的问题,西欧、日本甚至一些新兴工业化国家对美国的传统支柱产业乃至新兴产业造成了巨大的冲击。为提高美国国际竞争力,里根总统于1983年设立了由企业家、劳工领袖、学术界和政府官员组成的直属白宫的产业竞争力委员会。作为该委员会的成员之一,波特开始研究美国的竞争力问题。波特于1990年出版的《国家竞争优势》一书,对比较优势理论、规模经济理论、技术差距论以及产品生命周期理论等国际贸易理论进行了批判,并对国家竞争优势的概念及来源进行了重新阐释,他运用钻石模型解读了产业竞争优势的来源,并探讨了国家在创造竞争优势过程中的作用。

二、主要观点

(一)钻石模型

迈克尔·波特在《国家竞争优势》中构建了"钻石模型"(图4-6),用以解释产业竞争优势的来源。根据钻石模型,某国(地区)特定产业的竞争力来自四个基本因素和两个辅助因素。其中,四个基本因素是生产要素、需求条件、相关与支持性产业以及"企业战略、企业结构和同业竞争";两个辅助因素分别是机会和政府。这六个因素既有宏观层次的因素,又有微观层次的因素。波特认为,这六个因素共同组成一个体系,每一个因素发挥的效应受其他因素的影响,同时每一个因素的表现也影响其他因素的效应。这六个因素在动态的发展过程中相互影响,共同提升产业的国际竞争力。

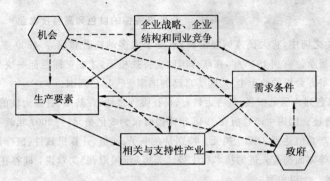

图 4-6　迈克尔·波特的"钻石模型"

1. 生产要素

要了解竞争优势中生产要素所起的作用,必须先将生产要素进行分类。根据产生机制和所起作用,生产要素可以分为初级生产要素(Basic factor)和高级生产要素(Advanced factor)。初级生产要素是指一国先天拥有的或不需要太多投资便能得到的要素,包括自然资源、气候、地理位置、非技术工人与半技术工人、融资等。高级生产要素则包括现代化通信基础设施、高等教育人力资源(如电脑科学家和工程师)以及各大学研究所。在以天然产品或农业为主的产业,以及对技能需求不高或技术已经普及的产业,初级生产要素仍有其重要性。高级生产要素对竞争优势的贡献更为关键、持久,但高级生产要素的创造仍必须以初级生产要素为基础。

根据专业化程度,生产要素可以分为一般性生产要素(Generalized factor)和专业性生产要素(Specialized factor)。一般性生产要素是指适用范围广泛的要素,包括公路系统、融资、受过大学教育而且上进心强的员工;专业性生产要素包括技术型人力、先进的基础设施、专业知识领域及其他定义更明确且针对单一产业的因素。一般性生产要素虽然能提供最基本的竞争优势,但是这些优势很多国家都有,其效果相对不显著。相比之下,专业性生产要素提供给产业更具决定性和持续力的竞争优势基础。生产要素有持续发展的过程,今天的专业性要素到了明天可能会变成一般性要素。生产要素必须持续升级和专业化,才能保持对竞争优势的价值。

产业表现卓越的国家往往也是创造生产要素或提升生产要素素质的高手。对于国家而言,创造生产要素的良好机制远比拥有生产要素本身更为重要。若要创造出对产业发展有利的生产要素,绝不能没有民营部门的参与。此外,不利的初级生产要素条件有时能激发高级生产要素的创造。例如,"二战"后,瑞士劳动力出现短缺,但它又极力排斥外来劳动力。这种状况迫使瑞士企业努力提高员工的生产率、产品的附加值,并寻找更长远的市场和产业环节。

 专栏 4-2　令世界震惊的以色列高科技农业

在长长的历史之河中,犹太民族饱经沧桑,承受了太多的痛苦和屈辱,1800多年来他们无家可归,多次被驱逐和屠杀。直到1948年,在联合国的支持扶植下,才在亚洲西部一块几乎寸草不生的、面积仅为1.49万平方公里的沙土上,建起了自己的国家——以色列国。

60多年来,以色列人居危图强,坚持走教育、科技强国之路,在贫瘠、资源短缺的荒漠上创造出令世人赞叹的现代奇迹。国内生产总值在1948年建国时仅为2亿美元,到2007年就飞跃至1 950多亿美元,人均国内生产总值达到31 767美元。特别是在电子、通信、计算机软件、医疗器械、生物技术工程、农业以及航空等方面拥有先进的技术和优势。美国《新闻周刊》文章说:硅谷在美国国境之外只有一个真正的劲敌——以色列。

这里,笔者要介绍的是以色列那举世瞩目的高新技术农业。

"蒸沙烁石然虏云,沸浪淡波煎汉月",这是当年行走在以色列大地上的一个中国外交官触景生情吟诵的唐诗。以色列的自然环境相当差,90%的土地为沙漠,可耕地面积仅占1/5,不仅土层世所罕见地贫瘠,最要命的是农业赖以生存的水资源奇匮。在它境内只有一个微不足道的淡水湖和一些沟渠大的小溪。以色列降雨极少,年降水约200毫米,占土地面积60%的南部内盖夫沙漠一带,每年平均降雨仅有25到50毫米,很多时候雨尚未落地就在空中蒸发了。然而,就是在这样一块生存条件恶劣之地,(20世纪90年代,笔者在省外事部门工作,曾接待过以色列农业考察团,以色列的农业专家对本省的农业自然条件羡慕得死去活来,他们甚至想不明白,这么好的自然条件,你们的农业居然搞不上去!)以色列人创造了令人咂舌的奇迹,其农业产量几乎每10年翻一番,许多农产品的单产量及其加工技术都已领先世界先进水平。他们的奶牛单产奶量居世界第一,平均每头产奶10 500公斤;鸡年均产蛋280个;玫瑰花每公顷300余万枝;棉花单产居世界之首,亩产近千斤;柑橘每公顷年产80吨;西红柿每公顷单产500吨;灯笼辣椒、黄瓜、茄子等蔬菜单产也为世界最高;甚至每立方水域养鱼的产量也高于半吨……

这块干旱土地上的以色列,成了农产品出口大国,每年水果出口达55 000吨,产值4.5亿美元;出口鲜花产值2亿美元;出口柑橘产值2亿美元;还有像长颈玫瑰、小枝麝香石竹、甜瓜、猕猴桃、草莓、西红柿、黄瓜、胡椒以及鳄梨等成为在欧美市场冬季最为走俏的产品。如今,以色列农产品已占据40%的欧洲瓜果、蔬菜市场,并成为仅次于荷兰的第二大花卉供应国。2007年,以色列农业总产值为55亿美元,其中,农业出口值达21.72亿美元,占全国出口值的4.4%,赢得欧洲"冬季厨房"的美名。而取得如此成功的根本,主要是农业的高科技化——以色列把"科技兴农"作为国策。

先进的育种技术

以色列非常注意培育优良植物、动物品种,高超的生物技术帮助以色列创造了世界最先进的育种技术。他们培育的西红柿色泽艳丽,贮藏、保鲜期长,商品性好;无籽西瓜可以根据客户要求进行个体和色泽控制性栽培;奶产量居世界第一的霍斯坦奶牛是以色列用基因工程培育出来的;用生物工程培育出新品种花卉;培养出了各种杂交棉花,这类棉花不仅纤维更长、更结实,而且产量也更高,同时还能减少对水分的需求,有些品种呈现出天然的棕色或绿色;在鱼种培育方面以色列也处于世界领先地位;以色列人还找到了减少蛋鸡自相争斗的方法,开发出一种家禽仿制品,刺激家禽去攻击它,使蛋产量有所提高。以色列还培育出了各类可以抗病、提高品质和产量,在炎热气候下也只需要很少水的种子,现在,以色列每年要向全世界出口价值3 000万美元的种子,在欧洲,40%的温室种植的西红柿,使用的是以色列开发生产的种子,有些国家,这一比例甚至高达98%。

在高度发达的科研体系的支持下,以色列的农作物新品种的培育和生产十分活跃。一般说来,一个新品种的生命周期为三至四年,之后,它将被另一新上市的产品所取代。而一个新品种从开发到实现商品化平均要花费5年。所以,在一种产品上市之前,另一个更新的产品的研究开发工作就已经开始了。循序渐进,推陈出新,使以色列的新品种技术一直处于世界领先地位。

研发生物杀虫等技术

以色列曾是世界上生产普通农用化学品最多的国家。为保护环境,他们大力研发生物杀虫技术,培育出既能消灭某种害虫而又不会对作物本身造成损害的生物天敌。有的农场培育出了一种专吃毁坏草莓的小虫子的蜘蛛,这种蜘蛛现在已出口到加利福尼亚州。一家生物技术公司培养出了能对付粉状霉菌和能消灭蛾子的细菌。另一家公司甚至研制出了一种可以产生紫外线阻止昆虫的聚乙烯薄膜。他们还运用细孔尼龙网覆盖温室的方法,来有效防止害虫飞入。现在,以色列85%的柑橘种植园已经实行了害虫综合管理,利用黄蜂或其他昆虫等自然生物来对付害虫,尽量减少化学品的使用。

高超的节水技术

以色列严重缺水,政府以巨额投资修建了贯穿南北惠及全国的输水工程。为了最大限度地节省水和利用水,以色列人发明了滴灌,并于30多年前应用到以色列农业。现在,滴灌已成功推广到全世界。滴灌有许多优点:装有滴头的管线出水量均匀一致,灌溉不受坡度、距离的影响;可以把肥料混入水中,水和肥料可直接到达根系,大大节约了水肥;可抑制杂草生长;可以利用低质量的水(微咸水或净化污水);根据不同作物,滴头可以按要求组装,以调整合适的滴水速度;使用寿命长,可以达到15～20年;用水使用率达95%。近年,以色列又从滴灌技术中派生出一个新的灌溉方法,即把管线埋藏在地下50厘米深处。这种埋藏式灌溉可保持地表干燥,还不影响田间作业。

所有灌溉方式都采用计算机自动化控制,可实时控制灌溉,也可执行操作程序,精密,可靠,节省人力。在灌溉过程中,如果水肥的施用量与要求有偏差,系统会自动关闭。这些系统中有传感器,它能通过检测植物茎果的直径变化和地下的湿度,来决定对植物的灌溉间隔。当需要灌溉时,它会自动打开灌溉系统作业。

同时,以色列也不放过其他节水措施,如为收集有限的雨水,开发了一种工具,能在地上开出小凹洞,下雨时雨水不至于流失,仅此一项,可使每公顷小麦产量提高500公斤。

另外,以色列的海水淡化技术、污水处理技术也处于世界前列,他们充分利用废水、污水、咸水和海水来生产净化水。以色列人还采用人工降雨,利用飞机和地面发生器,平均使雨量增加了15%。

建国以来,以色列的农业生产增长了12倍,而每顷土地的用水量仍保持不变。这不能不说是个奇迹。

开发出新"土壤"

由于缺少沃土,以色列人便开发出一种新"土壤",这种"土壤"在1 000度高温下形成一种叫蛭石的物质,具有良好的通风和保持比自重大得多的湿气。这等于增加了种植面积,用它种植农作物,产量大增,比如,西红柿可增产30%,黄瓜可增产34%。

当然,为了"科技兴农",以色列政府舍得投入,每年投入的农业科研经费达上亿美元。目前,以色列政府、大学、学术团体和各农业组织都参与了农业科研。其中,以色列农业部下属的7个专业研究所主要负责种植、作物保护和环境科学等方面的研究。农业部下设的农业技术推广服务局,按类别分设了禽、蔬菜灌溉和农业机械等14个专业部门,负责将科研成果介绍给农民进行试验和推广,并将农民遇到的问题带回来解决。以色列农业部首席科学家勒瓦依对记者说,有了先进的科学技术和足够的资金,荒漠可以变为良田。高科技的发展和使用,已使以色列传统的农业"脱胎换骨",形成了精耕细作、优质高效的新型现代农业。如今,这经历了千年洪荒的内盖夫沙漠,已是万顷绿洲点缀其间。

1867年9月的一天,马克·吐温与众多文化精英和社会名流汇集来耶路撒冷旅行,这位伟大的作家用他那双深邃和犀利的眼睛扫视这片濒临地中海的土地后,断言这里是"荒凉、贫瘠和没有希望"的。然而,80多年后,以色列却在这片土地上,以犹太人的超凡智慧和先进的科学技术以及不懈的勤奋精神,创造出了人间奇迹,使马克·吐温的断言落空。我想,倘若他老人家重返世间,再次面临这片土地,他定会收回自己的断言,并以优美抒情的语词为以色列喝彩!

资料来源:海鼎,中国选举与治理网,2011-02-26。

2. 需求条件

波特将需求条件视为产业冲刺的动力。国内市场不仅通过对规模经济的影响力而提高了效率,国内市场更重要的意义在于它是产业发展的动力,刺激企业改进和创新。全球竞争并没有降低国内市场的重要性。国内市场深深影响了企业认知和诠释顾客需求的能力。国内庞大的需求规模有利于公司建立国际竞争优势,但比需求规模更重要的是国内购买者对需求的质量要求。如果国内购买者是世界上最老练和最苛求的产品与服务购买者,那么该国公司就能获得竞争优势。因为老练、苛求的购买者打开了满足高级顾客需求的一扇窗户,迫使公司达到更高的标准,刺激公司不断改进、创新和提升竞争力。

3. 相关与支持性产业

形成国家竞争优势的第三个基本要素是某国相对于其他国家竞争对手能提供更健全的相关与支持性产业。波特认为,一群在地理上互相靠近、在技术和人才上互相支持并具有国际竞争力的相关产业与支持产业所形成的产业集群,是国家竞争优势的重要来源。地理上的相对集中加剧了同业之间的竞争,缩短了相互之间沟通的渠道,能够快速地相互学习,不断地进行创新和观念交流,并不断扩大其专业人才队伍和专业研究力量,形成产业集群内部的一种自加强机制。这种产业集群如果参与国际竞争并在国际竞争中形成,则其所形成的竞争优势是难以被其他地区的企业夺走的。波特指出,一个具有国际竞争力的优势产业群体中的企业最好全部由国内企业组成(而不是某一环节从国外采购),特别是由本地企业组成上下游配套齐全的产业发展链条,这样所形成的国际竞争优势才是稳定的、可靠的。波特认为,竞争力强的本国产业,通常会带动相关产业的发展,因为它们之间可以合作、分享信息,甚至在电脑、设备和应用软件等方面都能互补。他指出,在世界各国,相关产业之间互相促进的例子很普遍,他列举了一些参考性例子,如表 4-1 所示。

表 4-1 十国具有国际竞争力的相关产业

国　家	产　业	相关性产业
丹麦	酪品、酿酒	工业用酵素
德国	化学制品	印刷油墨
意大利	照明设备	家具
日本	照相机	复印机
韩国	录放影机	录像带
新加坡	港口服务	修船
瑞典	汽车	卡车
瑞士	药品	香料
英国	发动机	润滑油、减震器
美国	电子测试和测量器材	病人看护设备

资料来源:迈克尔·波特著,李明轩、邱如美译.国家竞争优势[M].北京:中信出版社,2012.

4. 企业战略、企业结构与同业竞争

形成国家竞争优势的第四个基本要素是企业,即企业战略、企业结构和同业竞争。企业的战略和结构往往因产业和国情的差异而有所不同。民族文化、国家的发展目标、个人的努力动机和工作态度、民族荣耀与使命感、忠诚度的持久性等因素都会对战略和结构产生影响。

波特认为,真正能够形成竞争优势的是企业的发展战略。由于企业之间的激烈竞争和优秀企业之间在竞争中的相互学习,已使竞争性企业之间在经营管理层次上的差别不大,而企业之间真正不容易被学习或模仿的差别是企业战略。

国内市场强有力的竞争对手可以创造产业的持续竞争优势。这一观点挑战了很多传统的经济学观念(其中的一个观点是,国内市场如果竞争太激烈,则资源会过度消耗并妨碍规模经济的建立)。波特认为,国内竞争是刺激企业进步和推动创新的原动力。企业在国内市场成群厮杀,为该国所带来的好处远大于它与外国企业的对抗。本地竞争迫使企业竞相降低成本,提高质量,改善服务,研发新产品和新流程。本地企业之间的竞争不仅竞争市场份额,而且竞争人、竞争技术,还有或许最重要的,即竞争"炫耀权"。国内市场的竞争可以协助企业克服生产要素的不利部分,会促使政府建立更公平和超然的立场,刺激挑剔型客户的出现,建立先进、有创意的世界级供应商系统。这种强化效果一旦形成,构建竞争优势所需的本地供应商体系、充沛的高级人力资源以及钻石体系的其他部分自然能水到渠成。

5. 机会

波特认为,可能形成机会、影响产业竞争的情况大致包括:基础科技的发明创新、传统技术出现断层(例如生物科技的出现和发展)、生产成本突然提高(例如能源危机)、全球金融市场或汇率的重大变化、全球或区域市场需求剧增、外国政府的重大决策及战争等。引发机会的事件很重要,因为它会打破原本的状态,提供新的竞争空间。这些事件使得原本的竞争者优势顿失,创造新的环境,凡是能取代旧势力、满足新需求的厂商就能获得现身的空间。在相关国家的许多产业国际竞争优势形成过程中,机会发挥了重要的作用。例如:在微电子科技出现之后,美国、德国在传统电机产业的优势纷纷被打破,日本及其他国家的企业趁机加入竞争。再比如,"千年虫"问题为印度软件企业争夺国际外包市场提供了前所未有的机遇。机遇虽会影响到产业的竞争优势,但是国家的角色并非完全消极被动。如果国家的钻石体系健全,往往能转危为机;反之则相反。

6. 政府

波特指出,繁荣是政府的一种选择。在现代全球经济中,以自由放任和干预来划分政府的角色已经过时。政府需要考虑的是何时干预、怎么干预的问题。波特认为,政府以补贴、本币贬值、设置贸易壁垒等方式提高竞争力的做法是不可取的;政府应该致力于推动充分、公平竞争和自由贸易,政府应该加强基础设施建设,执行严格的产品、安全和环境标准,严格限制竞争者之间的直接合作,致力于鼓励在人的技能、创新和物质资产方面的持续投资。波特强调,政府政策的影响力固然可观,但也有它的限制。他解释道,"产业发展如果没有其他基本要素的配合,政府政策再帮忙,也是扶不起的阿斗。若政府政策是运用在已经具备其他基本要素的产业上面,就可以强化、加速产业的优势,并提高厂商的信心,但政府本身并不能帮助企业创造竞争优势"。

(二) 国家发展阶段论

波特从国际竞争的角度出发,根据每个国家的产业表现及竞争优势来源,提出了国家经济发展的四个阶段:要素驱动(Factor-driven)阶段、投资驱动(Investment-driven)阶段、创新驱动(Innovation-driven)阶段、财富驱动(Wealth-driven)阶段。

1. 要素驱动阶段

在经济发展的最初阶段,一国钻石体系的基本要素中只有初级生产要素具有优势,几乎所有的成功产业都依赖初级生产要素,也只有具备相关初级生产要素的企业才有能力进入国际市场。该国企业完全是以价格条件进行竞争;能够提供的产品不多;尚无能力创造技术,必须依赖外国企业提供的技术,因而使用的是广泛传播、容易取得的一般技术。处在此阶段的国家的企业普遍缺乏在全球价值链中的"话语权",并且容易受到全球经济景气循环和汇率变动的影响。大部分发展中国家以及加拿大、澳大利亚等自然资源特别丰富的发达国家都处在要素驱动阶段。

2. 投资驱动阶段

处于投资驱动阶段的国家,其竞争优势来源于生产要素、需求条件、"企业战略、企业结构和同业竞争"三大基本要素。企业虽然仍然依靠初级生产要素获利,但已有能力开发花费不高但处于更高阶段的生产要素;国内需求的规模和成长性已成为推动产业进步的重要因素;此外,个人和企业的进取精神增强,国内市场竞争日趋激烈。当国家处于投资驱动阶段时,最重要的优势往往还受限于低成本、大量生产、应用现代化设备的产业。一般而言,这类产业通常是相对成熟的产业及下游产品、基本零组件或差异不大的原料产业。19世纪下半叶的德国和美国即处于这个阶段。

3. 创新驱动阶段

当国家进入创新驱动阶段时,许多产业已出现完整的钻石体系。钻石体系的许多基本要素不但能发挥自己的功能,而且交互影响也最强,锐不可当的竞争力出现。在此阶段,相关产业已能创造并提升高级和专业化的生产要素;国内消费者的需求更加苛刻,并且通过跨国经营国内需求开始国际化;企业开始执行全球发展战略;重要的产业集群已出现世界级的支持性产业。处在这一阶段的政府,角色不同于前面两个阶段,政府应该放弃过去干预产业的做法。刺激创新的冲力、培养创新的技术以及发展方向的取舍等大多数活动,应交给民间部门负责。英国在19世纪前半叶处于创新驱动阶段,美国、德国和瑞典在20世纪先后进入这一阶段。

4. 财富驱动阶段

与前三个阶段不同,财富驱动阶段是经济走向衰退的阶段,推动社会发展的力量是前三个阶段积累下来的财富。投资者、管理人员和人民持续投资和创新的行动大大减少,经济发展的步伐受阻;此阶段的国家将重心放在社会价值上面,而忽视了社会价值其实是建立在经济持续进步的基础之上的。此阶段的国家,人们的财富占有量充足,生活富足。但是,此阶段的国家也是个暮气沉沉、萎靡不振的国家。这个阶段的许多企业会出现接二连三的问题,失业压力持续上升,生活水平不断下降,社会福利费用超过经济的承受力。这段衰退过程可能持续一段很长的时间,直至经济受到新的重大冲击为止。英国经济很早就进入了财富驱动的阶段。

三、评价

(一)贡献

第一,波特提出了一个一般性的分析框架,对于我们理解国家、城市、产业、集群甚至企业的竞争优势来源,具有重要的意义。钻石模型在世界各国、各地区得到了广泛的应用。第二,波特修正、补充了原有的国际贸易理论。他区分了比较优势和竞争优势的不同作用,认为一国的竞争力主要不是来源于劳动力、自然资源、金融资本等物质禀赋的投入,而是来自国家创造一个良好的经营环境和支持性制度以确保投入要素能够高效地使用和升级换代从而提高生产率的能力;此外,相比以往的理论,波特的钻石模型是一个综合性更强的分析工具,几乎涉及影响产业国际竞争力的所有因素。

(二) 不足

波特的理论也存在一些局限性。第一,部分经济学家对波特理论的严谨性和创新性提出了质疑。格瑞威(Greenaway)(1993)指出,大多数经济学家会对波特将其分析框架称之为理论感到愤怒,因为他所提出的模型既没有用规范的经济学语言来表达,也没有用规范的数学推导来证明,根本不能称其为理论。鲁格曼和克鲁兹(1993)、邓宁(1993)等认为,波特所提出的决定因素不是什么新东西,可以说是比较优势理论各种观点的旧调新弹,并且他没有注明其模型中各个观点的出处,因此很难说他的模型和解释是其原创作品。第二,戴立(Daly)(1993)和格瑞(Gray)(1990)认为,波特低估了价格竞争的作用,他们根据德国和日本货币升值与出口竞争力同时增长的案例研究得出,波特关于货币贬值对出口竞争力没有影响的结论并没有得到实证研究的支持。第三,波特过于强调内需的重要性,而忽视了外部需求条件的影响。事实上,在国内需求有限的情况下,外部需求的规模和苛刻性是推动国内产业发展的重要动力。例如:印度和爱尔兰软件外包的国内市场规模小,这两个国家正是凭借广阔的国外市场确立软件外包接包大国的地位。第四,部分观点对发展中国家不太适用。① 关于政府的角色,鉴于发展中国家的种种弱势,斯代芬等人(1991)建议将政府变成第 5 个决定因素,而不是一个辅助因素。奥滋勒(1999)应用波特模型对土耳其 5 个重点产业的发展历程进行研究之后也发现,政府在这个产业的成长过程中发挥了核心作用,他认为,在发展中国家政府是影响其产业竞争力的一个非常重要的决定因素。② 在菱形模型中,波特将生产要素区分为初级生产要素和高级生产要素,并认为初级生产要素丰富反而不能提高甚至会降低国际竞争力,要求大力开发高级要素。这在创新能力较强的发达国家可能是正确的结论,但在大多数发展中国家,目前有国际竞争力的产业大多数仍然是初级生产要素丰裕的产业。③ 在钻石模型中,波特认为市场需求越苛刻、越高级的产业的竞争力越强,但在大多数发展中国家,目前许多产业的发展还处于起步或成长阶段,并没有能力来满足苛刻的、高级的市场需求。

关 键 概 念

需求时滞,反应时滞,掌握时滞,模仿时滞,人力资本,产品生命周期,规模经济,外部规模经济,内部规模经济,钻石模型,初级生产要素,高级生产要素,需求条件,要素驱动阶段,投资驱动阶段,创新驱动阶段,财富驱动阶段

内容提要

1. 20世纪50年代以来,一些学者从新型生产要素(如技术、研究与开发、信息、人力资本、管理)的视角来阐释贸易的基础和贸易格局的变化。

2. 波斯纳认为,工业化国家之间的工业品贸易,有很大一部分是以技术差距的存在为基础进行的。

3. 按照H—O定理的逻辑,人力资本充裕的国家在生产人力资本密集型产品(主要是知识和技术密集型产品)上具有比较优势,因此是这类产品的出口国;而人力资本比较稀缺的国家则在人力资本密集型产品的生产上处于比较劣势,它们选择进口此类商品。

4. 产品的生命周期是指新产品从上市开始,经历诞生、发展、衰退、消亡的过程。弗农把这一演变过程概括为三个连续的时期:创新阶段、成熟阶段和标准化阶段。这三个阶段产品的要素密集类型会发生变化,因而具有比较优势的生产地点也在发生相应的变化。

5. 偏好相似论认为,国际贸易是国内贸易的延伸;影响一国需求结构的最主要因素是收入水平;收入水平相似的国家,互相间的贸易关系也就可能越密切。

6. 当存在内部规模经济效应时,封闭经济中的消费者难以同时获得"低价格"和"消费多样性",只有自由贸易才可以使贸易国的消费者有更大的机会同时实现"低价格"和"消费多样性"目标。因此,如果某产品的生产具有内部规模经济效应,即使两国的技术水平相同、偏好相同,这两国仍有在该产品上开展产业内贸易的必要。

7. 外部规模经济的来源包括:专业化的供应商队伍、劳动力市场共享和知识外溢。

8. 外部规模经济使得先期进入某行业的国家获得"先动优势",而后进国则遭遇"后发劣势"。

9. 根据钻石模型,某国(地区)特定产业的竞争力来自四个基本因素和两个辅助因素。其中,四个基本因素是:生产要素、需求条件、相关与支持性产业以及"企业战略、企业结构和同业竞争";两个辅助因素分别是机会和政府。

10. 波特根据每个国家的产业表现及竞争优势来源,提出了国家经济发展的四个阶段:要素驱动阶段、投资驱动阶段、创新驱动阶段、财富驱动阶段。

复习思考题

1. 技术差距论有哪些主要观点?其理论意义是什么?
2. 产品生命周期理论的主要观点和理论意义有哪些?
3. 简述偏好相似论的主要观点和理论意义。

4. 简述外部规模经济的来源。

5. 外部规模经济对贸易模式产生怎样的影响?

6. 内部规模经济对贸易模式有何影响?

7. 请阐述波特"钻石模型"的主要内容。

8. 简述波特的"国家发展阶段论"。

9. 试论述战后东亚发展的雁行模式。这种模式的经济学依据是什么?对东亚各国分别有怎样的影响?

10. 外部规模经济的来源有哪些?它对贸易模式会产生怎样的影响?一个行业如果具有外部规模经济效应,后发展国家在什么样的前提下可以通过贸易保护的方式来最终实现本国产业在开放经济中的独立发展?

11. 假设汽车行业是一个垄断竞争行业。该行业共有 n 家势均力敌的企业,每家企业面临的需求函数是 $Q_d = S \times [1/n - b \times (P-p)]$,其中:$Q_d$ 是某厂商的销售量,S 是整个行业的汽车销售量,b 是常数,表示该厂商销售量与价格之间的关系,P 表示该厂商的汽车定价,p 表示其他厂商的汽车售价。每家汽车企业面临的总成本函数是 $TC = F + c \times Q_p$,其中 Q_p 表示汽车产量,F 表示不变成本,c 表示单位可变成本。假设两个国家(本国和外国)的 b、F、c 等参数完全一致,分别为:$b = 1/30\,000$,$F = \$750\,000\,000$,$c = \$5\,000$;汽车在本国的年销售量为 90 万辆,在外国的年销售量为 160 万辆。

(1) 计算在封闭条件下,本国与外国的均衡价格、均衡企业数量。

(2) 计算在开放条件下,均衡价格与均衡企业数量。

(3) 国际贸易的利益体现在哪些方面?

12. 请运用所学理论分析中国成为"世界加工厂"的原因。

13. 请运用所学理论解释"二战"后发达国家之间的贸易在全球国际贸易中的地位增强这一现象。

14. 产品生命周期理论认为,产品的比较优势发生着区位迁移,这一说法与要素禀赋论有何联系和区别?

15. 试用产品生命周期理论分析美国对中国采取的贸易限制是否合理。

16. 试用产品生命周期理论分析发达国家要求发展中国家加强知识产权保护的原因。

17. 林德的偏好相似说可以在多大程度上解释发展中国家与发达国家间的贸易模式?

18. 运用所学原理,分析我国参加国际贸易的模式及原因。

19. 试用钻石模型比较中印两国软件外包竞争力。

第五章 保护贸易理论

在第二章至第四章,我们主要介绍了一些支持自由贸易的理论。根据这些理论,自由贸易不是零和博弈,可以使得世界产出最大化并且可以提高贸易国的福利。具体来说,自由贸易的作用至少包含以下几个方面:首先,自由贸易促使贸易国的资源从相对劳动生产率较低的部门转向相对劳动生产率较高的部门,从而优化该国乃至整个世界的资源配置。其次,自由贸易有可能改变落后国的要素禀赋特征,增强其技术创新能力,优化该国的产业结构。再次,自由贸易会带来竞争效应,各国企业通过国际贸易这一纽带在同一个平台上开展竞争,为了生存和发展,它们必须设法提高技术水平和管理能力。最后,自由贸易会提高消费者福利水平,使得各贸易国消费者能够以更低的价格获得更多的消费选择。既然如此,各国政府都应该执行自由贸易政策,完全任由市场来决定商品和服务的流入与流出。但在现实世界中,几乎所有国家都会采用各种政策对贸易进行干预(包括限制进口、鼓励进口、鼓励出口及出口管制)。那么,政府为什么要干预贸易呢?贸易保护行为的目的是什么?保护的手段有哪些?保护的结果是什么?这是本章所要回答的问题。本章将依次介绍重商主义思想、幼稚产业保护理论、凯恩斯主义的超保护贸易思想、"中心—外围"理论、战略性贸易政策理论、贸易保护的政治经济学分析以及主张保护贸易的其他论点。

第一节 重商主义思想

一、时代背景

重商主义(Mercantilism)思想是文艺复兴晚期和资本主义原始积累时期在欧洲占据主导地位的国际贸易学说。它诞生于15世纪,全盛于16世纪和17世纪上半叶,从17世纪下半叶开始衰退。重商主义并不是一个正式的思想学派,其实质是欧洲主要国家的官员、学者和商人在对贸易差额、贸易政策、价格、汇率等许多问题研究的基础上形成的观点总结。由于学术观点的相似性,大多数在1500年至1750年间著书立说的欧洲经济学家一般被笼统地视为重商主义者(Mercantilists)。"重商主义""重商主义者"的称谓最初是其批评者亚当·斯密等人赋予的,历史学者旋即采用。

重商主义的产生有其深刻的历史背景。文艺复兴时期发生的宗教改革使得基督教的理性思想深入人心,人们开始崇尚节俭,认为通过劳动创造财富是一种荣耀。人们思想观念的巨大变化使得商业思想得到广泛传播,商人开始受人尊重,经商成为一种人人崇尚的职业。当时的欧洲社会存在巨大的货币需求。一方面,开始没落的封建贵族需要用货币来享受奢侈的生活;另一方面,新兴的资产阶级亟须货币来加快原始积累的进程。当时,金银是货币代名词,是财富的象征。由于西欧大多数国家缺少金银矿产资源,且由于欧洲在与东方的贸易中整体上处于劣势地位,这使得金银货币供不应求的现象极为突出。在这样的背景下,西欧社会产生了非常突出的拜金主义现象。航海家哥伦布曾说过:"谁有了黄金,谁就可以在这个世界上为所欲为;有了黄金,甚至可以使灵魂升入天堂!"欧洲各国就如何增加货币财富进行了大量的尝试,产生了一系列思想和实践,在此过程中,重商主义作为一种经济学说体系开始形成。由于重商主义倡导的做法符合当时欧洲社会主流阶层的需要,因此重商主义思想在国家政策和法律制定方面得到了充分反映,对欧洲的经济、政治和社会发展产生了深远影响。

二、重商主义的主要观点

(一)共性观点

西欧各国重商主义者出于各自国家和所处时代的需要,提出了很多不完全相同的思想和政策主张。但是,这些思想和政策主张具有一些共性观点,包含以下五条:第一,将国家的财富等同于金银货币拥有量,认为经济资产或资本仅仅体现为国家所持有的金银货币;第二,经济利益来自流通领域而非生产领域,物质资产的生产过程不会创造经济利益;第三,国内贸易只会导致金银货币在国内的流动,不会创造财富,对外贸易是积累财富的唯一途径;第四,国际贸易的全球总量是不变的,因此,国际贸易是零和博弈,一国多出口就意味着他国少出口,这意味着各国的贸易关系是根本对立的;第五,增加财富的最佳方法是保持对他国的贸易顺差,因为只有保持贸易顺差才能使得金银货币的流入大于流出,从而增加该国的金银货币拥有量。

依据具体观点和措施的不同,重商主义大致可以分为早期重商主义(从15世纪到16世纪下半叶)和晚期重商主义(从16世纪末到18世纪)。

(二)早期重商主义

早期重商主义的代表人物有英国的约翰·海尔斯(John Hales)、威廉·斯坦福德(William Stafford),法国的让·博丹(Jean Bodin)、安徒安·孟克列钦(A. Monthretien)。早期重商主义属于"货币差额论",着眼于货币的增加,采取措施获取国外的金银货币,同时禁止金银货币的外流。正如恩格斯所言,早期的重商主义者"就像守财奴一样,双手抱住心爱的钱袋,用嫉妒和猜疑的目光打量自己的邻居,他们不择手段地骗取那些和本国通商的民族的现钱,并把侥幸得来的金钱牢牢地保持在关税线内"。早期重商主义者建议采取的措施包含以下三条:(1)主张多卖少买甚至只卖不买。斯坦福德认为,任何商品的进口都是有害的,从国外输入本国能够制造的商品则危害更大。(2)采取行政手段,直接控制货币流动,禁止金银输出。(3)反对原材料出口。斯坦福德认为,防止金银外流只是消极措施,还应采取积极对策,即所谓的"纠正贸易政策"。他反对英国出口羊毛,因为他国将羊毛加工成纺织品再卖给英国,从英国带走的货币必将大于该国购买廉价羊毛时所支付的货币。

依据早期重商主义思想,英法等国制定了相应的贸易保护措施。英国当时采取的保护手段主要有:(1)严禁金银出口;(2)外国人在英国出售货物所得的全部货币不得运出英国,只能在英国境内使用或购买商品运出国境;(3)对外贸易必须在国家指定的市场上进行,以便于政府集中管理;(4)国家成立专门的皇家兑换所,统一办理货币兑换;(5)成立专门机构,对进口商品和出口羊毛课以重税,监督商人在国外销售商品时是否将金银运回国内。

(三)晚期重商主义

晚期重商主义者以英国的托马斯·孟(Thomas Mum)为主要代表,将着眼点从直接控制金银货币的流动转向对贸易的控制上。晚期重商主义者的主要观点包括:(1)关注贸易差额。托马斯·孟批判了早期重商主义者所坚持的"货币平衡"理论,创立了"贸易平衡论",认为保持对外贸易的顺差是国家的致富之道。(2)贸易顺差有个别和总体之分,一国不必强求保持对所有贸易伙伴国的顺差,只要保持总体上的顺差即可。(3)反对政府限制货币输出,认为那样做不但是徒劳的,而且是有害的。金银货币留在钱柜里就会变成死钱,不会增值,应当把货币投入到国际流通中去,以便从国外获取更多的货币。(4)并非所有的进口都是有害的。从国外进口附加值较低的原材料,加工后向国外销售附加值更高的制成品,反倒可以增加一国的财富。(5)为了保证出口商品在国外市场上的畅销,必须降低商品价格并提高质量。托马斯·孟痛恨伪劣商品的出口,他说,一种伪劣商品只要在某国某地出现一次,这种商品就别想第二次上市,因此要力图保持一种商品的声誉,使得商品可以"先声夺人"。

根据晚期重商主义的思想,英国等西欧国家采取了相应的政策措施,主要有:(1)引导本国公民节约消费来增加出口;(2)发展出口工业来扩大工业品出口;(3)根据国外需求来生产出口产品并且强调优质廉价;(4)实施保护关税政策,限制外国工业品的输入,鼓励原材料的输入和本国工业制成品的输出;(5)禁止本国技工外流,吸收外国技工,以提高本国技术力量,增强国际竞争力。

三、重商主义的实践后果

重商主义主张的对外贸易政策为当时的西欧各国普遍采纳,对西欧国家产生了深远的影响,主要体现在以下几个方面:(1)重商主义政策加速了资本主义的原始积累,推动了资本主义生产方式的建立和发展。(2)为"三角贸易"的开展提供了有力的理论支持。所谓三角贸易,是指西方殖民时代,欧洲商人从非洲购买或抢夺奴隶,要么把黑奴运到美洲卖掉,从美洲购回工业原料和金银矿产,要么直接使用黑奴在美洲农庄工作来生产工业制成品所需的投入品,然后,利用来自美洲的工业投入品在欧洲生产工业制成品,再用工业制成品换取奴隶和商品的循环贸易活动。这样的三角贸易有利于西欧国家保持贸易顺差,从而积累财富。(3)刺激了西欧国家的技术进步。为了提高国际贸易竞争力,各国需要设法提高产品的质量并控制成本,还需要相关国家具备足够强的军事力量以夺取尽可能广袤的殖民地从而保证稳定的原材料来源。要实现这些要求,西欧各国采取各种措施促进技术创新。(4)政府加强了对经济的干预和控制。重商主义政策主张要求政府加强对贸易、资本流动、人才流动、工商企业活动乃至消费行为的调控和管制。(5)使得寻租现象泛滥,加剧社会的不公正。维纳(1930)指出,重商主义思想主导下的国家是个寻租型的社会,在这些社会中,制造商、商人和政府共谋,共同压迫消费者和劳动者。

尽管重商主义思想在17世纪后半叶开始衰退,亚当·斯密提出的绝对优势论进一步削弱了重商主义在西欧尤其是英国的影响力,但其后还是有不少有巨大影响力的名人继续支持它,这其中包括:美国的第一任财政部长亚历山大·汉密尔顿(Alexander Hamilton)、亚伯拉罕·林肯(Abraham Lincoln)总统及英国的托马斯·马尔萨斯(Thomas Malthus)。重商主义的思想观点尽管有多种局限,但还是持续地影响着各国(尤其是后发国)的贸易政策。

四、重商主义思想的局限性

重商主义的政策和理论促进了资本的原始积累,推动了资本主义生产方式的建立和发展,加快了西欧国家的技术进步,对西欧国家的崛起发挥了不容忽视的作用。但是,由于受到当时所处的历史和社会发展阶段的限制,重商主义思想也带有比较明显的局限性。

第一,方法论不够科学。重商主义实质上是学者、官员和商人通过经验归纳总结出来的知识。与当代西方经济学注重数理分析和实证检验相比,重商主义在方法论上无疑是幼稚的。

第二,实用主义的研究目的注定了研究结论不够深刻。重商主义者中鲜有专门从事科学研究的理论家,他们探寻的是增加国家财富的捷径,缺乏进行深入研究的动力,这导致对一些问题的认识停留在表面现象上。

第三,一些具体的观点有待商榷。(1)关于国际贸易的性质问题。国际贸易不是刺刀见红的零和博弈,建立在比较优势基础上的贸易至少可以在短期内增加贸易双方的利益。(2)关于贸易顺差的可持续性问题。重商主义者认为,贸易顺差是可持续的,但由于"物价—铸币流动机制"的作用,一国的国际贸易收支在长期是平衡的。(3)关于金银货币和财富的关系问题。重商主义将货币等同于财富,这是错误的。正如亚当·斯密所说,"金银货币和其他商品一样,都是财富的组成部分"。(4)关于对外贸易的目标问题。对外贸易的目标不只是为了获得金银货币,而是多元的,包括互通有无、推动经济增长、扩大就业以及获取先进技术,等等。(5) 关于政府干预和经济增长之间的关系问题。重商主义高度强调政府干预对贸易和经济增长的促进作用,忽视了政府干预的负面性以及市场对资源配置的作用。

第二节 幼稚产业保护理论

一、汉密尔顿的制造业保护说

(一) 理论背景

亚历山大·汉密尔顿(Alexander Hamilton,1757—1804)是美国的开国元勋,担任过华盛顿的副官与机要秘书,深得华盛顿的信任。他在1789至1795年间担任美国的第一任财政部长。在独立战争之前,北美殖民地充当英国的原材料来源地和制成品市场,英国限制北美殖民地发展民族工业,使其在主要工业品上一直依靠从英国的输入。在美国取得独立战争的胜利之后,英国凭借其在经济上的优势地位对新独立的弱小美国进行打击,以经济殖民来代替政治和军事殖民。一方面对美国的出口实施严厉的商业限制,包括禁止美国货进入西印度群岛,另一方面则向美国大量倾销英国货。当时,美国在对外贸易政策方面面临两种选择:自由贸易和保护贸易政策。推崇自由贸易的人多为南部大种植园主、北部大商人。在危机时期,南部大种植园主兼并了大量小农的土地,巩固了竞争地位,他们虽然对英国限制出口不满,却得益于优质廉价的工业品。因此他们主张自由贸易,一方面要求英国取消出口限制,另一方面试图摆脱英国的商业垄断,开拓南欧、北欧市场及其他全球市场,同时加快向美国西部扩张,将西部广袤的土地变为农产品的生产基地,以增强美国农产品的竞争力。北部大商人也主张自由贸易,因为他们的利益得益于对外贸易的扩大,无论进出口是否出现逆差,只要贸易总额上升,就少不了他们的利润。主张贸易保护的人员构成比较复杂,包括保卫独立战争成果的爱国主义者、受英国打击最沉重的广大小农,以及为数不多的制造业主。汉密尔顿支持保护贸易,他于1791年12月向国会呈交《关于制造业的报告》。在这份报告中,汉密尔顿抨击了重农主义思想,强调制造业对美国经济发展和政治独立的重要性,并认为发展制造业就必须执行贸易保护措施。

(二) 主要观点

1. 抨击重农主义,强调制造业的重要性

汉密尔顿认为,农业是一种简单劳动,其生产力水平远远低于工业;同时农业还是一个季节性产业,会造成季节性失业。而工业则不同,不仅生产力较高,而且需要持续不断的、有规律的、整年的劳动,没有季节性失业的顾虑。汉密尔顿认为,制造业有许多突出的优点：第一，可提高机械化水平，促进社会分工和协作的深化，进一步提高劳动生产率；第二，因需要消耗大量的原材料、中间产品以及生活日用品，从而促进了其他相关部门的发展和壮大；第三，促进就业，吸引外国移民，缓解人口稀缺的制约；第四，鼓励创业，人尽其才；第五，制造业的相当一部分投入品来自农业，这就能保证农产品的销路和稳定性，创造一个胜过外国市场的国内市场。他强调一个国家要在消费廉价产品的"近期利益"和本国产业发展的"长远利益"之间进行选择，不能只追求近期利益而牺牲长远利益，发展制造业符合美国的长远利益。

2. 只有通过贸易保护才能发展美国的制造业

美国的工业起步晚、基础薄弱、技术落后、生产成本高、效率低下，根本无法与英法等国的优质廉价商品竞争。在这种条件下，实行自由贸易政策将断送美国工业，进而威胁美国经济和政治上的独立地位。因此，必须采用保护措施将美国的工业特别是制造业保护起来，使之生存、发展和壮大。汉密尔顿认为，一个国家采取一种过去不习惯的新办法时都要遇到极大的困难，因此需要政府的鼓励和扶持；资本向新事业扭转是执拗的和胆怯的，需要国家激发资本家的信心，帮助他们克服前进中的困难。汉密尔顿建议政府采取以下保护贸易的措施：实行保护贸易关税；向私营企业发放贷款；限制重要原材料出口，免税进口本国急需原料；给各类工业发放奖励金，为必需品工业发放津贴；限制改良机器及其他先进生产设备的输出；建立联邦检查制度，保证和提高工业品质量；吸收外国资金，以满足本国工业发展需要；鼓励移民迁入，以增加国内劳动力供给。汉密尔顿还特别提到，保护贸易不是对全部产业的保护，而是对本国正在成长过程中的产业予以保护，并且这个保护还要有时间限制。

（三）评价

1. 实践影响

由于反对者在国内的影响力巨大，汉密尔顿的保护贸易主张并没有马上得到落实。美国1807年通过的《禁运法案》以及1812至1814年发生的"第二次独立战争"促使美国终于走上了独立发展资本主义的道路。汉密尔顿的思想在其后几十年内得到了比较充分的体现。为了保护新苏格兰地区和亚特兰大中部各州年轻的制造业，美国于1816年提高了制成品关税税率，这是美国第一部以保护工业为主要目的，而不是以增加财政收入为主要目的的关税法。同样出于保护工业的目的，美国1824年和1828年的关税法两度提高关税。1828年的关税法，使美国的平均税率提高到49%，作为南北战争前的最高税率，被人们称为"可憎的关税"。汉密尔顿的制造业保护说对于美国制造业的发展及美国产业革命产生了积极影响，对于美国成为工业强国功不可没。并且汉密尔顿的制造业保护说对于落后国家制定贸易政策以寻求经济发展和维护经济独立并逐步赶超先进国家也产生了较大影响。

2. 理论意义

第一,汉密尔顿的制造业保护论为落后国家进行经济自卫和与先进国家相抗衡提供了理论依据。第二,标志着从重商主义分离出来的西方国际贸易理论两大流派已基本形成。随着资本主义生产方式的进一步发展和变革,重商主义逐步瓦解和分化,形成了两个独立的分支体系,一个是亚当·斯密和李嘉图倡导的自由贸易思想体系,另一个是汉密尔顿和李斯特等人开创的保护贸易思想体系。

3. 局限性

第一,汉密尔顿没能进一步分析贸易保护措施的经济效应,没有深入分析保护制造业对本国产生的经济后果。第二,过于强调贸易保护的重要性,而忽视了自由贸易对国家经济发展的作用。第三,对需要保护的产业缺乏明确的界定。

二、李斯特的幼稚产业保护理论

(一) 理论背景

弗里德里希·李斯特(Freidrich Liszt,1789—1846),德国资产阶级经济学家,历史学派的先驱,德国保护关税政策的首倡者。1817年,被聘为图宾根大学教授。1819年由他倡议在法兰克福成立了目的在于取消德意志各邦之间的关税,实行全德保护关税制度的德国工商业协会。1825年,他因抨击时政遭容克贵族迫害,不得不离开德国,移居美国。在美国,受到汉密尔顿著作和美国保护关税制度实践的影响,李斯特的贸易保护主义信念得到强化。1830年李斯特加入美籍,后担任美驻莱比锡、汉堡领事,并留居德国继续致力于振兴国家的事业。1834年以普鲁士为中心的关税同盟成立,但在封建势力控制下,德意志各邦依然对外实行自由贸易政策,李斯特已无法进行政策活动,故赴巴黎从事写作,1841年其代表作《政治经济学的国民体系》(The National System of Political Economy)问世,数月之内发行3版。1846年李斯特赴英,鼓吹保护贸易,同年,他因病返德,生活潦倒,身心憔悴,雪夜开枪自杀,时年57岁。

19世纪上半叶,德国是一个政治上分裂、经济上落后的农业国,封建农奴制仍然占据主导地位。政治上,当时的德国境内有数百个城邦,关卡林立;经济上,德国不但远远落后于工业革命已经完成的英国,而且与早已进入工业革命阶段的法国以及美国和荷兰等国也有相当大的差距。就德国当时的情况而言,如果任由国内工业与英法等经济强国自由竞争的话,那么德国的工业就会遭遇毁灭性打击。当时的德国有两种贸易主张,一种主张自由贸易,另一种主张保护贸易。李斯特倡导保护贸易,他在1841年出版的《政治经济学的国民体系》一书中系统地提出了以生产力理论为基础,以保护关税制度为核心的幼稚产业保护理论。

(二) 主要观点

1. 对古典自由贸易思想进行了批判

李斯特认为,古典学派的学说实质上是一种"世界主义的经济学"。他指出,古典自由贸易思想的一个根本错误就是忽视了各民族各国家不同的经济发展道路和历史特点,把只在英国起作用的经济规律当作是整个世界的规律。李斯特否认各国之间存在着普遍的发展规律,认为只存在符合各国当前利益和特有环境需要的"国家经济学"。根据古典的自由贸易理论,各国应当依据比较优势开展国际分工和自由贸易,这可以提高各贸易国及整个世界的福利。李斯特不以为然,认为这一学说有一个错误的前提,即假设存在着一个统一的世界联盟和持久的和平。李斯特认为,自由贸易政策不符合经济发展水平较低的国家的利益。他指出,一个落后国家,如果听任它的幼稚工业与发达国家的先进工业去自由竞争,就不能自立,更谈不上发展了。而与英法相比,德国就是这种不幸的落后国家,所以德国绝不能实行自由贸易政策。李斯特认为,自由放任的政策主张是古典学派得出的必然结论,因为在古典学派的眼里只有价值,丝毫不考虑国民生产力的存在,把整个世界看成是一个商人共和国。李斯特还批判了古典学派的研究方法,认为其所采用的假设与抽象的方法是一种静态的研究方法,没有充分考虑经济现实的不断发展变化。

2. 生产力理论是李斯特幼稚工业论的理论基础

李斯特认为,生产力比财富更为重要,"生产力犹如结果实的果树,而财富则是果树结出的果实"。一个国家开展对外贸易,应着眼于提高生产力,而不能着眼于财富存量的多少。各国必须依靠国家的力量促进生产力的发展。李斯特把国家比喻为国民生活中慈父般的引导者,他认为,国家应该在培育民族工业上有所作为,在必要时应限制一部分国民经济活动,以此促进国民经济的发展。他以风力和人力在森林成长中的不同作用来强调国家在经济发展中的重要作用,认为国家可以比市场更加高效地推动经济发展。

3. 主张一定条件下的保护政策

李斯特运用历史的方法研究经济理论,认为一国经济发展需要经历五个发展时期:原始未开化时期、畜牧时期、农业时期、农工业时期和农工商业时期。这五个发展时期又可以分为三个阶段,前三个时期为第一阶段,第二阶段为农工业时期,第三阶段为农工商业时期。在每个发展阶段,国家应采取不同的对外贸易政策。处在第一阶段的国家还是典型的农业国,需要向农工业时期转变,实现这种转变的最迅速最有利的方式就是对先进城市和国家实行自由贸易。自由贸易有助于打破蒙昧、闭关自守的状态,培养国民勤勉的精神,激发富有阶层对工业的兴趣,建立自己的工业力量,摆脱"纯农业"的状态。处在第三阶段的国家也应执行自由贸易政策,此时国内工业已摆脱幼稚阶段成熟起来并得到充分发展,已具备了和国外先进工业进行平等竞争的能力,自由贸易可以使从事工业、农业和商业的国民在精神上不致松懈,促使他们不断致力于保持既得的优势地位。唯有处在第二阶段即农工业时期的国家应该执行保护贸易的政策。在这一阶段,国家已初步实现工业化,但国内工业尚处于幼稚阶段,经不起国外先进工业的竞争,应予以保护。德国和美国同处于第二阶段,在工业发展水平上,无法与世界上唯一进入农工商业时期的英国相抗衡,必须实行贸易保护。

4. 保护关税的长远利益大于短期损失

长远看,保护关税政策是有利的。实行保护关税政策,会使国内工业品价格上升,带来一些损失,但这种损失是暂时的,是发展本国工业所必须付出的代价,牺牲的只是眼前利益,而得到的是生产力的提高。

5. 实施有区别、有节制、循序渐进的关税保护政策

第一,对不同的工业采取不同的保护税率。李斯特提出,"对某些工业品可以实行禁止输入,或规定的税率事实上等于全部,或至少部分地禁止输入";同时,"凡是在专门技术与机器制造方面还没有获得高度发展的国家,对于一切复杂机器的输入应当允许免税,或只征收轻微的进口税";对于生产奢侈品的行业,只征收最低关税即可,一是因为这种部门在国民经济中的比重小,二是因为若对此物品征收关税反而会引起走私和逃税。第二,要随着工业发展水平的提高而不断提高关税。保护关税在开始时要定得相当轻微,然后随着国家的精神与物质资本以及技术能力与进取精神的增加而逐渐提高,实施保护关税不可一蹴而就,否则会割裂原来存在的商业联系而对国家不利。

6. 有选择性地保护相关产业

首先,农业不需要保护。对农业的保护不利于本国工业部门从国内外获得廉价的原材料供应,且会导致生产力水平低的农业部门占用大量本可以用于生产力水平高的工业部门的资源,因此,放弃对农业的保护无疑会促进工业部门的发展,而工业部门的发展最终会带动农业的兴盛。此外,纯粹的农业国定位不利于国家稳定地获得福利,原因是农业国和工业国之间的交换,由于战争、商业恐慌或对外关税等原因,不免常常被打断。其次,应该有选择性地对某些工业进行保护。原因包括:① 一国工业虽然幼稚,但在没有强有力的竞争对手时,也不需要保护;② 只有刚刚发展且有强有力的外国竞争者的幼稚工业才需要保护。最后,要重点保护重要的工业部门。一般消费品工业对于生产力和国民经济的影响大,占工业总产值的比重大,是国家在对外贸易中达到贸易平衡的主要内容,所以对这类工业的保护是必要的;生产奢侈品的工业就不需要过多关注和保护,因为它对国民经济的整体影响小且保护还会引起走私;机器工业是工业发展的基础,在没有高度发展时,应该鼓励进口。

7. 关税保护要有时间限制

李斯特确定的最长保护时限为30年。他认为,幼稚工业经过这样一个时期的保护就应当发展起来了,就有能力与国外工业进行公平竞争了;如果经过30年的保护,该产业仍然没有发展起来,则应当取消保护,任其自生自灭。

8. 小国难以实行贸易保护政策

李斯特指出:"有些国家有着广阔完整的疆域,人口繁庶,天然资源丰富,在农业上

有很大成就，在文化与政治上也有高度发展，因此有资格与第一流农工商业国家、最大的海陆军强国分庭抗礼；只有在这种情况下的国家，才有理由实行保护制度。"李斯特认为，"小国即使实行贸易保护政策也难以同大国抗衡，反而将自己的内部市场封闭起来，从而难以满足其工业发展所需求的足够大的市场"。

（三）制造业保护说与幼稚产业保护论的异同

李斯特提出的幼稚产业保护论继承并发展了汉密尔顿的制造业保护说。两者在所要解决的问题、理论出发点以及具体观点方面存在着一些联系和区别。具体包括：① 解决的问题相同，均探讨后进国家如何通过贸易保护来发展本国幼稚产业的问题。② 均强调动态的比较优势比静态的比较优势更重要，保护的长远利益大于短期损失。③ 在保护手段方面，均强调关税保护对产业发展的重要性，但汉密尔顿还提出了关税之外的很多其他措施。④ 在保护对象方面，均强调要有选择性地保护相关产业，但李斯特对所要保护的产业进行了更加明确的界定和列举。⑤ 在保护期限上，两者均强调保护需要有个时间限制，李斯特提到保护的最高年限为30年，更具体。⑥ 理论的出发点不完全相同。李斯特强调保护的目的是为了提高生产力，汉密尔顿则认为保护是为了制造业的发展。⑦ 李斯特的理论更为系统，他还提出了其他观点，如：强调国家在产业发展中的重要性，并且认为小国不应执行保护贸易的政策。

（四）评价

1. 实践影响

李斯特的幼稚产业保护论在德国工业资本主义的发展过程中发挥了积极作用。它促进了德国资本主义的发展，有利于资产阶级反对封建主义势力的斗争。1834年成立的关税同盟在1843年和1846年两次提高关税，促进了德国工业在政治分裂的情况下取得发展。从19世纪50年代到19世纪70年代这段时间，自由贸易政策在德国又占据了上风。容克地主在这一时期曾积极主张自由贸易，就如同美国地主主张自由贸易那样，但不久之后，他们就发现德国的农产品根本无法同波兰、匈牙利、捷克的农产品进行竞争，最终还是倾向于选择贸易保护。不过，促使德国各阶层一致拥护保护贸易的事件是1873年爆发的资本主义世界的经济危机。在那次危机中，德国工业产品滞销，农产品又受到波兰等国的冲击。于是，地主和工业资本家第一次在提高关税上达成一致的意见。德国钢铁业界为抵制来自英国和比利时的钢铁进口，成立了德国工业家中央联合会，强烈要求提高关税。宰相俾斯麦顺水推舟，并希望通过提高税收来加强德国的经济力量，贸易保护随之成为德国上下一致的利益所在。1878年俾斯麦正式开始贸易保护政策。德国提高了各项进口关税以封闭本国市场，并相继实行了保护国内市场的其他措施，如设置进口配额、征收各项国内税等。这样的政策措施帮助德国把握住了第二次科技革命的机遇，迅速发展成为仅次于美国的工业大国。

李斯特的幼稚产业保护论对世界其他国家的崛起也有借鉴意义。由于实行幼稚产业保护政策,使得原来不具有比较优势的产业发展成为具有比较优势的例子并不罕见。比如,日本政府从 20 世纪 50 年代到 70 年代,用保护性关税限制国外汽车、精密机械、电器、电子计算机等产品向日本的出口。这一时期,日本关税高于欧美各国,机械工业受保护最多,这样的做法为日本在相关产业塑造国际竞争力创造了良好的环境。

2. 理论意义

第一,李斯特的幼稚产业保护论确立了保护贸易思想在国际贸易思想体系中的地位,标志着从重商主义分离出来的西方国际贸易思想两大流派——保护贸易学派和自由贸易学派的完全形成。

第二,分析了动态比较优势的问题。李嘉图和亚当·斯密提出的比较优势是静态的,没有考虑到比较优势的动态变化。李斯特则从动态的角度,区分了现实的比较优势和潜在的比较优势,分析了一国比较优势的跃迁,即将潜在的比较优势转换为现实的比较优势,对于一国贸易利益的短期影响和长期效应,并认为这样的转换有利于提升一国的国际地位。强调了一国动态的比较优势在国际贸易中的重要意义是对传统国际贸易理论的发展和创新。

第三,许多观点代表了后起国家的经济利益,对落后国家制定对外贸易政策并以此来促进经济发展具有重要的借鉴意义和指导意义。今天,美国等发达国家鼓吹自由贸易,但完全自由的贸易政策显然不符合后进国家的国情,这些国家需要根据本国产业的发展状况以及国际经济政治因素,选择合适的贸易政策。

3. 局限性

李斯特的幼稚产业保护论存在不少缺陷。首先,李斯特对影响生产力发展的各种因素的分析是十分混乱和错误的。他说:"基督教,一夫一妻制,奴隶制与封建领地的取消,王位的继承,印刷、报纸、邮政、货币、历法、钟表、警察等事物、制度的发明,自由保有不动产原则的实行,交通工具的采用……这些都是生产力增长的丰富泉源。"显然,李斯特是在用形而上学的方法把各种不同的社会范畴、技术范畴、经济范畴和政治范畴混杂在一起作为生产力增长的源泉,因而不能揭示生产力发展的根本原因,也不能揭示物质生产本身是社会经济生活的决定性基础这一根本原理。其次,李斯特以经济部门为基础来划分经济发展阶段,实质上是把社会历史的发展归结为国民经济部门的变迁,这撇开了生产关系这个根本原因。再次,李斯特过于夸大国家对于生产力发展的决定性作用,忽视了国家干预的负面性以及市场机制的作用。最后,李斯特对幼稚产业的界定还不够深入。在具体操作中,如何确定哪些潜在工业符合幼稚产业的条件,李斯特没有提供明确的、完备的、可行性强的解决思路。

三、幼稚产业的判断标准

(一) 三大标准

幼稚产业(Infant Industry)是指一国处于成长阶段,尚未发育成熟但具有潜在发展优势的产业。到底什么样的产业是需要保护、可以保护且值得保护的幼稚产业？关于这类产业的判定，学者们提出了各种各样的标准，归纳起来，主要的判定标准有三种。

1. 穆勒标准

穆勒标准(Mill's test)探讨的是在撤销贸易保护之后相关产业能否自立发展的问题。根据穆勒标准，如果落后国家在某个产业上具有潜在的比较优势，通过保护能够将潜在的比较优势转化为现实的比较优势，则这样的产业就是需要保护的幼稚产业。

当某一幼稚产业规模较小时，其平均生产成本高于国际市场价格，如果听任自由竞争，该产业必然因亏损而得不到发展。如果政府给予一段时间的保护，该产业就能发展壮大，充分实现外部规模经济，平均成本得以降低，使该产业最终能够完全面对自由竞争并获得利润，这样的产业就可以作为幼稚产业加以扶持。

图 5-1 为穆勒标准的示意图。假设某产业具有外部规模经济效应，后进国具有潜在的比较优势，但由于先发国的产业规模较大，这使得它比较充分地实现了外部规模经济，其生产成本反倒低于生产要素价格较低但生产规模较小的后进国。图 5-1 中，后进国和先发国的平均成本分别为 AC_E 和 AC_F。此时，如果开展自由贸易，后进国的产业必然会被先发国打垮。为避免这样的命运，后进国必须先把本国产业保护起来，当本国产业规模达到甚至超过 Q_{th} 这一门槛规模时，后进国产业才可以与先进国产业在国际贸易中开展竞争。根据上述分析，如果后进国的要素成本优势不明显或国内市场容量低于门槛规模，则后进国的产业不应被视为需要保护的幼稚产业。

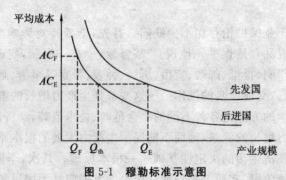

图 5-1 穆勒标准示意图

2. 巴斯塔布尔标准

经济学家巴斯塔布尔(C. F. Bastable)认为，判断一种产业是否属于幼稚产业，不能光看它能否具有成本优势，还要看该产业未来所能获得的预期利润的贴现值与保护成本的贴现值的对比情况。只有当经过保护发展起来后所可能获得的预期利润的贴现值超过保护期间发生的损失的贴现值时，该产业才能作为幼稚产业加以保护。与穆勒标准相比，巴斯塔布尔标准的要求更高，经过保护的相关产业不仅能够自立，而且能够补偿保护期间的损失。

3. 坎普标准

坎普标准(Kemp's test)是坎普在综合评价上述两个标准的基础上提出的。在某产业不存在正向外部性的时候，即使该产业能够满足穆勒标准和巴斯塔布尔标准，政府的保护仍然是不必要的。因为，在投资的净现值大于 0 的情况下，投资者愿意承担产业发展初期的亏损；即使投资者自身的资金实力不足以支撑他们承担发展初期的资金投入，在资本市场完全有效的情况下，投资者仍然可以通过在资本市场的融资筹集到他们所需要的资金。这样，市场机制就足以保障产业的自动发展。但是，在存在正向外部经济性的时候，情况就不同了：产业的"私人"边际收益低于社会边际收益，这造成从"私人"投资者角度确定的最优产业规模低于从整个社会角度出发的最优产业规模，即出现产业供给不足的问题。此时，需要政府的保护，政府通过调高产业的"私人"边际收益或降低产业的"私人"边际成本来扩大产业的供给量。可见，在产业具有较强的正向外部经济性时，即使该产业不符合巴斯塔布尔标准，即保护成本大于该产业预期利润的贴现值，政府可能仍有必要对该产业进行保护。

(二) 评价

穆勒标准、巴斯塔布尔标准以及坎普标准对幼稚产业进行了比较完备的界定，为我们在实践中确立幼稚产业提供了理论框架和分析思路。但是，这些标准的最大问题在于其可操作性。相关产业的产品平均成本曲线的精确绘制、产业在未来若干年的亏损和利润的预测以及产业外部经济性的具体测量，这些都是实践中难以有效把握的。此外，其中的一些标准可能会被滥用，比如坎普标准。可以说，很多产业都具有一定的正向外部经济性，这导致坎普标准经常成为人们要求对一些本不该保护的产业进行保护的理由。

五、WTO 规则约束下的幼稚产业保护策略

由于受到 WTO 规则的约束，WTO 成员方在保护幼稚产业时，必须遵循或者至少不违反 WTO 的相关规定。

第一，发展中国家可以考虑援引 WTO 的幼稚产业保护条款。GATT 幼稚产业保护条款的基本精神是：发展中国家基于经济发展的需要，可以援引第 18 条 A 节修改或撤销关税减让，或援引第 18 条 C 节实施数量限制，但因此受到影响的国家可以获得补偿或进行报复。援引第 18 条 A 节必须满足以下两个实质条件：(1) 成员必须是只能维持低生活水平、经济处在发展初期阶段的国家。(2) 修改或撤销关税减让是为了促进国内特定工业的建立，而且促进特定工业的建立，是实施其国民经济发展计划或政策的需要。援引第 18 条 C 节的条件：前两个条件和 A 节相同；第 3 个条件是，只有在采取和关贸总协定其他条款相一致的措施不可行的情况下，才可以实施数量限制。发展中国家必须事前将幼稚产业的发展目标列入国家的发展规划之中，在援引相关条款时必须注意加强与相关国家的沟通和协调。

第二,关税减让时应遵循阶梯式关税结构。根据 WTO 的关税减让原则,各国应该不断地降低关税商品的关税水平,在通常情况下,这样的降低是不可逆的。WTO 成员方应该遵循这样的规则,但在关税减让时应遵循阶梯式关税结构,即加工程度深的产品降税幅度小,加工程度浅的商品减税幅度大。只要遵循这样的减税思路,减税国对最终产品的有效保护程度才不会出现太大的下降。

第三,以维护公平为由对贸易进行干预。其依据是,国际贸易中倾销、补贴等做法破坏公平贸易的国际贸易规则,因而需采取反倾销税、反补贴税加以抵制,以维护公平的贸易环境。20 世纪 70 年代以后,美国以维护公平贸易为由,出台"301 条款"(1974)、"超级 301 条款"(1988)等多项国内法案,对贸易进行干预,以保护国内的相关产业和就业。美国在执行相关政策时,依仗强大的经济实力迫使他国接受不合理的要求,这是不可取的。但是,为保护国内的幼稚产业,美国的做法对相关国家还是有一定借鉴意义的。

第四,重视非关税壁垒的作用。非关税壁垒是指关税以外的一切限制进口的各种措施。它是相对关税壁垒而言的,在目前的新贸易保护浪潮中,起着越来越重要的作用。非关税壁垒的特点主要有:(1)比关税壁垒具有更大的灵活性和针对性;(2)比关税壁垒的限制作用更加直接;(3)非关税壁垒更具有隐蔽性和歧视性。目前,有些非关税壁垒措施,如生产补贴,没有被 WTO 全面禁止;另一些非关税措施,如技术性贸易壁垒,由于难以判定其是否违反了 WTO 的相关协议,因而在实践中也难以监控。因此,WTO 成员方要想保护本国的幼稚产业,可以对非关税措施进行系统性研究并加以采用。

第五,与引进外资的政策相匹配。相关国家应该避免过快过多地引入外资,否则,本国幼稚的民族产业就有可能被外来资本直接掌控。在本国相关产业的实力较弱时,应该通过审批、反垄断、调整进入模式和进入标准等方式来控制对外来资本的开放程度。随着本国民族产业实力的增强,才可以逐步提高外资的准入程度。

第六,重视产业政策的应用。由于产业政策受外部机制的影响较小,并且由于产业政策在提高产业竞争力方面可以发挥重大作用,所以各国应重视产业政策的使用,通过税收、金融、人才开发和技术创新等手段迅速提高产业竞争力。

第三节 凯恩斯主义的超保护贸易思想

约翰·梅纳德·凯恩斯(John Maynard Keynes,1883—1946),英国经济学家,他创立的宏观经济学与弗洛伊德所创的精神分析法、爱因斯坦提出的相对论一起并称为 20 世纪人类知识界的三大革命。凯恩斯原本是一个自由贸易论者,直至 20 世纪 20 年代末仍信奉传统的自由贸易理论,认为保护主义对于国内的经济繁荣与就业增长一无可取。甚至1929年同瑞典经济学家俄林就德国赔款问题论战时,他还坚持国际收支差额会通过影响国内外物价水平而自动恢复平衡。1929—1933年资本主义世界发生了经济危机,导致各主要资本主义国家的工业生产大幅下降。这次危机促使各国政府相继放弃了自由贸易政策,转而执行保护贸易政策,强化了国家政权对经济的干预作用。在这种情况下,凯恩斯改变了立场,进而赞同超保护贸易政策,并积极为其提供理论依据。凯恩斯在1936年出版的名著《就业、利息和货币通论》中系统阐述了自己的贸易保护观点。他认为,在经济衰退的情况下,贸易顺差可以弥补国内有效需求的不足,进而推动经济增长。凯恩斯的追随者完全认可他的观点,并运用乘数原理揭示贸易顺差对国民收入的倍增效应。

一、凯恩斯的贸易保护观点

凯恩斯认为,古典学派的自由贸易理论存在重大缺陷。第一,古典学派理论的前提条件之一——充分就业事实上并不存在,现实社会存在着大量失业;第二,传统理论用"国际收支自动调节机制"来描绘贸易顺差、逆差的最终均衡过程,而忽视了在调节过程中一国国民收入和就业所受的影响。

凯恩斯指出,重商主义的合理的、科学的成分未被认识到,奖励出口、限制进口的做法有其科学性。在开放经济条件下,奖励出口、限制进口是一国总需求政策的一部分。保持贸易顺差可从两个方面促进经济增长。一方面,净出口的增加本身就是本国有效需求水平的提高,进而导致国民收入的提高;另一方面,贸易顺差会增加本国货币的供应量,从而压低国内利息率,刺激国内的私人贷款,增加私人的消费和投资需求。因此,政府应该干预对外贸易,采取奖励出口和限制进口的做法。

当然,凯恩斯也指出,对外贸易的顺差不可以无限量地持续下去。因为贸易顺差引起国内货币供应量增加、最终导致国内物价上升,从而降低出口竞争力。此外,贸易收支过度顺差使得利率降低,这导致资本外流,造成本国投资的减少。因而政府用以实现贸易收支顺差的政策只是在一国有效需求不足的情况下才偶尔使用。

二、凯恩斯追随者的对外贸易乘数理论

凯恩斯的经济理论中有关国际贸易的理论观点虽然不多,但在其追随者中却颇有影响。凯恩斯在《就业、利息和货币通论》一书中采用由卡恩(R F. Kahn)首先创立的乘数原理来分析投资对国民收入的作用,提出了投资乘数理论,成为凯恩斯理论的重要组成部分。普林斯顿大学的马克鲁普教授以及牛津大学的哈罗德教授在凯恩斯投资乘数原理(Theory of Investment Multiplier)基础上引申提出了轰动一时的一国对外贸易乘数理论(Theory of Foreign Trade Multiplier)。

在开放经济体制下,国民经济的平衡不仅受制于投资乘数原理,还受到对外贸易乘数原理的制约。一国的出口和国内投资一样,属于经济系统的"注入",对就业和国民收

入有倍增作用;而一国的进口与国内储蓄一样,属于经济系统的"漏出",对就业和国民收入有倍减效应。当商品劳务输出时,从国外获得货币收入,会使出口产业部门的收入增加,消费也随之增加,从而引起其他产业部门生产的增加,就业增多,收入增加……如此反复下去,收入增加将为出口增加的若干倍。当商品劳务输入时,向国外支付货币,使收入减少,消费随之下降,国内生产缩减,收入减少……因此,只有当对外贸易为顺差时,才能增加一国就业量,提高国民收入,并且国民收入的增加将是投资增加和贸易顺差的若干倍。这就是对外贸易乘数理论的理论含义。

假设一国的国民收入、消费需求、投资需求、政府支出、净出口、进口分别为 Y、C、I、G、EX、M,在以上符号前加上"$\triangle$"表示各经济变量的增量,c、s、m 分别表示边际消费倾向、边际储蓄倾向和边际进口倾向。国民经济的均衡条件为 $Y=C+I+G+EX$,若 I、G 不变,则 $\triangle Y=\triangle EX \cdot 1/(1-c)$。$1/(1-c)$ 为对外贸易乘数 K。可见,对外贸易乘数大于1,与边际消费倾向呈正向变动关系。边际消费倾向越大,对外贸易对国民收入的乘数效应就越大。

由于一国的新增收入分别用于国内消费、储蓄和进口,因此,$\triangle Y=\triangle C+\triangle S+\triangle M$,即 $1=\triangle C/\triangle Y+\triangle S/\triangle Y+\triangle M/\triangle Y$,$c+s+m=1$,可得:$1-c=s+m$。所以,对外贸易乘数亦可表示为 $K=1/(s+m)$。可见,对外贸易乘数是边际储蓄倾向和边际进口倾向之和即"漏出"的倒数,它与"漏出"呈反向变动关系。

三、超保护贸易理论与重商主义学说的异同

超保护贸易理论与重商主义学说均强调政府干预对一国贸易顺差进而对经济发展的作用,但两者仍在一些方面存在较大差异。第一,出发点不同。前者从整体宏观经济稳定出发,探讨贸易保护对维持宏观经济稳定增长的作用;后者则从商业资本的利益出发,试图通过贸易保护实现商业资本的积累。第二,贸易保护机制的作用过程不同。前者强调贸易保护可以增加贸易顺差,从而直接增加总需求,并且贸易保护通过增加货币供应量、降低利率水平,从而间接地增加总需求;后者强调通过贸易保护增加顺差,从而增加一国的财富,即金银货币占有量。第三,两者主张的保护期限不同。重商主义认为,贸易保护是无限期的,要让贸易顺差永远持续下去;凯恩斯主义的超贸易保护论认为,只在就业不充分、国内存在闲置资源的情况下才进行贸易保护,因此,该理论又被称为"萧条经济条件下的贸易保护论"。

四、评价

(一)贡献

首先,凯恩斯主义的超保护贸易理论在一定程度上揭示了对外贸易与经济增长之间的内在规律性。其次,从方法论上看,凯恩斯主义的超保护贸易理论把贸易问题纳入宏观分析的范围,这在贸易理论上是一种突破。最后,从实践上看,出口贸易的增加对国民收入的提高的确具有一定的促进作用。出口需求的作用和国内投资需求、消费需

求并列,共同构成了带动经济增长的"三驾马车"。

(二)局限性

超保护贸易理论存在一定的局限性。第一,对外贸易乘数原理认为,贸易顺差和国内投资会对国民收入产生同样的拉动作用,但实质上,这两者的性质是不同的:国内投资能直接产生新的生产能力,使产出增加;而贸易顺差本身并不能直接形成新的生产能力。第二,忽视了对外贸易乘数发生作用的前提条件。实际上,对外贸易的乘数效应必须以有效需求不足为前提。如果国内已充分就业,总需求无法增加,贸易顺差就不会增加国民收入。第三,超保护贸易论容易导致世界范围的贸易保护主义。当各国都追求贸易顺差的时候,相关国家在贸易政策方面必然出现冲突和对立。

第四节 "中心—外围"理论

劳尔·普雷维什(Raul Prebiisch,1901—1986)是阿根廷经济学家。他曾经担任阿根廷政府财政副国务秘书、阿根廷共和国中央银行总经理、布宜诺斯艾利斯大学经济学教授、联合国贸发会议秘书长并兼任联合国副秘书长等职务。1983年阿根廷恢复文人执政后,普雷维什又以80多岁高龄出任阿方辛总统的经济顾问,直至1986年5月逝世。普雷维什原本坚信新古典主义的自由贸易思想,但通过对现实生活的深入观察,他发现新古典主义的各种理论无法解释、更不能解决发展中国家在经济发展过程中产生的各种重大问题。1950年,普雷维什向联合国提交了一个题为《拉丁美洲的经济发展及其主要问题》的报告,即著名的"拉丁美洲经委会宣言"。在这个报告中,他指出,处于外围的发展中国家与处于中心的发达国家之间开展贸易时,大多数利益被中心国家所攫取。为改变这种不合理的国际分工格局,发展中国家需要采取贸易保护政策,实现本国的工业化。

一、主要观点

(一)国际经济体系分为中心和外围两部分

普雷维什把世界分为两类国家——中心国家和外围国家。中心国家是以西方七国集团为代表的高度工业化国家,它们的经济增长是全面的、自主性的,它们出口工业品或高附加值产品,而进口原材料或初级产品,它们是技术创新的源头,但也占有了技术进步所带来的几乎全部利益,甚至依仗技术进步进一步掠夺外国国家。在政治上,它们实行帝国主义政策,"一旦外围国家有意无意地损害了这种经济和政治利益时,中心——特别是主要中心——往往会采取惩罚的措施,在极端的情况下甚至会通过军事干预的手段进行报复"。外围国家是没有实现工业化或畸形工业化的国家,它们的经济往往有增长而无发展,严重受制于中心国家的经济周期,而且常常是出口单一的原材料,换回各种工业制成品。中心国家与外围国家进行着严重不平等的交换,中心的存在以外围的存在为前提,中心的发展以损害外围的发展为代价。

资本主义世界经济体系的"动力中心"从英国向美国的转移,进一步加剧了"中心"与"外围"的不平等。普雷维什指出,在中心外围体系形成初期,"动力中心"英国所奉行的政策使外围国家能够获得一定发展的可能性,英国一直保持着较高的进口系数,通过进口外围国家的初级产品而使技术进步的部分利益转移到外围国家。然而,在世界经济体系的"动力中心"转移到美国以后,外围国家就陷入更加不利的地位。由于自然资源丰富和实施保护主义政策,美国历来是一个进口系数较低的国家,这使得外围国家的初级产品出口部门失去了发展动力,并且进一步压低了初级产品的需求收入弹性,使初级产品的出口环境更趋恶化。

(二)外围国家贸易条件呈长期恶化趋势

1950年,在联合国拉丁美洲经济委员会秘书处工作时,普雷维什考察了1876—1938年间英国进出口产品的平均价格指数。由于英国进口的多是初级产品,出口的多是制成品,而外围国家出口的多是初级产品,进口的多是制成品,故而英国出口商品与进口商品的价格指数之比可以近似反映发展中国家的贸易条件。若以1876—1880年间外围国家的贸易条件为100,则到了1936—1938年外围国家的贸易条件已降到64。这说明,20世纪30年代与19世纪70年代相比,外围国家的贸易条件恶化了36%。由此得出,外围国家的贸易条件呈长期恶化趋势,这就是有名的"普雷维什命题",或称"普雷维什-辛格命题"。按照劳动价值论,商品的价格取决于劳动生产率,劳动生产率高的商品价格低,反之则高;相应地劳动生产率提高得快的商品价格应该下降得快,反之则慢。根据这一规律,劳动生产率提高得慢的初级产品与劳动生产率提高得快的制成品的价格之比应该上升才对,为什么不升反降呢?

普雷维什认为,造成发展中国家贸易条件恶化的主要原因有三条。

第一,技术进步的利益分配不均。科技发明往往发生于中心国家,其收益绝大部分被中心国家获取,外围国家由于自身工业技术基础等因素的限制以及中心国家的限制而几乎享受不到世界科技进步的利益。随着中心国家的技术进步和工业发展,企业家的利润和工人的收入不断提高,提高的幅度超过由于生产率提高而导致的成本下降幅度。加之工业品市场具有垄断性,工业品价格不但不下降反而上涨。外围国家的收入增长低于劳动生产率提高的幅度,而且初级产品市场垄断性较弱,价格上涨缓慢。因此,在经济繁荣时期,制成品和初级品的价格都上涨,但后者上涨的幅度往往较小;在危机期间,正常情况就应该是需求弹性大的制成品价格下降幅度更大,但由于制成品市场结构具有垄断性质,其实际价格下降幅度要比初级产品小得多。这样,随着经济危机的周而复始,初级产品的相对比价自然就下降了。

第二,初级产品的需求收入弹性大大低于制成品。随着国民收入的增加,各国对工业制成品的需求会有较大幅度的增加,因而工业品的价格就会有较大程度的上涨;相反,收入增加不会导致对初级产品的需求大量增加,因而对初级产品价格也就不会有很大的刺激作用。

第三,中心国家的工资具有刚性。由于中心国家工会力量强大,繁荣时期工资上涨,在危机时期却不易下降,于是中心国家的资本家将危机的压力转移到外围国家。相反,从事初级产品生产的工人缺乏工会组织,在工资谈判中缺乏足够的影响力,经济繁荣时,工资上涨不多,危机到来时,工资下降的幅度却很大。中心国家与外围国家工会的不同组织状况使初级产品的相对价格下跌。

上述三条原因归结起来就是,中心国家利用强势地位,占有了自身技术进步而产生的全部利益,而外围国家则还得将技术进步的果实转移一部分给中心国家,这样外围国家的贸易条件恶化就不难理解了。

(三) 外围国家必须实现工业化,独立自主地发展民族经济

普雷维什指出,外围国家应该改变过去那种把全部资源用于初级产品的生产和出口的做法,应该充分利用本国资源努力发展本国的工业部门,逐步实现工业化。他根据拉美国家的实际情况,提出了进口替代的工业化发展战略,即采取限制工业品进口的措施,努力发展本国工业,逐步实现自给自足。随着世界经济形势的变化和拉美国家经济的发展,普雷维什后来又提出了出口替代的战略。他认为,在出口替代战略的起步阶段应以外围国家的市场为突破口,在外围国家之间建立区域性共同市场;但更加积极的措施是实行面向发达国家的出口替代。这要求中心国家减少针对外围国家的贸易保护,中心国家应该向外围国家开放市场、对外围国家实行普惠税、禁止执行货币贬值政策。

外围国家应该加强贸易保护。外围国家的保护政策与中心国家的保护政策性质不同。中心国家针对外围国家的贸易保护是歧视和遏制,不仅对外围国家不利,对整个世界经济的发展也是不利的;而外围国家的保护政策是为了发展本国工业,有利于世界经济的全面发展。普雷维什特别强调发挥国家在贸易保护中的作用。他认为,国家政权拥有其他经济力量所不可能具备的重要手段,如财政、货币、海关、经济计划等。

外围国家还需要进行资金和技术的积累。外围国家实现工业化的一个最大困难就是资金和技术的缺乏。为解决该问题,普雷维什提出了三条途径。第一,利用经济剩余。中心国家向外围国家传递技术的时间和空间存在差异,这使得外围国家各个生产部门的技术层次和劳动生产率极不相同。其中与中心国家经济联系密切的少数生产部门技术先进、生产力高,但雇佣的工人少。随着经济的发展与资本的积累,技术水平与生产力低的部门的工人会大量转移到技术与生产力高的部门就业。由于外围国家的就业压力大,技术与生产力高的部门的工人工资不会增加,这使得生产资料所有者手中就形成了经济剩余。开辟工业化所需资金的根本途径,就是在国内把这种经济剩余集中用于再生产资本的积累,节制特权消费,形成普雷维什所说的"节制型资本主义"。第

二,对收入分配的调节。国内收入分配的过度不平均会影响新资本的形成。如果分配有利于低收入者,将会提高国内的就业和收入水平,最终导致储蓄率提高和新资本增加。第三,借助外部力量增加资金来源。从国外获得资金有三种方法,一是允许外国私人资本输入,但必须对其进行适当的控制;二是通过出口创汇积累资本;三是实行1%准则,即发达国家每年拿出国民生产总值的1%来援助发展中国家。

二、评价

(一) 实践影响

"中心—外围"论对第二次世界大战之后世界经济格局的分析是正确的,它使发展经济学家对"二战"后国际经济关系不平等的认识上升到一个新的高度,为发展中国家打破旧的经济秩序、争取建立新的经济秩序提供了思想武器。普雷维什关于发展中国家工业化战略的观点,对"二战"后拉美国家及其他发展中国家的经济发展具有积极的指导意义。该理论对包括巴西、阿根廷在内的拉美国家实施进口替代工业化战略也起到了积极推动作用。进口替代工业化是通过国家对经济的直接干预,利用关税、优惠汇率、低息贷款、税收激励、管制和国有化等政策,依靠国家力量在高度保护下发展民族工业。进口替代工业化发展模式使拉美经济实现了长达30年的稳定增长,创造了拉美"发展奇迹"。但由于忽视了市场机制和竞争的作用,主要拉美国家持续时间过长的进口替代战略最终在20世纪80年代初发生债务危机之后以失败告终。

(二) 理论意义

西方古典和新古典的国际贸易理论简单地认为国际贸易是"双赢"或"多赢"博弈,忽视了国家之间的差异对贸易利益分配的影响。"二战"后,工业国家的政治、军事殖民主义大多终结,但这些国家开展殖民的意识和要求并未消失,它们利用技术、资本乃至军事上的优势,对发展中国家进行限制,发展中国家在国际经济政治秩序中面临诸多不平等的对待。"中心—外围"论从发展中国家利益出发,对国际贸易理论进行探讨,揭示了发展中国家在贸易利益分配中的弱势地位,强调发展中国家应通过贸易保护的方式发展本国工业。这拓展了国际贸易理论,为第三世界国家反对国际经济旧关系和国际经济旧秩序提供了理论武器,对拉丁美洲和其他发展中国家早期的工业化具有直接的指导和借鉴意义。"中心—外围"论受到了很多学者,特别是外围国家学者的支持。巴西经济学家多斯桑托斯、埃及经济学家阿明等提出了更为激进的依附理论,认为中心国家对外围国家的掠夺和控制是造成外围国家不发展的原因。

(三) 局限性

第一,"中心—外围"论没能全面地分析中心和外围国家之间的依存关系,它重点分析了这两类国家之间的对立关系,但忽视了潜在的合作空间。根据"中心—外围"论,中心和外围国家处在一个对抗和持续冲突的结构中,遵循这种观点的发展中国家易陷入自我封闭的状态。第二,普雷维什命题只考察了价格贸易条件,而没有考察收入贸易条件和要素贸易条件,因而不能准确分析发展中国家福利的变化。第三,发展中国家的价格贸易条件事实上未必恶化。2001年哈佛大学经济系教授哈达斯(Hadass)和杰弗里(Jeffery)指出,1870—1940年间,发展中国家的价格贸易条件并没有恶化,相反,从1870年到第一次世界大战之前,发展中国家的价格贸易条件是改善的,并且其改善程度超过发达国家。我国学者庄芮根据IMF的相关统计资料发现,1972—2000年间,发展中国家的价格贸易条件不但没有恶化,反而有所改善。第四,普雷维什没有全面分析发展中国家贸易条件恶化的原因。除了国际分工格局不合理、初级产品需求收入弹性等因素外,发展中国家贸易条件恶化的原因还在于中心国家的初级品自给和保护政策、工业原料对初级原料的替代、发展中国家产品的技术含量和附加值低,等等。第五,普雷维什认为发展工业是改变外围国家落后地位的根本所在,这种观点是有缺陷的。农业并不等于贫困,工业也不等于富裕。一个国家在国际分工体系中的地位取决于它在工业或农矿业中的比较优势状况,而不是取决于它所从事的产业部门的特性。最后,"普雷维什命题"中对初级产品与制成品、中心与外围的对应归位是不科学的。哈伯勒指出,不能完全地用制成品与初级产品来代表工业中心和不发达外围各自的出口品,因为"即使在整个世界都实现了工业化的时候,……许多国家仍然会保留在农业上的比较优势,因而继续充当农产品出口国。美国、澳大利亚、丹麦和荷兰就是引人注目的例证"。

第五节 战略性贸易政策理论

一、时代背景

20世纪70年代中期以来,由于原油价格的上涨以及部分发展中国家的崛起,工业发达国家在世界市场上面临着日趋激烈的竞争。各国从保护本国垄断资本的利益出发,制定了一系列的贸易保护政策。一些经济学家试图从新的角度探寻政府干预贸易的理论依据,战略性贸易政策理论就在这样的背景下应运而生。美国学者克鲁格曼、斯宾塞、布兰德、赫尔普曼等人以微观经济学模型为基础,阐释了补贴和关税等手段的作用机制。战略性贸易政策产生于发达国家,有学者另辟蹊径研究该理论对于发展中国家的适用性。以Carlos为代表的学者认为战略性贸易政策同样适合于发展中国家。另一种观点却认为,战略性贸易政策不适合于发展中国家。此外,还有学者讨论关于战略性补贴与企业利润、消费者剩余、国民福利的关系,以及战略性贸易政策与规模利益、斯塔科尔伯格竞争的关系,等等。

二、主要观点和理论逻辑

战略性贸易政策理论认为,在不完全竞争的市场、具有规模经济或外部经济性的产业中,一国政府可以通过保护性的贸易政策(包括生产补贴、出口补贴、进口关税等)手段,扶植本国战略性产业的成长,增强其在国际市场上的竞争能力,通过掠夺他国企业的市场份额和经济利润攫取额外收益,最终实现增加本国福利的目标。

战略性贸易政策理论的逻辑可以归为两类。第一,市场不完全竞争和规模经济导致相关行业存在超额利润,政府或者通过资助本国企业帮助它们战胜外国对手,或者对国外厂商的产品征收关税以转移其超额利润。第二,具有较强正向外部经济性的产业往往对一国国民经济的发展具有战略意义;由于经济效益不能完全被本产业或产业中的企业所享有,导致单凭市场机制无法使得产业规模达到整个社会的最优规模,而政府的介入可以将产业规模调整到理想水平。

三、主要的经济学模型

(一)战略性出口政策:生产补贴

战略性出口政策最早是由布兰德和斯宾塞两位经济学家提出来的。他们证明:在不完全竞争条件下,出口补贴的效应不同于完全竞争条件下出口补贴的效果;在寡头垄断的市场结构中,出口补贴可以提高本国企业的国际市场占有率,从而获得更多的超额利润;若新增的利润超过出口补贴成本,那么实行出口补贴就可以提高本国的福利水平。

假设本国企业和外国企业开展古诺竞争,它们在世界市场的销售量为 Q_H 和 Q_F,两家企业的产量决策是相互依赖的。在图 5-2 中,HH_1 是补贴之前本国厂商针对外国厂商产量决策的反应曲线,FF_1 是补贴之前外国厂商针对本国厂商产量决策的反应曲线,对应的均衡点为 E_0。若本国政府对本国厂商提供生产补贴,则本国厂商的反应曲线向右上方移动,博弈的均衡点变为 E_1。与补贴前的均衡状态相比,补贴之后,本国厂商的产量由 Q_H^0 增至 Q_H^1,外国厂商的产量则由 Q_F^0 减至 Q_F^1,本国厂商市场占有率上升;本国厂商的利润由 U_H^0 增加至 U_H^1,外国厂商的利润则由 U_F^0 减少至 U_F^1。可见,生产补贴使得本国企业获得更大的市场份额和更多的利润,并且降低外国企业的市场份额和利润。

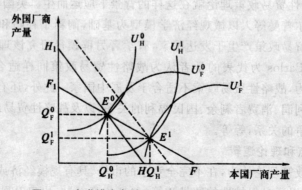

图 5-2 古诺博弈条件下生产补贴对贸易的影响

下面介绍一个影响更大、更有现实基础的博弈补贴——针对波音和空中客车(简称空客)的政府补贴博弈。美国的波音和欧盟的空客是世界上最大的两家飞机制造公司，几乎垄断了全部的民用飞机市场。波音和空客之间的决策是相互依赖的，即两家企业都会根据对手对自己决策的反应进行决策。假定这两家企业就是否制造新机型的飞机展开完全信息静态博弈。首先，考察美国和欧盟都不对各自的企业提供生产补贴的情形。此时，波音和空客的博弈支付矩阵见表5-1a。博弈均衡结果是(波音制造，空客不制造)或(波音不制造，空客制造)，波音和空客都没有完全的把握赢得优势。下面考察美国不补贴而欧盟提供15单位生产补贴的情况，博弈支付矩阵见表5-1b。博弈的均衡结果是(波音不制造，空客制造)，空客的利润是115，欧盟的整体得益是100，而波音和美国的收益都没有增加。可见，欧盟的单方面补贴不仅让空客赢得了相对于波音的优势，而且增进了欧盟的整体利益。类似地，当美国提供15单位生产补贴而欧盟不补贴时，博弈的均衡结果是(波音制造，空客不制造)(表5-1c)，波音和美国成为赢家。可见，在单方面提供补贴的情况下，得到补贴的企业在竞争中占优，并且，提供补贴的国家(地区)整体得利(表6-1b和表6-1c中美国和欧盟的整体得益都是100)。当欧洲和美国都对各自的飞机制造商提供15单位的生产补贴时，波音和空客都选择制造，两家企业的利润均为5(表5-1d)；不过，此时欧洲和美国的整体得益为-10。可见，如果欧洲和美国都提供补贴，则它们的整体得益都会下降。

表5-1a 博弈支付矩阵(无补贴)

		空中客车	
		制造	不制造
波音	制造	(-10,-10)	(100,0)
	不制造	(0,100)	(0,0)

表5-1b 博弈支付矩阵(欧盟补贴)

		空中客车	
		制造	不制造
波音	制造	(-10,5)	(100,0)
	不制造	(0,115)	(0,0)

表5-1c 博弈支付矩阵(美国补贴)

		空中客车	
		制造	不制造
波音	制造	(5,-10)	(115,0)
	不制造	(0,100)	(0,0)

表5-1d 博弈支付矩阵(都补贴)

		空中客车	
		制造	不制造
波音	制造	(5,5)	(115,0)
	不制造	(0,115)	(0,0)

专栏 5-1　欧洲四国和美国对飞机制造业的补贴之争

欧洲的飞机制造商——空中客车公司是通过政府补贴提高国际竞争力的一个典型案例。该公司成立于1970年，是一个由来自法国(38%的所有权)、德国(38%)、英国(20%)及西班牙(4%)等国厂商共同出资建设的财团项目。所有4国政府都为该财团项目提供过资金；尽管没有准确的方法来度量补贴规模有多大，但美国商务部在1993年估计，空中客车公司当时获得的补贴数额大概在260亿美元左右。1996年，为了更好地控制成本并寻求空中客车以外投资者的资金来资助一项新的、更大型的喷气式客机的研制计划，合伙公司各方都同意将空中客车从一个松散的财团组织转变成一个集中管理的统一的公司，增强空中客车的实力。由于采取了这些举措，空中客车公司的市场份额在1997年达到了45%，与20世纪90年代初30%的市场份额相比，进展显著。2003年，空中客车与其美国竞争对手波音公司各自分享客机市场一半的份额，空中客车公司的订单要多于波音公司。然而，空中客车公司麻烦不断，投入巨额资源开发的大型喷气式客机A380，尽管自诩为有史以来最宽敞的民用客机，但销售情况并不好，而且丑闻不断，高层管理也调整易人。同时，波音公司将部件外包给中国、日本企业，并且对西雅图装配线进行改造，大大增强了竞争力。到2000年，一家荷兰公司即欧洲宇航防务公司(EADS)取得了空中客车公司80%的股权。EADS是一家上市公司，股东包括戴姆勒·克莱斯勒公司。

波音及其他美国生产商都对空中客车公司获得的补贴提出过抱怨。尽管据估计，到1993年为止，波音、通用动力及麦道公司通过美国政府的军事与太空开发合同共得到了410亿美元的"间接补贴"。为了对补贴进行控制，美国与欧盟在1992年签署协定，双方同意将补贴限定为飞机开发成本的33%。然而，到了1997年，欧洲表现出明显的不满情绪，因为欧盟的贸易官员感到，与对美国的间接补贴施加的限制相比，1993年对欧洲直接补贴施加的限制给它们带来了更大的负担。紧张关系一直持续到2005年1月，美欧举行会议试图消除分歧。2007年年初，世界贸易组织也介入其中。

根据理查德·鲍德温的估计，由于对空中客车进行补贴，欧洲的福利可能遭受了一定的损失，美国的福利同样也有所减少，因为波音公司减少的利润超过了飞机购买者从降价中获得的好处。唯一的赢家是其他国家，它们的航空公司及乘客都因飞机价格下降而获益。或许，战略性贸易政策仅对那些未参与其中的国家有利。

资料来源：丹尼·R.阿普尔亚德、小艾尔弗雷德·J.菲尔德、史蒂文·L.科布著，刘春生等译校.国际贸易[M].北京：中国人民大学出版社，2011.

(二) 进口保护以促进出口

进口保护以促进出口(import protection as export promotion)，是指在企业生产具有内部规模经济特征的寡头垄断市场中，通过保护本国厂商所在的国内市场，可以提高其在国外市场的竞争力，达到增加出口的目的。这一观点是由克鲁格曼提出的。

假定本国政府对来自外国企业的产品征收进口关税，以限制外国厂商的产品在本国的销售，这样本国厂商的生产就会增加。由于平均成本递减，所以本国厂商的平均成本下降，这将增强本国厂商在国际市场的价格竞争力，增加其出口额，从而赢得更大的市场份额和利润。如果关税导致的本国厂商利润增加部分与政府关税收入之和超过本国的关税保护成本,那么本国的福利将会改善。

(三)利润转移模型

假定外国寡头企业向本国出口产品,本国消费者对该寡头企业的产品需求曲线为 D_h,该外国企业的边际生产成本为 MC_f。根据边际收益等于边际成本的决策原则,国外企业向本国的销售量为 Q^*,市场价格为 P^*,获得的超额利润为图 5-3(a)中的斜线阴影部分的面积。假设本国现在对每单位进口品征收 T 单位的关税。国外企业可以对此做出多种反应,包括维持稳定的市场份额或追求眼前的利润最大化。国外企业如果想保持市场份额不变,它就必须将市场价格维持在 P^*,这导致其利润降为 $(P^* - MC_f - T)Q^*$。在图 5-3(a)中,国外企业亏损额为网格状阴影部分的面积,国外企业减少的利润为本国政府所获取。这相当于将国外厂商的利润转移到本国,从而提高本国的福利水平。国外企业如果追求短期的利润最大化,它的销量决策如图 5-3(b)所示。由于本国的需求并非毫无弹性,因此,国外企业的产品价格提升的幅度要小于边际成本上升的幅度。新的均衡销量为 Q_1,均衡价格为 P_1,国外厂商的利润和销量均减少。本国的消费者剩余减少 $(a+b)$,而本国政府的财政收入增加 c。财政收入的增加量大于消费者剩余的减少量(Svedberg,1979),整个国家可以受益。

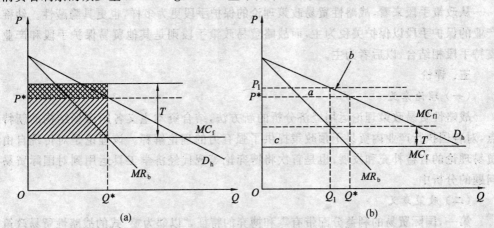

图 5-3 通过关税转移国外厂商的垄断利润

四、战略性贸易政策理论与幼稚产业保护论的区别

幼稚产业保护论和战略性贸易政策理论都强调对本国特定产业的保护,但它们产生的时代背景、理论前提、产业标准、保护目的以及政策手段存在明显的区别。

从时代背景来看,幼稚产业保护论产生于资本主义的自由竞争时期,反映了美德等国的新兴工业资本家寻求对幼稚产业保护的政策主张,也体现了后进国家实施工业化以追赶先进国的要求;战略性贸易政策理论萌生于资本主义国家垄断资本主义时期,20世纪七八十年代,随着资本主义经济陷入"滞涨"的泥潭,各国的贸易保护主义重新抬头,要求政府为本国垄断企业的市场竞争活动提供支持与保护,从而保障本国企业的国际竞争地位。

从理论前提来看,幼稚产业保护论考察在完全竞争的市场结构中,后进国产业在既定的价格条件下借助政府的保护来获取学习效应和规模经济效应,以实现追赶先进国产业的目标;战略性贸易政策理论考察在非完全竞争的市场结构中,各国政府通过保护以提高本国垄断性产业的国际竞争力。

从产业标准来看,幼稚产业保护论认定的保护对象是各国尚处于起步阶段、发展规模有限但成长潜力较大的产业,这些产业还应该同时满足穆勒标准、巴斯塔布尔标准和坎普标准;战略性贸易政策理论认为,保护的产业应该具有较大规模、在国际上具有一定的垄断势力,并且应具有明显的规模经济效应或(和)正向外部经济性。

从保护目的来看,幼稚产业保护论强调防卫性的保护,通过保护,避免本国幼稚产业受到国外竞争者的冲击,保证本国幼稚产业的生存与发展,保护的最终结果是为了不保护;战略性贸易政策理论提倡攻击性的保护,以攻代守,通过政府保护,促进本国垄断产业的发展并压制国外垄断产业的发展。

从政策手段来看,战略性贸易政策理论的保护手段更为多样,也更具隐蔽性。幼稚产业的保护手段以保护关税为主,而战略贸易政策手段则是其他贸易保护手段和产业支持手段相结合,以后者为主。

五、评价

(一)理论意义

战略性贸易政策理论运用经济分析的新方法,结合资本主义各国市场结构的新特点,对各国执行产业内贸易干预政策提供了强有力的理论解释。该理论是对传统自由贸易理论的有益补充和发展,也是首次将博弈论等现代经济学工具运用到对国际贸易问题的分析中。

(二)政策意义

第一,国际贸易的利益分配带有零和博弈的特征,"以邻为壑"式的战略性贸易政策在一定的条件下可以提高政策实施国相关产业的国际地位。第二,针对外部经济的存在,提出对高技术目标产业进行保护是有战略意义的。

(三)局限性

战略性贸易政策在执行过程中存在很多亟待解决的难题。第一,战略性贸易政策理论有时会被滥用,成为利益既得者保障已有利益或寻求新利益的工具。譬如战略性产业的标准问题。很多产业都具有某种程度的外部经济性,如何衡量一个产业的外部经济性难度极大,唯一的办法是对该产业进行细致的了解并做大量的推测。一个产业要具备多大程度的外部经济性,才能被归为战略性产业呢?这个问题至今没有完备的答案,因此,外部经济性有时会成为人们寻求对相关产业进行保护的一个"借口"。第二,现实中,战略性贸易政策的手段选择受到多种约束,包括来自多边贸易规则的制约以及相关国家的外部压力。第三,战略性贸易政策理论的实践后果带有不确定性。战略性贸易政策的收益和成本受到很多因素的制约。譬如:战略性贸易政策容易引起贸易保护主义的抬头,这使得战略性保护的收益带有不确定性;战略性贸易政策还会导致国内资源配置不公,损害国内其他产业的发展,而对其他产业的损害往往是难以精确计量的。

第六节 贸易保护的政治经济学分析

一、主要观点

国际贸易政策的政治经济学是20世纪中后期发展起来的一种用来研究贸易政策的分析框架。它综合考虑政治因素和经济活动之间的互动作用,以此来研究贸易政策产生和变化的内在机制。

贸易政策的政治经济学框架认为,政策制定者(包括政府和议会)并非总是以本国整体福利的最大化为目标;相反,多数政策制定者以追求统治者或官僚群体的利益(比如财政收入、个人影响力、个人收入、职位、选民支持率、竞选资金等)最大化为目标函数。表明其对相关政策的态度以及推动或阻止具体政策的出台是政策制定者实现所属集团及个人目标的重要手段。

任何一项贸易政策必然在增加一部分人利益的同时损害另一部分人的利益,所以在政策出台前,潜在受益者和受损方都可能会采取措施去推动或阻挠政策的制定,各种力量交织在一起,最终决定政策的制定或选择。

现实中,各国存在一个保护贸易政策的政治市场。通常,一国受保护行业的特定要素所有者(如资本家和工人)、劳工组织、环保组织以及民族主义者会支持保护贸易政策,而消费者、进出口商、出口部门的特定要素所有者往往反对保护贸易政策,持有特定价值观的群体(如人权组织、反腐败组织等)会根据对贸易伙伴国及具体贸易活动的价值判断支持或反对贸易保护政策。这些群体会通过各种手段对立法程序和结果施加影响,以争取立法者出台有利于他们的贸易政策。

贸易保护的政治经济学框架阐释了贸易政策的形成和决策机制。该分析框架由于全面考虑了贸易政策制订过程中立法者、利益集团等群体的相互作用,深入探讨了政策制定背后的决策机制,因而对贸易政策的解释更有说服力,也更符合现实,所以得到了广泛的应用。

二、相关理论

(一) 中间选民模型

中间选民理论认为,在直接选举的民主社会中,谋求连任的政策制定者会出台最符合中间选民偏好的政策。Mayer(1984)指出,每个选民对关税的偏好取决于其各类要素的组合状况,在没有投票成本时,中间选民的最适关税率就是国家的实际关税率。

(二) 集体行动困境

中间选民模型无法解释为什么存在着大量让大多数人利益受损而让少数人获利的政策。奥尔森(Olson)提出的"集体行动困境"概念可以在一定程度回答这个问题。他指出,代表一个团体的政治活动是公共物品,也就是说,这种政治活动的利益被团体的所有成员获取,而不仅仅被执行该活动的个体所获得。以美国食糖进口配额政策为例。进口配额导致一个典型的美国家庭每年损失约 30 美元。单个消费者愿意去游说议员取消配额吗?通常不会。这是因为游说活动虽然符合团体的利益,但它不符合执行游说活动的消费者个体利益。这就是集体行动困境。

在很多情况下,消费者往往是保护贸易的受害者,但由于他们往往缺乏组织,所以面临集体行动困境。通常,生产者虽然成员数量少得多但它们组织良好,因此能够对政策决策过程施加有效影响,所以他们一般不会遭遇集体行动困境。消费者和生产者在集体行动困境上的不对称现象导致立法程序可能被能从贸易保护中获得特定利益的本国生产者所"俘获",从而增加贸易政策的保护主义倾向。

(三) 利益集团模型

利益集团理论探讨的是利益集团影响贸易政策的手段及其效果。所谓"利益集团",是指对某些问题持有相同看法且拥有特殊利益要求(马述忠、李淑玲,2007),能够为了实现政治主张和利益而采取相应行动的社会组织。利益集团是美国民主政治的重要基础。美国多元化的政治环境使得利益集团得以渗透到政治领域,它不仅是总统和议员获得民意的政治基础,而且是保障他们在位的经济基础,因此利益集团可以对立法过程及结果产生重大影响。利益集团施加影响的手段多种多样,包括:向政客提供政治捐款(赵可金、朱锦屏,2003)、稿费、演讲费或旅行费用以及信息情报;制造舆论从而影响"民意";游说"基层"民众,发动他们向议员施加压力;组织游行示威。通过上述行动,利益集团能获得以下四方面好处:其一,在国会和政府安插"代言人"。其二,"购买"贸易政策。"保护待售"模型(Grossman and Helpman,1994)认为,当权政客不仅关注选民福利,而且关心利益集团提供的捐款,利益集团设定"捐款清单",而当权政客向利益集团兜售政策影响力。其三,获得议员的隐性服务。Magee(2002)指出,众议院各委员会的成员会在向他们提供捐款的政治行动委员会(PAC)所关心的政策问题上投入更多的时间和精力,在法案的撰写以及其他相关立法活动中提供有偏向性的支持。其四,影响选举结果。Magee(2002)发现,政治捐款虽对现任议员的续任没有显著影响,但对"挑战者"的选举结果产生较大影响。

专栏 5-2 布什变成钢铁业保护主义者

保护一些大型钢铁企业不受外国竞争者的威胁,短期内在政治上可能可以帮助布什政府,但是这将给美国经济增加一项长期的沉重负担,加大布什政府追求自由贸易目标的成本。布什自从当选总统以来发表过的种种关于自由贸易的讲话,都将在一瞬间变得毫无意义。

6月份,布什宣布美国将实施 201 法案调查外国钢铁制造商,这项行动很可能导致对外国进口钢铁实施全面配额制度。布什总统试图将这个行动解释为一项"积极的、符合美国利益的国际主义者的对外政策",旨在对付外国的不平等的贸易行动。事实上,这个行动和以上这些冠冕堂皇的目标都毫无关系。

对外国进口钢铁实施配额制度不是国际主义者应该采取的政策,而是孤立主义者的政策。这个政策为美国市场建立了一个贸易壁垒,使之免受国际市场供应和价格的竞争。配额制度将推升国内产品价格,造成人为短缺,使美国成为一个钢铁价格高昂的孤岛。

201 法案不会像总统宣称的那样,符合真正的国家利益。它们的作用是保护盈利能力差但有强大政治影响力的钢铁行业的局部利益。配额引起的国内价格上升将使得数以百万计的美国家庭支付额外的"隐蔽税",因为他们需要购买钢铁制品——汽车、轻型卡车、各种钢铁器具和新房屋等。研究结果显示,配额制度将使美国消费者为每个"保留下来的"钢铁工作职位支付 732 000 美元。

钢铁配额还将对那些经济上远较钢铁行业重要的行业造成极大损害。上升的价格将使交通设备、工业机器、预制金属和建筑等行业增加产品成本,降低国际竞争力。而这些行业的雇用人数达 800 万人,这意味着配额制度每保留下一个钢铁行业工作岗位,就有其他行业的 40 个工作岗位受到威胁。就像上升的能源价格一样,配额制度将提高工业投入的价格,使经济更接近衰退。

配额制度破坏国际贸易谈判,这将进一步损害国家利益。布什政府的举措使得国际社会失望地看到,美国嘴上谈着自由贸易,实际却在走贸易保护主义路线。在我们(美国)劝说西半球和世贸组织中的贸易谈判伙伴开放农业和服务等敏感行业的时候,我们(美国)却关闭了自己的钢铁市场,这将使得劝说工作更困难了。美国政府正好又给了欧盟、日本和巴西一个对开放更多市场说"不"的机会。

为了使得配额制度看起来既合理又合法,布什用了一个可怕的词"不平等贸易"。但是这个词在经济上毫无意义。外国生产商在我们的市场上以低于其国内市场价格或是成本价的价格销售产品(倾销的定义),其实不过是商业惯例手法而已,美国生产商在国内市场上这样做的话就是完全合法的。如果美国法律适用国内生产商的话,那么所有在不同市场以不同价格赔本销售的美国公司都应该受到倾销的指控,仅适用于外国生产商是不公平的。而且即使外国生产商在技术上正在倾销钢铁,201 法案和"不平等贸易"也没有什么关系。这个法案是为了限制可能损害美国国内行业的进口而设定的,并不管其深层次原因是什么。

确实,全球的钢铁行业过去 10 年都一直受到政府补贴的帮助,但是那些补贴在最近几年已经大幅下降。同时,美国工业也很大程度上受惠于政府帮助,从实行将近 30 年的配额制度到其他保护性措施,再到最近的"贷款保证"以及其他更直接的州和地方性补贴。我们(美国)自己也不干净。

建立贸易保护壁垒只能推迟美国钢铁行业急需的结构调整。这个行业没有因为不平等进口裁员,而是因为"小型企业"进行的无情的技术改革,这场技术改革使得小企业生产1吨钢的工时较大型钢铁厂大大缩短。在过去实施配额制度的时候,1984—1992年,钢铁行业每年的裁员人数都将近10 000人。配额制度不过是放慢这不可避免的进程而已。

布什政府可能在短期内能从钢铁协会和国会钢铁行业代表那里赢得欢呼,但是他的这种绥靖政策代价很高昂。当欢呼声减弱的时候,布什政府就得独自面对钢铁价格上涨带来的经济放慢以及世界开始怀疑美国自由贸易政策等问题。

资料来源:摘自《桥讯社》,2001。

第七节 支持保护贸易的其他论点

一、贸易条件论

贸易条件论认为,在一定条件下,一国通过对进口商品征收关税和限制出口等措施,可达到改善贸易条件从而提高福利水平的目的。贸易条件论不适用于小国,因为小国进出口量的变化不会影响进出口品的国际价格。对于大国来说,进口量的减少会降低进口品的国际价格,而出口量的减少会提高出口品的国际价格。可见,进口限制和出口管制的做法都可以改善大国的净易货贸易条件。当然,前提条件是其他大国不采取类似的报复措施。因为一国贸易条件的改善必然导致其贸易伙伴贸易条件的恶化,贸易伙伴通常会采取报复措施,所以"贸易条件论"奏效的前提往往不成立。

二、最优关税论

最优关税论认为,大国对进口品征收关税有可能提高大国的福利水平。这是因为,关税措施对大国具有正反两个方面的效应——由贸易条件改善带来的正面效应以及由贸易数量减少带来的负面效应,当关税水平从零逐步增加时,在刚开始的阶段大国福利水平上升(正面效应大于负面效应),到达某个临界点即最优关税点之后,大国的福利水平下降。所以,当大国的关税水平低于最优关税点的时候,征收关税对提高大国的福利是有效的。前提条件有两个:一是其他大国未采取类似的报复措施;二是政府掌握了各种产品的充分信息,从而能够科学确定每种产品的最优关税税率。

三、国际收支论

国际收支论认为,以关税、配额等贸易保护措施限制进口,减少外汇支出,可以迅速、有效改善国际收支,从而增加国际储备。贸易保护对国际收支的改善作用只是暂时性的,原因有:(1)如果进口国执行浮动汇率制度,则国际收支改善会导致本币升值,从而使进口量增加、出口量减少,最终导致国际收支恶化;(2)如果进口国执行固定汇率制度,为避免本币升值,进口国需要增加本币供应量,从而引发本国通货膨胀,最终会导致进口量增加、出口量减少;(3)为改善国际收支而执行的贸易保护措施,可能会引起他国的贸易报复,进而影响本国的出口;(4)对进口部门的贸易保护会导致资源从出口部门转移至进口保护部门,从而影响出口的增长;(5)贸易保护导致用于出口品生产的进口中间投入品价格上升,增加出口品的生产成本,从而降低出口品的价格竞争力。国际收支的本质是一种宏观经济现象,而关税、配额等保护措施并不触及相关的宏观经济变量,因而对国际收支产生不了实质性的长久影响。改善国际收支不仅要注意"节流",更需"开源",即改善经济结构,提高要素生产力,增强产品的国际竞争力。

四、政府收入论

政府收入论(government revenue argument),又称关税收入论(tariff revenue argument)或幼稚政府论(infant-government argument),是指政府以征收简单、易行的关税作为政府收入的主要来源,以部分满足政府的公共服务开支需求。一些经济发展水平比较低下的国家通常以增加财政收入作为征收关税的明确或隐含的理由。征收高额关税可在短期内增加关税,但要满足以下条件:(1)进口需求的本币价格弹性小;(2)进口品在国内消费量较大;(3)关税税率不能阻碍进口。但是征收高额进口关税容易造成资源配置扭曲、经济成长受阻,进口能力因而降低,最终可能导致关税收入减少,还会限制国内税的增长,因此,长远看不利于一国财政收入的增加。

从全球范围来看,关税收入占中央政府财政收入的平均比例已经很低,2014年只有4%;另外,各国关税收入占中央政府财政收入的比例与其平均GDP呈现负相关关系。根据世界银行的统计数据,2014年,发展水平不同的各组国家关税收入占中央政府财政收入的平均比例如下:"高收入"国家组为1%,"中高收入"国家组是3%,"中低收入"国家组是7%,而"低收入"国家组为12%。表5-2列示了2000年和2014年部分国家的关税收入占财政收入的比例。

表5-2 2000年和2014年部分国家的关税收入占财政收入的比例

收入较低的国家			收入较高的国家		
国家	2000	2014	国家	2000	2014
巴哈马	56%	54%	美国	1%	1%
孟加拉国	31%	20%	法国	0	0
中国	—	3%	澳大利亚	2%	2%
埃塞俄比亚	26%	30%	日本	1%	2%
印度	19%	13%	韩国	4%	2%
俄罗斯	13%	25%	加拿大	1%	1%

资料来源:世界银行《世界发展指标》。

五、收入再分配论

收入再分配论认为,通过关税、配额等贸易限制措施对一国国际贸易带来的收入重新进行分配,以保护国内生产,或矫正不利的收入分配后果,缩小贫富差距。贸易保护措施对收入再分配的影响机制有三种:第一,进口限制和出口限制措施会减少消费者剩余,增加生产者剩余;第二,进口限制和出口限制措施可以提高稀缺要素收益,降低丰裕要素收益;第三,提高奢侈品进口关税、对必需品征收出口税的做法可以增强低收入者的购买力,限制高收入者的购买力。收入再分配论的缺陷源于以下事实,即贸易限制措施虽然可以使特定利益集团的收入增加,但一般会损害国家的整体福利。

六、保护就业论

保护就业论认为,保护关税、配额、补贴等贸易保护措施的实施,不仅可以保护特定行业的就业,而且可以增加总体就业。之所以能增加总体就业,是因为贸易保护措施可以减少进口或增加出口,从而增加国内有效需求,使生产扩张,本国就业和收入水平因而提高。以保护就业为名义的贸易保护通常都有明确的受保护对象,即特定群体的就业。但其弊端也是显而易见的。首先,消费者以及受保护行业的替代行业的利益可能受损。表5-3列示了美国1990年为保护相关行业的就业所需付出的代价。2009年奥巴马政府启动轮胎特保案,决定对进口的中国造轮胎征收35%的反倾销税。提高关税后对中国轮胎的进口量迅速下降,从而使美国轮胎产业中的1 200人保住了工作。但据位于华盛顿的彼得森国际经济研究所的专家分析,由于轮胎价格的上涨,美国消费者每年为购买轮胎多付出了11亿美元,相当于美国政府为保住一个轮胎业工作岗位花费了90万美元。其次,贸易保护会引发他国的报复,从而不利于扩大出口和进口本国所必需的产品。2009年,为报复美国对中国产轮胎的进口限制,中国提高了美国家禽产品的关税,导致美国对中国的家禽出口一下子减少了90%,共损失了10亿美元的出口。再次,资源转移到受保护产业,使资源使用效率降低,特别地,如果受保护的产业是夕阳产业,则保护行为不利于国家产业结构的优化升级和国际竞争力的持续提升。最后,由于用于出口品生产的进口中间投入品价格上升,且由于本国货币升值(浮动汇率制情况下)或物价上升(固定汇率制度下),本国出口品在国外的价格竞争力下降,而国外进口品在本国的价格竞争力上升,这会使得本国受保护行业的对外贸易受到不利冲击。因此,以贸易保护来促进就业只是权宜之计,根本途径在于:综合运用财政政策和货币政策来促进技术创新,实现产业结构升级;加强劳动力的职业培训;开展再就业工程;等等。

表 5-3　各种不同行业中每保留一个岗位的消费者损失及全美国的福利损失(1990 年)

行业	保留的岗位	每个保留岗位的消费者成本(美元)	全美国一年的成本(美元)
滚轮轴承	146	438 356	1 000 000
苯类化学制品	216	>1 000 000	10 000 000
珠宝首饰	1 067	96 532	5 000 000
日用品	2 378	497 897	104 000 000
冰冻橙汁	609	461 412	35 000 000
玻璃器皿	1 477	180 095	9 000 000
行李箱	226	933 628	26 000 000
机械工具	1 556	348 329	35 000 000
合成树脂	298	590 604	20 000 000
橡胶鞋	1 701	122 281	12 000 000
软木料	605	758 678	12 000 000
女鞋(运动鞋除外)	3 702	101 567	11 000 000

资料来源：Hufbauer, G. C. and Kimberly, E. Measuring the conts of Protection in the United States[R]. Washington, DC: International Institute of Economics, 1994.

七、公平贸易论

公平贸易论认为，国际贸易中倾销、补贴等做法会破坏公平贸易的国际贸易规则，对于这类行为，受到影响的一方需采取反倾销税、反补贴税等措施加以抵制，以贸易保护反制违反贸易规则的行为，从而维护公平的贸易环境。根据出发点的不同，相关国家的贸易保护做法包括：(1) 为抵制外国廉价劳动力竞争(难以保持国内较高的工资水平)而采取的进口限制行为；(2) 为反对倾销和补贴而采取的报复措施；(3) 应对他国货币被低估所采取的报复措施。公平贸易论在实践中常被滥用，表现在以下三个方面：(1) 如果被调查或被惩罚的相关企业来自非市场经济体，在确定是否构成倾销以及征收反倾销税时，调查方需要选择一个具有可比性的市场经济体，选择什么样的参照经济体往往带有较强的主观性。(2) 形式上的公平不同于实质上的公平。发达国家和发展中国家相同程度地彼此开放市场，看似十分公平，但实质上对经济实力较弱、幼稚产业较多的发展中国家不公平。发达国家往往强调"形式上的"公平，而发展中国家更多地关注"实质上"的公平，这导致两者在贸易谈判中经常产生分歧。(3) 不同利益相关者对"公平"的认识是不同的。劳工组织为了保护本国的就业，认为来自国外产品的冲击"不公平"，因此对国外商品进行限制才是"公平"的；而对国外生产者和工人来说，限制其商品输入却是"不公平"的。

专栏 5-3 社会倾销的定义、动因、影响及应对

社会倾销这一概念的提出由来已久，各方学者有不同的理解。《哈瓦那宪章》(Havana Charter)是较早涉及社会倾销概念的国际条约。《哈瓦那宪章》中将社会倾销定义为：以低价进口因犯及血汗劳动力所生产的产品而发生的倾销。现在社会倾销所指代的范围已经有所改变，扩大到计算生产成本时一般劳动力成本等问题。Corden 和 Vousden(2001)认为社会倾销是指企业选址在劳工标准更加宽松的南方国家，在恶劣的工作环境下过度地使用廉价的劳动力生产和销售产品。Cordella 和 Grilo(2001)认为在跨国公司的案例中，社会倾销也意味着母公司通过国外厂址的选择来服务母国市场，在国外，工人的保护水平显著地低于母国的劳工标准和劳动力成本。Sinn(2001)认为南方国家常常设定宽松的劳工标准"为本国企业创造一个成本竞争优势"。Bernaciak(2012)给出了社会倾销的一个新定义："社会倾销是旨在增强企业竞争力而降低社会标准的战略。它是由企业所引起的，但是间接地牵涉到企业的雇员、母国及东道国的政府，并且在社会领域具有负面的影响。"

社会倾销的决定因素既有客观方面也有主观方面。客观原因是南方国家比北方国家贫穷，没有办法达到北方国家那样的劳工标准。一国劳工标准的高低主要由经济发展水平决定，涉及社会制度、伦理道德、文化传统等方面的差异，尤其与生产力发展水平紧密相关。南方国家拥有大量的人口，充足的劳动力资源本来就是南方国家的比较优势。主观原因是南方国家为了经济的发展，政府刻意放松劳工标准使得本国的企业获得一个成本竞争优势，并达到吸引外资的目的。南方国家在技术和资金方面远落后于北方国家，只有在劳动密集型产品上具有比较优势，为了在国际竞争中占有一席之地，只有通过社会倾销来取得优势发展本国的经济。

虽然社会倾销使南方国家的企业获得成本竞争优势，并且增加北方国家的消费者剩余，但对南方国家和北方国家却有不同的危害。社会倾销在短期内使北方国家的失业率和企业破产率上升，而南方国家的工人工作条件和工资待遇会更差。一方面，南方国家更低的生产成本使得产品的价格更低，在同一个市场上比北方国家的企业更有竞争力，不利于北方国家企业的生存和发展，使其企业破产率和失业率上升；另一方面，南方国家更加宽松的劳工标准有可能促使北方国家企业搬迁到南方国家，从而导致北方国家的失业率上升。社会倾销在长期会侵蚀北方国家的劳工标准，并且延缓南方国家社会条件的改善。北方国家为了降低本国的失业率和防止国内企业搬迁到南方国家，有可能会降低国内的劳工标准。南方国家长期进行社会倾销会阻碍本国劳工标准的改善。

北方国家考虑采用的应对策略包括反倾销税、制定劳工标准和社会条款。其中，反倾销税就是指对社会倾销的商品征收一个额外的关税。佘云霞(2005)认为，社会条款是指在贸易协定中加入有关保护劳工权利的法律条文，强制多边贸易协议中的所有签字国实施基本劳工权利，并允许北方国家针对违反劳工标准的南方国家采取贸易制裁，保证南方国家消除剥削劳工的极端方式。实施社会条款的目的在于通过贸易制裁来保证有关社会基本权利的实现，为惩治违反劳工标准而实行的贸易制裁被称作社会条款。这些贸易制裁手段包括：把南方国家排除在优惠贸易地位安排之外，设立限定性配额或引入其他贸易壁垒或提高关税，以及完全禁止从南方国家进口相关产品。

近年来，发达国家致力于在 WTO 框架下加入社会倾销这一概念。1996 年 12 月在新加坡 WTO

首次部长级会议上,发达国家提出了劳工标准问题,要求制定统一的"核心劳工标准"。核心劳工标准,即国际劳工保护最低标准,指在劳工保护领域必须予以强制实施的最低劳工保护标准。发达国家欲将劳工标准与国际贸易相联系,将劳工保护纳入世界贸易组织讨论范围和规则体系。1999年12月在美国西雅图召开的WTO部长级会议上再次提出劳工标准问题,但是大多数发展中国家代表坚决反对将劳工标准与贸易联系在一起,这一提议最终未在会议中通过。在WTO乌拉圭回合谈判中,欧美一些国家代表就提出了劳工标准问题,提出在国际贸易自由化的同时,应在贸易协定中制定出统一的国际劳工标准,并对达不到国际标准的国家进行贸易限制,但因众多发展中国家的强烈反对而失败。之后在漫长的多哈回合谈判中,劳工标准问题又被提出,并且成为该回合谈判中一个非常重要的议题。目前,国际劳工组织制定的核心劳工标准已被广大WTO成员方接受,也为在WTO中引入社会倾销打下了基础。

资料来源:杨仕辉,谢晓娟,刘丹丹.社会倾销与反社会倾销政策的贸易效应分析[J].产经评论,2013(4):103-114.

八、次优理论

Viner(1950)在研究关税同盟时提出了次优理论。他认为,关税同盟的建立,在不改变与其他国家贸易壁垒的条件下,使关税同盟内部的贸易自由化了,这应当是现实情况向最优条件的一个靠近,但关税同盟的成立既有可能增加也有可能减少世界总体的福利。

垄断、外部性、信息不完善和信息不对称、公共物品等因素,使得帕累托最优的所有条件不能完全满足,形成扭曲(生产扭曲、消费扭曲或要素扭曲等),导致现实世界存在市场失灵;当帕累托最优的条件不能全部满足时,尽可能地满足比较多的条件不一定能够促进福利的增加,这就是次优理论的基本原理。自由贸易可以导致资源最优配置的说法是建立在一系列不符合事实的假设之上,因而在现实中是较难成立的。在帕累托最优的全部条件不能完全满足的情况下,自由贸易的结果往往导致一国朝着错误的专业化分工方向发展,从而导致错误的资源配置;而限制贸易,则可能有利于减少或消除商品市场和要素市场的价格扭曲,矫正资源的错误配置。

现以正外部性为例来说明。假设某个小国进口X产品,而X产品的生产具有较强的正外部性。如果政府对X产品的生产和交易不加任何干预,允许自由进口X产品,则本国X产品的生产量低于社会福利最大化所需要的生产量。如果政府对X产品的进口征收关税,这虽然导致消费扭曲和生产扭曲,但增加社会利益。如果社会利益的增量大于消费扭曲和生产扭曲之和,关税将提升国家的整体福利。图5-4呈现了在存在正外部性条件下小国征收进口关税的福利效应。征税导致社会福利净变化 $e-(b+d)$,其中,e 是产量增加带来的社会利益,而 $b+d$ 是"无谓损失"。如果 $e>b+d$,则关税能改善小国的福利。综上,在存在正外部性时,自由贸易可能不是最优政策,相反,征收关税反倒是更好的政策选择。

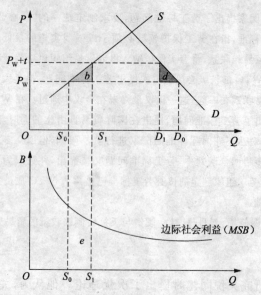

图 5-4 存在正外部性时小国征收关税的福利效应

九、国家安全论

世界不是永久和平的,保持对关键资源和产品的自主控制是确保一国在任何时期(尤其是战争年代)都能获得稳定利益的关键所在。国家安全论认为,对于关系国计民生的产业和有关军用国防需要的产业,如果国家在该产业处于竞争劣势,则应以关税、补贴等手段加以保护,使其达到自给自足的目标,以摆脱对外国的依赖;如果国家在这个产业具有竞争优势,则应通过出口管制避免技术流失,以防壮大对本国安全有威胁的国家。

早在17世纪,英国的重商主义者就利用国防安全论据来论证限制国外船舶以发展本国船舶的重要性,这一观点甚至在18世纪受到自由贸易的主要倡导者——亚当·斯密的赞许。美国的钟表行业曾以此为由成功获得过保护,而且甚至连生产大蒜和衣夹的行业都曾据此提出过保护申请。当今世界,美国对华进行出口管制、欧盟对农产品进行保护等贸易保护行为的主要理论依据就是国家安全论。

国家安全论面临的主要困境源于国家安全和经济利益之间的矛盾性。依据国家安全论对相关产业进行保护没有经济上的合理性,违反了比较优势原理。如果国家对优势产业的出口加以限制,则直接扼制了比较优势产业的发展;如果国家对处于比较劣势的产业加以过度保护,势必减少可用于发展比较优势产业的资源。因此,在实际的政策选择过程中,政府往往在"国家安全"和"经济利益"之间摇摆不定。当然,对于一些影响国家发展全局的部门,只比较静态利益和成本的做法是过于短视的,此时,运用国家安全论对相关产业进行保护很可能符合国家的长远利益。

专栏 5-4　　大不列颠"航海法"有利于国家安全

大不列颠的国防在很大程度上取决于它有多少海员与船只。所以,大不列颠的"航海法"当然力图通过绝对禁止船舶进口或对外国航船征收重税来使本国海员和船舶独占本国航运业。航海法的规例,大要如下:

(1) 凡与大不列颠居留地和殖民地通商或在大不列颠沿岸经商的船舶,其船主、船长及四分之三船员,必须为英国籍臣民,违者没收船舶及其所载的货物。

(2) 有许多体积极大的输入品,只能由上述那种船舶或商品出产国的船舶(其船主、船长及四分之三船员为该国人民)输入大不列颠,但由后一类船舶输入,必须加倍征收居留税。若由其他船舶输入,则处以没收船舶及其所载货物的惩罚。此法令颁布时,荷兰人正是(现今仍是)欧洲的大贩运业者。但在这法令公布后,他们再不能充当大不列颠的贩运业者了,再不能把欧洲其他国家的货物输入我国了。

(3) 有许多体积极大的输入品,只许由出产国船舶输入,连使用英国船舶运送也在禁止之列,违者没收船舶与其所载货物。这项规定,可能也是专为荷兰人而设。荷兰那时像现在一样,是欧洲各种货物的大市场,有了这个条例,英国船舶就不能在荷兰国境内起运欧洲其他各国的货物了。

(4) 各种盐渍鱼类、鲸须、鲸鳍、鲸油、鲸脂,如果不是由英国船捕获及调制,在输入大不列颠时,须加倍征收居留税。那时欧洲以捕鱼为业供给他国的,只有荷兰人,现在主要仍是荷兰人。有了这个条例,他们向英国供给鱼类时,就须缴纳极重的税收了。

"航海法"制定的时候,英、荷两国虽实际上未有战争,然两国间的仇恨已达极点。制定并公布实施法律的,是长期议会的政府,但不久就在克伦威尔王朝及查理二世王朝爆发了几次荷兰战争。所以,说这个有名法令中有几个条目是从民族仇恨出发的,也不是不可能的。但这些条目却是像深思熟虑的结果同样明智。当时的民族仇恨,以削弱唯一可能危害英格兰安全的荷兰海军力量为其目的,这和经过最冷静的熟思所想出来的正相同。

"航海法"不利于对外贸易,不利于通过对外贸易来增加国家财富。一国对外的通商关系,当然以贱买贵卖为最有利。买价求其最廉,卖价求其最贵,与个体商人的处境是完全一样的。在贸易完全自由的情况下,一个国家最可能有贱买的机会,因为完全自由的贸易鼓励一切国家把它所需的物品运到它那边来。由于同一原因,它也最可能贵卖,因为买者麇集于它的市场,货物售价可尽量提高。诚然,"航海法"对于输出英国产品的外国船只不征税。以往输出货物和输入货物均须缴纳的居留税,也因以后的若干法令,大部分输出品不用再纳居留税。但这一切,都不足减轻"航海法"对国际贸易的不利影响。外国人因受我们禁止或被我们征收高关税,导致其不能来此售卖,也不能来此购买。空船来我国装货的外国人,势必损失从他们国家到大不列颠的船费。所以减少售卖者人数就是减少购买者人数。这样,与贸易完全自由的时候比较,我们不仅在购买外国货物时要买得更贵,而且在售卖本国货物时要卖得更贱。但是,由于国防比国家财富重要得多,所以,在英国各种通商条例中,"航海法"也许是最明智的一种。

资料来源:亚当·斯密著,郭大力、王亚南译.国富论[M].江苏:译林出版社,2013.

十、经济结构多样化论

不少发展中国家的经济结构比较单一,经济发展对单一初级品产业的依赖性大。一旦特定初级品产业的国际市场发生波动,整个国家的经济就必然面临较大的冲击,从而使这些国家经济增长的风险较大。为保持经济的稳定持续增长,一些国家致力于产业结构的多样化,即根据本国实际条件和国际分工及世界市场需要,通过提高初级产品加工程度、发展制造工业、建立新兴产业等手段,使本国经济结构的产业构成和层次多样化,以避免过分依赖初级产品出口和制成品进口的单一经济的弊端。由于资源禀赋和技术条件的限制,一个经济由高度专业化转变为多样化的代价可能极大,加之难以预知哪些产业值得纳入多样化生产的范围,勉强多样化的结果,将导致资源使用效率的降低,从而增加多样化生产的成本。

十一、管理贸易论

管理贸易论(Managed Trade Theory)认为,一国政府应对内制定各种对外经济贸易法规和条例,加强对本国进出口贸易有秩序发展的管理;对外签订各种对外贸易协定,约束贸易伙伴的行为,缓和与他国间的贸易摩擦,以促进出口,限制或减少进口,促进外贸发展。

管理贸易政策是 20 世纪 80 年代以来,在国际经济联系日益加强而贸易保护主义重新抬头的双重背景下逐步形成的。在这种背景下,为了既保护本国市场,又不伤害国际贸易秩序,保证世界经济的正常发展,各国政府纷纷加强了对国际贸易的管理和协调,从而逐步形成了管理贸易政策(或称协调贸易政策)。管理贸易既不是自由贸易,也不是保护贸易,而是兼具两种贸易特点的、介于两者之间的一种对外贸易政策,是一种协调和管理兼顾的国际贸易体制,是各国对外贸易政策发展的方向。

管理贸易政策最早为发达国家所采用,现在不少发展中国家也开始采用管理贸易政策。美国是奉行管理贸易的最为典型的国家。美国的管理贸易具有制度化、法律化的特点。它于 1974 年出台《贸易法》、1988 年出台《综合贸易与竞争法》,强化法律对贸易的管理作用。美国还采取单边、双边、多边协调管理齐头并举的方式对贸易施加影响。总体来看,美国的管理贸易政策较为成熟,且带有较强的攻击性,对世界经贸格局产生了很大的影响。相比之下,发展中国家的管理贸易还处于起步阶段,更多的只是政府的强制性干预而已,对国际经济的影响很小。

关 键 概 念

幼稚产业,穆勒标准,巴斯塔布尔标准,坎普标准,对外贸易乘数,中心国家,外围国家,"普雷维什-辛格命题",战略性贸易政策,贸易条件论,最佳关税论,国际收支论,政府收入论,收入再分配论,保护就业论,公平贸易论,次优理论,国家安全论,经济结构多样化论,管理贸易论

内容提要

1. 汉密尔顿的制造业保护说和李斯特的幼稚产业保护理论均立足于后进国家的幼稚工业发展问题,对落后国家制定对外贸易政策并以此来促进经济发展具有重要的借鉴意义和指导意义。李斯特的幼稚产业保护论确立了保护贸易思想在国际贸易思想体系中的地位,标志着从重商主义分离出来的西方国际贸易思想两大流派——保护贸易学派和自由贸易学派的完全形成。

2. 幼稚产业(infant industry)是指一国处于成长阶段,尚未发育成熟但具有潜在发展优势的产业。判定标准主要有三种:穆勒标准、坎普标准和巴斯塔布尔标准。

3. 凯恩斯认为,贸易顺差可以在一段时间内刺激有效需求的增加,从而促进经济的恢复。凯恩斯的追随者进一步指出,贸易顺差对经济增长具有乘数拉动效应。

4. 普雷维什认为,执行初级品出口战略的发展中国家处于世界经济的外围地带,因为国际分工的绝大部分利益被处于中心的工业化国家所攫取,所以发展中国家的贸易条件呈长期恶化趋势;发展中国家为改变不利的国际分工地位,必须实现工业化。

5. 战略性贸易政策理论认为,一国政府在不完全竞争的市场、具有规模经济或外部经济性的产业中,通过保护性的贸易政策(包括生产补贴、出口补贴、进口关税等)手段,可以扶植本国战略性产业的成长,增强其在国际市场上的竞争能力,通过掠夺他国企业的市场份额或经济利润谋取额外收益,最终增加本国福利。

6. 现实中,各国都存在着保护贸易政策的政治市场。通常,一国受保护行业的资本家和工人、民族主义者会支持保护贸易政策,消费者、进出口商、出口行业的资本家和工人往往反对保护贸易政策,持有特定价值观的群体(如人权组织、劳工组织)会根据对贸易伙伴国或具体贸易活动的价值判断来决定是支持还是反对贸易保护政策。这些群体会通过各种手段对立法程序和结果施加影响,以争取立法者出台有利于他们的贸易政策。在很多情况下,消费者往往是保护贸易的受害者,这是由于他们往往缺乏组织,所以面临集体行动的困境,这导致立法程序可能被从限制贸易中获得特定利益的本国生产者所"俘获"。

7. 主张保护贸易的其他观点包括:贸易条件论、最优关税论、国际收支论、政府收入论、收入再分配论、保护就业论、公平贸易论、次优理论、国家安全论、经济结构多样化论、管理贸易论。

复习思考题

1. 欧盟四国和美国对飞机制造业均执行战略性贸易政策,试构造完全信息静态博弈模型解释原因。

2. 试从当前国际政治经济格局的特点出发探讨"中心—外围"论的现实意义和局

限性。

3. 世界贸易组织为什么包含"给予发展中国家和最不发达国家优惠待遇"条款?

4. 美国为何动辄以维护公平贸易为名,对来自中国的商品输入进行各种限制?

5. 为何经济陷入萧条时,贸易保护行为就会甚嚣尘上?

6. 评价下列观点:"经济学家经过评估得出,对美国纺织品工业的保护导致该部门的就业机会比没有保护的情况下增加了 169 000 个。通过贸易保护,使美国更加富裕。因此,保护美国的纺织品工业是合理的!"

7. 在 WTO 规则约束下,发展中国家应该如何保护本国的幼稚产业?

8. 李斯特的理论和汉密尔顿的观点有何异同?

9. "与发达国家开展自由贸易,有利于发展中国家发挥比较优势,便于它们在国际分工中站稳脚跟。因此,发展中国家应该坚定不移地推行自由贸易政策。"试做评论。

10. 试用贸易保护的政治经济学观点分析美国政府对中国商品执行贸易保护政策的原因。

11. 简述超保护贸易观点和重商主义观点的区别。

12. 简述战略性贸易政策理论和幼稚产业保护理论的区别。

13. 阐述李斯特幼稚产业保护论的主要观点及优缺点。

14. 简述幼稚产业的三大标准。

15. 假设世界上只存在甲、乙两国,这两个国家各有 1 家汽车企业,这两家企业开展古诺竞争。如果价格 $P=a-(q_甲+q_乙)$,$AC=MC=c$,其中 a 和 c 为常数,$q_甲$ 和 $q_乙$ 分别为甲国和乙国厂商的产量,AC 和 MC 分别为平均成本和边际成本。

(1) 计算均衡产量和均衡利润。

(2) 甲国政府对本国厂商生产的汽车提供每单位为 s 的生产补贴,上述结果如何?

(3) 如果乙国政府采取报复措施,也向本国厂商提供每单位 s 的生产补贴,则结果如何?

(4) 乙国政府会对甲国政府的补贴行为作何种反应?为什么?

16. 假定在本国和外国都不提供生产补贴情况下的支付矩阵如下所示:

		外国企业	
		生产	不生产
本国企业	生产	¥20 / −¥30	¥0 / ¥100
	不生产	¥140 / ¥0	¥0 / ¥0

(1) 在没有生产补贴的情况下,外国和本国企业是否会生产该产品?为什么?

(2) 如果外国政府不提供补贴而本国政府给本国企业提供 50 元的生产补贴,两国的生产模式是否会发生变化?本国的境况是否比无补贴情况下的境况更好?

(3) 以上结果对于贸易政策制定有什么启示?

第二篇　国际贸易政策篇

为了使得贸易能够更好地服务于国家的整体利益或某些群体的利益,政府通常采取相应的手段对贸易的流量和流向加以调节。政府不仅可以通过国内的行政或立法手段,还可以通过参与国际协调(双边与多边)来实现对贸易的调节。

本篇为国际贸易政策篇,共分为五章(第六至第十章)。第六章依次介绍四种政策——限制进口的政策、鼓励进口的政策、限制出口的政策以及鼓励出口的政策,并对进口关税、进口配额、自愿出口限制、出口补贴和生产补贴的经济福利效应进行分析。第七章论述发达国家的贸易政策。发达国家的贸易政策带有很强的实用主义色彩。到底是执行偏贸易保护的政策还是偏自由贸易的政策,取决于维护发达国家整体利益以及特定集团利益的需要。本章首先分析发达国家贸易政策的历史演变,接着阐述两大资本主义强国——美国和日本所执行的贸易政策。第八章探析发展中国家的贸易政策。在不利的国际经济秩序中,发展中国家需要通过政策的制定和实施来实现"立足"、发展的目标。在贸易政策方面,发展中国家主要采用了三种贸易战略——初级品出口战略、进口替代战略和出口替代战略。本章首先阐释这三种战略的定义、类型及优缺点,接着总结发展中国家面临的主要贸易难题,最后梳理新中国成立以来的贸易政策演变。第九章介绍多边贸易体制。首先介绍关贸总协定的诞生背景、宗旨、组织机构、发展历程、历史作用及缺陷,接着陈述世界贸易组织的诞生背景、基本原则、组织机构、运作机制、作用以及多哈回合谈判,最后总结中国加入世贸组织的历程以及加入世贸组织对中国的影响。第十章集中论述区域经济一体化。首先阐释区域经济一体化的定义、分类及动因,接着论述区域经济一体化组织的影响和发挥作用的机制,最后介绍若干影响力比较大的区域经济一体化实践。

第六章 贸易政策的类型

为了使得贸易能够更好地服务于国家的整体利益或某些群体的利益,政府通常采取相应的手段对贸易的流量和流向加以调节。根据管理目标的不同,本章将贸易政策分为四种:限制进口的政策、鼓励进口的政策、限制出口的政策以及鼓励出口的政策。本章将依次介绍这四种政策,并对进口关税、进口配额、自愿出口限制、出口补贴和生产补贴的经济福利效应进行分析。

第一节 限制进口的政策

一、进口关税

(一) 定义

进口关税是进口商品进入一国关境时,由该国政府所设置的海关向进口商所征收的税收。它具有三大特点:强制性、无偿性、固定性。

(二) 类型

1. 按征税目的划分

按征税目的划分,可以分为财政关税、保护关税、自由关税和社会关税。财政关税主要是以增加财政收入为目的而征收的;征收保护关税的目的是为了保护进口国的相关产业和居民就业;自由关税指的是为推动自由贸易而进行关税减让之后的关税;社会关税是政府为了实现特定社会目标(如调节收入分配)而征收的关税。

2. 按待遇差别划分

按待遇差别来划分,可以分为进口附加税、差价税、普通关税和优惠关税。

进口附加税,又称特别关税,是进口国政府在对进口商品征收正常进口税后,还会出于某种目的,再加征部分进口税,加征的进口税部分,就属于进口附加税。进口附加税不同于正常进口税,不体现在海关税则中,并且是为特殊目的而设置的,一般是临时性的或一次性的,其税率的高低往往视征收的具体目的而定。进口附加税包括反倾销税、反补贴税、紧急关税、惩罚关税、报复关税。反倾销税是进口国对出口国的倾销商品征收以倾销幅度为依据的附加税;反补贴税是进口国对出口国政府给予补贴的出口商品征收的附加税,以抵消出口国企业因为得到奖励和补助所产生的影响;紧急关税是进口国在国外商品进口量激增且对本国产业构成实质损害或实质损害威胁,通过正常谈判渠道难以解决时紧急加征的关税;惩罚关税是指当出口国某商品违反了与进口国之间协议,或者未按进口国海关规定办理进口手续时,进口国海关对该进口商品征收的一种临时性的进口附加税;报复关税是进口国为报复他国对本国商品、船舶、企业、投资或知识产权的不公正待遇而对从该国进口的商品所课征的进口附加税。这些不公正待遇通常包括:(1)对本国商品征收歧视性差别关税或采取其他贸易保护措施;(2)给予第三国比给本国更优惠的待遇;(3)在与本国的贸易中,"自由贸易"方面做得不够;(4)对本国产品的知识产权没有提供足够的保护;(5)在与本国的原贸易协定期满时,对新协定提出不合理要求。碳关税也属于进口附加税,是指进口国对高耗能、碳排放量大的产品进口征收特别的二氧化碳排放关税。目前,美国和欧盟以维护公平贸易或保护环境为由,设想在未来若干年征收碳关税,这对发展中国家相关产品的出口构成了巨大的挑战。2009年6月26日,美国众议院通过的"清洁能源和安全法案"授权总统从2020年起可以对来自未实施减排限额的国家的能源密集型产品采取"边境调节措施",该行动曾经一度成为国际争议的热点问题。

差价税,又叫差额税,是指进口国为了消除进口商品的价格竞争力而征收的关税。由于差价税是随着国内外价格差额的变动而变动的,因此它是一种滑动关税(Sliding Duty)。对于征收差价税的商品,有的规定按国内价格和进口价值之间的差额征收,有的规定在征收一般关税以外另行征收。欧盟对从非成员国进口的农产品按照欧盟所规定的门槛价格与实际进口的货价加运保费(CIF)之间的差额征收的关税属于差价税。门槛价格是欧盟根据欧盟境内谷物最短缺地区公开市场上可能出售的价格(境内谷物最高价格)减去从进境地到达该地区市场的运费、保险费、杂费和销售费用后所规定的价格。征收差价税是欧盟实施共同农业政策的一项主要措施。其主要目的是为了保护和促进欧盟内部的农业生产,所征差价税款作为用于资助和扶持内部农业生产发展的农业发展基金。

普通关税是进口国在与该进口商品的来源国不同属于WTO成员且未签订任何关税互惠贸易条约的情况下征收的关税。普通关税税率是最高税率,一般比优惠税率高1～5倍,少数商品甚至更高。由于WTO已有164个成员且几乎每个国家都至少签订一个或以上的自由贸易协定,所以普通税率的使用范围并不广泛。但是,普通关税通常是其他优惠税率减税的基础。

优惠关税包括最惠国关税、普惠税和特惠税。最惠国关税通常是指世贸组织成员方遵循最惠国待遇原则对其他成员方征收的关税(1995年之前关贸总协定缔约方对其他缔约方征收的关税),也指相关国家参照世贸组织规则(或关贸总协定协议)的要求对非成员方(或非缔约方)给予的优惠关税。根据《中华人民共和国进出口关税条例》相关规定,最惠国关税待遇适用于以下情况:(1)原产于共同适用最惠国待遇条款的世界贸易组织成员的进口货物。(2) 原产于与中华人民共和国签订含有相互给予最惠国待遇条款的双边贸易协定的国家或地区的进口货物。(3) 原产于中华人民共和国境内的进口货物。普惠税是发达国家对来自发展中国家的工业制成品和半制成品给予的一种普遍的、非歧视的、非互惠的优惠关税。普惠税低于最惠国关税,但高于特惠税。截至 2007 年 2 月,美国对 113 个国家和 19 个非独立国家或地区给予普惠税,美国一般会根据发展中经济体的发展水平调整给予普惠税待遇的国家名单。特惠税是指进口国对来自特定国家或地区的进口商品给予特别优惠的低关税或免税待遇。最早的特惠税制是 20 世纪 30 年代起英国对来自英联邦其他成员国,如澳大利亚、加拿大和印度等国家提供的关税优惠。特惠税包括互惠(不一定是对等的相同税率)和非互惠特惠税,前者又被称为协定税。欧盟成员之间、北美自由贸易协定成员之间、中国与东盟国家之间实行的是互惠的特惠税,而欧洲共同体(现为欧盟)向参加洛美协定的非洲、加勒比和太平洋地区的发展中国家单方面提供的特惠税属于非互惠的特惠税。

表 6-1 列示了中国大陆部分产品的普通税率、最惠国税率以及协定税率。

表 6-1 中国大陆部分产品的普通关税、最惠国关税以及协定关税(%)

货品名称	最惠国税率	普通税率	协定税率(东盟)	协定税率（香港地区）	协定税率（澳门地区）
自来水笔	21	80	0	0	0
羽毛掸	21	130	0	—	—
牙刷	25	100	0	0	0
跑步机	12	50	0	0	0
小轿车	25	230/270	—	—	—
鞋靴	10.5	40	0	0	0
山地自行车	13	130	0	0	0

资料来源：中华人民共和国海关总署官方网站。

3. 按征税方法划分

按征税方法划分,进口关税可以分为从量税、从价税和混合税(复合税)。

从量税是进口国海关对进口的每单位实物产品征收固定数额的进口税。从量税征收方便,但从量税的缺点在于它与进口价值无关。在使用从量税时,海关对不同档次的同类产品征收相同的关税,这势必导致高档次产品的国内生产者受到的保护力度要低于低档次产品的国内生产者受到的保护力度。另外,进口品价格的变化也会影响到保护力度:进口品价格的下降会提高实际保护程度,而价格上涨会降低实际保护程度。由于"二战"期间、战后初期以及 20 世纪 70 年代末 80 年代初各国通货膨胀率较高,许多国家逐步放弃从量税,但时至今日,各国仍对许多商品采用从量税。

从价税是按每单位进口商品价格的固定比率来征收的。从价税的优点有两个:第一,保护力度不因商品档次的差异而不同;第二,对国内生产者的保护力度稳定,进口品价格的变化不会改变保护力度。但是,从价税的问题在于进口商品的估值:第一,海关和进口商可能会就商品的价值进行博弈;第二,不同经济体的海关估值方法有所差异,例如,美国海关的估值是基于 FOB 价值,而欧洲国家传统上使用 CIF 估价法。

混合税,又称复合税,是指对某一进口物品既征收从价税,又征收从量税。混合税可以分为两种:一种是以从量税为主加征从价税;另一种是以从价税为主加征从量税。混合税经常运用于使用被征收关税的原材料所制成的工业品。从量税部分用于抵消因对原材料征收进口关税而给工业品国内生产者带来的成本劣势,而从价税部分用于对工业品国内生产者提供保护。

(三)关税税则

关税税则分为单式税则和复式税则两种,大多数国家实行复式税则。所谓单式税则,是指一个税目只有一个税率,适用于来自任何国家同类商品的进口,没有差别待遇,在自由竞争资本主义时期,各国都使用单式税则。进入垄断阶段以后,为了在国际竞争中取得优势,在关税上执行差别和歧视待遇,多数国家改用复式税则,只有少数发展中国家如委内瑞拉、巴拿马、肯尼亚等还在使用单式税则。

(四)关税的度量

1. 关税水平

通常采用平均进口关税率来衡量关税水平。平均关税率分为简单平均关税率(或称非加权平均关税率)和加权平均关税率。加权平均关税率以每种进口商品进口额占总进口额的比例为权数进行加权计算。

假定某国只有 3 种进口商品:A 商品、B 商品和 C 商品,其关税税率分别为 10%、20% 和 30%,三种商品的进口额分别为 5 亿美元、2 亿美元和 3 亿美元。则该国的简单平均关税率为 $(10\%+20\%+30\%)/3=20\%$,加权平均关税率为 $(5\times 10\%+2\times 20\%+3\times 30\%)/(5+2+3)=18\%$。

表 6-2 列示了 2014 年世界主要经济体的加权平均关税税率。

表 6-2　2014 年世界主要经济体加权平均的关税税率

发展中经济体		发达经济体	
阿根廷	10.8%	澳大利亚	4.1%
巴西	9.9%	欧盟	2.7%
中国大陆	4.5%	日本	1.9%

续表

发展中经济体		发达经济体	
中国香港	0.0%	新西兰	2.3%
印度	7.0%	美国	2.2%
墨西哥	4.7%	加拿大	3.2%
俄罗斯	8.1%	以色列	3.1%
南非	5.7%	瑞士	2.1%
新加坡	0.4%	冰岛	3.0%

资料来源：*World Tariff Profile 2016*。

2. 名义保护率

名义保护率（Nominal Rate of Protection，NPR），是指一类商品在各种贸易保护措施作用下，其国内市场价格超过国际市场价格的部分相对于国际市场价格的百分比。它是衡量一国对某类商品保护程度的一种方法。国内与国际市场的价格差异不仅仅由关税引起，还与其他贸易保护手段的使用以及市场竞争状况有关，这在一定程度上限制了名义保护率在衡量贸易保护程度方面的作用。如果一国对外来商品只采取进口关税的方式加以限制且产品市场完全竞争，那么，名义保护率就是关税税率。

3. 有效保护率

有效保护率（Effective Rate of Protection，ERP），又称实际保护率，是指征收关税后使某受保护行业每单位最终产品附加值相对于自由贸易时该行业每单位最终产品附加值的变化幅度。名义关税税率可用于估算关税对国内消费价格产生的影响，而有效保护率主要用于判断关税对生产者保护程度的变化。根据定义，某行业有效保护率的通用计算公式为：

$$ERP = (VA_t - VA_f)/VA_f$$

其中，VA_t、VA_f分别为征税和自由贸易条件下每单位产品的国内生产附加值。现举例说明。如图6-1所示，假定汽车的世界价格为10 000美元，中间投入品的成本是

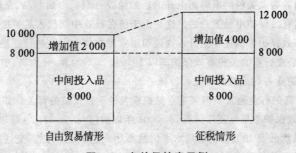

图6-1 有效保护率示例

8 000 美元,一小国对进口汽车征收 20%的关税。在自由贸易条件下,汽车生产的附加值是 10 000－8 000＝2 000(美元);在征收关税之后,汽车生产的附加值增至 10 000×(1＋20%)－8 000＝4 000(美元)。因此,有效保护率为(4 000－2 000)/2 000×100%＝100%。

若某最终产品的生产需要投入 n 种中间产品,t_f 为最终产品的关税税率,$t_i(i=1-n)$ 是第 i 种中间产品的关税税率,$a_i(i=1-n)$ 为自由贸易条件下第 i 种中间产品的价值占最终产品的价值之比。则该最终产品的有效保护率计算公式是:

$$ERP = (t_f - \sum_{i=1}^{n} a_i t_i)/(1 - \sum_{i=1}^{n} a_i)$$

可见,对最终产品生产的实际保护程度不仅取决于最终产品的关税税率,还受到中间产品关税税率的影响。当最终产品的关税税率高于每种中间品的关税税率时,则对最终产品的有效保护率高于其关税税率;反之则相反。当最终产品的关税税率等于中间产品的关税税率时,对最终产品的有效保护率等于其关税税率。当最终产品的关税税率大于中间品的加权平均关税税率时,有效保护率大于 0;反之则相反。

综上,各国政府如果想保持对最终产品生产的保护力度,就应该遵循阶梯式的关税结构,即关税税率随着加工程度的逐渐深化而不断提高,最终产品高于中间产品,制成品高于初级品。

专栏 6-1　我国制造业行业关税有效保护率的变动

1992 年以来,我国连续 7 次自主降低关税税率,算术平均关税税率由 1992 年的 43.2%逐步降低至 2001 年的 15.3%;实际加权平均关税税率从 11.48%降至 8.95%。正式加入世贸组织后,我国按关税减让表继续降低关税税率,至 2007 年我国算术平均关税税率已经降至 9.9%。关税水平的持续下降是否意味着我国关税保护作用的不断削弱?需要注意的是最终产品名义关税税率的降低并不意味着实际保护程度的降低,还应考虑对该产品所用的中间投入品征收关税所发挥的有效保护作用。这里测算一下 1999—2007 年间我国关税有效保护率的变化。

一般情况下,随着名义关税税率的下降,有效保护率也会随之降低,但值得注意的是,有些部门 9 年间有效保护率是随着名义关税的下降而上升的。如橡胶、塑料、金属制品、交通运输设备和皮革毛皮羽绒这 5 个行业其有效保护率是上升的。这是由于所在行业中间投入品关税比最终品关税的下降幅度更大而导致了有效保护率的逐年上升。这说明国家意在加强对这些行业最终品的保护。

我们以 28 个制造业行业的关税有效保护率以 10%和 30%为界,分为高、中、低三个类别,结果见表 6-3。从中可见制造业各行业的几个显著特征:

(1) 有效保护率高的行业通常是国家重点保护或者说重点扶植的行业。如烟草制造业是国家限制进口的行业,其有效保护率虽然逐年降低,但 2001 年以前(包括 2001 年)都超过了 100%;2002 年以后的有效保护率虽然低于 100%,但平均水平仍然高达 91.41%。另外,交通运输设备业的有效保护率远远高于名义关税并且还有逐年提高的趋势。这主要是由于构成这类产品最主要组成部分的汽车的整车进口税率在2006年7月前仍处于禁止性关税水平,国家大力扶持汽车制造业的发展。

表6-3 按有效关税保护率(ERP)高低分类的制造业行业

ERP≥30% (6个行业)	10%≤ERP<30% (14个行业)	ERP<10% (8个行业)
饮料制造业、烟草制造业、纺织鞋帽业、文体用品业、塑料用品业、交通运输设备业	食品加工业、食品制造业、纺织业、皮革毛皮羽绒业、家具制造业、造纸及纸制品、橡胶制品业、非金属矿物、金属制品业、通用设备业、专用设备业、电器机械及器材制造业、电子设备制造业、仪器仪表办公机械制造业	木材加工业、石油炼焦业、黑色金属冶炼及加工业、有色金属冶炼及加工业、化学原料及制品业、医药制造业、化学纤维制造业、印刷和媒介复制业

资料来源:1999—2004年相关数据根据世界银行提供的各行业最惠国税率计算得到;2004—2007年相关数据根据《中国海关进出口税则》8位HS编码商品的最惠国税率计算得到。

(2) 对于国内能够大量生产且比较优势较大的消费品行业,高关税保护可以限制其高档品和奢侈品的进口。如饮料制造业的有效保护率平均高达61.32%;纺织鞋帽业、文体用品行业和塑料制品业的有效保护率都大于30%。

(3) 加强了进口竞争行业的有效保护。如表6-3第2列有效保护率处于10%~30%的行业,其特征是国内有一定的生产能力,但又达不到高技术水平;或者说其生产销售在国内市场占有一定比例,但又受到国外同类商品的竞争。出于保护和扩大国内市场的目的,实行了较高的有效保护率。

(4) 对于国内不能生产的资本品行业或属于不可再生资源生产的行业实行低关税保护,鼓励进口。例如医药制造业,其高精尖环节我国并不能生产,只能从国外进口,因此实行较低的关税保护,鼓励进口。再比如木材加工业和各类金属制造业这些资源性制造业,由于资源的不可再生性,出于保护本国资源的考虑,鼓励进口。

资料来源:王恬.我国制造业行业关税有效保护率的变动[J].税务研究,2009(1):41-44.

(五) 进口关税的经济效应

一国对进口品征收关税导致进口量下降,但对世界价格的影响是不确定的,这取决于进口国的类型。我们把进口国分为大国和小国。经济学意义上的"小国"在世界生产和贸易中所占的份额很小,以至于其产量和贸易量的变化不会影响到产品的世界价格,只能是价格的接受者;经济学意义上的"大国"在世界生产和贸易中所占的比重较大,以至于其产量和贸易量的变化足以影响该产品的世界价格。因此,大国征收进口关税会降低世界价格,而小国征收进口关税不会对世界价格产生任何影响。无论是大国还是小国,征收进口关税都会提高该国的国内价格。这是因为,进口国的国内需求由国内供给和国外供给共同满足,进口关税遏制了来自国外的供给,这势必导致国内价格的上升。下面分别运用局部均衡分析法和一般均衡分析法阐释进口关税的经济效应。

1. 局部均衡分析

局部均衡分析是指在单个市场的条件下(不考虑其他商品的价格和供求的影响),研究商品价格与供求之间的关系。

(1) 大国进口关税经济效应的局部均衡分析。图6-2是运用局部均衡分析法探讨大国征收进口关税的经济效应的示意图。假定某国是小麦进口大国。在自由贸易条件下,小麦的世界价格为 P_{W0},国内价格为 P_{H0},世界价格和国内价格相等;国内产量为 OA,国内消费量为 OD,进口量等于 $AD(=IM_0)$。假定该大国开始对每单位小麦征收 t 单位的进口关税,则小麦的世界价格下降为 P_{W1},国内价格则上升为 $P_{H1}=P_{W1}+t$,此时,国内产量增至 OB,国内消费量减至 OC,进口量降至 $BC(=IM_1)$。征收关税之后,生产者剩余的增加值为面积 a,消费者剩余的减少值为面积 $a+b+c+d$,大国政府的关税收入增加 $c+e$,因此大国的净福利变化值为 $e-(b+d)$。其中,e 为贸易条件效应,b、d 分别是需求扭曲效应和生产扭曲效应,b 和 d 之和为"无谓损失"(deadweight loss),这是未能被任何行为主体获取的消费者剩余损失部分。我们也可用"外国"的出口供给曲线 XS 和大国进口需求曲线 MD 来表示关税对大国福利的影响。图 6-2 中被竖条纹阴影覆盖的三角形面积为 $b+d$,属于"无谓损失";被方格条纹阴影覆盖的矩形面积为 e,为贸易条件效应。

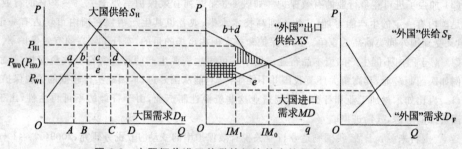

图 6-2　大国征收进口关税的经济效应的局部均衡分析

根据上述分析,大国对进口品征收关税之后,大国的净福利变化方向不确定,取决于"无谓损失"和贸易条件效应的相对大小:若前者大于后者,则进口关税导致大国福利降低;反之则相反。需要特别指出的是,贸易条件效应来自向大国出口产品的国家,因此大国对进口品征收关税带有"以邻为壑"的特征。

(2) 小国进口关税经济效应的局部均衡分析。图 6-3 是运用局部均衡分析法探讨小国征收进口关税经济效应的示意图。假定某国是小麦进口小国。在自由贸易条件下,小麦的世界价格为 P_W,国内价格均为 P_{H0},世界价格和国内价格相等;国内产量为 OA,国内消费量为 OD,进口量为 $AD(=IM_0)$。若小国改变贸易政策,开始对每单位进口小麦征收 t 单位的关税,则世界价格保持不变,国内价格上升为 $P_{H1}=P_{H0}+t$,国内产量增至 OB,国内消费量减至 OC,因此进口量降至 $BC(=IM_1)$。征收关税之后,小国消费者剩余的减少值为面积 $a+b+c+d$,生产者剩余增加面积 a,政府关税收入增加面积 c,小国的净福利损失是面积 $b+d$。可见,减少的消费者剩余一部分(a)为国内生产者所获得,而另一部分(c)为政府所获取,还有一部分($b+d$)白白损失了。$b+d$ 属于

"无谓损失",其中,b、d 分别为需求扭曲效应和生产扭曲效应。

综上所述,进口小国征收进口关税不能改善其贸易条件,而只会导致"无谓损失",因此,征收关税一定会导致小国的净福利下降。

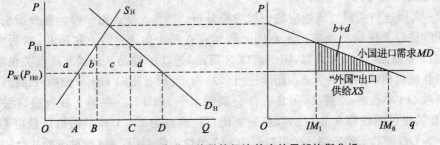

图 6-3 小国征收进口关税的经济效应的局部均衡分析

2. 一般均衡分析

我们运用提供曲线来探讨两个国家、两种商品情形下一国征收进口关税所产生的经济效应。一国征收关税将使其提供曲线向着代表进口商品的坐标轴移动与关税相当的幅度,这是因为,出口任何一定数量的商品,都必须能够换取更多的进口品以缴纳关税。

(1) 小国进口关税经济效应的一般均衡分析。图 6-4 是运用一般均衡分析法探讨小国征收进口关税经济效应的示意图。假定存在两个国家:国Ⅰ(大国)和国Ⅱ(小国)(可以将国Ⅱ以外的其他国家抽象为国Ⅰ)。国Ⅱ出口 Y 商品,进口 X 商品;国Ⅱ是价格的接受者,被动接受由大国决定的贸易条件。在征收关税前,小国的提供曲线为Ⅱ$_0$,与贸易条件线的交点为 E_0,此为进出口均衡点,出口 OB 单位的 Y 商品以从国外换取 OA 单位的 X 商品,国Ⅱ的社会福利水平为 CIC_0。国Ⅱ征收进口关税之后,该国的提供曲线移动至Ⅱ$_1$ 位置,新的进出口均衡点为 E_1,Y 商品的出口量由 OB 单位缩小为 OD

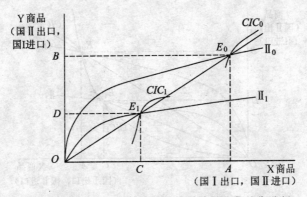

图 6-4 小国征收进口关税的经济效应的一般均衡分析

单位,而 X 商品的进口量由 OA 单位下降为 OC 单位,对应的社会福利水平为 CIC_1,明显低于征税前的社会福利水平 CIC_0。可见,小国征收关税必然导致该国的福利水平下降,这是因为小国征收关税对福利的提升没有正面效应(贸易条件不变),只有贸易量减少带来的负面效应。

(2) 大国进口关税经济效应的一般均衡分析。图 6-5 是运用一般均衡分析法探讨大国征收进口关税经济效应的示意图。假定存在两个国家:国Ⅰ和国Ⅱ,均为大国。国Ⅱ出口 Y 商品,进口 X 商品;国Ⅰ出口 X 商品,进口 Y 商品。在国Ⅱ征收关税前,国Ⅰ与国Ⅱ提供曲线的交点为 E_0,此即进出口均衡点,国Ⅱ出口 OB 单位的 Y 商品以从国外换取 OA 单位的 X 商品,国Ⅱ的社会福利水平为 CIC_0。在国Ⅱ征收进口关税之后,国Ⅱ的提供曲线移至Ⅱ$_1$ 位置,新的进出口均衡点为 E_1,Y 商品的出口量由 OB 单位缩小为 OD 单位,而 X 商品的进口量由 OA 单位下降为 OC 单位,对应的社会福利水平为 CIC_1。可见,征收关税未必导致国Ⅱ的福利水平下降。大国征收进口关税对大国的福利水平存在正反两个方面的效应:贸易条件改善带来的正面效应和贸易量萎缩导致的负面效应。当关税水平低于某个临界点的时候,提高关税带来的正面效应超过负面效应,进口国的福利水平上升;当关税水平高于该临界点之后,提高关税带来的负面效应超过正面效应,进口国福利水平下降,我们把该临界点对应的关税称为最优关税。当关税水平继续提高到某一个水平(即禁止性关税)之后,大国的进口量将会缩减为零。此后,再提高关税税率不会对大国的福利产生任何影响。图 6-6 形象地展示了大国的进口关税税率和福利水平之间的变化关系。根据该关系,大国应该对进口产品征收最优关税。需要特别指出的是,大国征收最优关税至少面临两大困难:其一,大国的进口关税政策本质上是"以邻为壑"的做法,一旦引起贸易伙伴的报复,关税政策的后果就只能是损人害己了。在 1930 年美国提高关税之后,许多国家报复性地提高了关税水平,导致世界贸易持续萎缩。1930 年 1 月全球进口总额为 27.35 亿美元,到 1933 年 1 月骤降至 9.92 亿美元。其二,根据相关研究,大国的最优关税率是各种进口品的"外国"

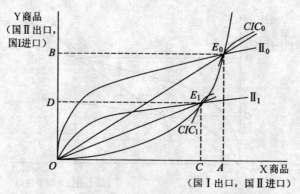

图 6-5 大国征收进口关税的经济效应的一般均衡分析

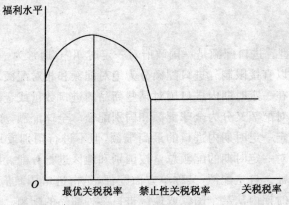

图 6-6 大国的关税水平与福利水平之间的关系

出口供给价格弹性的倒数。考虑到每种进口品的市场特殊性和动态性,针对每种进口品制定最优关税无异于天方夜谭。

二、非关税壁垒

(一) 定义

非关税壁垒是指关税措施以外的其他一切限制进口的措施。在关税水平不断降低的背景下,非关税壁垒已经成为贸易保护的主要手段。

(二) 特点

1. 灵活性

关税的制定与调整,往往要通过特定的法律程序,因此关税具有较强的延续性;而非关税措施的制定与实施,则通常采用行政程序,制定起来比较迅速,程序也较简单,能随时针对某国和某种商品采取或更换相应的限制进口措施,从而较快地达到限制进口的目的。

2. 有效性

在限制进口方面,非关税措施的效果不亚于关税手段。例如:进口配额、技术性贸易壁垒对进口的限制更严厉、更完全。

3. 隐蔽性

关税措施,包括税率的确定和征收办法都是透明的,出口商可以比较容易地获得有关信息。而非关税措施可以依据进口国的相关行政规定或法令条例,或者规定极为烦琐复杂的标准和手续,这使得非关税措施带有很强的隐蔽性,因为很难判定进口国是出于国内行政管理的目的还是基于限制国外商品输入的动机。

4. 歧视性

关税措施的歧视性较低,它往往要受到双边关系和多边贸易协定的制约。但一些非关税措施即使表面上对所有国家一视同仁,但实质上往往针对某一个或某一类国家。

(三) 种类

1. 进口配额

(1) 定义与类型。进口配额是一国政府对一定时期内(通常为一年)进口的某些商品的数量或金额加以直接限制。进口配额分为绝对配额和相对配额。

绝对配额是指在一定时期内进口国对某些商品的进口数量或金额规定一个不可逾越的最高限额。绝对配额又分为全球配额和国别配额。全球配额,亦称总配额,是指对一种商品只笼统规定一定时期内进口的最高限额,但不进行国别或地区分配。国别配额是指进口国政府对一定时期的配额总量按国别和地区进行分配。国别配额可以分为自主配额和协议配额。自主配额,又称单方面配额,是由进口国政府完全自主地、单方面强制规定在一定时期内从某个国家或地区进口某种商品的配额。自主配额由进口国自行制定,往往由于分配额度差异容易引起某些出口国家或地区的不满或报复。因此,有些进口国便选择采用协议配额,以缓和同其贸易伙伴之间的矛盾。协议配额,又称双边配额,是由进口国和出口国政府或民间团体之间协议确定的配额。如果协议配额是通过双方政府的协议签订的,一般需在进口商或出口商中进行分配;如果配额是双边的民间团体达成的,应事先获得政府许可方可执行。协议配额是双方协调确定的,通常不会引起出口方的反感与报复,较易执行。

相对配额,又称关税配额,是指进口国政府对商品进口的绝对数额不加限制,对在一定时期内,在规定配额内的进口商品,给予低税、减税或免税待遇;对超过规定配额的进口商品则征收较高的关税。相对配额实质上是进口关税与进口配额相结合的一种限制进口的措施,不像绝对配额那样以行政手段去直接控制进口的绝对量,而是主要依赖经济手段调节进口水平,相对配额对进口的限制机制和进口关税类似。

在农产品贸易领域,共有37个WTO成员实施关税配额管理。欧盟对活绵羊和山羊、绵羊及山羊肉、黄油、干酪、分割禽肉、部分水果(苹果、梨、葡萄、樱桃和杏)、蔬菜(马铃薯、甜椒、胡萝卜)等87种农产品进行关税配额保护。中国对大麦、大米、玉米、棉花、部分植物油、食糖和羊毛进行配额管理,配额内关税率为1%~10%,配额外关税率为10%~65%,配额的分配和再分配由国家发展与改革委员会和商务部负责。美国对包括牛奶及奶制品、婴儿配方奶粉、花生及花生油、羊肉、牛肉及棉花在内的195个税目的农产品实行关税配额,表6-4列示了美国部分农产品的进口关税配额。

表6-4 美国部分产品的进口关税配额

产品	配额内关税税率	进口配额门槛值	配额外关税税率
花生	9.35美分/千克	30 393 吨	187.9%
牛肉	4.4美分/千克	634 621 吨	31.1%

续表

产品	配额内关税税率	进口配额门槛值	配额外关税税率
牛奶	3.2 美分/升	570 万升	88.5 美分/升
蓝芝士	10 美分/千克	260 万千克	2.6 美元/千克
棉花	4.4 美分/千克	210 万千克	36 美分/千克

（2）小国进口绝对配额的福利效应。图 6-7 展示了小国进口绝对配额的福利效应。假定某国是食糖的进口小国。在自由贸易条件下，食糖的世界价格和国内价格都是 P_W，食糖进口量为 $AD(=IM_0)$。现在该小国对食糖进口实施绝对配额制度，允许的进口数量上限是 $QT(<IM_0)$。进口绝对配额未能改变食糖的世界价格，但使得食糖的国内价格上升为 P_{QT}，进口量减少为 $BC(=QT)$。在进口绝对配额制度下，进口小国的消费者剩余减少了 $a+b+c+d$，生产者剩余增加了 a。矩形部分面积 c 是配额租（quota rent）。

一般而言，进口配额的分配方式有三种：公开拍卖、按固定参数分配、按照一定程序申请。如果开展充分竞争的公开拍卖，则配额租 c 归政府所有，此时租金的归属、福利净效应跟进口关税情况下的相同。如果按固定参数分配，则配额租 c 为获得配额的企业所分享；为了获得配额租，企业可能会过量生产或过量进口，由此导致无谓损失。如果按照一定程序申请，容易产生寻租和腐败问题，此时配额租被不同程度地耗费而不能全部为获得配额的企业所获得。

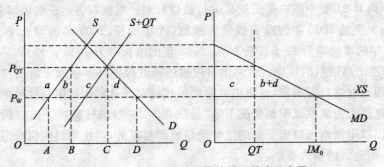

图 6-7 小国进口绝对配额的福利效应示意图

（3）进口绝对配额和进口关税的效应比较。首先，绝对配额是一种更准确、更有效、更严厉的进口限制手段。绝对配额和进口关税一样，都能起到控制进口量的目的。但是，前者直接控制进口数量，而后者则通过控制进口的成本来间接地减少进口量。作为一种纯粹的行政干预手段，绝对配额在进口限制方面比关税更准确、更有效、更严厉。如果使用绝对配额，进口国只要使用行政手段即可准确控制进口量；而如果使用关税，进口国政府需要在掌握充分信息的前提下估算出等价进口关税（equivalent import tariff)。如果使用关税,在进口国消费者对进口品的需求上升或者进口品世界价格下降之后,进口量将会增加;但如果使用绝对配额,则上述市场条件的变化不会改变进口的数量。因此,绝对配额对国内生产者的保护更有力。

其次,绝对配额和等价进口关税对消费者剩余和生产者剩余的影响相同,不同之处在于因供应减少而产生的经济租金的归属。当政府采用公开拍卖方式出售配额时,配额所产生的经济租归政府所有,和关税情形下的经济租归属相同。当采用其他方式分配配额时,配额所产生的经济租归属不同于关税情形下的归属,并可能会导致更大的社会福利净损失。GATT/WTO 认为,进口配额对贸易的扭曲更为明显,破坏性更大,因此,GATT/WTO 一般性地禁止进口配额的使用,原则上只允许使用关税作为唯一的保护手段。

2. 自愿出口限制

(1) 定义和类型。自愿出口限制(Voluntary Restriction of Export),又称自愿出口配额制(Voluntary Export Quotas),是指出口国迫于进口国的要求或压力,自己规定某种商品一定时期内出口到进口国的限额,超过配额部分则禁止出口。

自愿出口限制分为非协定式的和协定式的两种。非协定式自愿出口限制是出口国单方面规定某种商品一定时期内的出口数量,以避免进口国的报复性惩罚。协定式的自愿出口限制是由进出口国通过谈判方式签订"自限协定"或"有秩序销售协定",在协定中规定某些商品在有效期内的出口配额。这是最常用的方式,在纺织品、钢铁和汽车贸易中广泛使用。例如:中美 2005 年就中国纺织品出口达成自愿出口协定,双方同意在未来三年内对 21 类中国输美纺织品进行数量限制。根据双方达成的谅解备忘录,数量限制以相关产品 2005 年的输美数量为基数,逐年增长,2006 年的增长率为 10% 至 15%,2007 年的增长率为 12.5% 至 16%,2008 年的增长率为 15% 至 17%。

(2) 自愿出口限制的效应。自愿出口限制的确就像把许可证颁发给出口国政府的进口配额,因此对进口国而言,自愿出口限制的代价要比达到相同限制效果的关税或配额更高昂,这是因为关税或配额情况下的"经济租"从进口国转移到了出口国。按静态分析,自愿出口限制给出口国带来的损失仍是显而易见的,但比进口国执行进口关税或配额等措施所造成的损失要小。

自愿出口限制最早产生于 20 世纪 50 年代日美纺织品贸易之中,当时日本在美国的压力之下"自愿"限制对美国的纺织品输出。自愿出口限制措施从 20 世纪七八十年代开始真正被重视并被普遍采用,这可以根据自愿出口限制对进出口国的实际利益来解释。从出口国的角度来说,自愿出口限制比其他措施在经济上更有利,且可以不伤和气地避免进口国的惩罚。从进口国角度来看,自愿出口限制至少有三大好处:① 能更好地规避多边贸易规则的约束。多边贸易体系明显压缩了关税以及传统的非关税壁垒措施(如进出口数量限制、海关估价制度、进出口许可证制度)的使用空间,而自愿出口限制既不符合多边协议,也不明确违反多边协议,处在"灰色区域"。② 因为是出口国"自愿"的,进口国不必太担心出口国的报复。③ 进口国如果拥有支持自由贸易的形象,自愿出口限制不会对这一正面形象造成太大的损害。

 专栏 6-2 日美汽车贸易中的"自愿出口配额"

"自愿出口配额"最早最著名的例子是日本对出口美国的汽车的限制。日本汽车自20世纪60年代开始进入美国市场,到80年代初,对美国汽车产业造成了严重的冲击。1979、1980年美国汽车业失业率的上升和利润的下降,使福特汽车公司和美国汽车工人联合工会(United Automobile Workers,简称 UAW)向美国国际贸易委员会申请使用201条款的保护。几位来自美国中西部各州的参议员提出了一个把1981、1982、1983年出口到美国的日本汽车总数限制在160万辆的议案。这个议案原定在1981年5月12日的参议院金融委员会上进行讨论和修改。但日本政府在知道这一消息后主动于5月1日宣布它会"自愿"限制在美国市场上汽车的销售。1981年4月—1982年3月,限制总额为183万辆,包括出口到美国的168万辆小汽车和8.25万辆公共交通工具以及出口到波多黎各的7万辆其他交通工具。在1984年3月之前,这个限额一直保持不变,后来开始逐步增加,1984年配额升至202万,1985年又升至每年251万,1992年3月限额开始下降。

最初几年里,自愿限制总额几乎都用完。在1987年前,自愿限制对日本的汽车出口一直是有约束力的。1987年之后,日本公司开始在美国境内生产汽车,美国从日本的进口自然下降,实际进口逐渐低于限制总额。到1994年3月,美国对日本汽车的自愿出口限制就取消了。

有意思的是,1981年,在实行限制后的第一年,销往美国的日本汽车的单位价值上升了20%,而1982年在前一年的基础上又上升了10%。当然,价格的上升可能反映的是一般性价格水平的上升,也可能反映了日本销美汽车质量的提高。

美国加州大学的罗伯特·芬斯特拉教授于1988年建立了一个质量选择的理论模型,并利用日本出口到美国的不同车型价格数据,就自愿出口限制协议对日本输美汽车质量的影响进行了实证研究。通过比较自愿出口限制协议生效前后的变化,他发现:日本公司改变了在美国市场所销售汽车的特性,转向了质量和价格更高的车型,也就是说,伴随自愿出口限制协议而来的日本汽车进口价格的上涨,部分原因是进口车型的质量提高。在考虑了日本进口车质量提高因素的基础上,他计算出在1983和1984年的自愿出口配额水平下,每进口一辆小汽车,美国实际支付的福利成本超过1 000美元。

资料来源:海闻.搜狐财经.2004-05-19.

3. 进口许可证制度

进口许可证制度是指进口国政府为了禁止、控制或统计某些进口商品的需要,规定进口商只有从指定的政府机关申办并领取进口许可证才能进口商品的制度。

从进口许可证是否有数量或金额的限制上来分,进口许可证可分为定额许可证和无定额许可证。定额许可证是指国家有关机关预先规定有关商品的进口配额,然后在配额的限度内,根据进口商的申请对每一笔进口货发给进口商一定数量或金额的进口许可证,其实质是一种将配额和进口许可证结合起来的方法。无定额许可证是指进口国并不公布进口配额,是否发给进口许可证是个别考虑和决定的。无定额许可证看似对进口的限制较为宽松,实质上由于非公开性和非透明性,无定额许可证对进口的限制作用可能会更大。

从对进口商品的许可程度上来划分,进口许可证可以分为公开一般许可证和特种进口许可证。公开一般许可证,又称公开进口许可证、自动进口许可证或一般许可证,它对进口来源地没有限制,凡列明属于公开一般许可证的商品,进口商只要填写此证,即可获准进口。特种进口许可证,又称非自动进口许可证,进口商必须向政府有关当局提出申请,经政府有关当局逐笔审查批准后才能进口。

4. 外汇管制

外汇管制,是指一国政府为平衡国际收支和维持本国货币汇率而对外汇进出实行的限制性措施。外汇管制的措施通常包括:禁止在本国使用外汇、禁止居民占有外汇、对汇率进行控制(如采用固定汇率制)、限制货币兑换、对进口所需外汇量进行限制、控制出口者所持有的外汇等。外汇管制的具体做法可以归为三类:第一类是数量性外汇管制,是指政府以行政手段控制外汇交易,对外汇买卖的数量直接进行限制和分配;第二类是成本性外汇管制,是指实行复汇率制度,利用外汇买卖成本的差异,间接影响不同商品的进出口;第三类是混合性外汇管制,是指同时采用数量性和成本性的外汇管制,对外汇的控制更加严格。通过控制进口商所能获取的外汇数量或调整进口商获取外汇的成本,进口国政府可以对进口加以限制或调节。

外汇管制始于第一次世界大战期间。当时国际货币制度陷于崩溃,美、法、德、意等参战国都发生了巨额的国际收支逆差,本币对外价值剧烈波动,大量资本外逃。为集中外汇资财进行战争,减缓汇率波动及防止本国资本外流,各参战国在战时都取消了外汇的自由买卖,禁止黄金输出,实行外汇管制。1929—1933 年世界经济危机时期,很多在"一战"后取消外汇管制的国家又重新实行外汇管制,一些实行金块和金汇兑本位制的国家也纷纷实行外汇管制。1930 年土耳其首先实行外汇管制,1932 年,德国、意大利、奥地利、丹麦、阿根廷等 20 多个国家也相继实行了外汇管制。第二次世界大战爆发后,参战国立即实行全面严格的外汇管制。1940 年,在 100 个国家和地区中,只有 11 个国家没有正式实行外汇管制,外汇管制范围也比以前更为广泛。"二战"后初期,西欧各国基于普遍存在的"美元荒"等原因,继续实行外汇管制。20 世纪 50 年代后期,西欧各国经济有所恢复,国际收支状况有所改善,从 1958 年开始,各国不同程度地恢复了货币自由兑换,并对国际贸易收支解除外汇管制,但对其他项目的外汇管制仍维持不变。1961 年,大部分国际货币基金组织的会员国表示承担《国际货币基金组织协定》第 8 条所规定的义务,即避免外汇限制而实行货币自由兑换。但直到 20 世纪 90 年代,绝大多数国家仍在不同程度上实行外汇管制,即使名义上完全取消了外汇管制的国家,仍时常对居民的非贸易收支或非居民的资本项目收支实行间接的限制。20世纪90年代之后,自由贸易和全球化带动了经济自由化的浪潮,今天仍执行外汇管制的国家已大为减少。

5. 进口保证金制度

进口保证金制(Advanced Deposit),又称进口押金制,或称进口存款制,是指进口商在进口商品时,必须预先按进口金额的一定比率和规定的时间,在指定的银行无息存入一笔现金后才能进口。进口保证金增加了进口商的资金负担,减少了其可用于周转的资金,从而起到限制进口的作用。进口保证金制度多为国际收支经常出现逆差的国家采用。意大利政府于1974年5月7日到1975年3月24日期间,曾对400多种进口商品实行进口押金制度,要求进口商在进口特定商品时必须向中央银行缴纳相当于进口货值半数的现款押金,无息冻结6个月。据估计,这项措施相当于征收5%以上的进口附加税。又如,巴西政府曾经规定,进口商必须先交纳与合同金额相等的为期360天的存款才能进口。

6. 最低限价制

进口最低限价制就是一国政府规定某种进口商品的最低价格,凡进口品价格低于规定的最低价格则征收进口附加税或禁止进口,以达到限制低价商品进口的目的。例如:从2004年6月3日起,哥伦比亚海关对来自除安第斯集团国家之外国家的进口袜子实施海关限价,由于中国是哥伦比亚进口袜子的最主要来源国,中国产袜子对哥伦比亚的出口受到的冲击最大。1985年,智利对绸坯布进口规定每公斤的最低限价为52美元,低于此限价,将征收进口附加税。20世纪70年代,美国为了抵制欧洲国家和日本等国的低价钢材和钢制品进口,于1977年对这些产品进口实行所谓的"启动价格制"(Trigger Price Mechanism,TPM)。这种价格制属于进口最低限价制,主要包括以下几个方面的内容:① 对进口到美国的所有钢材和部分钢制品制定最低限价,即"启动价格"。启动价格是以当时世界上效率最高的钢生产者的生产成本为基础计算出来的最低限价。② 对所有进口钢材和部分钢制品的进口,进口商必须向海关提交由国外出口商填写的"钢品特别摘要发票"。如果发票上的价格低于启动价格,则进口商必须对价格进行调整,否则就要接受调查,并有可能被裁决为倾销,征收反倾销税。③ 持续收集和分析对美国出口的主要外国生产者的国内钢材和部分钢制品的价格与生产成本的资料以及美国国内钢铁工业的有关资料,以便随时调整最低限价。

7. 歧视性的政府采购政策

歧视性政府采购政策是指国家通过法令和政策明文规定政府机构在采购商品时必须优先购买本国货。这种措施使得外国商品陷入不公平的竞争地位,甚至被剥夺了竞争的资格,因此构成了对外国商品的贸易壁垒。虽然在关贸总协定的"东京回合"谈判中所签订的《政府采购协议》要求政府采购不得优待本国企业和歧视外国企业,但实际上绝大多数国家都在不同程度地运用政府采购手段限制进口,扶持本国产业。

在实践中,世界各国主要使用法律手段对本国的工业进行保护,主要有以下几种方式:① 规定国际采购的本地含量。在国内的政府采购立法中,规定国际采购的本地的产品和劳动含量,保护本国的企业。如以色列政府要求国际采购必须至少有 35% 在国内购买。美国则要求国际采购至少必须购买 50% 国内原材料和产品。② 给予本国企业以优惠。如在波兰的政府采购法中,国内投标者可享受 20% 的价格优惠。③ 优先购买本国产品,公共采购单位要充分考虑本国国内工业发展的要求,尽量采购国内商品。美国从 1933 年开始实行并于 1954 年和 1962 年两次修改《购买美国货法案》(Buy American Act)。该法案规定,联邦政府机构必须购买美国本国生产的产品,除非该产品的价格比外国同类产品高出 6% 以上,如果国内投标人来自劳动充裕的地区,这一幅度提高到 12%;如果是国防部采购,幅度甚至高达 50%。1979 年,在 GATT 东京回合谈判中,美国政府承诺放宽采购限制。但是,迄今为止,美国仍有 30 多个州维持各自的、限制程度不一的购买美国货法律。④ 在一些领域限制或禁止外国企业进入。使用外汇支付平衡、国家安全、保护环境等(看似)正当的理由,禁止或限制外国供应商进入本国政府采购市场。

长期以来,各国都将政府采购作为保护国内企业的重要措施,对政府采购市场实行封闭管理。关贸总协定直到 1979 年才将政府采购纳入贸易投资自由化谈判领域,并制定了《政府采购协议》(通常称为"1979 年协议")的第一个版本。该协议为诸边协议,即由 GATT 缔约方自愿加入,当时只有少数发达成员国家加入协议。关贸总协定随后对该协议做多次修改,在 1993 年乌拉圭回合谈判期间形成了新的《政府采购协议》,又称"1994 年协议",这是《政府采购协议》的第二个版本,于 1996 年生效。为了鼓励发展中国家及不发达国家开放政府采购市场,《政府采购协议》规定了对发展中国家的特殊和差别待遇。按照《政府采购协议》的规定,协议成员应考虑发展中国家产业发展、贸易收支平衡、经济发展状况、扶持完全依赖政府采购的企业等需要,允许其享受特别待遇,实行歧视性政策;还应允许发展中国家加入协议后,根据国内产业发展、市场化等情况,调整开放清单,但仍需要提交政府采购委员会通过。加入《政府采购协议》的成员国主要来自发达经济体,WTO 的不少发展中成员国正在开展加入《政府采购协议》的谈判,2007 年年底中国政府正式启动加入《政府采购协定》的谈判,2008 年 1 月时任财政部部长谢旭人代表中国政府签署了中国加入世界贸易组织《政府采购协议》的申请书。2012 年,WTO 正式推出《政府采购协议》的第三版。

8. 当地成分要求

当地成分要求,也称国产化率要求,是指进口国政府规定某些商品的本国零部件、原料价值比例低于相应比例的无法在本国市场销售。当地成分要求促使生产者从国内市场寻找替代性的零部件和原材料,从而减少进口。20 世纪 60 年代实行"进口替代工业化"阶段,在智利生产汽车的公司面临严格的本国零部件比例条款。在北美自由贸协定的框架下,除非汽车价值中有 62.5% 是在成员国创造的,否则,美国、加拿大和墨西哥将不允许从其他国家免税进口汽车。改革开放以来,我国执行"以市场换技术"的引资策略,为了增强外资的技术外溢效应,我国在部分产业(如汽车、轨道交通车辆、风电设备)制定了相应的国产化率标准。

9. 海关程序壁垒

海关程序壁垒是指进口国海关通过滥用海关程序实现限制进口的目的,从而构成一种有效的、隐蔽的非关税壁垒措施。具体的做法主要包括以下几个方面。

(1) 对申报表格和单证做出严格要求。比如,要求进口商出示商业发票、原产地证书、货运提单、保险单、进出口许可证、托运人报关清单等,缺一不可,或任何一张单据不规范,都不可通关,或要求必须用某种文字填写。例如:法国规定所提交的单据必须是法文书写,有意给进口商制造麻烦。

(2) 人为地突然改变通关要求。例如,1982 年 10 月法国政府宣布,凡录像机进口都必须经过一个叫普瓦蒂埃的口岸。普瓦蒂埃是一个名不见经传的内地小镇,离最近的港口有数百英里。该镇的海关人员很少,大批录像机被海关人员搬出箱子,查看使用说明书是否为法文,结果极大地延迟了过关的时间。加上要求在该口岸过关的消息是在一个不为人注意的小报上公布的,许多日本出口商根本不知道这条消息,还是把货物运到了原来的口岸,然后不得不再转运到普瓦蒂埃,损失无法计量。法国通过这样的做法达到了限制进口日本录像机的目的。

(3) 通过商品归类提高税率。海关武断地把进口商品归在税率高的税则项下,以增加进口的关税负担,从而限制进口。1989 年年初,为规避日本进口汽车的威胁,美国海关建议将部分进口的小型货车和运用型车辆(如铃木公司的"武士"和五十铃公司的"旅行者")从"轿车"类划入"卡车"类。这一管理类别上的改动使得从价税的税率比之前提高了 9 倍,因为美国对轿车征收的从价税的税率是 2.5%,而卡车的税率是 25%。

(4) 通过海关估价制度限制进口。海关征收关税时需要对进口商品的价值进行评估。进口商品的价格有多种评估法(包括成交价法、外国价法、估算价法),不同的估价法得出的进口商品价格有所差异。海关可以采用估价较高的方法,据以征收从价税,这就可以提高进口商品的应税税额,从而达到限制进口的目的。美国曾经执行过"美国售价制",对与本国商品竞争激烈的进口商品(如煤焦油产品、胶底鞋类、毛手套)按美国产品在国内的批发价格征收关税,使得进口税额大幅度提高。在其他国家的强烈反对下,美国不得不于 1981 年废止了这种估价制度。为消除各国海关估价制度的巨大差异以及由此产生的贸易壁垒,关贸总协定于"东京回合"达成了《海关估价守则》,形成了一套统一的海关估价制度。随着世界贸易组织的成立,世界贸易组织的《海关估价协议》代替了关贸总协定的《海关估价守则》。《海关估价协议》规定,海关估价的基础应为进口商品或相同商品的实际价格;该协议还明确规定六种估价方法应按顺序实施,并对不得采用的估价法做了限制,规定不得采用进口国生产的货物在进口国的销售价值,为海关目的而规定接受两个备选价值中较高价值的方法,以及货物在出口国国内市场上的价值等估价方法。该协议的目的是要制定一个公正、统一和中性的海关估价制度,从而消除由估价所造成的贸易壁垒。

10. 技术性贸易壁垒

技术性贸易壁垒(Technical Barriers to Trade,TBTs)是指进口国以维护国家安全、保护人类与动植物的生命与健康、保护环境、防止欺诈行为以及保证食品安全与产品质量等为由,所执行的一系列技术法规、协议、标准和认证体系(合格评定程序),它们主观或客观地成为他国产品进入该国市场的障碍。

根据WTO《技术性贸易壁垒协议》,技术性贸易壁垒分为技术法规(Technical Regulation)、技术标准(Technical Standard)和合格评定程序(Conformity Assessment Procedures)三大类型。技术法规是规定强制执行的产品特征或其相关工艺和生产方法,包括可适用的管理规定,也包括有关产品、工艺或生产方法的专门术语、符号、包装、标志或标签要求。技术标准是经公认机构批准的、规定非强制执行的、供通用或反复使用的产品或相关工艺和生产方法的规则、指南或特性的文件。可见,技术法规与技术标准的关键区别在于,前者具强制性,而后者是非强制性的。合格评定程序是指任何用以直接或间接确定是否满足技术法规或标准有关要求的程序,包括抽样、检测和检验程序,合格评估、验证和保证程序,注册、认证和批准程序以及它们的组合。

技术法规、标准和合格评定程序对贸易的限制具有一定的必然性。这主要是由于两大原因:第一,各国政府制定标准的依据、手段及过程有很大差别,因此,国际市场上各国技术标准的差异和冲突不可避免,技术标准较高、执行较为严格的国家必然会对他国商品的输入造成某些限制;第二,进口国的技术法规、标准及相关措施通常会或快或慢地发生变化,为应对这些变化,出口国的企业可能必须调整产品的生产流程、工艺、包装、标签等,从而给出口国企业带来了额外成本。

技术性贸易壁垒具有较强的隐蔽性。为了实现一定的社会公共目标而在合理限度内实行的技术性贸易壁垒,虽对那些达不到一定技术法规和标准要求的进口品构成事实上的贸易限制,但它们具有较强的正当性;而超出为实现社会公共目标所必需的、过于严格的技术性贸易壁垒,或是完全出于国内产业保护目的的技术性贸易壁垒,影响了正常的国际贸易流向与流量,是违反WTO规则的歧视性贸易限制手段。但是在现实中,要区分合理的技术性贸易壁垒与超出合理限度的技术性贸易壁垒非常困难。

为减少技术性贸易壁垒对国际贸易的不利影响,关贸总协定通过多年的努力于乌拉圭回合谈判结束时签订了《技术性贸易壁垒协定》和《实施卫生与植物卫生措施协议》,这两个协议成为世界贸易组织货物贸易多边协定的组成部分,于1995年1月1日起生效。这两个协议认可各国基于维护公共利益的需要出台相关技术标准,但应遵循以下原则,包括:避免不必要的贸易限制原则、非歧视原则、标准协调原则、等效原则、风险评估原则、依据地区条件调整原则以及透明度原则。尽管受到多边贸易规则的约束,技术性贸易壁垒依旧是当前最主要的国际贸易壁垒之一,这和技术性贸易壁垒的隐蔽性密切相关。

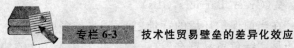

专栏 6-3　技术性贸易壁垒的差异化效应

随着各国关税的逐步降低以及自由贸易区的兴起,以技术性贸易壁垒为代表的非关税壁垒已经成为各国贸易保护的主要政策。根据 WTO 统计,1995—2009 年全球 TBT 和 SPS 的通报量整体呈上升趋势。TBT 已经覆盖了 97 个 HS 2 位数产品中的 95 个类别,并且每个特定 HS 2 位数产品内部的 TBT 覆盖比率也在逐年提高。事实上,TBT 已经超越反倾销等贸易壁垒,成为中国小企业出口的第三大贸易障碍和大企业出口的第二大贸易障碍(国家质检总局,2012)。

目前,已经有较多文献利用各种不同的 TBT 指标考察了其对国别或者产业层面贸易量的影响,证实了进口国实施的 TBT 对贸易伙伴出口具有显著的贸易限制效应,尤其是在农产品领域。部分研究发现,TBT 对出口国的影响表现出一定程度上的差异性,通常情况下发展中国家出口比发达国家出口会遭受更为严重的影响。这主要是由于发展中国家本身的科学技术水平、人力及物力均与发达国家存在着一定差距,因此它们不具备符合发达国家标准的能力。

值得注意的是,发展中国家在 TBT 构成的国际贸易两极体系中,不仅处于不利地位,而且其内部各出口国由于生产技术和资源条件等方面的差异,即使面对同一目标市场,也面临不同的符合成本,从而产生不同的贸易效应。Fontange 等(2005)与 Disdier 等(2008)的研究发现,进口国 TBT 对发展中国家出口总体上具有显著的负面影响,但是这一影响在不同的国家组之间存在差异。比如,这些技术法规对非洲、加勒比和太平洋地区国家出口的负面影响比拉美 8 国更严重,但是对亚洲和拉美其他国家出口则不显著。更进一步的研究表明,发达进口国实施的 TBT 政策对发展中国家出口的影响尤为明显。比如低收入发展中国家的小型出口企业在缺乏国内规模经济优势的情况下还必须承担符合进口标准的成本;而那些有能力符合标准的国家和企业可能反而通过市场分割扩大了市场份额。Anders 和 Caswell(2007)对美国 1997 年海产品实施风险评估管理体系(HACCP)前后的贸易流量变动进行了分析,发现 HACCP 的实施对来自 33 个最大供应商的总体海产品进口具有显著的负面影响。对国家的分类研究发现,该食品安全标准虽然促进了发达国家的贸易,但抑制了发展中国家的贸易。

上述研究的局限之处在于均使用传统引力模型,假定在一定时期内贸易壁垒对所有出口国的限制系数固定不变,通常只能进行分组检验来体现不同国家组之间 TBT 影响的差异性,无法比较不同出口国之间的差异性,也无法反映出口国遭遇 TBT 的差异化效应在一定时期内的动态变化。

为克服相关研究的上述局限,鲍晓华和朱达明(2015)构建了非线性引力模型,并利用 1995—2009 年全球 112 个国家的技术性贸易壁垒(TBT)通报数据和双边贸易数据,对出口国遭遇 TBT 的差异化效应进行了经验检验。结果表明,进口国设置的 TBT 不仅限制了各国出口,同时该限制效应会随出口国别及时间发生动态变化。出口国遭遇 TBT 的差异化效应具体表现为:人均收入越高,其遭遇 TBT 的贸易限制效应越小,拥有越高的 TBT 应对能力;生产技术水平和政府管理能力的提高,可以显著降低 TBT 的贸易限制效应,这就使得长期内 TBT 对一国出口增长的贡献可能为正。经过测算,2002—2009 年 TBT 限制效应的降低对中国出口增长的贡献约为 5%。

资料来源:鲍晓华和朱达明.技术性贸易壁垒的差异化效应:国际经验及对中国的启示[J].世界经济,2015(11):71-89.

11. 绿色贸易壁垒(Green Barriers,GBs)

"绿色贸易壁垒"在当前保护环境的背景之下,越来越多地被学者们所探究,而与技术性贸易壁垒不同的是,"绿色贸易壁垒"这一概念并未在 WTO 的协议中以及国际文献中论及,之所以被冠以"绿色"的称号,主要是因为其产生的前提或目标是为了保护环境和人类以及动植物的安全与生命健康。绿色贸易壁垒也称为环境贸易壁垒。"绿色贸易壁垒"可以说是中国自己创造的一个新词,在国际上并没有权威的定义。中国有些学者提出的绿色贸易壁垒概念,大多是从发展中国家的经济利益立场出发的,具有一定的片面性。一般认为,绿色贸易壁垒是指那些为了保护生态环境而直接或间接采取的限制甚至禁止贸易的措施。

目前国际上使用的绿色贸易壁垒主要有以下形式:① 绿色关税制度。进口国对可能造成环境威胁及破坏的进口产品征收的一种进口附加税。② 绿色市场准入制度。进口国以污染环境、危害人类健康以及违反有关国际环境公约或国内环境法律、规章为由而采取的限制国外产品进口的措施。如 1994 年美国环保署规定,进口汽油中硫、苯等有害物质必须低于有关标准,否则禁止进口。③ "绿色反补贴""绿色反倾销"以及环境贸易制裁。一国怀疑进口产品的低价是由于接受了来自出口国政府的环境补贴或未将生产过程中的环境成本内在化,因此对进口商品采取限制措施或给予相应的制裁。④ 推行国内 PPMs 标准及其他环保标准。PPMs 是"PROCESSING & PRODUCT METHOD"的缩写,是对产品生产和加工过程所制定的特定环境标准。有的国家生产技术水平较高,随着人们对生存环境提出了更高的质量要求,这些国家制定了较为严格的 PPMs 标准以及其他近乎苛刻的环保标准,要求进口商品必须达到。⑤ 强制性绿色标志(签)、强制要求 ISO 14000 认证等。绿色标志(签)、认证制度本身是非强制性的,各类企业可以根据自身的需要来决定是否申请,但是如果其进口国政府把通过认证规定作为进口商品的必要条件或国内企业对外合作的必要条件,对于想要出口到这个国家的企业来说,就必须选择通过绿色认证。⑥ 烦琐的进口检验程序和检验制度。绿色贸易壁垒有很多是针对有毒有害物质的含量而设置的,为了达到限制进口的目的,进口国政府不惜重金研究制定了一整套严密的检验制度和烦琐的检验程序,利用其先进的检验设备和条件对进口货物实施检验,使进口货物难以通过检验。⑦ 要求回收利用、政府采购、押金制度等强制性措施。例如荷兰政府规定啤酒饮料一律采用可以回收利用的包装容器,实际上给同类产品的进口带来了极大的麻烦。

WTO 中的有关规定为绿色贸易壁垒的实施提供了合法性。在关贸总协定成立之初,环境污染和环境破坏的问题尚未成为国际社会关注的焦点。随着工业经济的飞速发展,环境污染日益严重,人们的环保意识才逐渐提高。1972年11月,在GATT中设立了一个"环境措施与国际贸易工作组"。进入20世纪90年代后,随着自由贸易与环境保护之间的矛盾日渐激化,1994年4月GATT决定成立一个贸易与环境委员会,协调贸易措施与环境措施之间的相互关系。

12. 社会责任壁垒

社会责任壁垒,亦称道德贸易壁垒,或称蓝色贸易壁垒,是指出口国产品因为不符合进口国(商)提出的社会责任要求而被阻挡或限制在进口国的大门之外。目前,侵犯人权特别是对劳工的权益保护不善,构成了进口国(商)限制国外商品进口的主要原因。很多发达国家试图将社会责任条款融入WTO协定之中,发达国家和发展中国家经历了多次部长级会议的角逐,但都由于发展中国家和发达国家的意见冲突而夭折。目前,社会责任壁垒主要来自三种力量:其一,发达国家的人权组织。人权组织经常以部分发展中国家侵犯人权为由游说政府对相关国家采取贸易制裁。其二,发达国家的政府。为保护美国国内劳工利益,特朗普政府在发布的《2017年美国贸易政策议程》中明确指出,要在现有贸易协定中强制执行劳工条款,并对强迫劳动所生产的产品执行进口和销售禁令。其三,跨国公司。20世纪70年代以来,特别是90年代以后,西方国家的人权运动和环保运动蓬勃开展。迫于强大的压力,西方国家的跨国采购商不仅关注最终产品的价格和性能指标,还特别强调产品生产过程中的社会责任要求。1997年,美国成立了"社会责任国际"(SAI)组织,克林顿政府对此表示极大支持。该机构根据国际劳工组织公约、世界人权宣言和联合国儿童权益公约制定并公布了全球首个企业社会责任标准SA8000(Social Accountability 8000),该标准主要涉及劳工权利保护的诸多内容。不少西方跨国公司已将供应商通过SA8000认证作为先决条件,这给发展中国家的劳动密集型企业带来了较大的冲击。发展中国家应该全面地、辩证地看待由发达国家设置的社会责任壁垒。一方面,要联合起来积极应对发达国家以社会责任标准来压制发展中国家的不良企图;另一方面,积极研究并应对各类社会责任壁垒,对其中合理的成分和要求要迅速响应。

13. 滥用贸易救济措施

贸易救济措施是当外国进口产品对进口国国内产业造成损害时,进口国政府采取的用以减轻乃至消除此类损害的措施,通常包括反倾销、反补贴和保障措施三种。反倾销措施一般是指进口国政府对他国企业以低于正常价值的价格出口到本国并给本国国内产业造成实质损害或实质损害威胁的进口产品征收反倾销税。反补贴措施一般是指进口国政府对他国因补贴而受益并给本国产业造成损害的进口产品征收反补贴税。保障措施是在正常贸易过程中因进口产品数量激增而导致进口国国内产业受到实质损害或实质损害威胁的情况下,进口国政府对进口产品加征关税或实施其他限制措施。

反倾销是政府针对企业采取的措施,调查起来较为容易,因此成为大部分国家历年来所采取的主要措施。反补贴是政府对政府的行政行为,涉及一国的国内经济政策,情况复杂、调查难度大,容易牵涉国家敏感的政治问题,因此相对较少。但是,反补贴是中国贸易企业在未来必须注意的问题。因为在生产过程中,我国现在的水电等能源价格均由政府定价,不是由市场主导,国外很容易在这些方面大做文章。保障措施的发起门槛较高,也相对较少。然而,保障措施相对反倾销而言发起程序相对简易,一些关键概念(比如"进口激增、产业损害及两者存在因果关系")的解释相当模糊,具有更强的主观意识性,而且周期极短,对调查国国内市场的保护效果明显。

三大贸易救济措施符合世界贸易组织(WTO)所倡导的原则和精神。在促进贸易自由化的宗旨下,世界贸易组织允许成员方为维护公平竞争的贸易秩序而采取反倾销、反补贴和保障措施,并专门制定了《反倾销协议》《补贴与反补贴协议》和《保障措施协议》来规范成员方采取上述措施时的行为。我国按照上述三个协议于2001年颁布实施了《反倾销条例》《反补贴条例》和《保障措施条例》。截至2016年年底,中国连续21年成为全球遭受反倾销调查最多的国家,连续10年成为全球遭受反补贴调查最多的国家。

  专栏 6-4　　国外对华贸易救济案件的特征——基于 1995—2011 年间的数据

随着中国经济和对外贸易的持续快速发展,与世界各国经贸往来日益密切,摩擦也日益增多,我国已成为贸易保护主义的最大受害者。1995年至2011年,全球共发起贸易救济调查4 413起,其中针对中国的872起,占全球贸易救济立案调查总数的19.76%,名列第一;全球共实施2 708起最终贸易救济措施,其中针对中国的有646起,占实施贸易救济调查总数的23.86%,名列第一。

1. 发起贸易救济调查频繁,主要形式是反倾销和反补贴

国外对我国企业发起贸易救济调查次数越来越多,且方式主要是通过反倾销和反补贴调查。我国出口产品是主要进口国的重点调查对象,我国已连续17年成为全球反倾销调查的最大受害者,并连续6年成为全球反补贴调查的重点。针对中国的反倾销调查有825起,占对华贸易救济调查的比例高达94.7%。

2. 发起国分布高度集中

自1995年至2011年6月,对华启动贸易救济调查次数排名前10的国家分别是印度(145起)、美国(135起)、欧盟(104起)、阿根廷(85起)、土耳其(58起)、巴西(48起)、加拿大(36起)、南非(34起)、澳大利亚(34起)以及墨西哥(30起),这10个国家共发起709起对华贸易救济立案调查,占全球对华贸易救济调查立案数(872起)的81%。其中,印度、美国和欧盟的合计数是384起,占对华立案总数的44%。

3. 涉案行业集中,贱金属、化工业和机电设备业产品遭受调查多

从中国被发起贸易救济调查的产品来看,国外对华发起调查的产品涉及4 000多种,主要集中在低附加值的产品或劳动密集型产业,如贱金属、化工业及机电设备等多种行业的产品。从1995年1

月 1 日至 2011 年 6 月 30 日,我国遭遇贸易救济调查前 10 名的产品有贱金属及其制品(199 起),化工业及其相关产品(167 起),机电设备及其零部件(104 起),纺织原料及纺织制品(75 起),塑料、橡胶及其制品(55 起),石料及类似材料、陶瓷、玻璃及制品(50 起),杂项制品(48 起),木质纸浆及其制品(20 起),鞋帽、羽毛球、人造花等(19 起),汽车、飞机、船舶和相关的运输设备(19 起),光学、精密仪器及设备(17 起)。这 11 类产品共 773 起,占我国遭受贸易救济调查总数的 89%。其中,贱金属及其制品、化工业及其制品被实施反倾销措施的比例非常高,占我国被实施措施总数的 48%。

资料来源:刘爱东和杨轩宇. 国外对华贸易救济的统计分析及启示[J]. 中南大学学报(社会科学版),2012(6):32-37.

第二节 鼓励进口的政策

一、鼓励进口的目的

(一)获得本国经济发展所亟须的技术、设备和关键资源

在 17—18 世纪,为了发展本国纺织工业,英国政府鼓励羊毛和纺织机械的输入。近些年来,中国经济总量迅速增加,但粗放型的经济增长方式对中国的资源和环境造成了巨大压力。为实现经济的可持续发展,中国必须加强技术引进和技术吸收,以提高投入产出效率;需要积极到海外获取经济发展亟须的自然资源,如石油和铁矿;中国还需要积极引入技术和设备,以促进现代服务业的发展和贸易结构的完善。国家发改委、财政部、商务部于 2009 年、2011 年、2014 年、2015 年及 2016 年均联合发布了《鼓励进口技术和产品目录》,对鼓励引进的先进技术、鼓励进口的重要装备、鼓励发展的重点行业、资源性产品和原材料的进口给予贴息支持。为响应国家三部委的这项政策,相关省份和城市亦出台了相应的配套政策。例如,苏州市政府发布了《关于鼓励企业转型和创新发展的若干商务政策措施》,对纳入《鼓励进口技术和产品目录》范围的产品而投保进口预付款保险的企业按当年实际支付保费的 30% 给予奖励。

(二)通过扩大进口以减少国际收支顺差,从而减少与他国的贸易摩擦

如果一国的国际收支顺差较大,特别是持续保持对某些国家的贸易顺差,则非常容易引起相关国家贸易保护势力的关注,甚至招致他们的贸易制裁。持续多年的国际收支顺差使得中国的外汇储备于 2006 年 2 月底首次超过日本,位居全球第一;近两年虽出现一定幅度的下降,但一直遥遥领先于其他国家。庞大的国际收支顺差加剧了中国与其他国家的贸易摩擦,一度使得人民币升值压力加大,并且外汇储备的低效管理也造成我国经济资源的巨大浪费。鉴于此,中国近些年将"国际收支均衡"的目标提到议事日程。其中,扩大进口是实现国际收支均衡的手段之一。2017 年年初上台的特朗普抓住中国对美国的贸易顺差问题不放,扬言对中国进行贸易制裁。本着互利共赢的精神,中国政府表现出了极大的善意,与美国政府签订"中美百日计划",解禁美国牛肉进口。

（三）发展加工贸易

国家为了发展加工贸易，可执行保税进口政策，即拟用于制造、加工的货物在海关监管下暂缓缴纳进口税，作为原料、半成品临时进口，经加工后复运出口。

二、鼓励进口的手段

鼓励进口的手段包括：(1) 降低关税水平，对鼓励进口的商品实行特殊的关税优惠政策，视不同情况采取降低关税直至全部免除关税的措施，例如许多发达国家都对进口的原材料实行关税减免；(2) 减少非关税壁垒，例如取消进口禁令、提高乃至取消进口配额、提高通关便利化水平；(3) 不断完善进口公共信息服务体系；(4) 举办各类进口商品博览会、展览会和推介会；(5) 积极运用各种金融（如进口信贷、进口信贷保险以及保险贴息）、税收等手段支持扩大进口。

专栏6-5　鼓励进口传递积极信号

2012年4月发布的《国务院关于加强进口促进对外贸易平衡发展的指导意见》明确表示，将对部分能源原材料、与生活密切相关的生活用品以及部分先进技术设备和零部件的进口关税进行降低和调整。这一措施传递出积极的信号，表明我国外贸政策从原来致力于出口转变为适度鼓励进口，从热衷于贸易顺差走向贸易平衡，成为我国外贸战略的一次重要调整。

1979—2010年，我国货物进口额年均增长16.4%，与出口增速相比慢0.8个百分点，其中2001—2010年年均增长20%，与出口增速相比慢0.3个百分点。由于受国内外多种不确定和复杂因素的制约与影响，作为全球最大出口国和第二大进口国，我国对外贸易自2011年下半年以来出现持续下滑态势，2012年对外贸易步入缓慢增长通道。大量数据显示，进口额的变动与经济相关指标具有明显的相关性。首先，进口额逐渐成为反映国内经济增长的一个主要指标。目前，我国经济全球化日益明显，对进口的依赖也越来越强。改革开放30多年中，GDP平均每增加1个单位，进口增加0.22个单位。尤其是近几年经济高速增长，对能源、原材料等需求大幅增加，扩大进口已成为缓解资源紧缺瓶颈、满足国民经济发展的必然要求。其次，固定资产投资增长与进口增长有着较密切的互为因果的关系。投资增长最快的年份，往往伴随着进口的大幅度增长。通过有关数据分析，在其他条件不变的情况下，进口投资品每增加1个百分点，会促使国内投资水平上升0.2个百分点。近几年我国投资总额与进口的相关数据也证明，两者均呈现同步发展，投资的大幅度增加往往伴随着进口的迅猛增长。通过进口投资品，一方面将资本转化为生产能力，为增强国际竞争力打下良好基础，对国内投资水平产生正向的作用。另一方面引进先进技术设备，可以提高国内生产效率和技术水平。此外，进口的多少还直接决定加工企业出口的多少。进口可以带动出口，而且出口也依赖于进口。从进口与出口之间的相关关系来看，在过去30多年间，出口平均每增加1个单位，进口增加0.76个单位。

针对当前严峻复杂的国内外环境，我国外贸将立足稳中求进，着力于稳增长、调结构、促平衡。预计2012年全年对外贸易增速将总体保持平稳发展，但增速比2011年有所回落，贸易平衡状况进一步改善。在此大背景下，国务院此次出台的加强进口的措施，旨在保持出口稳定增长的同时更加重视进口，促进对外贸易基本平衡，实现对外贸易可持续发展。

此举传递的积极信号主要有：

第一，增加进口是促进经济持续较快增长的重要外贸战略。出于贸易安全和宏观战略的考虑，我国未来出口资源类产品的外贸方向将转变为能源、资源类大宗商品的进口。随着资源环境约束日益强化和人民生活水平不断提高，我国对外贸易需要在保持出口稳定增长的同时，更加重视进口，适当扩大进口规模。这对于统筹利用国内外两个市场、两种资源，缓解资源环境瓶颈压力，加快科技进步和创新，改善居民消费水平，减少贸易摩擦，都具有重要的战略意义。

第二，能使进口政策更有效地服务于扩大内需战略。近年来，我国虽然在外贸进出口方面迅速发展，但进口政策还是未能有效服务于扩大内需战略。以往的进口商品集中于工业用品，随着人民生活水平的提高，要开始注重进口消费品，增加可供选择的品种种类，拓宽消费领域，优化消费结构，有效地促进消费升级，同时也可以带动和刺激国内企业对新消费品的跟进和生产，刺激厂商更加重视生产质量，提升标准，使进口消费品的过程成为替代生产的前奏。继续扩大内需容量，进一步增强消费对经济增长的拉动作用，已成为现阶段我国经济实现"稳增长"目标的当务之急，在政策层面倾斜性引导所创造的良好外部环境影响下，进口消费品将能更好地发挥其正向引导和调剂余缺的作用，成为促进我国消费扩容、提升国内消费层次的重要引擎。

第三，降低消费品关税有利于促进高收入群体消费潜力在国内释放。2010年我国人均GDP为4 682美元，已进入消费结构升级加速期，进口消费对经济增长的拉动作用凸显。而我国部分消费品的现有关税仍有进一步调降空间。首先，目前我国纺织服装出口已占世界30%以上，却仍保有较高进口关税，如服装为16%，皮革、鞋类为13.2%，不仅高于我国9.6%的关税总水平，也高于欧美等国同类产品的关税水平。其次，奢侈品等高档消费品进口税率过高，使得国内价格远远高于境外价格。2009年，我国居民境外奢侈品消费达120亿美元，境内为94亿美元。降低消费品进口关税，可以将部分境外消费转化为境内购买，扩大国内市场的销售收入，使巨大的消费潜力在国内充分释放出来，使其更好地发挥对经济发展的拉动作用。

第四，有利于促进战略性新兴产业发展的产品进口。扩大进口有利于加强与发达国家的高新技术战略合作机制，加大政府间高技术领域磋商力度，扩大高技术产品贸易。加快制订战略性新兴产业进出口产品目录，对促进国内战略新兴产业发展的产品（尤其是关键技术和关键设备）实施大幅度关税减让，并在通关、检验检疫等方面给予政策优惠与支持。

第五，可以减少贸易摩擦。长期以来，随着外贸的不断繁荣，我国经济得到快速发展。但同时，贸易不平衡的问题日益显现，导致争端和摩擦不断增多，对我国经济可持续发展造成不利影响。此次国务院出台加强进口的措施，无疑将对我国追求贸易平衡发展具有重要意义。

资料来源：张巍和吴东.鼓励进口传递积极信号[J].中国财政，2012(14)：69-70.

第三节　限制出口的政策

一、限制出口的原因

世界上绝大多数国家都会对某些出口商品的数量、金额和输往国别加以限制。一国限制出口的原因主要有以下几种：（1）在出口商品对他国国内产业、就业造成较大冲击时,出口国可能主动限制或与进口国达成"自愿出口限制"协议,以避免贸易争端,防范来自进口国的报复。(2)出口"大国"为避免本国商品在国际市场恶性竞争从而导致贸易条件恶化,对本国商品的出口加以限制。例如,欧佩克组织通过联合限产,减少出口,以改善成员国的贸易条件。(3)对本国比较稀缺而又比较重要的商品实行出口限制以优先保证国内的需要。(4)基于国家安全的需要,限制武器、先进技术和重要战略物资的出口。美国常以此为由,对与美国外交关系紧张或被视为潜在对手的国家实施出口管制。(5)通过出口管制迫使敌对国家的政府做出让步。(6)保护珍贵物品和珍稀动植物。(7)保护自然环境。

二、限制出口的对象

限制出口的对象主要包括:(1)战略性物资;(2)先进武器;(3)关键技术;(4)国内紧缺物资;(5)出口量占世界同类产品出口比例很大的商品;(6)文物和古董;(7)毒品和淫秽品;(8)珍稀动植物;(9)"自愿"限制出口的商品;(10)跨国公司通过转移定价以逃避税收的产品。

三、政策类型

(一)出口关税

一国征收出口关税会增加出口商品的成本,提高本国出口品的国际售价,降低其同外国商品的市场竞争能力,从而抑制本国产品的出口。出口关税可以采用从量税形式,也可以采用从价税形式。出口关税在17、18世纪时曾是欧洲各国的重要财政来源。19世纪资本主义迅速发展后,各国认识到征收出口关税的弊端,相继取消了出口关税。但目前还有少数国家,主要是一些经济不发达的国家,还征收出口关税。这些国家国内的税源有限,对本国出口量较大的商品征收的出口关税仍然是其财政收入的一项稳定可靠的主要税源。为保护国内自然环境和资源并掌握稀土国际定价权,中国曾对稀土征收15%的出口关税。美、欧、日于2012年向WTO起诉,认为中国对稀土征收出口关税违反了WTO规则。中国在"入世"承诺里有一个出口税清单,只有清单内的产品才能征收出口税,而稀土不在其列,所以中国败诉。为执行WTO的裁定,中国于2015年5月1日正式取消了稀土的出口关税。

(二)出口配额

出口配额是指出口国政府在一定时期内对某些商品的出口规定数量或金额的限度。出口配额分为主动配额和被动配额。主动配额是指出口国对出口商品金额或数量的自发限制。中国曾在1998年到2014年间对稀土出口实施配额管理。美、欧、日于2012年向WTO起诉中国,中国以"保护环境"进行抗辩,但因中国没有同时限制国内消费,WTO专家组据此认为中国的抗辩理由不充分,中国败诉,遂于2015年1月1日取消对稀土的出口配额。被动配额,又称"自愿"出口限制,是指出口国在进口国的要求或压力下,在一定时期内"自愿"限制本国的某些商品对该进口国的出口数额,超过规定的数额则禁止对该进口国的出口。

目前,我国共采取三种方式对出口配额进行分配。第一,对适合招标的商品进行招标。现行的《出口商品配额招标办法》采用了以价格优先的竞争评标规则。第二,对不适合招标的出口商品配额实行规则化分配。在进行配额分配时,充分考虑申请企业或地区最近三年的出口实绩、配额使用率、经营能力、生产规模、国内资源状况等,既减少了管理者的主观随意性,又防止了企业申领配额的盲目性。第三,对部分商品实行规则化分配与有偿使用相结合的办法。政府收取一定的配额使用费,以调节出口企业因使用配额而带来的保护利润,用经济手段调节企业之间的利益关系。

专栏 6-6　　中国稀土出口配额制度终结

2014年12月31日,商务部、海关总署公告2014年第94号公布,2015年出口许可证管理货物目录,包括稀土、钨及钨制品、钼等在内的8种货物,凭出口合同申领出口许可证,无须提供批准文件。这一公告的出台,意味着自1998年开始实施的中国稀土出口配额制度正式终结。

按照公告,稀土类产品共有75项海关编码,包括稀土化合物类53项、稀土金属类16项、稀土合金3项和稀土矿类3项。稀土化合物与金属类海关编码合计69项,较2014年的52项增加了17项,稀土出口许可证管理目录进一步细化。

这是自2010年中国稀有金属出口政策调整以来首次出现的重大变化。业内人士指出,短期来看,政策放开之后稀土价格会面临小幅下滑,但长期的价格走势还是由供需决定。若配套政策不跟上,将重创稀土行业,而新的稀土政策有望在今年上半年推出。

原由出自WTO裁决

稀土的应用优势集中体现在制导、卫星、探测、通信、激光等以军事为先导的高精技术领域。中国的稀土地位一直较为突出。中国以占世界总储量约23%稀土资源的优势,承担了世界90%以上的市场供应。拥有丰富稀土资源的国家,例如美国等,并不开采自己的稀土,而是大量进口中国稀土。因此,我国对稀土之所以一直都实行出口配额制,用意在于稳定稀土价格,维护稀土资源的可持续发展。不过,也因为出口配额制度,国际市场上一直纷争不断。

在百川资讯稀土分析师杜帅兵看来,此次稀土出口配额取消主要是中国受稀土案败诉的影响,是一件"符合预期"的事。据悉,2014年3月,世界贸易组织(WTO)就初步裁定我国对稀土、钨、钼相关产品采取的出口配额、出口许可证和出口限价措施不符合WTO相关规定。虽然此后我国进行了上诉,但在8月的终裁中,WTO依然裁定中国稀土出口政策违规。

多位商务部专家也认为,中国取消稀土出口配额主要还是为了执行WTO的上述裁定。虽然中方表示,制定稀土的出口配额、出口许可证等制度是为了使中国国内的稀土资源得到可持续发展,但WTO最后还是支持了美、欧、日三方的观点。

国际稀土价格短期内下跌

由于新政的出台,外界对"国际稀土价格是否会下滑,是否会给中国企业带来负面影响"表示疑虑。"短期来看,放开之后稀土价格会面临小幅下滑,但长期的价格走势还是由供需决定,若出现国内企业大量倾销现象,稀土价格的压力还是很大的。不过,总体来看,本次取消出口配额对国际稀土价格的影响还是有限的。"商务部国际贸易经济合作研究院国际市场研究部副主任白明表示。

事实上,此前虽然有出口配额政策,但近几年来,国内稀土企业并没有全部用完配额,处于配额倒置状态。加之目前世界经济仍在下行,很多国家开始从中国之外的国家进口稀土,国际市场稀土需求并不旺盛,因此取消出口配额对中国企业的负面影响并不会很大。

有望减少稀土走私数量

另一个令外界担心的问题是,新政可能会使稀土走私更加猖獗。在稀土配额时代,稀土走私就是个让主管部门非常头疼的问题。尽管国家一直重拳严打稀土走私出口,但这一现象并未得到根除。据不完全统计,2011年,国外海关统计的稀土进口数量是中国海关出口统计的1.2倍,也就是说走私量是正常出口的120%,走私十分猖獗,直到近两年随着"稀土打黑"加重,才大大压缩了稀土走私的存在空间。

在一些稀土企业相关人士看来,此前出口配额一般分配给五矿集团、包钢集团、广晟有色、中国铝业等大企业,出口配额取消后可能会一定程度挤占此前有配额的企业市场份额,对此前没有配额的企业有一定程度利好。杜帅兵认为,稀土出口配额取消后未来将通过出口许可证制度管理,有望减少稀土走私数量。

配套政策不跟上将受重创

取消稀土出口配额之后,若配套政策跟不上,国内稀土市场将不得不面临行业整体价格下跌的压力。未来在稀土的生产环节,政府需建立一系列的监管体制,提高稀土企业的准入门槛,增加资源使用税,提高企业环保要求,设立稀土交易所。稀土行业的整治必须要从源头解决,稀土打黑、大集团组建以及预期的收储等政策必将加快推进。

此外,多位商务部专家也表示,诸如电子、化工等稀土下游产业链也需要制定相应的配套政策,不然由于政策放开带来的稀土价格波动还没影响国外企业,国内企业就先受不了了。尽管取消稀土出口配额,但当前稀土出口关税仍维持此前政策,若取消关税则会进一步冲击稀土价格,这意味着2015年上半年必须要看到稀土行业整治效果,否则稀土价格将面临更大的压力。

资料来源:张国栋.稀土出口配额制度终结[J].经贸实践,2015(1):53-54.

(三) 出口许可证

出口许可证是指在国际贸易中,根据一国出口商品管制的法令规定,由有关当局签发的准许出口的证件。出口许可证制是一国对出口商品实行管制的一项措施。美国的出口许可证可以分为两种:(1)一般许可证,也称普通许可证。一般来说,出口这类商品时,出口商在出口报关表上填制管制货单上这类商品的普通许可证编号,再经海关核实就可办妥出口许可证。(2)特种许可证。出口商要在许可证上填清商品的名称、数量、管制编号以及输出用途,再附上有关交易的证明书和说明书,呈送有关机构审批,获准后才能出口商品。我国实行出口许可证分级管理制度。2016年实行出口许可证管理的货物共48种,由商务部、商务部驻各地特派员办事处和有关地方商务主管部门负责签发相应货物的出口许可证。

(四) 出口禁运

出口禁运是指实施制裁的国家停止向被制裁国出口特定或全部商品。出口禁运的情形主要有两种：第一，相关的出口国或出口国集团遏制敌对国家或非友好国家的发展。例如，成立于1949年终结于1994年的巴黎统筹委员会对社会主义国家和"民族主义"国家实施了长达45年的出口禁运。再比如，美国是世界上频繁动用出口禁运手段的最主要国家，它对伊朗、朝鲜、古巴和委内瑞拉等国实施武器和战略物资禁运，不仅如此，美国还强迫其他国家采取与它类似的禁运做法。第二，出口禁运有时构成了贸易国谈判的重要筹码。2010年9月7日，中国渔民在钓鱼岛海域被日本非法扣押，中方在多次交涉无果的情况下，对日本和美国实施重要稀土矿物的出口禁运。

通过出口禁运（和进口限制）来实现政治目标的效果取决于以下因素：第一，被制裁国家和实施制裁国家之间的经济和政治联系。联系越强，效果越好。第二，共同实施制裁的国家的数量和经济影响力。实施制裁的国家数量越多，经济影响力越强，则出口禁运的效果越好。美国经常要求欧盟、日本甚至中国对与美国敌对的国家进行联合制裁，原因即在于此。第三，被制裁国家的替代性选择。如果被制裁国家有机会去寻找替代性的贸易伙伴，则出口禁运的效果就较差。第四，被制裁国家内部的政治对立程度。对立程度越高，被制裁国政府感受到的压力就越大，就越有可能做出让步。第五，被制裁国家的文化因素。如果被制裁国家的民众较认可实施制裁国家的理念，则出口禁运的效果较好；反之则效果较差，甚至起反作用。

第四节 鼓励出口的政策

一、财政补贴

(一) WTO对补贴的界定

《补贴与反补贴措施协定》第1条规定，以下情况应被认为有补贴存在：(1) 某一成员方境内的政府或任何政府机构提供财政资助。具体包括：① 政府行为涉及资金的直接转移（如赠予、贷款、参股），资金或债务的潜在的直接转移（如贷款担保）；② 本应征收的政府收入被豁免或不予征收（如税额抵免之类的财政鼓励）；③ 政府提供不属于一般基础设施的商品或服务，或购买商品；④ 政府向基金机构支付款项，或委托或指导私人行使上述①至③项所列举的一种或多种通常是赋予政府的职权，以及与通常由政府从事的行为没有实质差别的行为。(2) 存在1994关贸总协定第16条意义上的任何形式的收入支持或价格支持。(3) 上述财政资助、收入支持或价格支持行为给企业带来了实际利益。

WTO将补贴分为禁止性补贴、可申诉补贴和不可申诉补贴。对禁止性补贴的定义如下:"在《农业协议》中已有规定者除外,下列属于第1条规定范围内的补贴应被禁止:(1)在法律上或在事实上,仅以出口实绩为条件或将其作为若干其他条件之一提供的有条件的补贴,包括附件Ⅰ所列举的补贴;(2)仅以进口替代为条件或将其作为若干其他条件之一提供的有条件补贴。WTO成员方应既不提供也不维持上述补贴。"

(二) 补贴的分类

1. 出口补贴

出口补贴(export subsidy),又称出口津贴,是指在出口某商品时,出口国政府给予出口商的现金补贴或财政上的优惠待遇。出口补贴可以提高出口品在国际市场上的价格竞争力,从而刺激出口。欧盟是全球最大的出口补贴使用者。1995—1998年,欧盟年均出口补贴支出约60亿美元,占全球出口补贴支出的90%;瑞士是第二大出口补贴使用者,补贴份额约占5%;美国是第三大出口补贴国,补贴份额不到2%;欧盟、瑞士、美国和挪威四个OECD成员的出口补贴占到了全球出口补贴总额的97%。

出口补贴分为直接补贴和间接补贴。直接补贴是指政府在商品出口时,直接提供给出口商现金补贴。直接补贴的金额一般以出口商的实际成本(或国内市场价格)与国际市场价格的差额为标准确定,通常要保证出口商的盈利率。欧盟和美国对农产品进行了大量的现金补贴,严重扭曲了国际农产品市场的竞争格局,阻碍自由贸易的进程。间接补贴是指政府对某些商品的出口给予财政上的优惠。如:退还或减免出口商品所缴纳的销售税、消费税、增值税、所得税等国内税;对进口原料或半制成品加工再出口给予暂时免税或退还已缴纳的进口税;免征出口税;对出口商品实行延期付税;减免出口商品的国内运输费用或提供低价运输工具;提供低息贷款;实行优惠汇率以及对企业开拓出口市场提供补贴等。其目的仍然在于降低商品成本,提高国际竞争力。

2. 生产补贴

生产补贴是指政府根据产品的生产量给予相应的补贴。与出口补贴一样,生产补贴也可以促进出口。生产补贴通过增加生产者的收益或降低生产成本等手段来促进生产规模的扩大,进而增加产品的出口。生产补贴与出口补贴最大的区别在于:政府提供出口补贴时,只对生产企业用于出口部分的产品给予补贴,而企业内销部分的产品是不能享受补贴的;生产补贴,则是政府根据生产企业的产品产量给予补贴的,其产品无论是用于外销还是内销,均可享受政府所提供的补贴。

(三) 出口补贴的经济效应

出口国对出口商品提供出口补贴,可以增强出口商品的价格竞争力,从而扩大出口。出口补贴导致产品的国内价格上升,但对世界价格的影响则取决于出口国的国家类型:若出口国属于小国,则世界价格保持不变;若出口国为大国,则世界价格下降。出口品的国内价格等于其世界价格和每单位产品的出口补贴之和。下面运用局部均衡分析法分别阐释出口补贴对大国和小国的经济效应。

1. 小国出口补贴的经济效应

图 6-8 展示了小国实施出口补贴的经济效应。在自由贸易条件下,小国出口品的世界价格为 P_W,国内价格为 P_{D0},世界价格和国内价格相等;国内产量为 OB,国内消费量为 OA,出口量为 AB。假定小国对每单位出口品提供 s 单位的补贴,则世界价格保持不变,国内价格上升为 $P_{D1}=P_{D0}+s$,国内产量增至 OM,国内消费量减至 OC,出口量增至 CM。小国提供出口补贴之后,小国生产者剩余的增加值为梯形 $KLFI$ 面积,消费者剩余的减少值为梯形 $KJEI$ 的面积,政府财政支出为矩形 $JGHL$ 的面积。可见,小国实施出口补贴政策一定会损害其福利水平,净福利损失为三角形 JGE 和三角形 HFL 的面积之和,前者为需求扭曲效应,后者为生产扭曲效应,两者之和属于"无谓损失"。

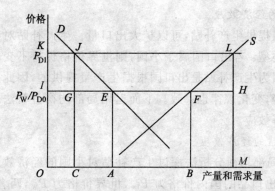

图 6-8 小国提供出口补贴的经济效应的局部均衡分析

2. 大国出口补贴的经济效应

图 6-9 是运用局部均衡分析法探讨大国提供出口补贴的经济效应的示意图。在自由贸易条件下,大国出口品的世界价格为 P_{W0},国内价格为 P_{D0},世界价格和国内价格相等;国内消费量为 OA,国内产量为 OB,出口量为 AB。假定大国对每单位出口品提供 s 单位的出口补贴,则世界价格下降为 P_{W1},国内价格上升为 $P_{D1}=P_{W1}+s$,国内产量增至 OP,国内消费量减至 OC,出口量增至 CP。实施出口补贴政策之后,大国生产者剩余的增加值为梯形 $KLFH$ 面积,消费者剩余的减少值为梯形 $KGEL$ 面积,大国政府的财政支出为矩形 $GINH$ 面积,而大国的净福利减少量为三角形 GRE、三角形 HFT 以及矩形 $RTNI$ 的面积之和。其中,三角形 GRE 的面积属于消费扭曲效应,三角形 HFT 的面积为生产扭曲效应,这两者之和属于"无谓损失";矩形 $RTNI$ 的面积属于贸易条件效应,即大国因贸易条件恶化而转移给该产品进口国的福利。可以看出,在出口补贴力度相同的情况下,大国因出口补贴遭受的福利净损失要大于小国,这是因为大国提供出口补贴导致其贸易条件恶化,而小国的出口补贴对贸易条件没有影响。

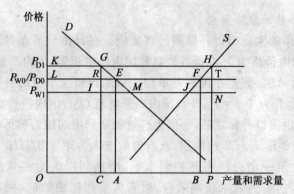

图 6-9　大国提供出口补贴的经济效应的局部均衡分析

(四) 生产补贴的经济效应

一国对出口产品提供生产补贴,可以扩大出口量。生产补贴对世界价格的影响取决于出口国的国家类型:若出口国属于小国,则世界价格保持不变;若出口国为大国,则世界价格下降。因为生产补贴是出口国根据生产量提供的,因此出口品的国内价格和世界价格始终相等,变化规律也一致。下面运用局部均衡分析法分别阐述生产补贴对大国和小国的经济效应。

1. 小国生产补贴的经济效应

图 6-10 是运用局部均衡分析法探讨生产补贴对小国的经济效应的示意图。在自由贸易条件下,小国出口品的国内价格为 P_{D0},世界价格为 P_W,两者相等;生产均衡点为 F,消费均衡点为 E,出口量为 AB。小国对出口品进行生产补贴之后,出口品的国内价格和世界价格均保持不变,不过,生产者从每单位产品获得的收益增至 $R_{D1}=P_{D0}+s$;消费均衡点保持不变,仍为 E,生产均衡点调至 L,出口量增至 AM。可见,对于小国来说,同等力度的生产补贴对出口量的扩张效应较出口补贴小。根据图 6-10,提供生产补贴之后,小国的生产者剩余增加值为梯形 $KIFL$ 的面积,消费者剩余没有变化,政府

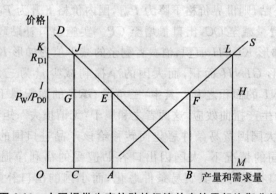

图 6-10　小国提供生产补贴的经济效应的局部均衡分析

的财政支出为矩形 $KIHL$ 面积，小国的净福利损失为三角形 LHF 的面积，为生产扭曲效应。与同等力度的出口补贴相比，生产补贴给小国造成的福利净损失更小，这是因为生产补贴只会引起生产扭曲而不会导致消费扭曲。

2. 大国生产补贴的经济效应

图 6-11 是阐释生产补贴对大国经济效应的示意图。在自由贸易条件下，大国出口品的国内价格为 P_{D0}，世界价格为 P_W，两者相等；生产均衡点为 F，消费均衡点为 E，出口量为 AB。大国对出口品进行生产补贴之后，出口品的国内价格和世界价格均保持相等，但均下降至 P_{W1}（或 P_{D1}），生产者从每单位产品获得的收益增至 $R_{D1}=P_{D1}+s$；消费均衡点移至 M 点，生产均衡点调至 H，出口量变为 PQ。由于生产补贴通常情况下导致世界价格下降的程度较小，因此，补贴情况下的出口量 PQ 通常大于补贴前的出口量 AB。也就是说，生产补贴一般可以扩大大国的出口量。执行生产补贴之后，大国的消费者剩余增加量为梯形 $LEMI$ 的面积，生产者剩余增加量为梯形 $KLFH$ 的面积，而政府财政支出为矩形 $KINH$ 的面积，大国净福利损失为三角形 JHN 和梯形 $EMJF$ 的面积之和。对于大国来说，与实施出口补贴相比，生产补贴不仅不会引起消费扭曲反而会增加消费者福利，因此，生产补贴对大国净福利的不利影响更小。由于大国实施生产补贴导致贸易条件恶化而小国提供生产补贴不影响贸易条件，所以，生产补贴对大国净福利的不利影响大于对小国净福利的影响。

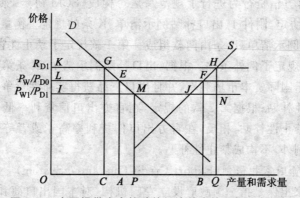

图 6-11　大国提供生产补贴的经济效应的局部均衡分析

二、信贷政策

（一）出口信贷

出口信贷是指出口国对本国出口商、外国进口商和进口方银行提供的优惠贷款。出口信贷的利率一般低于相同条件的资金贷放市场利率，利差由国家贴补。出口信贷分为卖方信贷和买方信贷。卖方信贷是指当出口商以延期付款或赊销方式向进口商出售商品时，出口商与所在国的特定银行商借贷款以融通资金，在收到进口商偿还的货款后,用货款偿还其从银行获得的贷款。买方信贷是出口商所在国银行贷款给外国进口商或进口商的银行,给予融资便利,以扩大出口。买方信贷属于约束性贷款,前提是所获贷款必须用于购买债权国的商品。对出口商而言,由于出口买方信贷是对进口商或进口商银行的融资便利,无需出口商负债,有利于出口商的收汇安全,加快资金周转。对进口商而言,一方面买方信贷扩大了进口商的融资渠道,另一方面由于出口信贷的融资成本往往低于进口国国内市场融资成本,出口买方信贷业务较卖方信贷业务就更有竞争优势,因此能否提供出口买方信贷融资常常成为进口商选择出口商的重要衡量指标之一。这样使得出口买方信贷业务逐渐成为出口信贷的主要形式,发达国家的出口买方信贷更是占到了出口信贷的 90% 以上。当然,如果进口国的外债较高、信用水平较低,为降低坏账风险,出口国银行倾向于发放出口卖方信贷而不是买方信贷。

"二战"后,许多国家出于扩大出口的需要,纷纷以延长贷款期限和降低利率等方式提供出口信贷。为使国际出口信贷秩序化,经济合作与发展组织(OECD)就利率和贷款期限达成了"出口信贷君子协定"(Export Credit Gentleman Agreement)。OECD 的《官方支持的出口信贷行动指南的安排》为两年期以上的官方支持的出口信贷的期限和条件设立了某些指导,包括最低商业参考利率。"君子协定"关于"商业参考利率"CIRR 的构成规则是:CIRR = 五年期政府债券的月平均收益率 + 100 个基本点。WTO 的《补贴与反补贴措施协定》(Agreement on Subsidies and Countervailing Measures,简称《SCM 协定》)对官方信贷行为进行了规范。是否构成《SCM 协定》禁止的官方出口信贷,需要用《SCM 协定》附件 1《出口补贴例示清单》K 条的规定去衡量。《SCM 协定》附件 1 的《出口补贴例示清单》K 条由两款组成。第 1 款规定了禁止性官方出口信贷的构成要件;第 2 款则规定了例外条件。根据《出口补贴例示清单》K 条第 1 款规定,在官方出口信贷利率低于国际资本市场利率,并且出口产品获得实质性竞争优势时,该官方出口信贷属于禁止性补贴;根据第 2 款的规定,在官方出口信贷利率低于 CIRR 时,该官方出口信贷属于禁止性补贴,相反,在官方出口信贷利率高于或者等于 CIRR 时,该官方出口信贷属于例外,不构成禁止性补贴。

(二)出口信贷国家担保制(Export Credit Guarantee System)

出口信贷国家担保是指一国政府设立专门机构,对本国出口商和商业银行向国外进口商或银行提供的延期付款商业信用或银行信贷进行担保,当国外债务人不能按期付款时,由这个专门机构按承保金额给予补偿。这是国家用承担出口风险的方法,鼓励扩大商品出口和争夺海外市场的一种措施。与出口信贷相比,出口信贷担保至少具有三大优点:第一,受限较少。出口信贷受到 WTO 以及 OECD 的规则约束,出口信贷的优惠性越来越小,但出口信贷担保的做法还没有受到明确的约束。第二,出口国的财政压力较小。出口信贷担保业务是通过收取担保费建立补偿基金来用于担保项下的赔偿,它可以不依赖财政的补贴而进行。例如印度出口信贷担保公司自 1957 年成立至

1996年的39年间,共收入保费127.57亿卢比,赔款支出143.70亿卢比,追偿收入29.77亿卢比,3项扣抵盈余13.64亿卢比。30多年下来,除去资本金投入,印度政府并没有对其进行资金上的支持。可见,只要经营得当,出口信贷担保业务在没有国家补贴的情况下是完全可以执行的。第三,出口信贷担保业务更有利于对原有商业银行体系的利用,克服国家出口信用机构的缺点。

世界上最早的出口信用机构是诞生于100多年前的英国出口信贷担保局,它的担保业务范围非常广泛,金额巨大,1997—1998年度的担保总额为32亿英镑,保费收入为1.21亿英镑;1999—2000年度仅资本货物和项目担保就高达46.62亿英镑,它对英国商品出口和融资的支持是其他私营出口信贷机构所不能比拟的。美国、日本、印度等多个国家都已经建立起比较完善的出口信贷担保体系,我国的出口信贷担保诞生于1996年,发展较快,但与我国贸易大国的地位还不太相称。

三、外汇倾销

外汇倾销(Exchange Dumping),是指政府通过本国货币对外贬值的方式来扩大出口规模、帮助企业争夺国际市场的行为。在其他条件不变的情况下,本国货币贬值导致本国商品的外币价格降低,这会提高本国出口商品在国外市场的价格竞争力,从而扩大出口量、提高市场地位。20世纪80年代,美国迫使日本和德国进行货币升值,这样美元相对于日元、马克贬值,从而提高了美国产品的出口竞争力。外汇倾销不仅可以扩大出口,还可以限制进口。这是因为,本币贬值之后,以本币计价,国外商品的价格上升,从而削弱了国外商品在本国的价格竞争力。

需要注意的是,外汇倾销并不必然扩大本国的出口外汇收入,也并不必然改善贸易收支。只有当国外对本国出口商品需求的外币价格弹性大于1时,外汇倾销才可以扩大本国的出口创汇额;只有当马歇尔-勒纳条件得以满足时,外汇倾销才可以改善本国的贸易收支。

外汇倾销不能无限制和无条件地进行,必须具备以下几个条件才能起到扩大出口的作用:第一,本国货币对外贬值幅度要大于国内物价上涨的幅度。外汇倾销会导致国内物价上涨,这主要通过两种作用机制:第一种机制,外汇倾销导致进口原料和商品价格上涨,这样使用进口原料的国内产品成本也会上涨;第二种机制,如果外汇倾销最终改善贸易收支,就会产生本币升值的压力,如果要将本币价值控制在较低水平,本国央行必须扩大本币发行量,这使得国内物价上升。因此,外汇倾销必须在国内物价上涨幅度小于货币贬值幅度的前提下进行。第二,外汇倾销行为只能在其他国家认可或没有采取强有力反制措施时才会产生效力。

四、组织措施

(一)成立专门组织,研究、制定并执行出口战略

美国于1960年成立了"扩大出口全国委员会",其任务是向美国总统和商务部长提供

有关改进和鼓励出口的各项措施的建议和资料;此后,美国于 1978 年成立了隶属于总统国际政策委员会的"出口委员会"和"跨部门的出口扩张委员会",1979 年成立了集中统一领导美国对外贸易工作的"总统贸易委员会",1992 年成立了国会的"贸易促进协调委员会",1994 年又成立了第一批"美国出口援助中心",2010 年成立一个由国务卿、财政部长、商务部长等组成的"扩大出口内阁",负责开展奥巴马"国家出口战略"的各项举措。

(二)建立搜集国外市场信息的商业情报网

日本政府出资成立的"日本贸易振兴会"(其前身是 1951 年设立的"海外市场调查部")就是一个从事海外市场调查并向企业提供信息服务的机构。韩国于 1962 年成立的"大韩贸易投资振兴公社"通过开展贸易信息传递、市场调研服务、跨国投资、技术合作和商务联系等多种贸易促进活动,大力推动韩国的对外贸易发展。

(三)设立贸易中心,组织贸易博览会,以推销本国商品

贸易中心和博览会可以使外国进口商更好地了解本国商品,从而起到促销的作用。中国对外贸易中心是商务部直属事业单位,自 1957 年随中国进出口商品交易会(又称广交会)创办而成立以来,一直负责承办广交会;在非广交会期间,主办和承办各种展览会、博览会、洽谈会,如中国(广州)国际家具博览会、中国(广州)国际汽车展览会、马来西亚中国进出口商品展览会暨投资洽谈会等。中国对外贸易中心同时拥有并经营亚洲最大、世界前列的现代化展馆——位于广州市海珠区琶洲岛的广交会展馆。

(四)组织贸易代表团出访或接待来访,以加强国家间经贸联系

许多国家为了推动和发展对外贸易,组织贸易代表团出访,有时是政府高官亲自挂帅,带领贸易代表团到海外拿订单。此外,不少国家还设立了专门的机构来接待来访团体。

(五)组织出口厂商的评奖活动,以形成出口光荣的社会风气

例如,英国自 1919 年开始实行"女王陛下表彰出口有功企业的制度",并规定受表彰的企业可在 5 年之内使用带有女王名字的奖状对其产品进行宣传。再比如,越南常年对各种出口商品进行年终评奖。根据海关出口记录的具体数量,越南 2003 年评选出 14 种主要出口商品,其中有大米、咖啡、花生仁、猪肉、家禽肉、各种蔬菜水果、茶叶、胡椒、腰果、工艺美术品、塑料、机械和波沙鱼、茶鱼等。中国各级政府、各类商会及贸易促进会也很重视对优异出口厂商的奖励,授予其相关荣誉称号。

五、经济特区

经济特区,是指一个国家或地区在其管辖的地域内划出一定非关境的地理范围,实行特殊的经济政策,以吸引外商从事贸易和出口加工等业务活动。经济特区的形式包括自由港、自由贸易区、保税区、出口加工区和科学工业园。

(一)自由港

自由港,又称自由口岸,是世界性经济特区的最早形式,是指全部或绝大多数外国商品可以豁免关税自由进出口的港口,实现贸易自由、金融自由、投资自由、运输自由。

按对贸易的限制程度,自由港分为完全自由港和有限自由港。前者对外国商品一律免征关税,目前世界上已为数不多;后者仅对少数指定出口商品征收关税或实施不同程度的贸易限制,其他商品可享受免税待遇,世界绝大部分自由港均属此类,如直布罗陀、汉堡、香港地区、新加坡、槟榔屿、吉布提等。自由港绝大部分位于沿海港口,也有少数位于内陆地区(如内陆国瑞士全国有20个自由港)。绝大部分自由港凭借其优越的地理位置、良好的港口和先进的运输、装卸设备,以豁免货物进出口关税和海关监督的优惠,以及开展货物储存、分级挑选、改装等业务便利,通过吸引外国货船、扩大转口贸易,发挥商品集散中心作用,以达赚取外汇收入的目的而发展起来。

(二)自由贸易区

自由贸易区,此处是指由自由港发展而来,以自由港为依托,将范围扩大到自由港的临近地区。设立自由贸易区的国家尤以经济发达国家居多。早在20世纪50年代初,美国就明确提出:可在自由贸易区发展以出口加工为主要目标的制造业。自由贸易区享有与自由港类似的政策支持和税收优惠,以促进对外贸易为主,也发展出口导向的加工业、工商业、金融业、旅游业和其他服务业。此处所指的自由贸易区,不同于本书第十章所说的国家间通过签订自由贸易协定而建立的"自由贸易区",也不同于中国近年来设立的用于深化改革开放试验的各个"自由贸易试验区"。

(三)保税区

保税区,又称保税仓库区,是海关设置的或经海关批准的特定地区和仓库。外国商品可以保税进出,可在区内对商品进行储存、改装、分类、混合、展览、加工和制造。保税区制度是一些国家在没有设立自由港或自由贸易区的情况下设立的,实际上起到了类似自由港和自由贸易区的作用。改革开放以来,中国设立了三种类型的保税区域:国家级综合保税区、国家级保税港区和国家级保税区,包括北京天竺综合保税区、天津滨海新区综合保税区、苏州工业园综合保税区等30个国家级综合保税区,上海洋山、天津东疆和大连大窑湾等14家国家级保税港区,上海外高桥保税区、大连保税区、张家港保税区等15家国家级保税区。中国三类保税区域的特征见表6-5。

表6-5 中国保税区域的三种类型

类型	特征
国家级保税区	是经国务院批准的开展国际贸易和保税业务的海关特殊监管区域,具有保税仓储、保税加工、进出口贸易和进出口商品展示等功能。类似于国际上的自由贸易区
国家级保税港区	是经国务院批准的设立在国家对外开放的口岸港区和与之相连的特定区域内的海关特殊监管区域,享受保税区、出口加工区、保税物流园区相关的税收和外汇管理政策,具有仓储物流,对外贸易,国际采购、分销和配送,国际中转,检测和售后服务维修,商品展示,研发、加工、制造,以及港口作业等9项功能

续表

类型	特　征
国家级综合保税区	是设立在内陆地区的具有保税港区功能的海关特殊监管区域，由海关参照有关规定对综合保税区进行管理，执行保税港区的税收和外汇政策，是国家开放金融、贸易、投资、服务、运输等领域的试验区和先行区。集保税区、出口加工区、保税物流区、港口的功能于一身，可以发展国际中转、配送、采购、转口贸易和出口加工等业务

（四）出口加工区

出口加工区，是国家划定或开辟的专门制造、加工、装配出口商品的特殊工业区。出口加工区通常可享受减免关税和国内税等优惠待遇。出口加工区一般选在经济相对发达、交通运输和对外贸易方便、劳动力资源充足、城市发展基础较好的地区，多设于沿海港口或国家边境附近。出口加工区兼具自由贸易区和保税区的特点，但功能单一，限于产品外销的加工贸易。出口加工区的发展最早可以追溯到20世纪50年代，1947年爱尔兰政府在香农国际机场开设自由贸易区赚取过往旅客的外汇，1959年又在机场附近划出380公顷的土地作为自由加工区，专为外资厂商开展出口加工之用。在亚洲，中国台湾于1959年在高雄创办了出口加工区，新竹科学工业园区的前身也是出口加工区。20世纪60年代以前，这种模式并未为人们所重视，20世纪70年代发展迅速，到八九十年代已有40多个发展中国家和地区建立了300多个出口加工区，几乎遍布世界。2000年4月27日，国务院正式批准设立出口加工区。为便于运作，国家将出口加工区设在已建成的开发区内，并选择若干地区进行试点，首批批准进行试点的出口加工区有15个。截至2016年5月，中国已有63个出口加工区，其中江苏的出口加工区数量在各省级行政区中名列第一，达16个；上海市和苏州市各有6个出口加工区，数量位居全国各城市之冠。

（五）科学工业园

科学工业园，又称工业科学园、科研工业区、新产业开发区、高技术园区、科学公园和科学城，是一种以加速高新技术研制及其成果推广应用、服务于本国或本地区工业现代化以及开拓国际市场为目标而设置的新兴产业开发基地，是促进科研、教育和生产相结合的综合性基地，其实质就是知识密集区和技术密集区，大都设在大学和研究所周围。园内企业主要从事科研成果的商品化和产业化，政府在税收、金融等方面往往给予优惠待遇。中国的高新技术产业开发区也属科学工业园的性质。

关　键　概　念

进口附加税，差价税，普通关税，优惠关税，碳关税，最惠国关税，普惠税，特惠税，从量税，从价税，混合税（复合税），选择税，单式税则，复式税则，关税水平，名义保护率，有效保护率,最优关税,非关税壁垒,进口配额,相对配额,绝对配额,协议配额,自主配额,自愿出口限制,进口许可证制度,外汇管制,进口保证金制度,最低限价制,歧视性的政府采购制度,国产化率要求,海关程序壁垒,技术性贸易壁垒,绿色贸易壁垒,社会责任壁垒,贸易救济措施,反倾销,反补贴,保障措施,出口关税,出口配额,出口许可证,出口禁运,出口补贴,生产补贴,出口信贷,出口信贷国家担保制,外汇倾销,经济特区,自由港,自由贸易区,保税区,出口加工区,科学工业园

内 容 提 要

1. 进口关税是进口商品进入一国关境时,由该国政府所设置的海关向进口商征收的税收。按征税目的划分,可以分为财政关税、保护关税、自由关税和社会关税。按待遇差别来划分,可以分为进口附加税、差价税、普通关税和优惠关税。按征税方法划分,进口关税可以分为从量税、从价税和混合税(复合税)。

2. 度量关税的保护税率可以采用三种指标:关税水平、名义保护率和有效保护率。

3. 对于小国来说,征收进口关税导致进口量减少,进口品的国际价格不变,而国内价格上涨;小国生产者剩余增加,消费者剩余减少,而政府收入增加;小国的净福利水平下降,这是因为,小国征收关税的贸易条件改善效应为零,而贸易数量减少致使净福利下降。

4. 对于大国来说,征收进口关税导致进口量减少,进口品的国际价格下降,而世界价格上涨;大国生产者剩余增加,消费者剩余减少,政府收入增加;大国的净福利水平变化方向不确定,这是因为,大国征收关税会同时带来贸易条件改善效应(正面效应)和贸易量减少效应(负面效应)。

5. 根据关税的局部均衡和一般均衡分析,小国不应征收进口关税,而大国应该征收一定水平的关税(即最优关税)。

6. 非关税壁垒具有灵活性、有效性、隐蔽性和歧视性等特点。非关税壁垒包括:进口配额、自愿出口限制、进口许可证制度、外汇管制、进口保证金制度、最低限价制、歧视性的政府采购政策、国产化率要求、海关程序壁垒、技术性贸易壁垒、绿色贸易壁垒、社会责任壁垒、滥用贸易救济措施,等等。

7. 一国鼓励进口的目的主要有三种:一是获得本国经济发展所亟须的技术、设备和关键资源;二是通过扩大进口以减少国际收支顺差,从而减少与他国的贸易摩擦;三是发展加工贸易。

8. 限制出口的政策手段包括:出口关税、出口许可证、出口配额和出口禁运。

9. 通过出口禁运(和进口限制)来实现政治目标的效果取决于以下因素:第一,被制裁国家和实施制裁国家之间的经济和政治联系。第二,共同实施制裁的国家数量和

经济影响力。第三,被制裁国家的替代性选择。第四,被制裁国家内部的政治对立程度。第五,被制裁国家的文化因素。

10. 鼓励出口的政策措施包括:财政补贴(出口补贴和生产补贴)、信贷政策(出口信贷和出口信贷国家担保制)、外汇倾销、组织措施和建立经济特区。

复习思考题

1. 假设由于某种外来冲击,某小国进口商品的世界市场价格突然上涨,试分析关税对该进口小国国内生产、消费及进口影响效果的变化。

2. 贸易小国的生产者更喜欢进口配额还是关税措施?为什么?

3. 进口关税为何在保护国内生产的同时,造成消费者福利的损失?

4. 一国促进出口的政策手段主要有哪些?

5. 根据本章的分析,贸易保护的总体福利效应比较模糊甚至为负,但为什么贸易保护策略仍层出不穷,使用频率有增无减呢?

6. 大国实施出口补贴与小国进行出口补贴的经济效应有什么不同?

7. 大国实施生产补贴与小国进行生产补贴的经济效应有什么不同?

8. 如果自由贸易时汽车的世界价格是 20 000 美元,国内汽车生产商进口 10 000 美元的材料,那么自由贸易条件下国内生产的附加值是多少?

(1) 对进口汽车征收 25% 的关税,对进口原材料不征收关税,那么国内汽车厂商的有效保护率是多少?

(2) 对进口汽车和原材料都征收 25% 的关税时,国内汽车厂商的有效保护率是多少?

(3) 对进口汽车征收 25% 的关税,对进口原材料征收 50% 的关税,那么国内汽车厂商的有效保护率是多少?

(4) 对进口汽车征收 25% 的关税,对进口原材料征收 100% 的关税,那么国内汽车厂商的有效保护率是多少?

9. 设中国对小汽车的关税税率为 180%,国内一典型的汽车制造商的成本结构和部件关税如表 6-6 所示。

表 6-6 汽车成本结构及部件关税

成本项目	钢板	发动机	轮胎
占汽车价格比重	20%	30%	10%
关税税率	60%	120%	30%

(1) 试计算对中国小汽车行业的有效保护率。

(2) 如果钢板、发动机、轮胎的关税分别降为 10%、30%、5%,计算小汽车行业的有效保护率。

(3) 第(1)题和第(2)题的答案有什么不同？为什么？

10. 假设某小国某种商品的需求函数为 $D=40-2P$，供给函数为 $S=10+3P$，自由贸易时世界市场价格为 2，请用数字和图形回答以下问题。

(1) 自由贸易时该国的进口量为多少？

(2) 当该国对该种商品征收 50% 的从价税时，试问进口量变为多少？

(3) 关税的保护成本或净损失的价值是多少？

11. 自愿出口限制和进口关税的经济效应有何区别？

12. 促进出口的组织措施有哪些？

13. 美国于 2010 年多次要挟中国，它有可能将中国列为"人民币汇率操纵国"，一旦被列为人民币汇率操纵国，中国向美国出口的商品将被征反补贴税。美国使用这种威胁策略，其背后的依据是什么？

14. 假定某物品在自由贸易条件下的价格是 12 美元，现在某进口小国对它征收 10% 的从价税。征税使得小国的生产量从 2 000 增加到 2 300 单位，而进口从 600 单位减少到 200 单位。请回答以下问题：

(1) 谁是赢家、输家？他们的收益或损失分别是多少？关税对社会造成的净福利影响是多少？

(2) 假定政府改用生产补贴来保护国内生产者，请问：多高水平的补贴可以起到和 10% 的进口关税相同的保护国内生产者的作用？补贴给政府造成的成本是多少？消费者更喜欢关税还是更喜欢生产补贴？为什么？

15. 假定某国共进口十种商品，进口品种类、进口额(量)和关税见表 6-7，试计算加权平均的关税水平。

表 6-7 进口品种类、进口额(量)及关税

商品种类	名义关税	进口额	商品种类	名义关税	进口额(量)
商品 1	10%	$400	商品 6	5%	$400
商品 2	10%	$600	商品 7	15%	$100
商品 3	免税	$500	商品 8	每单位 $0.8	$400(100 单位)
商品 4	30%	$300	商品 9	50%	$200
商品 5	2%	$200	商品 10	每单位 $2.5	$100(10 单位)

第七章 发达国家的贸易政策

发达国家的贸易政策带有很强的实用主义色彩。在资本主义原始积累时期,为满足对金银货币的大量需求,资本主义主要国家采取扩大顺差的保护主义政策;在资本主义自由竞争时期,英国国力最强,为了最大限度地实现全球扩张的利益,它积极推动自由贸易,而美国、德国等当时相对落后的国家则试图通过贸易保护来促进其幼稚产业的发展;19世纪末,资本主义国家进入垄断资本主义时期,国际市场竞争加剧,为保护国内垄断资产阶级的利益,资本主义国家执行了超贸易保护政策;"二战"结束至20世纪70年代初,经济实力超强的美国推行自由贸易政策,其他发达国家为了各自的利益也纷纷支持美国的做法,因此出现了20多年的贸易自由化现象;20世纪70年代中期,西方世界陷入"滞涨",且美国实力相对衰弱,在这种情况下,包括美国在内的西方国家纷纷执行"管理贸易"政策。可见,具体执行怎样的贸易政策是出于维护各国利益的需要。一般而言,经济实力强的国家,其自由贸易政策的导向更明显;反之,贸易保护主义的色彩更浓。发展中国家切不可被西方国家"自由贸易"的幌子所迷惑,务必从本国经济发展的实际需要出发来确定并执行贸易政策。

发达国家的贸易政策受到国内政治的影响也比较大。例如,19世纪初,英国的工业实力举世无双,开展自由贸易有助于英国发挥自身的比较优势,但由于自由贸易政策触犯了英国地主阶级的利益,所以这时期英国仍出现了一些贸易保护主义的立法和行动,直到英国的工业资产阶级最终战胜地主阶级,自由贸易的政策才于1846年在英国正式确立。再比如,在美国独立之后的上百年时间里,共和党代表北方工业资产阶级的利益,而民主党则代表南方种植园主阶级的利益,因此,共和党倾向于贸易保护,而民主党支持自由贸易;最近几十年,由于民主党和共和党背后的支持力量发生了变化,民主党的贸易保护倾向反倒强于共和党。控制美国国会或政府的政党的更迭往往在较大程度上导致美国贸易政策导向的变化。

本章阐释发达国家贸易政策的历史演变,并介绍两大资本主义强国——美国和日本所执行的贸易政策。

第一节　发达国家贸易政策的历史演变

一、重商主义（资本主义原始积累期）

重商主义产生于资本主义生产方式的准备时期，即资本原始积累时期。在这一时期，西欧没落的封建贵族和新兴的资产阶级对货币产生了大量需求。为满足日益增长的货币需求，欧洲主要国家以重商主义思想指导贸易实践。依据重商主义者对贸易顺差的不同态度，重商主义学说可分为早期重商主义和晚期重商主义。

早期重商主义强调在每一笔对外贸易中都保持贸易顺差，从而保证金银货币的不断增加。早期重商主义的政策措施包括：（1）严禁金银出口；（2）外商来本国进行贸易时，一要把所携带的外国货币换成本国货币，二要将销售货物所得的全部货款用于购买本国货物；（3）本国商人在国外所赚得的钱，必须留有一部分现金带回本国；（4）国家对外贸和外汇进行严格的管理。

晚期重商主义强调总体的贸易顺差，强调通过货币的流动来创造更多的货币流入。晚期重商主义的政策措施包括：（1）鼓励原材料的进口，限制工业品进口；（2）采取补贴、出口退税、减免出口税等各种手段刺激出口；（3）设立特权贸易公司，实行独占性的殖民地贸易政策；（4）与外国签订贸易条约；（5）禁止本国技工外流，吸引他国技工，以增强本国的技术力量。

二、自由贸易政策和保护贸易政策并存（自由竞争时期）

18世纪中叶至19世纪末，资本主义进入自由竞争时期。英国自18世纪中叶开始发生产业革命，"世界工厂"的地位逐步建立并日益巩固。英国的生产力水平高，经济发展迅速，竞争力强，在国际分工中处于中心地位。当时的英国产生了对自由贸易的强烈需求。一方面，英国工业的发展要求从国外进口廉价的工业原料和粮食，以降低工资和提高利润；另一方面，英国的工业制成品物美价廉，具有强大的国际竞争力。在这种情况下，英国的工业资产阶级亟需打破重商主义贸易保护政策的羁绊，开展自由贸易。以1846年英国废除《谷物法》为标志，自由贸易政策在英国正式推行，这有利于英国发挥其在工业制成品的生产上相对于农产品和工业原材料的比较优势。

自由贸易政策的潮流在1870年左右达到了顶峰，之后开始逆转。面对来自英国发达工业和美国谷物出口的竞争，德国、法国、意大利和其他欧洲国家为保护本国的新兴工业与农产品，纷纷采取了提高关税等保护贸易政策。发达国家的关税水平在19世纪末期不断攀升。在主要的发达国家中，只有英国和荷兰还倾向于采取自由贸易政策。

三、超贸易保护政策（19世纪末至第二次世界大战期间）

19世纪末20世纪初，资本主义世界进入垄断资本主义阶段。这一时期，垄断代替了竞争,成为一切社会经济生活的基础。受到第二次科技革命的推动,不少资本主义国家都实现了工业化,工业垄断资本和金融垄断资本的实力不断增强,世界市场的竞争空前激烈。经过两次世界大战以及两次世界大战之间的多次经济危机(尤其是1929—1933年的经济危机),各国经济实力发展不平衡日渐突出,它们围绕国内外市场的争夺渐趋激烈。此时,各国垄断资产阶级为了垄断国内市场和争夺国外市场,纷纷要求实行超保护贸易政策。

超保护贸易政策是发达国家为维持国内市场的垄断高价和夺取国外市场而采取的一种进攻性的对外贸易政策。与自由竞争时期的保护贸易相比有着明显的区别:(1)超保护贸易政策不是防御性地保护国内幼稚产业,而是保护国内高度发达或出现衰落的垄断工业,以巩固其对国内外市场的垄断;(2)保护对象不是一般的工业资产阶级,而是国内的垄断资产阶级;(3)保护手法趋于多样化。保护手段不仅仅是高关税,还有其他奖入限出的措施,例如,对进出口贸易实行更严厉的许可证制度、外汇管制、对进口商品规定进口限额、对出口商品给予津贴或关税减免,等等。

四、第二次世界大战后的贸易自由化("二战"后到70年代初)

从第二次世界大战结束到20世纪70年代初,国际分工进一步深化,世界政治经济力量重新分化组合。美国的经济和贸易实力傲视群雄,使其有意愿也有实力冲破当时发达国家所流行的高关税政策。在美国的带动下,发达国家逐步削减各自的贸易壁垒,追求贸易政策的中性化。

(一)战后贸易自由化的推动因素

第一,作为世界上经济实力最强的国家,美国为实现对外扩张并强化国际地位的目标,积极主张削减关税,取消数量限制。

第二,战后多边贸易体制得到发展。1947年成立的关贸总协定积极推动各缔约方之间的多边贸易谈判,1973年开始举行第七轮多边会谈。

第三,区域经济一体化组织开始兴起。在此阶段,欧共体、东南亚国家联盟、东非共同体等一体化组织纷纷成立,对推动区域内部的自由贸易发挥了重要作用。

第四,科技水平的提升对贸易自由化的推动作用不容忽视。"二战"后,资本主义世界发生了第三次科技革命,交通和通信技术以及生产能力得到较大提高,这使得商品和服务有必要也更有可能以更低的成本、更快捷地进行跨国流动。

第五,发展中国家开始联合起来寻求贸易政策优惠。在发展中国家的集体努力之下,发展中国家接受到某种程度的贸易便利,如发达国家对发展中国家提供的普惠制待遇。

此外,巨大的资本输出、跨国公司国际化活动的增多、国家垄断资本主义作用的增强、以美元为中心的资本主义货币体系的确立、廉价石油等因素对战后贸易自由化的出现也起到了积极的作用。

(二) 战后贸易自由化的影响

1. 关税大幅度降低

在 GATT 体制下,各缔约方的平均进口最惠国关税税率从 1947 年的 40% 左右降到 1970 年的 5% 以下。1967 年,影响力最大的一体化组织——欧洲共同体建成关税同盟,对内取消关税,对外减让关税,使关税大幅度降低;此后,英国、丹麦、爱尔兰、希腊、西班牙和葡萄牙等国陆续加入欧共体,至 1977 年 7 月 1 日,一个包括 17 个国家、占世界贸易量 40% 的工业品自由贸易区在欧洲建立起来,由此扩大了欧洲贸易自由化的范围。与此同时,欧共体与非洲、加勒比海和太平洋地区的发展中国家签订"洛美协定",单方面提供关税减免待遇。欧共体还与地中海沿岸的一些国家、阿拉伯国家、南亚联盟等国家和地区缔结了类似的协定。

2. 降低或撤销了非关税壁垒

"二战"后初期,发达资本主义国家对许多商品进口实行严格的进口配额、进口许可证和外汇管制等措施,以限制商品进口。随着经济的恢复和发展,这些国家在不同程度上放宽了进口数量限制,扩大了进口自由化,增加了自由进口的商品;发达国家还相继放宽或取消了外汇管制,实行货币自由兑换,促进了贸易自由化的发展。

3. 发展中国家接受由发达国家执行的普遍的、非互惠的、非歧视的关税减让

1968 年,联合国贸易与发展会议第二届会议上通过了关于建立普惠制的决议。尽管发达国家在实行普惠制过程中,利用例外条款、复杂的原产地规则等对受惠的商品、国家和享受优惠的程度,采取了一系列的限制措施,但是,自 1971 年实行普惠制以来,受惠的国家和地区,包括产品范围和涉及的进口数额都有所扩大。

五、新贸易保护主义(20 世纪 70 年代中期开始)

新贸易保护主义是指各国在规避多边贸易制度约束的前提下,为保护本国就业、维持在国际分工和国际交换中的地位而采取的贸易保护行为。

(一) 新贸易保护主义兴起的原因

第一,20 世纪七八十年代资本主义国家经历了两次经济危机。20 世纪 70 年代中期以及 70 年代末至 80 年代初,西方资本主义国家连续发生了两次严重的经济危机,各国普遍陷入"滞涨"的状态。各国就业压力加大,市场问题日趋严重,以国内市场为主的产业垄断资产阶级和劳工团体纷纷要求政府采取保护贸易措施,致使贸易保护政策在世界自由贸易进程中再度兴起。

第二,工业国发展不平衡,美国率先采取贸易保护。20 世纪 70 至 80 年代,美国的经济实力相对下降,而日本、欧共体的实力相对上升。美国在钢铁、汽车、电器、电子等制造业的竞争力急剧下降,货物贸易逆差迅速上升。为了遏制欧日迅猛发展的势头,美国一方面迫使拥有巨额贸易顺差的国家开放市场,另一方面则加强对进口的限制,美国成为新贸易保护主义的重要策源地。

第三,部分发展中经济体的实力提升较快。亚洲"四小龙""金砖五国"等新兴经济体通过承接来自发达国家的产业转移、发挥本国(本地)的资源优势和(或)劳动力优势、开展技术创新等途径迅速增强了自身的经济实力和国际地位,这些经济体在部分产品的国际市场上取得了较高的市场占有率,部分经济体对主要发达国家出现较大的贸易顺差,这引起了发达国家的担忧,它们采取了多种手段来限制发展中经济体的迅速崛起。

第四,各国贸易政策的相互影响。随着经济全球化的快速发展,国家间经济相互依存度不断提高,美国率先采取贸易保护政策措施,这势必产生连锁反应,其他国家会效仿或进行报复,致使新贸易保护主义得以蔓延和扩张。

第五,多边贸易体制的发展改变了各国贸易政策的选择空间。GATT和WTO对关税、非关税措施和补贴等政策手段进行了规定与约束,这使得各国必须在GATT/WTO没有明确禁止的政策手段中进行选择。它们在维持国际收支平衡和保护资源与环境等旗帜下,行贸易保护之目的。这段时期的贸易政策具有名义上的合理性、形式上的隐蔽性、手段上的欺骗性和战略上的进攻性等特点。

(二)主要特征

1. 保护的范围不断扩展

首先,被保护的商品种类不断增加。在20世纪70年代世界性经济危机的冲击下,被保护的商品从传统工业产品、农产品延伸至高精尖产品部门。工业品的保护范围从纺织品、鞋、陶瓷等"敏感性产品"扩展至钢铁、彩电、汽车、计算机、数控机床等。其次,在服务贸易领域,一些发达国家在开业申请、投资比例、收益汇回等方面做出了保护性限制。最后,知识产权保护成了发达国家和发展中国家争议的焦点之一。

2. 贸易保护措施由过去以关税壁垒和直接贸易限制为主逐渐被间接的贸易限制所取代

第一,平均关税水平虽然呈下降趋势,但各国普遍采用阶梯式关税结构来保护特定产业。第二,利用GATT/WTO的免责条款实施贸易保护。利用多边贸易体制的例外规定,进口国以"保护本国暂时性的国际收支平衡"或"避免进口国工业受到进口的严重危害"或"维护公平贸易"为名义,从本国的需要和目的出发,采取与WTO规则不直接冲突的各种保护措施。第三,利用WTO赋予的权利推行一系列新型的贸易保护政策。为了保护环境、人类和动植物生命安全与健康等合法目标,WTO赋予成员国可以制定和实施技术法规、标准、合格评定程序、食品安全与动植物卫生措施的权利,但是这种权利有时被用作贸易保护的手段。许多成员国纷纷采取以标准、技术法规和合格评定程序为主要内容的技术性贸易措施,提高市场准入要求。这些技术性贸易措施涉及面广、隐蔽性和技术性强,对全球国际贸易产生长期的影响,特别是对发展中国家带来不利影响。第四,社会责任要求成了发达国家遏制发展中国家的工具之一。一些发达国家的企业在选择供应商时,不仅要看产品的质量、价格、交货期等指标,还要关注在产品生产过程中有无出现侵害劳工权益的问题。例如,获得 SA8000 认证是耐克等国际知名企业选择供应商的先决条件之一。

3. 贸易保护的重点从限制进口转向鼓励出口

各国政府除了以阶梯性关税和非关税措施限制进口之外,还设法从经济上和组织上鼓励本国产品的出口。在经济方面,通过采取出口信贷、出口信贷担保、出口补贴、外汇倾销等措施,促进本国产品的出口;在组织方面,发达国家广泛设立各种出口促进机构和组建中介组织,以协助本国厂商扩大出口。

4. 不少国家制定实施战略性贸易政策

克鲁格曼等学者提出的战略性贸易政策理论认为,不论在促进本国具有竞争优势的企业开拓国际市场方面,还是在维护本国企业免受国外竞争对手的冲击方面,都需要国家的贸易政策发挥作用。该理论为国家通过干预贸易来提高和维护本国产业的战略地位提供了强有力的理论支持,在实践上促成了战略性贸易政策体系。这一政策体系强调了国际贸易中的国家利益和政府角色,政府首先确立战略性产业(主要是高技术产业),通过对这些产业实行适当的保护和促进,使其在较短时间内形成国际竞争力。随着国际竞争的加剧,特别是发达国家在高技术领域的较量不断升级,战略性贸易政策被越来越多的发达国家和新兴工业化国家的政府所接受,成为新贸易保护主义的核心政策。

5. 贸易壁垒从国家间贸易壁垒转向区域性壁垒

随着区域经济一体化组织的广泛发展,贸易保护从一国执行的贸易壁垒转变为区域性贸易保护。区域一体化组织具有的排他性特征被视为对成员国的一种贸易保护。通过"内外有别"的政策和集体谈判的方式,区域一体化协定在为成员国创造更有利贸易条件的同时,却往往对非成员方构成了歧视。区域一体化组织具有的这种排他性特征,实际上起到了对成员国进行贸易保护的作用。

6. 贸易保护制度越来越倾向于管理贸易制度

为了既保护本国市场,又不伤害国际贸易秩序、保证世界经济的正常发展,各国政府纷纷加强了对贸易的管理和协调。管理贸易是介于自由贸易和保护贸易之间的一种贸易政策。美国先于 1974 年、1978 年和 1988 年制定了综合贸易法案,开始了其从自由贸易政策向管理贸易政策的转变。克林顿上台后提出了经济振兴计划,对外贸易政策成为美国新经济政策的主要组成部分。在美国的示范和推动之下,"管理贸易"已逐渐成为西方发达国家基本的对外贸易制度。管理贸易制度是以国内贸易法规、法令和国际贸易条约与协定来约束贸易的做法。对内,各国管理贸易秩序的手段包括:设立外贸管理机构,制定外贸管理法规,实施进出口许可证和配额、外汇、税收、信贷管理以及海关管理和进出口质量管理等,加强国内立法,从而使贸易保护主义措施的推行更加系统化、法律化。对外,许多发达国家加强国际协调,通过建立和完善国际经济组织与签订双边或多边经济和贸易条约、协定等,协调彼此间的国际贸易关系,共同遵循达成的经济贸易法律规则。

第二节 部分发达国家的贸易政策

一、美国的贸易政策

影响美国贸易政策的主要因素有三类:一是美国在全球的经济地位;二是美国国内政治经济力量的博弈;三是美国与相关国家间的关系状态。根据贸易政策倾向及其程度的差异,我们将美国贸易政策的演变分为如下三个阶段。

(一)钟摆式运动阶段(美国建国—1934年)

在美国取得第一次独立战争的胜利之后,美国的首任财政部长汉密尔顿于1791年提出要通过保护性关税等手段来发展美国的制造业。由于支持保护贸易政策的北方工业资产阶级的力量薄弱,在政府和议会中没有足够的影响力,因此,汉密尔顿的政策主张并没有立即得到贯彻。1789年美国首次颁布"关税法令",并在1790、1792和1794年连续提高关税税率,不过,1816年以前的各种关税,其主要目的仍是为了增加国库收入,只起了偶然性的保护作用。汉密尔顿的观点在第二次独立战争之后才得到体现。从1816年到1833年,保护关税运动在稳步地发展着。1818年,政府对生铁采取了进一步的保护政策,对棉花和羊毛所征收的25%的税率也一直延长到1826年。1824年大选以后,对税率做了全面的修正。那时,所有的总统候选人都赞成保护政策。不仅给予毛织品、铅、玻璃和铁的制造商以格外的保护,并且还采用了25%的税率去保护麻织品制造商,而养羊取毛的商人特别得到了帮助。1828年税率的制定,乃是受到毛织品集团为了要加强保护而进行鼓动的结果,得到了杰克逊派政治家们的支持。对生羊毛、帆布和糖蜜增税,把关税率提高到内战以前的最高水平。事实上,保护性关税的实施损害了南方种植园主的利益,他们担心这种保护北方制造商的关税不仅会使得进口工业品更加昂贵,而且会使其出口产品的国外市场受到限制而被迫将其产品转向仍然狭小的国内市场进行销售。为平息南方的不满,1833年关税法就此做出妥协,计划到1842年使平均税率削减至20%。从1833年到"南北战争"时的关税,一般是趋向于下降的,虽然保护的原则从来没有被放弃过。

从1833年到1861年这一时期通行的税率降低政策,在1861年通过"莫里尔法令"时被完全扭转过来了。根据"莫里尔法令",美国进口商品的平均税率从1861年的18.8%提高到1862年的36.2%。1861年的"莫里尔法令"并不是当作一个战时增加税收的措施而通过的,但是它对于支持战争起了作用。"南北战争"开始以后,不仅保留了

"莫里尔法令",而且国会会议没有一次不提高税率的。例如,1864年美国国会通过了《战争关税法》,进一步把平均进口关税提高到1865年的47.6%和1866年的48.3%。美国政府高筑关税壁垒,不仅保证了财政收入的来源,而且在抵御英国廉价商品冲击、保护国内市场、促进工业发展,特别是钢铁工业、毛纺与丝织工业等的快速发展方面起到了积极作用。1876年起,美国结束了长期贸易逆差的状况,开始出现贸易顺差。

美国内战后的20年间,共和党人控制了白宫和大部分时间的国会。在这一时期,美国的重点放在重建和西进上,在贸易政策上并没有做太大调整。在恢复经济建设的那些年月里,主张高额关税的人们的行贿活动实际上战胜了每一次企图改革的努力;在出现经济繁荣的时候,人们就把它归功于关税,而税收负担的减轻是通过降低国内消费税的方法来进行的。1882年关税委员会成立,其初衷是提出削减关税的建议,以平衡过度的财政盈余,但其提出的削减关税的报告被共和党所控制的国会否决。1883年通过的一个法令只一般地降低了5%。1890年,共和党人通过了"麦金莱法令",把税率平均提高了49.5%。1897年《丁利关税法》(Dingley)在前两部关税法的小幅调整后再次大幅度提高关税,共和党人为支持工业品出口,倾向于使用互惠方式来打开其他国家的市场,提高关税被他们认为是谈判的一个筹码。1909年关税法的"最高—最低税率"同样是为达到这一目的。由于该法案的最高税率具有相当的威慑性,德国、法国等许多国家给予美国互惠的最惠国待遇,以赢得美国给予的最低关税,从而使美国的实际税率有所下降。

1913年民主党上台后更积极地推动互惠的关税减让,并在1913年关税法中授权总统与外国谈判互惠协定,这也是后来《1934年互惠关税协定法》思想的来源。在该法实施和威尔逊总统执政期间,美国的平均实际关税从1914年的14.9%降至1921年的6.4%。1919年控制了国会的共和党人很快通过了保护其西部农业利益的《紧急关税法》,1922年又通过了《福特尼-麦康伯关税法》,连续提高关税税率;并且,1921年国会通过了由共和党提议的反倾销立法,这样,美国的贸易保护主义再度兴起。实际上,在20世纪20年代,美国制造业早已位居世界第一,在1926—1929年间已经占世界制造业生产总值的42.2%。但长期形成的一种政策惯性使美国的制造商倾向于寻求政府的保护,以维持更高的市场垄断,为其代言的共和党控制的美国政府自然也无法抵挡他们的这种需求。同时,欧洲各国在第一次世界大战后的贸易保护也削弱了促进互惠贸易自由化的动力。1929年1月,共和党控制的国会再次讨论修改关税法,而10月股票市场的崩溃,以及随之而来的全面性的经济萧条使美国的保护主义势力控制了整个政策讨论的舞台。结果,1930年《斯穆特-霍利关税法》成为美国历史上限制性最强的关税法,该法提高了几乎20 000余种税号的税率,使平均税率超过了50%。《斯穆特-霍利关税法》不仅没有帮助美国走出困境,反而加速了商业的衰退,并引起美国国内和世界其他地区的反对。

(二) 贸易自由化阶段(1934—20 世纪 70 年代中期)

1934 年是美国对外贸易政策发生改变的关键性一年。这一年,美国《互惠贸易协定法》设立,它标志着自由贸易主义在美国政治中占据了统治地位,也是美国走向多边贸易体制的起点。该法最大的特点在于没有直接制定关税,而是将国会的关税制定权让渡给总统,授权给总统与其他国家签订旨在降低双方关税的贸易协定,削减幅度可以达到 1934 年水平的 50%,在协定达成后也无须国会批准。该法案宣布通过互惠贸易协定减让关税,并提出了"无条件最惠国待遇"条款,规定美国政府与任一国家签订的关税减让协定,均自动地适用于其他与美国订有互惠贸易协定的国家。而降低关税壁垒和无条件最惠国待遇日后成为关贸总协定的基石。到 1945 年美国与 27 个国家共达成 32 个双边互惠贸易协定,对 64% 的应税进口商品做了关税减让,使税率平均降低了 44%。

从"二战"结束到 20 世纪 70 年代中期,美国凭借其在世界经济、金融和贸易领域的雄厚实力,通过其所倡导设计的 GATT,操纵国际经贸活动,充当现代自由贸易运动之领袖角色,推动多边贸易自由化。战后初期,美国得以将自由贸易政策在资本主义世界顺利推广的原因,主要有以下四个方面:第一,美国强大的经济实力有助于它推动多边贸易体制的建立。第二,英国等主要贸易大国支持美国的做法,因为这些国家亟须通过与美国的开放贸易来加快本国的贸易发展。第三,以美元为中心的布雷顿森林体系促进了美国自由贸易政策的推行。第四,社会主义和资本主义两大阵营的形成及意识形态的对峙促使西方主要国家联合在一起,将经济问题政治化。20 世纪 50 年代下半期和 60 年代初,国际经济格局发生了戏剧性变化。欧洲在美国马歇尔计划的援助下实现了经济复苏,1958 年欧洲经济共同体的建立促进了成员国之间的贸易,同时也抵制了美国在贸易上的控制,使得美国农产品进入欧洲市场出现困难。当时执政的肯尼迪政府致力于消除美欧贸易壁垒,推动自由贸易,于 1962 年颁布《贸易扩大法》(Trade Expansion Act)。与 1934 年《互惠贸易协定法》相比,新立法在四个方面有重要突破:(1) 扩大总统在贸易谈判中的权力;(2) 修改阻碍美国贸易谈判和削弱美国自由贸易政策的"无损害"条款;(3) 确定关税谈判不再以个别产品为基础,从而扩大总统在谈判中的灵活性;(4) 以"调整援助"代替关税与进口限制。所谓"调整援助",是指授权总统可以通过扩大失业补助、培训工人、技术援助、提供低息贷款、纳税津贴等"调整援助"的方式直接帮助工人转业,实现企业经营方式的多样化和现代化,从而代替了以往强加进口限制的做法。《贸易扩大法》的通过对于关贸总协定肯尼迪回合的谈判顺利推进发挥了积极作用。

(三) 管理贸易阶段(20 世纪 70 年代中期至今)

20 世纪 70 年代以来,美国的经济地位相对下降。主要表现在以下几个方面:第一,商品贸易持续逆差。1971 年,美国出现了自 1893 年以来的首次商品贸易逆差,除了 1973 年和 1975 年为顺差年外,其余年份都是逆差,1976 年之后,美国的商品贸易连年出现高达千亿美元的贸易逆差,2016 年美国商品贸易逆差更是突破 5 000 亿美元。第二,外债连年累积。到 20 世纪 80 年代末,美国已经摇身一变从世界最大债权国变成最大的债务国,外债净额 1994 年年初已经累计 5 000 亿美元,引起美国上下的高度关切。根据彼得森研究所创始主任 Fred Bergsten 的预测,到 2030 年,美国外债将和其 GDP 规模相等。第三,劳动生产率增速放缓。美国劳动生产率的年平均增长率从 20 世纪六七十年代的 2.8% 下降到八九十年代的 1%。第四,一系列国家先后对美国构成挑战。西欧和日本相继崛起,新兴工业化国家和地区在世界经济舞台上日趋活跃,对美国战后经济霸权的消长影响十分显著,引起美国各界对自由贸易主义的怀疑。以 1974 年《贸易改革法》的出台为标志,美国对外贸易政策从标榜自由贸易转向强调公平贸易的管理贸易。美国过去 40 多年时间内执行的管理贸易以维护公平贸易为名,行贸易保护之实。美国主要不是依靠多边贸易谈判,而是强行执行美国的贸易法,直至采取单方面的行动来制裁、报复有"不公平"做法的贸易伙伴。一方面极力鼓吹自由贸易,另一方面又强调加强自己的贸易保护和防范措施,把自己的贸易保护措施说成是针对他国保护主义的反制措施,以推动美国人所界定的自由贸易和公平贸易。

美国管理贸易的特征如下:

第一,以立法形式强调单边协调管理,使外贸管理制度法律化。

美国 1974 年在《贸易改革法》第 301 条中规定,当有任何利害关系人申诉外国的做法损害了美国在贸易协定下的利益或其他不合法、不合理或歧视性行为给美国商业造成负担或障碍时,美国贸易代表办公室可进行调查,决定采取撤销贸易减让或优惠条件等制裁措施;美国贸易代表办公室也可根据上述情况决定是否自行启动调查。该条款授予美国总统对外国影响美国商业的"不合法"(unjustifiable)、"不合理"(unreasonable)、"歧视性"(discriminatory)的进口加以限制和采取广泛报复措施的权力。所谓"不合法"指不符合国际法或与贸易协定规定的义务不一致;"不合理"是指不公平的实践(缺乏针对"不公平"的精确定义);歧视性指的是针对美国企业的做法违反了国民待遇或最惠国待遇原则。该条款被称为"一般 301 条款",即狭义的"301 条款"。

1984 年 10 月 30 日,美国总统里根签署了一项规定美国以后 10 年贸易政策的法律即《1984 年关税及贸易法》。该法是适应美国加强对外贸管理的需要而制定的,其主要目的在于扩大出口,限制进口,改善美国大量贸易逆差的状况。1988 年 8 月 23 日,美国总统里根签署了保护贸易色彩十分浓厚的《1988 年综合贸易法》,又称《一揽子贸易法案》。该法确立了战后美国贸易政策在新的历史条件下的基本格调与战略。《1988 年综合贸易法》的实施是以立法形式加强单边行动的具体表现。根据该法案的"超级 301 条款",美国可以对其出口产品实行"不公平贸易"行为的进口国家实施报复措施。《1988 年综合贸易法》还在 1974 年"一般 301 条款"的基础上新增加第 1303 节,这就是

"特殊301条款"。该条款强化外国对美国知识产权的保护。美国贸易代表在每年3月底以前都会提交一份《国家贸易评估报告》,在该报告中,美国贸易代表会识别出没有给美国知识产权提供充分的、适当的保护或者是未能对拥有知识产权的个人提供公平的市场准入的国家,把这些国家认定为"观察名单""重点观察名单",甚至是"重点外国"。对于"重点外国",美国贸易代表需要在确定名单后的30天内发起为期6个月(特殊情况下可延长3个月)的"特殊301"调查。调查结束后,美国贸易代表必须决定是否采取报复性措施,报复的决定一经做出,30天内必须执行。美国贸易代表无须征得总统同意,即可决定是否采取报复性措施及采取何种报复行动。

专栏7-1 美国启动的301调查或以中美磋商的方式解决

近日,美国贸易代表莱特希泽宣布将对中国正式启动基于1974年贸易法案301条款下的调查(简称"301调查")。调查内容是中国政府在技术转让、知识产权、创新方面的行为、政策、实践是否不正当或具有歧视性,从而限制了美国商业或对其造成负担。该调查由美国贸易代表办公室完成。历史上,尤其是美国贸易逆差快速增长的20世纪80年代,美国政府多次动用301调查。简要梳理这些调查最后的结果及影响,有助于判断美国此次针对中国调查的走向及可能的影响。

美国301调查的目的是判断外国在开放市场尤其是进口方面是否存在不合理或歧视性的行为、政策或实践,有的调查不涉及是否对美国进口或商业造成了限制性的结果,有的调查则还要判断确实对美国商业造成了限制或负担。根据调查内容,可以分为货物行业、服务业、知识产权、投资等领域。这些调查基本上有两种走向:一是以美国和对方磋商解决来结束;二是在美国的单方面制裁下对方直接做出让步。

在货物行业方面,最有名的当属美国1980年代对日本发起的一系列301调查。1985年启动针对日本半导体行业是否存在进口限制的调查,该调查由美国半导体行业协会请求启动。调查启动一年后,美日双方达成协议,日本更加开放本国市场,并限制本国企业向美国市场的低价倾销行为。但是,达成协议的半年多以后,当时的里根政府宣称日本政府没有执行协议,并对日本的彩电、台式电脑等征收100%的高关税。这相当于直接禁止了日本对美国这些产品的出口。日本不得不严格遵守之前达成的协议。美国随之取消了高关税的制裁。

美国还对日本的汽车等行业发起301调查,迫使日本采取自愿出口限制。但需要强调的是,日本出口遭受较大负面影响绝不单单因为301调查,美国还通过关贸总协定(GATT)、政治施压、广场协议等一系列组合拳才有效地限制住日本的出口。

其实,美国在货物行业方面动用的301调查着实不少。美国曾对当时欧共体(EC)的农产品动用301调查,并通过征收高关税和采取进口配额的制裁形式迫使对方达成协议。里根政府还通过加征15%的高关税迫使加拿大对自身出口的软木材主动征收出口税。此外,美国还曾对来自阿根廷的皮革征收过高关税。当301调查涉及发展中国家时,美国还会动用取消对方的普惠制这一制裁方式,对泰国、印度、巴西都动用过。

除货物行业外,比较令人关注的当属知识产权领域的301调查。在知识产权方面,里根政府曾对巴西和韩国发起过301调查。1985年,美国对巴西的计算机和信息行业发起301调查,认为对方没有充分保护版权。美国的威胁迫使巴西修改版权法。1987年,美国还针对巴西医药行业的专利保护发起301调查,并实施单方面贸易制裁。巴西试图寻求GATT来解决处理这一问题,但是美国利用自身影响力阻止了GATT成立争端解决小组。最终结果是1990年巴西新总统上台承诺修改相关法律,美国取消制裁。1985年,美国也是基于韩国保护知识产权力度不够的理由对其发起301调查,结果是双方经过磋商签署了关于知识产权方面的协议,协议规定韩国要采取一系列加强知识产权保护的行动,比如修改专利和版权法等。

通过梳理历史上的301调查可以发现,美国确实能够通过该调查达到自身目的,通过单边制裁或双边磋商迫使对方就范。但是,历史上遭受301调查的国家或经济体和目前的中国存在最大的区别是,它们的谈判势力和经济体量和美国相比太弱。无论是加拿大、巴西、阿根廷,还是韩国,在20世纪80年代的经济体量明显不如美国,而且对美国市场存在较大的依赖,属于弱势的一方。至于日本,虽然经济体量较大,但是在20世纪80年代对美国市场极为依赖,只能选择屈服,何况,美日间还存在较为微妙的政治关系。目前,中国的经济体量足以和美国抗衡,而且双方的相互依赖足够强,这使得中国拥有更强的谈判势力。

另外还有一点不同,那就是20世纪80年代的GATT不像现在的世界贸易组织(WTO)这么成熟。在GATT升级成WTO之前,美国的主导权过于强大,其他国家无法挑战其地位,就算借助GATT争端解决也只有吃亏的份儿。但时至今日,尽管美国依然是当之无愧的老大,但在WTO的话语权毕竟下降很多。在知识产权领域,WTO成立后也通过了《与贸易相关的知识产权协定》(TRIPS)。美国作为WTO成员,有义务和同为WTO成员的其他国家在该框架下解决争端。这至少为中国提供了解决思路。

具体到美国此次针对中国发起的301调查,最后很可能会以双方磋商解决的方式结束。该项调查一般会耗时一年。在调查期间,双方便存在磋商解决的可能。如果达成双方满意的协议,该调查可终止或暂停。如果调查结束,双方还未达成协议,则美国依然可首先选择通过和中国磋商解决问题。磋商无非是迫使中国承诺在知识产权、版权保护、技术转让、相关行业外资进入限制等方面做出切实改善,从而让美国优势产品出口和投资更容易,并限制中国相关产品对美国的出口。如果301调查结束,特朗普对双方磋商不抱希望,也有可能直接对中国部分产品征收高关税,或限制中国企业对美国的投资,以此迫使中国在随后的磋商中让步。但是,美国启动301调查的目的是降低对方对美国商业的限制,如果美国通过高关税或其他方式进行制裁,中国也会采取相应的反制措施,从而最终两败俱伤。这会违背美国的初衷。因此,即便美国采取相应的制裁,中国也会有反制措施,但双方会掌握一定的度,不会发展到一发不可收拾的地步,最终会回到谈判桌,经过磋商解决问题。

总之,历史上,美国通过301调查基本上都会达到自身目的。此次针对中国的调查,美国也会希望达到自身目的,至于具体要价,在美国贸易代表办公室发布的《2017特殊301报告》里都写得比较清楚。中国和历史上遭受301调查的其他国家相比,谈判势力更强,面临的国际贸易治理环境也更为有利。而且和20世纪80年代美国对日本发起的301调查相比,当时主要是行业调查,目前针对中国发起的知识产权调查相比当时的行业调查更有弹性。双方更有可能通过磋商解决问题,美国的部分要价也确实符合中国自身的改革方向,这种结果对中美经贸关系的影响偏向正面。即便磋商不顺利,中美之间发生制裁和反制裁,也会有一个度,对中美经贸关系的负面影响在可控范围内。当然,还有一种很小的可能性,美国301调查的结果是中国政府的行为没有不正当性或不构成歧视性,也没有限制美国商业或对其造成负担,这会皆大欢喜。

资料来源:苏庆义和薛蕊.美国启动的301调查或以中美磋商的方式解决[R].中国社会科学院世界经济与政治研究所《国际问题研究》系列工作论文,No.201721.

近年来,美国还频繁使用贸易保障措施。1974《贸易改革法》的第201—204条(通称为"201条款")对贸易保障的条件和措施进行了规定。在实施保障措施的实质要件方面,依202条的规定,调查机构肯定性的结论必须建立在以下事实的基础上:(1)特定产品的进口持续增加(绝对数量或相对于美国国内生产数量);(2)美国国内市场特定产品的相同或直接竞争产品的生产商受到严重损害或损害威胁;(3)进口的大幅增加是美国国内生产商受到严重损害或损害威胁的实质原因。2001年6月,美国总统布什应美国钢铁业的请求,要求美国国际贸易委员会依据201条款,对进口钢铁产品展开调查;2001年10月公布的调查结果中,美国国际贸易委员会确认共有16项进口钢铁产品对美国企业造成了"严重损害",并建议按照201条款,采取提高钢铁的进口关税等项措施,以保护美国的钢铁业。2002年3月,美国总统布什决定,美国从3月20日起将对钢铁产品实施为期3年的临时保障措施,对大多数进口钢材征收8%至30%的进口关税,并对厚钢板实行限额进口。这是迄今为止美国对进口钢铁采取的最严重的一次贸易限制,也导致了世界范围内的钢铁纠纷,包括中国在内的几十个国家数百亿美元的钢材出口因此遭受重创。

此外,美国还在对中国采用特别保障措施。在2000年对1974年的《贸易改革法》进行修改时,美国增加了针对来自中国产品的市场扰乱和贸易转移行为实施救济的条款,这就是后来很有名的"421、422条款"。根据421节(c)的规定,市场扰乱指的是,与(美国)国内产业生产的产品同类或直接竞争的(中国)产品迅速增加,无论绝对增加还是相对增加,以至于成为造成(美国)国内产业实质损害或实质损害威胁的一个重要原因。美国贸易委员会在认定市场扰乱具有较大的自由裁量权。根据第422节(b)(c)(h)的规定,如果下列行动造成或威胁造成美国国内市场的重大贸易转移,则总统应采取行动以防止或纠正贸易转移。相关行动包括:(1)中国采取的旨在防止或纠正发生在美国之外的其他WTO成员市场扰乱的行动;(2)美国之外的WTO成员,为防止或纠正市场扰乱,根据WTO协议而采取的撤销减让或者以其他方式限制进口的行动;(3)美国之外的WTO成员,根据《中国入世议定书》第16条的规定而采取临时保障措施;(4)上述行动的综合适用。

第二,大量使用反倾销、反补贴等非关税措施。

美国对相关商品征收反倾销税、反补贴税的主要法律依据分别是世贸组织的《反倾销协议》《补贴与反补贴措施协议》。根据《反倾销协议》规定,一成员要实施反倾销措施,必须满足三个条件:(1)确定存在倾销的事实;(2)确定对国内产业造成了实质损害或实质损害的威胁,或对建立国内相关产业造成实质阻碍;(3)确定倾销和损害之间存在因果关系。在美国,负责反倾销的机构有两个:一个是美国国际贸易委员会,另一个是美国商务部。前者负责调查和裁决外来的倾销产品是否对本国同类工业造成了实质损害,后者负责调查和裁决进口产品是否以低于正常价值的价格在美国市场上倾销,并计算出倾销的幅度。如果两大部门的裁决都是肯定的,商务部将发布征收反倾销税的命令,由海关执行。世界贸易组织的《补贴与反补贴措施协议》规定,如果进口国政府的调查结果显示存在补贴及损害事实(或威胁),并且补贴与损害事实(或威胁)之间存在因果关系,那么,相关政府部门可以对受到补贴的进口产品采取反补贴措施。美国在此领域最早的立法是1897年通过的反补贴法。1995年美国对反补贴税法中有关补贴和反补贴措施的规定做了修改,增加了对"可忽略的进口"等问题的新规定,并通过日落条款来决定是否在5年之后撤回征收反补贴税的命令。2005年7月通过《美国贸易权利执行法案》将反补贴法适用到非市场经济体的进口产品。美国商务部于2008年5月31日决定对中国产标准钢管征收反补贴和反倾销税,这是美国过去20多年中首次对被贴上"非市场经济体"标签的国家出口的产品征收反补贴税,也开启了美国对同一产品同时采取反倾销和反补贴的双重贸易救济措施的新时期。需要说明的是,对同种产品同时征收反倾销税和反补贴税违背了《关贸总协定1994》第6条第5款的规定。

第三,新型隐性贸易壁垒迭出。

首先,美国凭借在科技、管理、环保等方面的优势,设置了以技术法规、标准、合格评定程序为主要内容的技术性贸易壁垒,对市场准入设置了极为严格的条件。美国制定并实施了大量技术性贸易措施。据估算,2005年,美国官方认定的国家标准有4万多个,各种非官方标准机构、专业学会和行业协会制定的标准有5万多个。其次,社会责任壁垒日益突出。美国以保护劳动环境和维护劳动者的生存发展权利为借口,采取了一系列贸易保护措施。再次,知识产权壁垒日益突出。美国运用特殊301条款对他国商品设限。根据特殊301条款,美国贸易代表每年列出拒绝有效保护美国知识产权的重点国家,可把其中情节最严重的国家列为"重点外国",并对"重点外国"的相关情况进行调查。调查结果一旦确定,将对这些"重点外国"实施关税、配额或取消贸易优惠待遇等惩罚措施。最后,碳关税成绿色贸易壁垒新军。碳关税是指对高耗能产品进口征收特别的二氧化碳排放关税,它以保护环境和促进公平竞争为名行贸易保护之实。美国能源部长朱棣文在2009年3月提议征收二氧化碳关税以保护美国制造业。2010年6月26日,美国众议院通过"美国清洁能源安全法案",授权总统从2020年起对不接受污染物减排标准的国家实行贸易制裁,征收惩罚性的碳关税。当然,征收碳关税牵涉到重大利益的再分配,不仅引起发展中国家的反对而且引起美国国内一些产业部门的反对;并且,目前的特朗普政府偏重经济和就业而轻环保。综合来看,在特朗普执政时期,美国不大可能开征碳关税。

第四,出台出口促进政策和措施。

克林顿政府借鉴其他国家产业发展政策与贸易政策相结合的成功经验,制定了美国有史以来第一个"国家出口战略",确定了六大重点出口产业。"国家出口战略"(National Export Strategy)于 1993 年 9 月启动,其指导原则为:商业优先;加强联邦各部门合作并扩大美国贸易代表(USTR)的权力以促进出口;加强政府部门与私人部门的紧密合作等。其目的是增强美国出口商品的国际竞争力,包括放宽出口管制、建立出口援助中心、政府为企业出口提供信息以及政府为出口企业提供更加完善的金融服务等。在机构设置上,乔治·H·沃克·布什总统设立了"贸易促进与合作委员会"(TPCC),统筹出口策略,加强美国出口产品竞争力;克林顿总统又建立了"外销推展中心"(Advocacy Center),提供资讯及加强国际联系。奥巴马总统在金融危机的余波消退之际,同样提出了"国家发展战略"。2010 年 11 月 6 日,他在《纽约时报》上发表署名为《出口力促稳定》的署名文章认为,振兴美国出口尤其是增加对亚洲市场的出口,对于美国经济复苏意义重大。奥巴马在 2010 年 1 月的国情咨文中明确提出在未来 5 年内实现美国出口翻一番的目标。为落实 5 年内出口翻一番目标,奥巴马签署行政命令,成立一个由国务卿、财政部长、商务部长等组成的"扩大出口内阁",负责实施奥巴马"国家出口战略"的各项举措。根据奥巴马的出口战略,美国政府大力推行"商业外交"。美国政府一方面代表企业在全球推广美国品牌,商务部的官员以及美国驻外使领馆都将担当美国商品"促销员"和"咨询员"的角色;另一方面加大对出口企业的扶持力度,为美国企业大力拓展海外市场提供全方位协助。奥巴马政府还试图改革美国出口监控体系:在保证美国安全不受影响的前提下,减少部分高科技产品的出口障碍。特朗普目前虽未正式出台国家出口战略,但他正通过双边谈判来推销本国的产品。2017 年 4 月首次"习特会"闭幕后,中美制定了"百日计划"。根据该计划,中国重新开放对美国牛肉的进口,为美国更多的生物科技产品提供市场准入,增加从美国的天然气进口,此外,中国还对美国开放部分金融业,并为美国信用评级公司及电子支付服务提供市场准入。

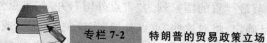

专栏 7-2　特朗普的贸易政策立场

从特朗普宣称的施政纲领看,其就任总统后将可能强推贸易保护主义政策,促使本土投资和制造业回归,誓要夺回美国"制造业大国"的桂冠。特朗普竞选期间的言论表现出强烈的保护主义色彩,包括退出 TPP、撕毁 NAFTA,甚至要退出 WTO,呈现在世界面前的是一个极端的贸易保护主义者形象。然而,总统候选人在竞选中提出的政纲不一定完全实施,特朗普上任后是否兑现这些主张,最终取决于他所代表阶层的利益。

优先强调美国利益

特朗普竞选期间一直强调"美国利益优先",具体而言,什么是"美国利益"? 实际上,美国人民内部根据收入水平划分为不同阶层,也存在利益分歧,所以"美国利益"并无统一定义,也没有具体检验标准。特朗普是一个成功的大商人,属于上层资产阶级,其所属的共和党一直都是上层阶级利益的维护者。然而,特朗普在竞选期间,一直强调制造业回归,重视维护美国中下层劳工阶级的利益。分析不断分化的"美国利益"、特朗普所持的阶级立场以及特朗普所具有的党派性,是判断特朗普内阁贸易政策立场的基石。

对外开放使得美国上层阶级获利远超中下层阶级。在美国,自由贸易使得美国制造业被掏空,传统制造业部门的工人福利受损,而掌握大量资本的上层精英是贸易自由化的最大受益者。基于特朗普的职业背景和所属党派,我们认为其代表的是美国上层阶级的利益,因此,他的对外贸易立场总体上会偏向开放。特朗普提名的经济领域重要内阁成员大多为大商人,可以断定,在对外贸易政策方面,特朗普内阁在任期内不会实施极端的保护主义措施。

反对多边,重视双边

2016年11月21日,特朗普在竞选成功后公开表示,在上任之后便会立即推动美国退出TPP协议,与此同时,他将主推能够给美国提供更多工作岗位的双边FTA协议的谈判。特朗普在贸易协定方面展现出的立场是"反对多边,重视双边"。

从特朗普竞选期间的言论看,他认为多边贸易协定损害了美国利益,主要是掏空了美国的制造业,导致美国制造业岗位的大量流失。具体而言,多边贸易协定让发展中国家(如中国和墨西哥)廉价的制造业商品进入美国市场,同时让美国的制造业企业逃离本土去往劳动力成本较低的发展中国家,从而造成美国制造业的空心化,使美国制造业的岗位流失。

另一方面,近年来全球范围内普遍掀起了"逆全球化"的浪潮,以WTO为代表的多边贸易框架遭受重创,而双边和区域贸易协定则备受欢迎,其原因是,相比于多边贸易协定,双边协定能更容易满足两国的利益诉求,谈判难度相对较小,而且各国往往选取主要贸易伙伴进行谈判,能起到"事半功倍"的效果。根据特朗普的竞选口号"美国利益优先",凡是通过双边贸易能够使美国获益的国家,特朗普就会与该国进行双边贸易协定的谈判。目前,特朗普所认为的能够让美国获益的双边贸易协定,就是能够让美国企业(主要是制造业)回归美国的协定,这些协定能充分扩大美国就业。

撕毁已有协议

特朗普就任之后,于2017年1月23日签署行政命令,宣布美国退出TPP。而在此前的竞选演说中,特朗普还曾指出要同墨西哥、加拿大针对NAFTA重新谈判,甚至可能终止NAFTA。特朗普在2016年7月还曾经谈到,如果WTO阻止其向将生产活动转移出美国的企业征税,美国将可能退出WTO。

TPP是美国前任总统奥巴马极力倡导的,12国达成TPP协议也成为奥巴马执政时期在贸易领域的重要成果。在美国,众多总统候选人在竞选期间常抨击在位总统的施政方针,特别是对所属不同党派在位者进行猛烈的抨击。特朗普也不例外,他抓住了中小资产阶级和劳工期待增加就业岗位的心理,抨击在位总统这一"使美国制造业空心化、转出工作岗位"的举措,从而为自己争取更多的选票。但商人崇尚利益的本质意味着特朗普十分务实,每行动一步都会权衡成本和收益,都会积极协调各方利益。最终,在国会共和党高层和美国商界的支持下,特朗普在上任之初便宣布美国退出TPP。

而撕毁NAFTA协议和退出WTO,则更是特朗普竞选期间争取劳工等阶层选票的手段。特朗普深知美国、加拿大、墨西哥之间的经贸关系非常密切,已经发展到相互依存、无法分离的状态,终止NAFTA、惩罚墨西哥也仅仅是为了平息部分民众因失去工作而产生的不满情绪。作为关贸总协定

(GATT)的发起者和 WTO 的主要创立者,美国要展现出崇尚自由贸易的姿态,务实的特朗普不会使美国成为第一个退出 WTO 的成员,其相关言论也是旨在给 WTO 和自身的主要贸易伙伴施压。

综上所述,我们认为,特朗普上台后,美国总体对外贸易立场依然是开放的,不会如特朗普在竞选期间所宣称的那样,转向极端的保守主义。

资料来源:王孝松.特朗普的贸易政策立场及中美贸易发展前景展望[J].中国工业经济,2017(6):53-59.

二、日本"二战"后的贸易政策

"二战"结束后,日本对外贸易取得了迅速发展。这和日本政府利用特殊的国际形势,扬长(初期发挥劳动力优势,之后利用资本和技术优势)避短(资源贫乏),执行"贸易立国""技术立国"的基本战略,采取灵活多样的贸易政策是分不开的。

(一)贸易保护主义阶段("二战"结束至 1960 年)

战后初期,日本的对外贸易由美军司令部下设的贸易厅统一管理,日本不得与别国直接进行贸易,致使日本的对外贸易成为"盲人贸易"。日本商品在国际市场处于不利地位,外贸连年出现逆差。1947 年前后,东西方关系开始对立,美国从其长远的战略利益出发,开始扶助日本经济自立,并按照 1949 年年底出台的《外汇及外贸管理法》的规定,逐步将外贸外汇管理权分别交给日本政府和民间组织,从此日本对外贸易开始走上独立自主发展的道路。

日本自实行《外汇及外贸管理法》一直到 1960 年 6 月制定《贸易、汇兑自由化计划大纲》期间,对外贸易所实行的是一种保护贸易政策。一方面大力振兴出口,推行出口第一主义路线;另一方面则封锁本国市场,严格限制外国商品的进口。日本限制进口的措施主要有:① 外汇预算制度。日本政府从 1950 年到 1964 年一直实行外汇预算制度,即每半年按照不同的进口商品做一次外汇支付预算计划,经通产大臣审批后方能支付外汇。② 保护关税制度。③ 进口配额制。在大力振兴出口方面出台的主要措施包括:① 出口优惠税制。日本政府从 1953 年起对生产出口商品的企业和经营出口贸易的商社给予减税或免税的优待。② 出口金融优惠制。在出口工商企业进行一系列经济活动需要资金时,一般由日本银行通过民间银行给予低息贷款;长期贸易贷款则由日本进出口银行负责,它作为政府金融机构,主要业务就是向民间金融机构难以独自承担的基础产业部门(如船舶、车辆、产业机械等)在出口设备或成套设备和进行技术合作时提供长期低息贷款,对促进日本重化工业的发展和出口起了巨大的作用。③ 出口补贴制度。日本政府对重点产业和重点产品的出口给予各种补贴。20 世纪 50 年代,日本由于实行"奖出限入"的贸易政策,其出口增长迅速、经济实力得以增强。

日本的贸易保护政策得以顺利推行,与当时的国际环境密切相关。第一,日本是美国牵制中国和苏联的重要棋子,美国需要日本经济有一定的发展,因此能够容忍日本的贸易保护主义行为。第二,关贸总协定以及国际货币基金组织一些例外规定为日本的贸易保护提供了合法的"外衣"。作为国际货币基金组织第十四条款国和关税与贸易总协定第十二条款国的日本,充分利用了相关规则,为自己构建了一个半封闭的经济体制。通过国际收支的理由,限制外汇的兑换和限制进口,发挥了贸易保护的实际效果。原本是为了尽快实现自由贸易的制度例外,反而促进了日本保护贸易的发展。

(二)从贸易保护向贸易自由化的过渡阶段(1960年至20世纪70年代初)

日本是国际货币基金组织的成员以及关贸总协定的缔约方,这两个国际组织都是以要求参与方实行贸易和外汇交易完全自由化为基本宗旨的。在经济高速增长的态势下,日本已很难继续推行大幅度限制进口的保护贸易政策。1959年春,日本政府开始着手制订贸易自由化计划。日本逐步减少了对进口商品数量和品种的限制。1960年6月,日本正式公布了《贸易、汇兑自由化计划大纲》,决定把当时只有40%左右的进口自由化比率3年内提高到90%左右,将日本的对外贸易政策从封锁体制的保护贸易政策推向"开放"体制的自由贸易政策。日本自实行贸易自由化的《计划大纲》后,由于在经济恢复阶段所奠定的坚实的物质基础,使国内产业逐渐具备了推行自由化的条件,故实施的速度非常快,到1963年8月底,进口自由率达到92%。当然,为减少"过快"自由化所带来的负面影响,日本也采取了一些应对措施。第一,日本政府调整了进口商品的关税税率。从1961年到1963年,日本政府先后提高了347种次商品的进口关税税率,而且关税的实际保护率要远高于名义保护率,其中粗钢的实际保护率高于名义保护率的比率达276.0%,强化了关税的实际保护作用和保护力度。第二,在自由化的问题上,日本政府在GATT框架下,有意采取拖延战术,尽可能地推迟自由化的实施时间,在此期间加大对本国国际竞争力弱的产业的扶持力度,使一些重要产业如汽车、电子计算机等到完全自由化时已发展成为日本最具国际竞争力的产业。第三,合理利用GATT相关条款,进一步完善了振兴出口贸易的制度、政策和措施。日本政府为了振兴出口,主动制定、完善和健全了对出口商品的检查制度,组建输出入银行,实行外汇连锁制,制定出口优惠金融制度、出口振兴税收制度和出口保险制度,通过修改《日本进出口银行法》,扩大了对进出口企业的融资范围,从而促进了出口发展。

(三)石油危机以后的贸易政策(20世纪70年代中期至20世纪80年代初)

进入20世纪70年代以后,由于石油危机的影响,世界多个国家的经济呈现萧条局面。石油危机爆发后,日本经济增长的突出特征是,平均增长率从高增长时期的10%下降为4%,经济增长率的波动明显减缓,经济进入稳步增长阶段。由于前期经济的高速增长,日本产品的国际竞争力加强,国际贸易收支出现巨额顺差,导致对外贸易摩擦加剧,日本面临着不断加大的开放市场和扩大内需的压力,贸易立国战略开始被迫转向技术立国和扩大内需的战略。该时期日本政府通过推行新的对外贸易政策以期缓和国际贸易摩擦问题。对外贸易政策的特点是逐渐减少政府对经济的直接干预,代之以间接引导为主的系列政策措施。

进口贸易政策的变化表现在两个方面。第一，继续推行进口贸易自由化政策。迫于 GATT、IMF、美国和欧盟的压力与要求，日本实行了改进进口检查制度、降低关税、简化进口手续等使贸易大幅度自由化的措施，在相当程度上推进了进口贸易自由化。第二，采取使进口市场地理方向多元化的政策。为分散风险，日本开始积极致力于拓展同中东地区、中国和苏联的良好的对外经济贸易关系，以谋求形成一个稳定的多元化的能源进口市场格局。

出口贸易政策致力于实现出口商品结构高级化和出口贸易地理方向多元化、扩大出口贸易规模、缓和对外贸易摩擦等政策目标。这一时期主要的出口贸易政策措施包括四个方面：第一，积极推动国内产业结构的调整，实现出口商品结构的高级化，从根本上增强出口商品的国际竞争力。日本政府主要是通过制定和执行产业结构政策促使国内产业由资本密集型向技术密集型转变，扩大生产并出口高附加值的商品，进而实现出口商品结构的高级化。第二，推行使出口贸易地理方向多元化的政策。日本政府试图通过形成多元化的出口贸易地理方向，在一定程度上缓和国际贸易摩擦问题。第三，采取出口信贷等鼓励出口的政策措施。政策性银行（主要指输出入银行）的政策性贷款（出口信贷）额度有较大的增长，而且采用约束性贷款的方式，使大多数出口信贷与日本成套设备和过剩产品的出口贸易直接挂钩，一方面带动了资本输出量的增加，另一方面又直接带动了商品输出规模的扩大。

（四）经济国际化进程阶段的对外贸易政策（20 世纪 80 年代）

进入 20 世纪 80 年代以后，贸易顺差导致的国际贸易摩擦问题日益严重，日本面对的国际市场环境更加不利，直接威胁到国内经济的发展。因此，通过扩大内需，力求实现经济结构由"出口主导型"向"内需主导型"转变来缓和对外贸易摩擦，就成了这一阶段日本政府处理对外经济贸易关系、制定对外贸易政策的首要问题。

进口贸易政策是围绕"开放国内市场"制定和实施的，主要措施有下列诸多方面：第一，通过设立"制成品进口促进协会"、举办外国工业品在日本国内的展览会、增进外国人对日本市场的了解等措施，促进外国工业制成品进口。第二，进一步开放市场、扩大进口，继续推行进口贸易自由化的政策。第三，完善了进口信贷体制，扩大了日本进出口银行的进口信贷，加强了日本开发银行对进口事业的信用支持，重新实行日本银行的进口结算票据制度等。

这一时期出口政策延续了 20 世纪 70 年代制定的出口政策，在政策方向上没有大的调整，但在政策力度上有所加强：第一，进一步调整了产业结构，促进出口商品更新换代，基本实现了出口贸易商品结构的高级化、多样化和软件化。第二，在调整国内产业结构的同时，鼓励民间企业增加对国内有需求的行业的投资，提高国内该类行业产品的供给能力。第三，鼓吹"海外投资立国"战略思想，以实现日本政府提出的以"美日共霸"为基础的国际分工战略构想。第四，采取增加对外援助的措施，提高受援国的经济发展水平,以增强受援国的进口能力,从而扩大对外出口贸易的规模。

日本在成为经济大国之后,力图在政治上发挥更大的作用,试图在东亚乃至世界的政治事务中扮演更为重要的角色。日美关系是日本最重要的对外关系。虽然日本的经济实力相对上升,但其在政治尤其是军事方面对美国存在极大的依赖性。因此,日美之间特殊的军事政治关系对日本的对外贸易政策仍有重大影响。此外,要在国际舞台上发挥重要作用,日本必须适当地满足相关国家的需要。基于这样的考虑,日本在此阶段加强了与其他国家的贸易政策协调。为减少与美欧等国的贸易摩擦,日本在20世纪80年代推行金融自由化,签订了"广场协定"并妥善处理了与美国在汽车、钢铁等贸易领域的冲突。

(五)冷战结束后的贸易政策(20世纪90年代初至现在)

冷战结束之后,日本的经济形势长期低迷,在1993至2016年的绝大部分年份,日本的经济增长率都低于美国,GDP年均实际增长率低于1.5%。日本在世界国际贸易舞台上的地位有所下降,其对外贸易额从20世纪90年代初的世界第二下降到2010年的世界第四。提高经济增长速度和经济影响力是日本面对的重要课题。

冷战结束前后,日本就已经开始认识到自己与其他国家在经济贸易政策方面协调的积极意义,已充分认识到一个协调的国际经济与贸易环境远比自己对外贸易规模的艰难扩大要重要得多,为此日本政府对自己的外贸政策又进行了积极的调整。日本积极促进与其他国家的经济政策协调,加强多边贸易制度以期使本国经济与全球经济得到共同发展。日本在外贸政策实践上逐渐放弃了贸易自由化和投资自由化政策上的拖延战术,减少了不对称性,市场准入条件得到较为明显的改善,反垄断政策与措施的力度、吸引外资的力度不断加大,而且加强了对知识产权的保护工作。

进入21世纪以来,日本积极与相关国家签订自由贸易协定。"二战"之后,日本曾经长期坚持采取以关贸总协定(GATT)和世界贸易组织(WTO)为中心的多边贸易政策,而对以地区或双边为中心的自由贸易协定持消极甚至反对的态度。但是在多边贸易体制进展不力而区域贸易协定快速发展的情况下,日本最终选择通过签订自由贸易协定的方式来克服国内需求不足、增强贸易收支盈余并限制中国的影响力。日本与新加坡于2002年1月正式签署了自由贸易协定,决定取消除农产品之外的所有产品进口关税,并在投资和服务贸易等领域进行广泛合作。这是日本有史以来签订的第一个具有双边性质的贸易协定,它标志着日本对外贸易政策的一个历史性转变。随后几年,日本先后与墨西哥、菲律宾、马来西亚、泰国、印尼和东盟、蒙古国分别签署了自由贸易协定。近几年,日本还尝试参与跨太平洋伙伴关系协定(TPP)、中日韩贸易区、区域全面经济伙伴关系(RCEP)、日欧自由贸易区,等等。

专栏 7-3　　日本 FTA 战略的两次转变

"二战"后,日本长期在美国主导下的全球贸易体系中开展对外经贸活动,根本不触及作为关贸总协定规则例外的区域性自由贸易协定(FTA)。1998 年后日本逐渐向区域经济合作方向倾斜。在全球层面,WTO 西雅图会议的失败暴露了全球多边体制的局限性;在区域层面,美国于 1994 年建成北美自由贸易区后,力图将其扩展至整个美洲以期建立美洲自由贸易区。在美国加强地区保护主义且日本自身经济低迷的情况下,日本已经清醒地认识到区域经济合作的必要性。1998 年,日本内部已经开始探讨贸易政策的新指向,以及加入双边和地区 FTA 的可能性。2000 年以后,日本陆续发布《国际贸易白皮书》(2000 年)、《日本经济活性化六大战略》(2002)、《日本的 FTA 战略》(2002)和《日本加强经济伙伴关系(EPA)的政策》(2003)等文件,强调与东亚国家开展 FTA 谈判。

日本 FTA 战略的第一次转变:注重区域经济合作

日本面临先进入东北亚还是东南亚的战略选择。由于日韩之间缺乏政治安全互信,东北亚的韩国虽然成为日本在东亚经济合作框架下的首选,但是两国 FTA 谈判未果。这样,东南亚便进入了日本的视野。位于东南亚的新加坡几乎没有农业部门以及几近于零的关税水平,成为日本在东亚推动 FTA 战略的第一个国家,日新 EPA 也就成为该阶段日本向东亚地区推动 FTA 战略的跳板。

随后,日本面临是否扩大东亚区域经济合作的问题。2005 年日本 FTA 战略的政治意图遭遇重大挫折,日本 FTA 战略进行第一次转变,即推动与东南亚国家的谈判,将原来的东亚地区("10+3")扩大至东亚、南亚及大洋洲("10+6"),实现地区主义多边化。

日本 FTA 战略的第一次转变,即选择扩大版的东亚经济合作框架,其背后的战略动机较为明显。日本原本希望在东亚区域内展开 FTA 谈判,增强在 WTO 谈判中讨价还价的能力,利用与该地区国家日益紧密的经贸联系获取与签署国间的政治互信,以扩展日本在全球范围内的影响力和现实利益。具有讽刺意味的是,日本不但未能与中韩两国之间达成某种形式的 FTA,反倒有被中韩两国边缘化的可能。日本主动扩大东亚经济合作框架,希望借助印度、新西兰和澳大利亚三国,在与东南亚地区国家建立双边 FTA 的基础上,最终形成"10+6"形式的地区主义多边化,抢先建立扩大版的东亚经济共同体,以增强在该地区的影响力。

日本 FTA 战略的第二次转变:选择"跨地区主义多边化"

2011 年 11 月,野田佳彦上台后不久就否认了"东亚共同体"理念,公开提出"太平洋宪章"的概念。与此同时,日本宣布参加美国主导下具有"跨地区主义多边化"特征的 TPP 谈判,拓展了原有的区域经济合作范围和内涵。继任日本首相的安倍晋三也毫无顾忌地站在美国一边,标志着日本对外经济战略的第二次转变。此次日本 FTA 战略的转变有以下三个特征:第一,日本政府的 FTA 战略所涉及的地域再次扩大。第二,抛弃"东亚共同体"构想,具有"跨地区主义多边化"的政策倾向。第三,赋予 TPP 为代表的"跨地区主义多边化"以新的价值观内涵,为实现美日共同主导造势。日本为避免中国主导东亚经济一体化,在压力下无奈地选择美日共同主导。美国希望借助日本制衡中国,而日本也趁此抓住 TPP,加强日美同盟,依美制华。

日本 FTA 战略的第二次转变,即选择"跨地区主义多边化",有其自身的经济动机。随着企业的跨境经营活动越来越全球化,不仅需要建立起包括零部件、中间件等在内的物品流"全球供应链",而且需要建立起包括采购、开发、制造、销售、服务、知识产权转让、信息转移、人员流动、资本流动及利益回收等在内的"全球价值链"。日本需要建立地理范围更广阔的 FTA,寻求有利于完成全球最佳供应链、价值链建设的大区域经济整合。尽管如此,日本选择"跨地区主义多边化"更多出于战略动机而非经济动机。从战略方面而言,首相安倍上台后,力推安倍经济学,其中之一就是加入美国主导的 TPP 谈判,而美国 TPP 战略已经不是单纯的经济问题。美国推行"3T"(TPP+TTIP+TiSA)战略为的是加强地缘政治与经济联系和带头书写 21 世纪贸易规则。日本长久以来形成的以经济换安全的战略思想,与美国提出的宏地区主义不谋而合,日美两国恰恰可以借 TPP 各取所需。

资料来源:范斯聪.日本"自由贸易协定战略"的无奈转变:过程与战略动机分析[J].现代国际关系,2016(6):21-27.

关 键 概 念

超贸易保护政策,新贸易保护主义,战后贸易自由化,一般 301 条款,特殊 301 条款,超级 301 条款,201 条款,管理贸易,贸易调整援助

内 容 提 要

1. 从资本主义原始积累时期到现在,发达国家贸易政策的演变大体经历了五个阶段:重商主义(资本主义原始积累期)、自由贸易政策和保护贸易并存(自由竞争时期)、超贸易保护(19 世纪末至第二次世界大战期间)、战后贸易自由化("二战"后到 20 世纪 70 年代初)以及新贸易保护主义(20 世纪 70 年代中期开始)。

2. 超贸易保护政策在保护目标、对象及手段方面与自由竞争时期的保护贸易政策有很大区别。

3. 从第二次世界大战结束到 20 世纪 70 年代初,在美国的带动下,发达国家逐步削减各自的贸易壁垒,追求贸易政策的中性化。

4. 影响美国贸易政策的主要因素有三类:一是美国在全球的经济地位;二是美国国内政治经济力量的博弈;三是美国与相关国家间的关系状态。根据贸易政策倾向及其程度的差异,本书将美国贸易政策的演变分为如下三个阶段:钟摆式运动阶段(美国建国—1934 年)、贸易自由化阶段(1934—20 世纪 70 年代中期)、管理贸易阶段(20 世纪 70 年代中期至今)。

5. "二战"结束后,日本政府利用特殊的国际形势,扬长(初期发挥劳动力优势,之后利用资本和技术优势)避短(资源贫乏),执行"贸易立国""技术立国"的基本战略,日本政府灵活多样的贸易政策对日本迅速成为贸易强国"功不可没"。

复习思考题

1. 发达国家贸易政策的演变经历了哪些阶段?
2. 超贸易保护政策和幼稚产业保护政策有何区别?

3. 简述"二战"后贸易自由化的推动因素及主要影响。
4. 20世纪70年代新贸易保护主义兴起的原因有哪些？有何主要特征？
5. 请运用政治经济学观点解释美国建国以来贸易政策的演变。
6. 简述美国的贸易救济措施。
7. 简述"二战"结束后日本贸易政策的演变。
8. 简述美国管理贸易的特征。

第八章 发展中国家的贸易政策

一般而言,发展中国家的经济发展水平较低、科技创新能力较弱、社会文明程度较低。在国际经济舞台上,发展中国家与发达国家存在依赖不对称问题。发达国家凭借雄厚的经济和科技实力,迫使发展中国家接受不合理的利益分配格局。在不利的国际经济秩序中,发展中国家需要通过政策的制定和实施来实现"立足"、发展的目标。在贸易政策方面,发展中国家主要采用了三种贸易战略——初级品出口战略、进口替代战略和出口替代战略。本章将阐释这三种战略的定义、类型及优缺点,并介绍中国的贸易政策。

第一节 发展中国家的贸易政策类型

一、发展中国家的定义

发展中国家的历史背景、文化传统、宗教习俗、价值取向、国土幅员、人口数量、自然条件、资源禀赋、社会制度、政治信仰、经济发展水平与社会进步程度等存在着明显的差异,并且由于经济、政治发展不平衡规律的作用,又都在不断地发展变化着。根据中国人民大学经济发展研究中心彭刚教授的观点,发展中世界是由这样一些国家和地区构成的:这些国家和地区或者是过去的殖民地和附属国,或者是长期实行高度集中计划体制的国家,或者是虽然某种资源禀赋(例如石油)能够给它们带来高收入,但经济结构单一、现代化程度不高,社会文明演进处于较低层面的国家。

从来没有一个国际组织提出过发展中国家的概念,并在法律上予以确定。世界银行将全球经济体分为四种收入组别:高收入组、中高收入组、中低收入组以及低收入组。低收入和中等收入国家,一般被视为发展中国家。为降低各国人均国民总收入变化以及物价变化的影响,世界银行于每年的7月1日公布分组的新标准。2017年7月1日世界银行确定的标准如下:人均国民总收入低于1 005美元的为低收入经济体,处于1 006美元到3 955美元之间的为中低收入经济体,介于3 956美元到12 235美元之间的属于中高收入经济体,高于12 235美元的为高收入经济体。根据这一标准,2017年人均国民总收入不高于12 235美元的国家为发展中国家。事实上,我们不能仅仅依据收入水平去判断一国的发展程度。例如：卡塔尔、科威特等国主要依靠石油输出而跻身高收入国家，但其国民素质、经济结构及社会文明程度均较低，不宜把它们视作发达国家。联合国开发计划署设计了一个综合性指标——人类发展指数，人类发展指数用一个国家的人口出生时预期寿命、知识水准（预期受教育年限和平均受教育年限）和人均国民总收入（经过购买力平价调整）来衡量，取值范围在 0 到 1 之间。根据 2016 年的最新分类标准，人类发展指数低于 0.550 的为低级人类发展程度国家，介于 0.550 到 0.699 之间的是中等人类发展程度国家，处于 0.700 到 0.799 之间的属于高级人类发展程度国家，而不低于 0.800 的属于很高人类发展程度国家。一般可将前三类国家视作发展中国家。

二、发展中国家贸易政策的主要类型

（一）初级品出口战略

初级品出口战略是指发展中国家发挥静态比较优势，依靠出口未经加工或略经加工的农矿产品来发展经济的战略。初级品出口战略是初级外向战略。

提出这种战略的经济学家认为，在经济发展的初期，发展中国家只有依靠在初级产品上的现有比较优势，才能满足本国居民对工业品的需求，并积累工业化所需的资金，同时在此基础上发展农矿产品出口加工工业，促进国民经济的增长。

初级品出口战略对于发展中国家的意义体现在以下四个方面：第一，初级品出口是外汇收入的来源之一；第二，初级品出口战略有助于发展中国家积累发展其他产业的资金；第三，不少初级产品是劳动密集型的，劳动密集型初级品出口的增长可以改善发展中国家的就业状况；第四，发展中国家对粮食、肉类等产品需求的收入弹性和价格弹性均较高，因此对这些产品的吸收能力较强，这对促进"南南合作"具有一定的意义。

初级品出口战略对于发展中国家的不利之处包括：第一，不合理的国际分工格局以及不同产品的需求特征有可能导致发展中国家陷入贸易条件恶化的状态；第二，有的发展中国家主要进行可枯竭不可再生资源（如石油和铜矿）的出口，这类资源的枯竭对相关国家的冲击往往很大；第三，实行初级品出口战略的国家有可能患上"荷兰病"，其产业结构畸形发展，教育和科技实力薄弱，因而可持续发展能力低下。

 **专栏 8-1** 资源诅咒传导机制之"荷兰病"

20 世纪 50—70 年代，荷兰北海一带发现了大量天然气资源。随着天然气的大量开采和出口，劳动力和资本转向资源出口部门，非资源出口部门竞争力下降，传统制造业迅速萎缩，造成经济回落和非工业化的后果。由于这一典型例证引发了人们对该类问题的探索，学术上便把这种不健康的发展途径定义为"荷兰病"。荷兰病不仅发生在荷兰，在世界其他许多国家也有类似的表现。

荷兰病属于国际上较早发现的资源诅咒传导机制，也是最典型的传导机制之一。它通过以下三种渠道压缩制造业利润空间，从而挤出制造业，使之逐渐衰退。

首先，由于繁荣的资源产业吸引走大量资本和劳动力，导致生产投入要素价格上涨。

其次，由于收入效应的作用，国内非贸易品价格上涨，于是员工的生活成本和许多非贸易类投入要素（比如房地产）价格上涨，同时以服务业为代表的非贸易部门开始扩张，要素需求增加，二者共同抬高了贸易制造业厂商的生产成本。另一方面，非贸易品价格上涨意味着货币的实际购买力下降，制造业厂商经营的实际收益也随之下降。

第三，大量资源产品出口导致本币在国际外汇市场上走俏，同时资源产业良好的投资机会也吸引了大量外国资本涌入，造成本币升值。本币升值的后果可能有四种：（1）为维护其产品的国际竞争力，外币出口价格不变，则兑换成本币的收入必然减少；（2）为保证兑换成本币的价格水平不变，则外币价格必然提高，国际竞争力下降；（3）保持国内价格不变，则此时由于汇率的变化，由国外进口的替代品会显得更加便宜，国内市场被挤占；（4）为保证国内市场不丢失，就要降低产品内销的本币价格至与进口替代品相当的程度。总之，不是价格降低就是销路变窄，无论如何厂商都要蒙受损失，荷兰病中本币升值从产品销售的层面上打击了本国制造业。

综上所述，制造业生产的成本提高，货币和实际收益却在下降，投资变得越来越不具吸引力，非工业化成了一种趋势。

制造业的衰落意味着经济将失去长期增长的活力。从产业发展角度出发，首先，很多资源是可耗竭的，一味依赖资源产业将导致当地经济在资源濒临耗竭时难以为继。其次，制造业的技术含量和附加值整体上高于资源产业，而且制造业内部更容易实现产业升级，不断向高新技术产业靠拢。资源产业通常加工链很短，中间产品比例高，最终消费品比例低，技术含量和附加值的提升空间实在有限。既然资源产品本身不包含高科技成分，不存在无形资产增值，除去资源租，利润是非常微薄的。尽管租金可以转化成物质资本，但是一方面资源产品的价格弹性很高，收入弹性却很低，加上国内的低价政策造成部分租值外溢，靠租金取得的收入毕竟有限；另一方面如果其他产业不发达，这些资本也没有很好的去处，结果还是被挥霍掉或者浪费在低水平投资上了。所以资源性经济的增长长期看来往往是乏力的。第三，制造业前、后向联系都比较广泛，容易通过联系效应催生其他产业，资源产业就没有这样的效果。

从人力资本积累角度出发，制造业是技术和管理创新的载体，还承担着培养企业家的使命，而资源开采部门对人力资本的要求相当低，资源产业与制造业的一涨一落很容易造成人力资本投资需求下降或者人才外流。一旦一国把资源当成它最重要的财产，就容易忽视人力资本的积累，对其投入较少的注意力和资金，普通人也不重视子女的教育。例如 OPEC 国家将 57% 的年轻人送入中学，而世界平均中学入学率是 64%，且它们的教育投资还不足 GNP 的 4%，而世界平均水平是 5%。我们都知道，多而好的教育是经济快速发展的先决条件，教育既可以提高劳动效率，也可以为管理创造更好的条件，同时还能够促进民主，所以低估人力资本的价值、对教育投入有限以及人才外流在很大程度上剥夺了当地经济长期发展的希望。此外，如果资源部门工资高到吸引了很多潜在的企业家和创新人才，资源开发还会进一步挤出企业家活动和创新。

从自由贸易角度出发，工业制成品出口减少进口增加，这种情况下政府经常会施行一些限制进口补贴出口的贸易保护政策，降低了开放度，使幼稚产业难以成熟，与国际分工的大趋势背道而驰。

从就业角度出发，现代采掘业大多为资本密集型，对剩余劳动力的吸纳能力有限，结果当地政府可能为解决就业而制造出大量无产出岗位，妨碍经济有效运行。事实上很多资源贫乏的国家和地区

(包括我国东南沿海)都是从发展劳动密集型加工工业起步的,解决了大量农村剩余劳动力的就业问题,同时奠定了工业化基础。这可以说是一条典型的发展中国家崛起的途径,Auty 将这一过程模型化并定义为"竞争工业化模型(competitive industrialization model)"。

总之,荷兰病打击制造业竞争力,使之在发达国家走向衰落,在发展中国家难以成长,其影响都是广泛而深远的。

资料来源:冯宗宪,姜昕,赵驰.资源诅咒传导机制之"荷兰病"——理论模型与实证研究[J].当代经济科学,2010(7):74-82.

(二) 进口替代战略

进口替代战略是指发展中国家通过建立和发展本国的工业,替代制成品进口,以带动经济增长,实现工业化,减少贸易逆差,改善国际收支。进口替代战略的主要理论基础有幼稚产业保护论和"中心—外围"理论。根据幼稚产业保护论,如果一国某产业起步较晚,规模较小,尚不具备与国外产业开展直接竞争的能力,但若该产业具有潜在的竞争优势和巨大的正向外部经济性,而且保护取得成功后带来的预期收益高于保护的预期成本,那么,国家就应该通过贸易保护将国外的产品和资本阻挡在本国的大门之外,从而为本国"幼稚产业"的发展提供良好的发展空间。根据普雷维什的"中心—外围"理论,发展中国家为了改变在国际分工中的不利地位,必须在相对封闭的条件下实现工业化。

进口替代包括非耐用消费品进口替代和"耐用消费品、重工业产品和化工产品"进口替代两个阶段。具体从那个阶段开始,取决于各国的工业基础,工业基础较好的发展中国家可能直接从第二个阶段起步。

执行进口替代战略可以采取的手段包括:(1) 运用进口关税和非关税手段(如进口配额和进口许可证)保护进口替代工业。(2) 实行外汇管制。相关国家对外汇流出严加控制,并实行高估本币的政策,以促进生产进口替代品的机器设备和关键投入品的进口。(3) 不少国家人为压低利率,并通过国有银行和政策性银行向进口替代部门提供信贷支持。(4) 一部分国家采取了国有化、国家垄断的形式,以加快进口替代行业的集中,增强优势企业的竞争力。(5) 以初级品行业补贴进口替代行业。在某些国家,农产品等初级品的出口受到限制,留在国内的初级品优先并经常以较低价格满足国内进口替代行业的发展需要。在另一些国家,政府鼓励初级品(如石油)的出口,并用出口收入为受到保护的进口替代行业提供资金支持。

进口替代战略可以为本国的幼稚产业部门提供发展的资源和环境,对进口替代部门的发展具有一定的推动作用。例如,"二战"后初期,泰国只有一些碾米业、锯木业和采锡业;实施进口替代战略后,到 20 世纪 60 年代泰国已经发展出纺织、水泥、制糖、炼油、车辆和电器装配业。但是,随着进口替代工业的发展,进口替代战略的缺点通常会日益突出,可能会产生一系列严重的问题。世界银行和国际货币基金组织的经济学家均认为,进口替代战略明显劣于出口导向型战略。

具体来说,进口替代战略的缺点至少体现在以下九个方面:第一,生产设备和关键投入品的进口代替了消费品、最终产品的进口,在出口外汇收入有限的情况下,长期的进口替代战略可能导致国际收支恶化。例如,拉丁美洲的阿根廷1980年年初出现的债务危机与这些国家长期实行进口替代战略导致的国际收支恶化有关。第二,由于国有企业的治理机制存在天然的局限性,国有化措施造就低效的、庞大的工业部门。第三,如果执行进口替代战略的国家国内市场规模较小,则不利于进口替代行业充分实现规模经济。第四,进口替代战略导致资源配置扭曲,资源不合理地向处于比较劣势的进口替代部门流动,导致非进口替代工业部门、服务部门和农业部门缺乏发展所必备的资源。第五,在封闭条件下发展进口替代工业,类似于"闭门造车",导致国内技术与国际领先技术脱轨。第六,执行进口替代战略的国家可能会遭到别国的贸易报复。第七,支持进口替代战略的措施(如进口配额)通常带有很强的控制性,这为腐败的滋生提供了肥沃的土壤。第八,进口替代战略往往会造就众多既得利益集团,他们通常也有能力抵制试图撤销贸易保护的做法。第九,长期的进口替代战略会导致二元经济,扩大城市与农村以及进口替代工业与其他产业之间的差距。

(三)出口替代战略

为了弥补进口替代战略和初级品出口战略的局限性,发展经济学家于20世纪60年代中期提出了出口替代战略,即发展面向出口的工业,以工业制成品的出口和半制成品出口代替初级品出口。从20世纪60年代中期开始,亚洲的新加坡、韩国以及拉美的巴西、墨西哥等国家和地区就从进口替代转向出口替代。20世纪70年代初,印度、马来西亚、菲律宾也相继推行出口替代政策,大力发展本国具有比较优势的产品。70年代中期以后,新加坡、韩国、巴西等国家和地区还把出口侧重点逐步从劳动密集型产品转向资本和技术密集型产品,终于打进了发达国家的市场。

出口替代战略包括初级品加工出口、劳动密集型装配和出口加工、以进口替代为基础的制成品出口三种模式。初级品加工出口模式是通过对初级产品进行一定程度加工和提高原有初级产品的加工程度以替代初级品出口,马来西亚和泰国等国采用过这种模式。劳动密集型装配和出口加工模式是通过建立出口加工、装配工业,对进口的半成品或零部件进行加工或装配后再行出口。以进口替代为基础的制成品出口模式是指在进口替代的基础上,发展制成品出口,以推动经济发展。

出口替代战略的实施需要具备一定的内外部条件。内部条件包括:一定的工业基础、一定数量和质量的特殊生产要素、一系列的出口鼓励政策等。外部条件包括:较好的地理位置、与世界市场有较稳固的金融联系、筹措资金较容易等。

实施出口替代战略的宏观调控措施包括:(1)发挥政府(当局)对经济的干预作用,弥补市场机制的不足;(2)采取灵活诱导措施大力吸引外资,利用外资带动出口;(3)全力促进对外贸易的发展;(4)发挥金融货币政策调节宏观经济发展的功能。

出口替代战略的优点包括：第一，用于支持出口替代战略的开放和竞争环境有利于资源的合理配置和产品国际竞争力的提升；第二，出口工业的发展有利于提高就业率，并促进劳动者素质的改善；第三，有利于改善国际收支状况；第四，有利于本国企业接触国外的创造性资产。

出口替代战略的缺陷在于：第一，加剧了对外部市场的依赖性，经济增长受外部环境的影响大，经济衰退和贸易伙伴设置的贸易壁垒会减缓出口替代国的贸易发展；第二，加剧了国内不同经济部门间的发展不平衡性，出口导向工业部门发展较快，而一些面向国内市场的中小型企业和农业部门却发展缓慢；第三，出口替代国发展出口替代工业需要引进大量外资，可能导致本国主要经济部门为外国资本所控制，从而使利润大量外流；第四，出口替代国如不加强高级生产要素的积累，将有可能被锁定在价值链的最低端；第五，执行出口替代战略的国家还会受到"合成谬误"的影响，即单个国家可能会因为出口替代战略获益，但当许多国家都执行这个战略的时候，则会受到需求的"加总约束"（Adding-up Constraints），导致相关国家都失败。

 专栏 8-2 比较优势与发展战略——对"东亚奇迹"的再解释

几乎所有实行赶超战略的发展中经济体，大都陷入诸如日益加深的城乡贫困化、旷日持久的高通货膨胀以及积重难返的经济结构失衡的困境之中。然而，一些没有采取赶超战略的发展中国家和地区，反而取得了快速的经济增长，成为世界经济发展中的明星。第一个成功的事例发生在日本，紧随其后的是地处东亚的韩国、新加坡、中国的台湾和香港。在过去数十年，这些经济体以与其他发展中经济体相同的起点，实现了完全不同的发展绩效，成为世界经济中高速、持续增长的典型，被誉为"东亚奇迹"。

从经济学角度解释东亚成功原因，吸引了许多经济学家的兴趣，并提供了各种不同的假说。我们可以将这种种观点归纳为三类。提出第一种假说的学派以世界银行的经济学家为代表。他们认为这些经济体的成功是由于实行了自由市场经济，价格扭曲较少，资源配置得当且效率高。但这种解释过于理想化了，因而远远不能令严肃的观察者满意。因为人们同时很容易观察到，这些经济体同样存在着明显的政府干预，竞争障碍乃至价格扭曲和贸易保护也是存在的。例如，中国台湾地区、韩国和日本都曾经积极地采用了进口限额和许可证、信贷补贴、税收优惠、公共所有制等手段，以培育和保护其幼稚产业。

与此恰好相反，以麻省理工学院经济学家 Alice Amsden(1989) 和英国经济学家 Robert Wade (1990) 为代表的另一学派提供的解释是，这些经济体的成功是由于政府有意识地扭曲价格、限制市场的作用、利用产业政策来扶持某些关键性的战略产业。诚然，这些干预的确存在，可是，许许多多存在着经济干预和扭曲价格的经济体，却往往成为经济发展最不成功的例子。许多推行赶超战略的国家，就以其发展经验表明这种理论假说缺乏说服力。

第三种假说把日本和亚洲"四小龙"经济发展的成功归结为这些国家和地区实行了外向型发展政策。由于实行外向型发展战略需要介入国际竞争，所以一个国家或地区的产业必须具备竞争力，从而必须是有效率的。因此,这种观点认为,国际贸易对于经济发展的成功是至为关键的。然而,需要质疑的是,经济的外向型究竟是经济发展的结果,还是导致经济发展的原因?如果是后者,完全可以不惜代价地人为推行出口鼓励型的发展政策,提高贸易在经济中的比重,以便达到经济发展的目标。实际上,那些推行赶超战略的国家,也经常把鼓励出口作为其赶超的一个手段。但由于采取的是扭曲价格和汇率以及直接补贴的办法鼓励出口,就不可避免地导致资源配置的失误,经济仍然陷入重重困境。最近一些经济研究也发现出口比重和一个经济总要素生产率的提高并没有显著的关系。

无论是日本还是亚洲"四小龙",在其经济发展过程中都没有明确地宣布它们实行怎样的发展战略。毋宁说,除了香港地区之外,这些经济体在发展的早期,都曾经尝试推行进口替代政策或者说作为次级进口替代阶段的重化工业优先发展政策。如果照那样的道路走下去,我们今天也许没有机会讨论所谓的"东亚奇迹"了。但是,这些经济体与其他发展中经济体不同之处在于,由于这些经济体感受到赶超战略的高成本和沉重代价,因而较早地放弃了与其比较优势相抵触的赶超战略,转而按照各自的资源禀赋条件,积极发展劳动密集型产业,从而增加了出口和经济的外向型程度,达到了比较优势的充分利用。虽然它们对这种发展战略从未明确表述,但是可以看出其特点是主导产业在发展过程的每一个阶段都遵循了经济学中所说的"比较优势原则",因此,我们称之为比较优势战略。

日本和亚洲"四小龙"为什么能够不同于其他发展中经济体,而在较早的阶段上放弃赶超战略呢?经济学家也尝试做出解释。而我们将这些经济体与那些固守赶超战略的经济体做比较时,会发现两者截然不同之处在于前者的人均自然资源占有水平很低,同时人口规模较小。赶超战略是一种效率很低、浪费很大的发展道路,一个经济体能够在多久的时期持续推行赶超战略,通常取决于两个因素:第一是人均自然资源的丰裕程度。自然资源可供无偿开发的程度,决定了一个经济在低效率的发展战略下得以延续的时间长短。第二是人口的规模。人口规模的大小决定了对资源浪费的人均负担程度,相对小的人口规模就无法维持长期的资源浪费。

日本和亚洲"四小龙"由于经济规模太小、人均拥有的自然资源太少,在发展的早期,政府每次想要推行重工业优先发展战略时,马上就遇到财政赤字增大、外贸收支不平衡、通货膨胀过高的难题,因而无法坚持下去,只好放弃政府的积极干预,而由企业自由选择。企业要实现利润最大化这个目标,在选择技术和产业时,就必须以充分利用经济中资源禀赋的比较优势为出发点。日本和亚洲"四小龙"遵循比较优势发展经济,是在政府放弃了赶超战略后企业自发选择的结果。可见,它们都没有把按照比较优势发展经济作为一种主动的政策选择。但是,既然它们成功的经验表明遵循比较优势原则可以快速地发展经济,作为后来者,就应该以此作为替代传统赶超战略的一种主动的战略选择。

日本和亚洲"四小龙"经济由于人均自然资源和人口规模的制约,对这种牺牲大部分产业而集中扶持少数产业的做法所带来的巨大代价承受力较低,所以较早地放弃了赶超战略。企业从利用其劳动力丰富的优势出发,发展劳动密集型产业,反而使资源禀赋结构的提升速度加快;作为其人均资本拥有水平提高的结果,产业结构和技术结构得以更快升级,最终进入发达经济的行列。实际上,按照比较优势来发展经济的原则,不仅适用于劳动力相对丰富的经济,对于那些自然资源丰富的国家和地区也同样适用。

资料来源:林毅夫,蔡昉,李周. 比较优势与发展战略——对"东亚奇迹"的再解释[J]. 中国社会科学,1999(5):4-20.

第二节　发展中国家面临的主要贸易难题

一、出口市场不稳定

许多发展中国家的产品出口集中在初级产品上,有些甚至主要依赖某一种初级品。例如,沙特阿拉伯、委内瑞拉和尼日利亚等国90%左右的出口收入来自石油。初级品的需求和供给价格弹性通常较低,这导致需求或供给的变动会导致出口品价格和出口收入发生较大的波动。假定某石油出口国在初始状态下的年出口量为10亿桶,出口单价为80美元/桶,年出口收入为800亿美元。如图8-1a所示,假设需求减少,需求曲线由D_0移动到D_1,则出口量减少20%至每年8亿桶,出口价格下降至50美元/桶,降幅达到37.5%,出口收入则减少到400亿美元,降幅高达50%。如果供给价格弹性变大,即供给曲线变得更陡峭,则出口价格和出口收入的下降幅度会变得更大。假设需求增加,需求曲线从D_0移动到D_2,则出口价格和出口收入均增加;如果供给曲线变得更陡峭,不难发现出口价格和出口收入的波动幅度也变大。图8-1b示意了供给变动对出口价格和出口收入的影响。如果需求曲线变得陡峭,则供给曲线的移动会导致出口价格和收入出现更大幅度的变化。

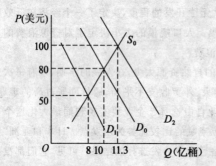 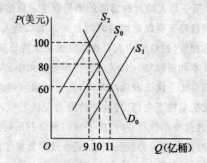

图8-1a　需求变动对出口价格和收入的影响　　图8-1b　供给变动对出口价格和收入的影响

二、贸易条件恶化

不少观察者认为,发展中国家的贸易条件呈现恶化趋势。他们给出的理由如下。第一,发达国家的不少企业(如美国高通公司、英特尔公司)拥有垄断地位,这使得发达国家的生产率收益主要被垄断企业获得。生产率的提高给发达国家的企业带来了更多的收入,但并没有导致出口品价格的下降。第二,发展中国家的初级品和低附加值工业品在国际市场上面临激烈竞争,这导致发展中国家企业的生产率收益主要被购买者(而不是生产企业)获取,生产率的提高可能导致发展中国家出口品价格出现较大幅度的下降。第三,初级品和低附加值工业品的需求收入弹性较小,因此随着各国收入水平的提高,人们在高附加值工业品上的支出增幅要大于其在初级品和低附加值工业品上的支出增幅。2004年,联合国的经济学家发现,1961到2001年间,发展中国家销售的农产品平均价格相对于其从发达国家购买的工业品平均价格下降了将近70%,撒哈拉沙漠以南的非洲穷国受到的不利影响尤甚。当然,也有一些实证研究质疑"发展中国家贸易条件恶化"的观点。

三、市场准入限制仍然存在

目前,发达国家的平均关税水平已经较低,但其对来自发展中国家的产品仍有形形色色的制约措施。第一,关税高峰现象普遍存在。对于一些被发达国家政府认为很敏感的产品,政府倾向于保护这些产品的国内生产者,因此这些产品的关税税率仍然较高。这种现象被称为关税高峰。在美、日、欧市场,关税高峰产品通常集中在农产品、食品以及其他劳动密集型部门(如纺织服装业和鞋业)。关税高峰产品往往是发展中国家具有比较优势的产品,因此关税高峰会制约发展中国家对发达国家的出口。第二,滥用贸易救济措施。贸易救济措施属于行政手段,政府掌握了主动权和自由裁量权。发达经济体,特别是美国和欧盟,倾向于将贸易救济措施作为传统贸易壁垒的替代手段,频繁使用反倾销、反补贴和贸易保障措施,对发展中国家的产品出口构成了极大困扰。

四、发达国家的农产品出口补贴危及发展中国家农业的发展

发达国家常常以保障食品安全和国家安全的名义对农业进行保护。除了高企的关税,农产品出口补贴也被发达国家大量使用。发达国家的出口补贴提升了其农产品在国际市场上的价格竞争力,但是也威胁了发展中国家农业的生存与发展。对发展中国家有利的消息是,世界贸易组织于2015年12月19日通过了《内罗毕部长宣言》,各成员首次承诺全面取消农产品出口补贴。

第三节 中国的贸易政策

随着中国经济发展目标、发展水平以及国际经济环境的不断变化,中国对外贸易政策在不同的经济发展阶段存在不同的特点,理论依据在不断更新,具体的贸易措施也在不断改进和完善。从新中国成立到现在,中国的对外贸易政策大体上经历了四个发展阶段,分别是:计划经济体制下的国家统制型的封闭式保护贸易政策(1949—1978年)、改革开放后有计划商品经济体制下的国家统制型的开放式保护贸易政策(1978—1992年)、"入世"前社会主义市场经济体制下的有贸易自由化倾向的保护贸易政策(1992—2001年)、多边贸易体制下的对外贸易政策(2001年起)。

一、计划经济体制下的国家统制型的封闭式保护贸易政策(1949—1978年)

从1949到1978年,我国对外贸易的指导思想是"互通有无,调节余缺",实行的是高度集中的外贸体制,由国家对对外贸易实行统一的管理、控制和调节。具体措施包括:(1)国家制定对外贸易的法律、方针和政策;(2)国家设立统一管理外贸的专门机构;(3)国家统一设立对外贸易专业公司和审批其他企业的外贸经营权;(4)国家制定外贸的中长期指令性计划和指导性计划;(5)国家运用各种经济杠杆(包括价格、税收、利润、信贷、外汇留成、承包指标等)统一调控、管理对外贸易活动。

由于发达资本主义国家对中国的经济封锁和禁运政策、中苏关系在20世纪50年代末的急剧恶化以及中央高层的保护主义思想,1949—1978年间,自力更生和自给自足成了中国发展经济的指导思想。在社会主义计划经济体制下,中国选择了在资金短缺的经济中优先发展重工业的工业双边经济贸易合作(除了早期与苏东国家之间的经济来往),同时对外贸易的目的主要是创汇,为满足必需的进口对外汇的需求,中国采取人民币币值高估以及外汇管制的汇率政策。在对外贸易战略方面,中国此时基本上采取的是进口替代战略。在1960年之前选择的进口替代行业基本上是重工业,这与中国当时的工业化战略是相辅相成的,随后才开始有计划地引进部分基础工业。但是,与拉美国家的经历相同,完全的进口替代政策也导致国际收支状况日益恶化,企业缺乏发展的动力,引进的技术消化吸收不良。在此阶段,政府采取进出口管制、征收关税、海关监管和商品检验等具体的贸易措施。制定关税政策的目的是"保护国家生产"和增加财政收入。

二、改革开放后商品经济体制下的国家统制型的开放式保护贸易政策(1978—1992年)

1978年起,我国开始打破"闭关自守"的贸易格局,放弃了"调节余缺"的贸易目标,转而重视发挥中国在国际贸易中的比较优势,开始体会到高度集中的对外贸易体制和外贸公司的预算软约束状况不能适应对外贸易发展的需要,认识到需要实行权力下放、竞争和外贸公司自负盈亏等新的原则。此阶段,中国的贸易地位迅速上升。1978年,中国的出口排在世界第34位,进口则排在第58位,而到了1992年,以对外贸易额为依据,中国已跃居世界第11名。根据外贸体制改革的力度,可以把这一阶段区分为1978—1987年、1988—1992年两个时期。

前一时期是改革的试验探索阶段,改革的特点是简政放权,下放对贸易的行政控制权和外贸经营权。一方面,把指令性的计划体制改变成由指令性计划、指导性计划和市场调节相结合的体制;另一方面,下放外贸经营权。改革前,中国只有12家全国性的专业外贸公司从事对外贸易,改革开放后,各省市和中央有关部门也都被授权建立自己的外贸公司,同时还陆续批准了一批大中型生产企业经营本企业产品的出口业务和生产所需投入品的进口业务。1982—1987年间,我国还试行了外贸代理制,探索了工贸、技贸和农贸相结合的途径。

后一时期对外贸易体制改革的重点则体现在放宽外汇管制制度、实行出口退税政策、建立进出口协调服务机制、鼓励发展加工贸易。在这一阶段,指令性的计划基本被取消。到1992年第一季度,只有大约15%的出口商品和18.5%的进口商品受指令性计划控制,这标志着中国向国际惯例和利用市场机制方面迈进了一大步。中国于1986年建立了外汇调剂中心,对于调剂外汇余缺、促进贸易发展起到了积极的作用。此阶段重点推行外贸承包责任制,建立自负盈亏的机制,使外贸逐步走上统一政策、平等竞争、自主经营、自负盈亏、工贸结合、推行代理制的轨道。

1978年至1992年,中国对外贸易政策着重体现在奖出限入的政策上。(1)采取出口导向战略。鼓励和扶持出口型的产业,并进口相应的技术设备,实施物资分配、税收和利率等优惠,组建出口生产体系;实行外汇留成和复汇率制度;限制外资企业商品的内销;开始实行出口退税制度;建立进出口协调服务机制。(2)实施较严格的传统进口限制措施。通过关税、进口许可证、外汇管制、进口商品分类经营管理、国营贸易等措施实施进口限制。(3)鼓励吸收外商直接投资。鼓励利用两种资源、两个市场和引进先进技术。

三、社会主义市场经济体制下的有贸易自由化倾向的保护贸易政策(1992—2001年)

1992年10月后中国正式进入社会主义市场经济的建设阶段。为了"复关"成功(1994年前)和加入WTO(1995年以后),中国积极按照多边贸易体制的要求对自身的贸易体制进行改革。

中国在进口限制方面的改革包括:(1)对关税政策进行调整。1992年1月1日采用了按照《国际商品名称和编码协调制度》调整的关税税则,并降低了25个税目的进口税率。其后进行多次关税下调,到1996年中国的关税总水平已经下降到23%。(2)减少并规范非关税措施,包括改革进口外汇体制、实行单一的有管理的浮动汇率制度、大量取消配额许可证和进口控制措施、配额的分配实行公开招标和规范化分配制度。(3)依据GATT/WTO的规则对中国的涉外法律体系进行完善,建立了大量的技术法规、反倾销条例等。

在出口促进方面的改革包括:(1)继续执行出口退税政策;(2)成立中国进出口银行,扶持企业的对外出口;(3)采取有管理的浮动汇率制度;(4)成立各类商会和协会,并积极组织和参与国际性贸易博览会和展览会等;(5)大力发展出口援助等。

在这个阶段,中国政府干预对外贸易的目的尽管与改革开放前不同,但是依然受到古典重商主义观念的影响,奉行"顺差就是成绩,顺差就是目的"的"顺差至上"的重商主义思想,即使赔本也不遗余力地从事出口创汇。此阶段,境外资本利用中国土地和劳动力资源成本低、供应充足的特点,与中国开展国际分工合作。外商投资企业的贸易占中国进出口的比重不断增加,加工贸易成了中国出口贸易的主要方式。

四、多边贸易体制下的对外贸易政策(2001年起)

自2001年中国加入世贸组织之后,中国的对外贸易额迅猛增长。这里分析一下中国商品贸易的发展情况。2002年,中国出口额首次突破3 000亿美元大关,成为世界第五大出口国。2004年,中国的进出口额跃居世界第三位,仅次于美国和德国。2008年,中国的进出口额超越德国,成为世界第二大商品贸易国。2009年,中国出口额达到12 016亿美元,跃居为世界第一大出口国。2012年,中国成为世界上首个出口额超过2万亿美元的国家。2013年,中国商品贸易额突破4万亿美元大关,成为世界第一大商品贸易国。2015年和2016年,中国的商品贸易额连续出现萎缩,但2017年上半年中国商品贸易额又一次快速增长,同比增幅高达19.6%。

尽管中国在贸易规模上取得了突破,成了名副其实的贸易大国,但离"贸易强国"的地位仍有很远的距离。第一,中国贸易地位的迅速提升和持续多年的贸易顺差使得中国与他国的贸易摩擦日益增加,中国是遭遇"反倾销""反补贴"调查最多的国家,美、欧、日利用技术性贸易壁垒、人民币汇率问题、贸易保障措施和特别保障措施等手段限制中国商品的输入。第二,中国商品和服务的国际竞争力比较低下,不少关键资源和产品的国际定价权掌握在国外手中。第三,中国的贸易方式中加工贸易所占比重过高,贸易附加值低下,中国企业通过贸易获得的收益微薄。第四,中国的土地、劳动力、矿产和能源的供需矛盾日益突出,环境承载力已达极限,传统的粗放型贸易拓展模式难以为继。第五,外贸依存度偏高,导致中国经济受外部需求的影响很大,这增加了中国经济增长的系统性风险。

从2001年至今,中国在遵守WTO规则约束的情况下,积极完善贸易的商品和服务结构,提高贸易竞争力。此阶段,对外贸易的政策目标是:促进对外贸易发展,构造有利于经济均衡发展的产业结构,实现产业的持续升级,推动中国经济在适度内外均衡基础之上的高速发展。采取的贸易政策和措施如下:

第一,利用WTO规则对中国的部分产业进行适度保护。作为处于经济转型阶段的发展中国家,中国在追求贸易自由化的同时,不能牺牲本国的产业和贸易利益,应该在一定时期和一定范围内,采取适当的贸易保护措施。根据《1994年关税与贸易总协定》及乌拉圭回合最终协议的规定,作为发展中国家的中国可以享受针对发展中国家成员的优惠待遇,这些待遇包括可以动用关税与非关税手段,对特定的幼稚产业进行扶持与保护。"入世"以来,我国充分利用WTO给予中国的过渡期以及给予发展中国家的其他优惠待遇对本国的幼稚产业进行了适度保护。

第二,在积极参与WTO事务的同时,更加积极地参与区域性的金融、贸易和经济合作。在新一轮经济全球化和区域经济一体化浪潮中,我国加快了参与区域经济一体化的步伐以应对区域经济一体化的机遇与挑战。2002年11月,我国与东盟签署了《中国与东盟全面经济合作框架协议》,根据该协议,中国—东盟自由贸易区于2010年正式建成。截至2016年1月,中国已签署14个自贸协定,其中已实施12个自贸协定,涉及22个国家和地区,自贸伙伴遍及亚洲、拉美、大洋洲、欧洲等地区。这些自贸协定分别是我国与东盟、新加坡、巴基斯坦、新西兰、智利、秘鲁、哥斯达黎加、冰岛、瑞士、韩国和澳大利亚的自贸协定,内地与香港、澳门的《更紧密经贸关系安排》(CEPA),以及大陆与台湾的《海峡两岸经济合作框架协议》(ECFA)。此外,正在商建的自贸区有6个,包括《区域全面经济伙伴关系协定》(RCEP)、中国—海湾合作委员会自贸区、中国—挪威自贸区、中日韩自贸区、中国—斯里兰卡自贸区和中国—马尔代夫自贸区。

第三,大力发展服务贸易。我国的服务贸易一直是逆差,而且逆差额自21世纪以来有持续扩大的趋向,2000年逆差额为56亿美元,到了2016年则突破2 600亿美元。中国服务贸易竞争力低下的状况制约了中国贸易整体竞争力的提升。现阶段我国服务贸易法律框架雏形已基本形成。位于最高层次的是《中华人民共和国对外贸易法》,其中第四章"国际服务贸易"明确了我国对外服务贸易开展的基本原则,是服务贸易法的支柱。《商业银行法》《保险法》《证券法》《海商法》《注册会计师法》《律师法》《民用航空法》《广告法》《建筑法》等服务行业性法律构成我国服务贸易法的主体框架。《外资银行管理条例》《外资保险公司管理条例》《外资参股证券公司设立规则》《海运条例》《旅行社管理条例》《外国律师事务所驻华代表机构管理条例》《外商投资电信企业管理条例》等行政法规、规章和地方性法规是重要补充。《公司法》《合伙企业法》《独资企业法》《反不正当竞争法》《消费者权益保护法》《合同法》《价格法》等法律、行政法规等是构建服务行业法律框架的外部保障。从政府规划等层面来看,政策文件主要包括:商务部2007年出台的《服务贸易发展"十一五"规划纲要》和每年的"商务部关于服务贸易的工作意见",等等。2009年温家宝总理的政府报告指出要"抓紧完善鼓励服务贸易的政策措施;大力发展国际服务外包",这表明中央将继续加大对服务贸易和服务外包的政策扶持力度。在"十一五"(2006—2010年)规划期间,国家开展了"服务外包千百十工程",要在全国建成10个具有一定国际竞争力的服务外包基地城市,推动100家世界著名跨国公司将其一定规模的服务外包业务转移到中国,培育1 000家取得国际资质的大中型服务外包企业,创造有利条件,全方位承接国际(离岸)服务外包业务,力争5年内新增20万~30万大学生就业,培训30万~40万承接服务外包所需的实用人才,实现2010年服务外包出口额在2005年的基础上翻两番。2015年,国务院发布《国务院关于加快发展服务贸易的若干意见》,明确了服务贸易的发展目标:(1)服务业开放水平进一步提高,服务业利用外资和对外投资范围逐步扩大、质量和水平逐步提升。(2)服务贸易规模日益扩大,到2020年,服务进出口额超过1万亿美元,服务贸易占对外贸易的比重进一步提升,服务贸易的全球占比逐年提高。(3)服务贸易结构日趋优化,新兴服务领域占比逐年提高,国际市场布局逐步均衡,"一带一路"沿线国家在我国服务出口中的占比稳步提升。

第四,通过自然资源类企业的海外投资来缓解中国在重要资源进口方面的压力。自20世纪90年代以来,中国的部分战略性矿产品供求矛盾已经出现。随着经济持续快速发展,供需缺口日益扩大,进而导致对国外资源和能源的过分依赖。以石油为例。2000年至2009年,我国原油消费量由2.41亿吨上升到3.88亿吨,年均增长6.78%;原油净进口量由5 969万吨上升至1.99亿吨,进口依存度也由24.8%飙升到51.29%,首次超过警戒线50%。根据巴黎国际能源机构的预测,到2030年中国石油消费量中进口石油将占85%。目前中国在铁、铜、铝等矿产资源上也存在类似的供求缺口。为保障矿产类资源的稳定供应,保证进口业务稳步开展,中国的自然资源类企业,如中石油、中石化、中海油、中铝,通过海外并购、联合开发、合资合作等形式增强了对海外资源的控制力。

第五,致力于提升产品的国际定价权。国际定价权是一个国家、组织或企业在国际市场商品价格形成中能左右或者影响该商品价格的能力。国际定价权是一个国家某个产业综合实力的重要表征。中国无论在一般的工业消费品还是在大宗商品(如农产品、矿产品)上均存在国际定价权缺失的问题,即"低价卖出,高价买入"现象普通。近几年,中国开始通过鼓励相关行业的企业兼并重组、制定出口配额等措施来提高中国相关企业的议价能力。

第六,从"出口创汇"向国际收支平衡转变。长期以来,中国凭借"出口创汇"等措施获得了大量的经常项目顺差,但过高的顺差也给中国造成了一些问题。例如,过高的顺差会加剧贸易摩擦,导致人民币升值、加大通货膨胀的压力,并且外汇储备的低效管理造成了经济资源的大量浪费,因此,持续的过高顺差对中国经济的长远发展是不利的。我国自2006年起就将促进国际收支平衡作为宏观经济调控的目标之一。2011年,商务部部长陈德铭在十一届全国人大四次会议期间召开记者会时表示:"我国今年外贸总的政策是'稳出口、扩进口、减顺差',因加快了贸易结构调整和优化,推进了自贸区战略和实行进口便利化措施,所以进口增速会高于出口增速。"

第七,尝试推行人民币国际化。近年来,美国等西方国家借口"人民币汇率"问题向中国施加压力,要求中国进行人民币升值,以消除贸易不平衡现象。中国于2005年7月开始进行"汇改",此后,人民币名义汇率持续多年上升,这一度给中国的出口造成了巨大的挑战。中国的GDP总量、贸易、投资和外汇储备均居世界前列,经济增长态势良好,具有实行人民币国际化的必要条件。在金融危机期间,中国与韩国、中国香港、马来西亚、白俄罗斯、印尼、阿根廷等国(地区)签署了价值达6 500亿元的双边货币互换协议。中国还积极倡导人民币跨境结算,已在上海、广州、深圳、珠海、东莞开展跨境贸易人民币结算试点,还在部分边境贸易中采用人民币结算,人民币在一些东南亚国家已成为民间的硬通货。2016年10月1日,人民币成为国际货币基金组织特别提款权(SDR)货币篮子的一员,这标志着人民币国际化迈出了坚实的一大步。人民币的国际化有助于减少进出口贸易中的外汇操作成本,有利于应对汇率风险,从而有助于中国外贸保持持续、平稳的发展态势。

第八,建设自由贸易试验区,推动制度创新。在经济"新常态"背景下,为了深化改革与扩大开放,中国建设了一批自由贸易试验区,包括中国(上海)自由贸易试验区、中国(广东)自由贸易试验区、中国(天津)自由贸易试验区和中国(福建)自由贸易试验区等11个自由贸易试验区。自由贸易试验区的根本任务是以开放倒逼改革,形成可复制、可推广的新制度,推动我国发展方式的根本转变。自由贸易试验区建设的核心定位依旧是"先行先试",探索新的增长路径。目前,自由贸易试验区在贸易方面的改革试点包括贸易便利化改革、平行进口汽车试点,等等。未来,自由贸易试验区还将在贸易改革方面积累更多的经验,以便向国内其他地区推广。

专栏8-3　供给侧改革推动我国出口贸易转型升级的思路与方向

供给侧改革,是从投入侧实施一系列改革,"提高供给体系质量和效率,增强经济持续增长动力"。供给侧改革是相对于需求侧管理而言的。需求侧是从需求角度解释经济增长,认为消费、投资、政府采购和净出口决定了增长,主张从需求侧对经济增长加以管理和干预;供给侧则从供给角度解释经济增长,强调新增劳动力、新增资本、技术进步等要素投入决定了增长,可以通过供给侧改革实现经济增长。一般而言,需求变动往往是短期的或者是周期性的,而供给侧改革,包括生产成本和结构性改革,是以技术创新和制度创新为前提,以效率改变为条件,这种改革必然要经过很长一段时间,因此供给侧改革效应往往具有长期性,更侧重于增强企业长期发展活力和提升经济增长效率,注重经济的长期持续平衡和可持续发展。

纵观我国外贸发展历程,从改革开放到2008年,我国对外贸易快速发展,得益于对内改革和对外开放。对内改革释放制度和人口红利,从供给侧推动出口贸易的发展;对外开放,信息技术革命和全球化带来的世界经济增长,从需求侧推动了出口贸易的发展。2008年金融危机后,世界范围内经济增长放缓,各国均进入了调整期,我国主要出口市场的产品需求将处于稳定阶段,依靠外部需求带动出口发展十分有限。另外,我国出口贸易面临着产品技术含量低、附加值率低等问题,需求端也难以起到有效的作用。

新常态下,面临着资源、环境的约束以及出口贸易存在的困境,为了实现出口贸易的转型升级,"打铁还需自身硬",必须从供给端着手,按照"既要创造新供给,又要调整供给结构"的思路,实现出口贸易转型升级。一方面,利用新技术、新产业、新业态和新模式创造新供给;另一方面,纠正要素市场扭曲,重塑比较优势,推动技术革新,提高供给侧质量,调整供给结构,增加高质量产品的供给和出口。

利用新技术、新产业、新业态和新模式创造新供给

创造新供给是供给侧改革推动出口贸易转型升级的重要方面。新技术、新产业、新业态和新模式则是新供给的主要来源。一般而言,新技术来自两个方面:自主创新和技术引进。通过供给侧改革,从自主创新和技术引进两个方面,推动出口商品结构优化,转变粗放与外延型的出口贸易增长方式为集约与内涵型的出口贸易增长方式。首先,通过供给侧改革,打造适宜的创新环境和平台,立法保障自主创新收益,给予知识开发者以适当补贴,激励企业自主创新,提高产品质量,增加高质量产品出口。其次,通过推进外商投资管理体制改革,大幅减少外资准入限制等措施,引进国际先进产业链,推动产业和出口升级。伴随着技术创新,会产生相应的新产业,创造新供给。同时企业作为创新主体,解放思想,在原有生产基础上,敢于结合市场,开展个性化定制和柔性化生产,注重差异化,创造出新的经营业态和模式,同样会创造新的供给,推动我国出口贸易商品结构的多元化和高级化。

纠正要素市场扭曲,重塑比较优势,激励技术革新,调整供给结构

要素市场的严重扭曲,人为压低土地、劳动及资源等要素价格,间接补贴了生产者和投资者,部分企业依赖扭曲低价要素在市场中占据有利地位,企业没有激励革新技术,形成低效率、低技术水平锁定,导致资源浪费,生产效率低下。张杰等(2011)认为要素市场扭曲通过提高企业盈利能力和增加寻租成本等途径严重抑制了我国企业的研发投入,影响经济的可持续发展。

纠正要素市场扭曲,理顺要素价格,扭转要素扭曲带来的不合理优势,淘汰落后产能企业,清理僵尸企业,提高科技人员和企业的积极性,重塑比较优势。比如劳动力市场分割导致的扭曲使企业可以获取廉价劳动力,节约生产成本,在劳动密集型产品出口方面具有优势。如果劳动力市场长期持续扭曲,企业没有任何激励革新技术,会使国家陷入劳动密集型行业的"比较优势陷阱"。通过供给侧改革,破除劳动力流动限制,逐步消除城乡劳动力市场分割所带来的劳动力价格扭曲,让市场决定劳动力价格,反映劳动生产率,淘汰落后、低效率企业,刺激企业实现技术升级,重塑新型比较优势。相似地,土地、能源都是由政府定价,市场存在扭曲,为了吸引外部资金进入,人为压低价格,导致土地和能源资源浪费,出口扩大带来大量能源消耗。通过供给侧改革,实现土地、能源市场化定价,淘汰高能耗企业,迫使企业转型升级。另外低效率和高能耗工业生产带来了大量污染,损害了环境,而环境是公共物品,市场失灵,企业并未为此买单。也就是说企业付出的要素价格是扭曲的,就需要环境税等供给侧措施矫正要素价格扭曲,使环境污染内部化,淘汰高能耗、高污染企业。

同时推进"中国制造+互联网",促进制造业升级。鼓励企业利用"互联网+",以智能制造改造和提升我国传统制造业,加速传统制造业折旧,利用重大技术改造升级工程,提升我国制造业的技术含量;还应通过培育企业精益求精的工匠精神,对产品精雕细琢,打造行业最优,提升产品品质,调整出口供给结构。

资料来源:李凯杰.供给侧改革与新常态下我国出口贸易转型升级[J].经济学家,2016(4):96-102.

关 键 概 念

发展中国家,初级品出口战略,出口替代战略,荷兰病,进口替代战略,合成谬误

内 容 提 要

1. 初级品出口战略是指发展中国家发挥静态比较优势,依靠出口未经加工或略经加工的农矿产品来发展经济的战略。初级品出口战略是初级外向战略。初级品出口战略如不及时转变,可能会使相关国家陷入比较优势陷阱。

2. 进口替代战略是一种内向型发展策略,即通过贸易保护将国外的产品和资本阻挡在本国的大门之外,从而为本国"幼稚产业"的发展提供良好的发展空间。进口替代战略可以使相关国家快速进行产业升级,但不宜长期使用。

3. 为了弥补进口替代战略和初级品出口战略的局限性,发展经济学家于20世纪60年代中期提出了出口替代战略,即发展面向出口的工业,以工业制成品的出口和半制成品出口代替初级品出口。出口替代战略的实施需要满足一定的内外条件。对于发展中国家来说,出口替代战略同样也是把"双刃剑",如何趋利避害是政策制定者需要认真思考的问题。

4. 发展中国家面临很多贸易难题,包括但不限于:出口市场不稳定;贸易条件恶化;市场准入限制仍然存在;发达国家的农产品出口补贴危及发展中国家农业的发展。

5. 从新中国成立到现在,中国的对外贸易政策大体上经历了四个发展阶段,分别是:计划经济体制下的国家统制型的封闭式保护贸易政策(1949—1978年)、改革开放后有计划商品经济体制下的国家统制型的开放式保护贸易政策(1978—1992年)、"入世"前社会主义市场经济体制下的有贸易自由化倾向的保护贸易政策(1992—2001年)、多边贸易体制下的对外贸易政策(2001年起)。

复习思考题

1. 亚洲"四小龙"采用出口导向的贸易政策,它们的经济获得了飞速增长,而阿根廷、中国内地和印度等在实行进口替代型贸易政策期间,经济增长缓慢。这能否说明,对于发展中国家来说,"出口导向"的政策一定优于"进口替代"的政策?
2. 从贸易政策的角度解析日本腾飞的原因,日本经验对中国的改革开放之路有哪些启示?
3. 发展中国家面临哪些贸易难题?
4. 中国贸易政策演变经历了哪几个阶段?
5. 初级品出口战略的优缺点有哪些?
6. 进口替代战略的类型、政策手段及优缺点有哪些?
7. 出口替代战略的类型、政策手段及优缺点有哪些?

第九章 多边贸易体制

为了促进战后国际贸易的发展并减少各国发生大规模战争的风险,美英等国于"二战"行将结束之际即着手确立战后的国际贸易体制,计划建立国际贸易组织(International Trade Organization,ITO)。1947年10月,各国审议并通过了《哈瓦那国际贸易组织大宪章》,但美国等诸多国家的立法机构并没有批准该宪章,导致国际贸易组织的构想流产。在战后的很长一段时间内,相关国家在"关贸总协定"的原则和精神下开展贸易壁垒削减谈判,关贸总协定虽是一个临时性的协议,但其发挥国际组织的作用,对战后贸易壁垒的降低起了重大作用。但是,由于关贸总协定的国际法地位低下、组织机构和解决争端机制不健全、管辖范围较小且存在过多的"例外"和模糊之处,因此客观上需要正式的国际性组织来取代关贸总协定。在关贸总协定第八回合谈判,即乌拉圭回合谈判中,各国正式决定成立世界贸易组织,该组织于1995年1月1日正式成立,成为目前规范多边贸易体制的最主要力量。

第一节 关税与贸易总协定

一、关税与贸易总协定的诞生

关税与贸易总协定(General Agreement on Tarrifs and Trade,GATT),简称关贸总协定,是美、英、法等23个国家的政府于1947年缔结的旨在降低关税和减少贸易壁垒的有关关税和贸易政策的多边国际协定。

关贸总协定的诞生有其一定的历史背景。1929—1933年发生的世界性经济大萧条给当时世界各国带来了深重的灾难,为转嫁经济衰退带来的压力,资本主义世界爆发了贸易战。1930年,美国国会通过《斯姆特-赫利关税法》,将关税提高到历史最高水平,其他国家纷纷效仿。"二战"开始后,各国汇率制度混乱、贸易关系紧张、贸易通道受阻,这些因素导致国际贸易额大幅萎缩。"二战"行将结束之际,美英等国就建立有利于自身的国际经济新秩序进行了相关尝试。根据1944年召开的布雷顿森林会议,美英等国拟在战后建立三个国际组织:国际货币基金组织、国际复兴开发银行(即世界银行)和国际贸易组织。拟建国际贸易组织的目的是为了重建国际贸易秩序,扭转贸易保护主义和歧视性贸易政策,促进国际贸易自由化。1946 年 2 月,联合国经济与社会理事会召开会议,决定成立筹备委员会着手起草国际贸易组织章程。随后,筹备委员会成立。同年 10 月,筹备委员会召开了第一次会议,审查美国提交的国际贸易组织宪章草案。1947 年 4 月,第二次筹备会议上通过了《国际贸易组织宪章》草案,并达成 123 项双边关税减让协议。之后,参加国将这些协议与草案中有关贸易政策的部分加以合并,经修改后称为《关税与贸易总协定》,将其作为一项过渡性的临时协议来处理各国在关税和贸易方面的问题,待《国际贸易组织宪章》生效后就用宪章的有关部分代替它。同年 10 月,各国在哈瓦那举行的联合国贸易和就业会议上审议并通过了《哈瓦那国际贸易组织大宪章》,送交各国政府批准。但是,由于美国国会对其他国家提出的修正案不予批准,其他各国也持观望态度,建立国际贸易组织的计划因此夭折。于是,关贸总协定便成为各国共同遵守的贸易准则。关贸总协定这样一个被定性为"临时性或过渡性"的协议,从 1947 年诞生一直延续到 1994 年年底,存在时间长达 47 年之久。关贸总协定发挥着国际组织的作用,安排缔约国之间旨在追求贸易自由化的谈判。

二、关贸总协定的宗旨

关贸总协定明确指出,在处理缔约国的贸易和经济事务的关系方面,应以提高生活水平、保证充分就业、保证实际收入和有效需求的巨大增长、促进世界资源的充分利用并以发展商品生产和交换为目的;期望通过达成互惠互利的贸易协议,大幅度削减进口关税和其他贸易障碍,取消国际贸易中的歧视待遇。

可见,关贸总协定是通过达成互利互惠的贸易协议,以实现以下五大主要目标:① 提高生活水平;② 提高就业水平;③ 促进实际收入和有效需求的增长;④ 促进世界资源的充分利用;⑤ 发展商品的生产和交换。

三、关贸总协定的组织机构

关贸总协定的最高决策机构是缔约方全体,亦称缔约方大会,由全体缔约方组成。根据总协定第 25 条第 1 款,缔约方全体拥有广泛的权力。缔约方全体,通常每年举行一至两次会议,实行"一国一票"原则,根据不同事项采取一致通过、2/3 多数、简单多数、特定多数、绝对多数和协商一致等方式做决定。会议不公开举行,会后以公告或新闻发布会方式发布消息。为履行其职能,缔约方全体设立了代表理事会、贸易与发展委员会、各专门委员会、工作组和专家小组等附属机构。

关贸总协定在成立的最初几年并不是作为一个实体存在,其组织机构是逐渐产生的。当缔约方大会做出重大决定时,人们明显感到需要建立一个常设机构。1951 年建立了一个会议间委员会(intersessional committee),负责组织缔约方对因贸易失衡引起的进口限制问题而举行的空邮或电报投票。这个委员会在 1960 年 6 月 4 日被一个赋予了更广泛的日常管理权力和责任的代表理事会所取代。在法律上,各缔约方均可选派一名代表参加理事会,但事实上只有那些对理事会所讨论的事项最有兴趣且积极支持的缔约方才派代表参加理事会的活动。各加入方自愿承担理事会成员的义务。关贸总协定代表理事会这种构成方式与国际组织中常设执行机构由全体机构选举的成员国组成不同。理事会每年不定期举行五至六次会议,除无权批准解除某个缔约方的总协定义务的决定外,它有权处理缔约方全体闭会期间一切与总协定有关的重大问题。理事会也有权设立履行其职能所必需的附属机关,如关税减让委员会、预算委员会、18 国协商组等。理事会以协商一致方式做决定。在代表理事会成立后,缔约方全体会议会期从原来的几个星期缩短到几天,活动也从原来无所不包减少到主要是审查、批准理事会年度报告和决议等。事实上,理事会已成为处理关贸总协定活动的常设核心机构。

关贸总协定在法律上并没有秘书处。但是,哈瓦那会议结束时曾决定设立一个"国际贸易组织临时委员会"(Interim Commission for the ITO, ICITO),为即将建立的"国际贸易组织"做准备,并决定由"国际贸易组织"秘书处兼管关贸总协定的日常事务。国际贸易组织虽然未成立,但"国际贸易组织临时委员会"却保留下来为总协定服务,成为总协定事实上的秘书处。形式上,总协定秘书处仍然以该临时委员会名义进行活动。它为缔约方全体和多边贸易谈判的筹备与进行以及其他机构的会议提供服务,包括收集并交换信息、提供咨询服务与协助、促进有关贸易与发展问题的研究、安排预算等。秘书处由总干事领导,下设副总干事、助理总干事、若干职能部及总干事办公室。从法律上看,1965 年 3 月 23 日缔约方全体通过的一项决定才正式认可总干事一职,在此以前,联合国秘书长和关贸总协定执行秘书长曾先后代行总干事的部分职责。总协定条文中没有关于总干事职权的具体规定,总干事的职责完全是根据实际需要而发展起来的,并且深受担任该职务的人的行为的影响。关贸总协定第二任总干事朗(Long)曾把总干事总结为"集监督、引导、调停、管理、谈判等职责于一身的人"。1986 年 11 月 26 日,缔约方全体正式规定,总干事任期四年,可连任一届。关贸总协定的最后一任总干事是爱尔兰人彼得·德尼斯·萨瑟兰。关贸总协定秘书处设在日内瓦,是关贸总协定的常设机构,秘书处规模较小,1994 年年底约有 450 名工作人员。很多工作是由数千名专家、外交官、政府官员和政治家们完成的,他们中的大多数人在各缔约方首都工作。

四、关贸总协定框架下的八轮谈判

关贸总协定一共主持了 8 个回合的多边贸易谈判,包括日内瓦回合(1947)、安纳西回合(1949)、托奎回合(1951)、日内瓦回合(1956)、狄龙回合(1960—1961)、肯尼迪回合(1960—1961)、东京回合(1973—1979)以及乌拉圭回合(1986—1994)。就所要解决的主要问题而言,关贸总协定的谈判可以分为三个阶段:第一阶段为以关税减让为主的阶段(前六轮);第二阶段是以非关税壁垒谈判为主的阶段(东京回合);第三阶段是一揽子解决多边贸易体制问题的阶段(乌拉圭回合)。

(一) 第一阶段

第一次多边贸易谈判于 1947 年 4～10 月在日内瓦举行,23 个国家参与谈判,达成了约占世界贸易量一半的近 45 000 项关税减让,使占资本主义国家进口值 54% 的商品平均降低关税 35%。

第二回合谈判于 1949 年在法国安纳西举行,9 个国家新加入关贸总协定,关税减让商品增加了 5 000 项,使占应征税进口值 5.6% 的商品平均降低关税 35%。

第三回合谈判在英国托奎举行,又有 4 个国家加入,但由于中国、黎巴嫩、叙利亚和利比亚在 1950 年已不再是 GATT 缔约方,因此关贸总协定的缔约方仍为 32 个。本次谈判达成关税减让协议 150 项,增加关税减让商品 8 700 项,使占进口值 11.7% 的商品平均降低关税 26%。

第四回合于 1956 年 1~5 月在日内瓦举行,日本加入 GATT 谈判,使缔约方数量达到 33 个。在这轮谈判中,占进口值 16% 的商品平均降低关税 15%,达成近 3 000 项商品的关税减让。由于美国国会对美国政府的授权有限,使谈判受到严重影响,导致关税减让仅仅涉及 25 亿美元的贸易额。可见,第二至第四回合促成的关税减让水平都低于 1947 年谈判的平均关税减让水平。

第五回合谈判于 1960 年 9 月至 1961 年 7 月在瑞士日内瓦举行,该轮会谈是美国为了应对欧共体成立所带来的冲击而发起的。由于倡导谈判的是美国副国务卿狄龙,该回合谈判又称狄龙回合。狄龙回合取得的成效也不显著。本回合达成约 4 400 项商品的关税减让,共涉及 49 亿美元的贸易额,使占应税进口值 20% 的商品平均降低关税 20%。

第六回合谈判,又称肯尼迪回合,于 1964 年 5 月至 1967 年 6 月在日内瓦举行。当欧共体迅速发展时,美国开始感觉到它的贸易保护主义倾向,特别是在农产品方面。美国政府认为,发展与西欧的大西洋联盟符合美国的政治利益和经济利益;为加强与西欧的联系,美国政府迫切需要国会给予其尽可能多的谈判授权。在此背景下,美国于 1962 年通过了《贸易扩展法案》。根据该法案,美国总统有权取消现行税率为 5% 或不到 5% 的产品的关税,也有权在那些美国和欧共体贸易合计占非社会主义国家 80% 以上的商品组中,削减 100% 的关税。这是所谓的"支配性供给者权限",即重要的、支配性强的商品优先大幅度减税。这样的授权有助于美国总统大规模削减与其他国家,特别是与西欧盟国之间的关税壁垒。1964 年 5 月起,美国开始与共同体六国以及总协定其他成员进行削减关税谈判。但是,美国和欧共体就如何削减关税发生了意见分歧。美国赞成线性减税,即有关国家共同减税 50%;而西欧提出"削平"方案,认为高关税国家多减,低关税国家少减,美国的减税幅度应该更大,从而缩小双方的差距。经过长达三年多的谈判,至 1967 年 7 月各方才勉强达成协议,商定从 1968 年起的五年内,美国品关税平均降低 37%,而西欧各国则平均削减 35%。这轮谈判涉及关税减让商品合计达 60 000 项之多,工业品进口关税平均降低 35%。这轮谈判是 1973 年以前关税与贸易总协定所主持的所有谈判中最广泛、最复杂的一次,共有占世界贸易额约 75% 的 54 个国家参加。谈判第一次涉及了非关税壁垒。关税与贸易总协定第六条虽然规定了反倾销税和反补贴税的定义、征收这两类税种的要件和幅度,但各国为保护本国产业,滥用总协定第六条的情况时有发生。这轮谈判制定了第一个协议,即总协定第六条的实施细则。美国、英国、日本等21个国家签署了该协议,协议于1968年7月1日生效。

(二) 第二阶段

第七回合谈判,又称东京回合或尼克松回合谈判,于1973年9月至1979年4月在瑞士日内瓦举行。这轮谈判中的关税减让涉及3 000多亿美元的贸易额,平均关税水平下降35%。谈判的主要进展体现在以下三个方面。

第一,各方确立关税减让的"瑞士准则",采用最一般的原则指导关税谈判。瑞士准则是各方妥协的产物,其形式如下:

$$t_1 = \frac{Ct_0}{C+t_0}$$

其中: t_0 是原来的关税, t_1 为减让后的关税, C 是由谈判确定的系数。

第二,产生了一系列只在少数缔约方生效的非关税壁垒协议(通常称为守则)。所涉及的非关税壁垒包括:补贴与反补贴措施、技术性贸易壁垒、进口许可证程序、政府采购、海关估价、反倾销、牛肉协议、国际奶制品协议、民用航空器贸易协议。

第三,通过了给予发展中国家优惠待遇的"授权条款"。缔约国可以给予发展中国家差别的和更优惠的待遇,无须按照最惠国待遇原则将这种待遇给予其他缔约国,也无须得到关税与贸易总协定的批准。

尽管在上述方面取得了进展,东京回合谈判在另外一些方面的成效不大。例如:农产品贸易问题仍未得到解决;纺织品和服装、皮革、鞋类以及旅游用品减税幅度较低,有的根本没有减税;关于数量限制和保障的讨论没有什么进展;发展中国家得到的关税减让平均要比发达工业国家所得到的低25%。

(三) 第三阶段

第八轮谈判,又称乌拉圭回合谈判,于1986年9月15日在乌拉圭埃斯特角城开始举行,至1993年12月15日在瑞士日内瓦完成。关贸总协定东京回合谈判结束后,特别是第二次石油危机以来,世界经济陷入停滞不前的困境。在此背景下,美、欧、日三方的贸易冲突加剧;主要发达国家的经济低迷,危及广大发展中国家初级产品的出口,使得部分发展中国家陷入了严重的债务危机。为了避免全面贸易战的发生,维护多边贸易体制,也为了适应高技术产业对经济领域的革新,把更大范围的世界贸易置于关贸总协定多边规则之下,关贸总协定缔约方部长级会议于1986年9月在乌拉圭召开,这次会议通过了《乌拉圭回合部长宣言》。

该"宣言"确定乌拉圭回合多边贸易谈判分为两个部分共15个议题。分别为:① 关税;② 非关税措施;③ 热带产品;④ 自然资源产品;⑤ 纺织品与服装;⑥ 农产品;⑦ 关贸总协定条款;⑧ 保障条款;⑨ 多边贸易谈判协议和安排;⑩ 补贴与反补贴措施;

⑪ 争端解决；⑫ 与贸易有关的知识产权的问题(包括冒牌货贸易问题)；⑬ 与贸易有关的投资措施；⑭ 关贸总协定体制的作用；⑮ 服务贸易。其中，与贸易有关的知识产权问题、与贸易有关的投资措施以及服务贸易是首次进入关贸总协定谈判的三大议题。

乌拉圭回合谈判取得的进展体现在以下几个方面：

第一，关税减让力度大。据估计，减税商品涉及的货物出口额高达1.2万亿美元，减税幅度近40%，并在近20个产品部门实现了零关税。

第二，在乌拉圭回合的最后阶段，各国签署了农业协议，第一次对全球农业贸易建立了多边规则，确定了各国可以对国内贸易进行保护的方式：① 农产品的非关税措施全部关税化。② 进行关税的减让。在1995—2000年执行期内的削减幅度，发达国家6年平均降低36%的关税，每项农产品最低削减15%；发展中国家则从1995年开始的10年内平均降低24%，每项产品最低要削减10%。③ 确立对"黄箱""绿箱""蓝箱"三项政策的不同处理办法。"黄箱"政策包括市场价格支持、直接支持以及其他补贴形式的国内保护，这些政策容易产生贸易扭曲，一般情况下必须削减。一些与生产限制计划相联系的直接支付的"黄箱措施"支持，被称为"蓝箱"的特殊措施，可得到免除减让，但必须满足下列要求之一：按固定面积或者产量提供的补贴；根据基期生产水平85%以下所提供的补贴；按牲口的固定头数所提供的补贴。"绿箱"政策包括政府一般性服务(如研究与技术服务、基础设施建设等)、以食品保障为目的的公共储存、国内粮食援助、对农户的直接收入补贴(如与生产无直接关系的补贴、自然灾害救济等)，这些政策不容易引起贸易扭曲，可免于削减。

第三，修改完善了以前的一些非关税守则。主要进展体现在以下领域：① 严格规定了反倾销的规则和程序；② 加严了技术性贸易壁垒协议；③ 要求各国以公开、公平和可预见的方式实施进口许可证；④ 对补贴和反补贴守则规定了发展中国家的"毕业条款"；⑤ 重申成交价格是海关估价的主要基础，并对海关怀疑客商申报价格的真实性的处理程序进行了规定；⑥ 新的政府采购协议强调要"本着便利加入的立场"，规定采购委员会"做决定要以意见一致为基础"；⑦ 对保障条款进行了修改。

第四，首次将多边贸易规则扩大到服务业。20世纪七八十年代，美国在货物贸易上的竞争力下降，出现逆差；但服务贸易是美国的强项。为减少甚至消除贸易逆差，美国积极倡导服务业贸易谈判，试图打开其他国家的服务贸易市场，消除市场壁垒。1994年4月15日，各谈判方于摩洛哥的马拉喀什正式签署了《服务贸易总协定》(General Agreement on Trade in Services, GATS)。该协议分为框架协定和具体义务承诺表两个部分，而框架协定又由条款部分和附录部分组成。其中，条款部分包括一个序言和六个部分共二十九个条款，主要内容包括最惠国待遇、透明度、发展中国家的更多参与、经济一体化、市场准入、国民待遇、争端解决等条款。《服务贸易总协定》要求各成员在非歧视原则基础上，通过分阶段谈判，逐步开放本国服务市场，以促进服务和服务提供者之间的竞争,减少服务贸易投资的扭曲。这些分阶段逐步开放市场的承诺涉及商业服务、金融、电讯、分销、旅游、教育、运输、医疗与保健、建筑、环境、娱乐等服务领域。

第五,签订了《与贸易有关的知识产权协议》(Agreement on Trade-Related Intellecttual Property Rights,TRIPs)。该协议的第七条规定,知识产权的保护和实施,应当对推动技术革新和技术传播与转让做出贡献,使技术的发明者和使用者都受益,并应当以一种有助于提高社会和经济福利以及有助于权利和义务平衡的方式进行。该《协议》规定,版权的保护期限从作品出版之年底算起不得少于 50 年;商标首次注册和每次续展的期限不少于 7 年;工业设计的有效保护期限至少为 10 年;专利自登记之日起不得少于 20 年。

第六,签订了《与贸易相关的投资措施协议》(Agreement on Trade-Related Investment Measures,TRIMs)。该协议要求各国在《建立世界贸易组织协议》生效(即 1995 年 1 月 1 日)后 90 天内向该组织的货物贸易理事会通报所有对货物贸易有限制或扭曲作用的投资规定,并要求发达国家在 2 年内、发展中国家在 5 年内、最不发达国家在 7 年内取消这些规定。货物贸易理事会应发展中国家的要求,可以延长其过渡期,但要求方必须证明其在执行协议时的特殊困难。

第七,决定成立世界贸易组织。1994 年 4 月 15 日,乌拉圭回合参加方在摩洛哥马拉喀什通过了《建立世界贸易组织马拉喀什协定》,简称《建立世界贸易组织协定》。

五、关贸总协定的作用

关贸总协定的作用是削减关税,消除其他各种贸易障碍,逐步实现贸易自由化,具体有以下几条:

第一,总协定为各成员国规范了一套处理它们之间贸易关系的原则及规章。总协定通过签署大量协议,不断丰富、完善多边贸易体制的法律规范,对国际贸易进行全面的协调和管理。

第二,通过组织多边贸易谈判,降低了各缔约方之间的贸易壁垒。从成立到被 WTO 取代,关贸总协定共举行了 8 轮多边谈判,使相关国家的关税水平有了较大幅度的降低。发达国家的平均关税税率从 1948 年的 36% 降至 20 世纪 90 年代中期的 3.8%,发展中国家和地区的平均关税税率同期降至 12.7%。从东京回合起,非关税壁垒被纳入减让谈判的范围并达成了一系列限制非关税壁垒的协议。

第三,为各缔约方在经济贸易上提供谈判和对话的场所。关贸总协定确立的对话和谈判机制,为各缔约方缓解矛盾、寻求共识、相互开放市场提供了一个富有建设性的渠道,有助于公平、公正、公开地处理贸易政策相关问题。

第四,对发展中国家的贸易和经济发展具有一定的积极意义。在长期的接触对话过程中,经过发展中国家的不懈努力,关贸总协定中的发达缔约方逐步关注并考虑到发展中缔约方的一些特殊利益需求,制定了部分适用于发展中国家的特别优惠条款和规定。这对促进发展中国家的贸易和经济发展发挥了极大的作用。

第五,总协定为各缔约方提供经贸资料和培训经贸人才。关贸总协定与联合国合办的"国际贸易中心",从各国(地区)搜集统计资料和其他资料,经过整理后再发给各缔约方,并且举办各类培训班,积极为发展中国家(地区)培训经贸人才。

六、关贸总协定的缺陷

(一) 关贸总协定的影响力偏低

从法律地位来看,关贸总协定仅仅是临时性协议,不是正式生效的国际公约。从组织机构的地位来看,关贸总协定并不是一个具有法人地位的国际组织,在众多国际机构中级别较低,在各国国内的法律地位也较低;根据联合国宪章,关贸总协定不是联合国的专门机构,只能算是一个联系机构。

(二) 关贸总协定的管理范围较窄

关贸总协定仅仅管辖货物贸易,而且货物贸易中的农产品和纺织服装贸易长期游离在多边贸易体制之外,基本不涉及服务贸易、与贸易有关的知识产权措施以及与贸易相关的投资措施。

(三) 关贸总协定存在过多的"例外"和模糊之处

一方面,关贸总协定在规定基本法律原则的同时,也允许在某些特殊情况下可以有例外。例如:在无歧视待遇原则下,政府为支持经济发展而对进口采取紧急措施;在国民待遇原则下,缔约国为维护公共道德,为保障人民或动植物的生命或健康,对进口产品实施有别于本国产品的待遇;在关税减让原则下,某些敏感性商品及部分农产品在一定时期内不受关税减让的约束。另一方面,关贸总协定存在大量处于监管盲区的"灰色区域"措施。所谓"灰色区域"措施是指缔约国采取的在关贸总协定法律原则规定之外的某些贸易政策措施(如自愿出口限制、有秩序的销售安排等),这些措施处在总协定实施过程中为监督措施所不及的漏洞之中,它们既不是符合协议的,也不是违反协议的。"灰色区域"措施是与关贸总协定国际协调的做法相悖的,广大发展中国家是这些措施的最大受害者,因此必须适时适量加以限制。

(四) 争端解决机制缺乏效力

首先,关贸总协定没有专门的、健全的争端解决机构;其次,在争端解决机制上,要求所有缔约方"完全协商一致"做出决策,因而,存在着争端解决的时间拖得很长的问题;最后,关贸总协定的国际法地位低,这导致专家组权力小、监督后续行动不力等问题。

第二节 世界贸易组织

一、世界贸易组织的诞生

1986年乌拉圭回合启动时,谈判议题没有涉及建立世界贸易组织问题,只设立了一个关于完善关税与贸易总协定体制职能的谈判小组。在新议题的谈判中,涉及服务贸易和与贸易有关的知识产权措施等非货物贸易问题。这些重大议题的谈判成果,很难在关税与贸易总协定的框架内付诸实施,创立一个正式的国际贸易组织的必要性日益凸显。因此,欧洲共同体于 1990 年年初首先提出建立一个多边贸易组织的倡议,这个倡议后来得到美国、加拿大等国的支持。

1990 年 12 月,布鲁塞尔贸易部长会议同意就建立多边贸易组织进行协商。经过一年的紧张谈判,1991 年 12 月形成了一份关于建立多边贸易组织协定的草案。时任关税与贸易总协定总干事阿瑟·邓克尔将该草案和其他议题的案文汇总,形成"邓克尔最后案文(草案)"。这一案文成为进一步谈判的基础。1993 年 12 月,根据美国的动议,把拟建的"多边贸易组织"定名为"世界贸易组织"。

1994 年 4 月 15 日,乌拉圭回合参与方在摩洛哥马拉喀什通过了《建立世界贸易组织马拉喀什协定》,简称《建立世界贸易组织协定》。该协定规定,任何国家或在处理其对外贸易关系等事项方面拥有完全自主权的单独关税区,都可以加入世界贸易组织。

二、世界贸易组织的基本原则

(一)非歧视原则

非歧视原则的两大支柱是最惠国待遇原则(Most-Favored Nation Treatment Principle)和国民待遇原则(National Treatment Principle)。

根据《关贸总协定 1994》第 1 条第 1 款,最惠国待遇原则是指,在对进出口或有关进出口而征收的,或者为进出口产品的国际收支转移而征收的关税以及任何国内税费方面,在征收这些税费的方法方面,在与进出口有关的所有规则与手续方面,任何缔约方给予原产于或运往任何其他国家(地区)的产品的任何好处、优惠、特权或豁免,应当立即和无条件地给予原产于或运往所有其他缔约方境内的相同产品。这里需要特别注意"任何其他国家(地区)"的提法,该提法不仅意味着关贸总协定的任何缔约方之间相互给予的各种优惠待遇应立即地、无条件地给予其他缔约方,而且要求包括关贸总协定任一缔约方已经或将要给予非缔约方的各种优惠待遇也应立即地、无条件地给予关贸总协定的其他缔约方。"任何其他国家(地区)"这一规定使关贸总协定缔约方享受的最惠国待遇可以因一部分缔约方通过双边贸易协议向非缔约方提供最惠国待遇而呈现扩大的趋势,因此最惠国待遇制度所带来的影响实际上超出了调整其缔约方之间贸易关系的范畴,使得在优惠的基础上发展国际贸易成为世界性的原则和方向,最惠国待遇原则因此成为世界贸易自由化的基础和原则。

国民待遇原则是对最惠国待遇原则的重要补充,指的是对其他成员方的产品、投资建立的企业、服务或服务提供者、知识产权所有者和持有者所提供的待遇,不低于本国同类产品、投资建立的企业、服务或服务提供者、知识产权所有者和持有者所享有的待遇。根据国民待遇原则的要求,在遵循最惠国待遇原则的前提下,世界贸易组织成员方可以自由地给予国外产品、投资建立的企业、服务或服务提供者、知识产权所有者和持有者高于本国产品、服务和企业的待遇。

（二）透明度原则

透明度原则在国际、地区以及国内法律体系中扮演着日益重要的角色。在GATT/WTO体制中，该原则已与国民待遇原则、最惠国待遇原则相提并论。透明度原则要求，成员方所制定和实施的贸易措施及其变化情况（如修改、增补和废除等），不公布的不得实施，同时还应将贸易措施及其变化的情况通知世界贸易组织。

1. 货物贸易协定中的透明度规定

GATT第10条关于"贸易法规的公布和实施"的规定是多边货物协定中关于透明度原则的核心条文。根据第10条的规定，任何缔约方实施的关于产品的海关归类或海关估价、关税税率、国内税税率和其他费用，进出口货物及其支付转账的规定、限制和禁止，影响进出口货物的销售、分销、运输、保险、仓储检验、展览、加工、混合或使用等内容的普遍适用的法律、法规、司法判决和行政裁定应迅速公布，使各国政府和贸易商能够知晓；任何缔约方政府或政府机构与另一缔约方政府或政府机构之间实施的影响国际贸易政策的协定也应予以公布。但上述对透明度的规定并不要求缔约方公开那些会妨碍法律的贯彻执行、违反公共利益或损害特定公私企业正当商业利益的机密资料。

2. 服务贸易协定中的透明度规定

根据《服务贸易总协定》（General Agreement on Trade in Service, GATS）第3条规定，在一般情况下，各成员方必须将影响服务贸易总协定实施的有关法律、法规、行政命令以及所有的其他决定、规则以及习惯做法，无论是中央政府还是地方政府做出的，或是由非政府有关制定规章的机构做出的，都应最迟在它们生效以前予以公布；如不能公布具体内容，也应采用其他方式使此消息可公开获得；一成员为签署方的有关或影响服务贸易的国际协定也应予以公布；并且每一成员应迅速并至少每年一次向服务贸易理事会通报GATS具体承诺所涵盖的对服务贸易有重大影响的法律、法规、行政准则的任何新增及修改情况。此外，GATS还要求每个成员设立一个或多个咨询点，咨询点通常应在《WTO协定》生效之日起2年内生效（对于个别发展中国家成员可在时限方面给予适当的灵活性），并且每个成员可将其认为影响GATS运用的、任何其他成员采取的任何措施通知服务贸易理事会。GATS不要求成员提供一经披露即妨碍执法或违背公共利益或损害特定公私企业合法商业利益的机密信息。

3. 知识产权贸易协定中的透明度规定

《与贸易有关的知识产权协议》（Agreement On Trade-related Aspects of Intellectual Property Right，简称TRIPs协议）第63条第1款规定："一成员有效实施的、有关本协定主题（知识产权的效力、范围、取得、实施和防止滥用）的法律和法规及普遍适用的司法终局裁决和行政裁定应以本国语言公布，或如果此种公布不可行，则应使之可公开获得,以使政府和权利持有人知晓。一成员政府或政府机构与另一成员政府或政府机构之间实施的有关本协定主题的协定也应予以公布。"各成员应将第1款所指的法律和法规通知 TRIPs 理事会,并应准备根据另一成员的书面请求提供第1款所指类型的信息。与 GATT、GATS 关于透明度的例外规定一致,TRIPS 也规定不得要求各成员披露会妨碍执法或违背公共利益或损害特定公私企业合法商业利益的机密信息。

4. 争端解决机制中的透明度规定

WTO《关于争端解决规则与程序的谅解》(Understanding on Rules and Procedures Governing the Settlement of Disputes,简称 DSU)在强调争端解决程序保密性的同时,对透明度也给予了适当的关注。DSU 附录3第3条规定:"……本谅解的任何规定不得妨碍任何争端方向公众披露有关其自身立场的陈述。……如一争端方向专家组递交其书面报告的保密文件,则应一成员请求,该争端方还应提供一份其书面陈述所含信息的可对外公布的非机密摘要。"该附录第10条要求,为保持充分的透明度,本附录中所指的口头陈述、辩驳以及说明均应在各方在场的情况下做出。而且,每一方的书面陈述,包括对报告描述部分的任何意见和对专家组所提问题的答复,均应可为其他当事方所获得。

(三)关税减让原则

关税减让原则是 GATT/WTO 所倡导的基本原则,一直被作为最惠国待遇原则、互惠原则和透明度原则等的实际执行载体,用以推进贸易自由化的进程。关税减让原则是多边贸易体制中关税制度的核心。在此原则下,关税谈判通过关税减让表约束各成员的关税,各成员政府承担不得征收高于它在关税减让表中所承担的约束某种产品关税税率的义务。关税减让原则的内涵体现在两个方面:第一,关税是唯一允许的保护手段。由于相对于非关税措施,关税具有透明性、稳定性、非歧视性、国家利益性和市场经济性,因此,关税基本上是 GATT/WTO 唯一允许的贸易保护手段,而非关税措施是普遍要求被禁止的。第二,关税不断降低,这一过程是不可逆的。关贸总协定第2条规定,一旦缔约方对某项或某类产品做出关税减让承诺,便不能再通过征收其他税费的方法来抵消该项约定的减让,也不允许使用其他非关税措施来抵消关税减让的效果。

关税减让原则存在一些例外情形,这些例外包括:①《关贸总协定1994》第2条第2款规定,本条的任何规定不得阻止任何缔约方对任何产品的进口随时征收下列关税或费用:对于同类产品或对于用于制造或生产进口产品的全部或部分的产品所征收的,与第3条第2款的规定相一致且等于一国国内税的费用;以与第6条的规定相一致的方式实施的任何反倾销税或反补贴税;与所提供服务的成本相当的规费或其他费用。②《关贸总协定1994》第18条第7款规定,缔约方为促进某一特定产业的建立从而提高人民的总体生活水平,认为宜修改或撤销本协定所附有关减让表包含的一项减让,则它应为此通知缔约方全体,并应与最初谈判此项减让的任何缔约方或缔约方全体确定的对此有实质利害关系的任何其他缔约方进行谈判。如在此类有关缔约方之间达成协议,则它们有权修改或撤销本协定所附有关减让表下的减让。该条允许发展中国家缔约方以促进经济发展的理由修改或撤销有关减让表中所列的减让。③《关贸总协定1994》第 28 条规定,缔约方每隔 3 年可对关税减让表中的约束关税提出修改。在修改的时候需要同有关的主要缔约方协商,并且与有实质利害关系的缔约方达成协议,才可以实施。如果谈判或磋商没有达成协议,而某一缔约方又坚持修改关税,则其他缔约方可以撤销对该缔约方大体相当的关税减让。④《关贸总协定 1994》第 36 条第 8 款规定,发达缔约方在贸易谈判中对发展中缔约方所做的减让或撤销关税和其他壁垒的承诺,不能希望得到互惠。即发达国家不能希望从发展中国家得到对等的关税减让。⑤只有纳入关税减让表中的产品才受到关税减让的约束,未纳入者则不受任何约束。

(四)互惠原则

WTO 管理的协议是以权利与义务平衡为基础的,这种平衡是通过互惠原则实现的。所谓互惠原则,是指在国际贸易谈判中,WTO 成员方应相互给予对方对等的优惠待遇。互惠原则的确定可以缩小成员方因最惠国待遇原则引起的免费搭车的范围,还可以提高成员国参与世贸组织各项活动的动力。

互惠原则主要体现在三个方面:第一,各方在相同领域或议题上的相互让步。成员国共同减免关税、开放市场、削减非关税壁垒及相互提供知识产权保护。第二,在不同领域进行利益交换。各方虽然在某一具体问题上的让步不对等,但通过在不同领域的利益让渡实现权利与义务的总体对等。在关贸总协定存续的后期,各方曾就某些领域的非关税壁垒签订了一些互惠的减让协议,其内容涉及海关估价、政府采购、补贴与反补贴税等方面。在某个问题上,一方所做的让步本身常常不是互惠的,但它是为了弥补另一方在另一个问题上做出的非互惠让步。这实际上是互惠原则在更广大范围内的一种交叉应用,是以一个或一些成员方在某个问题上的让步来换取其他成员方在另一个问题上的让步,结果双方仍以互惠为基础,在各自领域内得到了实质的让步或优惠。第三,新加入的成员方需要交纳"入门费"。由于新成员有权享受所有老成员方之前达成的贸易政策优惠,所以从权利和义务平衡的角度出发,新成员需要交纳入门费。在实践中,这意味着新成员加入世界贸易组织之后不仅要符合 GATT、GATS 和 TRIPs 的规定,还要开放市场。例如:突尼斯 1990 年加入 GATT 的前提包括将 900 项关税约束在 17%~53% 的水平,承诺取消一系列商品的进口许可证和其他数量限制措施。

GATT/WTO 框架针对发展中国家提供了一些差别待遇。例如:发展中国家的关税制度可以有更大的灵活性;在特定条件下可以实施数量限制;各缔约方应全体或单独采取特殊措施,以促进发展中国家的经济发展。

(五)一般禁止数量限制原则

数量限制是通过影响进出口的数量、来源和去向来管制进出口贸易的一种行政方法。它对贸易国社会福利的负面影响通常比关税更大,且缺乏应有的透明度,因此被GATT/WTO所禁止。《关贸总协定1994》第11条第1款规定:任何缔约方不得对任何其他缔约方领土的产品的进口或向任何其他缔约方领土的出口或销售供出口的产品设立或维持除关税、国内税或其他费用外的禁止或限制,无论此类禁止或限制通过配额、进出口许可证或其他措施实施。世界贸易组织建立以后,普遍取消数量限制原则在投资、服务贸易等领域得到了拓展。

考虑到各成员国之间复杂的贸易关系以及成员国之间经济发展水平的不平衡,WTO采取了灵活的做法,规定了一些例外情况。具体包括:(1)《关贸总协定1994》第11条第2款规定,为了下列目的实行的数量限制不在普遍取消之列:① 为防止或减轻出口缔约方的食品或其他必需品的紧急匮乏而采取的暂时禁止或限制出口;② 进出口的禁止与限制是为了实施国际贸易中商品分类、定级和市场销售标准或规章所必需者;③ 对任何形式的农产品实行进口限制,如果这种限制是为了执行政府下列措施之一所必需者:限制相同国产品允许生产或销售的数量(若相同国产品产量不大,限制能直接代替进口产品的国产品的允许生产或销售数量)的政府措施;通过采用免费或低于现行市场价格的方法,将剩余品供国内某些阶层消费以消除相同国产品的暂时过剩(若相同国产品产量不大,以消除能直接代替进口产品的国产品的暂时过剩)的政府措施;限制生产是全部或主要地直接依赖于进口而国内产量相对有限的动物产品允许生产的数量的政府措施。(2)《关贸总协定1994》第12条第1款规定,虽有第11条第1款的规定,任何缔约方为保障其对外金融地位和国际收支,可以限制进口产品的数量或价值,只要此类措施遵循本条其他各款的规定。(3)《关贸总协定1994》第18条专门规定了发展中国家在面临国际收支困难的条件下可以实施数量限制。(4)《关贸总协定1994》第19条规定,当一缔约方因意外情况的发生或因承担GATT义务(包括关税减让在内)而造成进口产品的大量增加,以致对其领土内相同产品或与进口产品直接竞争产品的国内生产者造成严重损害或严重威胁时,该成员可以实施临时性限制进口措施,以保护相关产业。此外,在"一般例外""安全例外"等条款中也有相关实施数量限制的例外规定。

(六) 市场准入原则

所谓市场准入就是世界贸易组织各成员之间互相承诺开放自己国内的市场,给予国外企业、资本、货物和劳务相同的市场条件,使它们有机会在平等的基础上开展市场竞争。世界贸易组织关于市场准入的规定体现在以下几个方面:第一,《关贸总协定1994》要求各成员逐步开放市场,即降低关税和取消对进口的数量限制,以允许外国商品进入本国市场与国产品进行竞争。这些逐步开放的承诺具有约束性,并通过非歧视贸易原则加以实施,而且一成员要承诺不能随意把关税重新提高到超过约束的水平,除非得到WTO的允许。第二,其他货物贸易协议也要求各成员逐步开放市场。《农产品协议》要求各成员对现行的对农产品贸易的数量限制（如配额、许可证等）进行关税化，并承诺不再使用非关税措施管理农产品贸易和逐渐降低关税水平，从而使农产品贸易更多地由国内外市场的供求关系决定价格，不至于造成农产品价格的过度扭曲。《纺织品与服装协议》要求发达国家成员分阶段用10年时间取消对纺织品、服装的进口配额限制，用关税保护国内纺织、服装业，以避免国内纺织、服装贸易市场的过度保护，让投资者获得较为透明、稳定的市场环境。另外，《进口许可证协议》《海关估价协议》《贸易的技术性壁垒协议》《动植物检疫协议》等，都做出了相关的市场准入规定。第三，《服务贸易总协定》要求各成员逐步开放服务市场。在非歧视原则基础上，通过分阶段谈判，逐步开放本国服务市场，以促进服务及服务提供者间的竞争，减少服务贸易及投资的扭曲，其承诺涉及商业服务、金融、电讯、分销、旅游、教育、运输、医疗与保健、建筑、环境、娱乐等多个服务业。第四，有利于扩大市场准入的其他基本原则。各成员可利用争端解决机制，解决在开放市场方面的纠纷和摩擦，积极保护自己；同时，贸易体制的透明度也有利于扩大市场准入。

三、给予发展中国家和最不发达国家优惠待遇的相关规定

在经济全球化的今天，没有广大发展中国家参与的世界贸易是不完善的世界贸易；没有广大发展中国家的经济发展，WTO提高人民生活水平的目标就不可能实现。因此，WTO必须吸引尽可能多的发展中国家参与该组织。发展中国家由于经济发展水平较低、科技实力薄弱、产业竞争力低下、国际收支状况欠佳，不可能在WTO舞台上为发达成员方提供完全对等的利益让渡；否则会加剧国家间的贫富差距，不利于构建更加公正的国际经济新秩序。经过发展中成员国的集体努力，GATT/WTO的不少条款体现了对发展中国家和不发达国家的优惠待遇。

第一，收入低、工业化程度低的发展中国家所实施的关税制度可以有更大的弹性。根据《关贸总协定1947》第18条"政府对经济发展的援助"条款，WTO的缔约方应给予经济只能维持低生活水平并处于发展初期阶段的缔约方发展经济的便利性，使它们在其关税结构方面保持足够的灵活性，从而能够给予建立一特定产业所需的关税保护。

第二，在特定条件下，可以实施数量限制。根据《关贸总协定1947》第18条，经济维持低生活水平并处于发展初期的缔约方在充分考虑它们的经济发展计划可能形成持续高水平进口需求的情况下，可以因国际收支目的而实施数量限制。再比如《农产品协议》规定，原则上取消禁止进口数量限制，但在特定条件下，可对发展中成员给予"特殊待遇"，即仍可采用进口限制措施，通常可长达10年之久。

第三，发展中国家不必对发达国家进行同等的贸易减让。为了促进发展中国家的经济发展、增加出口、提高人民的生活水平，缔约方应单独或联合采取特殊措施，扩大发展中国家的产品出口的市场份额，扩大发展中国家产品的市场准入。《关贸总协定1947》第36条第7款规定，在削减或取消针对欠发达缔约方贸易的关税和其他贸易壁

垒的谈判中,发达缔约方不得期望因其做出的承诺而获得互惠。也就是说,发展中国家在这方面是享受一定特权的。

第四,允许发展中国家用较长时间履行义务,即提供较长的过渡期。例如,在《与贸易相关的投资措施协议》中,对外资企业不可采用"当地成分、外汇平衡"措施,发达国家应在2年内取消,发展中国家可有5年的过渡期,最不发达国家的过渡期为7年。

第五,规定发达国家向发展中国家提供技术援助,以便发展中国家更好地履行义务。例如,根据《与贸易相关的知识产权协定》的规定,发达国家成员向发展中国家成员提供财政和技术援助,帮助它们有效地履行知识产权协定。

四、世界贸易组织的组织机构

目前,世界贸易组织的主要机构如图9-1所示。

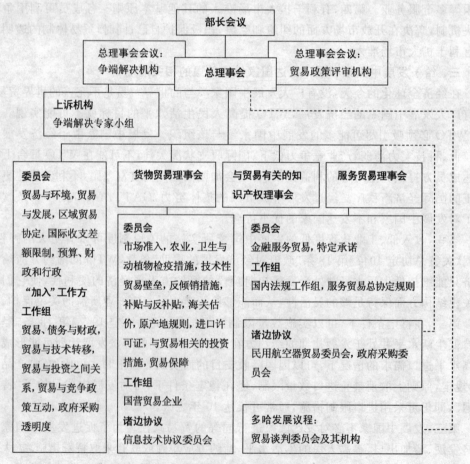

图9-1 世界贸易组织的主要组织机构

资料来源:WTO官方网站。

(一) 部长会议

部长会议是 WTO 的最高权力机构,通常每两年至少举行一次会议。部长会议拥有广泛的权力,可以在多边贸易框架下就所有相关问题进行决策。截至 2017 年 7 月底,WTO 已先后在新加坡(1996)、日内瓦(1998)、西雅图(1999)、多哈(2001)、坎昆(2003)、中国香港(2005)、日内瓦(2009)、日内瓦(2011)、巴厘岛(2013)和内罗毕(2015)召开了 10 次部长会议。

(二) 总理事会

在部长会议休会期间,由全体成员代表组成的总理事会代行部长会议职能,可视情况需要随时开会,自行拟订议事规则及议程。总理事会下设:① 货物贸易理事会,负责《关贸总协定 1994》及其他货物贸易协议有关事宜。② 服务贸易理事会,监督执行服务贸易总协定及分部门协议有关事宜。③ 与贸易相关的知识产权理事会,监督执行与贸易有关的知识产权协定。这些理事会可视情况自行拟订议事规则,经总理事会批准后执行。④ 各专门委员会,包括:贸易与环境委员会,区域贸易协定委员会,国际收支差额限制委员会,预算、财务与行政委员会等十多个专门委员会。⑤ 各工作组,包括贸易、债务与财政工作组,贸易与技术转移工作组,贸易与投资之间关系工作组,贸易与竞争政策互动工作组,政府采购透明度工作组,后三个工作组处于停运状态(inactive)。⑥ 诸边协议。这些协议只在部分 WTO 成员方适用,目前仍在发挥作用的诸边协议包括民用航空器贸易委员会和政府采购委员会。另两个协议——国际牛肉协议和国际奶制品协议已于 1997 年终止。

(三) 争端解决机构和贸易政策评审机构

总理事会以争端解决机构(Dispute Settlement Body, DSB)和贸易政策评审机构(Trade Policy Review Body, TPRB)的形式召集会议。争端解决机构的设立是世界贸易组织争端解决机制区别于关贸总协定争端解决机制的一个显著特点。争端解决机构负责处理 WTO 成员间的贸易争端,它有权组建争端解决专家小组,将相关事项提交仲裁,批准专家小组、上诉机构和仲裁报告,监督建议和裁定的执行情况,在建议和裁定被违反时授权起诉方中止减让。对各成员方的贸易政策进行监控是 WTO 的一项重要工作。贸易政策评审机构负责审议各成员方的贸易政策、法律与实践,并就此进行指导。审议频率依据各成员方在世界贸易中的占比而定。

(四) 总干事与秘书处

WTO 成立了由一位总干事领导的 WTO 秘书处。秘书处设在瑞士日内瓦,现有六百多名职员。总干事一般任期四年,可连选连任,由部长会议任命,其权力、职责、任职条件和期限均由部长会议通过的规章来确定,是 WTO 的捍卫者、引导人、调停人、管理预算和负责所有成员有关事务的"经理",并要主持协商和非正式谈判,避免争议。秘书处的其他所有职员均由总干事任命,并由总干事依照部长会议通过的规章确定职员的职责和任职条件。总干事和秘书处职员的职责应具有排他的国际性质。总干事和秘书处职员在行使职责的过程中,不得寻求或接受来自世贸组织以外的任何政府或任何其他权威机构的指示。世贸组织各成员方应尊重总干事和秘书处职员之职责的国际性质,不得在他们履行职责的过程中施加影响。

五、世界贸易组织的运作机制

(一) 决策机制

世界贸易组织的决策机制分为正式的和非正式的两种。

1. 正式决策机制

WTO 的绝大多数决策以协商一致为基础。协商一致包括"协商一致"和"反向协商一致"。"协商一致"是指成员国的代表、大使或部长们通过"协商一致"原则做出肯定的表示,每个成员国都有否决权。从这一特征看,WTO 比国际货币基金组织(International Monetary Fund, IMF)和世界银行(World Bank, WB)更加民主。"反向协商一致"的决策方式是指所有与会成员以"协商一致"的方式做出否定的表示,只要不是所有与会成员都明确表示否决就视为通过,任何不出席会议、出席会议不发言、发言只做一般评论、弃权等均不构成对决定的否决。"反向协商一致"的决策方式主要用于争端解决机制。

如果某一决定未能达成协商一致,则以投票决定。WTO 的投票表决是基于"一成员一票"的原则,这一点与广泛采用加权投票法的国际货币基金组织及其他经济组织不同。投票决策的方式主要有四种:简单多数、三分之二、四分之三以及全体成员方同意。当进行与总原则(如最惠国待遇、国民待遇)相关的修改时,需要全体一致通过;当涉及协议条款的解释以及是否豁免某成员方义务时,要求四分之三多数通过;当进行总原则之外的其他相关议题修改时,采用三分之二多数通过;接受新成员,必须由部长会议交付表决并得到全体成员的三分之二多数通过;对于其他没有明确规定但又没有达成一致意见的情况,简单多数表决就可以了。需要注意的是,如果贸易大国反对,即使通过投票达成了某项协议,因该协议不被贸易大国执行,则该协议将不仅没有任何实质作用和意义,反而会威胁到 WTO 的地位和权威。因此,各成员国都尽量避免这种情况的出现,正式的投票程序常常被"协商一致"取代。WTO 的决策几乎都是采用协商一致方式,有学者称,"WTO 投票表决机制基本上是理论上的,在实践中从来没有使用过"。

2. 非正式决策机制

非正式决策机制是指 WTO 的"绿色会议室"(或称"休息室",Green Room)制度,实际上是一种由惯例形成的制度安排,WTO 并没有明文规定此种决策方式。"绿色会议室"的决策程序是,经过选择的少数发达国家和发展中国家(排除大多数的 WTO 其他成员方)聚集在一起讨论相关议题,形成议案,然后提交部长大会讨论和谈判。世贸组织的大多数决策都是通过这种小范围的会议和磋商做出的,然后作为既成事实提交给大会。

起初,参加"绿色会议室"讨论的代表由在世界贸易中占据最核心地位的四方(美国、欧共体、加拿大和日本)组成。随着发展中国家在国际贸易中的实力上升,"绿色会议室"参与者的数量逐渐增加。东京回合时,参与会议的代表一般有8个。发展到今天,参与"绿色会议室"的一般有25至30个代表,参会代表一般来自核心成员国(近20个)以及非核心成员国(近10个),参会的非核心成员国因谈判议题的改变而变化。近几年,WTO"绿色会议室"的决策程序有所变化。在与会代表难以取得一致的情况下,为加速谈判,WTO可能转而召集来自最主要成员方的代表进行紧急磋商,磋商结果再提交"大绿屋"讨论,最终由WTO成员方通过正式程序决策。这一过程被称为"同心圆"程序。

WTO的非正式决策机制是对正式决策程序的必要补充,在WTO各成员方意见分歧较大、难以取得一致意见时,"绿色会议室"程序是加快谈判进程的必要手段。"绿色会议室"制度是一种协调和磋商机制,相当于一种寻求共识的"孵化器",为全体成员做出决策提供建议。很多中小发展中国家质疑"绿色会议室"制度的合法性,认为该制度侵犯了它们公平参与WTO决策的能力和机会。今后,"绿色会议室"制度需要继续进行相关改革,以适当提高透明度和参会成员的代表性。

专题 9-1　中国参与世界贸易组织决策机制的实践与策略:以多哈回合谈判为例

中国加入WTO十年,在世界贸易组织中成功实现了从规制遵守者到规制制定者,从新加入成员到核心成员,从默默无闻到有所作为的华丽蜕变。在前期实践的基础上,中国应充当世界贸易组织中灵活务实的核心决策方,重视依靠谈判集团维护国家利益,更加积极地在WTO各类机构中发挥作用。

中国参与 WTO 决策机制历程回顾:以多哈回合谈判为例

回首过去的十年,可以把中国参与多哈回合谈判的历程划分为三大阶段:

(1) 起步与适应(2001—2005)。2001年中国加入WTO后,即开始参与刚刚启动的多哈回合谈判。作为新成员,中国一方面认真履行加入WTO承诺,另一方面也首次作为正式成员与其他成员方一道参与多哈回合谈判的各项议题。作为新成员,中国在该阶段谈判处事谨慎,从防守起步,在参与中逐步积累经验,提高能力。期间经历的4个"第一次"堪称亮点。2002年6月,中国向规则谈判工作组递交了一份有关"渔业补贴"的提案,这是中国作为正式成员提交的第一份提案。2003年,中国第一次参与了多哈谈判中的谈判集团——"农业谈判发展中成员二十国协调组"(简称G20)。2003年9月,WTO第五届部长级会议在墨西哥坎昆举行。中国代表团首次以正式成员身份出席了坎昆会议。2005年7月,由中国主办的WTO非正式部长会议在大连召开,这是中国作为WTO成员第一次主办部长级会议。

(2) 积极参与并发挥作用(2005—2008)。随着多哈回合谈判的推进和中国谈判经验的积累,中国逐步适应了多边贸易谈判的游戏规则，开始主动引导谈判。在主办大连小型部长会议后，中国在 WTO 第六届部长级会议上发挥积极作用，表明中国参与 WTO 谈判已由前期的起步适应转向了积极参与阶段。WTO 第六届部长级会议于 2005 年 12 月在中国香港举行。作为此次会议的东道主，中国开始显著地在发达成员和发展中成员之间发挥了桥梁和平衡的作用。例如，在审议通过《香港部长宣言》（下称《宣言》）的代表团团长会议上，委内瑞拉表示《宣言》中部分内容与其国内立法有冲突，宣布要阻止《宣言》的通过，古巴对此表示支持。为避免艰苦谈判的成果落空，在 WTO 总理事会主席请求下，经过中方代表团的积极斡旋，虽然委内瑞拉和古巴表示对会议结果不满，但没有阻止《宣言》的通过，确保了香港会议的成功结束。

(3) 进入谈判决策核心圈（2008 年至今）。中国入世的十年，也是中国经贸快速发展、国际地位快速提升的十年，在多边贸易体制和多哈回合谈判中中国的重要性日益凸显。2008 年 7 月，WTO 总干事拉米在日内瓦召开了 WTO 小型部长级会议。在此次会议期间，中国首次作为"七方"（G7）（中国、美国、欧盟、日本、澳大利亚、印度、巴西）部长小范围磋商成员进入多边贸易谈判的核心决策圈。中国进入核心决策圈改变了多边贸易谈判的格局，增加了中国在国际规则制定中的话语权。

中国参与 WTO 决策机制的经验与策略选择

从迄今的实践来看，中国在参与 WTO 决策机制上经历了一个从"局外人"的旁观，到新成员的逐渐适应，直到最终参与到 WTO 核心决策层的曲折过程。实践表明，加入 WTO 十年以来，中国在参与 WTO 工作方面发挥了积极的建设性作用，推动了多哈回合谈判的进展。目前，作为 WTO 核心决策圈成员，中国应当在总结前期经验教训的基础上，以更有效的策略参与 WTO 决策机制，切实维护国家利益，防止全球贸易自由化出现倒退。

(1) 充当灵活务实的核心决策方。结合中国前期参与多哈谈判的实践，一方面，中国依然是发展中国家，很多利益都与 WTO 中的发展中成员相同；另一方面，中国作为全球第一大贸易体和第二大经济体，又在许多方面与发达成员方立场接近。由此，灵活务实的谈判策略和担当"中间人"角色应成为中国参与多边贸易体制决策的重要选择。

(2) 重视依靠谈判集团维护国家利益。在多哈回合谈判中，主要的谈判集团接近 20 个，这些谈判集团或者按区域划分如欧盟、东盟、南共市、非加太、APEC、非洲集团等，或者以利益议题划分如 G10、G33、NAMA11 等。2003 年，中国在多哈谈判中第一次参与了集团性的"农业问题发展中国家 20 国协调组"（G20），获取了宝贵的经验。随后，中国又加入了"发展中成员特殊产品和特殊差别待遇 33 国协调组"（G33），并借助这一协调组表达在农业谈判中的关注；加入"新成员集团"，共同提出新成员的诉求。在坎昆会议前后，中国还与广大发展中成员一起据理力争，使欧盟等发达成员放弃了三个新加坡议题。在知识产权与公共健康问题上，中国同其他发展中国家一起还使美国等发达国家同意对知识产权相关条款做出修改。在中国进入 WTO 核心决策圈之后，有必要以更加务实的态度选择参与各类谈判集团，并注意利用不同谈判集团形成合力以维护自身利益。此外，中国也应开始培养和发起能够切实代表自身核心利益的谈判集团，增强自身在核心决策圈中的影响力。

(3) 更加积极地在 WTO 各类机构中发挥作用。加入 WTO 后，随着中国贸易额和在 WTO 缴纳的会费显著增加，中国越来越强调由更多的中国籍专家出任 WTO 机构、委员会、秘书处的负责人及主要职员。2007 年，中国向 WTO 上诉机构推荐的张月姣教授获得任命，成为第一位中国籍的 WTO 上诉机构成员。2008 年，中国常驻 WTO 代表团外交官郭雪艳当选为 WTO 技术性贸易壁垒委员会主席,成为 WTO 机构中第一位中国籍主席。2009 年,中国常驻 WTO 代表团外交官朱海涛当选为 WTO 国营贸易企业工作组主席。但是目前,中国在 WTO 委员会、秘书处担任要职的职员数量远低于美国、欧盟等 WTO 成员方,与发展中国家印度也有一定的差距。为此,中国应加强培养 WTO 高级人才,更多地向 WTO 举荐中国籍专家出任高级职员,尤其应举荐中国籍专家担任与中国利益相关的委员会主席。其次,中国还应重视通过支持一些极有潜力成为未来 WTO 机构高层领导的人员来维护自身利益。最后,中国还应当争取进入 WTO 预算委员会。WTO 预算委员会直接决定着 WTO 经费支出的优先顺序以及 WTO 秘书处职员的配置情况,目前基本由美国、德国、英国和法国控制。如果中国能够进入预算委员会的决策层,就有可能影响 WTO 秘书处职员的任命,进而可以力争向 WTO 秘书处输送更多的人员,尤其是高级别人员。

资料来源:张磊.中国参与世界贸易组织决策机制的实践与策略:以多哈回合谈判为例[J].世界经济研究,2011(12):15-20.

(二) 政策评审机制

贸易政策评审机制(Trade Policy Review Mechanism,简称 TPRM)是指世界贸易组织成员集体对各成员的贸易政策和做法及其对多边贸易体制运行的影响进行的定期评价和评审。该机制建立在 1979 年东京回合谈判达成的《关于通知、磋商、争端解决和监督问题的谅解》的基础上,在乌拉圭回合中期谈判中取得了长足的进展。据 WTO 贸易政策评审机构 2003 年度报告,自 1989 年 4 月至 2003 年年底,WTO 共进行了 182 次审议,审议涉及了 110 个 WTO 成员体(欧盟作为一个成员体),接受审议的成员数目占 WTO 成员总数的 75%,这些成员的贸易额占 2002 年世界贸易总额的 87%。

贸易政策评审机制包含以下三方面要求。

1. 评审频率

世贸组织所有成员的贸易政策和实践无一例外地受到评审,但不同的成员可以有不同的评审周期。某一成员方的贸易政策和行为对多边贸易体制运作的影响是决定审议周期长短的因素;而对多边贸易体制运作影响的大小又取决于该成员在某一代表性时期内在世界贸易中所占份额的大小。依此计算方式,4 个最大的贸易体每 2 年接受一次审议,排列其后的 16 个成员每 4 年接受一次审议,其他成员每 6 年审议一次,最不发达国家的审议周期可以更长。在例外情况下,当某一成员的贸易政策和实践发生变化,并对其贸易伙伴发生重大影响时,贸易政策评审机构与该成员磋商后,可要求其提前进行下一次评审。WTO 明确规定中国在过渡期的前 8 年每年接受一次审议,第 9 年不审议,第 10 年事后审议。2006 年 4 月,WTO 贸易政策评审机制组织对中国贸易政策进行了第一次审议,其主要内容涉及中国的现行贸易政策制度和最新发展情况(包括法律法规的立、改、废等法制建设问题)、增加贸易政策的透明度等方面。截至 2017 年 10 月,WTO 已对中国进行了 6 次贸易政策审议。

2. 定期报告

凡轮到接受评审的成员,必须在当年向贸易政策评审机构提交关于其贸易政策和做法的详尽报告。该报告按照贸易政策评审机构规定的统一格式进行。在两次评议中间,若某一成员的贸易政策发生重大变动,必须及时向贸易政策审议机构提供简要报告。此外,每一成员还必须按照统一格式提供最近年度的统计数据。最不发达国家可在其提交的贸易政策报告中,详细说明其所面临的困难,以便贸易政策评审机构在审议时予以特别考虑。

3. 审议过程

贸易政策评审机构应首先制定审议的基本方案计划,确定每年的审议方案。在此基础上,接受审议的成员必须在当年向贸易政策评审机构提交贸易政策和实践的详尽报告。同时,WTO秘书处亦根据现有的有关资料以及其他有关成员提供的信息起草一份报告。之后,贸易政策评审机构便负责召开会议,审议这两份报告。在与接受审议的成员磋商后,贸易政策评审机构可以选择讨论的参与者,任何与接受审议的国家有利害关系的成员国都可对该成员有关的贸易政策和实践提出质询、批评或表扬。最后,接受审议方的贸易代表针对各方提问进行答辩。审议结束后,WTO秘书处负责将成员提交的报告、秘书处的报告以及贸易政策评审机构会议记录概要三份文件合订一起,以英文、法文和西班牙文及时公开出版,包括在互联网上发布。

(三)争端解决机制

世界贸易组织根据关贸总协定近50年的实践,通过了《关于争端解决规则和程序的谅解》,建立了独立、完整的争端解决机制。

1. 特征

(1)统一了争端处理程序。WTO制定了适用于货物贸易、服务贸易以及知识产权等所有领域的争端处理程序,范围非常广泛。

(2)设立了专门的争端解决机构,增设了上诉评审程序和上诉机构。

(3)推动贸易争端的迅速解决。首先,严格规定了争端解决的时限;其次,确立了新的否决一致原则(即反向协商一致原则)。与协商一致原则不同,否决一致原则是指只要有代表表示同意,决议就算通过。

(4)引入交叉报复权。如果违反WTO组织协定或协议的成员方在合理期限内没有纠正不当行为,经争端解决机构授权,利益受到损害的成员可以中止关税减让或其他义务,包括实行"交叉报复"。不过,报复制度本身存在一定的缺陷。第一,报复水平不充分。WTO争端解决机制将贸易报复水平严格限制在与损害程度相称的范围内。第二,报复与交叉报复制度存在一定的不公平性。WTO的报复制度是以受害方为实施报复的主体而进行的一种自力救济,这种救济措施的实际效果在很大程度上取决于报复双方经济实力的对比情况。

(5)透明度有待提高。关于透明度的争论集中在两个方面:一是争端解决程序一般性的透明度问题,是指整体适用于专家小组程序和上诉机构程序的透明度问题。例如,上诉机构和专家小组的议事是秘密的,公众不能出席听证会或收到议事记录,等等。二是"法庭之友"问题。"法庭之友"是英美法系中采用的特殊的司法诉讼习惯。无论是《关于争端解决规则与程序的谅解》还是其附件都没有提及"法庭之友",而且对于是否应在 WTO 争端解决中采纳"法庭之友"制度,WTO 各成员立场迥异,但是,实践中"法庭之友"向专家组或上诉机构提交书面意见的情况却层出不穷。目前,"法庭之友"主体及所提供材料的公正性受到不少成员方(尤其是发展中国家)的质疑。

2. 程序

(1) 磋商程序。当 WTO 某成员认为,另一成员方的行为对本方在 WTO 协议条件下应享受的权利造成了损害,或本方在实现 WTO 协议的目标时遇到了阻碍,可要求对方进行磋商,同时以书面形式通知争端解决机构和相关理事会或委员会。一般情况下,被要求磋商的成员方应在接到磋商请求之日起 10 日内对该请求做出答复,并应在收到请求之日起不超过 30 日的期限内善意地进行磋商,磋商应在收到请求之日起 60 天内完成;否则,申诉方可请求设立专家组。在出现紧急情况(包括涉及易腐货物的案件)时,各成员应在收到请求之日起不超过 10 日的期限内进行磋商;如在收到请求之日起 20 天的期限内,磋商未能解决争端,则申诉方可请求成立专家组。

(2) 斡旋、调解和调停程序。斡旋、调解和调停程序是指争端各方可以自愿选择中立第三方,由第三方协调各种冲突观点、帮助他们达成相互满意的解决办法的非正式的争端解决程序。该程序并非争端解决的必经阶段,也不是任何程序的先决条件,可以随时开始随时结束。斡旋、调解和调停应在被要求磋商方收到请求之日起 60 天内开始。如争端各方共同认为斡旋、调解和调停未能解决争端,则申诉方可在 60 天期限内请求设立专家组;如争端各方同意,斡旋、调解和调停程序可在专家组程序进行的同时继续进行。

(3) 专家组程序。申诉方提出设立专家组的请求之后,争端解决机构在接到申请后的第一次会议上决定成立专家组,除非在此次会议上争端解决机构经协商一致决定不成立专家组。如决定成立,专家组在争端解决机构第二次召开会议时成立。《关于争端解决规则和程序的谅解》就专家组的成员人数、产生过程、职权范围以及工作程序进行了规定。专家组的最后报告一般应在 6 个月内提交给各争端方;如果情况紧急的话,时限将缩短至 3 个月。

(4) 上诉审查程序。《关于争端解决规则和程序的谅解》规定,争端各方可对专家组报告中有关法律问题和专家组详述的法律解释进行上诉。WTO 设有常设性的上诉机构,该机构由 7 人组成,任期为 4 年。任何一个案件的上诉应由其中 3 人审理,他们可以维持、修改或推翻专家组的裁决和结论。上诉机构需要在 60 天内(最多不得超过 90 天)处理上诉事宜并通过报告,上诉机构的报告需要在发出后 30 天内经争端解决机构通过,除非经协商一致不通过。

(5)执行与仲裁程序。通过的专家组或上诉机构的报告,争端各方应予执行。在报告通过30天内,当事方应通知争端解决机构其履行争端解决机构建议或裁决的意愿和改正的具体措施及期限。若不能立即执行,可以要求在一段合理期限内执行。合理期限一般为90天,实际操作中最长不超过15个月。若在合理期限内被诉方不能改正其违法做法,申诉方应在此合理期限届满前与被诉方进行谈判,以寻求双方都能满意的补偿办法。若合理期限到期20天后争议各方对补偿办法仍未达成一致,则申诉方可以申请争端解决机构授权其终止对另一方履行已承诺的义务。如另一方表示反对,则应交付仲裁,可由原来的专家组仲裁,也可由世界贸易组织总干事指定的小组仲裁。仲裁应在60天内完成,仲裁结果是最终的,不得再上诉并且必须遵照执行。与斡旋、调解和调停程序一样,仲裁并非争端解决的必经程序,而是一种当事方可选择的争端解决方式。

六、WTO在世界贸易体系中的作用

(一)与关贸总协定相比,世贸组织的体制更持久,其协议的法律约束力更强,运转机制更有效,从而更有力地促进了世界贸易的发展

关贸总协定虽然存在了很长时间,其对世界贸易的影响是不容忽略的,然而,它毕竟只是临时性的协定,并不是严格意义上的国际组织。而世界贸易组织及其协议是永久性的,世贸组织是常设的国际经济组织,具有独立的国际法人资格,享有特权和豁免。从管辖范围来看,关贸总协定只管辖货物贸易,而世贸组织的管辖范围扩展到了服务贸易、与贸易有关的知识产权措施以及与贸易有关的投资措施等范畴。更为重要的是,在承担义务的统一性上,世贸组织所管辖的货物贸易、服务贸易、与贸易有关的知识产权措施等领域的所有多边贸易协议(除附件四的几个协议之外),成员方既不能选择其中的某一个或某几个协议不参加,也不能对其管辖的任何协定和协议提出保留意见,必须按照"一揽子"接受的方式全部接受。很明显,世贸组织的协议有着更强的法律约束力。从运转机制来看,世贸组织的组织机构更完善、更系统,规则文本更详尽、更全面,运转更高效、更透明。综上所述,世贸组织对世界贸易的促进作用更为突出。

(二)世贸组织确认市场经济体制的合法性,并促进了市场经济体制的发展

首先,世贸组织贯彻了一些诸如非歧视、贸易自由化、公平竞争等体现市场经济的基本原则,鼓励市场经济发展和改革不利于市场经济的法规。

其次,世贸组织运行机制体现市场经济体制的要求:世贸组织强调成员方权利与义务的平衡,体现了市场经济下的契约关系;世贸组织成员加入和退出的自由和互不适用,体现了市场经济下的平等性,等等。

再次,世贸组织促进其成员方市场经济体制的发展和完善:世贸组织成员必须"一揽子"接受乌拉圭回合达成的所有贸易协定和协议,必须保证其法律法规和行政程序与世贸组织的各种协定和协议相一致;新成员要做出不断改革不符合世贸组织规则的国

内贸易法规的承诺,以不断提高这些成员的市场化程度。

(三) WTO规则为环境保护带来正反两个方面的效应

WTO是以推进贸易自由化为主旨的国际组织,对于国际环境保护来说,它是一把双刃剑:既有积极作用,又有负面作用。

WTO对环境保护的促进作用体现在以下三个方面:第一,WTO规则本身对国际环境保护具有促进作用。《关贸总协定1994》《建立世界贸易组织协议》《补贴与反补贴措施协议》《卫生和动植物检疫措施协议》《技术性贸易壁垒协议》《农产品协议》《服务贸易总协定》《与贸易有关的知识产权协议》等诸多协议对各成员方提出了环保方面的要求。第二,WTO通过推进贸易自由化来促进国际环境保护。贸易自由化有助于发展国民经济,提高国民生活水平,从而为国家保护环境提供了坚实的物质基础,国民的环境保护意识也会随着物质生活水平的提高而增强;贸易自由化有利于促进交流与合作,从而促进环境公约的谈判;贸易自由化推动环保产品和技术的贸易,从而有利于环境保护。第三,WTO尽量协调贸易与环境的冲突,以实现自由贸易与环境保护的协调统一。环境与贸易的联系日趋紧密,与环境有关的国际贸易争端将越来越多,WTO为解决这类争端做出了有益尝试和不懈努力,并初见成效,WTO解决的著名的两个案件是"汽油标准"争端以及"虾和海龟"争端。

WTO体制对国际环境保护也有一些不利的影响。这是因为,WTO追求的目标与环保要求不完全一致。贸易自由化是WTO的根本追求目标。当贸易自由化与国际环境保护相冲突时,WTO自然首先要维护贸易自由,不可能为了环境保护而牺牲贸易自由化的目标。WTO不允许各国片面援引本国环保法令而采取贸易限制措施,反对用片面贸易限制手段来实现环境政策目标,这与国际环境公约之基本立场迥异,不利于国际环境保护法的推行。

(四) WTO对发展中国家的经济和贸易发展有较大的促进作用,但仍存在一些对发展中国家不利的因素

世贸组织对发展中国家经济和贸易发展的促进作用体现在三个方面:第一,世贸组织力推贸易自由化,有助于发展中国家发挥比较优势,积极参与国际分工。第二,世贸组织的决策机制对发展中国家较为有利。不同于联合国及国际货币基金组织等国际性组织按经济实力确定投票权,世贸组织确立的"完全协商一致""一成员一票"等决策机制对发展中国家维护在多边贸易体制中的利益具有重要意义。第三,鉴于世界贸易组织成员75%以上是发展中国家和转型经济国家,世贸组织的各项规则允许发展中成员方在相关贸易领域在非对等的基础上承担义务,对发展中国家给予更多的优惠;GATT/WTO规则确立的针对发展中国家的"例外"有助于发展中国家增强贸易竞争力和产业竞争力,为发展中国家缩小与发达国家之间的差距创造了一些机遇。

当然,现行的WTO体系中仍然存在一些不利于发展中国家的因素,主要体现在以

下四个方面：第一，欧美等发达国家坚持对农产品进行补贴，却要求发展中国家降低农产品和工业制成品上的进口关税；第二，发达国家过于苛刻地强调知识产权保护，不利于发展中国家提升技术水平；第三，发达国家对于"政府公开招标采购"以及给予外国投资者"国民待遇"和"充分自由"的要求，看似公平，但实质上对发展中国家发展幼稚产业、保护产业安全极为不利；第四，在服务贸易的市场准入和国民待遇谈判中，部分发达国家过于强调形式上的公平，而忽视由此导致的实质不公平。

七、多哈回合谈判

2001年11月，在卡塔尔首都多哈举行的WTO第四次部长级会议上，通过了《多哈宣言》，决定启动WTO新一轮多边贸易谈判。多哈回合谈判是WTO成立后的首轮多边贸易谈判。各国最初定于2004年年底前达成各项协议，但结果是一再延期。时至今日，多哈回合仍未取得多少令人振奋的成果。

（一）多哈回合的主要议题

《多哈宣言》列举的谈判议题有19个，包括：与实施有关的问题和关注，农业，服务，非农产品市场准入，与贸易有关的知识产权，贸易与投资的关系，贸易与竞争政策的相互作用，政府采购透明度，贸易便利化，WTO规则（反倾销、反补贴、区域贸易协定），《关于争端解决规则与程序的谅解》，贸易与环境，电子商务，小经济体，贸易、债务与财政，贸易与技术转让，技术合作与能力建设，最不发达国家，特殊与差别待遇。其中，农业、服务以及非农产品市场准入是谈判的焦点议题，而农业问题又是重中之重。

1. 农业谈判

农业谈判主要围绕三大支柱——国内支持、市场准入和出口竞争来进行。谈判的主要目标包括实质性地扩大市场准入、削减并逐步取消所有形式的出口补贴、大幅度削减扭曲贸易的国内支持。此外，保障发展中国家的粮食安全、消除贫困、改善农民生计和保障农民就业也构成了农业谈判的目标。

国内支持使用最多的经济体有美国、欧盟和日本。国内支持部分的谈判已经取得较大进展，主要包括：确立了发达和发展中成员对农业补贴的不同的削减基期；确定国内支持总量的具体分层及削减幅度；农业综合支持量约束水平削减；微量允许削减；保留原有"蓝箱"支持，增设与产量脱钩的新"蓝箱"支持；严格发达成员的"绿箱"支持标准，给予发展中成员更多的发展计划。

阻碍农产品市场准入的主要因素包括关税、关税配额和技术性贸易壁垒。市场准入问题是农业谈判中最艰难的部分，因为它涉及全体成员方。《多哈宣言》确定了市场准入方面的三大谈判重点——关税减让，敏感产品与特殊产品政策的灵活性，特殊保障条款（Special Safeguard Clause，简称SSG）与特殊保障机制（Special Safeguarding Mechanisms，SSM）。各成员方关于敏感产品与特殊产品的问题基本在《香港宣言》中达成共识但对补偿方式仍有分歧；关税减让方面的争议主要集中在减让公式的选择及应用上;关于 SSG 与 SSM 则争议较大。

出口竞争谈判的主要内容是加强各种对价格有扭曲作用的出口措施的纪律约束。在这些促进出口的措施中,出口补贴的扭曲作用最大,也是这个领域的谈判焦点,出口补贴谈判的主要内容是确定取消出口补贴的时间表。2005 年通过的《香港宣言》要求发达成员于 2013 年前、发展中成员于 2016 年前完全取消农业出口补贴,还要求发达成员在 2006 年前取消各种形式的棉花出口补贴。在 2015 年召开的内罗毕会议中,成员国承诺,全面取消农产品出口补贴,其中发达国家必须立即取消其农产品补贴政策。

2. 服务贸易谈判

多哈回合服务贸易谈判主要围绕市场开放与 GATS 规则议题进行。其中,GATS 规则又包括国内法规、紧急保障措施、政府采购与服务贸易补贴。服务贸易谈判进展缓慢,成果不多,与当初设定的谈判目标相差甚远。截至 2013 年 12 月底,WTO 多哈回合服务贸易谈判的成果主要包括:① 逐步确立和明确了推进多边服务贸易谈判的内容、方式和目标。2001 年 3 月,WTO 服务贸易理事会制定了《服务贸易谈判规则和程序》,确定把所有的服务部门、服务提供方式以及最惠国待遇例外情况等列入谈判内容,决定采取以要价—出价为主,以复边谈判为辅的谈判方式,并把继续推进自由化作为谈判目标。② 提高了发展中国家参与服务贸易谈判的程度。《服务贸易谈判准则和程序》考虑发展中国家服务贸易的发展现实,对发展中国家服务贸易开放进程及能力发展要求给予特殊考虑;同时,发展中国家也逐步意识到参与服务贸易谈判的必要性,不少国家的积极性有所提高。③ 在部分服务贸易议题上取得了一些积极进展。第一,市场准入取得一定的进展。第二,在 WTO 规则方面的谈判议题上取得一些共识。第三,在服务贸易提供模式方面有所进步。第四,在发展中国家优惠待遇方面达成共识。2011 年日内瓦部长级会议决议允许 WTO 成员暂时和有条件地背离 GATS 最惠国待遇原则,为来自最不发达国家的服务或服务提供者予以更加优惠的市场准入机会等。第五,在一些服务部门谈判达成一些共识或协议。例如:在电子商务方面,各成员同意暂时不对跨境电子交易征收关税。

3. 非农产品市场准入

虽然各方关注的焦点是农业谈判和服务贸易谈判,但如果按照国际贸易规模以及在国际贸易中所占比重来看,非农产品市场准入无疑是经济影响最大的议题。非农产品市场准入谈判的主要目标是削减或酌情取消关税,包括削减或取消关税高峰、高关税和关税升级以及非关税壁垒,特别是针对发展中成员具有出口利益的产品。《多哈宣言》特别关注了发展中和最不发达成员的特殊需要和利益,强调对这些成员的特殊和差别待遇是非农产品市场准入谈判不可分割的一部分。在针对非农产品市场准入的谈判中,发展中成员和发达成员产生了严重分歧。由加拿大、美国、欧盟、冰岛、日本、挪威、新西兰和瑞士等发达成员组成的"激进派"主张大刀阔斧全面取消关税;由阿根廷、巴西、委内瑞拉、埃及、印度、印度尼西亚、纳米比亚、菲律宾、南非和突尼斯等发展中成员组成的"保守派"主张渐进的关税削减并对发展中成员提供更多的灵活性；而由智利、哥伦比亚、哥斯达黎加、中国香港、中国内地、以色列、墨西哥、秘鲁、新加坡和泰国等发展中成员组成的"中间派"虽主张全面的关税削减，但认为削减幅度不应过于激进，尤其是要让发展中成员享受足够的灵活性。根据非农产品市场准入小组主席 Don Stephenson 于 2008 年 8 月 12 日的总结报告，谈判各方在以下四个方面基本达成一致：① 对谈判模式草案框架基本达成一致；② 对于关税的非线性削减方式及最终确认的减让公式基本达成一致，但对公式中系数的确定仍存在分歧；③ 在约束关税比例较低的发展中成员进一步约束关税的灵活度问题上基本达成一致，即非农产品约束关税比例不足 15% 的成员应将约束关税比例提高到 70%~90%，而高于 15% 的成员则应将约束关税比例提高到 75%~90%；④ 对于最不发达成员在谈判中的话语权以及对最不发达成员非农产品出口提供更多的市场准入基本达成一致。

（二）多哈回合谈判延期的主要原因

1. 谈判领域具有高度敏感性

多哈回合谈判所涉及议题大多是 GATT 历次会议忽略或难以解决的敏感问题，其中，农业问题是争议最大的议题。无论是在发达国家还是在发展中国家，农业利益集团都具有较强的政治影响力。而且，农产品不仅涉及国内市场的稳定，而且关乎国家安全。因此，各国都慎重地研究每个议题，坚持本国立场，很难做出退让。以美国、加拿大和澳大利亚等发达国家为首的农产品主要出口成员，试图最大限度地开放其他成员的市场，降低关税，强调多边贸易体制的最基本目标是贸易自由化。相反，农产品进口成员，如中国、印度等，则试图控制市场的开放程度，维持对农业的保护。另外，发展中成员普遍认为发达成员的出口补贴严重阻碍了发展中成员经济利益的实现，要求发达成员取消出口补贴；对此要求，发达成员却不准备做出实质性的让步。

2. WTO 决策机制存在内在局限性

WTO 主要依靠协商一致原则进行决策。这种原则虽然能保障每个成员的利益，但是缺乏效率。随着 WTO 规模的扩大，通过协商一致达成决议的难度也在加大。截至 2017 年 10 月 20 日，WTO 已有 164 个正式成员，且各成员在经济、政治、文化等方面的差异很大，很难通过全体一致来达成最终协议。另外，WTO 成员退出该组织只需通知 WTO 总干事即可，无须付出任何实质性代价，这就导致 WTO 成员可能不惜谈判破裂而竭力维护自身利益。

3. 贸易保护主义盛行

21 世纪以来，世界经济版图发生了重大变化。总体而言，以中国、印度为代表的新兴经济体维持着经济的高速增长，在全球经济中的地位越来越突出；而发达经济体接连遭遇网络经济泡沫破灭、由次贷危机引发的金融危机，经济实力相对衰弱。在此背景下,贸易保护主义有所抬头。

4. 区域经济一体化对多边贸易体制构成冲击

20世纪90年代以来,区域经济一体化的发展进入高潮。区域经济一体化的发展在一定程度上构成了多哈回合谈判的障碍,特别是在多哈回合谈判陷入僵局的情况下,越来越多的国家将发展贸易的希望寄托在区域经济合作组织上,涌现了各种各样的双边和多边自由贸易协定。由于每个国家的谈判资源都是有限的,各国投入资源去进行区域贸易协定谈判的做法势必阻碍它们对WTO谈判的参与。

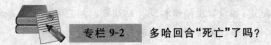

专栏9-2　多哈回合"死亡"了吗?

多哈回合怎么了?

新一轮的跨国贸易谈判始于2001年的卡塔尔首都多哈,即多哈回合贸易谈判,它的主旨在于降低贸易壁垒,并修改贸易规则。这被视为发达经济体对那些反对国际经济秩序(其中包括战后贸易自由化)的声音做出的回应。另一方面,发展中国家认为他们的利益在GATT的贸易谈判中被忽视了,在所谓的多哈发展议程谈判中,他们发誓不会让这种情况再次发生。

事实上,关贸总协定的特殊和差别待遇条款有利于发展中经济体。发展中国家享有关税削减的自由裁量权,而无须提供相应的互惠贸易让步。结果是,与认为世界贸易体系对发展中国家不公平的一般断言相反,他们的平均制造业关税反而要高于发达经济体。具有讽刺意味的是,发达经济体对自己感兴趣的产品普遍采用较低关税,但提高了传统发展中国家出口的产品关税,这使得发展中国家承担这种"非互惠原则"的结果。尽管援助往往是无回报的,大多数国家还是坚持互惠的贸易让步。所以,当发展中经济体进行贸易优惠的自由裁量,并且要求不附带任何条件或预期回报时,发达经济体则通过产品选择偏见来"处理"该问题:他们只对自己感兴趣的产品减少关税。当然,如果发展中国家能够相互让步,这种产品选择偏见将有很大可能消失。

尽管存在产品选择偏见,发展中国家还是从发达经济体的贸易自由化中获得了益处。随着发达经济体的自由化和不断繁荣,发展中国家的产品出口市场也随之扩大。从第二次世界大战到1986年期间进行的七回合多边贸易谈判,能够帮助发展中经济体充分利用因发达经济体的贸易自由化而日益增长的市场。外向型国家如韩国和其他东亚国家成功地扩大了其海外市场,并实现了出口和收入的显著增长。然而,其他国家如印度却没能成功。这种对比在于强调:贸易给获利提供了一个机会,但他们必须抓住该机会,而失败往往是源于其自给自足的政策。

然而,最终阻碍并于2011年中止多哈回合谈判的大部分责任不在发展中国家。相反,多哈谈判的让步无法让美国商界游说团体接受。他们认为那些更成功的发展中国家,如印度(农业)和巴西(制造业),应该做出更多的让步。很多人觉得这是一个目光短浅的观点。毕竟,政治上的微小调整(如美国和印度在农业上的共同让步)或许足够获得一场多哈回合谈判的胜利,并实现重要的突破,包括结束农业出口补贴的协议。事实上,美国总统奥巴马敦促世界许多领导人以这种方式来解决多哈谈判,其中包括澳大利亚总理朱莉娅·吉拉德、英国首相戴维·卡梅伦和德国总理安格拉·默克尔,但无济于事。

奥巴马不愿面对美国商业游说团体,他们重申需要发展中国家做出更大的让步。但这是不切实际的,并需要新的谈判。结果,这样的要求很难得到满足,2011年多哈回合即是如此。

多哈回合接下来该怎么办?

我们有两个选择。如果我们认为"多哈回合已死",这意味着未来的多边贸易谈判已结束,也肯定会使WTO遭受破坏。或者我们可以在2013年12月份的巴厘岛多哈部长级会议达成一个最低协议,如贸易便利化。最后的选择虽然不能令人兴奋,但与那些想以世贸组织和多边贸易体系的损失为代价的选择相比,这是一个更好的选择。

看清对新多边贸易谈判前景的任何损害,意味着需要把世贸组织视为一个三条腿的凳子。第一条腿是多边贸易谈判。多哈是第一个在WTO框架下的谈判,而在GATT却有连续七轮成功的谈判。第二条腿是规则的制定,如设置反倾销和反补贴规则。第三条腿是争端解决机制,这是1993年乌拉圭回合的最终成就,使得争议解决对成员国政府具有约束力。

如果多哈回合被宣布死亡,多边贸易组织将只能依赖另外两条腿。如果纠纷是在其他双边或区域组织而不是在WTO之中来解决,争端解决机制也会削弱。

随着多哈回合谈判的失败,对多边主义具有破坏作用的力量开始兴起,出现了类似美国(跨太平洋伙伴关系,TPP)和欧盟(跨大西洋贸易和投资伙伴关系,TTIP)的具有歧视性的区域性贸易关系。

资料来源:贾格迪什·巴格沃蒂.多哈回合"死亡"了吗?[J].国际经济评论,2014(1):170-173.

第三节 中国与世界贸易组织

一、中国加入世贸组织的历程

中国是关贸总协定的创始缔约国之一。1947年10月30日,国民党政府代表中国签署了《关税与贸易总协定》;1948年4月21日,中国政府签署了《关税与贸易总协定临时适用议定书》。不过,国民党政府很快丧失了对中国大陆的控制权,退踞台湾。1949年中华人民共和国成立后未能取得联合国席位,因此关贸总协定的席位仍由国民党当局占据。台湾当局于1950年3月6日向联合国秘书长发出退出GATT的照会,联合国秘书长于同年5月5日越权"提前"宣布退出生效。1956年,台湾当局又非法取得关贸总协定观察员资格。直到1971年10月联合国大会恢复中国在联合国的一切合法权利之后,台湾当局的关贸总协定观察员资格才被迫取消。由于面临复杂的国际国内环境,中国直到20世纪80年代初才重新开始与关贸总协定进行接触。中国的"复关"和"入世"谈判大致可以分为四个阶段。

(一)酝酿和准备"复关"阶段(1980—1986年7月)

1980年,中国纺织品和关贸总协定有了第一次亲密接触。中国派人参加了关贸总协定下属《多种纤维协定》的谈判,从而使自己在全球纺织品配额的分配中赢得了一瓢羹。同年,关贸总协定应中国的要求向中国常驻联合国日内瓦代表团提供关贸总协定文件资料。1982年,中国批准设立了对外贸易经济合作部,并批准了它旋即提出的复关报告;同年,中国获得关贸总协定观察员身份,第一次派代表团列席关贸总协定缔约国大会,开始就复关问题与关贸总协定进行接触。1986年7月10日,中国照会关贸总协定总干事邓克尔,正式提出中国政府关于恢复在GATT缔约方地位的申请。

(二) 经贸体制审议阶段(1987年2月—1992年10月)

根据关贸总协定的规则,中国"复关"谈判分为两个阶段。第一阶段是对中国的经贸体制进行审议;第二阶段是实质性阶段,进行双边市场准入谈判并起草议定书。

1987年3月4日,GATT代表理事会设立了"中国的缔约方地位工作组",邀请所有缔约方代表就中国经贸体制提出质询,中方答疑,由缔约方判断中国的经贸体制是否符合市场经济的基本要求。

1989年5月中美在北京举行第五轮双边磋商,在复关、发展中国家地位、价格改革、关税谈判和选择性保障条款等方面达成了共识,取得实质性进展,美方承诺将提请国会修改自1974年开始实施的对华一年一度的最惠国待遇审议,中国复关已经曙光在前。美国代表团表示在1989年年底结束中美之间的双边谈判,然后在1990年年初结束中国所有的双边多边谈判,年底在布鲁塞尔会议上(关贸总协定当时预期要结束的会议)投票表决,通过中国的复关议定书。但是,1989年由于众所周知的原因使一切都回到了原点,西方世界决定制裁中国,一个重要的手段就是要停止与中国的复关谈判。1991年5月中国邀请关贸总协定总干事邓克尔参加十分不起眼的国际榨油商协会第65届大会,在事实上松动了西方的禁律。1991年10月19日,李鹏总理写信给关贸总协定100多个缔约方的元首和政府首脑,重申参与国际多边贸易体制的决心。

1992年9月,中共十四大确立了建立社会主义市场经济体制的目标,从而使第二阶段的谈判迈出了关键性的步伐。1992年10月召开的关贸总协定第11次中国工作组会议,正式结束了对中国经贸体制长达6年的审议。

(三) 复关实质性谈判阶段(1992年10月—1994年)

GATT规定,申请加入方要与向它提出谈判要求的缔约方进行谈判,然后其谈判结果根据最惠国待遇原则适用于所有其他缔约方。在此阶段,中国与各缔约方就市场准入问题进行了双边谈判。1993年冬天,亚太经合组织第一次领导人非正式会议在美国西雅图召开,江泽民与克林顿会晤时,对中国复关阐述了三条原则:第一,关贸总协定既然是国际组织,没有中国这个最大的发展中国家参加是不完整的;第二,中国只能作为一个发展中国家参加;第三,中国复关,权利和义务一定要平衡。由于各方利益的矛盾以及少数缔约方的无理阻挠,中国复关谈判未能达成协议。1995年1月1日,世界贸易组织成立,中国被阻挡在世贸组织的大门之外。

(四) 入世谈判阶段(1995年—2001年)

1995年11月,中国政府照会世贸组织总干事鲁杰罗,把中国"复关"工作组更名为

"入世"工作组,中国"复关"谈判转化为加入世贸组织谈判。此后,中国与世贸组织各成员进行了拉锯式的双边谈判。

1997年早春,欧盟委员会副主席布里坦发表谈话,预期欧盟和中国年底之前会达成一致。5月亚太经合组织贸易部长一致表示支持中国尽早入世,世贸组织总干事鲁杰罗甚至宣布中国入世已进入了最后阶段。6月23日中国入世议定书中关于非歧视原则和司法审议两项主要条款达成协议,表明中国愿意遵守国际通行规则维护多边经贸体制中的重要原则。1997—1999年,中国先后做出了一系列的关税减让,进一步向世界表明了中国加入世贸组织的诚意。

1997年5月23日,中国与匈牙利达成了中国入世的第一个双边协议。此后,新西兰、韩国、捷克等国陆续与中国达成协议。1999年11月15日中美就中国入世达成协议,这标志着中国入世谈判取得实质性进展。2000年年初中国已和20个谈判对手达成协议。2000年5月19日中国和欧盟达成入世协议;2001年6月14日中美就解决中国加入WTO遗留问题达成共识,中国入世路上的最后障碍宣告清除了。2001年9月17日,WTO中国工作组第18次会议通过了中国入世的所有法律文件,长达15年的中国入世谈判画上了圆满的句号。2001年11月9日在卡塔尔首都多哈举行的世界贸易组织第4次部长级会议批准中国加入WTO。2001年12月11日,中国正式成为WTO的第143个成员。

二、加入世贸组织对中国的影响

(一)促进我国贸易政策的完善

我国在加入WTO的法律文件中明确表示遵守WTO基本原则和普遍适用的规定,并就与货物贸易有关的贸易权、关税和非关税措施应用及服务贸易中的许可问题、具体服务领域的市场准入和国民待遇等做了相应承诺。履行这些规定和承诺是我国的必要选择。由于这种选择,我国的贸易政策必然沿着自由、透明、公正、统一的方向变化,并逐步显现出自由化、市场化、透明度、公正性和统一性的特征。

(二)推动我国行政制度的完善

我国的政府运行机制有待完善,政府权力的运作有待规范。由于WTO规则按照市场经济的内在要求对政府权力提出了硬性的要求,充分体现和贯彻了法治精神,所以,我国政府在中国加入WTO后必须根据相关规则的要求,转变政府职能,提高行政透明度,积极遵守发展社会主义市场经济体制的要求。

(三)为我国优势产业打开国际市场创造了机遇

我国在劳动密集型产业和部分资源密集型产业具有比较优势。加入WTO之后,由于很多产品的进口关税水平降低,而且一部分非关税措施受到限制,这样我国的优势产业可以在国际市场上发挥更大的影响力。

(四）加剧国内竞争，威胁到部分产业的安全

按照WTO规则的市场准入要求，我国一方面要扩大货物的市场准入程度，即进一步降低关税水平、逐步取消非关税措施；另一方面，我国要逐步开放服务市场，涉及的行业包括电信、银行、保险、证券、音乐和分销等。国外相关行业的产品和资本将在更大程度上参与中国国内市场的竞争，对中国部分行业，特别是幼稚产业造成冲击。当然，外来资本对中国相关产业的影响性质取决于"挤出"效应和"挤入"效应的相对大小。

（五）在一定程度上促进我国企业"走出去"

中国加入WTO为我国海外直接投资创造了更为方便和有利的条件。在WTO框架中，各成员国引导和管辖外资的权力开始受到多边贸易规则的约束，东道国放松对国际投资的管制，各国政策法规透明度得到提高，投资环境进一步改善。这对于我国企业"走出去"必将提供更大的发展空间和更多的成长机会。

（六）中国在WTO体系中仍遭遇一些不公正的对待

1. 中国被迫接受"非市场经济地位"

为了能够加入WTO，中国被迫接受"非市场经济地位"。根据《中国入世议定书》第15条（a）项（ii）目的规定，如果受调查的中国生产者不能明确证明生产该同类产品的产业在制造、生产和销售该产品方面具备市场经济条件，则WTO进口成员可使用不依据与中国国内价格或成本进行严格比较的方法。在针对中国企业发起的反倾销调查中，未承认中国市场经济地位的WTO进口成员通常会选择替代国的价格作为确定进口品正常价格的依据，在替代国的选择上，反倾销发起国拥有极大的自由裁量权，这导致中国企业往往处于不利地位——中国受调查企业要么耗资去证实其所在的特定产业或部门具备市场经济条件，要么被征收高额的反倾销税。根据《中国入世议定书》（d）项的规定，（a）项（ii）目的规定应在加入之日后15年（即2016年12月11日）终止。需要特别指出的是，《中国入世议定书》并没有要求其他WTO成员在中国入世后15年内必须认可中国的市场经济体地位。截至2017年10月底，美国、欧盟、日本和加拿大等发达经济体以及印度、巴西等大型发展中经济体仍未承认中国的市场经济地位。

专栏9-3　《中国入世议定书》第15条的文义分析

关于《中国入世议定书》第15条的不同解读以及2016年后中国是否自动获得"市场经济地位"，引发了国内外学术界和政界的广泛争论。比较典型的是欧洲律师O'Connor的观点，他认为2016年后中国将不会自动获得"市场经济地位"，如果希望欧盟承认中国的"市场经济地位"，中国仍需满足欧盟的"市场经济地位"标准。新加坡学者Henry Gao则指出，2016年之后，无论美国、欧盟等WTO成员是否承认中国的"市场经济地位"，都应将中国视为"市场经济国家"，否则将违背WTO项下的义务。还有学者指出，议定书第15条a(ii)款的到期实质上就是赋予了中国"市场经济地位"，因为2016年后议定书中已经不存在将中国视为"非市场经济地位"的法律基础。其他代表性的观点还包括"举

证责任倒置论"和"客观事实不符论"。"举证责任倒置论"认为议定书第 15 条(d)款第 2 句并不能直接废除中国的"非市场经济地位",而将导致举证责任的转移。2016 年之前中国涉案企业必须举证证明其符合市场经济条件,如不能证明,调查国可采用特殊方法计算正常价值。而 2016 年后中国涉案企业的举证责任将转移至进口国申请者,改为由进口国申请调查的企业进行举证。"客观事实不符论"对中国的市场化发展事实提出质疑,指出中国的市场经济并未得到很好的发展,中国企业很大程度上仍是在"非市场经济"条件下运营。如果认为中国的"非市场经济地位"条款将自动到期,则意味着中国的"非市场经济"将在 2016 年 12 月 11 日之后自动转变为"市场经济",这与现实和逻辑不符。

上述观点将议定书第 15 条与中国的"非市场经济地位"相联系,试图从 WTO 层面解读中国在 2016 年后是否可以获得"市场经济地位"。但笔者认为,议定书第 15 条的标题是"确定补贴和倾销时的价格可比性",从字面就可以看出该条款并不是有关中国"市场经济地位"的论述,而只是关于对中国发起反补贴和反倾销调查时的价格比较问题。其中(a)、(d)两款是关于反倾销的价格比较,(b)款是关于反补贴的价格比较,(c)款是关于价格比较的法律通报义务。议定书第 15 条仅在(d)款中言及"市场经济体"一词,但所指的是 WTO 成员的国内法规定,而非 WTO 法。因此,WTO 规则并未将中国认定为"非市场经济国家"。

根据议定书第 15 条(a)(ii)款,如果中国企业不能证明其所处产业具备市场经济条件,则反倾销发起国可以采用替代国价格计算倾销幅度;而根据(d)款,无论如何在中国加入 WTO 15 年后,(a)(ii)款都应作废。这也是许多人认为中国将在 2016 年自动获得"市场经济地位"的依据。但是,从严格的法律意义上来理解,(d)款仅表示 2016 年之后,即使中国企业不能证明其所处产业具备市场经济条件,反倾销发起国也不得使用替代国方法来进行价格比较并确定倾销幅度。这与中国的"市场经济地位"没有直接关联。需要再次说明的是,中国的"市场经济地位"并不是由 WTO 法确定的,而是由相关 WTO 成员的国内法确定的。WTO 法仅仅是许可 WTO 成员依据《反倾销协议》对由其国内法确定的"非市场经济国家"采用替代国方法进行价格比较,而并未强制要求其他 WTO 成员在 2016 年后承认中国的"市场经济地位",WTO 成员也没有义务自动承认中国的"市场经济地位"。

资料来源:李思奇,姚远,屠新泉.2016 年中国获得"市场经济地位"的前景:美国因素与中国策略[J].国际贸易问题,2016(3):151-160.

2. 中国受到"特别保障条款"的限制

在入世谈判中,一些 WTO 成员对我国设置了与 WTO《保障措施协定》不一致的歧视性特别保障条款,即议定书第 16 条"特定产品过渡性保障机制"。根据该条款,在"入世"后 12 年内(即 2001 年 12 月 11 日至 2013 年 12 月 11 日期间),如果原产于我国的出口产品激增,对有关的 WTO 成员的国内市场造成扰乱,则该 WTO 成员可请求与我国进行磋商,寻求双方满意的解决办法。若双方磋商后均认可上述情况,则我国必须采取行动以防止或补救此种市场扰乱;如果磋商在 60 天内没有达成协议,则该成员方可以在补救冲击所必需的限度内,对此类产品撤销减让或限制进口,但成员方必须确保实施该措施应当满足一系列的条件和标准,并进行公告,听取多方意见。WTO 成员对我国出口产品采取撤销减让或限制进口的措施,如果是基于进口水平的相对增长,则该措施持续有效的实施期限为 2 年;如果是基于进口水平的绝对增长,则该措施持续有效的实施期限为3年。否则,我国可以采取一定的报复措施。在紧急情况下,WTO成员可以在与我国磋商前采取为期200天的临时性保障措施。如果其他的WTO成员认为我们双方之间采取的行动有可能对其市场造成重大贸易转移,亦可以适用该机制来防止或补救此类贸易转移。

WTO成员除了对以中国为原产地货物设置了一般所适用的特别保障规则(即"特定产品过渡性保障机制")之外,还专门针对中国的纺织品设置了特别保障规则。根据该规则,WTO成员对原产于中国的纺织品和服装可采取临时限制措施。具体措施为:在2005年至2008年,如中国的纺织品对WTO成员市场造成"市场扰乱",WTO成员可临时实行限制,但4年内只能用一次,一次只能持续一年,不能重复使用。在2008年12月31日之前,WTO成员不能对纺织品同时使用"特定产品过渡性保障机制"和纺织品特别保障规则。在2008年12月31日之后,WTO成员对我国纺织品只能使用"特定产品过渡性保障机制"。

专栏9-4　　入世15年,中国在欧美学者眼中竟然是这样……

15年前的12月11日,当中国历经多年谈判终于成为世贸组织(WTO)第143个成员时,几乎没人知道这个多边贸易体系的"小学生"将给全球贸易带来什么。15年后,答案正越来越清晰。

欧美知名学者11日接受"国是直通车"专访时表示,加入WTO15年来,中国为全球贸易做出了巨大贡献,今后应在推进自由贸易中发挥更大领导作用。

全球贸易最大贡献者

欧洲布鲁盖尔研究所高级研究员、法国外贸银行亚太区首席经济学家艾丽西亚·加西亚·埃雷罗(Alicia-Garcia-Herrero)称,短短15年里中国已成为全球贸易的最大贡献者,"这是令人瞩目的成就"。

"中国给全球贸易体系带来了巨变",美国外交关系学会资深研究员爱德华·奥尔登(Edward Alden)指出,作为亚洲乃至全球范围内不少发展中国家的最大贸易伙伴,中国已成为拉动世界经济增长的引擎。此外,中国对外投资也渐趋活跃,为越来越多的国家创造了就业和发展机遇。

目前,中国已成为全球货物贸易第一大国和第二大对外投资国。据官方数据,2015年中国货物贸易进出口总值达24.59万亿元人民币,对外直接投资创下1 180.2亿美元的历史最高值。同期,中国对世界经济增长的贡献率超过25%。

贸易游戏规则也因中国而改变。奥尔登表示,在推动WTO规则朝着有利于发展中国家的方向改革方面,"中国正在扮演领导者的角色"。

"中国制造"应对西方失业负责?

2001年中国加入WTO时,国内媒体曾担忧"狼来了"。但15年过去,"中国制造"反而开始成为欧美等发达经济体眼中的"狼"。

有外媒将对华贸易形容为"双刃剑":一方面,中国加速崛起的中产阶级和巨大的市场对外企极具吸引力;但另一方面,中国的大量出口将危及其他国家企业生存,冲击当地就业。

一些经济体甚至将和中国做生意视为亏本买卖。美国当选总统特朗普曾指责该国贸易逆差导致失业和低收入,声称要对中国等贸易顺差国家施加压力。欧盟贸易总司副司长佩特里西奥尼此前亦称,贸易的价值要根据谁是受益者来衡量,"对中国的便宜产品,欧洲普通民众有什么真正的收益?"

对此,奥尔登指出,美国等发达经济体工作岗位流失、工资增长放缓固然与贸易不无关系,但技术进步才是最主要原因。

"在我看来,应该受责备的是美国政府:他们没能就贸易问题和中方进行更有效的沟通,更没有帮助美国工人适应来自中国的越来越激烈的竞争。"奥尔登说。

埃雷罗也表示,中国"不应对失业负责"。事实上,失业问题是因为欧盟无力在其他部门创造出足够的就业岗位,以弥补在与中国竞争中受到的损失。

未来15年更需"兼济天下"

上一个15年,中国深刻影响和重塑了世界贸易格局。在世界经济不确定性大增,逆全球化和贸易保护主义甚嚣尘上,以WTO为代表的多边贸易体制举步维艰之际,下一个15年中国或许更需"兼济天下",为重振全球贸易发挥更大作用。

奥尔登认为,WTO是推进全球自由贸易的最佳平台。中国应当扮演更强有力的角色,帮助WTO恢复活力,推动多哈回合谈判取得成功。"我相信,中国担任更积极、更富有建设性的领导者将受到其他国家,也包括美国的欢迎。"

资料来源:中国新闻网,2016-12-12.

关 键 概 念

关贸总协定,乌拉圭回合,瑞士准则,世界贸易组织,非歧视原则,国民待遇原则,最惠国待遇原则,透明度原则,关税减让原则,互惠原则,一般禁止数量限制原则,市场准入原则,给予发展中国家和最不发达国家优惠待遇条款,反向协商一致,协商一致,争端解决机制,绿色会议室,法庭之友,特别保障措施,非市场经济地位

内 容 提 要

1. 关贸总协定这样一个被定性为"临时性或过渡性"的协议,从1947年诞生一直延续到1994年年底,存在时间长达47年之久。关贸总协定发挥国际组织的作用,安排缔约国之间的旨在追求贸易自由化的谈判。

2. 关贸总协定一共主持了8个回合的多边贸易谈判。就所要解决的主要问题而言,关贸总协定的谈判可以分为三个阶段:第一阶段为以关税减让为主的阶段(前六轮);第二阶段是以非关税壁垒谈判为主的阶段(东京回合);第三阶段是一揽子解决多边贸易体制问题的阶段(乌拉圭回合)。

3. 关贸总协定的局限包括:影响力偏低;管理范围较窄;存在过多的"例外"和模糊之处;争端解决机制缺乏效力。

4. 世界贸易组织的基本原则包括：非歧视原则、透明度原则、关税减让原则、互惠原则、一般禁止数量限制原则、市场准入原则。

5. 世界贸易组织的主要机构包括：部长会议、总理事会、争端解决机构、贸易政策评审机构、总干事和秘书处。

6. 世界贸易组织的决策机制分为正式的和非正式的两种。WTO的绝大多数决策以协商一致为基础。协商一致包括"协商一致"和"反向协商一致"；如果某一决定未能达成协商一致，则以投票决定，WTO的投票表决是基于"一成员一票"的原则。非正式决策机制是指WTO的"绿色会议室"（或称"休息室"，Green Room）制度，实际上是一种由惯例形成的制度安排，是对正式决策程序的必要补充。

7. WTO争端解决机制的程序包括：磋商程序；斡旋、调解和调停程序；专家组程序；上诉审查程序；执行与仲裁程序。

8. 多哈回合谈判的焦点议题包括农业、服务以及非农产品市场准入，而农业问题又是重中之重。谈判延期的主要原因包括：谈判领域具有高度敏感性；WTO决策机制存在内在局限性；贸易保护主义盛行；区域经济一体化对多边贸易体制构成冲击。

9. 中国的"复关"和"入世"谈判大致可以分为四个阶段：酝酿和准备"复关"阶段（1980—1986年7月）、经贸体制审议阶段（1987年2月—1992年10月）、复关实质性谈判阶段（1992年10月—1994年）、入世谈判阶段（1995年—2001年）。

复习思考题

1. 关贸总协定存在哪些缺陷？
2. 在关贸总协定框架下，各方开展了哪几轮多边贸易谈判？历次贸易谈判有哪些成果？
3. 世界贸易组织有哪几种决策机制？
4. 简述世界贸易组织的争端解决机构和机制。
5. 为什么我国是世界上滥用反倾销规则的最大受害国？请运用所学理论和数据加以分析。
6. 试分析多哈回合谈判停滞不前的原因。
7. 试分析美、日、欧在中国"市场经济体地位"问题上的立场和动机。
8. 中国在WTO体系中受到了哪些不公正的对待？
9. 世界贸易组织在促进贸易自由化方面存在哪些局限？

第十章　区域经济一体化

区域经济一体化始于第二次世界大战之后，20世纪五六十年代出现了大批区域经贸集团，70年代至80年代初期陷于停顿状态，80年代后期又掀起世界范围经贸集团化的高潮。进入20世纪90年代，区域贸易一体化的数量急剧增加，尤其是自WTO成立以来，这一变化更加突出。所有的WTO成员方（之前是GATT缔约方）都有义务向多边贸易组织通报其所参与的区域贸易协定（Regional Trade Agreements，RTAs）。1948到1994年间，缔约方向GATT通报的区域贸易协定（与货物贸易相关）有124件；而自WTO成立至2017年4月28日，各成员方向WTO通报的区域贸易协定（涉及商品贸易或服务贸易）累计超过400件。截至2017年4月28日，几乎所有的WTO成员方都向WTO通报了至少一件区域贸易协定，其中的一些成员方参与了20件以上的区域贸易协定。

区域经济一体化组织是"对内自由、对外排他"的一体化组织，致力于追求一体化组织内部成员的利益最大化，这有可能会损害集团外国家（地区）的利益，因此看似与WTO/GATT的"非歧视性"原则和精神格格不入。此外，一国政府可用于谈判的资源总是有限的，若用于区域贸易协议谈判的资源增加，则其可用于多边贸易谈判的资源就相应减少。事实上，每一波区域贸易协定签署浪潮的到来都会激起人们对多边贸易体系受到威胁的恐慌。

但实质上，区域经济一体化与GATT/WTO并非根本对立，甚至长期来看两者在促进贸易自由化方面可以是相互补充、相互促进的。这是因为：(1) GATT/WTO决议涉及为数众多的差异性较大甚至利益冲突比较明显的决策国（地区），这使得一些重大决策的进展缓慢，甚至不能达成决议，这是GATT/WTO多边贸易体制的内在缺陷，而区域经济一体化恰好可以克服这一局限，在经贸关系比较密切的国家之间较快地达成决议。可见，区域经济一体化组织的发展、扩大和联合是一种次优选择，有助于相关国家向GATT/WTO所倡导的自由贸易方向迈进。(2) 区域经济一体化组织有时可以成为多边贸易体制的直接推动力量。例如：欧洲关税同盟在肯尼迪回合中通过降低对外关税从而减少了非成员国的成本；美国和欧盟曾合作推动乌拉圭回合的谈判。

本章将阐释区域经济一体化的定义、分类、动因及最新发展，并论述区域经济一体化组织的影响和发挥作用的机制，最后介绍目前影响比较大的几个区域经济一体化组织。

第一节 定义、分类、动因及最新发展

一、定义

区域经济一体化是指具有一定地缘关系的两个或两个以上的国家或地区,为了维护共同的经济或(和)政治利益,通过签订某种政府间条约或协定,拟定共同的行动准则和协调一致的政策,甚至通过建立起各国政府赋予一定授权的共同机构,实行长期而稳定的超国家的经济调节,达成经济乃至政治上的联盟。

二、分类

(一) 按照一体化的程度划分

按照一体化程度划分,一体化程度从低到高的区域经济一体化形式依次是:优惠贸易协定(preferential trade agreement)、自由贸易区(free trade area,FTA)、关税同盟(custom union)、共同市场(common market)、经济联盟(economic union)、完全的经济一体化(perfectly economic integration)。随着一体化程度的加深,各成员国让渡的主权也增多。经济一体化并不必然遵循一体化程度从低到高逐级增加的规律,可能会停留在某个层次,也可能跨越某个或某些层次。具体的演变路径取决于各成员国对利弊得失的权衡以及各种社会力量的复杂互动。

1. 优惠贸易协定

优惠贸易协定是成员国之间通过协定或其他形式,对全部商品或部分商品规定较为优惠的关税(对绝大部分商品仍有一定程度的关税存在),但各成员国保持其独立的对非成员国的关税和其他贸易壁垒。这是最低级的和最松散的区域经济一体化组织形式。优惠贸易安排的例子包括:1932 年英国与大不列颠成员国建立的"帝国特惠制"(后改称"英联邦特惠制")、东盟各国自 1978 年起实施的长达 15 年的优惠贸易安排,等等。

2. 自由贸易区

自由贸易区是最常见的一种经济体一体化形式。特点是:成员国之间相互取消商品贸易的关税壁垒,但仍按各自的标准对非成员国的商品征收关税。目前,影响力比较大的自由贸易区包括由美国、加拿大和墨西哥成立的北美自由贸易区、由中国和东盟十国成立的中国—东盟自由贸易区。

自由贸易区面临贸易偏转(trade deflection)问题。贸易偏转包括直接贸易偏转和间接贸易偏转。直接贸易偏转是指,非成员国的企业通过将产品出口到低税率的成员国,再通过该成员国出口到税率较高的成员国。如果商品具有较强的同质性,低税率成员国的企业可以先从非成员国进口产品,再出口到高税率成员国,此为间接贸易偏转。

贸易偏转可能导致高税率成员国针对某些非成员国设立的关税壁垒的失效。它不仅降低高税率成员国的关税收入,而且不利于高税率成员国的政府对本国企业的保护。

为了控制贸易偏转问题,自由贸易区通常使用"原产地规则",即只有产自成员国的商品才享有自由贸易或减免进口税的优惠待遇。例如:北美自由贸易协定要求包含62.5%以上北美部件的车辆才有资格享受免税待遇,而只有用北美自由贸易区成员国生产的纱为原料制成的纺织品和服装方能取得北美原产地资格。"原产地规则"在一定程度上违反了自由贸易的原则。目前,"原产地规则"没有统一的形式,其常见的形式包括三种,分别是:最后实质性转变的价值增值比率、作为实质性转变指标的关税条目类别变化、对特定产品的实质性转变的技术检验。第一种形式的优点在于它可以为每种商品设定一个明确的标准,缺点在于增值比率标准经常被人为设定且增值比率的大小容易受到汇率变化等诸多因素的影响。第二种形式的优点在于执行相对简单,但在某些情况下可通过选择 HS 系统的商品细分程度来操纵原产地规则。在采用第三种形式时,需要召集技术专家来参与检测过程,当进口国国内产业负责设计具体规则时,这些规则极可能变成贸易保护的工具。

3. 关税同盟

关税同盟是在自由贸易区的基础上,所有成员国对非成员国采取统一的进口关税,也可能在其他贸易政策措施上对非成员国执行统一的规定。在与非成员国的贸易协议谈判中,各成员国都作为一个主体出现。此外,共同的对外关税政策消除了非成员国通过自由贸易区的低税率成员国转运商品的情形,因此成员经济体之间的商品流动无须附加原产地证明。关税同盟的例子包括:比利时、荷兰和卢森堡在 1947 年成立的三国经济联盟;欧共体在 1968 年建成的"对内取消工业品关税、对外实行统一关税"的关税同盟。关税同盟消除了各成员国之间的关税壁垒,但更加隐蔽的非关税壁垒依然存在,这不利于各成员国间自由贸易的开展。

4. 共同市场

共同市场是指各成员国在关税同盟的基础上,取消了对生产要素流动的限制,实现商品、服务、资本、技术和人才的自由流动。为实现生产要素的自由流动,各成员国需要实施统一的技术标准、统一的间接税制度、协调、统一各成员国间同一产品的课税率、协调金融市场管理的法规,以及致力于成员国的学历互认。欧共体在 1992 年年底实现了商品、服务、资本和劳动力的自由流动,实现了从关税同盟向共同市场的转变。

5. 经济联盟

经济联盟是指各成员国在共同市场的基础上,制定并执行某些共同的经济政策和社会政策。在保持政治体的独立性时,经济联盟往往设立若干超国家的机构,其决策对所有成员都具有约束力。当采用同一种货币时,经济联盟本身就变成了经济与货币联盟。欧盟各国的经济一体化目前大致处于经济联盟的发展阶段。欧盟所设的主要机构包括欧洲理事会、欧盟理事会、欧盟委员会、欧洲议会、欧洲法院、欧洲央行、欧洲审计院等;欧盟各国有共同的农业政策和渔业政策;欧元区执行统一的货币政策和相互协调的财政政策。

6. 完全经济一体化

完全经济一体化不仅包含经济同盟的全部特点,还要求各成员国逐步实现经济制度、政治制度、法律制度的协调乃至统一,并由相应的机构(如统一的中央银行)执行共同的对外政策。完全经济一体化是类似于一个国家的经济一体化组织,其形式主要有两种,即邦联制(各成员国的权力大于超国家的区域经济一体化组织的权力)和联邦制(超国家的区域经济一体化组织的权力大于各成员国的权力)。

(二) 按一体化的范围划分

按一体化的范围划分,经济一体化包括部门一体化(sectoral integration)和全盘一体化(overall integration)。部门一体化是指各成员国的一种或几种产业的一体化。1952年成立的欧洲煤钢共同体以及1958年成立的欧洲原子能联营体均属此类。全盘经济一体化是指成员国之间所有经济部门的一体化,欧盟是全盘一体化的典型例子。

(三) 按参加国的经济发展水平划分

按参加国的经济发展水平划分,经济一体化分为水平一体化(或称横向一体化,horizontal integration)和垂直一体化(或称纵向一体化,vertical integration)。水平一体化是经济发展水平相近的国家之间组成的一体化形式,包括欧盟、中国—东盟自由贸易区等;垂直一体化是指经济发展水平差异较大的国家开展的经济一体化,典型的例子是北美自由贸易区。

三、动因

(一) 经济动因

在战后新技术条件下,各国各地区之间的分工与依赖日益加深,生产社会化、国际化程度不断提高,使各国的生产和流通及其经济活动进一步越出国界。这就必然要求消除阻碍经济国际化发展的市场和体制障碍。WTO等多边贸易体制是消除国家之间经济交往壁垒的重要手段,但由于多边体制的局限性,各国不可能一下子在全球范围内实现贸易、投资和生产要素流动的自由化。与多边贸易体制相比,区域经济一体化组织因成员国常常是地理位置相邻、社会政治制度相似、生产力发展水平相近、文化历史背景相似,且区域经济一体化谈判涉及的国家数量少、协调难度小,因此具有开展经济合作的诸多优势。我们可以把区域经济一体化看作是相关国家在无法实现全球经济一体化情况下的次优选择。

(二) 政治动因

(1) 谋求政治修好,缓解矛盾冲突,稳定地区局势。世界银行的研究表明,区域贸易协定除了促进贸易流动以外,还对消除政治冲突起着显著的作用。Mansfield 和

Pevehouse(2000)的实证分析结果表明,两国如果属于同一个区域贸易协定,则其发生军事冲突的可能性降低50%。"二战"后,西欧各国开展区域经济合作的初始动机和最终目标主要是政治方面的。经过两次世界大战的磨难以后,欧洲人意识到,绝不能让欧洲再次成为大规模战争的策源地,必须通过合作、一体化与联合才能实现欧洲的长久稳定、安全和发展。

(2) 推动国内的制度改革。开展区域经济一体化的另一个政治动因在于,一些国家(特别是发展中国家)通过外部的条约责任和有形、具体的承诺来促进其国内的制度改革。

(3) 发挥整体合力,保持政治独立或增强对其他国家的影响力。无论是欧盟,还是北美自由贸易区的建立,都有抗衡外部强大实体的目的。

(4) 对于大国来说,加强对其他国家的控制是重要的目的。美国倡导建立北美自由贸易区和美洲自由贸易区,就包含着增强对美洲国家控制力的动机。

(5) 对于小国来说,寻求政治庇护构成其加入区域经济一体化组织的重要原因。例如:新加坡1965年从马来西亚独立出来之后,为获得相邻国家的认可,于1967年即加入东南亚国家联盟。

四、区域经济一体化的新趋势

(一) 成员国的构成出现多层次性

如果以成员国的政治经济差异来划分,区域自由贸易协定的发展可以分成两个阶段。第一个阶段是1960年到1980年,第二个阶段是1990年中期至今。在第一个阶段,基本上是社会政治经济制度相同或类似、经济发展水平相近、文化观念和价值体系一致以及地理上相邻的国家和地区签订的自由贸易协定。但是,在第二阶段,北美自由贸易区(NAFTA)的建立颠覆了传统的自由贸易协定理论与实践。经济最为发达的美国、加拿大和发展中国家墨西哥组成的北美自由贸易区顺利运行,三个成员方均从中获益,表明异质性国家同样可以取得同质性国家所取得的合作效应,并共同得益。

(二) 涉及的范围及包含的内容更广泛

传统自由贸易协定的谈判内容主要是削减和取消关税以及消除非关税壁垒,谈判的范围仅限于货物贸易,这是符合当时的国际经济环境的。当时各国关税税率较高,是货物贸易的主要障碍,因此成为各国进行自由贸易协定谈判时的主要议题,当时的协定内容很少涉及其他方面。20世纪90年代以来,随着世界经济的发展,各国间的经济融合度大大提高,各国在经济上的合作和依赖日益加深,贸易谈判和协定的内容不仅包括货物贸易,而且可能涵盖服务贸易,不同程度地涉及经济技术合作、知识产权合作、投资规则、竞争规则、环境政策和劳工条款等贸易运行规则与制度。

(三) 组织机构的独立性和超国家性日渐增强

深层次的自由贸易协定导致成员国让渡的主权内容不断增多,欧盟是这方面的典型。随着自由贸易协定范围和内容的不断扩充，各类自由贸易协定组织也在不同程度上增加了超国家的权限和执行能力。

正是由于自由贸易协定的超国家性不断加强，自由贸易协定组织极易被作为竞争的手段或工具。随着自由贸易协定的广泛发展，各国之间在签署自由贸易协定方面也展开了竞争，尤其是大国都把自由贸易协定看作是自己势力范围的扩展。总体而言，双边（而不是多边）自由贸易协定更受大国的青睐，此类协定受地理位置的影响较小，并且选择单个国家谈判更能体现大国的政治倾向，更易实现大国的经济政治目标。美国与欧洲在这方面是最好的代表。欧洲各国加强合作之时，美国在美洲也积极开展自由贸易区的建设。除了在本地区的扩张竞争，美欧之间的竞争也延伸到了世界其他地区。在中东、亚洲、非洲、拉美以及大洋洲，美国和欧盟同时推进自由贸易协定谈判，并且取得了一些成果。

（四）经济因素是主导，政治因素比重提升

任何国家制定对外战略时要考虑的主要因素不外乎两个：经济因素与政治因素。在不同的时期，不同国家参与自由贸易协定的动机是不同的。分析研究一下新一轮自由贸易协定的发展就会发现，各国在进行自由贸易协定谈判时更多地增加了政治内容，如欧盟在东扩时，把民主进程、政治体制改革作为加入欧盟的要件之一。自由贸易协定的谈判内容越来越多地涉及了对经济运行起到重要影响的政治因素，政治和经济二者相互促进、相互结合的程度比以往更加紧密。

20世纪90年代以来，在新一轮双边自由贸易协定谈判中，尤其是垂直型自由贸易协定的谈判中，发展中国家会对发达国家做出较大的让步。如在美加吸收墨西哥的过程中、在东欧各国加入欧盟的过程中，发展中国家方面为满足协定要求（即大国的要求）都做出了重大调整。这种小国对大国做出让步的现象是新区域主义（New Regionalism）的主要表现之一。新区域主义认为，各国进行区域经济合作有多重目标，不仅仅是为了经济发展与合作，在进行区域合作谈判时，更多地考虑非经济目标，从而不再局限于地理位置，因此区域经济合作的空间进一步扩大，也不再过多地分析经济效应。小国希望通过缔结自由贸易协定提升在国际事务中的地位，大国则希望通过缔结自由贸易协定建立自己的势力网络，并且大国在协定中的主导地位使大国保证享有完全的经济政策制定权，减少甚至完全避免了让渡贸易政策制定权的风险。

（五）自由贸易协定的封闭性和开放性双向加强

任何区域性自由贸易协定都是两个国家或几个国家为了共同利益而联合起来的，因此从建立初期就具有一定的排他性，或者说是封闭性。无论是初级的优惠贸易安排还是关税同盟以及更高级的形式，都具有排他性。正是自由贸易协定的这个特性使得反对区域经济一体化的经济学家认为其与WTO原则是相违背的。随着自由贸易协定向更高层次的发展，区域内成员国所让渡的主权越来越多，区域组织的超国家权力不断增大,这种封闭性必然随之加强。因为作为主权国家维护的是本国的利益,在同区域外成员谈判时必然维护本区域的利益,不会为了多边体系牺牲自己的利益。区域集团之间的贸易摩擦也是保护区域内成员国的利益导致的,这些都体现了自由贸易协定的封闭性。

自由贸易协定的开放性主要表现在两个方面:一方面自由贸易协定给域内成员提供了合作交流的平台,这种合作与交流有一定的外溢效应,在某种程度上成为与域外沟通和交流的平台;另一方面会有新的成员不断加入,即使是双边自由贸易协定,在规模经济的吸引下,也不会拒绝新成员的加入,从而有可能变成多边自由贸易协定。

第二节 区域经济一体化的相关理论

一、关税同盟的静态效应和动态效应

(一)静态效应

雅各布·维纳(Jacob Viner)在其于 1950 年出版的《关税同盟问题》一书中阐述了关税同盟的静态效应。他将静态效应分为贸易创造(trade creation)效应和贸易转移(trade diversion)效应。贸易创造是指产品来源地从资源耗费较高的本国生产者转向资源耗费较低的成员国生产者,贸易创造意味着资源向符合自由贸易的资源配置方向靠近,可以增进本国和成员国的福利;而贸易转移指的是产品来源地从资源耗费较低的非成员国生产者转向资源耗费较高的成员国生产者,资源配置偏离了自由贸易的要求,导致福利的减少。因为经济一体化过程中一般同时存在贸易创造和贸易转移,所以经济一体化对参与国福利的效应性质存在不确定性。因此,我们处在一个向完全自由贸易局部趋近的"次优"(second best)世界中。

1. 贸易创造的福利效应

图 10-1 阐释了贸易创造的福利效应。假定某区域存在 A、B 两个国家,A 国为小国。A 国生产甲产品的成本为 1.5 元/单位,B 国生产甲产品的成本是 1.0 元/单位,A、B 两国的初始关税税率为 50%。由于受到关税的影响,所以 A 国从 B 国进口的甲产品量较少,为 140(300−160)单位。如果 A、B 两国组建关税同盟,相互间的关税税率变为 0,则 A 国从 B 国的进口量增至 280(380−100)单位。可见,关税同盟使 A 国从 B 国的进口量增加 140(280−140)单位。这 140 单位的进口增量属于贸易创造量。贸易创造对 A 国的福利影响如下:进口国 A 国的消费者剩余增加 $a+b+c+d$,生产者剩余减少 a,政府财政收入减少 c,因此,贸易创造导致 A 国的福利净增加 $b+d$。可见,贸易创造对 A 国的净福利效应必然大于 0。净福利效应之所以为正,是因为贸易创造本质上是相关国家按比较优势原则进行的国际分工。

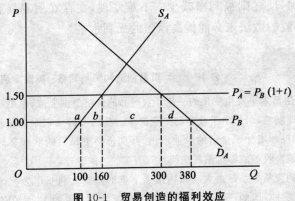

图 10-1 贸易创造的福利效应

2. 贸易转移的福利效应

图 10-2 列示了存在贸易转移情况下的福利效应。假定有 A、B、C 三个国家（A 国为小国），三国生产甲产品的成本分别为 1.50 元/单位、1.00 元/单位和 1.20 元/单位。在成立关税同盟之前，A 国对甲产品征收的进口关税税率为 50%。由于 B 国生产的甲产品具有价格优势，所以 A 国从 B 国（而不是 C 国）进口甲产品，进口量为 140（300－160）单位。假定现在 A、C 两国组建关税同盟，这样，C 国（而不是 B 国）销往 A 国的甲产品就具有价格优势，A 国转而从生产成本更高的成员国 C 国进口甲产品，进口量为 224（348－124）单位。此种情况下，关税同盟同时带来了贸易创造和贸易转移。A、C 两国之间的贸易扩张量为 224 单位，其中 84（160－124＋348－300）单位属于贸易创造量，140（300－160）单位属于贸易转移量。关税同盟对 A 国的福利影响如下：消费者剩余增加了 $a+b+c+d$，生产者剩余减少了 a，而财政收入减少了 $c+e$。由上可知，A 国福利的净变化值是 $b+d-e$。其中，$b+d$ 是贸易创造的净福利效应，而 $-e$ 则是贸易转移的净福利效应。A 国净福利效应的性质取决于 $b+d$ 和 e 的相对大小：前者更大

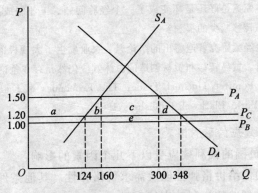

图 10-2 存在贸易转移时的福利效应

时，A国福利净增加，反之则福利净减少。不难发现，在存在贸易转移的情况下，某国与他国成立关税同盟的做法未必能提高该国的福利水平。

专栏10-1　　贸易创造和贸易转移：英国案例

1973年是英国的生活水平发生变化的一年。农产品的价格急剧上涨，家庭在一日三餐上的花费增加。价格的上升并非偶然，而是由于政府的一项决策。英国不再从它原来的殖民地——澳大利亚购买廉价的农产品，相反却增加了自己的农业产出，并向价格更昂贵的欧洲邻居购买农产品。英国为什么做出这样的决策？收益能够抵消损失吗？

英国与澳大利亚的贸易关系是由大英帝国沿袭下来的。澳大利亚作为英国的殖民地一直向它的宗主国供应食品。销往英国的产品占1950年澳大利亚出口总量的1/3。但在1973年，这种贸易传统被打破了。英国与它的邻邦签署了一项加入欧共体的协议。虽然英国国内普遍认为此举是正确的，但不得不接受随之而来的经济后果。

澳大利亚的农民遭受了巨大打击。他们与英国的传统贸易几乎在一夜之间就画上了句号。加入欧共体后，英国不得不遵守欧盟的共同农业政策，这些政策给欧共体外的农产品生产者统一设置了贸易壁垒。关税和配额提高了非欧共体成员国的农产品在英国的销售价格。因此，澳大利亚在英国市场的优先进入权宣告终结。英国与成本更高的其他欧洲农产品生产者进行贸易，而澳大利亚则被淘汰出局。加入欧共体以后，英国从澳大利亚进口的牛肉减少了75％以上，来自澳大利亚的80万吨小麦进口也几乎立即被封杀。

英国消费者为这一变化付出了高昂的代价。加入欧盟之前，由于澳大利亚的牛肉、小麦和其他农产品的生产效率很高，价格也相当便宜，因此英国是整个欧洲食品支出最低的国家。而加入欧盟之后，由欧洲进口的农产品价格昂贵，英国不仅食品价格平均上涨了25％，总通货膨胀率也上升了3％~4％。简单地说，因为英国的农产品贸易从低成本生产国转移到高成本生产国，英国消费者购买农产品不得不花费更多的支出，因而承受了损失。

随着英国加入欧共体，它取消对欧洲其他国家进口产品的关税和配额，来自欧洲的工业制成品贸易大幅度上升。欧洲贸易伙伴的低价进口取代了英国生产的高价产品，因此提高了英国的福利。

评价英国加入欧共体究竟是好还是坏变成了一个经验问题。工业制成品的贸易创造增加的福利能否抵消农产品的贸易转移减少的福利？

围绕这一问题的大量经验研究普遍得出的结论是：农业发生了大规模的贸易转移，而制造业则发生了大规模的贸易创造。贸易转移和贸易创造的总体效应仍然是存在争论的一个问题。

资料来源：Richard Pomfret, Unequal Trade: The Economics of Discriminatory International Trade Policies[M]. New York: Blackwell Publishers, 1988.

3. 关税同盟福利效应的影响因素

关税同盟对各成员国的福利效应受以下几个因素的影响：

第一，各成员国的供给价格弹性以及需求价格弹性。其他条件相同时，供给或需求价格弹性越大，则贸易创造的福利效应越明显。

第二,结盟前的关税水平。其他条件相同时,结盟前的关税水平越高,结盟后贸易创造的效果越大,越有可能超过贸易转移的福利效应。

第三,成员国与非成员国的成本差异。其他条件相同时,成员国与非成员国的成本差异越小,贸易转移造成的福利净损失越小,关税同盟对成员国的净福利效应就越有可能为正。

第四,成员国的生产效率。其他条件相同时,成员国的生产效率越高、平均成本越低,贸易转移带来的福利净损失越小。

第五,关税同盟的成员国数量。成员国数量越多,则发生贸易转移的可能性越小。

第六,结盟前成员国贸易量。结盟前成员国贸易量越大,则发生贸易转移的可能性越小,经济福利越有可能提高。

4. 关税同盟的其他静态效果

第一,由于无须再设置政府官员来监督越过边境的伙伴国的产品和服务,因此,可以带来管理成本的节约。第二,关税同盟可以使得各成员国依靠集体的力量获得更强的谈判能力,从而获取更有利的贸易环境。第三,可以抑制走私。关税同盟建立后,商品可以在成员国之间自由流动,消除了商品走私的部分根源,从而减少查禁走私的费用支出。

(二) 关税同盟的动态效应

1. 获得内部和外部规模经济效益

美国经济学家巴拉萨认为,关税同盟可以使生产厂商获得重大的内部和外部规模经济利益。内部规模经济主要来自市场规模的扩大以及由此带来的单个企业生产规模的扩大。外部规模经济则来源于关税同盟内各成员国相同和相关行业联系的加强,进而为劳动力市场的共享、专业化供应商队伍的集中以及技术和知识的交流创造条件。

2. 刺激投资

关税同盟对投资的刺激作用体现在两个方面:第一,关税同盟促进成员国之间的相互投资。这是因为关税同盟不仅提高了相互投资的效率和投资者信心,而且降低了相互投资的成本。第二,关税同盟促使非成员国加强对成员国的投资。为了避免贸易转移带来的消极影响,非成员国到成员国进行直接投资,就地生产、就地销售,以绕开施加在非成员国产品上的贸易壁垒。例如,欧洲共同体成立之后,美国到欧共体国家投资激增。

3. 加强市场竞争,推动利益增长

根据西托夫斯基(T. Scitovsky)的观点,关税同盟的建立促进了商品流通,可以打破垄断,加强各国大公司间的竞争,也可以促进小企业的联合和合并,从而推动创新和资源的优化配置,提高各国福利水平。

二、大市场理论

大市场理论(Theory of Big Market)是从动态角度来分析区域经济一体化所取得的经济效应,是针对共同市场提出的,其代表人物为苏联经济学家西托夫斯基(T. Scitovsky)和德纽(J. F. Deniau)。大市场理论的核心是:共同市场可以把那些被保护主义分割的每一个国家的小市场统一成一个大市场,通过大市场内的激烈竞争,实现专业化、大批量生产等方面的利益。

德纽对大市场带来的规模化生产进行了描述。他认为,共同市场的建立将那些被保护主义分割的小市场统一起来,加之机器的充分利用、最新技术的应用、竞争的恢复以及关税的取消等因素,这些因素会使销售价格下降,导致购买力和实际生活水平的提高。他指出,"这样一来,经济就会开始其滚雪球式的扩张。消费的扩大引起投资的增加,增加的投资又导致价格下降,工资提高,购买力的提高……只有市场规模迅速扩大,才能促进和刺激经济扩张"。

西托夫斯基从西欧的现状入手,论述欧洲共同市场产生和发展的原因。他指出,西欧在较长的一段时间内陷入"小市场与保守的企业家态度的恶性循环",即遭受"高利润率、高价格、市场狭隘、低资本周转率"的恶性循环。只有通过共同市场或贸易自由化条件下的激烈竞争,才能迫使企业家停止过去那种旧式的小规模生产而转向大规模生产,最终出现一种积极扩张的良性循环;同时,随着消费者实际收入的增加,过去只供收入高的阶层消费的高档品被多数人消费。其结果是"市场扩大—向大规模生产转化(以及其他的合理化)—生产成本下降—大众消费的增加(市场的扩大)—竞争进一步激化",从而出现一种积极扩张的良性循环。

三、协议性国际分工理论

(一)理论观点

区域性经济集团建立以后,可以把原来分散的小市场结成统一的大市场,使企业摆脱市场规模的限制,获得规模经济效益。有关区域经济一体化规模经济效应的最著名理论是日本学者小岛清于20世纪70年代在其代表作《对外贸易论》中提出的"协议性国际分工理论"。小岛清认为,大市场理论提出的实现规模经济的目标和激化竞争的手段,往往会导致以各国为单位的企业集中和垄断,这不利于内部贸易的扩大;而传统的国际经济学涉及的是成本不变或成本递增下通过比较优势形成的国际分工和平衡,没有考虑普遍存在的成本递减现象。因此,为了"和谐"地扩大成员方之间的分工和贸易,获得一体化的规模经济效益,单纯依靠传统的国际分工理论是不够的。小岛清认为,必须引进共同市场的内部分工原理,探讨在长期成本递减规律下两国通过协议方式实行的专业化分工。小岛清指出,在长期成本递减的条件下,相关国家可以达成专业化分工协议,即一国放弃某种商品的生产并把国内市场提供给另一国,而另一国则放弃另外一种商品的生产并把国内市场提供给对方。

（二）图示

如图 10-3 所示，在实行分工之前，A 国和 B 国都生产 X 和 Y 产品，A 国 X、Y 产品的平均生产成本分别是 AC_{AX} 和 AC_{AY}，B 国 X、Y 产品的平均生产成本分别是 AC_{BX} 和 AC_{BY}。由于存在长期平均成本递减规律，如果 B 国以放弃 X 产品的生产为代价换取 A 国放弃 Y 产品的生产，则 A 国生产 X 产品的平均成本降至 AC_{TX}，B 国生产 Y 产品的平均成本降至 AC_{TY}。可见，A、B 两国进行协议性国际分工，可以提高生产效率，并增加各国的消费者福利。

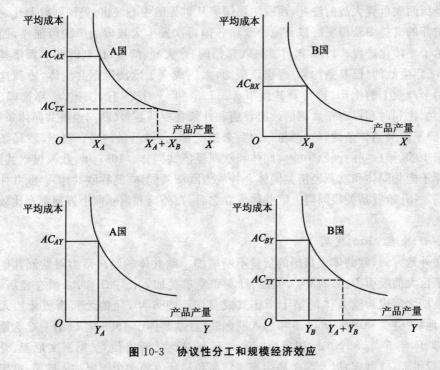

图 10-3 协议性分工和规模经济效应

（三）协议性分工的前提条件

小岛清指出，实行协议性分工必须具备三大条件：第一，参加协议性分工的国家的生产要素禀赋没有多大差异，工业化水平和经济发展水平相近，都有能力生产作为协议性分工对象的商品。第二，作为协议分工对象的商品，必须是能够获得规模经济的商品，一般是重工业、化学工业的商品；否则就没有必要实行协议性分工。第三，每个国家自己实行专业化的产业和让给对方的产业之间没有优劣之分，因此容易达成协议。综上所述，发达国家之间更有可能实现协议性分工。

第三节　主要的区域经济一体化实践

一、欧洲联盟(European Union, EU)

欧洲联盟,简称欧盟,是在欧洲共同体(European Communities)基础上发展起来的。欧洲共同体是欧洲煤钢共同体、欧洲原子能共同体和欧洲经济共同体的总称。

经历两次世界大战的洗礼,西欧主要国家从世界的中心淡出,美国则取而代之。为了在美苏的夹缝中获得发展以及减小欧洲各国再次发生大规模战争的可能性,西欧各国开始了一体化进程。1951年,法国、联邦德国、意大利、荷兰、比利时和卢森堡签署了于1952年生效的《巴黎条约》。根据该条约,六国成立了欧洲煤钢共同体,协调这些国家在两个产业上的生产、销售及其他事务。1957年3月25日,法国、联邦德国、意大利、荷兰、比利时和卢森堡六国的政府首脑和外长在罗马签署《欧洲经济共同体条约》和《欧洲原子能共同体条约》(这两份条约后来被统称为《罗马条约》)。根据《罗马条约》,各国于1958年成立欧洲原子能共同体和欧洲经济共同体。1967年,欧洲煤钢共同体、欧洲原子能共同体和欧洲经济共同体合并成为欧洲共同体(简称欧共体)。欧共体的起点较高,一开始就是关税同盟。欧共体成立之后,在外延和内涵两个方面都有比较明显的发展。

(一) 外延方面的发展

在外延方面,欧共体成员国的数量不断增加。欧共体的经济活力对欧洲其他成员产生了巨大的吸引力。1973年,英国、丹麦和爱尔兰加入;1981年,希腊在经历20年的过渡期之后成为欧共体的第十个正式成员国;1986年,葡萄牙和西班牙加入欧共体;奥地利、芬兰和瑞典于1995年加入欧洲联盟(欧共体于1993年11月更名为欧洲联盟);2004年5月,8个东欧国家(波兰、匈牙利、捷克、斯洛伐克、斯洛文尼亚、爱沙尼亚、拉脱维亚、立陶宛)以及两个岛国塞浦路斯和马耳他等十个国家加入欧盟,欧盟成员国达到25个;2007年1月1日,随着保加利亚和罗马尼亚的加入,总成员国扩展至27个,这是欧盟历史上的第六次扩大。2013年7月1日,克罗地亚正式成为第28个成员国。

(二) 内涵方面的发展

在成员国数量不断增加的同时,欧共体也在不断提高经济一体化的程度,从关税同盟逐步过渡到了目前的经济联盟(其中,欧元区已经发展成经济和货币联盟)。

1967年起欧共体对外实行统一的关税率,1968年7月1日起成员国之间取消商品的关税和限额,建立关税同盟(西班牙、葡萄牙1986年加入后,与其他成员国间的关税需经过10年的过渡期后才能完全取消)。欧洲经济共同体于1962年7月1日开始实行共同农业政策,这使得欧洲共同体一开始就有经济联盟的性质。1968年8月开始实行农产品统一价格;1969年取消农产品内部关税;1971年起对农产品贸易实施货币补贴制度。1977年起,欧共体确立共同渔业政策,各成员国将在北大西洋和北海沿海的捕鱼区扩大为200海里,作为共同捕鱼区由欧共体统一管理。1979年,欧共体经过多年酝酿,建立了欧洲货币体系,实行成员国间保持可调整的钉住汇率制度,建立共同干预基金和储备基金;对外则采取联合浮动汇率制度。

20世纪60年代,欧共体的经济增长非常成功,但随之而来的70年代和80年代却令人失望——增长率低,失业率高,出现了所谓的"欧洲僵化症"。经济上令人失望的表现让共同体成员国非常担心。一些人认为,内部壁垒的持续存在阻碍了欧共体实现更高程度的经济一体化,这是阻碍欧洲经济增长的重要原因。为了克服许多阻碍自由贸易的非关税因素,1985年欧洲委员会颁发了《完善内部市场:委员会呈给欧洲议会的白皮书》,提出需要变革以减少各种阻碍和限制因素。欧共体采取积极措施以消除内部贸易壁垒。1986年,部长会议采纳了《单一欧洲法案》(Single Europe Act)以贯彻各项建议,决定于1992年年底将欧共体建成共同市场,实现商品、服务、资本和劳务的自由流动,最终按时顺利实现了既定目标。1991年12月在荷兰马斯特里赫特举行的欧共体12国首脑会议上,欧共体各国签订了《政治联盟条约》和《经济与货币联盟条约》(简称"马约",即《欧洲联盟条约》),为建立经济货币联盟确定了具体的时间表和步骤,这是欧洲一体化向纵深发展的又一个里程碑。"马约"提出全球贸易和投资活动的发展水准、建设货币联盟和适用的单一货币、成立共同的欧洲中央银行并执行统一的货币政策。根据"马约"确定的"趋同标准",欧洲联盟的部分成员国建立了欧元区。1999年,欧元启动,第一批参加欧元区的共有11个国家,包括奥地利、比利时、德国、芬兰、爱尔兰、意大利、卢森堡、荷兰、葡萄牙和西班牙。其后,希腊(2001年)、斯洛文尼亚(2007年)、塞浦路斯(2008年)、马耳他(2008年)、斯洛伐克(2009年)、爱沙尼亚(2011年)、拉脱维亚(2014年)、立陶宛(2015年)陆续加入欧元区。目前,欧元区已有19个成员国和超过3亿3千万的人口。

2004年10月,欧盟25国首脑在意大利首都罗马签署了《欧盟宪法条约》。这是欧盟的首部宪法条约,旨在保证欧盟的有效运作以及欧洲一体化进程的顺利发展。2005年,法国和荷兰先后在全民公决中否决了《欧盟宪法条约》。2007年6月,参加欧盟峰会的27国首脑在布鲁塞尔就替代《欧盟宪法条约》的新条约草案达成协议。2007年10月18日,欧盟27个成员国的首脑在葡萄牙首都里斯本,就《里斯本条约》的文本内容达成共识。2009年10月2日,爱尔兰举行的全民公投通过了《里斯本条约》(俗称《欧盟宪法》的简本),清除了欧洲一体化的最大障碍。2009年11月19日,欧盟27国领导人在布鲁塞尔召开特别峰会,选举比利时首相赫尔曼·范龙佩为首位欧洲理事会常任主席,英国的欧盟贸易委员凯瑟琳·阿什顿为欧盟外交和安全政策高级代表。欧洲理事会常任主席和欧盟外交与安全政策高级代表是按照《里斯本条约》设立的,根据职务特点和内容,这两个职务还被形象地称为"欧盟总统"和"欧盟外长"。

（三）欧盟的主要机构

欧盟是一个超国家的组织,其主要机构包括：

（1）欧洲理事会(European Council),又称欧盟首脑会议或欧盟峰会,由欧盟成员国国家元首或政府首脑、欧洲理事会主席、欧盟委员会主席、欧盟外交与安全政策高级代表组成,是欧盟的最高决策机构,负责界定欧盟总的政治方向和优先领域。

（2）欧盟理事会(Council of the European Union),是欧盟的一个主要决策机构,由欧盟各成员国的部长(根据所讨论的政策领域)组成,负责协商法令、与欧洲议会共同批准法令、协调欧盟各国的政策、设计欧盟外交与安全政策、缔结欧盟与国际组织或其他国家之间的协议、批准欧盟的年度预算。欧盟理事会中的外交理事会会议,由欧盟外交与安全政策高级代表担任主席；除了外交理事会的其他理事会会议,由欧盟理事会轮值主席国(每6个月轮换一次)的相关部长担任主席。

（3）欧盟委员会(European Commission),简称欧委会,是欧盟的常设执行机构,负责起草法令并且执行法令、政策以及预算。欧盟各国各派出一名委员；由欧洲议会全体会议选出主席,任期五年。

（4）欧洲议会(European Parliament),是欧盟的立法(如欧盟理事会共同批准法令、就国际协议和欧盟扩张做出决定、评估欧盟委员会的工作计划并要求其提出立法建议)、监督、预算制定和长期预算批准机构。欧洲议会的议员不得超过751名,其中一名是议长,各成员国的议员数量大体与其人口数成正比,但各国议员数不得少于6人,不得超过96人。

（5）欧洲法院(Court of Justice of the European Union),是欧盟的司法机构,它确保欧盟法律在每个欧盟国家能得到一致的解释和执行,并且确保每个欧盟国家以及欧盟机构都遵守欧盟法律。

（6）欧洲央行(European Central Bank),成立于1998年,总部位于德国法兰克福,负责管理欧元、保持价格稳定并推行欧盟的经济和货币政策。

（7）其他机构,包括：欧洲审计院、欧洲对外行动服务局、欧洲投资银行、欧洲经济与社会发展委员会、欧洲地区委员会、欧洲监察员、欧洲数据保护监督员,等等。

（四）欧盟面临的挑战

欧盟是目前发展程度最高的巨型区域经济一体化组织,但其成长一直不是一帆风顺的,近年来面临各种挑战。第一,欧盟的发展要求成员国让渡越来越多的自治权和自主权,这意味着一体化推进的阻力有加大的趋势；第二,欧盟内部的社会文化、经济发展水平的多样化程度在加大,这导致成员国的立场更有可能发生分歧；第三,日益紧密的经济联系使得任一成员国的各类风险更容易传导给其他成员国,例如希腊债务危机导致欧元以及欧元区国家遭遇了前所未有的困境;第四,中东地区的乱局,造成了世界性的难民问题,其中的大量难民集中流入欧洲地区,这给欧盟的就业、社会治安带来重大挑战,同时也加剧了欧盟成员国之间的内部矛盾;第五,欧洲的债务危机、难民问题、东南欧的混乱局势、欧盟无力的内外政策,导致人们对欧盟本身日益不满,在这种背景之下,右翼政党和右翼势力在欧洲普遍崛起,未来将威胁到欧盟温和发展的前景。尽管面临诸多挑战,超越国界的高超的政治智慧、巨大的向心力、丰富的危机应对经验、成熟的决策机制和内部协调机制,这些因素构成了欧盟一体化继续推进的重要保障。

(五) 英国脱欧

英国在 2016 年 6 月 23 日举行的脱欧公投中,支持脱欧的比例是 51.9%,超过支持留欧的 48.1% 的比例。2017 年 3 月 16 日,英国女王伊丽莎白二世批准"脱欧"法案,授权英国首相特蕾莎·梅正式启动脱欧程序。英国之所以举行脱欧公投,直接原因是前首相卡梅伦想吸引选票。2010 年,卡梅伦领导的保守党虽然取得大选胜利,但由于未能得到议会多数席位,被迫拉自由民主党入阁,组建了"二战"结束以来首届联合政府。2013 年,英国各政党开始为下届大选摩拳擦掌。然而,此时的保守党面临严重的党内纷争,疑欧派公开要求英国与欧盟划清界限。为了团结保守党各派力量,卡梅伦承诺,一旦保守党赢得 2015 年大选,脱欧问题将交由民众公投决定。2015 年的大选中,保守党获得议会的超半数席位,卡梅伦成功连任首相。大选结束后,为兑现竞选承诺,卡梅伦开始为脱欧公投做准备。

1. 英国脱欧的原因

第一,"例外主义"欧洲观是英国脱欧深层次历史和文化根源。英国深受"例外主义"欧洲观的影响,有着深刻的疑欧传统。"例外主义"的欧洲观不仅源于其孤悬欧洲大陆之外的"岛国特性",某种程度上也来自其"帝国情结",还与其从 1815 年到 1973 年形成的"局外者"(outsider)身份相关。上述观念一直贯穿于英国与欧盟的历史关系之中。第二,欧盟合法性危机的叠加效应。随着债务危机推动欧盟不断采取加强经济治理的政策,英国"例外主义"欧洲观与欧盟发展进程的矛盾日益尖锐,2010 年英国政府首次在最高级别会议上公开辩论脱欧选项的可能性,从此开启英国脱欧进程。在应对债务危机过程中,欧盟机构获得了对成员国经济政策前所未有的干预权能,日益涉入成员国的政治决策。成员国民主政治与欧盟权能之间的不对称性增加,欧盟民主合法性赤字加剧,是触发英国脱欧进程的重要因素。功能合法性是欧盟长期以来"宽容共识"的支柱。但近年来,欧盟在应对债务危机和难民危机问题上的不力,已严重损害了其功能合法性基础。第三,在全球化与欧洲一体化进程中,英国遭遇了严重的社会分化,最富裕的 20% 人口和最贫困的 20% 人群之间的财富差距是欧盟中最严重的三个国家之一。英国的社会分化为极端政党动员民粹主义提供了空间。

2. 英国脱欧的影响

第一,对英国的影响。从经济上看,脱欧导致英国经济出现短期衰退;从政治上看,脱欧引发英国政党政治碎片化,甚至可能影响英国作为主权国家的完整性。第二,对欧盟的影响。英国脱欧降低了欧盟的整体实力,并导致欧盟范围内疑欧势力的进一步增强。第三,对国际格局的影响。英国脱欧势必引起国际经济和政治版图的重塑,从而改变大国间关系。例如,英国脱欧将促使美国在欧盟寻找新的力量支点;此外,英国和欧盟都要寻找替代性伙伴,因此,欧盟和俄罗斯的紧张关系有可能缓和,而中国同英国、欧盟则极有可能发展出更加紧密的经济合作关系。

二、北美自由贸易区(North American Free Trade Agreement, NAFTA)

20世纪七八十年代,随着欧洲共同体、日本以及一些新兴工业国家和地区的崛起,美国的经济地位相对下降。面对日趋激烈的外部竞争,美国和加拿大走向了联合之路。美国是加拿大最重要的贸易伙伴。20世纪80年代中期,当美国的贸易保护主义有所抬头的时候,加拿大企业为了保持它们在美国的市场,敦促加拿大政府同美国进行贸易谈判。两国于1986年开始双边自由贸易谈判,于1988年1月正式签署《美加自由贸易协定》。该协定规定,在从1989年开始的10年内取消两国间的一切商品的进口关税和非关税壁垒。美国在签订《美加自由贸易协定》一年以后,决定将这一自由贸易区扩展到与其经贸关系密切的墨西哥,于1990年6月与墨西哥磋商签订美墨自由贸易协定事宜,1990年9月加拿大宣布参加该谈判。美、加、墨三国于1992年8月12日共同宣布就《北美自由贸易协定》达成协议,该协定经过三国国会批准于1994年1月1日正式生效。

《北美自由贸易协定》的主要内容包括:① 分步取消商品关税。取消关税分三批进行:50%的商品关税立即取消,另外15%的商品关税在5年内取消,其余商品的关税在第6~15年内逐步取消。② 在原产地规则方面,北美自由贸易协定比美加贸易协定更加严格。北美自由贸易协定要求包含62.5%以上北美部件的车辆才能享受免税待遇;纺织品及服装必须在北美自由贸易区内生产主要部分,才有资格享受关税减免待遇。③ 开放金融保险市场。为了与美、加保持同步,墨西哥将在7年内取消对美、加的银行及保险公司的限制,在10年内取消对证券公司的限制;三国同意对北美地区的金融公司给予国民待遇,对它们的法律限制与本国公司相同。④ 放宽对外资的限制。除了加拿大的文化产业、墨西哥的石油产业以及美国的航空与无线电通信之外,绝大部分产业部门的投资限制被取消。⑤ 加强知识产权保护。三国均同意严格遵守国际知识产权保护法的规定,对成员国登记的药品及其他专利产品至少保护20年。而且,各国要在知识产权立法方面加强协调。

北美自由贸易区的成立产生了深远的经济影响。第一,增加了成员国之间的内部贸易。根据世界银行的《北美自由贸易协定八周年》总结报告,1993—2001年,区内贸易翻了一番,从 2 970 亿美元增加到 6 220 亿美元;加拿大向美、墨两国的出口额增长了 95.7%,而向区外国家的出口额仅增长了 5%;墨西哥向美、加两国的出口额增长了 225%,同期墨西哥向区外国家的出口额增长了 93%;美国向加、墨两国的出口额增长了 86.6%,明显高于美国向区外国家 44% 的出口额增幅。第二,促进了外商直接投资的发展。一方面,成员国之间减少对相互投资的限制以及贸易联系的日益紧密使得美、加、墨的交互投资不断增长;另一方面,日本、韩国等区外国家为了降低贸易转移带来的不利影响,纷纷到成本较低的墨西哥投资设厂。第三,加快了北美三国的产业结构调整。在贸易壁垒降低之后,三国处于比较劣势的产业加速衰退,拥有比较优势的产业则迅速成长。第四,增强了相关国家的国际地位。美、加、墨作为一个整体出现在国际经济舞台上,其议价能力得到提升。对于美国来说,北美自由贸易区扩大了美国的国际影响力;对于墨西哥来说,加入北美自由贸易区使得它获得了美国更大力度的支持,并且加强了它与拉美国家之间的联系。尽管北美自由贸易区在不少领域取得了进展,但人们对北美自由贸易区的批判始终未曾停歇,批评意见集中在失业、贫富差距、非法移民以及环境保护等问题上。

建立北美自由贸易区仅仅是美国人建立"美洲自由贸易区"战略构想的第一步,第二步则是建立"美洲自由贸易区"。1994 年 12 月,在美国迈阿密举行了由南美、北美和加勒比海地区(古巴除外)共 34 个国家参加的"北美首脑会议",决定在 2005 年完成美洲自由贸易区的谈判。目前,美国已确立比较明确的"全美洲经济联盟计划"。美洲的区域经济一体化已经取得了一定的进展,但农产品贸易、知识产权保护等问题仍然困扰着美洲国家的经济一体化进程。除了推动建立美洲自由贸易区外,美国还与欧盟国家尝试建立跨大西洋自由贸易区。自 20 世纪 90 年代中期开始,美欧就构筑新型欧美同盟关系进行了多次磋商。2007 年 4 月,美欧华盛顿峰会签署了《跨大西洋经济一体化计划》,并决定成立"跨大西洋经济理事会",这为美欧双方实现经济一体化和构建单一市场打下了基础。

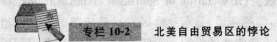

专栏 10-2　　北美自由贸易区的悖论

美国前贸易代表 Carla A. Hills 于 2014 年在《外交》杂志撰文指出,北美自由贸易协定"促成了跨境经济活动的爆发式发展"。北美自由贸易协定具有真正的历史意义。它是第一个由经济发展水平迥异的国家间签订的区域贸易协定,在美国引起了非常具有争议性的公开辩论。

1993 年在美国国会行将对该协定投票之际,支持者把投票看作是在"自由贸易"和"贸易保护"之间进行选择,他们认为降低贸易壁垒、保障投资将扩张贸易从而刺激经济、带动就业并且保护环境;批评者则把投票看作是在"利益主要被上层攫取的贸易"和"利益被广泛分享的贸易"之间的选择,他们认为有效的劳动和环境条款对于通过贸易扩张来实现共享的、可持续的繁荣是至关重要的。

北美自由贸易区成立 20 年来发生了哪些变化呢?由于美国和加拿大早在 1987 年就已批准双边

自贸协定,所以北美自由贸易协定导致的最深刻变化发生在美国和墨西哥的制造业贸易之中。故而,美墨的经济一体化应是关注的焦点所在。

贸易规模惊人扩张,但美对墨出现预料之外的巨额贸易逆差

美墨双边贸易额从 1993 年的 800 亿美元增加到 2013 年的 4 590 亿美元,增长了近 5 倍,增速超出了 1993 年所有观察者的预期。但是,关键问题不仅仅是贸易的增长,更重要的是贸易的特征。两位支持北美自由贸易协定的经济学家 Gary Hufbauer 和 Jeffrey Schott 曾做出以下预测,即美对墨贸易顺差 1995 年将增至 70 到 90 亿美元,而在 2000—2010 年间将进一步增长到 90 到 120 亿美元。但是,实际结果与该预测截然相反。1994 年美对墨有一些贸易顺差,而 2013 年美对墨出现了接近 1 000 亿美元的逆差。并且,根据"经济政策机构"的估计,北美自由贸易协定下的美墨贸易导致美国丧失了 70 万个工人的工作岗位。1993—2010 年间,墨西哥进口中间品的价值大约占到其制造品出口价值的 72%。墨西哥工厂进口大量的零部件进行组装然后出口到美国,这导致墨西哥对美国存在巨额贸易顺差。尽管墨西哥贡献的贸易附加值并不高,但是快速扩张的对美贸易还是给墨西哥带来了利益。例如:墨西哥获得了亟须的就业机会,并且接触到先进的生产技术以及工作组织的新方法。

生产率提高但工资率却下降

在墨西哥,尽管制造业的劳动生产率明显提高,但是工资率却维持在较低水平。导致工资率低下的原因有很多,但是出口部门的劳工权利缺乏是核心因素。其结果是,难以组建强有力的独立工会去保障生产率和工资率之间的强劲关系。如果工人不能分享到贸易的利益,高生产率条件下的贫困就成为一种危险,它不仅损害墨西哥工人的利益,而且导致较低的购买力,从而压抑消费者需求并拖延经济增长。墨西哥的生产率和工资率之间的差距增加了美国工资率的下行压力。

实现广泛共享的繁荣

对北美自由贸易协定进行重新谈判是不大可能的,更别提退出协定了。美墨需要加强经济联系,以实现更加有效的一体化。美墨应该在基础设施、教育、可再生能源以及产品开发等领域加强跨国合作。而且,工会应该发挥更关键的国际角色,它们不仅能帮助打造更有竞争力的制造业,而且可以为其成员争取更多的利益。

资料来源:Shaiken, H. The Nafta Paradox[J]. Berkeley Review of Latin American Studies, 2014 (1):36-43.

三、东南亚国家联盟(Association of Southeast Asian Nations, ASEAN)

东南亚国家联盟,简称东盟,是东亚地区发展最成熟的次区域组织,也被公认为是发展中经济体中最为成功的地区组织。东盟的前身是马来亚(现马来西亚)、菲律宾和泰国于 1961 年 7 月在曼谷成立的东南亚联盟。1967 年 8 月,印度尼西亚、泰国、新加坡、菲律宾四国外长和马来西亚副总理在曼谷举行会议,发表了《曼谷宣言》,正式宣告东南亚国家联盟成立。同年,马来西亚、菲律宾和泰国在吉隆坡举行部长级会议,决定由东南亚国家联盟取代东南亚联盟。东盟目前有 10 个成员国,除了印度尼西亚、泰国、新加坡、菲律宾和马来西亚 5 个创始成员国之外,文莱于 1984 年、越南于 1995 年、老挝和缅甸于 1997 年、柬埔寨于 1999 年先后加入东盟。

从东盟成立之初到冷战结束,东盟一直以政治和安全合作为主,经济合作并未被放在首要位置上。东盟强调经济发展是维持地区稳定、防止颠覆、克服内乱的重要手段，希望通过联合和合作来改善成员国国内的经济状况、稳定内部局势、缓和阶级矛盾，以发展经济的手段杜绝国内以及地区的宗教、民族势力的反政府活动，这正是东盟组织的政治性质所在。因此，从东盟成立到冷战结束，东盟各国间的经济合作进展甚微。仅以出口来看，东盟成员间的出口占东盟总出口的份额不升反降：1967年为20.9%，而到1990年则降至19.3%。

冷战结束后，经济合作成了东盟的优先目标，东盟诸国经济合作的内涵和外延都被赋予了新的内容。1992年，东盟成立自由贸易区，此后东盟以自由贸易区为核心，初步构建了区域经济一体化的基本框架。经历了20世纪末的亚洲金融风暴后，东盟面对新世纪全球经济的新发展，进一步加快货物贸易、投资制度安排、服务业自由化等方面的谈判以及其他方面的经济合作，并且取得了相应的进展。进入21世纪，东盟开始着手建设类似欧盟的更加紧密的区域性组织——东盟共同体。1997—1998年的亚洲金融危机使得东盟国家普遍认识到，只有在政治、经济、安全、社会与文化等领域加强合作，建立区域自觉应对外部冲击的多种机制，才能保证区域的安全、稳定与发展，建立一个类似于欧盟的"东盟共同体"的设想便应运而生。2003年10月，第九届东盟首脑会议发表了《东盟第二协约宣言》，正式宣布将于2020年建成东盟共同体，其三大支柱分别是"安全共同体""经济共同体"和"社会文化共同体"。这标志着东盟将由较为松散的以进行经济合作为主体的地区联盟转变为关系更加密切的、一体化的区域性组织。2007年11月，第13届东盟首脑会议通过了《东盟宪章》，明确将建立东盟共同体的战略目标写入宪章；与此同时，会议还通过了《东盟经济共同体蓝图》，重申在2015年之前建成东盟经济共同体。除了内涵上的扩充，东盟也在积极进行外延上的扩展。自20世纪90年代初，东盟就发起了东亚区域合作进程，并在此基础上形成了以东盟为中心的一系列区域合作机制。1994年成立东盟地区论坛，1999年成立东亚—拉美合作论坛。东盟与中日韩三国的"10+3"峰会，东盟与中国、日本、韩国、印度、澳大利亚和新西兰6国举办的"10+6"峰会以及分别与中、日、韩的3个"10+1"合作机制堪称东亚合作的经典模式。东盟和中国的合作进展集中体现在中国—东盟自由贸易区的成立。2002年11月，第六次中国—东盟领导人会议在柬埔寨首都金边举行，朱镕基总理和东盟10国领导人签署了《中国与东盟全面经济合作框架协议》，决定到2010年建成中国—东盟自由贸易区，这标志着中国和东盟建立自由贸易区的进程正式启动。2010年1月1日，中国—东盟自由贸易区正式建成，该自贸区是涵盖11个国家、拥有19亿人口、GDP达6万亿美元的巨大经济体，是目前世界人口最多、也是发展中国家间最大的自由贸易区。此外，东盟分别与日本、韩国、印度以及澳大利亚和新西兰签订了自由贸易协定。目前东盟正主导区域全面经济伙伴关系（RCEP）谈判。

四、亚太经济合作组织(Asia-Pacific Economic Cooperation, APEC)

亚太经济合作组织,简称亚太经合组织,是亚太地区最重要的经济合作官方论坛。亚太经合组织最初只是亚太地区的一个区域性经济论坛和磋商机构。亚太经合组织的发展可以追溯到1989年1月。其时,澳大利亚总理霍克在访问韩国时提出召开"亚洲及太平洋国家部长级会议",讨论加强相互经济合作的问题。这一倡议立即得到美国、加拿大、日本和东盟诸国的积极响应。1989年11月,澳大利亚、美国、加拿大、日本、韩国、新西兰和东盟六国在澳大利亚堪培拉举行亚太经合组织第三届部长级会议,通过《汉城宣言》,正式确定亚太经合组织的宗旨目标、工作范围、运作方式、参与形式、组织架构及发展前景,这标志着亚太经合组织的成立。

目前,亚太经合组织的成员已经从最初的12个创始国增加到21个,其中发达成员有5个,包括美国、加拿大、澳大利亚、新西兰和日本,发展中成员有16个。2015年,亚太经合组织的总人口约28亿,占世界人口的40%,国内生产总值约占世界的59%,贸易额约占全球总量的49%。从经济发展水平、政治制度、社会文化以及地域分布来看,亚太经合组织是成员间差异最大的区域经济合作形式之一。

亚太经合组织致力于通过促进平衡的、包容的、持续的、创新的和安全的增长以及加快区域经济一体化来为本区域的人民创造更大的繁荣。亚太经合组织主要讨论与全球及区域经济有关的议题,包括促进全球多边贸易体制、实施亚太地区贸易投资自由化和便利化、推动金融稳定和改革、开展经济技术合作和能力建设等。近年来,亚太经合组织也开始介入一些与经济相关的其他议题,包括人类安全(包括反恐、卫生和能源)、反腐败和文化交流等。

亚太经合组织充分考虑到各成员之间在政治、经济、文化等方面的巨大差异,采取自主自愿、协商一致的合作方式,所做决定须经各成员一致同意,且协商一致的决议和文件不具法律约束力,但各成员在政治上和道义上有责任尽力予以实施。亚太经合组织奉行"开放的地区主义",与传统的实行"对内自由、对外保护"经济政策的排他性区域经济集团有着本质的区别。根据亚太经合组织精神,组织成员内部贸易投资自由化的成果,可以适用于亚太经合组织之外的任何国家和地区。

亚太经合组织的组织机构包括:① 领导人非正式会议。从1993年开始,每年召开一次,截至2017年年底已召开25次。② 部长会议。在每年的领导人非正式会议前召开,外交部长和经济部长参加。③ 高官会。高官会议是APEC的协调机构,每年举行3～4次会议,一般由各成员司局级干部或大使级官员组成,参加者提出议题,交换看法然后提交部长会议讨论。④ 委员会和工作组。高官会下设4个委员会和若干工作组。⑤ 秘书处设在新加坡,是亚太经合组织的核心支持机构,提供协调、技术和咨询支持、信息管理、沟通以及公共延伸服务。

根据APEC官方网站的总结,自成立以来,APEC取得的成果主要体现在以下四个方面。

第一,促进区域经济一体化,推动贸易发展。APEC致力于削减成员间的贸易壁垒、协调各国的标准和规章、简化海关流程,以促进商品的跨国流动。1994年,APEC领导人提出了"茂物目标",明确在2020年前建构更加自由、更加开放的贸易和投资环境。为实现该目标,APEC主要采取了以下行动:① 各国贯彻执行APEC的"贸易便利化行动计划"。2004—2006年间,亚太地区的"边境成本"下降了5%;在接下来的四年里,"边境成本"进一步下降了5%,这帮助亚太地区的企业节约了587亿美元。② APEC于2009年发起了"营商便利化行动计划"。2009年到2013年间,APEC成员的营商便利指数提高了11.3%。例如,颁发建筑施工许可证所需时间从169天下降到134天,减少了18.7%。③ 加快海关流程。APEC经济体采用了进出口流程的在线管理,并且推广了"单一窗口"实践。截至2013年年末,已有14个经济体采用了"单一窗口"系统。④ 进行结构改革。为降低"边境内(Behind-The-Border)"的贸易障碍,APEC通过改革监管、改进公共部门和公司的治理、强化法律基础设施等手段来提高透明度并强化竞争。

第二,加强"互联互通"。APEC致力于改善物理基础设施、人员流动和机构间联系。APEC的"互联互通蓝图"提出了从提高信息技术到改善交通基础设施在内的一系列倡议。在促进人员流动方面,APEC发行"APEC商旅卡",目前已有16万人享受了此项便利。

第三,加强环境保护。① 环境产品列表制度。在2012年俄罗斯索契领导人非正式会议上,APEC领导人同意在2015年年底以前将54种环境产品的关税降低到5%及以下。② 提高能源效率,发展可再生能源。2011年,APEC成员同意在2030年前将本地区的能源密集度降低45%。2014年,APEC成员同意在2030年前使本地区的可再生能源比例翻一番。并且,各成员已同意削减对化石燃料的补贴。APEC成立了"APEC能源工作组",帮助其成员实现这些目标。③ 建设"绿色城镇"。在APEC能源工作组的经费支持下,APEC帮助亚太地区的一系列城市建设低碳示范城镇。

第四,实现包容性增长。① 培育小企业。APEC致力于提升中小企业的竞争力从而增强其参与全球价值链的能力。2005年,APEC中小企业创新中心在韩国成立,该机构为亚太地区的中小企业提供商业咨询。2013年,APEC新创企业加速器网络成立,旨在通过连接创业基金、创业导师和创业企业来促进创新和创业。2014年,该加速器资助了6家亚太地区的创业企业。并且,APEC还致力于改善中小企业的商务伦理及应对灾害的能力。② 提高社会公平性。APEC数据机会中心于2004年成立,为脆弱的农村和城市社区的居民提供电脑技能培训,以增强他们的就业能力和创业能力。

五、跨太平洋伙伴关系协定（Trans-Pacific Partnership Agreement，TPP）

（一）TPP 的演变

为推动亚太地区的贸易自由化进程，2003 年亚太经合组织的三个成员——新加坡、新西兰和智利酝酿建设新的自由贸易区。2005 年 4 月，文莱加入谈判，当年 7 月四国签订跨太平洋战略经济伙伴关系协定（Trans-Pacific Strategic Economic Partnership Agreement，P4）。2008 年 3 月，美国布什政府加入谈判。2008 年下半年，布什总统向国会通报美国政府与 P4 成员、澳大利亚、秘鲁和越南开展谈判的意图。2009 年 11 月 14 日，美国总统奥巴马在其亚洲之行中正式宣布美国将继续参与谈判，强调将促进美国的就业和经济繁荣，并为设定 21 世纪贸易协定标准做出重要贡献。跨太平洋战略经济伙伴关系协议，正式更名为跨太平洋伙伴关系协议（TPP）。随后，美国贸易代表罗恩·柯克于 2009 年 12 月 14 日正式通告美国国会，美国将参与 TPP 谈判，并强调要建立一个高标准、体现创新思想、涵盖众多领域和范围的亚太地区一体化合作协定。与此同时，秘鲁、越南和澳大利亚也宣布加入 TPP 谈判，TPP 谈判实现了由"P4"向"P8"的转变，并呈现亚太地区参与国家扩大的趋势。2010 年马来西亚成为 TPP 谈判的成员，使 TPP 成员数量扩大到 9 个；2012 年墨西哥和加拿大陆续宣布加入谈判；2013 年日本成为正式参加 TPP 谈判的第 12 个成员。日本的加入进一步强化了 TPP 的影响力。

2015 年 6 月，美国完成了贸易促进授权（Trade Promotion Authority，TPA）新法案（编号：H.R.1890）的立法工作，从而成功消除了其他国家对美国政府谈判可信度的担忧，提高了 TPP 谈判的效率，仅仅 3 个多月之后的 10 月 5 日参与 TPP 谈判的 12 国即达成了基本协议。2016 年 2 月 4 日，十二国政府在新西兰的奥克兰市正式签署 TPP 协议。2016 年 4 月 1 日，美国贸易代表向国会报告了国内法律需要做出的修改。2016 年 5 月 18 日，美国国际贸易委员会公布研究报告，向国会和公众披露 TPP 协议对美国经济和就业的预期影响。2016 年 8 月初，奥巴马政府提交了文件草案。尽管奥巴马使尽了浑身解数，但错综复杂的国内政治局势最终迫使奥巴马放弃了在任内实现 TPP 立法的计划。2017 年 1 月 23 日，在竞选中痛批 TPP 的新上任总统特朗普兑现了竞选承诺，签署行政命令，正式宣布美国退出 TPP 协议。尽管日本等国政府竭力挽救垂死的 TPP，但至少在特朗普任内美国政府不可能继续推进 TPP 了。

（二）TPP 的特点

TPP 是跨区域的自由贸易协定。与以往自由贸易协定相比，TPP 具有以下三个鲜明的特点。

1. 成员国之间存在巨大的差异性和复杂性

从参与主体来看，各成员国在地理、人口、政治、宗教信仰以及经济发展水平和经济结构等方面存在的差异性和复杂性比较突出。各经济体遍及北美、南美、东亚和大洋洲，既有人口大国，也有人口小国；既有资本主义国家，也有社会主义国家；既有基督教国家,也有佛教国家,还包含儒家文化圈;既有发达国家,也有发展中国家;既有以制造业为主导产业的国家,也有以资源为主导产业的国家。这就决定了亚太地区经济体在涉及农业、劳工、环境、知识产权等方面的谈判时有着不同的利益诉求和较大分歧。

2. 协议内容的广度和深度超过以往任何自由贸易协定

从本质上看,TPP框架协议明确提出要树立一个"世纪自由贸易协定的标杆、全球贸易合作的新标准",因而其协议内容无论是广度还是深度,都明显超过以往任何一个亚太地区的自由贸易协定。从广度上看,它体现了全覆盖的特点,既包括商品贸易、服务贸易等传统的自由贸易协定(FTA)条款,也包含知识产权、劳工、环境、临时入境、国有企业、政府采购、金融、能力构建等亚太地区绝大多数FTA尚未涉及或较少涉及的条款。从深度上看,它体现了高标准的特点,在关税减免、服务贸易、知识产权、劳工、环境、国有企业、政府采购等相关领域的最终标准都明显超出FTA的现有水平。在商品贸易领域,最终有望实现全部贸易品零关税。在服务贸易领域,传统FTA的条款一般仅允许准入后国民待遇;在市场准入方面,也仅在特定部门中给予外资企业超出国内规定的市场准入待遇。而TPP则采取"准入前国民待遇+最惠国待遇+例外条款"这一自由化程度较高的方式,即对所有服务部门均给予准入前国民待遇和最惠国待遇,仅对国防、金融、航空等少数特殊行业设置例外条款。在知识产权领域,传统的FTA只是要求成员国遵守《与贸易相关的知识产权协议》(TRIPS),而TPP对知识产权保护所提出的要求则明显高于TRIPS。此外,在劳工、环境、政府采购、国有企业等领域也提出不少高于传统FTA的内容和标准。

3. 协议内容和标准更多体现美国自由贸易理念及其战略利益诉求

从价值理念看,在知识产权、劳工和环境及服务贸易等方面设置的"高标准",带有显著的美式自由贸易特点,其主要目的在于维护美国的经济利益和战略利益。

第一,TPP框架协议明确指出,要在知识产权领域实施高于协议的标准。事实上,美国在技术创新和知识技术密集型产业方面具有明显优势,提高知识产权标准将有助于美国继续保持这方面的优势,并从技术贸易、技术转移和专利使用等方面获取更多的技术扩散收益。但对于发展中国家来说,将不利于其以低成本获取先进技术。第二,TPP协议中专门增设了劳工和环境条款,并将贸易与之相挂钩,通过强加于他国较高的劳工环境标准等,有助于美国借此对其他成员国的出口产品实施贸易制裁,以达到维护其自身利益的目的。第三,美国强调TPP谈判要实现统一原产地规则、全面减免关税、服务贸易的国民待遇和最惠国待遇,主要目的还是为了扩大对亚太区域的出口。国际金融危机爆发后,美国前总统奥巴马2010年提出了五年出口倍增计划,即到2015年美国出口增加一倍。而亚太地区作为一个快速成长的新兴市场,对于美国扩大出口、推动经济复苏和增长显然具有重要的意义。第四,TPP又被称为"经济北约",是美国"重返亚太"战略的经济工具,有助于美国保持其在亚太地区的影响力。第五,美国试图通过 TPP 来开创国际经贸新规则,掌握话语权,从而最大限度地攫取利益。

（三）TPP 受挫后中国的对策

1. 借鉴 TPP 文本中的合理成分

TPP 协议的文本虽然目前难以生效,但它作为高水平的自由贸易协定模板,仍会对今后的国际经贸规则走向产生深远影响,对中国的改革开放和中国今后在全球经济治理中提出的"中国方案"也会有一定借鉴作用。国际规则的制定往往是一个漫长的过程。20 年前,OECD(经济合作发展组织)国家《多边投资协议》谈判夭折,但其谈判的草案文本中的很多条款至今仍在各种区域协定的投资章节中频频出现。TPP 协议的第十七章是关于国有企业与指定垄断的内容,在吸收以往关于国有企业垄断与指定垄断的贸易规则的基础上,这一章出现了一些新的关于国企竞争的规则。这些规则对于了解其他国家在国企竞争领域的关注点及其思路很有帮助。虽然这些新规则没有生效,但它们今后还可能在其他场合反复被提起。

2. 积极参与并推动自贸区谈判

在区域层面上,RCEP(区域全面经济伙伴关系)的谈判是重中之重,我们应该积极推动其完成谈判。在此基础上,我们仍应坚定推动 FTAAP(亚太自贸区)的谈判。对 TPP 的下一步走向,中国应当密切跟踪观察,对一切有利于推动亚太地区贸易与投资自由化的谈判进展,我们都应持开放态度。中国的自贸区战略已经明确以周边地区与"一带一路"沿线国家为重点,在积极参与多边谈判的同时,稳步推进自贸区谈判,将有助于提高亚洲区域价值链的整体水平。

专栏 10-3　TPP 研究：我们该如何反思

一年多以前,在中国人的国庆假期,跨太平洋伙伴关系协定(TPP)成员国宣布完成谈判。谁也没想到,一个贸易协定会引起中国社会各界的关注。官员、学者甚或普通老百姓都在朋友圈转发关于 TPP 的新闻和各类分析文章。美国总统奥巴马也志得意满地发表类似获胜的演说,宣称 TPP 将给美国带来无数好处,并成功地打压了中国在高标准国际经贸规则方面的制定权。毫无疑问,彼时是 TPP 的高光时刻。

时移世易,一年多以后的今天,特朗普"意外"地当选美国下届总统,并宣称上任后的第一件事就是退出 TPP。奥巴马或许最能感受心理的巨大落差,从一年前的踌躇满志到如今的不抱希望。国内则欢呼者众,回味着意外的惊喜。无论 TPP 是长眠,还是冬眠,暂时被搁置则是确定的。冬天要来了,寒冷使人清醒,也到了反思这一年多国内对 TPP 研究的时候。

为何 TPP 会引起国内社会各界关注？

TPP 终归是个贸易协定,为何会引起国内社会大众的广泛关注？这是首先需要面对的问题。自由贸易协定(FTA)原本主要是国际贸易学者的关注主题,比如对 FTA 本身的研究,对 FTA 是否有利于多边贸易协定的争论等。FTA 都要给世界贸易组织(WTO)备案。根据 WTO 的统计,WTO 成员间已经生效的 FTA 多达 238 个。为何偏偏还尚未生效的 TPP 会在国内掀起轩然大波？

笔者认为,原因至少有三：第一,公众普遍认为 TPP 是美国在亚太地区钳制中国的经济工具。TPP 自称是"跨太平洋的"贸易协定,却不包括亚太地区也是世界第二大经济体的中国,显然有所图谋。而且 TPP 规则标准还非常高,甚至包括中国肯定无法妥协的劳工条款。种种迹象表明,TPP 不怀好意,激起普通人的热血。第二,随着中国经济的崛起,国内的焦虑感也有所增强,本想在国际舞台尤其是亚太地区发挥越来越重要的作用,却被美国的 TPP 当头一棒,有些接受不了。第三,微信的普及导致社会各界都能使用微信传播关于 TPP 的新闻和文章,在 TPP 刷屏的世界,即使不阅读内文,光看标题就能混个脸熟,都知道有个叫 TPP 的东西。

贸易协定能引起如此大的关注,当然是好事,但是作为学者,发声应该谨慎。实际上,TPP 在奥巴马任期刚开始时就引起国内学者的研究。毕竟是贸易协定,当时主要是一些经济学者在跟踪。在 TPP 完成谈判后,不只是经济学者,国际政治学者、经济法学者、媒体人士等都接连发声。这缘于 TPP 相比以往贸易协定的复杂性。TPP 引起经济学者的关注自然不难理解。TPP 又是被认为美国重返亚太在经济领域布的局,具有战略意义,也引起国政学者的关注。TPP 又包括许多原本贸易协定不包括的高标准规则,其文本本身具有法律条文的性质,自然也引起经济法学者的注意。在社会广泛关注的背景下,媒体人士也凑个热闹,加入发声的行列。百家争鸣,各方亮起自己的观点,也无不可,但是许多人士情绪化地解读 TPP,误导普通民众,则是不负责任的表现。

要像中国当年"入世"一样看待 TPP？

在如何看待 TPP 这个问题上,当时有不少人士认为应像对待"入世"一样看待 TPP。其观点主要意思是,毋宁说 TPP 是中国改革开放的挑战,不如说是机遇；中国应以 TPP 为契机加快自身的改革开放,为以后加入 TPP 做准备。笔者以为,将 TPP 看成倒逼国内改革开放的契机也无不可,但是将 TPP 看成和"入世"一样的事情,则会让人误以为 TPP 是正面的,误导中国对 TPP 的应对。

为此,笔者专门撰文,阐述不宜拿 TPP 和"入世"相提并论的观点。第一,WTO 是多边协定(组织),是必然要加入的；TPP 是区域贸易协定,并不是必然要加入的。第二,中国先是"复关",后称"入世",但本质上是恢复自身在 WTO 中的地位,而不是像 TPP 一样从一开始就被排除在外。第三,TPP 事关亚太区域经济一体化的路径问题,中国是否加入应从战略层面统筹考虑。第四,即使从长期视野来看,TPP 有些条款也是中国很难接受的,比如劳工标准。

目前看来,拿 TPP 和"入世"相提并论的观点并不足取。主导并推进 TPP 只是奥巴马政府应对中国的思路,换个总统则换了一种思路。特朗普上台导致 TPP 被搁置。这至少说明,TPP 受美国贸易政策乃至外交政策影响较大,并不像 WTO 那样是一个稳定的存在。

要不要加入 TPP？

争论最大的焦点是中国要不要加入 TPP。大体可分为三派观点：第一类观点认为中国应及时谋求加入 TPP。这类观点的论据主要是 TPP 总体而言是有利的,随后亚太地区其他经济体也会谋求加入,中国早加入能更主动,越晚越被动。这类观点可被称之为"速速加入论"。第二类观点认为中国不可且以后也不要加入 TPP。这类观点认为 TPP 是美国重返亚太的一步棋,中国即使提出加入,也会被拒绝,与其碰一鼻子灰、弄个丢面子,不如就别提加入的事。中国不加入还因为从政治和战略角度看,都不适合加入美国主导的 TPP。这类观点可被称为"不可加入论"。第三类观点认为目前还不适合做出要不要加入的判断,等一等、看一看。这类观点认为应谨慎看待 TPP,TPP 有利有弊,不宜先入为主地做出是否加入 TPP 的判断。这类观点可被称为"观望论"。

去年的争论中，主张中国加入 TPP 的声音最大，其次是"不可加入论"，"观望论"的声音相对较弱。"速速加入论"的声音最大，一方面来自持这种观点的学者最多，另一方面也可能是主张加入的学者最愿意亮明自己的观点。"不可加入论"大多是从战略、政治角度的考虑，想要表达中国不要去做什么的观点大概风险较大些，所以发声要少。

笔者所在团队的观点类似"观望论"，希望以"大国心态"看待 TPP。笔者也曾撰写题为"如何看待 TPP"的文章，指出：中国应基于自身经济利益评估是否加入 TPP。亚太经济体相互依存，中国经济是亚太价值链上不可缺少的一环，放弃中国并不符合 TPP 成员国的利益，因此从经济利益来讲，TPP 不存在对中国的排斥。合作都是谈出来的。当年中国"入世"和美国谈判，何其艰难，美国为何还愿意做出妥协、完成谈判，必定是中国"入世"符合美国的利益。因此，中国不必担心 TPP 是否是对自身的围剿。由于 TPP 距离生效以致实行，还有时间差，我们应该在是否加入 TPP 上进行深入的讨论和研判，规避新规则从客观意义上带来的不利影响，做到为我所用。目前的"速速加入论"和"不可加入论"都不可取，应该客观判断，主要基于自身经济利益进行分析。

其实，简单来讲，因为 TPP 规则中的劳工条款是中国绝不会接受的，因此立即加入是很困难的。但是，中国也不应秉持坚决不加入的态度，因为未来亚太区域经济一体化的走势尚不明朗。持观望态度是中国最好的选择。

现在看来，中国最好的选择依然是持观望态度。TPP 暂时被搁置，因此不需要立即做出是否加入的决定。但是，特朗普四年任期结束之后，无论是其连任还是新总统上任，TPP 都有被解冻、重装上阵的可能。中国应在观望中有行动，依然将高标准国际经贸规则作为国内改革开放对接的标准，时刻准备着。

TPP 何时会生效？

TPP 何时会生效实际上涉及美国的政治问题，这个问题的判断超出了经济学者的知识结构。在特朗普胜选之前，国内外大部分学者认为 TPP 在奥巴马任期结束前通过的概率很大，尽管也面临一些不确定性。这一判断的前提是希拉里当选美国总统的概率更高。即便奥巴马任期不能通过，希拉里任期也会通过。

笔者认为，做出 TPP 很可能会在美国国会通过生效的判断，无可厚非。毕竟，对美国总统选举的预测和结果的反差让国内外各界都大跌眼镜。对 TPP 是否会在美国国会通过的误判也就情有可原。笔者 8 月份在和美国彼得森国际经济研究所研究 TPP 的著名学者交流时，该学者还持很乐观的态度，认为 TPP 通过的希望很大。然而，在特朗普当选总统第二天，笔者请教加拿大研究 FTA 的学者 TPP 是否还有通过的希望时，该学者则很肯定地说，不可能。可见，美国总统选举决定了 TPP 是否会生效以及生效的时间。

这一问题给我们的启示是，应该在分析相关问题时考虑美国国内政治因素。正如笔者在今年 8 月份接受国内一媒体采访时指出的，TPP 是否通过是一个美国政治问题，如果没有大选干扰，TPP 通过的概率很大。但目前看来，TPP 通过的概率被降低不少，但并非没有可能。总统竞选人竞选时总要说些旗帜鲜明、夸张的话，这很正常。当选总统上台后考虑的问题又不一样了，所以候选人上台对 TPP 的影响也不好估量。

中国接下来该怎么办？

笔者在此梳理过去一年国内对 TPP 的判断和分析，并不是为了分出个对与错，而是希望在接下来对 TPP 的研究中，能更全面地给出中国的应对之策。过往的"错"如果能换来接下来的"对"，那也是值得的。TPP 暂时被搁置就像是天上掉下来的馅饼，虽源于美国自身的问题，但客观上确实减轻了中国战略方面承受的压力，赢得了暂时喘息的机会。但绝不是说中国就可以一劳永逸了。如果我们不继续探讨并有所行动，则很可能会遗憾地错过这一难得的时间窗口。

关于中国的应对，笔者还是坚持一年前的看法：中国可采取"西进东察南合北破中推进"的策略进行应对。中国推动的西进（"一带一路"倡议）有利于推进落后国家的发展，使得这些国家在发展的同时，在 WTO 框架内接受相对应的贸易自由化进程。所谓"东察"，是指基于自身经济利益、观察美国政治判判 TPP，并适时讨论是否加入 TPP。"南合"是指和东盟进行合作，争取尽快完成区域全面经济伙伴关系协定（RCEP）谈判。东盟在亚洲一体化进程中发挥了主导作用。东盟成员新加坡、文莱、越南和马来西亚加入 TPP 谈判实际上也会分化东盟，导致东盟主导地位的弱化。因此，东盟也有完成 RCEP 谈判的强烈意愿。中国应该强化自身的参与，力促 RCEP 破局。所谓"北破"，是指在中韩自贸协定已经签署的基础上，寻求中日韩自贸协定的突破。"中推进"是指以战略的眼光积极推进中美双边投资协定谈判，以全局的视野推进亚太自由贸易协定早日启动谈判，积极推进中国自身的自由贸易试验区建设。

资料来源：苏庆义. TPP 研究：我们该如何反思[R]. 中国社会科学院世界经济与政治研究所《国际问题研究》系列工作论文，No. 201659.

六、区域全面经济伙伴关系（Regional Comprehensive Economic Partnership，RCEP）

（一）RCEP 的发展进程

RCEP 由东盟在 2011 年发起，目标是在东盟 5 个"10＋1"（与中国、日本、韩国、印度，以及澳大利亚和新西兰）的基础上，构建一个涵盖 16 国的全面的、高质量的、互惠的区域自由贸易协定，自由化的程度将高于现有的 5 个"10＋1"协定。在 2012 年 8 月底召开的经济部长会议上，东盟十国、中国、日本、韩国、印度、澳大利亚和新西兰原则上同意组建 RCEP，通过了《RCEP 谈判指导原则与目标》。2012 年 11 月东亚领导人系列会议期间，十六国的领导人共同发布《启动〈区域全面经济伙伴关系协定〉(RCEP)谈判的联合声明》，正式启动这一覆盖 16 个国家的自贸区建设进程。2013 年 5 月，RCEP 第一轮谈判在文莱举行，成立了货物贸易、服务贸易和投资三个工作组，并就货物贸易、服务贸易和投资等相关议题展开磋商。2013 年 9 月，RCEP 第二轮谈判在澳大利亚的布里斯班举行，谈判重点包括货物贸易的关税减让模式和章节结构，要素、服务贸易的章节结构及要素，投资的章节要素，货物贸易工作组成立了原产地规则分组以及海关程序与贸易便利化分组。2014 年 1 月，RCEP 第三轮谈判在马来西亚的吉隆坡举行，谈判重点内容包括市场准入模式、协定章节框架和相关领域案文要素。2014 年 6 月，RCEP 各方在泰国曼谷举行了第五轮谈判，重点议题包括货物贸易、服务贸易、投资、经济技术合作、知识产权、竞争和法律规则及机制，本轮谈判还讨论了 RCEP 谈判的具体边界和推进方式。各方还就撤销关税的谈判框架交换了意见。第十二轮会谈在澳大利亚帕斯举行，各方就货物、服务、投资、知识产权、经济技术合作、电子商务、法律条款等领域进行了深入磋商。截至 2017 年 7 月底，RCEP 已经举行了 19 轮谈判。

（二）RCEP 谈判的动因

1. 有效整合亚太地区经济合作机制的现实需要

从周边来看，亚太区域经济合作目前呈现一种"多框架并存、竞争性合作"的特点。截至 2012 年 6 月，亚洲各主要经济体，如东南亚的东盟、新加坡，东北亚的日本、韩国，南亚的印度、巴基斯坦等，都先后签署并实施了诸多的区域贸易协定，其中，日本、新加坡及印度所签署并已生效的区域贸易协定均达到 10 个左右。除各经济体分别对外签署的 FTA 之外，亚太的地区性经济合作机制还包括东盟自由贸易区（AFTA），以东盟为核心的 5 个"10＋1"、"10＋3"（东盟＋中日韩）、"10＋6"（东亚峰会）以及 APEC，等等。东亚现存的多重 FTA 格局将产生"意大利面条碗效应"，各国商业部门也必须应对不同自由贸易协定下的不同规则，区域经济一体化的潜在好处将有所减少。东盟提出构建 RCEP，其目的之一就是有效整合现有的诸多合作平台，有助于减少目前这一局面的复杂性。

2. 平衡美国掌控东亚经济合作主导权的战略需要

从 20 世纪 90 年代到 2007 年，世界经济重心向亚洲的转移削弱了美国在该地区的实际影响力，东盟自由贸易区、"10＋1"、"10＋3"、"10＋6"等东亚主要区域经济合作机制几乎没有美国的参与空间，致使美国在东亚区域经济合作领域面临"边缘化"，因此，美国提出"重返亚太"战略目标，并于 2008 年高调加入跨太平洋战略经济伙伴协定（TPP）谈判。美国积极参与 TPP 谈判，其意图在于主导制定新一轮贸易游戏规则，藉此构建亚太地区新的竞争性区域经济合作机制，进而主导亚太地区经济一体化进程，实现其"重返亚太"的战略目标。显然，TPP 的推进对于亚太地区各国乃至整个地区的经济一体化进程和现有机制或平台都将产生重大影响。为应对这种影响，掌控东亚区域经济合作的主导权，东盟适时推出 RCEP，希望藉此缓解 TPP 所造成的冲击。

（三）RCEP 谈判的内容

具体内容包括：第一，货物贸易方面，在关税细目和贸易价值高比例基础上消除关税，以实现高规格的关税减免，对于最低发展水平的成员国将优先给予产品早期关税削减。第二，服务贸易方面，RCEP 将针对成员国之间的服务贸易，全面、高质量、根本地消除限制和歧视政策。第三，投资方面，在区域内建立一个开放、便利和全方位的投资环境，将涵盖促进、保护、便利和自由四个核心问题。第四，经济及技术合作方面，将在 RCEP 现有成员之间所达成的经济合作安排基础上，对包括电子贸易以及 RCEP 成员国互相认同的其他领域给予承诺。第五，知识产权方面，通过推广经济一体化，促进知识产权使用、保护和执行方面的合作，从而减少与知识产权相关的贸易投资壁垒。第六，竞争政策方面，将在竞争促进、经济高效、消费福利等方面加强合作，并认识到 RCEP 成员国在竞争领域内存在的显著差别。第七，争端解决方面，RCEP 将囊括一个为协商和解决争端提供的高效、迅速、透明的处理机制。

(四) RCEP 谈判的特点

1. RCEP 遵循"东盟方式"的合作原则以及东盟在亚太区域合作中的核心地位

"东盟方式"的主要内涵是指成员平等、不干涉内政、和平共存。一直以来,东盟在亚洲各种地区合作机制中扮演主导性角色,如东盟地区论坛(ARF)、东亚峰会(EAS)以及"10+1"、"10+3"模式的磋商机制,形成了以东盟为轴心的"轴辐"式对话与合作机制。"东盟方式"充分考虑和照顾到各方的舒适度和可接受程度,在区域合作中强调协商一致与循序渐进。

2. RCEP 采取"渐进式自由化"的路径

RCEP 将对东盟发展程度相对较低的成员国实行特殊与区别对待的政策。这主要涉及柬埔寨、缅甸、老挝、越南等东盟"新成员"。东盟在内部一体化建设过程中已考虑到这些国家的特殊要求,相对其他六个"老成员",上述国家实现内部贸易自由化的时间推迟到 2015 年。而在《RCEP 谈判的指导原则和目标》中又明确"承认参与国家个体差异和所处不同环境",并且特别强调"考虑到参与国家不同的发展水平,RCEP 将包含一些适当的灵活形式,包括为最不发达的东盟成员国提供特殊和差别待遇,并为之附加额外的灵活性"。

3. RCEP 是开放性的区域经济伙伴关系协议

在共享的地理范围和共同的区域利益下保持区域组织成员的可控数量,奉行"开放性地区主义"一直以来是亚洲区域合作的两条重要经验。根据《RCEP 谈判的指导原则和目标》,东盟的自贸区伙伴在 RCEP 的后续阶段仍可申请加入。

(五) RCEP 谈判遇到的挑战

1. 东盟内部的"向心力"和"共同意志"不足

东盟凭借长期的合作经验、独特的大国平衡战略,逐渐在东亚经济合作中发挥了主导地位和核心作用。然而,内部凝聚力不强和共同意志的缺失,也将影响东盟在东亚地区的主导地位。由于各个成员国的利益主要不在区域内,新老成员国间的经济体系和经济发展水平存在较大差距,加上民主价值观的差异、社会政治体制不同,上述因素造成东盟各个成员国之间缺少相互信任和共同意志。东盟由于内部成员国宗教和政治制度的多元,造成了其一体化进程中缺乏自我整合意愿,引起共同意志这种内在驱动力的缺失,从而导致东盟一体化在深化和拓展的过程中遇到阻碍。

2. 东盟—印度 FTA 与东盟—澳新 FTA 较难整合

5 个 "10+1" FTA 中,整合难度较大的是东盟—印度和东盟—澳新 FTA。东盟—印度 FTA 的贸易自由化程度最低,从而导致敏感产品协调较为困难。一是因为印度对东盟提出的敏感产品数量远多于中国、日本、韩国和澳新;二是因为东盟各国对印度提出的敏感产品清单数量也大大高于对中国、日本、韩国和澳新所提出的。众多敏感产品的提出,表明东盟各国与印度在货物贸易领域存在较大分歧和顾虑。同样,在原产地规定方面,东盟与印度 FTA 的原产地规则程序最为严格,例如必须同时满足 35% 的 RVC 标准、至少六位 HS 编码改变的税目改变标准(CTSH)。而东盟与韩国、日本、澳新的 FTA 中仅规定在 40% 的 RVC 标准和至少四位 HS 编码改变的税目改变标准之间任选一种。可见,东盟与印度 FTA 无论在货物贸易还是原产地规则等方面要与其他 4 个 "10+1" FTA 进行整合都将面临更大的困难。

东盟与澳新 FTA 是 5 个 "10+1" FTA 中质量最高的一个,澳新两国货物贸易自由化程度和服务贸易自由化程度也最高,但整合起来仍有困难。在货物贸易领域,澳新对东盟最终将达到 100% 的贸易自由化,东盟对澳新也将分别达到 96%、99% 左右的自由化程度,这一水平不仅高于东盟分别与中国、日本、韩国签订的 FTA,更高于东盟—印度 FTA,所以 RCEP 要求的贸易自由化水准将会使各方在谈判过程中更加艰难。在服务贸易领域,不仅澳新给予东盟高于 WTO 的部门承诺,东盟各国也对澳新给予了比对中国、韩国等更加开放的部门承诺。

关键概念

区域经济一体化,自由贸易区,贸易偏转,原产地规则,关税同盟,共同市场,贸易转移,贸易创造,协议性国际分工,共同农业政策

内容提要

1. 区域经济一体化看似与 WTO/GATT 的"非歧视性"原则和精神格格不入,但实质上,区域经济一体化与 GATT/WTO 并非根本对立,甚至两者在长期内、在促进贸易自由化方面是相互补充、相互促进的。

2. 按照一体化的程度划分,区域经济一体化的形式包括优惠贸易协定、自由贸易区、关税同盟、共同市场、经济联盟、完全的经济一体化。

3. 按参加国的经济发展水平划分,经济一体化分为水平一体化(或称横向一体化)和垂直一体化(或称纵向一体化)。

4. 区域经济一体化的发展涉及经济层面和政治层面的动因。

5. 关税同盟的静态效应包括贸易创造和贸易转移两种效应。

6. 关税同盟静态效应的影响因素包括:成员国的供需价格弹性、结盟前的关税水平、成员国与非成员国之间的成本差异、成员国的生产效率、成员国数量以及结盟前成员国贸易量。

7. 关税同盟的动态效应包括:获得内部和外部规模经济效益;刺激投资;加强市场竞争,推动利益增长。

8. 大市场理论的核心是：共同市场可以把那些被保护主义分割的每一个国家的小市场统一成一个大市场，通过大市场内的激烈竞争，实现专业化、大批量生产等方面的利益。

9. 协议性国际分工原理认为，在长期成本递减的条件下，相关国家可以达成专业化分工协议，即一国放弃某种商品的生产并把国内市场提供给另一国，而另一国则放弃另外一种商品的生产并把国内市场提供给对方。

10. 欧盟是目前发展程度最高的区域经济一体化组织，但其未来仍然面临诸多挑战，包括成员国主权让渡带来的阻力、成员国差异加大带来的分歧以及经济风险传递引起的"一损俱损"的威胁、中东乱局导致的难民问题、欧洲各国右翼势力的抬头。

复习思考题

1. 请分析协议性国际分工原理的可行性。
2. 简述关税同盟理论。
3. 区域经济一体化有哪些组织形式？各有什么特点？
4. 请对"亚太经合组织"的发展前景做出预测。
5. 欧洲经济一体化进展较快的原因有哪些？为何近年来又严重受阻？
6. 请分析英国脱欧的原因及影响。
7. 中国应该如何参与 RCEP 谈判？
8. 为什么发展中国家之间组建的区域经济一体化组织普遍进展较慢？
9. 请运用所学理论对大陆和台湾地区经济一体化的推动因素和阻碍因素进行分析。
10. 试分析日本对于区域经济一体化的态度变化及在区域经济一体化方面取得的进展。
11. 假设葡萄牙是手套的贸易小国，其对手套的需求和供给情况如表 10-1 所示。假定德国、法国分别能以每副 2 美元、3 美元的价格供应手套。

表 10-1　葡萄牙对手套的供给和需求

价格($)	国内供给量(副)	国内需求量(副)	价格($)	国内供给量(副)	国内需求量(副)
0	0	18	5	10	8
1	2	16	6	12	6
2	4	14	7	14	4
3	6	12	8	16	2
4	8	10	9	18	0

(1) 在自由贸易条件下,哪个国家向葡萄牙出口手套?葡萄牙生产量、消费量和进口量分别是多少?

(2) 假设葡萄牙对手套进口征收100%的非歧视性关税,哪个国家向葡萄牙出口?葡萄牙生产量、消费量和进口量分别是多少?

(3) 假定葡萄牙和法国组建了关税同盟。请分析关税同盟的贸易创造效应和贸易转移效应,并请计算该关税同盟对葡萄牙的福利效应。

(4) 如果葡萄牙不是与法国而是同德国组建关税同盟,请问该关税同盟是贸易创造关税同盟还是贸易转移关税同盟?该关税同盟在多大程度上提高了葡萄牙的福利水平?

第三篇 国际贸易专题篇

本篇介绍国际贸易领域的最新理论和实践,共包含三章内容。

"二战"结束后,产业内贸易逐步取代产业间贸易成为国际贸易的主流模式。这对传统的国际贸易理论提出了严峻的挑战,并且向负责制定贸易政策的各国政府提出了新的课题。本篇的第一章(即全书第十一章)阐释产业内贸易的内涵、分类和特征,并介绍产业内贸易理论的发展历程和主要视角,最后介绍中国的产业内贸易状况并探讨中国促进产业内贸易发展的具体对策。

本篇的第二章(即全书第十二章)探讨与服务贸易相关的问题。随着各国(尤其是发达国家)产业结构的软化、服务业的开放以及信息技术的发展,服务贸易在国际贸易中的地位日渐突出,对各国贸易地位乃至整个经济的竞争力产生着不容小觑的影响。以美国为代表的不少发达国家正试图以服务贸易领域的强势地位来抵消由于货物贸易竞争力衰退所带来的不利影响,在这方面,发展中国家正面临巨大的竞争压力。本章介绍服务贸易的内涵、统计分类、发展历程及其影响,阐释《服务贸易总协定》的框架体系,探讨美国服务贸易形成强大竞争力的原因及其启示,并论述中国提高服务贸易竞争力的路径。

近些年来,全球气候变暖问题正成为制约人类经济社会可持续发展的核心问题之一。许多国家的政府意识到,发展低碳经济是突破发展环境瓶颈的关键,它们纷纷采取了或即将采取一系列措施来推动低碳经济的发展并实现其他国内和国际目标,这对国际贸易的开展带来了不容回避的机遇和挑战。本篇最后一章(即全书第十三章)在对低碳经济进行概述的基础上,介绍低碳经济背景下我国外贸发展面临的问题,探讨低碳经济对我国贸易结构所产生的影响,并在借鉴西方经验和立足本国实际的前提下提出我国低碳经济的发展战略。

第十一章 产业内贸易

古典贸易理论与新古典贸易理论的两个共同的基本假设是市场完全竞争以及规模报酬不变。在两个国家(国家 1 和国家 2)、两种商品(商品 A 和商品 B)的情况下,国家 1 进口 A 商品,出口 B 商品,同时国家 2 进口 B 商品,出口 A 商品,(假设不考虑运输成本)一个国家不可能同时进口和出口同一商品。可见,古典贸易理论和新古典贸易理论都只解释产业间贸易。第二次世界大战以后,各国之间出现了许多同一产业的产品交换,且贸易额显著增加,但是由古典贸易理论和新古典贸易理论组成的传统贸易理论都不能解释产业内贸易迅速发展的现象。规模经济、产品差异与不完全竞争是当前各国经济发展面临的常态,传统贸易理论的假设条件过于严苛,与现实产生了较大冲突,进而也削弱了其对产业内贸易问题的解释力。为此,从 20 世纪 70 年代中期以后,经济学家们开始放松传统贸易理论的假设条件,缩紧理论与现实之间的接口,重新审视国际贸易中出现的新问题和新情况。这就衍生出了当前国际贸易领域比较前沿的理论——产业内贸易理论。那么,什么是产业内贸易?它的内涵与衡量方法有哪些?产业内贸易理论的产生与演变轨迹如何?通过本章的学习,我们可以探寻这些问题的答案。

第一节 产业内贸易概述

一、产业内贸易的内涵

依据产品内容的不同,可以把国际贸易分成两种基本类型。一种是国家进口和出口的产品属于不同的产业部门,比如出口初级产品,进口制成品,这种国际贸易称为产业间贸易(Inter-Industry Trade);另外一种被称为产业内贸易(Intra-Industry Trade),又称双向贸易(Two-Way Trade)或重叠贸易(Overlap Trade),是指一国同时出口和进口相同产业的产品。比如,中国向美国、欧盟和日本等经济体出口大量的玩具、铅笔、服装等劳动密集型产品,但同时每年也从这些经济体进口同类产品;再比如,美国每年向中国、日本、欧盟等国家和地区出口巨额的集成电路芯片、电子元器件以及计算机整机等技术、资本密集型产品,同时也从中国、日本、欧盟进口大量的同类产品。

二、产业内贸易的特点及其形成

(一) 产业内贸易的特点

根据各国产业内贸易的实践和国内外产业内贸易理论研究成果,产业内贸易的特征主要表现在以下几个方面。

1. 产品的异质性是产业内国际贸易的基础

产品的异质性特征就是产品的差别性特征,具体表现为同类产品的质量性能的差别,规格型号的差别,使用材料的差别,色彩及商标牌号的差别,包装装潢的差别,广告、售前、售后服务的差别,企业形象与企业信誉的差别,等等。这种差别正是产业内国际分工和产业内国际贸易的基础。

2. 需求偏好的相似性和多样性是产业内贸易的动因

产品的差别性只是为产业内贸易的发生准备了可能性条件,而产业内贸易的内在动力来自不同国家需求结构的多样性和相似性,因此,产业内贸易理论与偏好相似理论是相互融通的。另外,人均收入水平是决定购买力水平和商品消费结构的重要因素。但是需求偏好的相似性对于产业内贸易的发生仍然是必要条件而不是充分条件,充分条件在于消费需求偏好的多样性。

3. 企业内部规模收益递增是产业内贸易的主要利益来源

为了充分利用企业内部规模收益递增效应,国际市场的开放和一体化是必要的基础条件。企业内部规模收益递增作为产业内贸易的直接利益来源不是无条件的,它必须具备四个前提条件:一是每一个产业内部存在着广泛的差别产品系列;二是每一个产业内部存在着不完全竞争的国际市场条件,即差别产品的不同生产者之间存在着垄断竞争关系;三是每一个产品品种的生产收益随着生产规模的扩大而递增;四是国际市场必须是开放的和一体化的。

(二) 产业内贸易的成因

1. 产品的异质性是产业内贸易的基础

作为产业内贸易主要对象的异质产品,主要有水平异质性、垂直异质性和技术异质性三种情形。产品的异质性满足了不同消费者的特殊偏好,并且成为产业内贸易存在与发展的客观条件。有的学者甚至认为,并不一定要有规模效益,只要产品存在着多样性,就足以引起产业内贸易。例如,美国和日本都生产轿车,但日本轿车以轻巧、节能、价廉、质优著称,而美国轿车则以豪华、耐用为特色。这样就引起双方对对方产品的需求,这种相互需求导致了国际贸易的发生。

2. 消费者的偏好多样性

消费者的偏好是多种多样的,若从需求方面分析,消费者偏好的差别可以分为垂直差别与水平差别。前者指消费者对产品质量和等级的不同要求,后者指对同一质量、等级的同类产品在其尺寸、款式、品种等方面的不同选择。因此,可选择的产品质量、等级、品种、规模、款式越多,消费者需求的满足程度就越高。一国消费者偏好的多样性越明显,发生产业内贸易的内在动力就越强。

3. 两国需求的重叠程度及经济发展水平

发达国家中有相当数量的中、低等收入者,与发展中国家高收入者的需求相互重叠。这种重叠需求使得两国之间具有差别的产品的相互出口成为可能。但究竟有多大可能性,还取决于其经济发展水平。经济发展水平是产业内贸易的重要制约因素。经济发展水平越高,产业内部分工就越精细,异质产品的生产规模也就越大,从而形成异质产品的供给市场;经济发展水平越高,人均国民收入就越高,国民购买能力也就越强。在国民购买能力达到较高水平时,消费需求便呈现出对异质产品的强烈需求,从而形成异质产品的消费市场。在两国之间收入水平趋于相等的过程中,两个国家之间的需求结构也趋于接近,最终导致产业内贸易的发生。

4. 追求规模经济效益的动机

同类产品因产品差别与消费者偏好的差异而相互出口,可以扩大生产规模进而扩大市场。这样,就使研制新产品的费用和设备投资分摊在更多的产品上,可以节约研发费用,进而降低单位产品成本。产业内贸易是以产业内的国际分工为前提的。产业内的国际专业化分工越精细、越多样化,不同国家的生产厂家就越有条件减少产品品种和产品规格型号,在生产上就越专业化。这种生产上的专业化不仅有助于企业采用更好的生产设备,提高生产效率,降低成本,而且有助于降低生产企业之间的市场竞争程度,有利于厂商扩大生产规模和市场规模,从而充分体现企业生产的内部规模经济效应。因为生产和市场的细分化虽然减少了国内消费者数量,但企业可以面对同类型的更大规模的国际消费者群体进行生产和销售,使从事国际生产和国际贸易的微观企业具有经济上的合理性和可行性。

以上四个方面的内容,被西方学者看作是产业内贸易发生与发展的主要原因。这些因素完全不依赖于资源禀赋或劳动力成本的差异。除了上述四种原因外,有些西方经济学家还认为,关税同盟也是产业内贸易的重要影响因素。不过,关税同盟内的产业内贸易发展情况还和同盟内的贸易创造与贸易转移密切相关。如果贸易创造占主导地位,则产业内贸易比重较高;而如果贸易转移占主导地位,则产业内贸易比重较低。此外,不少经济学家还论及了贸易限制与产业内贸易的关系。他们认为,贸易限制会制约产业内贸易。某些情况下,产业内贸易所遇到的贸易限制的阻力要高于产业间贸易。发达国家之间的产业内贸易和这些国家之间较少的贸易壁垒密切相关,而发展中国家之间产业内贸易比重较低和这些国家之间存在的严重贸易壁垒存在联系。

(三) 发展产业内贸易的有利条件

(1) 运输、信息、管理等手段的现代化,使以往只能在国内进行的分工和协作有可能跨越国界形成产业内国际分工和协作。

(2) 生产的标准化、柔性制造系统的出现和发展使得发达国家与发展中国家产业内贸易的发展具备了现实性条件。相关技术的改进和创新使得工厂的自动化设备不仅适用于发达国家的大型工业项目，而且可以适用于发展中国家的中小型项目，从而使技术和设备向发展中国家和地区的转移具有了可能。

(3) 产业内贸易的发展主要是集中在新产品和制成品的产业，而科技革命的发展，使世界市场的容量迅速扩大，商品的数量和种类不断增加，新产品不断涌现，制成品比重不断上升。

(4) 世界各国农业长期相对下降，发达工业国家的自给率不断上升，使得传统的农业和工业国的分工及初级产品和制成品之间的产业间贸易日益减弱，制成品的产业内贸易越来越为人们所重视。

(5) 发达国家的产业结构中"新兴产业"和"衰退产业"的差异日趋明显，由此带来的产业结构的调整和变革为产业内贸易的发展提供了广阔的前景。

三、产业内贸易的分类

西方学者认为，不论是相似性产品还是有差异的产品，都存在产业内贸易，并且把产业内贸易区分为同质产品的产业内贸易和异质产品的产业内贸易两种类型。

(一) 同质产品的产业内贸易

同质产品也称相同产品，是指那些价格、品质、效用都相同的产品，产品之间可以完全相互替代，即商品需求的交叉价格弹性极高，消费者对这类产品的消费偏好完全一样。这类产品在一般情况下属于产业间贸易的对象，但由于市场区位不同、市场时间不同等原因，也在相同产业中进行贸易。同质产品的产业内贸易有以下几种情形：

(1) 国家间大宗产品的交叉型产业内贸易，如水泥、木材、玻璃和石油的贸易。如果产品的运输成本太高，那么使用国便会从距离使用者较近的国外生产地购入，而不会从国内距离较远的地点采购。例如，俄罗斯西伯利亚地区如果需要大量钢材或者建筑材料，从中国东北地区进口就比从处于欧洲区域的俄罗斯其他地区购买更为经济。

(2) 经济合作或因经济技术因素而产生的产业内贸易。例如，中国吸引外国银行在华投资，却又在世界其他国家投资建立分支机构。

(3) 大量的转口贸易。在转口贸易中，进出口的是完全同质的产品。这些同质产品将同时反映在转口国的进口项目与出口项目中，形成统计上的产业内贸易，这是一种特殊的产业内贸易。

(4) 政府干预产生的价格扭曲。尤其是相互倾销，会使一国在进口的同时，为了占领其他国家的市场而出口同质产品，从而形成产业内贸易。另外在存在出口退税、进口优惠时，国内企业为了与进口产品竞争，就不得不出口以得到退税，再进口以享受进口优惠，造成了产业内贸易。

(5) 季节性产品贸易。为了调剂市场而在不同时间进出口产品，如欧洲一些国家之间为了"削峰填谷"而形成的电力进出口。

（6）跨国公司的内部贸易也会形成产业内贸易。因为同种商品的成品、中间产品和零部件大都归入同组产品，所以形成产业内贸易。

（二）异质产品的产业内贸易

异质产品也称差异产品，是指企业生产的产品具有区别于其他同类产品的主观上或客观上的特点，该种产品间虽具替代性但不能完全替代，要素投入具有相似性，大多数产业内贸易的产品都属于这类产品。异质产品的产业内贸易主要有三种情况：

（1）水平差异产业内贸易。水平差异是指由同类产品相同属性的不同组合而产生的差异。烟草和服装等行业普遍存在着这种差异。两个原因导致了水平差异产品进入产业内贸易。首先，由于消费者的需求是多种多样的，这要求同类产品具有多个品种，当不同国家的消费者对彼此不同品种的产品产生相互需求时，就出现了产业内贸易；另一个原因是产业内专业化的出现，所谓产业内专业化是指发生在同一产业内部的十分细致的专业化分工。由于水平差异产品主要通过各种广告促销手段来吸引消费者，因此往往需要扩大生产规模。生产规模的扩大使产业内专业化出现，随之产生了产业内贸易。

（2）技术差异产业内贸易。技术差异是指由于技术水平提高所带来的差异，也就是新产品的出现带来的差异。从技术的产品角度看，是产品的生命周期导致了产业内贸易的产生。技术先进的国家不断地开发新产品，技术后进的国家则主要生产那些已经成熟的产品，因此，在处于不同生命周期阶段的同类产品间产生了产业内贸易。

（3）垂直差异产业内贸易。垂直差异就是产品在质量上的差异。汽车行业中普遍地存在着这种差异。为了占领市场，人们需要不断提高产品质量，但是，一个国家的消费者不能全部追求昂贵的高质量产品，因个人收入的差异存在，不同的消费者需要不同档次的产品。为了满足不同层次的消费需求，高收入水平的国家就有可能进口中低档产品来满足国内低收入阶层的需求；同样，中低收入水平的国家也可能进口高档产品来满足国内高收入阶层的需求，从而产生产业内贸易。

实际上，差异产品往往既表现出垂直差异的特点，又表现出水平差异的性质。格鲁贝尔（H. G. Grubel）认为，与产业内贸易有关的差别产品有三种类型，它们适用不同的理论解释。第一种是完全能替代但生产要素投入很不相同的产品，例如尼龙毛线与羊毛毛线，这种产业内贸易理论可以用要素禀赋学说解释；第二种是生产要素投入极为相似但不大能替代使用的产品，这些产品是关联产品，例如，在提炼原油时可以得到不同挥发程度的石油产品，也可以用要素禀赋学说来解释；第三种是完全能够替代、功能极为相似、生产要素投入也几乎一样的产品，这些产品仅仅存在款式、性质或功能的细微差别，这些产品的贸易大量发生在工业国之间，形成竞争性贸易，是要素禀赋学说所不能解释的。

此外，产业内贸易还可以根据贸易中不同的市场途径划分为通过外部市场的产业内贸易和通过内部市场的产业内贸易。

通过外部市场的产业内贸易是通常意义上的产业内贸易，这种贸易是指在没有跨国公司直接投资的条件下，通过外部市场在各个独立的企业间进行的产业内贸易。这种形式的产业内贸易可以分为两种情况：一种是南北贸易，这反映了生产要素构成相异的产品间所进行的产业内贸易，往往表现为发展中国家生产和出口劳动密集型产品，比如将原料或原材料出口到发达国家，而发达国家则是生产和出口技术、资本密集型产品，比如将原料进行加工，然后再出口到发展中国家。这类贸易占总体产业内贸易的比重大约为30%～40%。另一种是在发达国家之间进行的产业内贸易，反映的是生产要素禀赋程度相似、生产结构也相应比较接近的产品间的产业内贸易。该类贸易占总体产业内贸易的比重大约为60%～70%。

通过内部市场的产业内贸易是由于跨国公司的迅速发展，推动了产业内贸易在跨国公司内部的开展，而最终形成了公司内的产业内贸易。跨国公司的内部贸易也称为公司内贸易，是指母公司与子公司或者子公司与子公司之间产生的国际贸易。这主要是由于统计上常常将零部件、中间产品以及加工产品都视为同样的产品，因此，跨国公司的内部贸易也会形成产业内贸易。内部市场的产业内贸易的特点表现在以下方面：① 一般来说，跨国公司的母公司与子公司及子公司之间距离越近，公司内的产业内贸易量就越大，反之就小。② 公司内的产业内贸易商品主要是中间产品，即中间产品占了很大比重。③ 公司内的产业内贸易有的是为了规避和减轻关税、所得税等税负而进行的，为此，在贸易过程中实行调拨价格或者叫作转移定价。这种价格可能远远低于世界市场价格，也可能远远高于世界市场价格。④ 研发密集型产品通过内部市场的产业内贸易比重较高，一般占其总贸易的50%以上。

第二节　产业内贸易的理论发展

一、产业内贸易理论的发展历程

产业内贸易理论的发展源于对欧洲经济共同体一体化效果的评价。经济学者通过深入研究发现，传统的国际贸易理论更适合于说明产业之间的贸易问题，但是，欧洲经济共同体成立后，共同体内成员国之间贸易流量的大幅度增长主要是同一个产业部门内部同种类产品的相互交换所导致的。这种贸易活动是典型的产业部门内部的国际贸易问题。西欧国家之间产业内贸易纵深发展显示，国家之间要素禀赋差别越小，发生产业内贸易的可能性越大，贸易流量也越大。传统的要素禀赋理论无法对这种贸易现象做出令人满意的解释，于是产生了产业内贸易理论。产业内贸易理论的突出特点体现为,用国际贸易产品的异质性或差别性、需求偏好的相似性和多样性、专业化分工和规模收益递增等概念来解释同一产业部门内部同种类产品的国际贸易问题。

产业内贸易理论是当代最新国际贸易理论之一,它突破了传统国际贸易理论的一些不切实际的假定(如完全竞争的市场结构、规模收益不变等),从规模经济、产品差异性、国际投资等方面考察贸易形成机制,从而解决了传统贸易理论所不能解释的贸易现象:产业内贸易日益占据国际贸易的主要地位。产业内贸易理论的发展历程大约可以分为三个阶段:

第一阶段是经验分析阶段。主要包括1960年佛得恩(Verdoom,P.J.)对"荷比卢经济同盟"集团内贸易格局的研究;巴拉萨(Balassa,B.)对欧共体成员制成品贸易情况的分析;小岛清(Kojima,K.)对发达国家间横向制成品贸易的关注。

第二阶段是理论研究阶段。里程碑是格鲁贝尔(H.G.Grubel)和劳埃德(P.J.Loyd)于1975年编写的《产业内贸易:差别化产品国际贸易的理论与度量》,这是最早的关于产业内贸易理论的专著。在这本书中作者修正了 H-O 模型中的某些前提条件,把贸易中有关的费用引入模型,解释了部分产业内贸易现象。至20世纪80年代中期,迪克西特(Dixlt,A.K)、阿奎诺(Aquino)、布兰德(Brander,J.)、克鲁格曼(Grossman,G.M.)、山本繁绰(Yamamoto Sigenobu)等学者在前人研究的基础上从不同侧面进行了相关研究。其中尤为瞩目的是在众多研究中出现了大量运用数理经济学的方法,融入了产业组织、产业结构理论中有关不完全竞争条件下厂商行为分析、产品差异化、垄断及规模经济等学说,形成了新赫克歇尔-俄林模型、新张伯伦模型、寡头垄断相互倾销模型、兰卡斯特模型等相对于传统理论而言的新贸易理论。这些模型的共同点是:所反映的经济变量之间的关系是确定的,但不注重经济变量关系的随机特征,也不关心经济理论的可测性,仅是用数学模型表达经济理论。

第三阶段是产业内贸易理论丰富发展阶段。从20世纪80年代中期至今。此阶段的研究主要是运用数理统计学、计量经济学等方法,利用之前由数理经济学提出的数学方程式及实际数据来验证经济理论。同时,针对在国际经济一体化加速发展背景下发展中国家和发达国家之间产业内贸易激增的现象,以跨国经营、直接投资、工序分散、外包、模块化、产业集聚、供应链、价值链等学说深化了产业内贸易理论。理论研究的主要代表有琼斯·罗纳德(Jones,R.W.)、基尔兹库斯基(Kierzkowski,H.)、克里斯·米纳尔(Milner.C.)、格林纳威(Greenaway,D.)、安东尼·J·维纳布尔斯(Anthony J.Venables)、木村福成(Fukusei Kimura)等学者。

二、产业内贸易理论的假设和架构

产业内贸易作为现代国际贸易的新形式,其理论研究在20世纪70年代得到广泛关注并迅速发展。产业内贸易的传统理论注重研究发达国家之间的水平型,特别是水平差异产品产业内贸易;到了20世纪80年代相关研究开始深入分析发达国家与发展中国家之间的垂直差异产品产业内贸易。关于水平差异产品产业内贸易和垂直差异产品产业内贸易的研究均以最终产品为研究对象,从供给和需求两个角度阐述其形成的机理。同时,随着20世纪90年代跨国公司的迅速兴起,基于FDI与制成品生产阶段的可分割性,发达国家与发展中国家之间大量开展中间产品贸易,即某项产品的半制成品、零部件的贸易,这拓展了垂直型产业内贸易的内涵,这些中间产品贸易主要是跨国公司主导下的全球要素在各生产阶段或生产工序中优化配置的结果。

(一)产业内贸易理论的假设前提

产业内贸易理论的假设前提如下:① 从静态出发进行理论分析;② 分析不完全竞争市场,主要针对垄断竞争;③ 具有规模经济效应;④ 既考虑需求相同,也考虑需求不相同的情况。

(二)产业内贸易理论架构

沃顿(Verdoon,1960)将产业内贸易定义为"一国既出口同时又进口某种同类型产品"。20世纪90年代,随着跨国公司内部"垂直专业化"分工的兴起,跨国公司内部母公司与子公司或子公司之间的"垂直贸易"大量涌现。统计上,基于SITC分类标准,零部件、中间产品及加工产品被视为同组商品,由此,跨国公司内部的"垂直贸易"成为产业内贸易的主要表现形式。

从产业内贸易理论的发展看,20世纪60年代以来伴随着产业内贸易经验研究的发展,林德(Linder,1961)、波斯纳(Posner,1959)、弗农(Vernon,1966)、基辛(Kissing,1968)等先后提出了相似需求、技术差距、产品生命周期和人力资本等理论,不断深入探索战后贸易的新格局,为产业内贸易的理论研究奠定了基础。自格鲁贝尔和洛伊德(Grubel and Lioyd,1975)开创了产业内贸易的理论探索以来,20世纪70年代后期,迪克希特和斯蒂格利茨(Dixit and Stiglitz,1977)发表的《垄断竞争与最优产品多样化》一文,标志着产业内贸易研究进入对市场结构研究的阶段。此后,以克鲁格曼(Krugman)、兰卡斯特(Lancaster)、布兰德(Brander)、赫尔普曼(Helpman)为代表的一批西方经济学家在不完全竞争体系的基础上对产业内贸易现象做出了解释。20世纪80年代中期,大量解释产业内贸易现象的理论模型的出现使产业内贸易的理论研究达到顶峰。此后,随着对贸易成本、经济地理学、产业组织以及跨国企业生产国际化的进一步深入研究,产业内贸易理论得到重大发展,新的理论模型不断涌现。

表11-1显示了产业内贸易理论架构。从总体上看,经济学者主要从供给和需求两大角度对产业内贸易进行研究。本章将最终产品产业内贸易的理论解释为产业内贸易传统理论,将基于跨国公司产品生产阶段或生产工序的可分割性的中间产品产业内贸易研究称为产业内贸易理论拓展。

表 11-1　产业内贸易理论架构

产业内贸易理论分类			经验研究	代表人物、模型	形成基础
产业内贸易传统理论	从供给角度研究	水平型产业内贸易	Greenaway and Miler(1984)	新张伯伦模型（Dixit,1977；Stiglitz,1977；Krugman,1979）、兰卡斯特模型（Brander and Krugman,1981）、布兰德克鲁格曼模型（Brander and Krugman,1983）	规模经济、产品多样化与消费者偏好
		垂直型产业内贸易	Greenaway, Hine and Miler（1995）；Greenaway and Tosstensson(1997)；Celi (1999)	新 H-O 模型（Falvey and and Kierzkowski,1981,1987）、S-S 模型（Shaked and Sutton,1984）	完全竞争市场结构、要素禀赋比较优势
	从需求角度研究			需求相似理论（Linder,1961）	收入差异
产业内贸易理论拓展	从产品生产工序的可分割性研究	产品生命周期理论，跨国公司内产业内贸易模型	Kyoji Fukao, Hikafi Ishido and Keiko Ito (2003)	Hummels 等人（2001）；Jones,Kierzkowski 和 Leonard（2002）；Turkcan(2005)；Ando 2005	要素禀赋差异

资料来源：根据产业内贸易理论相关研究文献整理和扩展。

专栏 11-1　产业内贸易文献综述

在过去半个世纪中，产业内贸易，即在同一个产业里同时发生着产品的进口和出口的现象，吸引了全世界经济学家的注意，由此引发了大量的理论和实证研究，这些文献着重于产业内贸易的衡量方法及其决定因素。

产业内贸易的最初研究，如 Balassa(1966)、Grubel(1967)以及 Grubel 和 Lloyd(1975)，都带有实证的性质。由于 Grubel 和 Lloyd 的证据表明，工业化国家以及具有相似禀赋的国家之间存在大量的产业内贸易，这与传统的比较优势理论相矛盾，因此促成了非完全竞争下的"新贸易理论"的发展，以对此进行理论解释。

产业内贸易的理论分析

"新贸易理论"模型通常认为，产业内贸易是同时由国家方面和产业方面的特定因素共同决定的。国家方面的特定因素包括收入水平、经济规模、要素禀赋和地理距离等，而产业方面的特定因素包括市场结构、产品差异化和规模经济等。

产业内贸易的理论解释主要分为两类：第一类是水平产业内贸易模型，这类模型解释了水平差异产品的双向贸易，而水平差异产品是指在相似的质量水平上具有不同特色的产品。第二类是垂直产业内贸易模型，主要解释了垂直差异产品的双向贸易，其中的垂直差异产品是指同种产品之间具有质量差异。

第一类的水平产业内贸易模型可以追溯到 Krugman(1979,1981)、Lancaster(1980)和 Helpman(1981)。在这些模型中，水平产业内贸易源于供给和需求双方的相互作用，供给方面包括水平产品差异、垄断竞争和递增的规模报酬，需求方面则是消费者对多样性的特殊偏好。Helpman 和 Krugman(1985)还将要素禀赋差异纳入一个两部门模型中，其中一个部门生产同质化产品，另一个部门生产差异化产品，以此解释产业间贸易和产业内贸易共存的现象。在垄断竞争市场的假设前提下，他们的结论是，当两个国家具有相同的要素禀赋时，国际贸易的数量，尤其是产业内贸易的数量，是由两国之间经济规模的相对差异决定的。更进一步，若两国间的经济规模越接近，则贸易量就越大。

第二类模型考察的是垂直差异产品。Falvey 和 Kierzkowski(1987)在 Falvey(1981)的基础上进行扩展，演示了在没有不完全竞争和规模报酬递增的假设条件下，产业内贸易是如何产生的。在此模型中，供给方面假设了一个两部门经济，一个部门生产同质产品，另一部门生产具有不同质量的同种产品。模型还讨论了技术差异，以及与生产过程的资本密集度相联系的产品质量。在需求方面，消费者具有相同偏好，并且在给定价格条件下，对每种质量的产品的需求取决于个体收入。在此框架下，收入水平差距越大，垂直产业内贸易量就越大，因为收入差距会产生需求差异。收入分配的不平等保证了两国对所有质量水平的产品都存在需求。由于高质量产品的生产要求更高的资本密集度，因此在开放经济中，资本充裕的国家会出口高质量产品，而劳动力充足的国家会出口低质量产品，其结果就是，在要素禀赋相对差距较大的两个国家之间，双边贸易中产业内贸易所占的份额就会较大。

总而言之，这些模型表明了在具有不同要素禀赋（供给方面）和不同人均收入（需求方面）的国家之间，会发生产业内贸易。

Gullstrand(2002)还修改了 Falvey 和 Kierzkowski(1987)的模型的需求方面，从而证明国家内部的收入分配和国家间收入差距的直接作用，以及两者间相互影响的重要性。在这个模型中，平均人均收入的增加会导致人口中相对高收入人群的份额增加，能承担高质量品类产品的人群份额也相应增加。但是，每个收入阶层的可支配收入取决于再分配制度，因此这些制度会影响对高质量和低质量品类产品的需求数量。

产业内贸易的实证研究

产业内贸易实证研究的发展基本独立于理论研究。大多数产业内贸易的实证研究注重于相关关系而不是决定因素，因此这些实证研究的理论基础并不是十分清晰。大致上，除了 Helpman(1987)、Hummels 和 Levinsohn(1995)的两份专门检验某一特定理论模型的研究外，大部分实证研究都采用了折中的方法来鉴别和确定理论模型中所共有的性质特点。

这些实证研究比较明显的缺陷在于，在分析行业方面的特定因素时假设了国家间具有同质性，而在研究国家方面的特定因素时又假定了行业部门间具有同质性。其次，这些研究在衡量特定产业的特点的时候，往往是以国内的信息和条件为准，而不是贸易所涉及的各方，例如用国内的产业特点来代表样本中的每个国家。而且，由于假定了部门间也存在同质性，早期的研究忽视了一个国家内部不同部门间的要素禀赋差异，例如在产业间假定了国家方面的经济特点是不变的，因此产业间的要素禀赋差异就被忽视了。

Greenaway 等人(1999)首先批评了 Balassa 和 Bauwens(1987)的研究,他们通过讨论产业特征的决定因素,指出只有在分析具有相似发展水平的国家时,这种衡量产业特征的方法才是合适的,而在分析发达国家和发展中国家之间的贸易时,这样做明显是不合适的。

实证研究如不考虑这方面影响的话,就会曲解结论,其关键原因之一是:产业间的要素禀赋差异会被忽略——这不仅包括国家间的要素禀赋差异,还包括同一国家内不同部门间的要素禀赋差异。考虑到之前总结的理论文献已经强调了这一因素在决定产业内贸易模式中的重要性,如继续保留这一假设就会导致结论存有偏误。因此,供给方面如果存在产业间或国家间的要素禀赋差异,就会导致国家间存在相对价格差异,那么即使假设所有国家对不同部门生产的全部产品都具有相同的偏好模式,相对价格差异也会导致比较优势模式从而影响产业内贸易。

研究方向和展望

产业内贸易的理论和实证研究仍有待于进一步发展,可从以下几方面深入:

首先,产业内贸易与一般的贸易一样,很大程度上是由各国的要素禀赋决定的,包括自然资源、人力资本、科学技术水平,以及资本投入等。目前关于产业内贸易的文献,并没有考虑到各产业的要素禀赋差异,在研究时笼统地使用宏观加总的要素禀赋的数据。将来的研究可以通过更细致地区分不同产业的要素禀赋,对产业内贸易的模式进行更深入的分析。

其次,产业内贸易与区域经济一体化过程有着千丝万缕的关系。关于产业内贸易和区域经济一体化中的经济结构变化的文献,都涉及多个相同或相似的经济变量,两者的理论和实证文献也有很多相似之处。产业内贸易和区域经济结构变化之间是否存在因果关系,且两者间的传导机制如何,这些问题同样值得更深入地研究分析。

总而言之,目前的产业内贸易文献,试图通过对产业更细致的分类来研究产业内贸易,但同样存在很大的研究空间。

资料来源:张笠.产业内贸易:文献综述[J].中国外资月刊,2013(10):180-181.

三、产业内贸易传统理论

产业内贸易传统理论大致包括两大研究方向,分别从厂商对最终产品的供给角度和从消费者对最终产品的需求角度研究产业内贸易的形成机理。从供给角度看,规模经济的存在使参与国际贸易的产业通常处于垄断竞争条件下,形成同类产品的异质性,包括水平异质和垂直异质;从需求角度看,消费者偏好具有多样性,需求具有差异性的产品,且消费层次结构存在重叠现象。

(一)基于供给角度:水平型产业内贸易理论模型

水平型产业内贸易,即水平差异产品产业内贸易。水平差异产品是指质量相同但特性或属性不同的产品,具体而言,是指消费者所能感知的质量相同的产品在颜色、款式、规格等方面的差别,这类产品在价格上是接近的。水平型产业内贸易理论较多地分析相似或相同要素密集度产品在存在水平差异时的交换。因此,水平型产业内贸易一般发生在技术水平、要素禀赋和收入水平都相似的发达国家之间。比较典型的理论模型有新张伯伦模型、兰卡斯特模型、布兰德-克鲁格曼模型,这些模型的研究认为规模经济、产品多样性、消费者偏好等构成了产业内贸易发展的基础,其中规模经济使一国专门生产一定的差异产品,促使同一产业内产品的贸易。

1. 新张伯伦模型

20世纪70年代末,迪克希特(Dixit,1977)、蒂格利茨(Stiglitz,1977)、克鲁格曼(Krugman,1979)将张伯伦(Chamberlin,1933)的垄断竞争模型运用于产业内贸易分析,提出新张伯伦产业内贸易模型。该模型将基于张伯伦垄断竞争模型的封闭经济下的分析扩展为开放经济下的分析,证明规模经济和产品水平差异是促使国际贸易以产业内贸易形式发展的原因。新张伯伦模型认为,如果存在规模经济、产品差异化、不完全竞争和消费者消费的多元化,则要素禀赋相同的国家间就会产生产业内贸易。这是因为,在利润最大化原则和技术进步的作用下,每个产业都存在广泛和潜在的产品系列,容易形成产品的水平差异,从而使水平型产业内贸易成为可能。同时,随着经济的发展、收入水平的提高和国际信息传递手段的改善,消费者行为在示范效应和消费者效用最大化原则的影响下更趋多元化,进一步推动了两个经济相似国家之间在同一产业内展开异质产品的产业内贸易。

2. 兰卡斯特模型

兰卡斯特模型(Lancaster,1980)同样以产品的水平差异为基础。该模型认为,每个产品的各个品种间的不同特征构成了产品的水平差异。该模型以"完全垄断竞争"描述了厂商实现利润最大化时的均衡状态:实际生产的产品品种均等地分布在"光谱"上,每一品种的生产数量和销售价格都相同,每一厂商都能获得正常利润,即价格等于平均成本。在引入两个完全相同的国家进行贸易分析时,该模型指出,当两个完全相同的国家开展贸易后,不会发生同质产品之间的贸易,但针对差异性产品,两个国家按照"完全垄断竞争"的方式共同生产并展开贸易活动。

3. 布兰德-克鲁格曼模型

布兰德和克鲁格曼(Brander and Krugman,1983)将产业内贸易的产生与双寡头垄断市场结构相结合进行解释。该模型认为,寡头垄断厂商为实现企业利润最大化,将增加的产量以低于本国销售价格的价格销往国外。因此,这一产业内贸易模型也被称作"相互倾销模型"。从表面上看,在国外市场上产品的销售价格降低,该价格高于边际成本但低于国内价格,则从全部产品所获利润看,这种销售行为不影响厂商在本国销售该产品的价格,市场能够被双寡头垄断厂商分割,通过差别价格实现利润的最大化。即厂商以生产量为战略变量,并以对方厂商的产量是由各自市场给定且不变的假定为前提。在封闭经济中,两个厂商在各国都是垄断企业;在开放经济中,两个厂商都把国内国外市场当作各自的市场,并在每个市场上按利润最大化决定其生产量。由于模型存在严格的对称性,假设两个国家的特征、生产函数和消费函数都是完全相同的。在均衡时每家厂商都将产出的一半在国内市场进行销售,将产出的另一半用于出口。这说明,在不完全竞争市场结构中,具有垄断厂商的国家之间即使在产品技术等各方面都不存在差异,产业内贸易同样会产生。

(二) 基于供给角度:垂直型产业内贸易理论模型

从20世纪80年代开始,对产业内贸易的研究由发生在发达国家之间的水平型产业内贸易转向发生在发达国家与发展中国家之间的垂直型产业内贸易。垂直型产业内贸易即垂直差异产品产业内贸易,其研究的对象是物理特征与质量有差异的产品,这种差异主要表现为产品的价格差异,即高价格代表产品的质量高,低价格代表产品的质量低。基于供给角度的垂直型产业内贸易通过细化产业内分工提高各国的生产效率,对发达国家而言,有助于提高其技术核心竞争力;对发展中国家而言,有利于增加贸易机会和就业机会以及促进技术的溢出。主要的理论模型包括:福尔威和凯克斯基(Falvey and Kierzkowski,1981)建立的新H-O模型;萨克特和萨顿(Shaked and Sutton,1984)建立的自然寡头模型,即S-S模型。

1. 新H-O模型

福尔威(Falvey,1981)和凯克斯基(Kierzkowski,1984)建立的新H-O模型是垂直型产业内贸易研究中颇具特色的一个理论模型,其中重要的假定是产品不同品种间的要素密集度会随质量的差异而发生变化。福尔威(Falvey,1981)首先对垂直型产业内贸易进行了研究,将垂直型产业内贸易与要素禀赋相结合,指出资本充裕的国家出口高质量产品,劳动力充裕的国家出口低质量产品。福尔威和凯克斯基(Falvey and Kierzkowski,1984)在此基础上进一步考虑两个部门的情形,指出在完全竞争和规模不经济条件下,垂直型产业内贸易同样存在:工资较低的国家在生产低质量产品上具有比较优势,工资较高的国家在生产高质量产品上具有比较优势。同时,两国间要素禀赋的变化对垂直型产业内贸易的产生具有重要影响。新H-O模型认为,垂直型产业内贸易的发生取决于两个国家资本/劳动比率的差异,同时垂直型产业内贸易量的增减取决于两个国家资本/劳动比率的变动:如果是高质量产品出口国的资本/劳动比率升高,垂直型产业内贸易将下降;如果是低质量产品出口国的资本/劳动比率升高,垂直型产业内贸易将上升。因此,这一模型对于分析发达国家与发展中国家之间的垂直型产业内贸易具有较强的参考意义。

2. S-S模型

莎科特和萨顿(Shaked and Sutton,1984)建立的S-S模型在产品品种的质量差异与各国研发支出间建立起相关性,考虑规模经济和寡头垄断条件下的产业内贸易活动状况。在该模型中,两个国家的每一种产品的两家厂商中,都会有其中一家厂商退出市场,因为在两家厂商并存的情况下,任何一家厂商都未能从中获益。在这种情况下,就会形成垂直型产业内贸易,其中一个国家出口质量较低的产品,另一个国家出口质量较高的产品,但哪一个国家出口哪种质量的产品,即贸易的流向是不确定的。在短期,给定可共存厂商数目的上限,国际贸易将导致两国所形成的单一世界市场中的厂商数量减少。在长期,能够留在市场中继续提高其产品质量的企业将越来越少。但是,垂直型产业内贸易不一定会减少,即使统一的市场中只有两个企业,它们分别生产具有相对质量差别的同类产品,只要它们分别处于不同的国家,两个国家之间仍然会发生垂直型产业内贸易。

(三) 基于需求角度:需求相似理论

瑞典经济学家林德(Linder,1961)的需求相似理论从需求的角度解释产业内贸易的根源。他指出:第一,一国的工业制成品要成为出口产品,首先必须是一种本国消费或投资生产的产品。这是因为厂商生产的动机来自国内的市场需求,就新产品的开发而言,厂商一般需要与消费者反复交流信息,如果消费者和市场在海外,取得信息的成本就高。第二,两个国家的需求结构越相似,这两个国家之间的潜在的贸易量就越大,以及这两个国家的投资者所生产和消费者所需要的产品,就其性质和加工程度而言也越相似。因此,一国可能进口或出口的商品也是另一国可能出口或进口的商品。第三,决定需求结构的主要因素是各国的人均收入水平。林德的理论用人均收入的相似性解释国际贸易的流向,说明收入水平的上升使工业制成品的贸易在发达国家之间得到了发展。这些国家相互出口的往往是种类相同但品牌不同的产品。

(四) 产业内贸易传统理论简评

产业内贸易传统理论中的水平型产业内贸易理论较好地解释了发达国家之间的产业内贸易发展,它建立在不同产品品种具有相同或相似要素密集度的假定基础上,分析不完全竞争条件下的规模经济、产品多样性、消费者偏好等对产业内贸易的影响与决定;垂直型产业内贸易理论则更多地解释发达国家与发展中国家之间的产业内贸易发展,它建立在不同产品品种要素密集度因质量差异而变化的假定基础上,分析在完全竞争市场条件下要素禀赋比较优势对产业内贸易的决定性作用。

产业内贸易传统理论是对传统贸易理论的扬弃。第一,其理论前提更贴近经济现实,包括市场结构的假定、规模经济的假定等,进而使产业内贸易传统理论更具说服力。第二,产业内贸易传统理论认为国际贸易的形成基础除了要素禀赋的比较优势之外,还包括规模经济、不完全竞争的市场结构和消费者需求的多样化等,这在一定程度上为中国贸易结构的调整和贸易模式的发展提供了思路。第三,垂直型产业内贸易主要发生在经济技术水平差异较大的国家之间,贸易商品的流向在一定程度上可以使用传统的要素禀赋理论进行解释,从而丰富和发展了传统贸易理论。

但是,水平型产业内贸易与垂直型产业内贸易相比,正如经验研究所显示的,水平型产业内贸易对现实的解释力要逊于垂直型产业内贸易的解释力。特别是对于发展中国家的中国而言,由于其生产产品的技术水平和生产函数与发达国家的美国之间差距较大,制成品产业内贸易能更多地用垂直产业内贸易理论进行解释。同时,随着跨国直接投资的发展和深入,垂直型产业内贸易理论正不断拓展。

四、垂直型产业内贸易理论的拓展

随着贸易自由化和经济一体化进程的加快以及跨国直接投资的迅速发展,基于全球垂直生产网络体系的发达国家与发展中国家之间的垂直型产业内贸易已经成为当前国际贸易的重要模式。在新的国际背景下,垂直型产业内贸易的内涵发生了深刻变化,由发达国家与发展中国家间同一产业不同质量最终产品的出口和进口深化为发达国家与发展中国家间基于发达国家跨国公司对全球价值链的控制而实现的同一产业内不同生产工序或者不同生产阶段的零部件、中间产品或加工产品的出口和进口。跨国公司的迅速发展促进了"垂直型产业内贸易"的进一步发展。

(一)基于 FDI 的垂直型产业内贸易发展的可能性研究

由 Kyoji Fukao、Hikari Ishido 和 Keiko Ito(2003)建立的模型分析了基于 FDI 的垂直型产业内贸易发展的可能性。该模型将两国间 FDI 成本、贸易成本、要素价格差异结合起来考虑贸易模式的变化。如果本国对外直接投资的固定成本巨大,而贸易成本非常小甚至可以忽略不计,那么就不会出现基于 FDI 的垂直型产业内贸易。如果本国企业内部国际分工的利益大于 FDI 固定成本,则会选择跨国经营,在本国生产高技术含量或资本密集的中间产品同时在外国生产低技术含量或劳动密集的中间产品,通过对外垂直投资和国外制造业分支机构进行垂直型产业内贸易。值得注意的是,如果两国间要素价格差异较小,厂商通过 FDI 从事国际分工的动机受到影响,属于垂直型产业内贸易的产品组合将会变小。

从以上观点出发,基于 FDI 的垂直型产业内贸易是极不稳定的,只有在对外直接投资成本与贸易成本都非常低的条件下才会发生。如果对外直接投资成本巨大,超过国际分工带来的利益,发达国家的厂商就不会从事垂直型直接投资。同时,如果从发达国家向发展中国家的出口成本较高,发达国家厂商将会在发展中国家当地生产产品取代从其国内的出口。另一方面,如果对外直接投资成本巨大,垂直型产业内贸易在总贸易中的份额将取决于两国间要素价格的差异。如果要素价格的差异很大,厂商通过对外直接投资,参与国际分工的动机就大,垂直型产业内贸易更易于发生。

(二)跨国公司垂直专业化与垂直型产业内贸易研究

跨国公司的直接投资,特别是垂直型投资对垂直型产业内贸易的发展产生了深刻影响。跨国公司的垂直型投资是跨国公司通过总部和海外工厂之间"垂直专业化(Vertical Specialization,VS)"的纵向分工实现的,即某种产品的不同生产阶段或生产工序以跨国公司为载体实现了全球分工。特别是在发达国家与发展中国家之间,跨国公司将产业链中知识密集型产品的生产环节由母国的总部和工厂完成,将产业链中增值相对较低的劳动密集型和资本密集型的生产活动由海外子公司完成。因此,当母国与东道国的要素禀赋存在一定差距时,就形成发展中国家与发达国家之间的"垂直贸易",即跨国公司的内部贸易,或中间产品贸易。这种贸易方式可以从跨国公司内部扩展到跨国公司之间,从宏观上看是发达国家与发展中国家之间的零部件、中间产品及加工产品贸易,即垂直型产业内贸易。由此可见,跨国公司的垂直型内部贸易是发达国家与发展中国家之间产业内贸易的重要基础,而且随着跨国公司数目的增加,产业内贸易额也会增加。同时,对发达国家而言,当它对外进行垂直型直接投资时,发达国家利用的是其自身的技术或资本优势,发展中国家利用的是其资源或劳动力禀赋优势。发达国家为了保持其对发展中国家的技术优势,通过人力资本和研发支出的增加提高跨国企业的技术水平和生产率水平。因此,发达国家的垂直型对外直接投资越多,产业内贸易的发展程度越高。而对发展中国家而言,虽然在短期可以通过吸引跨国垂直投资增加产业内贸易,获得更多的贸易利益,但在长期会形成对发达国家的依赖,处在相对劣势的地位。因而,这种类型的产业内贸易使发达国家和发展中国家在贸易利益分配上存在非对称性。

Kol 和 Rayment(1989)最早注意到"垂直专业化"在垂直型产业内贸易中的作用。他们认为,中间产品的多样化可以视为生产过程的分割,而生产过程的分割导致相似的中间产品交换,由此产生了产业内贸易。他们通过对荷兰家具业产业内贸易类型的实证分析,证明了中间产品垂直型产业内贸易的存在。Hummels 等(2001)利用 10 个 OECD 国家和 4 个新兴市场国家的投入—产出表数据,计算这些国家 1970—1990 年间出口品中所含的进口的中间产品价值的比率,即垂直专业化比率(Vertical Specialization Share,VSS),发现这 20 年间这些国家的 VSS 值增长了近 30%。Jones、Kierzkowski 和 Leonard(2002)用"垂直专业化"理论系统地解释了产业内贸易。他们认为,影响"垂直专业化"形成的两个重要因素是生产集群(Production Blocks)与服务联系(Service Links)。为了获取比较利益,产品被分割在两个或更多的集群生产,而同时也会相应地产生服务联系成本。如果生产成本降低所带来的利益大于服务成本提高所带来的损失,则"垂直专业化"将会出现。他们认为,除了因质量水平差异与垂直差异形成的产业内贸易外,由技术进步所引起的"垂直专业化"可能成为第三种形式的产业内贸易,即垂直型产业内贸易类型的拓展。他们分别以美国与墨西哥的彩电业、汽车业、服装业和美国与加拿大的航空及半导体业为例,证明了在这些行业中存在垂直专业化分工基础上的产业内贸易。Turkcan(2005)用 1985—2000 年贸易数据对土耳其和 OECD 国家中间产品产业内贸易进行验证,并用垂直专业化理论解释垂直型中间产品产业内贸易。

(三) 对垂直型产业内贸易理论拓展的简评

拓展的垂直型产业内贸易理论,不像传统的垂直型产业内贸易理论那样具有比较系统的理论模型。但是拓展的垂直型产业内贸易理论中很明显介入了全球化的因素。全球化对传统垂直型产业内贸易发展的影响可以表现为:

第一,由于生产分工的垂直专业化,国际分工由各国产品分工转变为全球要素分工。生产分工的垂直专业化的出现使国际分工发生了深刻变化,在传统的产业内贸易中的国际分工是世界各国间产品的分工,进而传统产业内贸易的对象是最终产品,各国根据贸易品实现各国国内要素的分工和流动;而在全球化条件下,拓展的垂直型产业内贸易将整个世界视为一个整体,在这一整体中以跨国公司为载体实现了全球要素的分工,在经济理论中提出"产业内分工",进而提出"产品内分工"的概念。因此,很明显,无论是"产业内分工"还是"产品内分工",在全球化条件下各个国家只是生产和贸易环节中的某一点,通过跨国公司的生产分工的垂直专业化实现了全球资源的优化配置,进而实现了整体效率的提高。

第二,由于国际分工的深入,贸易对象由最终产品转向零部件、中间产品或加工产品,由此出现了"产品内贸易"和"中间产品贸易"等概念,丰富和深化了产业内贸易的内涵。"产品内贸易"基于产品内分工与垂直专业化,是特定产品生产过程中不同工序、不同区段、不同零部件在空间上分布于不同国家间而进行的贸易。因此,产品内贸易针对的贸易对象是同一产品,它更加多地体现为跨国公司内贸易。"中间产品贸易"的概念比"产品内贸易"概念更加宽泛。中间产品是不同生产过程中的产品,可以包括原材料、半加工的制成品和待销售的制成品,因此中间产品贸易的实现主体可以是跨国公司。从这一意义上看,拓展的垂直型产业内贸易的概念更倾向于同一产业的中间产品贸易的内涵。

第三,全球化条件下垂直型产业内贸易发展的重要基础是发达国家的跨国公司。发达国家跨国公司通过资本的跨国流动,即相对于发展中国家而言是相对稀缺的关键要素的全球流动实现了对制成品全球价值链的控制。而发展中国家,如中国不管是参与"产品内贸易"还是"中间产品贸易",多表现为加工贸易。

综观产业内贸易理论的演进,产业内贸易的研究已经取得了重大进展,但存在进一步研究的空间:第一,随着国际贸易形式的变化,产业的界定需要更加清晰,以提高实证研究的有效性和可靠性,并进一步完善产业内贸易的度量方式。第二,不同的国家和地区之间,以及相同国家和地区在不同的时间段,特别是针对中国与发达国家,其产业内贸易发展的影响因素不尽相同,影响因素的研究会进一步深入。

结合20世纪90年代以来的国际分工形势,发达国家以跨国公司为载体实现了发达国家和发展中国家之间的垂直专业化分工,即对同一种产品内部工序或零部件的分工,表现为劳动密集型工序或零部件生产与资本、技术或知识密集型工序或零部件的生产之间的分工,产品研发、产品设计以及高附加值的零部件生产在发达国家进行,产品制造在很多发展中国家或新兴工业化国家进行,不同发展水平的国家生产不同层次的零部件或从事不同层次的工序。不同国家之间的优势体现在价值链上某一特定环节,这一情况导致各国按价值链的不同环节进行分工。因此,在全球化经济中,中国与发达国家间的产业内贸易模式主要表现为垂直型产业内贸易,这种新型的产业内贸易模式对中国贸易利益的获取将产生深刻影响。从短期看,中国特别需要利用发达国家的垂直一体化跨国投资,加入跨国公司的全球生产链中,在代加工中间产品和零部件的同时,使产业结构向高附加值的行业领域转移,提高中国产业内贸易的质量。从长远看,中国需要尽量吸引发达国家的一体化跨国投资,快速掌握并突破现有的技术水平,提高技术密集型产品的生产能力和出口能力,增加与发达国家之间水平差异产品的贸易,提升产业内贸易利益。

五、对产业内贸易理论的评价

(一)积极意义

产业内贸易理论是对传统贸易理论的批判,其假定更符合实际。如果产业内贸易的利益能够长期存在,说明自由竞争的市场是不存在的。因为其他厂商自由进入这一具有利益的行业将受到限制,因而不属于完全竞争的市场,而是属于不完全竞争的市场。另外,该理论不仅从供给方面进行了论述,而且从需求方面分析和论证了部分国际贸易现象产生的原因以及贸易格局的变化,说明了需求因素和供给因素一样是制约国际贸易的重要因素,这实际上是将李嘉图理论中贸易利益等于国家利益的隐含假设转化为供给者与需求者均可受益的假设。这一理论还认为,规模经济是当代经济重要的内容,它是各国都在追求的利益,而且将规模经济的利益作为产业内贸易利益的来源,这样的分析较为符合实际。此外,这一理论还论证了国际贸易的心理收益,即不同需求偏好的满足,同时又提出了产业间贸易与产业内贸易的概念,揭示了产业的国际分工和产业间国际分工的问题。

(二)产业内贸易理论的不足之处

同其他理论一样,产业内贸易理论也有不足之处,它只能说明现实中的部分贸易现象。其不合理的地方有如下几点:

(1)虽然在政策建议上,该理论赞同动态化,但它使用的仍然是静态分析的方法,这一点与传统贸易理论是一样的。它虽然看到了需求差别和需求的多样化对国际贸易的静态影响,但是,它没有能够看到需求偏好以及产品差别是随着经济发展、收入增长、价格变动而不断发生变化的。

(2)对产业内贸易发生的原因还应该从其他角度予以说明。产业内贸易理论强调规模经济利益和产品差别以及需求偏好的多样化对于国际贸易的影响无疑是正确的,但是,有些产品的生产和销售不存在规模收益递增的规律,对于这些产业的国际贸易问题,现有的产业内贸易理论无法提供有效的解释。

第三节　产业内贸易程度的度量

产业内贸易指数是用来测度一个产业的产业内贸易程度的指数,是指同产业中双方国家互有不同质的贸易往来,在统计数据上显示同一类同时存在进口和出口的商品数额,表明在该产业有着互补性的贸易需求,并且越是高位的分类显示出的产业内贸易指数越有说服力。

产业内贸易指数理论的假设前提是:指数理论分析基本是从静态出发进行分析的;分析不以完全竞争市场,而以不完全竞争市场为前提(过去的贸易指数理论的前提大多为完全竞争市场);经济中具有规模收益;在分析中要考虑需求不相同与相同的情况。从这些假设前提可以看出,产业内贸易指数理论的出发点与其他贸易指数理论是相当不同的。

如何测量产业内贸易是产业内贸易理论中的一个重要问题。产业内贸易的发展水平可以用一定的指标来衡量。沃德恩(Verdoon)在 1960 年发表的一篇研究比、荷、卢联盟的文章中用进口比重和出口比重的乘积这一离中率来测定不同产业间的贸易水平,离中率数值介于 0 和 ∞ 之间,离中率的数值越大,产业间的贸易程度越高。将 1955 年的数据与 1938 年相比,沃德恩发现离中率的两头极值在缩小,中值在增大。由此可以认为,同盟各国专业化分工主要发生在产业内而非产业间。这里主要介绍巴拉萨指数和 G-L 指数。

巴拉萨(Balassa)于 1966 年提出一个贸易测定指标用以研究欧共体之间的分工:

$$A_j = |X_j - M_j| / |X_j + M_j|$$

其中,X_j 为某国 j 产业出口值;M_j 为某国 j 产业进口值;A_j 是 j 产业的产业内贸易水平,$0 \leqslant A_j \leqslant 1$。当 X 或 M 为 0 时,该值为 1,为完全的产业间贸易;当 X 或 M 相等时,该值为 0,为完全的产业内贸易。该指数越接近 1,则产业间贸易水平越高,产业内贸易水平越低。巴拉萨(Balassa)提出测量产业内贸易重要性程度的指标就是产业内贸易指数(Index of Intra-industry Trade,简称 IIT)。

不过,测量产业内贸易最为广泛使用的是 Grubel 和 Lloyd(1975)在他们的著作《产业内贸易:异质产品国际贸易理论与测度》中提出的 G-L 指数。尽管自 20 世纪 60 年代以来,有许多学者建立了各自的测量指标,但最为广泛采用的却仍是一些 G-L 指数的变形。G-L 指数被认为是用来讨论在一个简单时期内产业贸易模式的最为适当的方法,具体来说,它测量了一国(j 国)的某一产业(i 产业)产业内贸易份额。其公式如下:

$$IIT_{ij} = 1 - \frac{|X_{ij} - M_{ij}|}{(X_{ij} + M_{ij})} \qquad ①$$

其中，X_{ij} 和 M_{ij} 分别代表 j 国 i 产业出口额和进口额。指数 IIT_{ij} 被用作测量 j 国 i 产业的产业内贸易程度或比例，如果 j 国 i 产业的所有贸易均为产业间贸易，即 $X_{ij}=0$ 或 $M_{ij}=0$，则 $IIT_{ij}=0$；如果 j 国 i 产业的所有贸易均为产业内贸易，即 $X_{ij}=M_{ij}$，则 $IIT_{ij}=1$，故 $0 \leq IIT_{ij} \leq 1$。

公式①中的 IIT 指数经调整后还可用来测量一国的所有产业的综合产业内贸易指数，公式如下：

$$IIT_j = \sum_{i=1}^{n} \omega_{ij} \left[1 - \frac{|X_{ij} - M_{ij}|}{(X_{ij} + M_{ij})} \right]$$

其中

$$\omega_{ij} = \left[\frac{(X_{ij} + M_{ij})}{\sum_{i=1}^{n}(X_{ij} + M_{ij})} \right]$$

从而有

$$IIT_j = \frac{\sum_{i=1}^{n}(X_{ij} + M_{ij}) - \sum_{i=1}^{n}|X_{ij} - M_{ij}|}{\sum_{i=1}^{n}(X_{ij} + M_{ij})} \qquad ②$$

其中 $i=1,2,\cdots,n$；n 表示 j 国在一定整合水平下产业的个数。

Grubel 和 Lloyd 指出，公式②中的 IIT_j 会由于一国商品贸易不平衡的存在而趋于偏小，贸易不平衡越大，IIT 所占份额越小，而净贸易所占的份额也就越大。此外，公式②还存在统计偏差的问题，一个产业包括的产品范围越广，产品间差异性越大，IIT 的值可能越大，反之可能越小。基于此，有些学者指出，产业内贸易在很大程度上是一种统计现象。李俊(1998)认为统计偏差和产业内贸易都是客观存在的，对统计偏差不可夸大也不可忽略，正确的态度应是建立一种既适合理论研究又适合实证研究的产业分类方法。

Aquino(1978) 和 Balassa(1986) 等人提出各自的调整方法，以降低公式②的偏差。Aquino (1978) 建议的调整为：$IIT_{ij}^a = [\sum(aX_{ij} + bM_{ij}) - \sum|aX_{ij} + bM_{ij}|]/[\sum(aX_{ij} + bM_{ij})]$，其中 $a = \sum(X_{ij} + M_{ij})/2\sum X_{ij}$，$b = \sum(X_{ij} + M_{ij})/2\sum M_{ij}$。阿奎诺计量法一定程度上消除了运用 G-L 指标时因贸易不平衡造成的计量偏误。但该指标在修正贸易失衡的同时，也带来了新的问题。首先，公式假定所有的贸易不平衡在各产业中按等比例分布，这在实际中是不可能出现的；其次，阿奎诺计量法忽视了周期和其他因素对一国整体贸易收支的影响；最后，阿奎诺计量法的提出虽然在理论界引起了不小的震动，但由于存在的问题较多，并未得到学术界的认可。

Balassa(1986) 则建议做如下调整：$IIT_{ij}^a = [1 - \sum|Xe_{ij} + Me_{ij}|]/[\sum(Xe_{ij} + $

$Me_{ij})]$,其中 $Xe_{ij}=X_{ij}[(X_j+M_j)/2X_j]$,$Me_{ij}=M_{ij}[(X_j+M_j)/2M_j]$,而 X_j 和 M_j 分别代表了向 j 国的总出口和从 j 国的总进口。但是这一次依然没有得到学术界的广泛认可。而 Grubel 和 Lloyd 建议通过对贸易不平衡的综合考虑对②式做如下调整:

$$IIT_j^a = \frac{\sum_{i=1}^{n}(X_{ij}+M_{ij}) - \sum_{i=1}^{n}|X_{ij}-M_{ij}|}{\sum_{i=1}^{n}(X_{ij}+M_{ij}) - \left|\sum_{i=1}^{n}X_{ij} - \sum_{i=1}^{n}M_{ij}\right|} \qquad ③$$

其中,IIT_j^a 是调整后的产业内贸易指数。

综上所述,尽管不同学者对产业内贸易的测定指标各有看法,表述各有利弊,但目前国际上最为广泛使用的评价产业内贸易的指标仍然是 1975 年由 Grubel 和 Lloyd 给出的"产业内贸易指数"。所谓的产业内贸易就是一国的同一产业内既有进口又有出口的状况,使用 G-L 指数被认为是用来讨论在一个简单时期产业内贸易模式的最为恰当的方法。

第四节 产业内贸易的影响因素及经济效应

一、产业内贸易的影响因素分析

在产业内贸易的产生和发展过程中,我们发现影响产业内贸易的因素很多,大致可以分为两类:宏观层面的国家特征因素和中微观层面的产业产品特征因素。

(一)国家特征对产业内贸易的影响

国家特征不仅包括一般概念上的国家规模和发展程度,而且包括人均国民收入、区域经济一体化程度和地理上的远近等众多方面。所有这些有关国家方面的因素都在不同程度上对产业内贸易的出现和发展产生着影响。

1. 人均收入水平

一般而言,随着人们物质文化生活水平的日益提高,需求也越多样化,需求的多样化会引导产品差异水平的提高,产品差异水平提高会引起产业内专业化程度的加深和产业内贸易的扩大。对于任意两个国家而言,如偏好相似论所证明的结果一样,人均收入水平越接近,相互之间发生产业内贸易的可能性也就越大。这是因为人均收入接近的国家的需求结构相似,偏好重叠的范围较大。

2. 产业结构

产业结构是决定一个国家进出口商品结构的重要因素之一。现阶段,发达国家的制造业和服务业的比重高于第一产业。产品越是可以多样化、技术要求越高的产业,其产业内贸易的比重越大。而且产业内贸易的比重会随着制造业和服务业的发展而提高。发达国家的产业内贸易比重较高就是这个道理。但是资源型国家,比如科威特和卡塔尔等国家,虽然人均收入很高,但由于产业结构单一,其产业内贸易比重就较低。任意两个国家,其产业结构越相似,则越容易发生产业内贸易;反之,则以产业间贸易为主。

3. 国家规模

国家的规模,包括领土、人口与经济规模三大方面。跟产业内贸易相关的国家规模主要是指其经济规模。根据国际贸易理论,如果两个国家其他条件完全相同,只是国内生产总值(GDP)不同,则 GDP 较大的国家产业内贸易水平要高于 GDP 较小的国家。因为较高的国内生产总值意味着更广阔的市场,生产者可以在保持规模经济的情况下,生产出更多差异化的产品,为进行产业内贸易创造条件。但是,从实际情况看,不是所有经济规模大的国家产业内贸易水平都高,也并非所有的小国产业内贸易水平都低。例如,澳大利亚是经济大国,但是其自然资源丰富,初级品出口比例较高,导致较低的产业内贸易水平。

4. 关税壁垒

关税壁垒对产业内贸易的影响是不确定的。因为较低的关税可以同时促进产业内贸易和产业间贸易。不过很多案例说明关税的降低有可能促进产业内贸易的增加。近年来,很多新兴国家为了促进本国经济的发展降低关税,设立出口加工区和自由贸易区等各种形式的经济特区,这些国家与发达国家之间的产业内贸易增长速度较快。

5. 区域经济一体化程度

区域经济一体化促进了产品和生产要素在成员国直接的自由流动,有利于区域性专业化的进一步发展,提高了区域内的产业内贸易水平。比较典型的例子有东盟和欧盟。自由贸易区内贸易创造和贸易转移的正面效应起到了非常重要的作用。通过成员国内部的专业化分工,可以增加商品产量,增加贸易量。各国都可以得到规模经济的益处,且可以满足消费者多样化的要求,增加社会福利,促进各成员国之间的产业内贸易的发展。

(二) 产业产品特征对产业内贸易的影响

1. 产品异质性

产品差异是影响产业内贸易的一个重要因素。通常某类产品差异程度越高,其产业内贸易水平也越高。反之,产品的标准化程度越高,则这类产品的产业内贸易水平越低。

2. 规模经济提高产业内贸易水平

为了得到规模经济收益,每个厂商都集中生产某一种产品以取得最大收益。为了实现规模经济,必须进行高水平的产业内贸易。但在实证分析中,很难证明这一观点,甚至有时会得出相反的结论。但是,这并不能否定该理论,这是因为不同产业的最小有效规模不同,可能因为样本原因得出不同结论。

3. 外国直接投资

如果外国投资是"市场寻求型"的,即外国直接投资是为了躲避高关税或其他的贸易壁垒,则外国直接投资可以取代产业内贸易。原来需要通过进口来满足消费者需求的产品,现在就被外国直接投资取代了,则这种外国直接投资与产业内贸易存在负相关关系。如果外国直接投资是"效率寻求型"的,即跨国公司直接投资是为了降低自己的生产成本,将中间品输出到发展中国家,在发展中国家对中间品进行加工和组装,再出口工业制成品到发达国家;那么,由于中间品和最后的工业制成品在商品分类上属于同一个产业,则外国直接投资可以促使产业内贸易水平上升,外国直接投资和产业内贸易是正相关关系。很多大型跨国公司的案例可以说明这个问题。

根据上面的分析,可知:

第一,产业内贸易是随着各国经济发展水平的提高而发展起来的。人均收入的提高、产业结构的改善和GDP的增长都有利于产业内贸易的发展。每个国家的经济发展都有一定的阶段性,因此,产业内贸易也一样。我国目前处于一个经济新常态时期,应该充分利用有利的国际国内环境,积极创造有利于产业内贸易发展的各项条件,促进产业内贸易的发展,在新的国际分工中争取有利的地位。

第二,产业内贸易通常在经济发展水平相似和地理距离接近的国际之间比较容易发生。因此,我国应加强与东盟等国的贸易合作,亚洲国家是我们最重要的贸易伙伴国。

第三,产业内贸易与产业本身的特点密切相关。因此,在改善外贸结构的过程中,我国要特别重视那些具有国际市场前景的产业的发展,特别是重视那些具有产品异质性的高技术含量、高资本含量的产业。

第四,加强与发达国家的经济合作,积极引进外资和技术,这样既可以发展与发达国家的垂直式产业内贸易,又有助于改善我国的产业结构,促进经济的发展。

二、产业内贸易对经济发展的经济效应分析

产业间贸易是以比较优势为基础进行的国际专业化生产和分工,其主要发生在要素禀赋、技术水平和人均收入水平不同的国家之间,各国的贸易产品结构和地理方向在一定条件下是确定的。发达资本主义国家在产业间贸易中起着支配性的作用,进口初级产品,出口工业制成品;发展中国家正好相反,进口工业制成品,出口初级产品。贸易利益也更多地向发达国家倾斜。与产业间贸易有所不同,产业内贸易以规模经济和产品差别为基础进行分工和交换,其主要发生在要素禀赋、技术水平和人均收入水平相似的国家之间,这种贸易模式不仅使各国的社会福利得到改善,而且可以保证各要素所有者从贸易中获益,还可以有效避免传统贸易中要素价格均等化趋势,减少或避免稀缺要素所有者遭到利益损失,各国之间的利益分配会更加均衡。在贸易利益的来源上,传统

的贸易理论侧重于产业间贸易的静态利益分析,认为要素禀赋相异的两个国家之间进行产业间贸易,既可以带来包括生产者利益和消费者利益的静态利益,还可以带来动态利益。尽管动态利益的分析更重要,但在传统的以静态利益分析为主的贸易理论中,这种动态利益模式的优势小于静态利益。

(一)产业内贸易与产业间贸易的利益比较

首先,产业内贸易体现了更高的生产力发展水平。产业内贸易发生的重要原因是产品异质性和规模经济,这两者都是更高的生产力发展水平的标志,特别是产品异质性代表了较高的生产力水平,更高的生产力发展水平是生产差别性产品的基础。因为只有生产力水平越高,国际间分工才能越细,才能生产具有差异性的产品。另外,生产力水平的提高可以提高人们的收入水平,只有收入水平高了,消费者才会有多样化的需求,才更有必要生产具有差异性的产品。可见,产业内贸易可以提高贸易国的生产力水平和收入水平。

其次,产业内贸易使贸易参与国获益更大。产业内贸易更大的获益源自规模经济。在水平型的产业内贸易中,企业为了实现规模经济,在增加产品产量的同时,消费者也可以以更低的价格得到更多的商品,这将提高消费者的效用水平。产业间贸易以比较优势为基础,生产者获益是依靠出口产品相对价格的上升,理论上产业间贸易会使参与贸易的国家整体上相互获利,但一国每个人获益只是潜在可能,实际上通过贸易对要素相对价格的影响,即相对价格上升行业(出口)密集使用的生产要素的所有者会受益,而相对价格下降行业(进口)密集使用的生产要素的所有者会受损。这说明产业间贸易对收入分配有较大影响,从而导致贸易参加国的整体获益减少。

(二)产业内贸易的静态利益

产业内贸易可以带来生产者利益和消费者利益,与产业间贸易不同的是生产者的利益来源主要是规模经济,消费者的利益来源主要是商品可选择性的增加和消费者多样化需求的满足程度。对于产业内贸易的静态利益,可以运用格利卫(Greenway)提出的利益分析模型进行解释。

图 11-1 表示贸易之前一国生产者与消费者的利益情况。图中假设有一种商品有 X 和 Y 两种属性,这两种属性的不同组合构成了这种商品类型的无数种差异商品。图中横轴上的每一点都表示一种组合。V_1 就是其中的一种组合,而消费者的偏好可能是横轴上的任何一种组合。假设每一种组合都有其固定的生产成本,单位产品的成本将随着产量的增加而降低,因此,一个厂商不会去生产所有组合,这就意味着有的消费者可能买不到他们偏好的商品。

图 11-1 表示这个国家只生产一种组合即 V_1,而消费者的偏好是从 S 到 T 的各种商品组合,这样每个消费者所得的利益大小就取决于他们的偏好 V_1 的接近程度。在图 11-1 中,$SCTP$ 阴影部分面积表示所有消费者剩余,CP 表示偏好为 V_1 的消费者的

消费者剩余,GH 表示偏好为 V_2 的消费者的消费者剩余。偏好在 V_1 的消费者所得到的消费者剩余最大,而偏好在 S 和 T 的消费者所得到的消费者剩余为零。

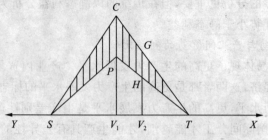

图 11-1　产业内贸易前的静态利益

图 11-1 也可以用来分析生产者利益。$\triangle SPT$ 面积表示生产者剩余。偏好接近 S 和 T 的消费者,可能只购买很少的 V_1 以满足生活需要,因此,这一部分消费者为生产者带来的生产者剩余较小,而偏好为 V_1 的消费者对 V_1 的需求最大,因此,他们愿意支付的价格就很高,通过这部分交易,生产者所得生产者剩余就最大。结合之前的消费者剩余的分析,$\triangle SCT$ 面积就表示了生产 V_1 时这个国家所得的静态利益。

当发生产业内贸易之后,这种静态利益将发生变化。假设 A 国与 B 国进行产业内贸易,其贸易商品是由 X 和 Y 两种主要属性组成的某种商品,两国对这种商品的需求偏好存在一定差异。可用图 11-2 分析这种静态利益的变化。

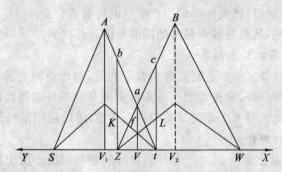

图 11-2　产业内贸易后的静态利益

假设在进行贸易前 A 国生产 V_1 种组合的产品,B 国生产 V_2 种组合的产品。当两国进行贸易后,两国的消费者都能得到更接近其偏好的产品。如上图所示,A 国偏好在 V 到 t 范围内的消费者可在 B 国购买 V_2 种组合的商品,因为 V_2 比 V_1 更接近其偏好;而 B 国偏好在 Z 到 V 的消费者可以在 A 国购买 V_1 种组合的商品,因为 V_1 比 V_2 更接近其偏好。贸易之后,双方的消费者都得到较大的满足,由此带来的生产者剩余和消费者剩余也大于贸易之前。B 国偏好在 Z 到 V 范围内的生产者剩余和消费者剩余从贸易前的 $\triangle ZfV$ 面积和 $\triangle Zaf$ 面积分别增加到贸易后的四边形 $ZKfV$ 和四边形

$Kbaf$ 面积；A 国偏好在 V 到 t 范围内的生产者剩余和消费者剩余从贸易前的 $\triangle Vft$ 面积和 $\triangle fat$ 面积增加到贸易后的四边形 $VfLt$ 和四边形 $facL$ 面积。总体来看，贸易后 A、B 两国净增利益分别为 $\triangle Zba$ 面积和 $\triangle act$ 面积，其中既有生产者剩余也有消费者剩余。这样，在进行产业内贸易之后，两国生产者和消费者所得净利益都比贸易前增加。而且，可以推断，如果 A、B 两国的消费者偏好重叠越大，则通过产业内贸易所得的静态利益也越大。

（三）产业内贸易的动态利益

产业内贸易不仅能给贸易各国带来静态利益，还能带来动态利益。主要动态利益分析如下：

1. 有利于实现规模经济效应

产业内专业化可以延长产品的生命周期，减少因生产转向带来的浪费。对于生产者而言，由于每种产品的市场容量有限，企业必须不断进行产品升级，以适应市场需求。此时，产业内贸易可以提高专业化水平，扩大市场，使生产者获得规模经济收益。

由于科技进步和商品经济的纵深发展，制造业的最小有效规模（MES）越来越大，企业在解决经济问题时能够使用最简洁、成本最低的方案实现最好的效果，实现利润快速增长。在这种情况下，任何一个国家要生产一个产业内的所有异质性产品都会受到市场规模的制约；反之，如果每个国家只生产一个产业内的一种或数种异质产品，并进行自由贸易，贸易国之间提供异质产品市场，则所有异质产品的生产都可以达到最小有效规模。

假设贸易前有两个对称的国家（需求曲线、成本曲线相同），即本国（H）和外国（F），它们均生产两种水平异质产品（X、Y），各自生产的两种产品的数量都是 Q，两种产品的生产成本都是 C_0；贸易后，H 国专业化生产 X，F 国专业化生产 Y（或者相反，其结果不变），则两种产品的成本均下降到 C_1。如果实行成本加成定价（假设贸易前后加成不变），则资源节约效应如图 11-3 和图 11-4 所示。

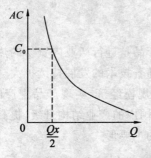
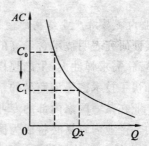

图 11-3　贸易前 H 国产品 X 的平均成本　　图 11-4　贸易后 H 国产品 X 的平均成本

2. 促进产品的创新

产业内贸易对产品的革新有较强的刺激作用,表现为增加产品差异性和对创造新的替代产品(技术差异商品和垂直差异商品)的刺激作用。通过进行产业内贸易,增加产品品种具有双重动机,一是市场进入动机,即开发生产接近国外消费者偏好的品种,可以占领国外市场;二是防御动机,即开发生产一些新品种以防止新的外来竞争者进入国内市场。同时,产业内贸易可以加速替代产品的开发,给社会带来更多的利益。研发新的替代产品需要投入较多的费用,因此,开发新产品风险很大,而产业内贸易可以降低这种风险,因为产业内贸易可以扩大并加快新产品的出售,在短期内可尽快回收研发费用。

3. 技术聚合效应

一国的生产要素数量、质量及结构决定了其国内生产和贸易的基本结构,其中随着科技的发展,技术在要素禀赋中起到了至关重要的作用。几乎所有的国际贸易理论都建立在生产要素不能跨国流动的假设上,这种假设忽略了国际直接投资和跨国公司的快速发展而引发的劳动力在国际间频繁流动的事实。特别是生产要素中最重要的技术要素是可以跨国流动的。技术在国际间的流动通常有两种形式:一是包含在国际贸易商品中的技术流动;二是作为独立形态的技术的流动。这两种技术流动的形式都在产业内贸易中发挥作用。

在企业外部的产业内贸易中,技术通过异质产品完成跨国流动。发达国家之间产业内贸易的主要交易对象为具有水平异质性的商品。受消费者偏好的影响,虽然发达国家生产技术水平总体上相当,但是商品特性各有特质,各国技术优势各有侧重。在自由贸易条件下,各国会选择出口更有技术优势的商品,进口技术劣势的商品。在企业内部的产业内贸易中,技术的跨国流动一部分通过异质产品的进出口完成,一部分通过对外直接投资完成。跨国投资的影响因素众多,但技术依然是最重要的因素之一,跨国公司的海外直接投资也是为了寻求先进的技术聚合,跨国投资体现了更高层次的国际分工。

4. 产业内贸易对产业结构的促进作用

很多实证研究表明技术含量高的新兴产业的产品是进行产业内贸易的热点。这种产品附加值高、需求弹性大,生产规模和贸易规模随着技术的发展持续扩大。产业内贸易的发展加快了技术密集型商品的精密分工,通过规模经济,实现产品生产的国际化,促进相关产业在某一国家内部的专业化发展,促进国内的产业结构升级,提高其在国际上的竞争力。产业内贸易必将成为国际贸易发展的主要形式。

5. 产业内贸易所引起的摩擦比产业间贸易更小

产业内贸易因为是在同一产业内进行贸易,生产要素的投入大致相似,在同一产业内进行生产调整,不需要大规模地调整生产要素。在调整过程中,因为对生产要素价格弹性要求不高,调整难度相对较低。如同一产业内部劳动力在部门间的直接转移,可以减少因调整生产要素引发的失业。产业内要实现这一调整目标,主要受以下几个因素的影响:

首先,进行产业内贸易的各企业生产的产品具有相似性,同一产业内雇佣的劳动者在知识架构和技术上也具有较高的相似性,相互之间的替代性也较强。一旦发生产业内调整,劳动力在失业后可以在较短的时间内重新找到工作,减少福利损失。

其次,产业间的工资报酬差异一般大于产业内的工资差异。从劳动力的角度出发,如果从前工作报酬相对较高,他们一般不愿意转换到不同的产业部门去就业。

最后,劳动力要素具有在产业内部更容易流动的特性,劳动力价格的调整比其他生产要素更容易,影响更小。

可见,产业内贸易的调整成本小于产业间贸易,劳动力在产业间的流动难度比产业内流动更大,说明产业内贸易可以带来更大的社会效益。

6. 产业内专业化所带来的收入再分配影响较小

同一产业的要素投入密度非常相似,产业内专业化对要素相对价格影响不大,稀缺要素所有者不会因此受到损失,而且还会提高实际收入。1981年,克鲁格曼在《产业内的专业化分工与来自贸易的收益》一文中分析了产业内专业化对收入再分配的影响,结论说明所有的利益集团都会从产业内专业化中获利。因此,各种利益集团都会支持产业内专业化。

7. 产业内贸易的知识扩散效应和贸易竞争的资源配置效应

贸易知识扩散效应和贸易竞争资源配置效应是产业内贸易影响经济增长的两个重要方面。Bucci等学者建立的人力资本积累和R&D投资共存的经济增长模型,引入了包括贸易知识扩散程度参数在内的人力资本积累函数,把模型扩展到开放经济条件下,建立"产业内贸易—人力资本积累和配置—经济增长"的动态机制,在动态贸易均衡中考察这两种效应。研究结论如下:

第一,由于知识扩散效应的负向作用和竞争效应的正向效应互相抵消,产业内贸易使人力资本更少地配置到最终产品生产部门,配置到差异化产品生产部门的人力资本份额可能增加也可能减少。

第二,产业内贸易不一定促进研发创新。对发展中国家来说,贸易前国内进口竞争部门的垄断程度越高,产业内贸易竞争越有利于研发创新。

第三,产业内贸易的知识扩散效应促进人力资本积累,有利于经济增长,贸易竞争效应使人力资本更多地配置到低效率的非竞争部门,不利于经济增长。因此,产业内贸易对增长的影响取决于知识扩散效应和竞争效应影响程度的比较。当知识扩散效应的影响强于竞争效应时,贸易会促进经济的长期增长。

通过对产业内贸易的利益分析可以发现,产业内贸易所带来的利益不亚于产业间贸易所带来的利益,而且产业内贸易带来的利益是多方面的,它使一个国家的各个利益集团都得到好处,更有利于一个国家生产能力的提高和经济结构的改善,有利于增强一国在国际经济中的竞争力,提高经济发展水平。

第五节 我国产业内贸易现状及对策

一、我国产业内贸易的情况

(一)取得的进展

1. 产业内贸易发展迅速

产业内贸易的发展程度可以通过产业内贸易指数来衡量。改革开放以来,随着我国对外贸易的不断发展,我国的产业内贸易水平有了大幅度的提高。1980年我国产业内贸易指数为0.297,2001年上升到0.364,2015年则进一步增至0.4以上。

2. 产业内贸易商品结构不断优化

产业内贸易的商品结构表现为工业制成品产业内贸易水平较高。据海关统计数据,2000年至2007年,机电产品和高新技术产品的出口年均增速超过20%,2015年,中国机电产品的出口占总出口额的57.6%。机电产品的产业内贸易指数也不断提高,这有利于产业内贸易产品结构优化。近年来,随着出口制造业在产业链的位置逐渐上升,工业制成品的产业内贸易比重继续上升。

3. 加工贸易和民营企业的产业内贸易是主导

我国在国际分工中占据的是简单的以劳动密集型产品加工为主的环节,在某些高新技术产品的对外贸易中,主要是出口技术含量低的产品,进口技术含量高的产品。我国产业内贸易大部分是通过加工贸易表现的,而加工贸易又大部分是由外商投资企业操作的,1997年加工贸易比重为52%,而其中外商投资(主要是港台地区资本)占73.03%。但到2015年,民营企业出口高达1.03万亿美元,占出口总额的比重为45.2%,占比第一次超过外资企业,外资企业出口占出口总额的比重为44.2%。我国加工贸易出口额为7 977.9亿美元,占出口总额比重为35%。可见我国的产业内贸易主要表现为以加工贸易和民营企业的产业内贸易为主。

4. 产业内贸易利益逐渐增加

由于我国产业内贸易大部分是由加工贸易带动的,具有一定的特殊性,因此,加工贸易利益的增加会在很大程度上推动产业内贸易利益的增长。1997年,我国加工贸易进口702亿美元,出口997亿美元,两者之比为1:1.42;2004年,加工贸易进口额与出口额之比为1:1.48;2015年,加工贸易进口4 470亿美元,出口7 977.9亿美元,两者之比进一步下降为1:1.78。进口比重低于出口比重,说明我国国内加工环节增值率提高,而且国内产业的中间配套能力增强,中间投入品的直接供应比重扩大,我国正在从加工贸易中获得越来越多的利益。因此,也可以说我国在产业内贸易中获得的利益在逐渐增加。

(二)问题与不足

1. 我国产业内贸易主要还是垂直型产业内贸易

随着改革开放的不断深入,我国产业内贸易发展明显加深,产业内贸易指数不断提高。根据克劳斯(Krause,1987)和帕克(Park,1991)的分类方法,工业制成品按照要素密集度可分为自然资源密集型、非熟练劳动密集型、人力资本密集型、技术密集型等类型。我国从事产业内贸易的主要产品类别,除纺纱、织物、制成品及有关产品属典型的劳动密集型产品外,其余产品大都是技术密集型和资本密集型产品,尤其以技术密集型产品为主。这反映出技术含量较高的产品存在着大量的产业内贸易。

2. 产业内贸易统计存在"水分"

虽然近几年我国在工业制成品产业方面的产业内贸易水平提高较快,但是我们应认识到我国工业制成品产业掺入了很多"水分"。因为我国工业制成品如高新产品贸易水平的提高,在很大程度上是由外商直接投资加工贸易引起的,它们在中国制造产品用于海外销售,从表面上看,提高了中国的产业内贸易水平,而实际上中国只是作为中转站获取了很少的加工费。这种贸易是嵌入式的,而非中国原生的,没有从根本上改变我国的贸易模式。

3. 受传统贸易理论的影响

受传统国际贸易理论的影响,一方面我们对水平型国际分工的意义认识不足,过分强调比较优势与经济互补在对外经贸活动中的决定性作用;另一方面,该指导思想也影响了企业开展国际化经营的信心和有效措施的制定与实施。从目前看,我国在劳动力和部分自然资源上具有一定的比较优势,可以生产和出口一些初级产品和劳动密集型产品,但仅仅按照比较利益进行分工和贸易是远远不够的。

4. 产业结构水平较低

近年来我国的产业结构有明显改善,但与发达国家相比差距还很大。产品结构不合理,产品种类单调,产业内贸易结构扭曲。我国出口产品中仍以工业制成品为主,但高技术、高附加值精深加工产品很少,以粗加工的劳动密集型和资源密集型产品居多。因此,我国以产业间贸易为主的贸易模式没有从根本上得到改变。在国际交换中,初级产品和低加工产品的贸易条件正在相对地甚至是绝对地恶化,而且由于我国人均资源贫乏,劳动力素质较低,立足于以资源型和劳动密集型为基础的比较优势正在削弱,对外贸易格局的变化会造成我国产业结构的滞后,从而在国际竞争中处于不利地位。

5. 加工贸易为主

尽管我国产业内贸易水平不断提高,但要意识到我国的产业内贸易并非主要以规模经济为基础,而是主要依靠在劳动力上的比较优势来驱动的。这是因为,我国从事产业内贸易的主体,很大一部分是外商投资企业,表现在贸易方式上就是加工贸易占较大比重。不少外商投资企业进入我国主要是看中了我国的劳动力优势,利用我国低廉的劳动力从事产品的劳动密集型生产环节,表现在贸易活动中就是产业内贸易活动。因此,我国对外贸易活动依靠的仍然是建立在低廉劳动力基础上的比较优势,即便存在一定程度上的产业内贸易,也从中获益甚少。

6. 贸易内部化程度低

高度内部化的大型跨国公司和巨型企业贸易内部化是跨国公司重要的竞争优势之一。跨国公司为了克服外部市场的不完善,以内部化市场作为外部市场的替代,通过内部交易和转移定价来实现自身利益的最大化。而我国许多行业存在着产业集中度低、规模不经济问题,企业技术的研发投入很低,产品出口能力弱,缺乏组织能力,贸易内部化程度也普遍较低。这种状况无论对企业还是对整个国家来说,都缺乏合理的经济性,影响出口效益的提高。

二、产业内贸易对提高我国外贸竞争力的作用

产业内贸易指数以及它的增加值反映了一国在面临广阔的国际市场时快速调整自身生产的能力,由此可见,提高产业内贸易水平,是发展中国家提高外贸竞争力的重要手段,但是否任何一种类型的产业内贸易都会有效地提高一国的外贸竞争力却是值得商榷的问题。

(一) 差异产品产生的产业内贸易与外贸竞争力

对我国而言,目前在经济发展水平、居民收入水平、技术水平上与发达国家有一定差距,因此差异产品的产业内贸易主要是由垂直差异产品和技术差异产品产生的,作为技术后进的国家,在产品生命周期的链条上,我们只能在某种产品被先进工业国推出,待技术成熟、生产渐趋标准化后才利用本国劳动力资源优势进行生产,这时该产品早已从技术密集型转为劳动密集型。而生产该种产品的技术也早已不具有垄断优势。进行标准化产品生产的技术后进国家仅仅是凭借自己的劳动力优势在贸易中分得"一杯羹",而此时,那些先进的工业国不再生产该产品,取而代之从这些后进国家进口。他们把大量的经费投到新产品的研发上,期待在推出的新产品上获得高额利润。由此看来,技术差异产品推动的产业内贸易在一定程度上有利于解决我国的劳动力就业问题,提高现有的工业技术水平,增加贸易利益,但无法使我国获得垄断性技术优势,因而在提高我国外贸竞争力上作用有限。同样,在垂直差异产品的产业内贸易中,多数是高收入国家中的低收入居民对我国同类产品中的低端产品产生进口需求,而我国高收入居民对高收入国家同类产品中的高端产品产生进口需求。因此,这种类型的产业内贸易

拉动的仍然是我国附加值低、技术含量不高的产品的出口,这种模式不利于改善我国的出口商品结构、提高我国的外贸竞争力。为了提高我国对外贸易竞争力,可以从以下三个方面发展差异产品,促进贸易结构升级。

1. 加快发展高科技产业,促进与发达国家之间水平差异产品贸易的发展

当代国际竞争的核心是科技竞争。发展高科技经济具有高投入、高风险性的特点,这就要求国家实行必要的扶持与优惠政策,促进相关产业的发展。我国应该根据国民经济和社会发展战略,对高新技术产业的发展进行总体的规划和统筹安排,通过国家级高新技术开发区的建设,促进形成高技术产业群,培育一批高技术产品出口重点企业;综合运用财政、税收、外贸、政府订货和采购等政策,扶植高技术产业发展和开发高科技产品,促进我国与发达国家之间水平差异产品的贸易。此外,发展高科技产业,在某些领域形成技术优势,使我国与技术水平落后于我国的一些发展中国家之间形成技术差异,促进以技术差异为主的产业内贸易的发展,也是提高我国对外贸易竞争力的重要途径。

2. 实施品牌战略,促进差异产品发展

企业在国际竞争中应提高研发能力、创新能力,加强自主品牌产品建设,改变压价竞争或低价竞争的营销策略。对现代企业而言,新产品的研发和创新是企业获得可持续发展的保证。因此,企业应该实施国际品牌战略,通过提高核心竞争力来获得竞争优势,从而在国际市场上形成品牌知名度,提高品牌影响力。用品牌来扩大自己在国际市场上的影响力和竞争力,是竞争策略最有效的方式之一。越来越多的企业运用品牌及品牌系列产品来代表与其他企业产品的差异。品牌的差异不仅体现在价格差异上,更重要的是体现在产品的营销、市场、技术和经营管理的差异化上,因此,实施品牌战略是我国出口企业提高产业内贸易水平,实现出口产品从粗放型向集约型转变,从而提高对外贸易竞争力的重要手段。我国企业应该强化产品的差异性,创造中国的名牌,使已有的产业尽快实现产业内贸易而获取利益。

3. 加快对传统劳动密集型产品的技术改造,促进差异产品的发展

我国的比较优势主要源于劳动力要素,因此,我们可以通过利用高新技术改造我国现有的具有比较优势的劳动密集型产业。这样,我们不仅可以创造产品的成本、价格优势,而且可以进一步增强产品的差异化优势,以满足人们对产品不断变化的要求。利用高新技术可以不断变换生产技术、改进生产工艺,创造出适合不同消费者需求的新产品,促使传统产品向精加工、多功能、高附加值的科技型产品转换,使产品不断升级,从而提高我国的产业内贸易水平和我国在外国市场上的竞争地位。

(二)跨国公司的对外直接投资产生的产业内贸易与我国的外贸竞争力

如前所述,跨国公司在像我国这样的发展中国家倾向于采取垂直一体化投资方式,即在总部和海外工厂之间进行纵向分工。为了保持技术优势,跨国公司把产业链中高

附加值环节牢牢掌握在自己手里,而东道国只能从事产业链中低附加值环节的生产活动。在贸易实践中,常常体现为东道国从母国输入零部件和中间产品,加工后输往母公司和其他子公司。这种产业内贸易不能有效地提高一国的外贸竞争力。因为在技术含量低的产业链环节上,我国只能变相地收取一点加工费。这在中国的突出表现就是加工贸易比重的迅速提高。从短期看,加工贸易固然可以增加我国的贸易利益,但从长期看,这种两头在外的贸易形式,对前后产业的带动作用很小,对发展中国家产业结构升级的促进作用不大。但如果是跨国公司的水平一体化投资,如前所述,由于东道国从事的不是产业链中低附加值环节的生产,而是整个产业链的生产,东道国就可以在这种平行分工中获得规模经济,吸收来自母国的先进生产技术和管理经验,这对促进东道国的产业升级将起到积极作用。因此,与垂直一体化投资相比,水平一体化投资引起的产业内贸易可作为一国外贸竞争力提高的标志。

(三) 实现规模经济效应有利于提高我国外贸竞争力

规模经济是产业内贸易的动因之一,发展产业内贸易让企业转向某一部分工序的专业化生产,可以减少企业经营成本,有助于实现企业规模的扩大;在此基础上形成相关企业向一定地区集中的外部规模效应,这种模式可以极大地提高生产要素的使用效率,从而带动整个地区的经济发展。

以规模经济为基础进行国际分工、发展以规模经济为基础的产业内贸易,是我国产业结构升级换代的必然选择。我们要调整产业结构,发展高附加值、高技术含量、强经济牵引性、高经济技术综合应用型产业,必须注重规模经济的重要作用。为了获得更多的规模经济利益,我们应该着力于发展高附加值、高技术含量的具有规模经济性的优势产业,改变国际贸易的不等价交换格局。

(四) 扩大水平型产业内贸易提高我国的外贸竞争力

我国要积极进行产业升级,重视发展高新技术,把发展高新技术与劳动力资源优势这两个因素很好地结合起来。我国与发达国家间的水平型产业内贸易之所以没有发展起来,根本原因在于我国的高新技术发展相对滞后,无法同发达国家在技术含量高的产品上形成水平分工。跨国公司之所以不对我国进行水平一体化投资,原因也在于此。与发达国家相比,我们的竞争优势不在技术水平上,而在丰富的劳动力资源上。

因此,一直以来我国的传统贸易模式是以产业间贸易为主,即在资源禀赋基础上实行分工,我国出口劳动密集型产品,而从发达国家进口技术密集型产品。诚然,为了解决就业压力问题,我们必须发展劳动密集型产业。在现阶段,我国的产业结构仍需以劳动密集型产业为主,但从长期来看,致力于发展高新技术产业,在某些领域形成垄断性技术优势却是势在必行。因为只有我国的技术水平有了长足进展,我们才能与发达国家进行水平型产业内贸易。

我国还要改善商品结构,实现产业内贸易的升级。用钱纳里和泰勒对产业发展三阶段划分的理论来描述我国现有的产业发展水平,我国的产业正处在早期阶段向中期阶段过渡,并兼有向后期发展的特征。这种产业结构对水平型产业内贸易发展的约束主要表现在商品结构的低层次上。

据有关部门资料统计,虽然我国工业制成品在商品出口总额中的比重已远远超过初级产品,但制成品中高附加值、高技术、深加工的重化学工业产品、机电产品所占比重甚小,而粗加工、低附加值的劳动密集型产品居多。可见,这种出口商品结构与水平型产业内贸易要求的产品特征相去甚远。要改善我国现有出口商品结构,就必须在某些战略性领域赶超,形成有中国独特优势的高新技术产业,同时要利用高新技术改造传统劳动密集型产业,提高生产技术,改进工艺流程,实现注重产品质量和技术的内涵型扩张,通过产业内贸易的促进与引导,实现产业结构升级,逐步实现产业结构符合水平型产业内贸易的要求,最终提高我国出口产品的国际竞争力。

三、对我国产业内贸易发展的建议

(一)实行产品差异化战略发展产业内贸易

产品的异质性是产业内贸易产生的根本原因之一。一般来说,对垂直型差异产品的需求受到消费者收入的制约,对水平型差异产品的需求则受到消费者偏好的影响。因此,我国在国际贸易中应考虑到消费者的收入和消费者偏好的因素,从而加强和扩大差异产品的生产,促进我国同发达国家和发展中国家产业内贸易的发展。我国可以同发达国家开展垂直型差异产品的产业内贸易,同时与发展中国家开展水平型产品的产业内贸易,同时获得双向收益。

(二)实施产业化战略促进贸易结构升级

目前我国出口的主要产品(粗加工的劳动密集型和资源密集型产品)的贸易条件恶化,市场前景不容乐观,对我国的对外贸易产生不利影响。因此,我们要积极实行产业升级战略,调整和优化产业结构,以产业结构促进贸易结构的升级。要调整并使工业结构不断优化,致力于缓解基础产业的瓶颈制约,并且加快支柱产业的发展。为促进产业内贸易发展,使产业结构能更好地适应产业内贸易的发展,应调整产业政策,加强国际合作;密切出口产业与国内产业的联系;加大技术投入力度,提高产业层次和产业水平。

(三)实施科技创新战略

加大技术投入、提高产业层次和产业水平是促进产业内贸易发展的必要条件。尽管产业内贸易不排除低层次产业的贸易效果,但只有提高产业层次和水平,才能有效地促进产业内贸易的迅速增长和贸易效果的不断提高。要提高我国的产业层次和水平,必须增加技术投入,加速国际化经营的进程。在高新技术、高新产品上,中国作为一个发展中的经济大国,发展潜力巨大。为此,应加大人力资本投资力度,提高劳动力队伍的素质,这不仅可以提高本国资本的利用效率,加快技术吸收和创新,而且可以为发展产业内贸易奠定重要基础,最终推动国民经济健康、快速地发展。

(四)调整产业结构

在我国资金供应尚稀缺的情况下,要提高产业政策的运行效果就必须利用非均衡协调手段和国际经济合作途径促成和加强产业聚合力量。国际合作对产业结构调整和产业贸易的促进作用主要表现在两个方面:其一,加强国际合作不仅有利于提高我国有限资金的利用效率;更重要的是有利于通过与外资、外技嫁接,加快我国产业技术改造,提高产业层次和水平,为产业内贸易发展提供必要的产业基础。其二,建立在国际经济合作基础上的研究、开发和生产,本身就是密切目标经济联系的重要纽带,而高层次的水平合作则毫无疑问地为产业内贸易发展奠定了基础。

(五)开放相关产业市场

改革开放以来,我们虽然在开放上取得了很大成绩,但是贸易政策方面仍受许多传统观念的束缚。中国作为发展中国家,对某些产业的适当保护是必要的,但是,保护政策给消费者和整个国家福利所带来的损失不只是消费者的福利损失,更重要的是滞缓了技术外溢的过程。进口技术密集型产业产品不仅是我们获取所需技术的重要渠道,也可以刺激和促使国内企业加速技术创新和管理制度创新。中国作为经济大国,虽然经济规模较大,但国内市场由于地方保护主义盛行,各地区条块分割现象严重,导致我国作为大国拥有广大市场容量的优势被削弱,无法充分实现规模经济。发展产业内贸易的国内基础是有选择地开放某些产业市场,培育国内企业的规模经济;同时,以创造产业竞争优势的对外战略参与产业内贸易竞争。

(六)开展对外区域经济合作

区域经济一体化能够促进产业内贸易的发展。斯蒂芬·格洛伯曼(Steveen Globerman)的研究表明,在整个20世纪80年代,贸易自由化使美国和墨西哥之间的产业内贸易有了大幅度增长。1975年巴拉萨通过对拉美自由贸易区和中美洲共同市场的测算,也发现内部成员国之间的产业内贸易水平远远超过同期内部成员国与其他非成员国之间的产业内贸易水平。汤海燕(2003)通过对中国与东盟产业内贸易的研究也指出,中国与东盟的贸易已经从传统的产业间贸易转向基于规模经济和差别产品的产业内贸易,且贸易的范围不断扩大。因此,应积极开展对外区域经济合作,构筑多层次的区域经济合作模式。

采取不同层次的经济合作同时推进的发展模式。顺应时代潮流,顺应区域经济合作的发展趋势,我国应在立足亚太的同时,以"两岸三地"为核心,以"一带一路"为纽带,同时向东推动APEC的贸易与投资自由化进程,加强与APEC成员间的经济合作。

随着国际经济贸易的发展,产业内贸易在给各贸易国带来贸易利益的同时,还可以促使一国技术进步和产业升级。因而,产业内贸易最终将取代产业间贸易而成为国际贸易的主要形式,这是国际贸易发展的必然趋势。一国的产业内贸易水平是该国对外贸易竞争力的重要标志,所以提高产业内贸易水平,已成为发展中国家提高对外贸易竞争力的重要手段。通过对我国产业内贸易情况的分析，我国应大力发展差异化产品，促进贸易结构的升级，通过高水平的产业内贸易，提高我国的对外贸易竞争力。

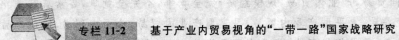

专栏 11-2　基于产业内贸易视角的"一带一路"国家战略研究

自20世纪80年代以来，随着通信技术的不断进步及运输成本的大幅降低，国际生产网络得以形成和扩大，最终产生了产业间分工、产业内分工和产业链分工等多种分工模式并存的网络化生产新格局。在此背景下，发展中国家逐渐利用自身比较优势切入全球生产的分工体系，开始从事原先流行于发达国家之间的产业内贸易，使得各国间投资贸易联系的广度和深度都达到了前所未有的水平。产业内贸易通过相同行业异质性产品的相互贸易，在扩大市场规模、获取规模经济的同时，也为企业创新活动提供了强大的推动力（Scherer，1965），进而为经济增长提供新的引擎。但发展中国家由于技术水平落后、产品竞争力不强等原因，很难开展程度较高的产业内贸易，从而无法获得产业内贸易带来的巨大利益。并且，发展中国家以自身禀赋优势，切入全球价值链，从事较为低端的加工、组装等活动，容易被发达国家锁定在价值链低端（张少军和刘志彪，2013），即便融入了全球价值链分工体系，也很难达到升级转型的目的。

在这样的背景下，习近平总书记提出旨在缩小南北发展差距，推动各国实现共同发展的共建"一带一路"倡议。经过多年的发展，"一带一路"沿线各国在产业发展方面都形成了各自的比较优势。此外，由于经济发展水平较为接近，各地区之间需求高度重叠，加之发展中国家在市场规模及多样性方面都有广阔的前景，对于异质性产品的需求也随着经济的发展被不断激发。双向贸易从2007年的3 426亿美元增长到2014年的7 478亿美元。双向贸易占贸易总额的比重也在2011年后出现了稳步提升的发展趋势，产业内贸易正逐步发展成为主要的贸易方式。

为此，本文以产业内贸易为切入点，通过分析中国与"一带一路"沿线国家产业内贸易的发展水平、内部结构和变化趋势，剖析中国与"一带一路"沿线国家间的分工模式、技术水平差异及产业结构差异，并进一步通过计量模型分析造成这些差异的主要因素，进而为"一带一路"背景下开展和深化发展中国家间的产业内贸易提供理论基础及现实依据。

文章利用2007—2014年贸易统计数据，借助静态产业内贸易指数（IIT）、动态边际产业内贸易指数（MIIT）以及产业内贸易分类指数（GHM），较为全面地分析了中国与"一带一路"沿线国家双边贸易中的竞合关系。分析中国与"一带一路"沿线国家的产业内贸易及其影响因素。结果表明：(1) 中国与"一带一路"沿线国家的产业内贸易水平相对较低，客观上需要构建合作平台，推进发展中国家间的产业内贸易；(2) 从区域来看，中国与东盟国家的产业内贸易水平相对较高；(3) 从产业内贸易决定因素看，市场规模差异以及贸易开放度对产业内贸易具有正向影响，而人均收入水平差异及FDI对产业内贸易具有显著的抑制作用；(4) 不同类型产品产业内贸易的决定因素存在较大差异。因此，充分利用"一带一路"国家战略平台，促进发展中国家间的产业内贸易，将是中国新型开放经济战略的重要举措。

资料来源：冯宗宪和姜伟杰.基于产业内贸易视角的"一带一路"国家战略研究[J].国际贸易问题，2017(3)：166-176.

关 键 概 念

产业间贸易,产业内贸易,规模经济,完全竞争,不完全竞争,要素禀赋差异,产品差异化,垂直差异,水平型产业内贸易,垂直型产业内贸易,公司内贸易,同质产品,异质产品,垄断竞争,需求相似理论,产业内贸易指数,产业结构水平,消费者偏好,贸易结构

内 容 提 要

1. 产业内贸易(Intra-industry Trade)是产业内国际贸易的简称,即一个国家在一定时期内(一般为1年)既出口又进口同一种产品,同时同一种产品的中间产品(如零部件和元件)大量参加贸易。

2. 产业内贸易理论是当代最新的国际贸易理论之一,它突破了传统国际贸易理论的一些不切实际的假定(如完全竞争的市场结构、规模收益不变等),从规模经济、产品差异性、国际投资等方面考察贸易形成机制,从而解决了传统贸易理论所不能解释的贸易现象:产业内贸易日益占据国际贸易的主要地位。产业内贸易理论的发展大约可以分为三个阶段:第一阶段是经验分析阶段;第二阶段是理论研究阶段;第三阶段是丰富发展阶段。

3. 产业内贸易作为现代国际贸易的新形式,其理论研究在20世纪70年代得到广泛关注并迅速发展。产业内贸易的传统理论注重研究发达国家之间的水平型,特别是水平差异产品产业内贸易;到了20世纪80年代深入到发达国家与发展中国家之间的垂直型,即垂直差异产品产业内贸易。水平差异产品产业内贸易和垂直差异产品产业内贸易以最终产品为研究对象,从供给和需求两个角度阐述其形成的机理。同时,随着20世纪90年代跨国公司的迅速兴起,基于FDI与制成品生产阶段的可分割性,发达国家与发展中国家之间大量开展中间产品贸易,即某项产品的半制成品、零部件的贸易,这拓展了垂直型产业内贸易的内涵。

4. 产业内贸易指数是用来测度一个产业的产业内贸易程度的指数,是指同产业中双方国家互有不同质的贸易往来,在统计数据上显示同一类同时存在进口和出口的商品数额,表明在该产业有着互补性的贸易需求,并且越是高位的分类显示出的产业内贸易指数越有说服力。尽管不同学者对产业内贸易的测定指标各有观点,而且其表述各有利弊,但目前国际上最为广泛使用的评价产业内贸易的指标仍然是1975年由Grubel和Lloyd给出的"产业内贸易指数"。

5. 产业内贸易和产业间贸易的利益比较:产业内贸易体现了更高的生产力发展水平。产业内贸易发生的重要原因是产品异质性和规模经济,这两者都是更高的生产力发展水平的标志;产业内贸易使贸易参与国获益更大。产业内贸易更大的获益源自规模经济。消费者也可以更低的价格得到更多的商品。产业间贸易以比较优势为基

础,生产者获益是依靠出口产品相对价格的上升,这会减少消费者的利益,从而导致贸易参加国的整体获益减少。最后,产业内贸易对贸易参加国国内的收入分配影响较小。产业内贸易并不是依赖产品相对价格的变化,对贸易参加国不同利益集团的收入分配影响较小;而产业间贸易获益来源是产品相对价格的变化,会深刻影响贸易参与国不同利益集团之间的收入分配。

6. 产品的异质性、消费者的偏好、两国需求的重叠程度、经济发展水平和追求规模经济效益的动机被西方学者看作是产业内贸易发生与发展的主要原因。另外,关税同盟也是产业内贸易的重要影响因素。部分学者认为贸易限制同样会制约产业内贸易。

7. 我国产业内贸易比重在不断提高,但主要还是垂直型产业内贸易。虽然近几年我国在工业制成品产业方面的产业内贸易水平提高较快,但是我们应认识到我国工业制成品产业掺入了很多水分。尽管我国产业内贸易水平不断提高,但要意识到我国的产业内贸易并非主要以规模经济为基础,而是主要依靠在劳动力上的比较优势来驱动的。因此,我国应采取诸如实行产品差异化战略、实施产业化战略、实施科技创新战略、调整产业结构、加强国际合作等对策。

复习思考题

1. 简述产业内贸易的形成过程。
2. 产业内贸易理论模型有哪些?
3. 简述产品差异与产业内贸易的关系。
4. 产业内贸易形成的原因是什么?
5. 如何评价产业内贸易?
6. 什么是产业内贸易指数?
7. 产业内贸易可以带来什么样的静态利益和动态利益?
8. 中国的产业内贸易现状如何?
9. 应该如何发展中国的产业内贸易?

第十二章 服务贸易

在国际经济与贸易文献中出现"国际服务贸易"的概念只是最近40年的事情。有关"无形贸易项目"的观念在20世纪60年代才开始引起人们的关注。从历史发展的角度看,国际服务贸易的历史起源是从属于国际货物贸易的。越是古老的国际服务贸易项目跟国际货物贸易的关系越密切。比如国际运输服务就贯穿了整个国际货物贸易的历史,并且直到现在也仍然是国际服务贸易中最主要的项目之一。其他如进出口商品的国际结算、运输机械的跨国维修和保养等,都是古老的直接由于货物贸易而产生的国际服务贸易项目。在逻辑上,这些原始的直接由于货物贸易而产生的国际服务贸易,是现代各类国际服务贸易的历史起点,它们伴随国际货物贸易额的增长而增长。随着世界服务经济的迅速发展,当今国际贸易的重心正从传统的货物贸易转向服务贸易,国际服务贸易已经成为世界经济的一个新的增长点。进入新世纪以来,服务贸易结构调整速度加快,各地区国际服务贸易发展不均衡,发达国家占据支配地位。与此同时,国际服务贸易迅速发展,世界各国纷纷采取各种措施提高其服务业的国际竞争力,扩大国际服务贸易往来。

服务贸易的重要意义,自WTO成立以来愈益被凸显出来。在经济全球化趋势明显和世界产业结构调整加快的背景下,全球服务业格局也加快了调整,并步入快速发展的轨道,日益成为新一轮全球经济发展的重要引擎,服务贸易早已成为各国关注的焦点。那么,什么是服务贸易?其发展趋势和基本特征是什么?国际服务贸易领域达成的具体协议是什么?中国的服务贸易处在哪个阶段?中国服务业与发达国家美国的服务业相比,需要借鉴哪些内容?这是本章所要回答的问题。本章将依次介绍服务贸易的概念、服务贸易的发展趋势和特征、《服务贸易总协定》的基本内容、中国服务业的对外开放和服务贸易发展情况、美国服务业发展措施对中国的启示等内容。

第一节 国际服务贸易概述

一、国际服务贸易的含义

(一) 服务的概念与特征

1. 服务的概念

服务有很多含义,在日常用语中,服务通常被认为是"为集体或为别人工作"。《辞海》中的定义为：服务"亦称'劳务'，不以实物形式而以提供活劳动的形式满足他人某种特殊需要"，认为服务是以某种活劳动的形式满足他人某种需要并取得报酬的活动。

从根本上说，人们对服务的认识是由服务业的发展及其在人类社会经济中的地位所决定的，历史上对这一概念的探讨也是随着服务业的发展及其在国民经济中地位的不断上升而逐渐展开的。

古典经济学家从对不同活动的分类中区分了一类特殊活动——服务，但此时对服务活动的认识也只是停留在感性层面上。威廉·配第等人基于生产劳动和非生产劳动的划分，将社会划分为生产阶级（提供产品）和非生产阶级（提供服务）。另一位古典经济学家巴斯夏在《经济和谐论》中也提出"这（劳务）是一种努力，对于甲来说，劳务是他付出的努力，对于乙来说，劳务则是需要和满足"，"劳务必须含有转让的意思，因为劳务不被人接受也就不可能提供，而且劳务同样含有努力的意思，但不去判断价值与努力是否成比例"。巴斯夏在这里明确了两点：一是服务需要交换；二是服务等同于劳动（努力）。这实际上就是认为服务具有一般商品的基本特征。

马克思从商品价值和使用价值两个因素出发，对服务这种特殊商品的性质进行了高度概括，即"服务是劳动提供的特殊价值"。马克思认为与其他商品一样，服务具有使用价值，是劳动产品，两者之间的差别只是形式上的，商品具有实物的形式，而服务则体现为一种活动形式。

第二次世界大战以后，特别是 20 世纪六七十年代以来，服务经济迅猛发展，从事服务领域理论研究的学者越来越多，对服务概念的理解也越来越多样化。其中最有代表性的是的现代经济学理论家希尔（1977）提出的服务概念："一项服务生产活动是这样一种活动，即生产者的活动会改善其他一些经济单位的状况。这种改善可以采取消费单位所拥有的一种商品或一些商品的物质变化形式，另一方面，改善也可以关系到某个人或一批人的肉体或精神状态。随便在哪一种情形下，服务生产的显著特点是，生产者不是对其商品或本人增加价值，而是对其他某一经济单位的商品或个人增加价值"，"不论提供的服务性质如何，贯穿服务生产的一个共同要求是，服务在其生产时一定要交付。这就成为它同商品生产的根本区别，在商品生产中没有这样的生产限制。另外，服务在其生产时一定要由消费者获得，这个事实意味着，服务是不能由生产者堆到存货中的"。

根据上述对服务概念的不同探讨，我们认为可以把服务定义为：服务是区别于一般有形商品的、主要以活劳动形式满足经济单位或个人需要并增加其价值的特殊商品。服务提供的基础是服务提供者具有一定知识和技术；服务要素是资本、劳动力、知识与技术（人力资本）。

2. 服务的基本特征

（1）服务的无形性、不可感知性。商品的存在形态是直观的、确定的，服务的存在形态基本上是无形的、不固定的，人们不能通过触觉和视觉感知其存在。因此，服务消费者在消费服务之前往往不能感知服务,消费服务之后才能感觉到服务的结果,或是等到一段时间之后才能感觉到"利益"的存在。但是服务的无形性不是绝对的,随着科技的进步,出现了"无形"服务的"有形化","物化服务"(embodied service)在无形化服务的基础上产生了。"物化服务"就是把服务物质化,可以用现代化手段实现物化服务。如磁盘、软件等作为服务产品的物质载体,其自身价值相对于所提供的服务价值来说很小,价值的主体仍为服务。

(2) 服务生产和消费的不可分离性。与一般商品不同,服务生产和消费在时空上往往具有不可分离性,即服务的生产过程同时就是服务的消费过程,服务的生产者和服务的消费者在空间上是直接接触的,如教育服务中的老师和学生等。当然,"物化服务"的出现使得服务的提供者和消费者也可以分离,而且,现代通信和网络技术的发展使得异地服务如跨国银行服务成为可能。但以上只是一些特殊现象,并不能改变绝大多数的服务生产与消费不可分离的特征。此外,生产和消费的不可分离性还体现在服务是一种双向性质的活动。服务的提供者和消费者之间存在着互动关系,离开消费者生产者就无法提供服务,不参与生产过程消费者就无法享受服务。因此,服务消费者的素质、能力和态度在一定程度上也影响服务的效果。

(3) 服务的不可储存性。由于服务生产和消费的同时性,某项服务生产过程完成的同时也就意味着服务消费过程的终结,服务不能像一般商品那样在时间上存储和在空间上转移。商品在脱离生产过程之后和进入消费过程之前可以处于库存状态而不会给商品所有者带来利益上的损失。服务的不可存储性源自于其无形性以及生产和消费的时空一致性。这一方面节约了存储费用、库存费用和运输费用,另一方面由于缺乏库存调剂,加剧了服务供需之间的矛盾。服务的不可储存性要求服务产品的生产必须严格地以市场需求为导向,加速服务产品的生产、扩大服务提供的规模应建立在加强服务产品的市场营销、推广优质服务示范的基础上。

(4) 服务的差异性(异质性)。在现代生产条件下,随着社会分工和生产专业化水平的提高,产品技术和制造工艺技术趋于标准化,产品质量基本上是稳定的,不同生产者提供的同类型产品的品质和消费效用通常是均质的。而服务业是一个以"人"为中心的行业,服务的品质和服务的效果更多地取决于服务过程中相关"人"的行为、态度和感受,而人又具有个性差异,这就决定了服务的品质和消费效果往往存在着显著的差异。服务生产者在不同时空条件下所提供的同类服务出现不同的质量,使消费者获得不同的效用和满足感。这是因为同一生产者的自身因素(心理状态)不同,而消费者知识水平、兴趣和偏好也会直接影响服务质量。比如同样是听课、看戏,不同人感觉的效果不同。因此,一般认为,服务具有较弱的可贸易性。

(5) 缺乏所有权。既然服务是无形的又不可储存,服务在交易完成后便消失了,在服务的生产和消费过程中,基本不涉及任何东西的所有权的转移,这就是缺乏所有权。

在服务的上述特征中,无形性是其最基本的特征,是服务的核心和本质,其他的特征都是由这一基本特征派生出来的。

(二) 国际服务贸易

1. 国际服务贸易的概念

"服务贸易"一词最早出现在 1972 年 9 月经济合作与发展组织(OECD)发布的《高级专家对贸易和有关问题报告》中。70 年代后期之后,"服务贸易"作为一个通用的贸易专门用语,开始流行。"服务贸易"实际上就是指"国际服务贸易"。国际服务贸易的传统定义是传统服务概念的延伸或改型,是一种从进出口的视角、以进口或出口(即服务的消费)的活动方向为基本框架的定义形式。所谓国际服务贸易就是跨越国界进行服务提供和消费的商业行为。狭义国际服务贸易的定义是:一国(地区)的劳动力向另一国(地区)的消费者(法人或自然人)提供服务,并获得相应的外汇收入的全过程,便形成服务的出口;相对于服务的出口,一国(地区)消费者购买他国(地区)劳动力提供服务的过程,便形成服务的进口。各国服务进出口活动构成国际服务贸易。

蒙特利尔会议(1988)规定:在目的明确、交易不连续和持续时间有限的条件下,生产要素流动才能视为服务贸易。其特征是服务和支付的过境移动性、目的具体性、交易的连续性、时间的有限性等。

乌拉圭回合签订的《服务贸易总协定》(GATS)对国际服务贸易做了较为准确的定义,将服务贸易分为四种模式(表 12-1)。第一种是"跨境交付"(Cross-Border Supply)(服务过境),即从某一成员(缔约方)的境内向任何其他成员境内提供服务;第二种是"境外消费"(Consumption Abroad)(消费者过境),即从某一成员的境内向任何其他成员的服务消费者提供服务;第三种是"商业存在"(Commercial Presence)(机构过境),即某一成员的服务提供者在任何其他成员境内以商业存在(设立商业机构)形式提供服务;第四种是"自然人存在"(Presence of Natural Person)(自然人过境),即某一成员的服务提供者以自然人存在的形式在任何其他成员境内提供服务。

表 12-1 服务贸易的 4 种模式

服务提供者	外国消费者	外国消费者留在境内	外国消费者出境
服务提供者留在境内		模式一:跨境交付	模式二:境外消费
服务提供者到消费者境内	服务据点移动	模式三:商业存在	
	服务人员移动	模式四:自然人存在	

2. 国际服务贸易的特征

与商品贸易相比,国际服务贸易具有如下特点:

(1) 国际服务贸易的标的物一般是无形的。因为贸易的对象——服务产品具有无形的特征,所以国际服务贸易主要表现为无形贸易。当然在物化服务的条件下,服务贸易可以表现为直观的、实实在在的物品。但是,我们很难亲眼看见服务出口或进口,比如一个人到国外讲学、出国演出、提供咨询服务等,如果不做具体调查,很难确切了解服务进出口的实际情况。

(2) 国际服务贸易的生产与消费具有同步性和国际性。服务具有生产和消费的不可分离性,服务产品使用价值的生产、交换和消费往往是同时完成的。在国际市场上服务的提供者和消费者具有不同的国籍,通过商业存在或自然人移动等形式实现了服务的跨国境流动。相比之下,有形商品的生产、交换和消费则可以在时空上发生背离。

(3) 国际服务贸易壁垒更具有隐蔽性和灵活性。首先,国际服务贸易的保护通常采取非关税壁垒的形式,由于贸易对象的特殊性,传统的关税壁垒通常很难起作用,只能转而采取非关税壁垒的保护形式。非关税壁垒的手段是多种多样的,可以针对具体的服务制定规则,如技术标准、资格认证等,因而其更具灵活性。其次,各国对服务贸易的限制通常采用市场准入和国内立法的形式,这种限制措施更有刚性和隐蔽性。关税具有较高的透明度,可以通过贸易双方或多方的谈判达到降低关税的目的,如关税与贸易总协定的多轮贸易谈判使缔约方的关税大幅度降低。而国内立法既不属于数量限制,也较难通过谈判来解决,因为这涉及一国的国内主权。

(4) 国际服务贸易价格不易确定。从消费者的角度来看,他们对服务定价和商品定价的评估不同。由于服务的无形性和异质性,消费者通常对服务持有不准确或有限的参考价格;另外,消费者将服务价格作为反映服务质量的关键信号;对接受服务的消费者来说,货币价格不是唯一的相关价格,他们还要考虑接受服务或等待服务的时间成本,选择和确定所需服务的搜寻成本,以及接受服务的便利成本和精神成本;最后,由于服务的价格名称多样,如酬金、手续费、租金、运费、保险费等,消费者对这些名称的认识不同。

从服务提供者的角度看,虽然在货物商品定价中所采用的策略,如渗透定价、折扣定价、心理定价等也适用于服务定价,但是服务定价需要考虑的因素更复杂。服务提供者不仅要考虑生产和销售成本、顾客需求、竞争对手的价格,还要兼顾社会学、心理学、国家的服务价格政策及各个行业和服务自身的特点等对服务价格的影响,这就决定了服务贸易中的价格确定比货物贸易中的价格确定更复杂。

(5) 国际服务贸易管理具有复杂性。主要表现在以下几个方面:一是服务贸易对象的范围十分广泛,涉及的行业众多,服务产品又以无形产品为主,传统的管理方式和管理手段并不适应。二是国际服务贸易还包括对人员流动的管理。有形商品贸易以商品流动为主,往往不发生人员的流动;而服务贸易的生产者和消费者经常要跨国界流动,这种人员流动的规模、性质和范围与有形贸易完全不同,直接增加了管理的难度。三是国际服务贸易的法律复杂。如技术贸易合同所涉及的法律,除了适用货物买卖法、合同法外，还要受工业产权法、专利法、商标法、反托拉斯法、公平贸易法、高技术出口管制法等法规的约束。国际服务贸易同时受到国内法和国际法的约束，相关法规管理的对象主要是服务提供者，这主要涉及市场准入和管理外国投资等主权问题，可见，国际服务贸易涉及的法律较为复杂。

二、国际服务贸易的分类

由于国际服务贸易的多样性和复杂性，目前尚未形成一个统一的分类标准。WTO则结合服务贸易统计和服务部门开放的要求，提出了以部门为中心的服务贸易分类方法，将服务贸易分为12大类。这里，我们主要介绍国际服务贸易的统计分类。

（一）国际服务贸易的统计分类

国际服务贸易的统计分类是一种操作性的应用分类，其依据是国际货币基金组织（IMF）统一规定和统一使用的各国国际收支账户形式。这种国际收支账户的格式和项目构成为世界绝大多数国家所采用，是记录和衡量一国在一定时期内同世界上其他国家之间经贸往来的规模和结构的一种标准形式。

国际服务贸易统计分类的要点是将国际收支账户中的服务贸易流量划分成两种类型：一类是同国际收支账户中的资本项目相关，即同国际间的资本流动或金融资产流动相关的国际服务贸易流量，称作"要素服务贸易"（Trade in Factor Services）流量。另一类则是只同国际收支账户中的经常项目相关，而同国际间资本流动或金融资产流动无直接关联的国际服务贸易流量，称作"非要素服务贸易"（Trade in Non-factor Services）流量。详见表12-2。

表 12-2　国际服务贸易分类

国际服务贸易	
要素服务贸易	非要素服务贸易
股息（包括利润） 利息 国外再投资的收益 其他资本净收益	运输 旅游（旅馆和餐厅） 金融服务 保险服务 专业服务（咨询、管理、技术服务） 特许使用项目（许可证等）其他私人服务

1. 要素服务贸易

要素服务贸易是指资本收益流量的国际转移，在现实国际经济体系中，资本流动或金融资产国际流动的主要表现方式是国际投资和国际信贷。

国际投资分为国际直接投资和国际间接投资。国际直接投资是指以获取资产的直接管理控制权为主要目的的国际投资，严格地说，直接投资的收益流量并非单纯的资本要素收益，实际上对外直接投资是经营管理技能与金融资产跨国转移相结合的国际投资方式,因此,国际直接投资的收益流量包含两种成分,即资本要素的报酬流量——利息或股息和经营管理要素的报酬流量——利润。国际间接投资也称为国际证券(股票或债券)投资,是指在国际证券市场上购买外国企业发行的股票或债券,或购买外国政府发行的政府债券。国际间接投资主要不是为了获取对海外资产的直接管理控制权,而是为了获得金融资产的利息或股息收益以及买卖差价。国际信贷包括三种基本形式:一是民间国际信贷,包括商业信贷和银行信贷两种形式。商业信贷是指企业间的国际信贷往来,主要形式有出口信贷、租赁信贷和补偿贸易信贷等。银行信贷是指商业银行的国际贷款,主要有单一银行贷款和银团贷款两种形式。单一银行贷款和一般国内贷款的形式差别不大,银团贷款则是由一家银行牵头,将若干家银行联合起来向外国政府、企业、银行或大型建设项目等提供大额外汇贷款。银团贷款是国际金融市场上中长期贷款的主要形式,它一方面可以满足大额贷款需求,另一方面可以分散风险,如信贷风险、汇率风险等。二是国际金融机构信贷,包括全球性的和区域性的国际金融机构贷款,前者如世界银行、世界货币基金组织向会员国提供的信贷,后者如亚洲开发银行、拉丁美洲开发银行等向相关国家和地区提供的信贷。三是政府间贷款,一般由贷款国政府或政府机构,如美国国际开发署、日本海外经济协力基金组织以及一些国家的进出口银行等,以优惠利率向外国政府提供贷款。

在国际服务贸易统计分类的标准下,上述一切与国际收支的资产项目直接相关的金融资产收益流量,无论是利息、股息还是利润,均作为了要素服务贸易的收益流量反映在国际收支经常项目的国际服务项目下。

2. 非要素服务贸易

非要素服务贸易流量是与国际收支账户中的经常项目有关,同国际间资本流动、金融资产流动无直接关联的国际服务贸易流量。非要素服务贸易比较繁杂,采取剩余法(排除法)统计,即非要素服务贸易是指除要素服务贸易以外的其他一切类型的服务贸易。

由于在国际收支账户中,要素服务贸易流量和非要素服务贸易流量统一计在经常项目的服务贸易项目下,因此,从统计的角度看,非要素服务贸易流量和要素服务贸易流量的关系可表示为:

非要素服务贸易流量＝国际服务贸易流量－要素服务贸易流量
　　　　　　　　　＝(经常项目流量－货物贸易流量－单方转移支付)
　　　　　　　　　－要素服务贸易流量

(二) 对国际服务贸易统计分类的评价

1. 国际服务贸易统计分类的优点

第一,统计的全面性。按照有形与无形标准划分国际服务贸易,原则上所有的国际服务贸易最终要么归类于要素服务贸易,要么归类于非要素服务贸易。

第二,资本收益流量统计简单、准确。将国际资本流动所形成的各种收益流量计入经常项目中的服务贸易项目,一方面可以简化国际收支账户中的资本流动项目的统计,另一方面也使得投资收益统计不受国际投资流量和国际信贷流量的各种形式的干扰,成为相对独立的价值统计流量。

第三,要素与非要素服务贸易的划分是一种对未来开放的分类,即只要对国际间流动的"要素"定义明确,那么未来新出现的国际服务贸易类型要么属于要素价值的增值而被划归于要素服务贸易的名目下,要么因其与要素国际间流动无关而被划归于非要素服务贸易的名目下。因此,基于操作性统计分类的国际服务贸易概念在外延上具有灵活性和弹性。而且,这种操作性统计协调了发达国家和发展中国家的意见,有利于达成国际规则。

2. 国际服务贸易统计分类的缺点

第一,国际服务贸易统计分类法不符合经济学观念。经济要素有土地、劳动、资本、技术、企业家才能等,操作性统计分为"要素"和"非要素",而且只把资本作为要素,将土地和劳动作为"非要素"。典型的劳动要素跨国服务包括国际工程和建筑承包、劳务输入、航运维修服务等,劳动者向外输出劳动而取得相应的劳动报酬,按照经济学的逻辑应计入要素服务贸易;至于土地要素,由于缺乏国际流动性,一直游离于国际服务贸易的范围之外,但是随着世界经济一体化、全球化的加深,土地要素的流动性逐渐增强,土地的国际租赁、保税区、开发区等形成的土地报酬流量,在经济学逻辑上也必须划入"要素服务贸易"范畴。

第二,统计分类混淆了服务产品进出口贸易与服务业跨国投资、要素跨国流动的界线。服务的生产与消费同时进行,难以分清贸易与投资。

服务贸易操作性统计分类的理论逻辑不充分,具体项目笼统复杂,人为划分,因此,在国际多边贸易谈判中,持不同政策立场的各国都能从中找出对己有利的方面。就发达国家和发展中国家的立场差异而言,不同的观点主要表现为两个问题:第一,"要素服务"的重心是"资本服务"还是"劳动服务"?发达国家认为,既然要素服务的收益流量计入服务贸易,同这些收益相关的"国际投资"的各个方面也必须包含到服务贸易中,成为谈判的议题。发展中国家则认为,就"要素服务"而言,劳动力的跨国流动是最基本的要素流动,服务贸易谈判应把这方面的内容作为重点。显然,双方的不同立场是由于发达国家通常是资本输出国,发展中国家通常是劳动力输出国而造成的。第二,贸易与投资是否应当结为一体?当今的国际服务贸易很大部分是通过设在国外的子公司或(和)分公司进行的,所以,发达国家认为,服务贸易谈判不仅要覆盖服务的跨国界贸易,还应包括为贸易而进行的投资。但对发展中国家来说,发达国家的提议无疑是以服务业的自身优势,以"服务"投资于东道国市场,取得与东道国企业平等的"国民待遇",利用东道国的信息服务为其跨国公司在服务业领域的发展打开方便之门,这是发展中国家难以接受的。因此,发展中国家坚持要求谈判只限于服务的跨国界贸易。总之,服务贸易的统计分类实际上为不同国家提供了一个操作上的模糊区间,各国都在服务贸易的多边谈判中充分利用这种模糊讨价还价,最大限度地追求自身利益。

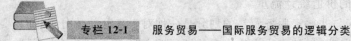

专栏 12-1　　服务贸易——国际服务贸易的逻辑分类

国际服务贸易的逻辑分类是一种理论分类,它的出发点是国内经济中的商品与服务"两分法",以及在"两分法"基础上的产业和服务业的亚产业分类。毫无疑问,国际贸易只存在于开放经济条件下,如果依然关注产品与要素的逻辑区别,关注产品与产业的逻辑区别,那么,国际贸易的概念在经济学逻辑上是完全狭义的。按照不同标准,国际服务贸易的理论分类可有多种方法,而目前最流行的分类则是以服务贸易同货物的国际转移(由商品贸易或国际投资引起)的关联程度为标准。

(1) 国际核心服务贸易

国际核心服务贸易同货物的国际投资和国际贸易无直接关联。在国际服务贸易市场上,这类服务本身是市场需求和市场供给的核心对象。

国际核心服务贸易按供给者与需求者的接触形式不同分为两种——"远距离型"和"面对面型"。"远距离型"核心服务是指无须提供者和需求者的实际接触而跨国界交易的服务。由于这种服务可以像有形商品那样进行交易而无须人员的移动,因而被视作比较纯粹的国际服务贸易。"远距离型"核心服务得以传递,需通过一定的媒介体:国际通讯、Internet 等电讯技术。"面对面型"核心服务则需要供给者与需求者的实际接触。这种实际接触方式,可以是供给者流向需求者,或者是需求者流向供给者,也可以是两者之间的双向流动。但无论是哪一种实际接触方式,通常都伴随着人员或生产要素的跨国界流动。

以服务的国内分类为依据,国际核心服务贸易可以划分为生产者服务贸易和消费者服务贸易,其中前者构成国际核心服务贸易的主体。

消费者服务进入国际贸易领域,在逻辑上是由于国内消费者服务业供给(生产)能力的增长和国外对该国消费者服务需求的扩大,在实践上则是由于随着科技的发展、社会的进步,世界各国人民的交往日益频繁。各国人民对于外国消费者服务的需求,一方面取决于自己的收入水平;另一方面取决于服务的相对价格。

在科技革命的推动下,富有人力资本、知识资本和技术资本的国家,把经济信息、生产知识、技术诀窍和科学管理作为同他国进行交易的服务项目,涉及市场、交通、能源、金融、投资、通讯、建筑、矿业、农业、经营等同生产有关的一切领域,使得生产者服务成为国际核心服务贸易的主体。生产者服务业是作为其他商品和服务进一步生产的中间投入,是人力资本、知识资本和技术资本进入生产过程的桥梁。生产者服务贸易的扩大必然会全面提高世界各国的总生产力。生产者服务贸易形式主要有金融服务贸易、企业管理知识与技能服务贸易、国际咨询、国际技术贸易和国际人才交流与培训等。

(2) 国际追加服务贸易

国际追加服务贸易同货物的国际贸易和国际投资有着密不可分的联系。国际追加服务贸易实际上是分配服务的国际化延伸,它本身并不向消费者提供直接的、独立的服务效用,而是作为货物核心效用的派生效用。所以,国际追加服务贸易市场的需求和供给都是属于派生的需求和供给。然而,在现代科技革命的推动下,这种追加服务却往往在很大程度上左右着消费者对所需核心效用的选择。这是因为,在当代以不完全竞争为主的国际市场上,基于差别产品的非价格竞争已经取代了传统的价格竞争而上升到首要地位。与此相适应,强调过程管理,技术服务投入,增加软件比重,借以改善生产函数的动态比较利益说,也开始在理论上补充过去那种基于自然禀赋不同的静态比较利益说而受到人们的重视。今天,各国企业都大力发展这类服务尤其是知识密集型追加服务,这类服务正被广泛地应用于商品生产的各个阶段。在上游阶段,要求有先行追加服务投入,包括可行性研究、风险资本筹集、市场调研、产品构思和设计等项服务。在中游阶段,一方面要求有与有形商品融为一体的追加服务,包括质量控制与检验、设备租赁、后期供给以及设备保养和维修等;另一方面又要求与有形商品生产平行的追加服务投入,包括财务会计、人员聘用和培训、情报和图书资料等软件的收集整理和应用、不动产管理、法律、保险、通讯、卫生安全保障以及职工后勤供应等项内容。在下游阶段,要求的追加服务项目包括广告、运输、商品使用指导、退货索赔保证以及供应替换零件等一系列售后服务。上述追加服务,有些属于"锁住型"追加服务,即这类追加服务很难从某一特定生产阶段脱离,只能与一定比例生产要素相结合,从而完全附着于商品价值体而并不形成一种独立的市场交易对象。另外一些则属于"自由型"追加服务,即这类追加服务虽与商品贸易有关,但可以外在化而成为独立的市场交易对象。以上三个阶段的"锁住型"和"自由型"的各项追加服务,通常都是互相依存而组合成为一个一体化过程的服务网络。各个厂商所提供的这些同类异质的追加服务及其组合网络,正是形成其产品差异和增值的主要源泉,也是厂商之间开展非价格竞争的一个决定性因素。

从国际商品贸易涉及的跨国货物流动看,最主要的国际追加服务项目仍是运输业(海运、空运、陆运)。随着国际贸易、运输方式的发展,国际货运代理已渗透到国际贸易的每一领域,成为国际贸易中不可或缺的重要组成部分。国际货运代理的基本特点是受委托人的委托或授权,代办各种国际贸易、运输所需服务的业务,并收取一定报酬,或作为独立的经营人完成并组织货运、保管等业务,因而被认为是国际运输的组织者、设计者和国际贸易的桥梁。此外,作为国际运输服务体系的基本要素,原属于生产者服务的保险服务、银行服务及信息服务也日益渗入国际商品贸易,成为国际追加服务的一个组成部分。

上述国际核心服务和国际追加服务中没有提到政府服务,这主要是因为政府服务越过国界而形成贸易的范围和流量是有限的,这里就略而不计了。

对服务贸易逻辑分类的评价

服务贸易逻辑分类的优点主要有以下几个方面:

第一,明确区分了服务贸易、服务业投资及一般投资收益往来的概念差别。逻辑分类的思想是,服务贸易同商品贸易一样,是各国服务业产品的国际交换,"服务"在一国出口中所占比例的大小,取决于该国国内产业结构和服务业产出的国际竞争比较优势。服务业的海外投资则是一国服务业跨出国门,是产业的国际延伸,而非产品的国际交换,所以,逻辑分类对服务贸易和服务业投资的区分是明晰的。认识到服务贸易与服务业投资的概念区别,一般海外投资收益(报酬)的国际流动同服务贸易及服务业投资的区别就显而易见了。因此,逻辑分类的理论观点是符合经济学思想的。

第二,以一个封闭经济体系的产业结构模型作为国际服务贸易产品分类的逻辑起点,符合国际经济学理论分析的一般原则,因此比操作性统计分类要深刻得多。

第三,尽管具体的国际服务贸易进出口流量总是表现出综合流量的特点,即几乎不存在某种单一属性的服务贸易流量的进口和出口,但服务贸易的逻辑分类把这些流量的源头归结到国内服务业的部门分类上,因此,国际服务流量同国内服务流量在逻辑上能够协调一致,即国际分类同国内分类相协调。

第四,这种逻辑分类否定了那种认为服务贸易完全由商品贸易派生出来、服务贸易规模取决于商品贸易规模的观点。因为,这种分类方法将服务贸易分成核心服务贸易和追加服务贸易两种,只有后者才同商品贸易规模成正比,前者同商品贸易无关。而且,历史地看,随着科学技术的发展,前者将日益成为服务贸易的主体。

然而,与操作性统计分类相比,逻辑分类的实际应用性较差。大多数有关服务贸易的研究和讨论,都不以理论性逻辑分类的概念和定义作为实际分析的工具。造成这一情况的原因很多,其中最主要的是:首先,作为逻辑分类的出发点,学术界对于一个封闭经济体系中的"服务"在理论上尚未真正达成统一认识,关于服务的价值与价格问题的争论远未结束,因此与商品不同,服务作为服务业的产品,其供给和需求的规模并没有十分完备的理论诠释。其次,逻辑分类虽然使服务贸易的理论含义分明了,即严格区分了服务贸易、国际投资和国际要素流动收益等概念,但单纯贸易性质的服务贸易的范围变得十分狭窄,因而使其在国际经贸关系中的实际作用降低。另外,这种分类的服务贸易不能如实反映当代国际经贸关系的综合性特点,即随着国际生产关系的发展变化和科技革命的推动,资本流动和国际贸易的联系日益密切、水乳交融,一定要从逻辑上将贸易与投资加以区分,原本在商品贸易中就已十分困难,更何况服务贸易的交易对象是消费与生产同时性的服务,所以,在服务贸易发展的现阶段,将服务业跨国投资与服务贸易严格划分的实际意义非常有限。

资料来源:商务部服务贸易和商贸服务业司。

三、国际服务贸易的统计

随着国际服务贸易的迅猛发展,各国政府越来越重视服务贸易的统计问题。但由于服务贸易因自身所具有的特点而不同于货物贸易,各国服务贸易发展水平和统计状况的不同,及长期缺乏统一的国际服务贸易概念和统计标准,服务贸易统计远远落后于服务贸易的发展。

(一)《国际服务贸易统计手册》

2000年以来,服务贸易的迅猛发展使仅限于居民与非居民间的传统服务贸易统计已经远远落后于服务贸易发展的经济现实。因此,各国政府、企业和分析家日益要求对国际服务贸易进行更相关、更详细和更具国际可比性的统计。由联合国、欧盟、国际货币基金组织、经济合作与发展组织、联合国贸易和发展会议、世界贸易组织六个国际组织于2002年编写的《国际服务贸易统计手册》(Manual on Statistics of International Trade in Services, MSITS),标志着国际公认的国际服务贸易统计基本框架的形成。该手册于2010年进行了修订,《2010年国际服务贸易统计手册》是由联合国、国际货币基金组织、经济合作与发展组织、世界贸易组织、联合国贸易与发展会议、欧洲联盟统计局、世界旅游组织七个组织联合编制并于2011年7月发布的。

《2010年国际服务贸易统计手册》共有4章及7个附件。关于国际服务贸易统计,《2010年手册》建议如下:

(1) 根据国际公认标准编制国际服务贸易统计。应采用这些标准、原则和方针,以确保国际可比性和一致性。

(2) 应遵循《国际收支与国际投资头寸手册》(即《国际收支手册》第六版)关于记录原则的建议(常住地、估价、记录时间、记账单位和货币兑换)。

《2010年国际服务贸易统计手册》是服务贸易统计的指导性手册,国际机构和各国均以此为基准,开展或加强服务贸易统计数据的采集与发布等服务贸易统计工作。美国、欧盟等发达国家或地区已较为成功地开展了服务贸易统计。目前已经有140多个国家或地区定期向国际组织报告国际收支项下服务贸易统计数据,部分国家或地区还开展了外国附属机构服务贸易统计。为建立更加符合国际规范和我国实际情况的服务贸易统计体系,指导各地商务主管部门更为有效地开展服务贸易统计工作,我国遵循《国际服务贸易统计手册》和《服务贸易总协定》的有关标准,规定中国的服务贸易统计主要包括服务进出口统计、外国附属机构服务贸易统计和自然人移动统计三个方面。

(二) 国际收支统计体系中的服务贸易统计

这是传统的国际服务贸易统计,即 BOP 统计。编制和提供国际收支平衡表是国际货币基金组织成员国的一项义务,也是成员国参与国际经济组织活动的一项重要内容。国际货币基金组织于1948年首次颁布了《国际收支手册》(Balance of Payments Manual,BPM),以后又先后于1950年、1961年、1977年和1993年修订了该手册,不断补充了新的内容。基金组织各成员国大多按《国际收支手册》(第五版)的分类与要求修改和充实本国的国际收支统计体系。2008年12月,IMF 发布了第六版的《国际收支手册》,手册名称首次修改为《国际收支和国际投资头寸手册》。

国际收支统计定义的服务贸易是指居民与非居民之间的跨境交易,包括运输、旅游、通信服务、建筑服务、保险服务、金融服务、计算机和信息服务、专利使用费和特许费、其他商业服务以及个人、文化和娱乐服务等12大类服务贸易,重视服务贸易交易完成后的资金流,即国际收支。

(三) 附属机构服务贸易(FATS: Foreign Affiliates Trade in Sernces)

根据世界贸易组织的分类,国际服务贸易通常包括跨境交付、境外消费、商业存在以及自然人移动四种模式下所提供的服务。由于附属机构服务贸易(FATS)与 GATS 模式三中的"商业存在"密切相关,对附属机构服务贸易(FATS)的统计也日益受到世界各国的重视。

FAT 统计反映了外国附属机构在东道国发生的全部商品和服务交易情况,包括与投资母国之间的交易,与所有东道国其他居民之间的交易,以及与其他第三国之间的交易,核心是其中的非跨境商品和服务交易。对任何一国来说,直接投资都是双向的,既有外国在本国的直接投资,也有本国在外国的直接投资。这种投资的双向流动反映在统计上,就形成了 FAT 的内向统计和外向统计。内向 FAT 统计记录外国附属机构在本国的交易情况。外向 FAT 统计则记录本国在国外投资形成的附属机构在投资东道国的交易情况。

随着我国服务贸易迅速发展以及服务业国际投资规模的扩大,进行全面系统的服务贸易统计显得尤为必要。在很长的时期内,我国服务贸易统计只局限于国际收支(BOP)项下的服务进出口项目,无法提供与 GATS 对接的国际服务贸易统计数据。为建立符合国际规范的服务贸易统计体系,科学、有效地开展服务贸易统计监测工作,2007 年商务部与国家统计局联合发布了第一版《国际服务贸易统计制度》,开始着手建立包含服务进出口(BOP)以及附属机构服务贸易(FATS)数据的服务贸易统计制度。根据该制度,外国附属机构服务贸易的统计包括内向附属机构服务贸易和外向附属机构服务贸易,其中内向附属机构服务贸易指外国或地区的企业通过直接投资方式控制(直接投资者拥有 50% 以上的股权)的中国关境内企业在中国关境内实现的服务销售;外向附属机构服务贸易指中国关境内的企业通过直接投资方式控制(直接投资者拥有 50% 以上的股权)另一国或地区企业而在该国或地区关境内实现的服务销售。企业行业分类主要依据《国民经济行业分类》,接受调查的企业需填报销售收入总额、服务销售收入、从业人数、利润总额等指标,外向附属机构服务贸易的调查还需填报投资目的国所在地。2010 年和 2012 年,商务部和国家统计局两次联合修订《国际服务贸易统计制度》,使得统计内容更加全面,数据收集方法更加可靠可行。

第二节　国际服务贸易的产生及发展

随着国际服务贸易的发展,国际服务产品市场日益完善,不断呈现出新的特征,对国际服务贸易中的国际分工格局以及贸易参加国政府的经济政策等产生重要影响。

一、国际服务贸易的发展历程

依据第二次世界大战后国际服务贸易发展过程的不同特征,可将国际服务贸易分为三个阶段。

(1) 服务贸易处于货物贸易附属地位阶段(1970 年以前)。这一时期,世界各国还未意识到服务贸易作为一个独立的实体存在,在实际经贸活动中,服务贸易基本上是以货物贸易附属的形式进行的,如仓储、运输、保险等服务。因此,当时尽管事实上存在着服务贸易,但独立于人们的意识之外,所以对服务贸易缺乏具体的数量统计。

(2) 服务贸易快速增长阶段(1970—1994)。服务贸易从货物贸易附属地位逐渐开始独立出来,并得到快速发展,对服务贸易的确认始于 20 世纪 70 年代,1972 年 10 月,经合组织(OECD)最先在一份报告中正式使用服务贸易这一概念。服务贸易在这一阶段随着人们重视程度的提高而快速发展。根据 IMF 统计,1970 到 1980 年,国际服务贸易年均增长率为17.8%,与同期货物贸易的增长速度大体持平。服务贸易在80年代后,一度超过货物贸易的增长速度。

(3) 服务贸易向自由化方向发展阶段(1995年以来)。1995年1月1日世界贸易组织成立后,继续开展了在乌拉圭回合谈判中没有完成的工作,先后在金融服务贸易、信息科技类贸易及电信基础类贸易的谈判方面取得了一些突破。2001年11月,以深入推进国际贸易自由化为目标,WTO成员方在卡塔尔多哈举办了新一轮谈判——多哈回合谈判,谈判的三大主要议题之一是在国际服务贸易领域实现自由化目标。2012年,为了克服多边贸易体制在推动服务贸易自由化方面的局限,美国及澳大利亚倡导并发起了小范围的服务贸易谈判,即国际服务贸易协议(TISA)谈判,目前参与谈判的成员已经发展到23个,其服务贸易额在全球服务贸易总额中占比达到了70%。可见,推进服务贸易自由化的努力一直没有中断。在全球倡导服务贸易自由化的背景下,国际服务贸易保持迅猛发展。

二、世界服务贸易发展的特征

随着全球经济一体化和产业国际化转移,服务业日益成为各国特别是发达国家的经济支柱,引起了国际服务贸易的迅速发展。

(一) 国际服务贸易与货物贸易同步变化

近年来国际服务贸易呈现出较快的增长速度,据联合国及WTO有关数据显示,世界服务贸易进出口总额由2000年的29 550亿美元增加到2013年的90 258亿美元;出口额从14 913亿美元增加到43 814亿美元,进口额从14 637亿美元增加到43 814亿美元。

表12-3 世界服务与货物贸易的增长率

年份	2001	2002	2003	2004	2005	2006	2007	2008	2009	2010	2011	2012	2013	2014
货物出口增长率(%)	-3.9	4.54	15.5	21	13	16	15	15	-22	22	19.6	-0.5	1.6	0.6
服务出口增长率(%)	0.1	6.47	11.7	18	10	12	18	12	-11	10.3	11.5	4.6	6.3	4.2

数据来源:WTO数据库。

表12-3显示,世界服务贸易出口和世界货物贸易出口的增长率总体走势基本一致。部分年份服务贸易增速高于货物出口增速。受世界经济危机的影响,2009年服务贸易进出口总额出现了降幅,但2010年就出现强劲复苏。除此之外,其余各年服务贸易进出口额均增长迅速。随着经济全球化的深入和产业结构的升级,世界服务贸易会在相当长的时期内保持快速增长,服务贸易已经是世界经济的新增长点。

国际服务贸易已占了世界贸易总额的20%(如图12-1所示),若再加上物化服务

（软件、音像制品等）则要占 1/3 以上。美国、英国及欧洲等发达国家国际服务贸易在世界服务贸易中占据主导地位。在 1990 年至 2014 年的 25 年里，国际服务贸易增速发生了三大变化：一是国际贸易的出口增速超过全球 GDP 增速；二是服务贸易出口增速超过货物贸易出口增速；三是近 10 年来，转型经济国家、发展中国家服务贸易出口增速超过发达国家，其中，转型经济国家出口增速最快。国际服务贸易快速发展，使全球服务贸易规模达到了一个新的高度，2005 年至 2015 年，全球服务贸易规模增长了 2 倍多，2015 年贸易额接近 5 万亿美元。2015 年，虽然全球贸易增速低于经济增速，且出现 11.63% 的负增长，但服务贸易增速下滑速度仍低于货物贸易，表明其具有一定的抗危机能力。

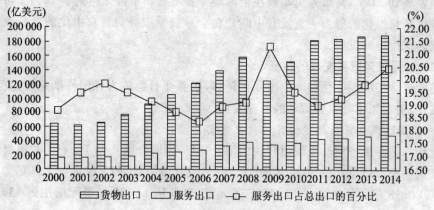

图 12-1　2000—2014 年间全球服务出口占总出口的百分比

数据来源：WTO 官网。

（二）各个经济体服务贸易发展不平衡

从国家来看，由于世界各国经济和服务业发展严重不平衡，各国对外服务贸易水平及在国际服务市场上的竞争力悬殊，与国际货物贸易相比，各国服务贸易发展的不对称性更加突出，发达国家在国际服务贸易中占主导地位，从 1980 年起，美国就雄踞世界服务贸易出口的第一位。1991 年美国服务贸易出口额高达 1 625.90 千万美元，而当时所有的发展中国家服务贸易出口总额才达到 1 626.17 千万美元，美国一个国家的出口额就可以抵得上所有的发展中国家的总和。法、德、英、日等国家长期位居前列。位于出口贸易前 15 名的国家中，欧洲国家约占三分之二。但是，从近几年的情况来看，发生了一些新的变化，服务贸易大国出口额占世界总出口额的比重不断降低。1980 年发达国家占世界服务贸易出口额的比重为 79.20%，1985 年下降到了 78.60%，2001 年为 74.60%，2006 年为 72.10%，呈现下降趋势。1980 年，世界前 15 位国家的出口额占世界总额的 70.80%，2014 年降到了 63.50%。印度、中国、西班牙等发展中国家在服务贸易方面取得了快速发展的成绩（表12-4）。发展中国家在全球服务贸易出口中的占比突破了30％，而且在旅游、建筑、运输服务、其他商业服务、计算机与信息服务五大产业出口中占比接近或超过40％。特别是中国、印度和西班牙已经跻身于全球十大服务贸易出口国之列。其中中国已经成为全球第二大服务贸易国。发展中国家对全球服务贸易增长的贡献度增大。根据WTO的数据，2015年发展中国家的服务贸易额在全球占比达到了36％。

以上分析表明，服务贸易有向发展中国家转移的趋势，中国必须抓住机遇大力发展服务业及服务贸易。

表12-4　世界服务贸易出口额前十位国家排名

排名	1980	1985	1991	1996	2001	2006	2010	2014
1	美国	美国	美国	美国	美国	美国	美国	美国
2	法国	法国	法国	英国	英国	英国	德国	英国
3	英国	英国	德国	德国	德国	德国	英国	德国
4	德国	德国	英国	法国	法国	法国	中国	法国
5	日本	日本	意大利	日本	日本	日本	法国	中国
6	意大利	意大利	日本	意大利	意大利	西班牙	日本	日本
7	荷兰	荷兰	荷兰	荷兰	西班牙	意大利	西班牙	荷兰
8	卢森堡	西班牙	卢森堡	西班牙	荷兰	中国	新加坡	印度
9	西班牙	卢森堡	西班牙	卢森堡	卢森堡	荷兰	荷兰	西班牙
10	奥地利	加拿大	奥地利	奥地利	香港	印度	印度	爱尔兰

资料来源：中国数据来源于中国商务部，其他数据来源于WTO秘书处。

（三）服务贸易结构优化

1. 世界服务贸易结构发生了很大变化

2005年至2015年，国际服务贸易出口结构变化明显。服务贸易四大类统计中，运输、旅游两项传统服务的出口比重下降，由2000年的占比超过一半下降到2015年的43.7％，而以通信、计算机和信息服务、金融、保险、专有权利使用和特许为代表的其他服务类型的新兴服务贸易占比从2005年的48.975％逐步增长到2015年的53.19％。其中，其他商业服务、计算机与信息服务的占比明显提高。新兴服务增速较快，已经成为国际服务贸易新的增长点。

"二战"前，全球服务贸易的发展十分落后，其内容主要集中在劳工（劳务）的输出，而运输、旅游等传统服务方式的发展也很缓慢，所占比重极小。科学技术的发展和应用,改变了传统的服务提供方式,改变了国际服务贸易的方式、内容和构成,在一定程度上增加了服务的可贸易性。这引起了第三产业内部结构的深刻变化,而由此带来的服务贸易也开始蓬勃发展,产品趋向于多样化,同时扩大了服务的领域。现代的电信和传递技术,使时间和空间概念在经济生活中逐渐失去了它们本来的制约性,导致服务的不可储存性和运输的传统特性都发生了改变。从而,许多生产和消费原来需要同步进行的服务,现在可以实现生产与消费的分离。银行、保险、医疗、咨询和教育等原来需要供需双方直接接触的服务,现在可以采用远程信息传递的方式。通讯革命大大提高了服务的可贸易性,加速了生产专业化发展的进程。从而,服务贸易的主要内容从运输、工程建筑等传统领域转向知识、技术和数据处理等新兴领域。

2. 高附加值服务贸易比重不断扩大

国际服务贸易的发展以高新技术为核心、以技术进步为基础。进入20世纪70年代后,随着以微电子、信息等为代表的新技术革命蓬勃兴起,第三产业的技术和知识投入大大增加,尤其是以电子技术为基础的信息服务业迅速崛起。

高新技术的发展和应用,促进了世界经济发展中以服务生产为核心的新的国际分工格局。现代科技的发展使得物质生产和服务生产中的知识、信息投入比重不断提高,从而推动了服务贸易结构的变化。以劳动密集为特征的传统服务贸易地位逐渐下降,而以资本密集、技术密集和知识密集为特征的新兴服务贸易逐渐发展壮大。在产品结构方面,发展中国家出口的服务产品主要是劳动密集型的,如劳务输出等;而发达国家和新兴工业化国家与地区出口的则主要是知识、技术和资本密集型的服务产品,如专业咨询、计算机软件设计等。

(四)服务外包增长迅猛

国际服务外包又称离岸服务外包,是指跨国公司将本来自身执行的非核心服务生产职能,通过建立可控制的离岸中心或国外分公司,包给境外第三方服务供应商去完成。

表 12-5　2006—2013 年全球服务外包出口额及占全球服务出口额的比重

项目	2006	2007	2008	2009	2010	2011	2012	2013
出口额(亿美元)	2 756	3 260	3 296	3 455	3 804	4 273	4 846	5 340
增长率(%)	—	18.2	1.1	4.8	10.1	12.3	13.4	10.2
占比(%)	10	10.1	8.9	9.1	9.7	9.9	10.9	11

资料来源:根据中国服务贸易网统计数据整理所得。

如表 12-5 所示,服务外包发展迅猛。除 2008 年因为经济危机短暂回落外,其他年份的增长率均超过了 10%。服务外包占全球服务出口额的比重也逐年上升。

从全球服务外包发展环境看,特朗普政府的货币政策与贸易保护主义政策、欧洲国家脱欧浪潮席卷欧洲、新兴市场劳动力成本持续上升、外包服务回流、区域地缘政治不稳等因素对全球服务外包增长影响加大。但经济全球化的客观规律没变,国际服务分工网络体系的迅猛发展使服务渗透到生产的每一个环节,全球生产要素流动日益自由,统一的全球化市场、跨境产业链的组合、价值链和供应链的加速整合,随着物联网的高速发展,服务外包已经成为全球价值链的核心环节和关键节点,对市场资源的优化配置有更深远的意义。与此同时,互联网让服务外包共享经济、网络协作成为可能,通过线上线下融合、大数据与平台化,打破地域、资源与成本的限制。众包模式为服务提供方与需求方的对接提供了新的渠道,不仅提高资源整合效率,形成新的平台数据价值,更重要的是为服务外包促进大众创业、万众创新提供了重要载体。据独立咨询机构Forrester预测,2017年人工智能应用于金融和运输、制造等非金融领域,促使服务外包更具技术密集型产业特性,推动服务外包产业再上新台阶。

(五)服务贸易自由化与贸易壁垒并存

1. 国际服务贸易壁垒的种类及原因

由于服务贸易的特性,服务贸易壁垒具有隐蔽性和非数量性等特征,国际服务贸易壁垒分为五大类:外资所有权和其他市场准入限制、人员流动限制、其他歧视性措施和国际标准、竞争和国有化要求、监管透明和管理要求。服务业行业特点不同,各国限制服务贸易的手段和重点也不同。

服务贸易保护政策的存在部分是出于经济上的考虑,这和商品贸易保护的动机是相同的。只不过由于许多服务部门在经济中具有十分重要的地位,因而各国政府对服务业有着更强烈的保护愿望。像交通运输业、通信、电力、金融等服务行业部属于一国经济的关键部门,控制了这些部门,实际上就等于控制了这个国家的国民经济。倘若出现此种局面,本国经济的独立性就会丧失,这自然是各国政府所不愿看到的。在这里,我们遇到的仍是同商品的国际贸易同样的问题,即专业化的利益和经济独立性问题。专业化和分工固然可以给各国带来一定的利益,但在一国经济中,这些关键部门如果不能自立,一国经济的独立性就会受到极大的威胁。而一国经济如果为外国所控制,则其经济结构的设置将完全取决于外国经济的需要,这就会导致所谓"依附经济"的产生。在这种情况下,一国的经济及对外贸易的发展对其本国人民来说实际利益是十分有限甚至是有害的,从而出现所谓的"贫困化的经济增长"或"没有经济发展的经济增长"。

导致服务贸易保护主义的另一个主要原因是政治上、文化上的考虑。这是服务贸易保护主义不同于商品贸易保护主义的一个很重要的地方。有一些服务部门,如教育、新闻、娱乐、影视、音像制品等,虽然并非国民经济命脉,但属于意识形态领域。任何国家的政府都希望保持本国在政治、文化上的独立性,反对外国文化的大量进入,这些部门也不希望被外国控制。

2. 国际服务贸易全球化趋势

随着服务贸易的快速发展和服务贸易在世界各国经济中的重要性日益提高,世界服务贸易市场的竞争不断加剧,客观上促使各国高度关注服务贸易自由化问题。特别是发达国家以其在服务贸易方面的比较优势,通过 WTO 和区域一体化组织积极推动服务贸易实现全球化、自由化。与降低关税、取消非关税壁垒实现货物贸易自由化不同,由于服务贸易的无形性,无法通过关境交易,一国国内规制或者说服务贸易的政府监管成为影响国际服务贸易自由化的重要因素。同时,随着信息技术发展和全球经济一体化深化引发的规制缺位、规制壁垒也对现行国内规制提出了新的挑战,并对开展全球性的规制协调和规制合作提出了新的要求。

对于服务贸易的自由化,国际上基本上有两种态度:一种是无条件的服务贸易自由化,亦即对所有的外国服务及服务提供者开放本国服务市场;另一种服务贸易自由化则是采取所谓对等原则,亦即根据每个国家给予本国服务及服务提供者的待遇来决定本国给予该国服务和服务提供者的待遇。若某个国家对本国的服务及服务提供者采取自由开放的态度,则本国亦对该国的服务及服务提供者开放服务市场。反之,若某个国家对本国服务及服务提供者实行限制政策,则本国亦限制该国服务及服务提供者的进入。很显然,对等原则实际上是从无条件的最惠国待遇原则方面的退步。但在许多国家(特别是发达国家),无条件的自由化原则逐渐被对等原则所代替。例如美国的公平贸易就是典型代表。

三、当代国际服务贸易迅速发展的原因

各国产业高级化的内在要求是推动国际服务贸易快速发展的主要动力。服务贸易的发展反映了世界上绝大多数国家的就业人口从第一、第二产业部门转向第三产业部门的趋势,服务业在各部门就业比重和产值比重均呈上升趋势。现在,在发达国家的产业结构中,服务业产值已占 60% 以上,发展中国家也占 30% 以上,服务业对国民经济的贡献大大提高,而且服务产业的质量也越来越高。究其原因,主要有如下几个方面。

(一) 世界产业结构升级的驱动

按照发展经济学的经济增长阶段论,随着国家经济的增长,该国的产业结构将依次提升,逐步由农业经济过渡到工业经济,再由工业经济发展到服务经济。20 世纪 60 年代初,主要西方国家都已完成了本国的工业化进程,开始步入后工业化的发展阶段,即国内经济重心向服务业偏移。由各国经济增长所带动的产业升级使得世界产业结构发生大规模的调整。在这一过程中又形成了新的世界经济结构不平衡,这种世界经济结构新的不平衡导致对国际服务产业更大规模的需求,因而成为全球服务贸易蓬勃发展的重要动因。

(二) 国际货物贸易和国际投资增长的带动

战后半个多世纪以来,国际货物贸易流量不断扩大,远远超过同期世界工业生产和

国民生产总值的增长速度。在货物贸易高速增长的带动下，同货物进出口直接关联的传统服务贸易项目，如国际运输服务、国际货物保险、国际结算服务等，都相应地在规模、数量上成倍增长。近年来，信息技术的发展打破了产业间的传统界限，出现了服务业制造化和制造业服务化的产业融合发展新趋势。同时，全球价值链生产引发的中间产品贸易的增加也表明，货物贸易与服务贸易两者是彼此共生，有机地融为一体的。2017年WTO最新研究显示：运输、物流、分销为货物贸易的发展提供了必要的基础设施；服务使全球价值链生产成为可能，如果没有跨境服务，就不可能有效地协调跨境生产，有效服务是提升制造业产品出口的决定因素；服务贸易在数字经济时代将发挥重要作用。德国的相关研究也认为，如果成功地将基于网络的服务整合进工业4.0，将极大发挥制造业的创新潜力。这说明货物贸易和服务贸易的融合发展，将促使全球服务贸易进入一个新时代。

特别是跨国公司对国际服务贸易的发展起到了重要的推动作用。首先，跨国公司在世界范围的经济扩张过程和跨国生产过程都需要大量的服务投入；其次，跨国公司在进行全球性的投资活动、技术转让和国际性的生产专业化进程中，一方面促进了专家、技术人员和劳动力这些服务贸易中的劳动要素的跨国流动，另一方面也带动了金融、保险、法律、技术、运输、计算机和咨询等相关服务业的发展；最后，跨国公司为了获取高额利润越来越多地加大对服务业领域的投资，一大批服务业跨国公司纷纷兴起，直接而有力地推动了国际服务贸易的发展。

（三）新科技革命的有力推动

新科技革命，特别是20世纪60年代兴起的信息技术革命，有力地推动了国际服务贸易的迅猛发展。国际新型服务贸易特别是电信和网络信息等服务贸易形式发展尤其迅速。首先，高新技术的发展广泛应用于服务产业，使许多原先"不可贸易"的服务转化成"可贸易"的服务，从而使国际服务贸易的种类增加，范围扩大，例如一些传统的教育服务、健康服务一向被认为是"不可贸易"的服务，现今可被储存在磁盘或软件中进行买卖。信息技术和通信技术的发展，还促使银行、保险、商品零售等得以在全球范围内开展业务，为跨国界服务带来了机遇。其次，科学技术革命加快了劳动力和科技人员的国际流动，特别是促进了专业科技人员和高级管理人才向他国流动，推动国际服务贸易流量的扩大。最后，发达国家生产性服务贸易增长较快，发展中国家劳务贸易具有比较优势。随着科技的进步，发达国家的产业结构逐渐向技术密集和资本密集的高科技产业转移，把劳动密集型产业转移到新兴工业化国家和部分发展中国家，使这些国家和地区能够利用本地区丰富廉价的劳动力资源，赚取外汇服务收入，形成大规模的境内服务输出。

（四）国际服务合作的扩大促使服务贸易得以扩大

国际服务合作是指拥有工程技术人员和劳动力的国家或地区，通过签订合同，向缺乏工程技术人员和劳动力的国家或地区提供所需要的服务,并由接受服务的一方付给报酬的一种国际经济合作形式。国际服务合作主要有以下几种方式:(1)承包外国各类工程;(2)劳务输出;(3)各种技术性服务出口或生产技术合作,如出口各种技术、专利、科技知识、科研成果、工艺等知识形态的服务;(4)向国外出租配有操作人员的各种大型机械;(5)向国外提供咨询服务。

(五)世界经济一体化和社会生活国际化的促进

世界经济区域化、一体化的发展和各国人民生活水平的大幅度提高,使得现代人的社会生活越来越国际化,如出国旅游、接受教育以及聘请专门人才等,发展中国家的人民也积极地参与到该进程中,为服务贸易的快速发展做出了贡献。

(六)各国政府的支持和促进

由于服务业在维护一国经济及政治利益方面均处于重要的战略地位,因此各国政府普遍大力扶植和发展服务业,也采取了诸多保护服务市场和鼓励服务出口的措施。

(1)政府鼓励投资,加速服务行业发展,并有意识地利用外资发展本国落后的服务业。如法国政府鼓励外国投资者在巴黎以外的地区开设服务企业。

(2)大力发展信息及电信技术设施,鼓励数据跨越国境自由流动。

(3)提供财政支持,建立新的基础设施,改造旧的服务设施。

(4)大力发展教育,努力提高人力资本素质。

(5)支持和鼓励区域间服务部分的合作和一体化。

第三节 《服务贸易总协定》的基本内容

一、关于世界贸易组织(WTO)

(一)WTO简介

1995年1月1日,WTO正式生效运转。1995年1月31日WTO举行成立大会。WTO的前身是关税与贸易总协定(General Agreement on Tariffs and Trade, GATT),它是第二次世界大战后存在了长达47年(1948—1995年)的管理国际贸易的多边条约,也是支撑世界经济的"三大支柱"之一。

(二)WTO的宗旨与目标

1. WTO的宗旨

WTO的宗旨包括:① 提高生活水平,保证充分就业和大幅度、稳步提高实际收入与有效需求;② 扩大货物和服务的生产与贸易;③ 坚持走可持续发展之路,各成员方应促进对世界资源的最优利用、保护和维护环境,并以符合不同经济发展水平下各成员需要的方式,加强采取各种相应的措施;④ 积极努力确保发展中国家,尤其是最不发达国家在国际贸易增长中获得与其经济发展水平相适应的份额和利益；⑤ 建立一体化的多边贸易体制；⑥ 通过实质性削减关税等措施,建立一个完整的、更具活力的、持久的多边贸易体制；⑦ 以开放、平等、互惠的原则,逐步调降各会员国关税与非关税贸易障碍,并消除各会员国在国际贸易上的歧视待遇。

2. WTO 的目标

WTO 的目标是建立一个完整的,包括货物贸易、服务贸易、与贸易有关的投资及知识产权措施等内容的,更具活力、更持久的多边贸易体系,使之可以包括关贸总协定贸易自由化的成果和乌拉圭回合多边贸易谈判的所有成果。

二、WTO 体制与国际服务贸易的发展

(一) WTO 协定的基本内容

WTO 协定内容包括 16 项条款、4 个附录、部长决议、宣言和谅解。16 项条款主要对世贸组织的结构、决策过程、成员资格、接受加入和生效等程序进行了规定。附录里对协调多边贸易关系、解决贸易争端及规范国际贸易竞争规则进行了规定。具体附录内容如下：

附录 1：1A——多边货物贸易协议,包括：关于 1994 年关税与贸易总协定；关于农产品协议；关于卫生与植物检疫措施申请协议；关于纺织品与服装协议；关于贸易技术壁垒协议；关于与贸易有关的投资措施协议；关于 1994 年关税与贸易总协定第六条执行协议（即反倾销协议）；关于 1994 年关税与贸易总协定第七条执行协议（即海关估价协议）；关于装运前检验协议；关于原产地规则协议；关于进口许可证程序协议；关于补贴与反补贴措施协议；关于保护措施协议。1B——服务贸易总协定及其附录。1C——与贸易有关的知识产权协定。

附录 2：关于争端解决规则及其程序谅解。

附录 3：贸易政策审议机制。

附录 4：民用航空器协议、政府采购协议、国际奶制品协议、国际牛肉协议（国际奶制品协议和国际牛肉协议由于期限届满,现已不复存在）。

(二) WTO 体制关于国际服务贸易的国际规则

WTO 体制关于国际服务贸易的国际规则主要体现在《服务贸易总协定》中。1986年,关税与贸易总协定第八轮多边贸易谈判将服务贸易列为谈判议题,积极推动了国际服务贸易自由化发展,主要是削弱非关税壁垒。

三、《服务贸易总协定》的产生背景和谈判过程

(一)《服务贸易总协定》产生的背景

1. 发达国家积极倡导服务贸易自由化

在经历 1979—1982 年经济危机后,美国经济增长缓慢,在国际货物贸易中赤字日增,但在服务贸易领域占据明显优势,连年顺差。以 1984 年为例,美国的商品贸易有

1 140 亿美元的逆差,而服务贸易却有 140 亿美元的顺差。作为世界最大的服务贸易出口国,美国急切地希望打开其他国家的服务贸易市场,通过大量的服务贸易出口来弥补贸易逆差,推动经济增长;而各国对服务贸易的不同程度的限制,成为美国利益最大化的障碍。因此,美国积极倡导实行全球服务贸易自由化。

早在东京回合谈判中,美国政府根据《1974 年贸易法》的授权,试图把服务贸易作为该回合谈判的议题之一,因为当时有更加迫切的问题需要解决,美国没有提出服务贸易的减让谈判,但在东京回合中所达成的海关估价、政府采购协议里写入了一些服务贸易的内容。美国国会在《1984 年贸易与关税法》中授权政府就服务贸易等进行谈判,并授权对不在这些问题上妥协的国家进行报复。发展中国家和一些发达国家抵制美国的提议。欧共体起初对美国的提议持疑虑,但经过调查发现欧共体的服务贸易出口量要高于美国,转而坚决地支持美国。日本虽然是服务贸易的最大进口国,呈逆差形势,但由于在国际贸易中呈现顺差,加之为调和与美国之间日益尖锐的贸易摩擦,也选择支持美国。

2. 发展中国家对服务贸易自由化由坚决抵制到逐步接受

当美国开始提出服务贸易问题时,绝大多数发展中国家都坚决反对服务贸易自由化,理由如下:(1) 服务业中的许多部门,如银行、保险、证券、通讯、信息、咨询、专业服务(如法律、会计等),都是一些资本—知识密集型行业,发展中国家的这些行业是很薄弱的,不具备竞争优势;(2) 发展中国家的服务部门尚未成熟,经不起发达国家激烈竞争的冲击,过早地实行服务贸易自由化会挤垮这些尚处于幼稚阶段的民族服务业,因此,在这些行业获得竞争力以前,不会实施开放;(3) 有些服务行业还涉及国家主权、机密和安全。随着发达国家在服务贸易谈判问题上的认识逐步统一,发展中国家坚决抵制的立场有所改变。首先,一些新兴的发展中国家和地区的某些服务业已取得相当的优势,如韩国的建筑工程承包就具有一定的国际竞争力,新加坡的航空运输业在资本、成本和服务质量上也具有明显的优势,这些国家希望通过谈判扩大本国优势服务的出口。其次,大部分发展中国家一方面迫于来自发达国家的压力,另一方面也认识到如果不积极地参与服务贸易的谈判,将会形成由发达国家制定服务贸易规则,而自己只能成为被动接受者的局面,其利益将会受到更大损害。因此,许多发展中国家也先后表示愿意参加服务贸易谈判。

1986 年 9 月,埃斯特角部长宣言中将服务贸易作为三项新议题之一列入乌拉圭回合多边贸易谈判议程,拉开了服务贸易首次多边谈判的序幕。

3. 乌拉圭回合关于服务贸易的谈判

乌拉圭回合服务贸易谈判大体可分为三个阶段。

第一阶段从 1986 年 10 月 27 日正式开始到 1988 年 12 月中期审议前为止。谈判的主要内容包括服务贸易定义;适用服务贸易的一般原则、规则;服务贸易协定的范围;

现行国际规则、协定的规定；服务贸易的发展及壁垒；等等。这一阶段各国的分歧很大，主要集中在对国际服务贸易的界定问题上，发展中国家要求对国际服务贸易做比较狭窄的定义，将跨国公司内部交易和诸如金融、保险、咨询、法律规范服务等不必跨越国境的交易排除在外，而美国等发达国家主张较为广泛的定义，将所有涉及不同国民或国土的服务贸易归为国际服务贸易一类。多边谈判最终基本采取了欧共体的折中意见，即不预先确定谈判的范围，根据谈判需要对国际服务贸易采取不同定义。

第二阶段从中期审议至 1990 年 6 月为止。在加拿大蒙特利尔举行的中期审议会上，谈判的重点集中于透明度、逐步自由化、国民待遇、最惠国待遇、市场准入、发展中国家更多参与、保障条款和例外等服务贸易的基本原则，此后的工作主要集中于通讯、建筑、交通运输、旅游、金融和专业服务等具体部门的谈判。与此同时，各国代表同意采纳一套服务贸易的准则，以消除服务贸易中的诸多障碍。各国分别提出自己的方案，阐述了各自的立场和观点，其中 1990 年 5 月 4 日，中国、印度、喀麦隆、埃及、肯尼亚、尼日利亚和坦桑尼亚几个亚非国家向服务贸易谈判组联合提交了"服务贸易多边框架原则与规则"提案，对最惠国待遇、透明度、发展中国家更多参与等一般义务及市场准入、国民待遇等特定义务作了区分。后来，《服务贸易总协定》的文本结构采纳了"亚非提案"的主张，并承认成员方发展水平的差异，对发展中国家做出了很多保留和例外规定，这在相当程度上反映了发展中国家的利益和要求。

第三阶段从 1990 年 7 月至 1993 年 12 月。这一阶段由《服务贸易总协定》框架内容的基本明朗到最终达成《服务贸易总协定》。1990 年 12 月的布鲁塞尔部长级会议上，服务贸易谈判组修订了"服务贸易总协定多边框架协议草案"文本，其中包含海运、内陆水运、公路运输、空运、基础电信、通讯、劳动力流动、视听、广播、录音、出版等部门的草案附件，但由于美国与欧共体在农产品补贴问题上的重大分歧而没有能够最终结束谈判。经过进一步谈判，在 1991 年年底形成了《服务贸易总协定》草案。该草案包括 6 个部分 35 个条款和 5 个附件，规定了最惠国待遇、透明度、发展中国家更多参与、市场准入、国民待遇、争端解决等重要条款，基本上确定了协定的结构框架。经过各国的继续磋商谈判，根据各国的要求，协议草案被进一步修改。1993 年 12 月 5 日，贸易谈判委员会在搁置了数项一时难以解决的具体服务部门谈判后，最终通过了《服务贸易总协定》(General Agreement on Trade in Service，简写为 GATS)。

1994 年 4 月 15 日，各成员方在马拉喀什正式签署《服务贸易总协定》，它于 1995 年 1 月 1 日和《建立世界贸易组织的协定》同时生效。至此，长达 8 年的乌拉圭回合谈判终于告以结束，虽然有几个具体服务部门的协议尚待进一步磋商谈判，但《服务贸易总协定》作为多边贸易体制下规范国际服务贸易的框架性法律文件，它的出现是服务贸易自由化进程中的一个里程碑。

(二) 服务贸易自由化的后续谈判和成果

世贸组织自 1995 年 1 月 1 日成立以来,一直致力于继续乌拉圭回合谈判的未尽议题,其中,关于服务贸易具体部门的分项谈判是这些议题中的重头戏。目前,世贸组织已在金融服务、基础电信和信息技术三方面实现了历史性突破,取得了重要成果。世贸组织所达成的这三项关于服务贸易的协议,不仅将服务贸易自由化原则向具体成果方面推进了一大步,同时,也将对世界经济产生重要影响。尽管这三项协议目前仅对签约方有约束力,但由于签约方所控制的有关贸易额在全球的相关贸易额中占绝大多数,因此,这三项协议所确定的内容在不久的将来也会成为世贸组织全体成员的义务和承诺。

1.《金融服务协议》

乌拉圭回合一揽子协议于 1994 年 4 月 15 日在马拉喀什签字后,关于金融服务的多边谈判重新开始,目的是使所有成员同意在无条件最惠国待遇基础上缔结永久性的金融服务协议,促进金融服务贸易自由化。1996 年有关谈判方曾在美国宣布退出后,在欧盟的领头下达成临时协议。1997 年 12 月 13 日,世贸组织 70 个成员提供了 56 份开放金融、保险市场的清单,其中 34 份是经过修改的金融服务市场清单。至 1997 年,总共有 102 个成员做出承诺,逐步实现自由化。《金融服务协议》的主要内容包括:允许外国公司在国内建立金融服务机构并享受与国内公司同等的进入市场的权利;取消对跨境服务的限制;允许外国资本在本国投资项目中所占比例超过 50%;等等。据此,签约方将开放各自的银行、保险、证券和金融信息市场。全球 95% 以上的金融服务贸易将在这个协议的调整范围内,涉及 18 万亿美元的证券资产、38 万亿美元的国内银行贷款、2.2 万亿美元的保险金,由此可见,该协议对全球金融服务业有着巨大的影响。此外,从法律角度而言,这个协议同样具有深远的意义,根据该协议的规定,绝大多数世贸组织成员对开放其金融服务市场和保证非歧视经营条件做出承诺,使金融服务贸易依照多边贸易规则进行,有助于建立一个具有预见性和透明的法律环境。《金融服务协议》于 1999 年 3 月 1 日开始生效。

2.《全球基础电信协议》

基础电信谈判也是作为《服务贸易总协定》谈判的遗留问题由世贸组织继续开展谈判。1994 年 5 月,包括美国、日本、欧盟在内的成员自愿参加谈判,目的在于开放年收入达 5 000 亿美元的全球基础电信市场。经过近 3 年的艰苦谈判,终于在 1997 年 2 月 15 日,69 个世贸组织成员方缔结了关于基础电信服务的协议。该协议于 1998 年 1 月 1 日生效,被认为是推动国际电讯服务贸易发展的最有利因素。协议的主要内容是敦促各成员方向外国公司开放电信市场,并结束在国内电信市场上的垄断行为。协议涉及语音电话、数据传输、传真、电话、电报、移动电话、移动数据传输、企业租用私人线路以及个人通信等各项电信服务。世贸组织各成员方在电信服务自由化方面承担的义务依协议的规定有所不同。其中 18 个成员方将完全取消对外国公司进入本国市场的限制,47个成员方允许外国电信公司对本国电信企业进行控股,而印度等30个国家将允许外国资本在本国电信企业中占25%的股份。由于电信垄断将逐步取消,各成员方电信服务业的竞争必然加剧,这有利于现有通信技术的更新改造,促使电信服务部门进一步提高服务质量。作为政府长期垄断的行业之一,电信业的开放,必然导致政府利益直接受损,但这部分损失将转化为商业利润,使民营企业和广大消费者从中受益。据美国一家咨询机构研究报告,全球电信市场开放后的10年内,各国电信用户可节省1万亿美元的开支。正如世贸组织第一任总干事鲁杰罗所说,这是世贸组织历史上的一个里程碑,它必将给电信产业及其贸易带来极大的利益,既为发达国家也为发展中国家提供了迎接21世纪挑战的更好机遇。

3.《信息技术产品协议》

由于信息技术对21世纪世界经济,特别是对电信服务业的发展产生的巨大影响,因此,将信息技术产品贸易自由化与电信服务贸易自由化联系起来,是服务贸易自由化的一项重要内容。1996年12月13日,世贸组织在新加坡举行部长级会议,美国和欧盟提出签订信息技术协定以消除全球信息技术产业的关税。在新加坡部长级会议结束前,世贸组织通过了关于信息技术产品的部长级会议宣言,并成立了信息技术产品贸易发展委员会以监督协议的执行、推动信息技术产品贸易的发展以及负责扩大信息技术协议的签字方。1997年3月26日,40个成员方在日内瓦签订了《信息技术产品协议》,决定到2000年以前降低或取消多项信息技术产品的关税,总值约6 000亿美元的信息技术产品可望实现自由贸易。《信息技术产品协议》于1997年7月1日生效,其涉及的范围包括电脑、电信设备、半导体、制造半导体的设备、软件、科学仪器等200多种信息技术产品。协定要求到2000年前将信息技术产品的进口关税降为零(少数签约方如哥斯达黎加、印度尼西亚等的最后期限为2005年)。据统计,这些成员方的信息技术产品贸易量相当于全球同类产品贸易量的92.5%。

 **专栏12-2　201项信息技术产品将零关税**

世贸组织(WTO)于2015年达成重磅协议。据多家媒体报道,WTO框架下《信息技术协定》扩围谈判成功,包括中国在内的谈判各方同意在3年内对201项信息技术产品实施零关税。这是世贸组织18年来达成的最大规模关税减让协议,也是全球IT产品史上最大规模的减税协议。业内人士指出,扩围将极大地促进全球贸易和信息产业的发展,中国的手机行业、计算机行业、通信设备行业、软件行业也将受益。

涉及贸易额万亿美元

自由贸易需要参与国减免关税。WTO框架下的信息技术产品关税消减协议是《信息技术协定》,该协议的世贸组织项下的多边贸易协定于1997年4月生效,其成员国代表了全球97%的IT产品出口额,旨在分阶段将信息技术产品的关税消减至零。目前,已涉及全球IT产品贸易额高达4万亿美元。

近日,WTO签订的协议是对以往《信息技术协定》(ITA)的更新和扩围。此次谈判在瑞士日内瓦的欧盟使馆启动,期间来自54个国家的谈判代表就不同IT产品的关税问题进行了探讨并达成共识,同意扩大全球IT产品的免关税清单。

新协议达成后,包括半导体、磁共振成像设备、全球定位系统设备、打印机墨盒、核磁共振成像仪和超声扫描设备等医疗装置、视频游戏机在内的201种IT产品的关税将取消。

激活世贸相关谈判

这份IT产品免税扩围协议将产生一系列辐射效应。世贸组织总干事阿泽维多在当天发表的声明中说,扩围协议具有里程碑意义,协议所涉及201项信息技术产品的年贸易额占全球贸易额的7%。

据美国商会数据显示,《信息技术协定》扩围,将每年为全球国内生产总值(GDP)增长贡献1 900亿美元。

业内人士指出,协定里面主要的成员国代表了全球将近99%的IT产品出口额,扩围后将极大地促进全球贸易和信息产业的发展。

美国彭博新闻社报道,新协议有望为美国提供6万个工作岗位。另外,英特尔、三星电子、闪迪和德州仪器等全球IT公司有望从近250种产品的免税中获利。

扩围协议还有助于增强和恢复各方对于世贸组织多边谈判功能的信心。"该协议激活了WTO框架下的多边谈判,下一步可能对服务贸易协定谈判(TISA)有所促动,对于推动贸易和投资自由化便利化,形成对外开放与对内改革良性互动新格局将产生积极作用。"中国现代国际关系研究院世界经济研究所所长陈凤英表示。

利好中国IT产品出口

中国是全球最大的信息科技产品出口国之一,美国智库信息技术和创新基金会预测,扩围协议达成后,中国将在更大范围的IT产品关税减免中减免约80亿美元的关税,而且每年可以增加120亿美元的出口额。

专家分析,协议达成后,一方面可以让国内消费者有望以更低价格购买到国外的电子产品;另一方面,也利于中国IT产品的生产和出口。

新协议同时也给中国企业带来挑战。国家发改委对外经济研究所国际合作室主任张建平认为,中国液晶显示屏、半导体类、医疗设备、视频游戏机、打印机墨盒、GPS全球定位系统等技术密集型行业,跟国际先进水平有一定差距,如果自由贸易实行零关税,这些相关企业可能会遭遇很大的压力和挑战。我们要把它当成一件好事来看待,就是它会给中国企业带来创新压力,带来转型升级压力。

资料来源:罗兰.WTO18年来最大规模减税协议达成:201项信息技术产品将零关税[N].人民日报(海外版),2015-07-27.

四、服务贸易总协定的主要内容

(一)《服务贸易总协定》的框架

1995年1月1日正式生效的《服务贸易总协定》是多边国际贸易体制下第一个有关服务贸易的框架性法律文件。服务业的蓬勃发展是20世纪经济发展的主要特征之一,但是在第二次世界大战以前,国际上有关服务贸易的法律仅限于个别领域,且多为双边条约,1948年开始实施的关贸总协定也只是规范货物贸易。为在服务贸易领域建立多边原则和规则,增强各国服务贸易管制的透明度,促进服务贸易的逐步自由化,乌拉圭回合最终达成了《服务贸易总协定》。该协定的制订与生效是国际服务贸易的一个重要里程碑,它不仅扩大了关贸总协定机制的管辖范围,而且是迄今为止服务贸易领域第一个较系统的国际法律文件。

《服务贸易总协定》有广义和狭义之分。狭义的《服务贸易总协定》仅指协定本身;广义的《服务贸易总协定》除了包括协定外,还包括与服务贸易有关的附件及补充协议等。

1. 广义的《服务贸易总协定》主要内容

(1) 适用于所有成员的一般规则与纪律的原则性框架文件,即《服务贸易总协定》条款。

(2) 作为《服务贸易总协定》有机组成部分,涉及各个具体服务部门特殊情况的附件共八项,包括:第二条豁免附件,根据本协议自然人提供服务活动的附件,空运服务附件,金融服务附件,金融服务第二附件,海运服务附件,电讯服务附件,基础电讯谈判附件。

(3) 根据《服务贸易总协定》的规定附在《服务贸易总协定》之后的,包括初步自由化承诺的各国承诺表。

(4) 关于服务贸易自由化的九项有关决议,包括:服务贸易总协定中机构安排的决议、对服务贸易总协定中某些争端处理程序的决议、有关服务贸易和环境的决议、关于自然人流动问题谈判的决议、关于金融服务的决议、关于海运服务谈判的决议、对基础电讯谈判的决议、有关专家服务的决议共八项部长会议决议和有关金融服务承诺的谅解书协议。

(5) 在世贸组织成立后的后续谈判过程中所达成的三项协议,即《全球金融服务协议》《全球基础电信协议》和《信息技术协议》,这三项协议已构成服务贸易总协定的有机组成部分,对全球服务贸易自由化进程发挥重要作用。

2. 狭义的《服务贸易总协定》主要内容

狭义的《服务贸易总协定》的内容包括六个部分,29项具体条款。

正文之前的简短"序言"确定了各成员参加及缔结《服务贸易总协定局》的目标、宗旨及原则。

第一部分(第1条)为"范围和定义"(Scope and Definition),其主要内容是就协定中的服务贸易予以界定。

第二部分(第2条至第15条)为"一般义务与纪律"(General Obligations and Disciplines),确定了服务贸易应遵循的几项基本原则,这些原则具有一般的指导意义,是各成员在服务贸易中各项权利和义务的基础。

第三部分(第 16 条至第 18 条)为"具体承诺"(Specific Commitments),是该协定的中心内容,包括"市场准入"(Market Access)和"国民待遇"(National Treat Ment)两个方面,规定了各成员应承担的特定义务。

第四部分(第 19 条至第 21 条)为"逐步自由化"(Progressive Liberalization),主要确定服务贸易自由化的进程安排和具体承诺表制定的标准,规定各成员尤其是发展中国家服务贸易自由化的原则及权利。

第五部分(第 22 条至第 26 条)为"制度条款"(Institutional Provisions),主要内容有协商机制、争端解决与执行、服务贸易理事会成员、技术合作及与其他国际组织的关系等。

第六部分(第 27 条至第 29 条)为"最后条款"(Final Provisions),就该协定中的重要概念做出定义,并规定了各成员可拒绝给予该协定各种利益的情形。

(二) 世贸组织对服务贸易的界定

在《服务贸易总协定》之前,国际上对"服务贸易"一直没有一个统一的概念,该协定第 1 条第 2 款将服务贸易定义为通过以下四种方式提供的服务:

(1) 过境服务(Cross-Border Supply),即从一成员方境内向另一成员方境内的服务消费者提供服务,如视听、金融服务等。

(2) 境外消费(Consumption Abroad),即一成员方的服务消费者在另一成员方境内接受服务,如旅游、境外就医、留学等。

(3) 商业存在(Commercial Presence),即一成员方的服务提供者到另一成员方境内建立经营企业或专业机构提供服务,例如,一国某公司到外国开饭店或零售商店等。

(4) 自然人流动(Movement of Personnel),即一成员方的服务提供者个人到另一成员方境内提供服务,例如,一国教授、高级工程师或医生到另一国从事个体服务等。

另外,《服务贸易总协定》第 1 条第 3 款还指出,其所约束的服务是指除政府当局为执行职能所需的服务之外的其他所有部门的一切服务。

由此可见,《服务贸易总协定》中关于"服务贸易"的定义是相当宽泛的,这种规定利弊并存。其有利性表现在:总协定的界定是目前为止对服务贸易的定义中最简单明了、最有助于对服务贸易进行分类和描述的定义,它的确定对服务贸易的发展和管理产生了重要影响。但是,这样宽泛的定义会产生一些复杂问题,如使人们难以确定所交易服务的"原产地",这种情况所造成的混乱尤其表现在投资方面。由于全球化的影响和设立机构的贸易性质,分辨服务贸易的所有权是较为困难的。

世贸组织根据《服务贸易总协定》的规定,按照 GNS(一般国家标准)服务贸易分类法,将服务部门分为 12 大类 160 多个分部门。

(1) 商业性服务。指在商业活动中涉及的服务交换活动,其中既包括个人消费的服务,也包括企业和政府消费的服务。

① 专业性服务。专业性服务涉及的范围包括法律服务,会计、审计和簿记服务,税收服务,建筑服务,工程服务,综合工程服务,城市规划与风景建筑物服务,医疗与牙科服务,兽医服务,助产士、护士、理疗医生、护理人员提供的服务及其他服务。

② 计算机及相关服务。这类服务包括与计算机硬件装配有关的咨询服务、软件开发与执行服务、数据处理服务、数据库服务及其他服务。

③ 研究与开发(R&D)服务。这类服务包括自然科学、社会科学与人文科学、交叉科学的研究与开发。

④ 房地产服务。这类服务包括产权所有或租赁,以及基于费用或合同的房地产服务。

⑤ 无经纪人介入的租赁服务。这类服务主要包括交通运输设备,如船舶、飞机等及其他与运输工具有关的租赁服务,还包括与其他机械设备有关的租赁服务。

⑥ 其他商业服务。指广告服务,市场调研与民意测验服务,技术测验与分析服务,与农业、狩猎、林业有关的服务,人员的安排与补充服务,安全调查服务,有关的科学技术咨询服务,设备的维修服务(不包括船舶、飞机及其他运输工具),建筑物清洗服务,照相服务,包装服务,印刷、出版服务,会议服务及其他服务等。

(2) 通信服务。通信服务主要指所有有关信息产品操作、储存设备和软件功能等的服务。主要包括邮政服务、快件服务、电讯服务(如声频电话服务、电报服务、传真服务、电子邮递等)、视听服务(如电影与录像带的生产与批发服务、电影放映服务等)以及其他服务。

(3) 建筑及有关工程服务。建筑及有关工程服务主要指从工程建筑物设计、选址到施工的整个服务过程。具体包括:建筑物的一般建筑工作,民用工程的一般建筑工作,建筑物的安装与装配工作,建筑物的完善与装饰工作,其他服务。

(4) 销售服务。销售服务指产品销售过程中的服务。主要包括:代理机构的服务,批发、零售服务,特约代理服务,其他销售服务等。

(5) 教育服务。指各国间在初等教育、中等教育、高等教育、成人教育和其他教育中的服务交往,如互派留学生、访问学者等。

(6) 环境服务。这类服务主要包括污水处理服务、废物处理服务、卫生及其相关服务和其他服务。

(7) 金融服务。主要指保险业和银行及相关的金融服务活动。

① 所有保险及与保险有关的服务。具体有:生命、事故与健康保险服务,非生命保险服务,再保险与交还服务,与保险有关的辅助服务(如保险经纪服务、保险代理服务等)。

② 银行及其他金融服务(保险除外)。包括:公众存款及其他可偿还资金的承兑;

所有类型的贷款,尤其包括用户信用、抵押信用、商业交易的代理与融资;金融租赁服务;所有支付货币的传递服务;保证与承诺服务;户主账户或顾客账户的交易服务;各种证券的发行服务,包括作为代理商的承包和安排以及与证券发行有关的服务;资产管理服务,诸如现金或有价证券管理、所有形式的集体投资管理、养老金管理、存款保管及信托服务;金融资产的结账与清算服务,包括证券、衍生性产品及其他可转让票据;咨询服务及其他辅助性金融服务,包括信用查询与分析、投资与有价证券研究和咨询、收购通知及公司战略调整介绍等;其他金融服务提供者所提出的关于金融信息、金融数据处理及有关软件的供给及转让等服务。

(8) 健康与社会服务。主要指医疗服务、其他与人类健康相关的服务、社会服务等。

(9) 旅游及相关服务。指宾馆、饭店提供的住宿、餐饮及相关服务,旅行社、旅行经纪人服务社及导游服务等。

(10) 娱乐、文化与体育服务。指不包括广播、电影、电视在内的一切文化、娱乐(包括剧团、乐队与杂技表演)、新闻机构服务、图书馆、档案馆、博物馆及其他文化服务,体育及其他娱乐服务。

(11) 运输服务。主要包括货物运输服务,具体包括:海运服务、内河航运服务、空运服务、空间运输服务(如航天发射服务)、铁路运输服务、公路运输服务、管道运输服务及所有运输方式的辅助性服务(如货物处理、存储与仓库服务、货运代理服务等)。

(12) 其他未包括的政府服务。

从以上可以看出,国际服务贸易涉及的部门十分丰富,而且随着科技进步和国际经贸交流的加强,国际服务贸易还将涵盖越来越多的新领域。

(三) 世贸组织成员在服务贸易领域的一般责任与纪律

世贸组织《服务贸易总协定》第二部分"一般责任与纪律"共14条(其中第3条、第5条和第14条各包括1个附条),规定了各成员必须遵守的责任和纪律,其中最主要的有:

1. 最惠国待遇原则

最惠国待遇不仅是关贸总协定对货物贸易所确立的首要原则,而且也是服务贸易的基本原则。《服务贸易总协定》第2条第1款规定:"每一成员方给予任何其他成员方的服务或服务提供者的待遇,应立即无条件地以不低于前述待遇给予其他任何成员方相同的服务或服务提供者。"这一条款的最终确定是发达国家与发展中国家彼此争论与妥协的结果。在谈判初期,以美国为首的发达国家要求采用有条件的最惠国待遇,在服务贸易领域实行互惠与对等,拒绝"搭便车"(Free Rider);而广大发展中国家则坚持延用无条件最惠国待遇,因为"有条件"的最惠国待遇意味着如果发展中国家达不到一定水平的自由化,就不能分享《服务贸易总协定》的减让措施,而由于历史及其他方面原因，发展中国家的服务业发展水平普遍较低，实施服务贸易的自由化有许多困难。在经过多次磋商谈判之后，终于将最惠国待遇条款明确为"无条件的"（Unconditional）最惠国待遇。

但在第2条第2款中，总协定规定"一成员可保持一项与第1款不相符合的措施"；但是，此项措施应列入《关于第2条豁免的附件》中，并应符合附件规定的各项条件。根据附件的规定，可免除的义务应是经过谈判而达成的协议，即使获准列入免除表，也有一定的期限。原则上这种免除不得超过10年并且每5年进行一次复审，由服务贸易理事会负责，而且在任何情况下可由将来举行的多边贸易谈判予以变更。

与货物贸易原则一样，《服务贸易总协定》规定边境贸易可以成为最惠国待遇的例外，本条第3款将边境贸易定义为"为方便彼此边境毗邻地区而交换当地生产和消费的服务"。这样就可防止各成员方利用边境贸易的例外，过分扩大边境贸易的规模与范围以规避多边原则，取得额外收入。

第2条第2款、第3款规定了实施最惠国待遇时的例外，体现了《服务贸易总协定》的灵活性。

2. 透明度原则

为了实现服务贸易总协定序言中的各项目标，第3条规定，各成员方在服务贸易领域中的各种法律与管制措施应具有透明度。为此，第3条从以下几个方面规定了成员方的基本义务：

(1) 立即公布相关措施。第1款规定，每一成员方应立即公布涉及或影响服务贸易总协定运作而具有一般适用性的各种相关措施。除非紧急情势，此项措施的公布起码应在其生效之日，这里所指的"措施"既包括各成员方关于服务贸易的各项法律，也包括各成员方涉及服务贸易的行政管理措施，而且成员方之间及成员方与非成员之间有关服务贸易的国际协定亦在其中。上述措施即使不能公布，也应以其他方式公开化。

(2) 每年向理事会报告新的或更改的措施。根据该条第3款的规定，各成员方应将新的立法或对现行法律、规章或行政指令的任何修正及时并每年向服务贸易理事会报告，如果它们对该成员方依本协议所具体承诺的服务构成重大影响。

(3) 设立咨询点（Inquiry Points）。根据第4款的规定，如果其他成员方就上述事项请求某一成员方提供详细情况，该成员方应及时予以答复，并设立咨询点，咨询点应在《建立世界贸易组织的协定》（Agreement Establishing the WTO）生效后的两年内形成。就每一发展中成员方而言，这一期限经协议可以适当放宽。咨询点无须成为法律和规章的保存处。

对于透明度原则，总协定有例外规定，即所谓"紧急状态下"的豁免。但是，即使是由于总协定认可的原因使得一成员不能按照要求公布"所有措施"，该成员也应公布这一消息以使各方了解此情况，便于做出相应决策。

根据第 3 条的补充规定,各成员方增强服务贸易法律、规章和行政措施的透明度的义务并不要求成员方提供保密材料(Confidential Information)。也就是说,如果保密材料的公开妨碍法律的执行,或与公共利益相违背,或危害特定公私企业的合法商业利益,有关法律、规章和行政措施的内容可以不予公布。

除了第 3 条之外,总协定的其他条款中也有相应的通报要求和信息提供要求。如第 4 条"发展中国家更多参与"中要求发达国家建立联系点,以便发展中国家成员的服务提供者获取有关市场准入的资料;第 5 条"经济一体化"中要求经济一体化组织成员立即通知服务贸易理事会有关一体化的协议及其任何补充或重大修改。

3. 发展中国家更多参与

《服务贸易总协定》的序言明文规定"希望有助于发展中国家在服务贸易中更多地参与和扩大服务贸易的出口,特别是通过提高其国内服务的能力、效率和竞争力"。为此,第 4 条专门规定,各成员方要通过谈判具体承诺的方式来促进发展中国家的更多参与。承诺的内容应涉及如下内容:

(1) 着重通过商业基础上的技术准入方式提高发展中国家的国内服务能力及其效率和竞争力;

(2) 改进发展中国家的销售渠道和信息网络;

(3) 对于发展中国家具有出口利益的各部门和供给方式给予市场准入的自由化。

第 2 款进一步规定,发达的成员方在世界贸易组织协定生效后的两年内,应建立向发展中成员方的服务提供者提供信息的联络点;其他的成员方在可能的范围内亦应如此。联络点的业务应包括:① 有关提供商业和技术方面的服务资料;② 有关登记、认可和获得服务业专业资格方面;③ 技术的可能性。

第 3 款专门为最不发达的成员方参与服务贸易规定了优惠条件。在实施上述两款时,应特别优先考虑到不发达国家成员方,应根据它们的特殊经济状况与在发展经济、贸易和财政上的需要,对这些国家在接受各种谈判的具体承诺中的严重困难给予特殊考虑。

4. 促进经济一体化原则

《服务贸易总协定》关于经济一体化的第 5 条与《关贸总协定》第 24 条的规定如出一辙,对如何促进全球服务贸易一体化发展做出了具体规定:

(1) 对一体化协定的要求。《服务贸易总协定》第 5 条允许成员方参加双边或多边服务贸易自由化协议,但规定所参加的协议必须符合两个条件:① 从服务部门的数量、涉及的贸易总量及服务提供方式衡量,这类协议必须适用于众多的服务部门,并不得事先规定排除某一提供方式;② 在市场准入与国民待遇方面实质性取消歧视,包括现行的任何歧视措施,并禁止采用新的歧视措施,但如果这类措施是根据协定第 11 条"支付和转让"、第 12 条"对保障收支平衡的限制"和第 14 条"一般例外"及附则"安全例外"做出的,则可以允许。

(2) 经济一体化组织的成员负有的义务。经济一体化组织的成员对外负有一定义务,包括对于一体化组织之外的《服务贸易总协定》成员方的义务和对于服务贸易理事会的义务。前者主要指各部门和分部门对协定外成员的壁垒总水平不得高于协定前的水平,表现为对经济一体化组织外的任何成员,不应提高各服务部门在组建一体化之前已实施的服务贸易壁垒水平。同时,经济一体化协议的参加方对其他成员从此项协议中可增获的贸易利益不得谋求补偿。这一规定十分重要,反映出各成员对区域一体化应促进而不是阻碍多边自由化的希望。

经济一体化的参加方对服务贸易理事会的义务主要是通知与报告义务。在乌拉圭回合最终协议条款中,通知条款是最基本的要求之一,要求各成员将各类法律、条例、规则通知相关委员会或理事会,以接受多方监督。在促进经济一体化方面,《服务贸易总协定》的通知要求包括:当一方在达成、扩充上述协定的过程中,准备撤销或修改某一具体承诺时,则应至少在撤销或修改之前 90 天做出通知;对于上述协定所做出的任何扩充或重大修改,该协定的成员必须立即通知服务贸易理事会,并应在理事会的要求下提供相关资料;如果上述协定是一个在时间框架基础上实施的协定,其成员就应依据这一时间框架,定期向服务贸易理事会通报实施状况。

此外,根据第 5 条的补充规定,成员方之间也可以在服务贸易总协定之外缔结劳务市场一体化协定。这种协定必须是建立劳务市场的完全一体化,即规定各成员方的公民有进入另一成员方就业市场的自由,并包括有工资标准和其他就业与社会福利的规定。劳务市场一体化协定应免除成员方公民关于居住和工作许可的各种要求。成员方应将劳务市场一体化协定通知服务贸易理事会。

5. 国内规章

每一个国家为维护本国的服务业秩序,都会根据自己的国情和政策制定各种管理其境内服务贸易的法律和规章,为确保服务贸易总协定的目标得以实现,协定第 6 条为成员方的国内规章规定了一般纪律。

第一,各成员方在其做出具体承诺的领域,应保证各种有关服务的一般适用措施以合理、客观和公正的方式实施。

第二,各成员方应尽可能维持或建立司法、仲裁或行政法庭或程序以便应有关服务提供者的请求及时审查影响服务贸易的行政决定,并为服务提供者提供公正、适当的补偿。如果这种程序并不独立于有关行政决定的主管机构,该成员方应保证此程序实际上是客观和公正的。

当然,上述规定并不要求各成员方建立与其宪法结构或法制体制的性质不符的法庭或程序。

第三,当一项具体承诺中的服务供应需经授权时,成员方应在合理的期间内,如认为服务提供者的申请符合国内法律或规章,将其决定通知申请者。应申请者的请求,成员方主管机构应就有关申请的状况及时通知申请者,而不应有不适当的延误。

第四,为确定成员方有关资格与程序、技术标准与执照不对服务贸易构成不必要的障碍,服务贸易理事会应制定必要的纪律。这些纪律要求成员方应:① 基于客观和透明的标准(如对服务供应的能力);② 以保证服务质量所必需为限;③ 在发放执照程序的情况下,不使这种程序本身成为一种服务贸易的限制。一旦上述纪律生效,成员方在其做出具体承诺的领域不应采用损害这些纪律的执照发放和资格审查的各种措施。世贸组织在断定某一成员是否遵守上述纪律时,应考虑该成员所适用的有关国际组织的国际标准。

最后,各成员方在涉及服务方面已做出具体承诺的领域,应制定核实任何其他成员方专业人员能力的适当程序。

6. 对限制竞争行为的约束

服务贸易市场往往存在高度的垄断,加之某些服务部门的专营性和限制性商业惯例的使用都会产生限制竞争的作用。因此,《服务贸易总协定》第8条"垄断及专营服务提供者"和第9条"商业惯例"对这些限制竞争的行为做出了约束。

(1) 总协定对垄断及专营服务的规范包括以下内容:① 各成员方应确保在其境内的垄断和专营服务提供者在有关市场提供垄断和专营服务时,不得背离其根据最惠国待遇条款及其具体承诺所承担的义务。② 成员方还应确保其境内的垄断和专营服务提供者在从事其垄断权范围之外而又属于该成员方具体承诺之内的竞争性服务时,不滥用其垄断和专营地位而进行与该成员方特定义务承诺不一致的活动。③ 成员方还应确保垄断和专营服务的透明度,即通知和报告义务。

(2) 对限制性商业惯例和其他限制竞争行为《服务贸易总协定》未做严格规定,第9条虽然对"商业惯例"专门进行了规范,但对如何消除这种惯例未做强制性规定,只要求成员方对限制性商业惯例进行双边或多边磋商来加以解决。

在反垄断、反限制性竞争行为的立法和司法实践方面,发达国家和发展中国家存在较大差距。发达国家已有很长的规范历史,而发展中国家大多在近年才刚刚开始这方面的工作,如果在《服务贸易总协定》中对限制竞争行为进行严格规定,发展中国家目前很难接受。今后,随着多边贸易谈判的不断开展,这方面的国际规范会不断增强,发展中国家应密切关注这方面的动态,因为谈判的结果将会在很大程度上影响其贸易利益。

(四) 世贸组织成员可援引的例外

灵活性是《服务贸易总协定》的特征之一,主要表现为例外条款的规定,包括以下几项。

1. 紧急保障措施

《服务贸易总协定》第10条规定了紧急保障措施。主要指世贸组织成员在由于没有预见到的变化,或由于某一具体承诺而使某一服务进口数量太大,以至于对本国的服务提供者造成严重损害或产生严重损害的威胁时,可以部分或全部地中止此承诺以减缓或消除损害。但本条仅为初步规范,只是对各成员方采取紧急保障措施进行谈判的期限提出了要求,即规定基于无歧视原则的紧急保障措施问题须以多边方式进行谈判,谈判应在世贸组织协定生效后三年内(即1997年年底之前)付诸实施。而在这三年过渡期内,任何成员方在其承担的义务生效一年后,可通知服务贸易理事会并说明理由,采取临时性的紧急保障措施,修改或撤销其承担的特定义务,但这种临时性安排在1997年后应停止。如何判断服务贸易领域的进口造成的损害性经济后果,目前还缺乏具体明确的量化指标体系,有待各成员方通过进一步谈判商讨确定。

2. 为保障国际收支平衡的例外条款

《服务贸易总协定》第12条规定了保障收支平衡的例外。允许世贸组织成员在其国际收支严重失调和对外财政困难或因此受到威胁的情况下,就其做出具体承诺开放市场的服务贸易采取限制性措施,或对与这种服务贸易有关的支付或货币转移做出限制,尤其对金融地位比较脆弱的发展中国家,为实现其发展目标而维持其外汇储备的要求给予充分的考虑。但这些限制措施应满足以下条件:① 不应在成员方之间造成歧视;② 与国际货币基金组织协议一致;③ 应避免对任何其他成员方的贸易、经济和财政方面的利益造成不必要的损害;④ 不超过为解决收支困难而必要的程度;⑤ 应当随着国际收支状况的好转逐步取消限制措施。

各成员方援用保障国际收支平衡这一例外对服务贸易进行限制,应符合以下程序要求:① 立即通知服务贸易理事会;② 迅速与国际收支平衡限制委员会进行磋商,以便其审查限制措施是否符合上述要求;③ 世贸组织部长会议应建立定期协商程序,对有关成员方的国际收支状况和限制措施进行评估,以便向有关成员方提供建议;④ 如该成员方不是国际货币基金组织的成员,但愿意适用本条的规定,则部长会议应建立必要的审查和其他程序。

另外,在决定此类限制的影响时,成员方应对他们的经济或发展计划较为重要的服务给予优先考虑,但不得为维持和保护某一特定部门的利益而采取这项措施。

国际资本流动的控制权问题,在乌拉圭回合中是发达国家和发展中国家谈判的焦点问题之一,发达国家一再向发展中国家施加压力,要求放宽对国际金融交易的控制。墨西哥金融危机、东南亚金融危机等事件的严重影响使发展中国家对国际资本流动控制自主权削弱的后果有了深刻的了解。因此,我们作为发展中国家加入世贸组织做出市场准入的具体承诺时,应设定必要的限制条件,保有一定的控制权。

3. 政府采购与补贴

政府采购是各国在货物贸易和服务贸易中一种较为普遍的行为,也是一种可能阻碍贸易自由化的做法。《服务贸易总协定》第13条规定,原则上该协定有关国民待遇和市场准入的各项规则不适用于成员方涉及政府采购的法律、规章和要求；不过政府采购只能是为政府的目的，用于商业转卖或服务提供中商业销售的政府采购不在其内。此外，第13条还规定，成员方应在世界贸易组织协定生效之日起两年内就服务贸易协定中的政府采购问题进行多边谈判。

如同政府采购一样，各国特别是发展中国家都有服务补贴的做法。正如总协定第15条所指出的"各成员方承认，在一定情况下，补贴会对服务贸易产生扭曲效果"。为此，各成员方应举行谈判来制定必要的多边纪律，以避免这种贸易扭曲效果。这类谈判还应针对反补贴程序的适当性问题，应承认补贴对发展中成员方在其发展计划中的作用，应灵活考虑成员方特别是发展中成员方的需要。为使谈判顺利进行，成员方应交换有关各自为其国内服务提供者提供补贴的情况，当某一成员方认为它受到另一成员方所采取的补贴的不利影响时，可请求后者就此事项进行协商，此项请求应给予同情的考虑。

4. 一般例外和安全例外

《服务贸易总协定》第14条规定的一般例外和安全例外条款的基本内容源于《关税与贸易总协定》，同时也是世贸组织几乎所有多边协定的一般规定。总协定允许成员方出现以下原因时对服务贸易采取必要的限制措施：为维护公共道德或维持公共秩序；为保护人类、动植物的生命和健康；为防止欺诈与假冒行为或处理合同的违约事情；保护个人隐私和有关个人资料的处理与扩散，以及保护个人记录和账户的秘密及安全问题，不得要求任何成员方提供公开后会使其基本安全利益遭受不利的资料；不得阻止任何成员为保护其基本安全利益而有必要采取的行动，如直接或间接地为军事设施供应而提供的服务；有关裂变或聚变材料或提炼这些材料的服务；在战时或国际关系中其他紧急情况期间采取的行为；不阻止任何成员为履行联合国宪章下的维护国际和平与安全的义务而采取的行动。

除此之外，《服务贸易总协定》还有两款关于征税问题的例外。它规定，为确保公正、有效地对其他成员方的服务和服务提供者征收直接税（包括所得税和资本税等）而实施差别待遇不作为违反国民待遇对待；一成员方因避免双重征税而实施差别待遇不作为违反最惠国待遇对待。

5. 有关最惠国待遇的豁免和例外

与无条件最惠国待遇不同，《关税与贸易总协定》规定成员方可以动用歧视性措施的是：(1) 边境服务的生产、交换、消费所提供或授予的利益；(2) 要求免除最惠国待遇义务的部门与措施。

(五)《服务贸易总协定》的具体承诺

对市场准入和国民待遇的具体承诺是《服务贸易总协定》制度下各成员方的特定义务，根据总协定的规定，市场准入和国民待遇不是自动适用于各服务部门，而是要通过谈判由各成员方具体确定其适用的服务部门,各成员方有权决定在其承诺表中列入哪些服务部门及维持哪些条件和限制,协定将市场准入和国民待遇的概念划分开来,各成员方的承诺表分为两个单独栏目,将能够开放的部门、分部门及给予国民待遇的资格、条件等分别列出。

1. 市场准入

《服务贸易总协定》第 16 条规定,在服务贸易中的市场准入方面,每个成员给予其他任何成员的服务和服务提供者的待遇,不得低于其承诺表中所同意和明确规定的条款、限制和条件。同时,当一成员根据这一规定承担市场准入义务时,除非承诺表中有明确规定,它不能保持或采用下列 6 种措施:

(1) 以数量配额、垄断和专营服务提供者的方式,或者以要求经济需要调查的方式,限制服务提供者的数量;

(2) 以数量配额或要求经济需求调查的方式,限制服务交易或资产的总金额;

(3) 以数量配额或要求经济调查的方式,限制服务业的总量或以指定的数量单位表示的服务提供的总产出量;

(4) 以数量配额或要求经济需求调查的方式,限制某一特定服务部门或服务提供者为提供某一特定服务而需要雇用自然人的总数;

(5) 服务提供者通过特定的法人实体或合营企业才可提供服务;

(6) 通过对外国持股的最高比例或单个或总体外国投资总额的限制来限制外国资本的参与。

2. 国民待遇承诺

与货物贸易领域的国民待遇制度不同,服务贸易领域的国民待遇不是一般义务,而是一项特定义务,各成员方只在自己承诺开放的服务部门中给予外国服务和服务提供者以国民待遇。

《服务贸易总协定》第 17 条规定,每一成员方应在其具体承诺表所列的部门中,依照表内所述的各种条件和资格给予其他成员方的服务和服务提供者的待遇,就影响服务提供者的所有规定来说,不应低于其给予本国相同的服务和服务提供者,这种国民待遇的给予和获得并不问其给予任何其他成员的服务和服务提供者的待遇与给予本国相同服务和服务提供者的待遇的"形式"是否相同,只要实施的结果相同就可以了。反之,如果形式相同或不同的待遇改变了竞争条件,使其有利于国内服务和服务提供者,就被认为实施了歧视待遇而违背了该条款。

此外,《服务贸易总协定》就国民待遇的规定还涉及本国服务提供者与外国服务提供者的公平竞争机会问题,但这一概念十分宽泛,发达国家往往借此将触角伸入发展中国家的国内政策领域。例如,许多发展中国家对外国银行在其境内提供银行服务往往有业务范围和地域的限制,而发达国家则认为在发展中国家营业的该国银行与当地银行处于不公平的竞争地位,因而认为没有得到国民待遇。另外,发展中国家实行的外汇管制措施也常被发达国家认为是对外国银行参与公平竞争的机会造成了潜在的损害。

3. 《服务贸易总协定》的自由化承诺

自由化承诺。在涵盖12个部门、155个分部门、四种贸易方式的减让表中,一般而言,一个成员只要将一个服务部门或分部门写入减让表,就表明它将在该部门的贸易中履行市场准入和国民待遇的义务;但该成员可以表明它在某一部门或分部门在市场准入和国民待遇方面的限制。

总体承诺。在总体承诺下几乎所有的限制都是用于需要在进口方设立商业存在的服务或自然人的流动。发达国家在外国服务提供者建立商业存在方面没有标明许多总体限制,但对人员流动有限制;发展中国家则要求允许独立的专业人员在国外工作而不要求他们建立公司或其他形式的商业存在。

部门承诺。是对总体承诺的补充。其中发达国家的承诺标准包括了所有服务部门,而发展中国家仅在有限的部门做出承诺。

帮助发展中国家逐步参与服务贸易自由化原则。总协定做出了三个方面的规定:自由市场准入的优先权;较高水平的保护;对外国服务业提供者建立合资公司或其他商业存在的要求。

4. 具体承诺表的制订与修改

《服务贸易总协定》第20条第1款规定,各成员方应根据总协定第三部分制定各自的具体承诺表(Schedules Specific Commitments)。在已做出承诺的部门,承诺表应具体包括以下内容:① 有关市场准入的内容限制和条件;② 有关国民待遇的条件和要求;③ 有关其他具体承诺的履行;④ 各项承诺实施的时间框架;⑤ 各项承诺生效的日期。根据该条第2款的规定,不符合市场准入和国民待遇的各项措施应有专门栏目注明。该条第3款明确指出,各成员方的具体承诺表应作为总协定的附件并成为总协定的组成部分。

总协定第21条为具体承诺表的修改做出了规定。其中第1款指出,一成员方在具体承诺生效3年后的任何时候可修改或撤销其承诺表中的任何承诺;但是,修改成员方应至少在实施修改或撤销前3个月将此项意向通知服务贸易理事会。第2款规定,受此修改或撤销影响的成员方可请求修改成员方给予必要的补偿调整,而修改成员方应就此举行谈判;在此谈判和协商中,有关成员方应努力维持互利义务的总体水平不低于谈判前具体承诺表中所规定的标准;各项具体的补偿调整措施应以最惠国待遇为基础。第3款还规定,如果修改成员方和受影响的成员方在谈判规定的期限结束之前未能达成协议,受影响的成员方可将此事项提交仲裁;除非修改成员方做出与仲裁裁决相符的补偿性调整,否则,不得修改或撤销其具体承诺;如果未提交仲裁,修改成员方可自主实施其修改和撤销措施;如果修改成员方实施其修改或撤销措施与仲裁裁决不一致,任何参与仲裁的受影响的成员方可修改或撤销相应程度的义务,而且此修改或撤销可单独针对修改成员方,而无须顾及第 2 条的最惠国待遇义务。

(六)《服务贸易总协定》的争端解决机制

乌拉圭回合达成的《争端解决规则和程序谅解协议》(简称"争端解决谅解协议",即"DSU")所确立的统一的争端解决机制适用于服务贸易领域的争端解决,同时《服务贸易总协定》第 22 条"磋商"和第 23 条"争端解决和实施"作为专门针对服务贸易争端解决的条款,是对上述统一争端解决机制的补充。

《服务贸易总协定》第 22 条规定:"当一成员方就影响本协议执行的任何事项向一成员提出请求时,该成员方应给予同情的考虑并给予适当的机会进行磋商。争端解决谅解(DSU)应适用于这类磋商。"若按此规定进行的磋商未能取得圆满解决,在一成员方的请求下,服务贸易理事会或争端解决机构应与另一成员方进行磋商。同时,该条第 3 款还规定:"属于两国间有关避免双重征税的国际协定范围内的问题,一成员方对另一成员方采用的措施不能援用本协议第 17 条(国民待遇)规定。如果双方对这一措施是否应属于这一国际协定的范围内看法不一致,则应予公开,可由任何一方将此事提交服务贸易理事会,由理事会将此事提交仲裁。仲裁员的裁决应是最终的,并对双方具有约束力。"

《服务贸易总协定》第 23 条"争端解决和实施"条款的主要内容是一成员方如果认为另一成员方未能履行其在总协定下的责任和特定义务,即可向争端解决机构申诉,争端解决机构则成立一个单一的专家小组来审核投诉。如果争端解决机构认为情况严重到应采取行动时,可批准一个或几个成员方对其他成员方所承担的责任和特定义务暂停实施。如果一成员方采用的某种措施与总协定并不抵触,但使另一成员方预期可得的合理利益消失或受到损害,另一成员方也可向争端解决机构申诉,由争端解决机构或服务贸易理事会与该成员方磋商,以做出双方满意的调整,包括修改或撤销该措施。如果磋商未果,受损害方可请求争端解决机构授权暂停履行其对该成员方在《服务贸易总协定》项下的义务。

(七)《服务贸易总协定》的主要特征

(1)借鉴和沿袭了《关税与贸易总协定》的基本原则和精神,如最惠国待遇、国民待遇和透明度等原则。

(2)一般义务与具体义务分别规范。一般义务是最惠国待遇等方面的义务,该义务对所有成员方和所有服务部门均有约束力,而不管成员方是否已开放或同意开放这些服务部门。具体义务也称特定义务,是指市场准入和国民待遇等方面的义务,只适用于成员方承诺开放的服务部门和承诺开放这些服务部门的成员。

(3)大量具体规范和具体承诺尚待进一步谈判明确。不少条款并未规定明确的规则和义务,其内容需通过进一步谈判确定。

专栏 12-3　服务贸易协定（TISA）谈判核心文本评述

当前,《服务贸易协定》(Trade in Services Agreement,简称 TISA)的谈判正在以发达国家为主要参与方的"服务业挚友"(Really Good Friends of Services)之间展开。维基解密日前披露的 TISA 核心文本揭示了上述国家试图绕开世界贸易组织（WTO）其他成员，以这些国家的企业利益为重建服务贸易新规则。这也使得 TISA 中政府以各自国家利益进行规制的风险更加突出。

由于众多基础性的文本来源于 WTO《服务贸易总协定》(GATS)，因此 TISA 无须另行修改核心规则便可被直接引入 WTO。通过增加新的规则和改变现有的规则，TISA 试图收紧政府规制服务贸易的自由度。

一、TISA 的纪律约束

TISA 谈判声称要对政府施加更为极端的限制，这主要取决于核心文本规则的设置。下文为 TISA 的主要内容：

——服务贸易协定将服务作为适销对路的商品，并拒绝或服从或完全否认它们的社会、文化、环保、就业和开发功能。人们不会被视为他们社区的公民或成员——他们是"消费者"。

——提供服务的人无须与他们的服务所依赖的人或社区相联系——他们可以是离岸的"提供"，或者通过临时访问，或者通过外国公司的形式建立当地的商业存在，但是这些商业存在的优先权是给予离岸股东的。这些提供者与"消费"他们的国家并没有任何长期的责任和义务关系。

——政府签字放弃他们给予当地服务提供者的优先权利，例如广播、教育、电力或公共卫生，或者放弃对敏感类服务行业的外国投资者和要求当地董事占多数的限制。

——市场准入方面的核心规则约束政府通过限制某些市场行为的规模和速度而形成所谓的"市场"的能力，例如银行、旅游业或大型综合超市，不论它们是国家的或是当地的，也无论它们是本土的还是外资控股的。

——这类限制适用于中央政府、地方政府以及非政府机构——如专业性机构。

——这些规则作用广泛，因为它们限制了政府几乎所有的原本施用措施的权利——法律、法规、规章、程序、决定、行政活动或其他形式。

——这些规则也适用于任何"影响"服务贸易的措施，即使这些措施并非是直接的，例如支付或分配制度，或出于非商业目的，例如环境保护目标或有害身心健康产品销售的限制。

——另外，这些规则也适用于一项具体服务供应链的生产、分配、营销、销售、交付等环节。

——邮政服务、农业营销与分销等公共或私人垄断利用垄断地位交叉补贴或促进其提供的垄断服务的，可提出质疑程序。

——虚拟的"公共服务创业"仅适用于由公共垄断免费提供服务的少数情形。

——公共健康、环境保护、公共秩序和道德等例外必须为了抵御可能的起诉方而建立，并受制于法定的检验。这些例外已经证明作为 WTO 的保障措施是无效的，因为在超过 40 个的 WTO 争端中，仅有一个成功。

——个人隐私保护也是幻想。除了其他例外所面临的所有障碍外，依靠法律和规章保护处理与传播个人资料相关的个人隐私和机密不能违背协议条款的内容。

——政府不能限制对服务必要的资本之跨境流动以及与国外投资相关的资本流入，在这方面成员做出了分服务行业的具体承诺。即使是在实际的或受威胁的国际收支平衡的紧急情况下，政府施加资本控制的选择也是十分有限的。即使政府设法满足了这些特殊情形，它们可以采纳的控制种类也是相当有限的并将面临高风险的挑战。

二、TISA 中体现出的新内容

1. 服务业出现更多既存的和新的规则

TISA 的三个特征结合并超越了现有的 GATS。第一，新的且对政府行使权力的实质性限制被写入了核心规则。第二，出现了新的或更广泛的针对决策的标准和给予贸易公司的权利，包括外国公司，即施压政府以保护这些公司的利益。第三，在非歧视性原则两个主要规则下，承诺表的改变带来了更多的服务业开放，有利于当地（国民待遇）、不再限制外国商业存在的规模和形式、不再限制市场（市场准入）。TISA 文本也预料到会更广泛地使用"额外承诺"，随之政府的某些行动和某些部门将受限于一系列新的限制，这其中有些与承诺减让表有关，有些无关。

2. 承诺减让表

在 GAT 中国民待遇和市场准入规则仅适用于政府许可其受到管制的服务。每一个国家都有自己的清单或减让表，并且有许多方式去限制它的披露程度——例如，不承诺非歧视规则或保留以某种方式限制其市场的权利。也可以对服务的交付方式设置限制，例如通过国外投资者或通过互联网。

TISA 的第二部分对市场准入和国民待遇设置了不同的规则。服务业仍旧市场准入方面采用正面清单的形式，这意味着市场准入规则仅适用于一个做出具体承诺的特定行业，并且受到承诺表之内容、限制和条件的约束。

国民待遇（外国服务和提供者必须至少得到与本国相关服务和其提供者同等的待遇）是一个发生重大变化的地方。所有服务和所有提供服务的方式均被 TISA 规则涵盖，除非它们确实已得到保护。

一成员的政府可以用这一承诺减让表中第一篇 A 部分清单中与某一行业、其分支机构或活动相关的措施来保护将来的权利。

一成员的政府也可以在其减让表中列出较低保护的清单，这样的清单将保留其违反国民待遇原则采取某种措施的权利。但是，这不能增加其"未能遵守"的水平（例如，外国公司新的限制或当地公司的利益），并且一个棘轮条款将得以应用，将自动锁定任何新的自由化。

欧盟也建议设立一个针对（精英）服务人员的临时流动的特殊承诺减让表，这似乎也是要在市场准入和国民待遇原则方面应用一个正面清单措施。

3. 制订了新行业的和其他的协议附件

TISA 对 GATS 其他的扩展主要体现为增加新的"纪律"，例如相关的国内法规、透明度、电子商务以及特定行业新的或修改的附件，例如海上运输、通讯和金融服务。TISA 的成员试图确保这些内容能作为实质协议的一部分得到考虑，特别是它们的战略计划是使得 TISA 成为 WTO 一个诸边贸易协议。它们也试图确保新的纪律和行业附件，这些行业附件允许国家 GATS 承诺减让表中包含的"额外承诺"的存在。

4. 对发展中国家没有特殊对待

TISA 核心文本并未重申 GATS 中的发展条款。这其中包括当发展中国家进入非 WTO 的服务协定时，GATS 或多或少会受到的必要的约束性要求，即其他国家在其关心的领域对发展中国家的让步。这意味着当任何发展中国家参与或者试图加入TISA时,TISA均将受制于同样的负有义务规则的约束。

5. 一些存在的条款很可能根据"新的和强化的纪律"得以扩展

根据TISA下发展起来的"新的和强化的纪律",这里可能有一个新的定义,变为采纳"额外承诺"的机制和附件条款。

TISA文本的结构

正如预期的,TISA"核心文本"的许多基本条款与WTO的GATS是相同的,所以更容易整合到GATS中。以下斜体字是与GATS条款不同的条款名称,与GATS相同的条款用括号标明。因为核心文本反映了创建一个文本的战略,这一文本可以借用GATS的核心内容,两者有关范围的定义和许多规则,例如定义、措施、服务提供、提供服务的"模式"、行业、商业存在、当地政府的适用、政府行使职权中提供的服务、垄断,也是相同的。

序言	一般例外(Art 14)
第一部分:总则 一般条款	安全例外(Art 14之二)
范围(Art1;Art 28)	利益的拒绝给予(Art 28)
最惠国待遇(Art 2)	政府采购(Art 13)
经济一体化(Art 5)	*(补贴 Art 15)*
市场准入(Art 16)	第二部分:承诺减让表
国民待遇(Art 17)	*市场准入承诺减让表(cf Art 20)*
保密信息的披露(Art 3之二)	*国民待遇承诺减让表(cf Art 20)*
国内法规(Art 6)	*市场准入和国民待遇不一致措施的减让表(cf Art 20)*
额外承诺(Art 18)	*额外承诺减让表(cf Art 20)*
行政决策审议(新)	第三部分 新的和强化的纪律
透明度(Art III)	第四部分 机构条款
承认(Art 7)	争端解决
支付和转让(Art 11)	协议将来的参与
保障国际收支平衡的限制(Art 12)	多边化
垄断和专属服务提供商(Art 8)	制度条款

资料来源:蒋佳妮、黄婧编译.(美国)维基解密.工业和信息化部国际经济技术合作中心,2015-08.

第四节 中国服务业的对外开放及发展

一、中国服务贸易的发展特点

(一)服务贸易规模不断扩大

改革开放以来,中国服务贸易进入快速发展阶段。1982年,中国服务贸易进出口总额仅为44亿美元,2014年已达6 043亿美元,32年间增幅近140倍。特别是加入WTO后,中国服务贸易发展加快。2002—2008年,年均增长速度超过15%,不仅高于中国经济的平均发展速度,而且高于全球服务贸易出口额的平均增速。在遭遇2008年全球性的经济危机之后,中国服务贸易额虽然在2009年出现了负增长,但是2010年强劲反弹,之后的数年间,平均增幅为两位数,远远超过同期中国货物贸易的增长幅度(表12-6)。

表 12-6　中国历年服务贸易进出口情况

年份	出口额（亿美元）	出口占世界比重（%）	进口额（亿美元）	进口占世界比重（%）	进出口总额 金额（亿美元）	增长率（%）	占世界比重（%）
1982	25	0.7	19	0.5	44	—	0.6
1990	57	0.7	41	0.5	98	21	0.6
1995	184	1.6	246	2.1	430	33.5	1.8
2000	301	2.0	359	2.5	660	15.4	2.2
2001	329	2.2	390	2.6	719	9.0	2.4
2002	394	2.5	461	3.0	855	18.9	2.7
2003	464	2.5	549	3.1	1 013	18.5	2.8
2004	621	2.8	716	3.4	1 337	32.0	3.1
2005	739	3.0	832	3.5	1 571	17.5	3.2
2006	914	3.2	1 003	3.8	1 917	22.0	3.5
2007	1 217	3.6	1 293	4.1	2 509	30.9	3.9
2008	1 464	3.9	1 580	4.5	3 045	21.4	4.1
2009	1 286	3.9	1 581	5.1	2 867	−5.8	4.5
2010	1 702	4.6	1 922	5.5	3 624	26.4	5.1
2011	1 821	4.4	2 370	6.1	4 191	15.6	5.2
2012	1 904	4.4	2 801	6.8	4 706	12.3	5.6
2013	2 105	4.6	3 290	7.6	5 396	14.7	6.0
2014	2 222	4.6	3 821	8.1	6 043	12.6	6.3

资料来源:中国商务部。

(二) 服务贸易增速远高于世界平均水平

1982—2007 年,全球服务贸易总额增长了 8.23 倍。同期中国服务贸易额增长了 56.05 倍,远高于世界平均增速(表 12-6)。但在世界服务贸易的发展中,中国服务贸易所占比重仍远低于美国,虽然中国服务贸易的发展速度高于其平均速度。

1. 服务进出口总体呈快速增长态势

2016年,中国服务贸易保持较好发展势头,服务进出口总额53 484亿元人民币。其中服务出口18 193亿元,增长2.3%;服务进口35 291亿元,增长21.5%。服务贸易进出口保持高速增长。最近十年间,即使遭遇了全球性的经济危机,服务贸易的年均增长率依然超过两位数(图12-2),高于同期货物贸易的增速。服务贸易为中国外贸的平稳发展以及经济增长做出了重要贡献。

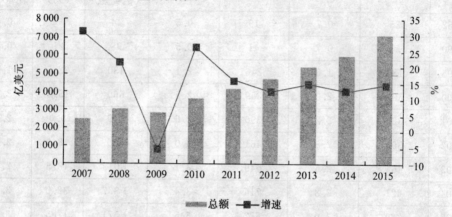

图12-2 2007—2015年中国服务进出口总额及增速

资料来源:中国商务部服贸司。

2. 传统服务贸易逆差持续上升

2016年,中国传统三大服务行业(运输、旅游、建筑服务)进出口合计为39 220亿元,占服务贸易总额的73.3%,比2015年提高了2.4个百分点。运输服务受到国际货物贸易低迷影响,进出口仅微幅增长1%,金额为7 174亿元。建筑服务进出口1 410亿元,同比下降15.6%。与运输和建筑服务低迷不同,旅游服务保持较快增长,进出口增速达到22.6%,规模达到25 136亿元,占服务贸易比重进一步上升至57.3%。其中出口增长3.1%,进口增长28%。旅游服务出口增长放缓,主要是由于中国旅游产业发展相对粗放、缺乏多元化、复合型、高质量的旅游产品,旅游服务意识亟待加强,营销推广创新不足。旅游进口的高速增长则与境外购物游上升有较大关系,据《2015年全球旅游购物报告》显示,中国游客购物费用占人均境外消费的55.8%。由于出口增长放缓、进口持续高增长,2016年旅游服务逆差进一步扩大。

3. 服务贸易国际市场结构较稳定

2016年,中国对主要贸易伙伴进出口增长迅速,服务进出口仍集中于中国香港、欧盟、美国、日本、东盟等国家(地区)。2016年,中国香港、美国、中国澳门、日本和韩国是我国前五大服务贸易伙伴,占我国服务进出口比重达55.7%。"一带一路"沿线国家增长潜力持续释放,我国与"一带一路"沿线国家服务贸易总额为818亿美元,占比

12.4%，其中服务贸易出口占比超过五分之一。近年来，我国服务贸易逆差较大。例如在 2016 年，美国依然是中国服务贸易最大逆差来源地。全年中美服务额突破 1 000 亿美元大关，服务贸易逆差进一步扩大，达到 523 亿美元。

（三）服务贸易全面发展的格局初步形成

服务贸易出口来源地集中在东部沿海地区。由于优越的地理条件和较发达的现代服务业，沿海发达地区在运输、保险、计算机和信息服务、咨询服务和广告宣传等领域较内陆地区具有明显优势，是中国服务贸易的主要出口地区。再加上服务贸易创新发展试点大多集中在这些地区，制度创新和优惠政策效果显著，一直是中国服务贸易发展的主力军。2016 年，中国服务进出口规模前五大省市依次为广东、上海、北京、江苏、浙江，金额分别为 9 787 亿元、9 651 亿元、9 328 亿元、4 140 亿元、2 950 亿元，合计占全国服务进出口的 67%。

与东部地区相比，中国中西部地区服务进出口规模仍处于较低水平，但在全国服务贸易中所占比重有所提高。2016 年，中西部地区服务进出口达 9 053 亿元，占全国比重 17%，比 2015 年提高了 2 个百分点。东西部地区服务贸易发展差距有所收窄，区域分布结构趋于优化。

（四）中国服务贸易的贸易结构不断完善

从服务业结构看，运输、旅游等传统服务贸易部门继续稳步发展，通信、保险、金融、专有权使用和特许、计算机信息服务、咨询、广告等新兴服务贸易部门开始兴起。1997—2016 年，中国服务贸易结构逐渐改善。

从行业分布来看，运输、旅游和其他商业服务一直是中国服务贸易进出口的中坚力量，仅此三个行业贸易额即占年服务贸易总额的 70% 以上。

2016 年中国新兴服务贸易快速增长。信息服务进出口增长高达 74%，其中出口增长 49.1%，进口增长 96.2%。广告服务增长 37.9%，其中出口增长 46.7%，进口增长 20.2%。保险服务、计算机服务、管理咨询服务、知识产权、个人文化娱乐、维护和维修服务等贸易进出口增速均超过 10%。信息服务、广告服务、保险服务等所占比重上升，说明服务贸易产业结构进一步优化。随着数字技术的广泛运用，服务贸易外包化、数字化趋势增强，新兴服务出口的 70% 通过服务外包方式完成，服务出口可数字化的比重达 40%。

（五）服务贸易比较优势较弱

显示比较优势指数（RCA）被广泛用于衡量一国某一产业是否具有国际竞争力。当 RCA 小于 0.8 时，可认为该国该产业的国际竞争力很弱；当 RCA 介于 0.8～1.25 之间时，说明该国该产业的国际竞争力较弱；当 RCA 介于 1.25～2.5 之间时，表明该产品国际竞争力较强；当 RCA 大于 2.5 时，表明该国该产业具有极强的国际竞争力。由图 12-3 可知，中国服务贸易 RCA 指数介于 0.4～0.6 之间，中国服务贸易规模很大，但是在全球市场上的竞争力很弱。中国的服务贸易整体上呈现大而不强的特征。

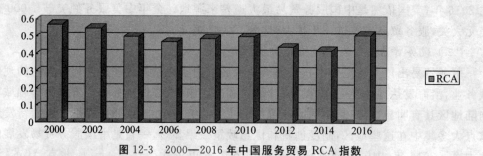

图12-3 2000—2016年中国服务贸易RCA指数
数据来源：《中国统计年鉴》、WTO国际贸易统计数据库。

二、中国服务贸易发展的影响因素分析

(一) 全球服务贸易发展环境复杂多变

1. 国际服务贸易市场竞争加剧

当前世界经济和贸易仍处于低速复苏阶段，全球服务贸易发展动力依然不足。据国际货币基金组织（IMF）公布的数据显示，2012—2015年全球贸易增幅均在2%～3%之间，2016年世界经济增长率为2.2%，增幅日益放缓。在国际市场需求较弱的情况下，一些新兴经济体加快结构调整和开放步伐，放宽服务业外资持股比例，甚至出售大型国有公司股份，服务业出口潜力快速提升，国际服务贸易竞争出现加剧趋势。

2. 多边贸易体制遭遇挑战

世界贸易组织框架下的多边服务贸易谈判僵持不下，以美国为首的发达国家启动了《国际服务贸易协定》（TISA）等诸边谈判，力求制定更高标准的服务贸易规则，推动全球服务市场的进一步开放。《跨太平洋伙伴关系协定》（TPP）和《跨大西洋贸易和投资伙伴关系协定》（TTIP）等自由贸易协定谈判蓬勃发展，服务业开放议题成为各方关注焦点，各国谈判和扩大市场准入的对象从传统的商贸、旅游、运输扩展到新兴的信息、金融、保险等。这对全球服务贸易规则改变将产生深远影响。

(二) 传统服务贸易技术含量低

运输服务、旅游在中国服务进出口总额中的占比超过50%，是促进服务贸易总量增长的主要动力。遭受2008年国际金融危机的重创之后，2010年开始全球运输市场回暖，运价回升，运输服务贸易恢复较快增长，世界运输服务出口由2009年的下降23%转为增长14%。

2016年，中国入境旅游市场低迷，但出境旅游市场持续升温。居民消费观念的日趋理性以及人民币的持续升值促进了出境旅游的增长。但我国的传统服务贸易部门技术附加值含量较低，在一些高技术附加值部门逆差较大。

（三）高附加值服务助推中国服务出口迅速增长

随着产业结构调整步伐的加快，以高附加值为主导的产业体系加快转型，中国服务贸易结构趋于优化。近年来，以咨询、计算机和信息服务为代表的高附加值服务出口增势迅猛，有力地推动了中国服务出口的增长。相关服务分类项下的各种服务贸易增速均超过了10%，其中，知识产权使用费和电信服务增速最快。深圳、上海等地区开展服务贸易创新试点过程中，积极推进政策创新，在知识产业和电信服务等相关领域先试先行，有效推动了相关服务贸易的发展。2016年2月22日，国务院批复同意在天津等15个省市(区域)开展服务贸易创新发展试点。商务部认真指导试点地区编制《试点方案》，推进服务贸易便利化和自由化，着力构建法治化、国际化、便利化的营商环境，打造服务贸易制度创新高地。此外，服务外包示范城市完成扩围、引领发展。印发《关于新增中国服务外包示范城市的通知》，将沈阳等10个城市确定为中国服务外包示范城市，示范城市数量从21个增加到31个，引导市场资源继续向示范城市集聚发展。

三、"入世"后中国主要服务业的发展

在外资公司现有准入水平下，中国逐步取消对银行、保险、证券、电信、旅游、营销、会计、法律、咨询等专业服务，与商业和计算机相关服务，以及电影和视听等绝大多数的限制，并加入《全球基础电信协议》和《金融服务协议》，服务业全面开放。

中国对外商进入服务行业时间、投资比重及控股份额、经营范围限制、经营地区限制和服务标准要求进行了进一步调整，其中把① 银行业、② 保险业、③ 证券业、④ 基础电信业、⑤ 旅游业、⑥ 营销与相关服务业、⑦ 海运服务业、⑧ 专业服务、⑨ 视听服务等列为对外开放领域。

（一）全面降低对服务业利用外资的限制：2007年至今

2006年年底"入世"过渡期结束，中国全面履行了服务业对外开放的承诺。随后，新修订的《外商投资产业指导目录》也于2007年12月1日起生效。在服务业领域，新版《外商投资产业指导目录》在全面落实中国加入世贸组织承诺的同时，积极稳妥扩大开放，增加承接服务外包、现代物流等鼓励类内容；减少限制类和禁止类条目，将原限制外商投资的货物租赁、货运代理、外贸公司等调整为允许类条目，将原禁止外商投资的期货公司、电网建设和经营列为对外开放领域；对金融业外资投资限制尺度有所放宽，鼓励类包括银行、金融租赁公司、财务公司、信托投资公司、货币经纪公司、保险公司(寿险公司外资比例不超过50%)、证券公司(限从事A股承销、B股和H股以及政府与公司债券的承销和交易，外资比例不超过1/3)、证券投资基金管理公司(外资比例不超过49%)以及保险经纪公司和期货公司(中方控股)。但对部分涉及国家经济安全的战略性和敏感性行业，对外资开放较为谨慎。新版《外商投资产业指导目录》标志着中国服务业进入对外资企业全面开放阶段，投资壁垒进一步降低。但是，为了抑制房地产泡沫，新版《外商投资产业指导目录》将房地产列入限制外商投资产业目录，以规范对房地产市场的管理。

（二）"入世"对中国服务业发展的影响

（1）有助于推动服务业市场化进程。推动服务市场对内开放，特别是垄断服务行业的市场化开放；通过加入WTO，推动服务业市场对外开放，推动服务企业国际化经营，提高服务业国际竞争力；有助于服务市场的规范化管理，实行服务提供者资格标准化、服务质量的管理。

（2）促进服务业发展。加入WTO和开放服务业，有助于扩大服务业投资；通过引进市场竞争力因素，促进服务业技术进步和提高服务质量；通过竞争扩大服务规模，拉动服务业消费需求，扩大服务业就业。

（3）改善服务业投资环境。通过基础性服务业（运输、邮电）的发展，改善了基础设施、产业配套等投资环境，促进生产性服务业（运输、邮电、金融、分销及物流）、专业服务（会计、广告）的发展。

（4）改善生活服务。增加生活服务（社区服务、医疗服务、商业零售服务）多样化、多层次服务。

（5）推动有关服务业法律体系完善。以世界贸易组织规则为依据，完善法律体系。

（6）提高中国服务业国际竞争力，推动服务企业经营国际化水平。

（7）对中国服务业形成冲击性影响。国内企业对WTO关于服务贸易规则的适应需要较长时期；在WTO规则条件下，外资进入服务业会逐步增加，对国内银行、保险、基础电信等产生一些冲击；加剧国内服务业发展的不平衡。

四、中国服务贸易发展中存在的主要问题及其原因和对策

（一）主要问题

长期以来，由于历史和国际国内环境的原因，服务业在我国国民经济发展中的地位一直没有得到应有的重视，服务业发展严重滞后，以至于成为制约整个国民经济发展的瓶颈，存在的主要问题有：

1. 服务贸易对外开放程度较低

尽管近年中国服务业发展较快，但是与货物贸易相比，发展还是相对滞后。造成这种情况的主要原因是中国外资流入主要集中在制造业等第二产业。据不完全统计，服务产业利用外资约占全国外资流入总额的1/5左右，由于服务领域总体对外开放程度较低，影响了国外先进管理经验和制度的引进。另外，中国大部分服务领域（如电信、运输、金融和保险等）主要以国有成分为主，缺少必要的市场竞争，在一定程度上也延缓了中国服务业的发展速度，造成服务贸易和货物贸易的非均衡发展。

2011年以来，参与谈判的各国逐渐就金融、保险、证券、电信等领域放开对外资持股比例或经营范围的限制。我国虽然已加入TISA谈判，服务业开放度得以提升，但大部分细分部门的准入门槛依然很高。

服务贸易限制性指数(STRI)是由服务贸易限制数据库发布的全球103个国家的服务贸易政策限制程度,指数达到60以上属于开放度较高,介于40~60之间属于中等开放度,40以下属于开放度较低。中国2016年的服务贸易总体开放度为63.4。其中,自然人移动的开放度仅为25,说明自然人移动由于经常受到国家保护限制,属于开放度较低的模式。以上海自贸区为例,《中国(上海)自由贸易试验区外商投资准入特别管理措施(负面清单)(2014年修订)》对外投资服务业市场准入的限制活动数有所下降,由104项降为94项,降幅约为9.6%。其中,交通运输、仓储和邮政业与科学技术服务业的开放幅度较大。但是资本项目的开放程度不够,服务贸易管理措施的透明度还有待提高。

2. 服务贸易项目和市场过于集中

尽管近期中国的服务贸易收支增长态势良好,但项目和市场分布极不平衡。中国的服务贸易收支主要集中在旅游、运输和其他商业服务。目前,中国服务贸易伙伴也主要集中在美国、中国香港等地。从国内地区发展情况看,上海、北京和广东等地区服务贸易规模较大,而中西部地区服务贸易所占份额极小。服务贸易交易项目和地区分布的不均衡,压低了中国服务贸易发展的总体水平。

3. 落后的服务业制约了商品贸易和经济的进一步发展

由于我国服务业发展的总体水平比较落后,服务业各部门普遍存在管理机制僵化、人员素质差、生产效率低、资金短缺和服务手段落后等问题。这些因素导致我国服务业在国际竞争中总体上处于劣势。长期以来,我国服务业进口大于出口,呈现逆差。由于部分服务业是其他产业赖以发展的基础,如金融、电信、信息服务等行业发展的滞后已经影响到我国国民经济的发展,制约了商品经济的进一步发展。

4. 服务贸易自由化程度还有待提高

在"入世"谈判中,我国在服务贸易的许多领域做出了开放承诺。"入世"后,一些服务业的实际开放度甚至超出了我国当初承诺,使我国在金融、通信、中介服务等领域吸引了大量外资,有助于提高服务业竞争水平,促进我国服务业的发展。但是仍然有些服务贸易领域开放的步伐较慢,市场透明度和市场运行自由度还不够,有待进一步提高。

5. 服务贸易政策、法规不健全

(1) 管理体制不顺。关于服务贸易发展的总的法规、准则比较缺乏;中央与地方关于服务贸易的政策、法规和管理不协调;各个行业的系统管理缺乏协调,行业保护主义和垄断盛行。

(2) 多头管理和条块分割。服务业有关职能部门在对外贸易管理方面责任不明确,其政策和规定缺乏透明度与权威性,出现条块分割,管理僵化。

(3) 统计不规范。服务业的定义、统计范围以及划分标准与国际惯例不协调,统计数据不准确,难以进行分析和研究。

6. 服务产业的制度和技术的创新能力不足

目前,中国服务贸易发展较快的项目集中在旅游、运输、转口贸易、经营租赁等劳动密集型的低附加值项目上,而金融、保险、计算机信息服务、技术咨询、专有权利和特许、广告宣传和电影音像等技术密集型高附加值服务项目,受制度、技术、知识和文化等基础因素的制约,发展速度相对缓慢。由于高附加值服务产业的发展不同于传统服务业过度依靠资金和劳动投入的发展模式,未来高端服务产业的改革发展应注重制度环境改善和创新能力的提升。

(二) 中国服务贸易落后的原因

1. 对服务贸易不够重视

传统观念认为只有物质生产部门才能创造价值。服务业属于分配部门,不创造价值。长期"重制造,轻服务"的政策导向客观造成服务贸易发展相对缓慢。我国企业与政府对服务贸易的国际市场定位规划也不够清晰。

2. 服务业的滞后制约了服务贸易的发展

经过近40多年的快速发展,中国服务贸易无论是从贸易总量还是贸易结构上看,都有了明显的改善。中国服务贸易在世界服务贸易中的地位愈发重要。但是,相比而言,中国服务贸易发展相对滞后。第一,服务业增加值在GDP中比重仍偏低,目前略高于50%,远远低于发达国家65%~80%的水平。第二,从各类服务贸易竞争力指标分析,中国服务贸易整体竞争力并未体现出改善的态势,整体竞争力处于劣势。第三,服务贸易部门结构不平衡。传统服务贸易项目占据主体地位。第四,服务贸易的发展不平衡,市场和地区发展过于集中,地区差异较大。

近几年,中国服务业增加值增速加快,服务业投资增速加快,服务业内部结构有所改善,但是服务业发展总体上仍存在不少问题。具体包括:总体规模较小;服务水平不高;结构不合理,各部门发展严重失衡;体制改革滞后和机制创新不足;资金短缺,技术落后,高素质人力资源不足;服务业技术创新不足;专业技术和技能水平、管理方法、营销策略与技能存在欠缺。

3. 体制和政策的原因

中国的市场机制还未完全形成,市场还在营造之中,反映在服务业上就是尚未形成符合市场运行规则的机制。这主要表现在部门垄断,保险、银行、教育和运输等部门都不同程度地存在着部门垄断,致使这些行业缺乏竞争意识,不思进取,服务水平十分低下,并且垄断带来的政企不分,又挫伤了这些部门锐意进取的积极性,限制了服务业的扩展领域。

传统的计划体制还带来很多具体的问题:内外贸易分割;投资成本太高(地价太高);法规不全,关卡太多,透明度不高;人才缺乏;金融服务系统不健全;人员出入境手续烦琐;从业人员素质相对比较差;相关政府部门间综合协调能力差;等等。这些都给服务贸易的开展造成直接的障碍。

（三）促进我国服务贸易发展的主要政策和措施

2008年以来，世界经济遭受了严峻挑战。全球金融危机使世界经济形势发生了深刻变化，对各国实体经济的冲击仍在持续和深化。我国政府抓住全球产业结构调整和国际产业加速转移的机遇，提升对外开放水平，完善政策法规，加强对外合作，积极推动中国服务贸易发展。现阶段中国服务贸易领域的政策目标是遵循WTO的服务贸易规则，建立符合中国实际的服务贸易管理体制。

1. 有序扩大服务贸易领域开放

我国按照加入世贸组织服务贸易领域开放的各项承诺，根据自身发展水平和承受能力，不断提高服务贸易领域对外开放水平，促进新兴服务贸易的发展，逐步在服务贸易重点行业放宽市场准入限制，吸引外资投入物流服务、软件开发、服务外包特别是离岸外包等发展潜力较大的领域。充分利用海关特殊监管区域和保税监管场所的功能与政策优势，促进服务贸易的发展。实施自由贸易区战略，进一步扩大与各个国家或地区服务贸易往来和合作。加强与台港澳地区的合作，在CEPA框架下继续发挥港澳地区在内地服务贸易领域开放中的先导作用，深化两岸在服务贸易领域的开放合作。我国要重点打造中国—东盟服务贸易多边合作区域。"一带一路"合作以"五通"为核心理念，以六大经济走廊为载体。中国—东盟及"10+3"合作区是亚洲市场的核心区域，重点打造这一区域，在RCEP框架下共享服务贸易自由化的巨大收益，服务贸易将起到催化剂作用。我国与东盟国家贸易结构互补性明显，尤其在服务贸易上，东盟各国的旅游服务、酒店与会展服务、金融服务具有较强竞争力，而我国在计算机信息服务、商务服务、建筑服务与海运服务方面比较优势明显，在RCEP的推动下，可以共享自由贸易的巨大收益。

扩大中国—欧亚经济联盟的服务贸易规模，大力发展运输服务贸易。以交通基础设施建设为载体的运输服务贸易是我国"十三五"规划中服务贸易发展的重要抓手。应大力拓展我国与欧亚经济联盟成员国之间的服务贸易范围、贸易形式与合作模式，鼓励客货运高铁直通边关。"一带一路"是亚欧一体化经济带的两个相互关联的侧面，现已建成通车的中欧货运专列（义乌、重庆、武汉）等国际列车横贯亚欧客货运输，再加上各条筹备中的运输干线，也都将提升我国对中亚、欧洲市场的拓展能力。

2. 增强我国服务贸易的竞争优势

按照比较优势理论，我国在国际产业体系中的定位理应是劳动密集型产业，专门生产并出口劳动和资源密集型产品和服务。我国服务贸易在旅游、运输、国外工程承包及劳务输出等劳动密集型、资源密集型行业存在着比较优势。发展我国服务贸易，首先应充分发挥我国的比较优势。国内政策可以适当向旅游、运输等优势行业倾斜，使之产生规模经济效益从而进一步增强国际竞争力。也可以通过改善旅游环境，提高劳务输出素质,使我们更好地发挥比较优势。一国要确定自身的对外贸易优势,仅仅靠比较优势是远远不够的,起决定作用的是其竞争优势。为此,发展我国服务贸易,必须建立完善的科技创新体系,运用具有自主知识产权的核心技术,提升服务业整体水平。重点发展保险服务、金融服务、计算机和信息服务、专利权和特许权服务及咨询服务等具有高附加值的服务。与此同时,应大力实施服务品牌战略,提升各种服务的内在价值。

3. 创造公平的市场竞争环境

我国电信、金融、保险、铁路运输、航空运输、广播电视等大部分服务行业由政府垄断经营,市场准入限制十分严格,国有企业占绝对主体地位。市场在服务业的资源配置中还没有发挥基础性作用。大多数服务产品的价格还是由政府制定和管理,市场机制在服务领域尚未完全形成。国有资本垄断大部分服务行业,由于缺乏竞争,其结果是服务成本居高不下,服务价格高,创新不足,服务效率低下,透明度低。近年来对垄断性服务行业的改革仅限于在原有国有企业"分拆"之后的企业之间开展竞争,但效率提高并不十分明显。垄断性服务行业的改革必须以打破垄断为突破口,以促进竞争为手段,不断增强服务业活力。

4. 建立更完善的服务贸易法律体系

(1) 加强有关服务贸易管理部门的协调管理。对我国国际服务贸易实施有效的宏观管理,关键是要迅速建立科学的管理体制,确定统一协调的服务贸易进出口政策以及归口管理部门。我国目前对服务贸易的管理多头、交叉、条块分割、力量分散,各部门难以形成行业管理职能,不能有效地集中力量发挥协调和管理优势。

因此,首先应由商务部承担服务贸易发展战略的制定、日常管理、统计以及服务出口促进和贸易救济等具体管理工作。2006年4月,中国商务部下设了服务贸易司,2011年该司更名为服务贸易和商业服务业司。今后,可以借鉴美国的经验,由该司具体负责服务贸易的规划、统计、谈判以及其他日常管理工作,并与行业主管部门以及金融机构和行业协会相配合,共同承担服务贸易的出口促进、贸易救济及其他服务功能。

其次,考虑到目前我国银行、保险、证券、电信、软件、影视、运输、旅游等主要服务领域都有各自的主管部门,因而,应尽快在这些部门之间建立沟通和联系机制,以协调各部门在对外服务贸易谈判中的立场。

最后,服务贸易包含面广泛,涉及诸多部门,事关国家主权和国家经济安全,因此有必要成立全国性的服务贸易管理组织。为此,中国于2015年建立了国务院服务贸易发展部际联席会议(以下简称联席会议)制度。该组织在国务院领导下,统筹协调服务贸易发展工作。加强对服务贸易工作的宏观指导,研究加快服务贸易发展的政策举措,协调各部门服务进出口政策;统筹将服务业对外开放,将服务业国内改革与对外开放有机结合,将服务业对外开放与促进服务进出口有机结合;指导服务贸易创新发展试点和特色服务出口基地建设,协调解决工作推进中遇到的重大问题;及时总结推广服务贸易发展中的典型经验;完成国务院交办的其他事项。

(2) 为保证服务贸易能沿着正常、健康的轨道发展,我们应加强对CATT、GATS、WTO有关条款原则的研究,根据GATS的要求,尽快建立、健全既符合本国经济发展目标又不违背国际法律准则的法律、法规。对服务市场准入原则、服务贸易的税收、投资、优惠条件等要以法律形式规定下来,以增加我国服务贸易的透明度,使服务贸易真正实现制度化和规范化。同时,正确利用GATS的有关例外条款,制定适度的保护政策,以保护我国服务贸易的正常发展。

5. 加快服务领域的改革

按照服务业及服务贸易发展战略要求,将服务业国有资本集中在公共产品和服务领域。深化电信、铁路、民航等服务行业改革,放宽市场准入,引入竞争机制,推进国有资产重组,实现投资主体多元化。积极推进国有服务企业改革,对竞争性领域的国有服务企业实行股份制改造,建立现代企业制度。明确教育、文化、广播电视、社会保障、医疗卫生、体育等社会事业的公共服务职能和公益性质。对能够进行市场化经营的服务,动员社会力量增加市场供给。加快事业单位改革,将营利性事业机构转变为企业,尽快建立现代企业制度。继续推进政府机关、企事业单位后勤服务、配套服务改革,推动由内部自我服务向由社会提供服务转变。

6. 建立服务贸易促进体系

(1) 国家应建立各部门密切配合、中央和地方互动、政府和企业紧密联系的全国服务贸易协调管理机制。同时,应健全服务贸易促进体系,充分发挥中国服务贸易协会的作用,建立境内外及时沟通的服务贸易支持网络。

(2) 加强国际交流与合作,采取多种形式,与世界贸易组织、联合国贸发会议、欧盟等国际组织,以及各个国家和地区的政府组织之间建立联系,紧密合作。

(3) 积极进行服务产品结构的调整,放宽服务业市场准入。我国应积极参与世界性的服务产业结构调整,优化国内产业结构,促进我国服务业的快速发展。

第五节 美国服务贸易发展现状及其对我国的启示

美国作为世界最大的服务贸易国,其服务贸易发展具有增长快、科技含量高、贸易顺差明显、服务外包与海外商业存在并举、市场结构较为高端等多方面的特点与优势。政府重视、技术创新、发展海外直接投资等因素直接促进了美国服务贸易的国际竞争力。中国的服务贸易目前还处于成长期,在体制、规模、结构和国际竞争力方面尚存在不足,需要借鉴美国等发达国家的经验,进一步介入国际服务分工体系,并逐渐打造出有持续发展空间和持续竞争力的"中国服务"品牌。

作为世界上最发达的经济体,美国的服务贸易不仅总量大,而且结构完整、增长势头强劲,在世界服务贸易中地位突出。在未来很长一段时间内,美国的服务贸易还会维持目前的比较优势,在对外贸易中的地位也会日益显著,这为美国经济结构的调整以及经济进一步增长提供了较大空间。中国服务贸易与发达国家尤其是美国的双边服务贸易一直处于失衡状态,研究美国服务贸易的发展,对中国服务贸易将具有重要启示。

一、美国服务贸易发展现状及特点

美国是当今世界最大的货物进出口国,也是最大的服务进出口国。2015年美国服务贸易额占对外贸易总额的比重为23.9%,服务贸易顺差高达2 635亿美元,对平衡国际收支起了不可低估的作用。

(一)服务贸易的总额大、顺差多、增长速度快

美国服务贸易的进出口额历年基本上位居世界首位。20世纪70年代以来,绝大多数年份的美国货物贸易均有大额逆差,如2015年美国货物贸易总额较上年下降5.5%,出口1.5万亿美元,进口2.3万亿美元,逆差为8 000亿美元,而服务贸易却在总体规模增长的同时连年保持顺差,且顺差规模呈现长期增长的态势,如表12-7所示。

表12-7 1992—2015年美国服务贸易进出口状况　　　　(单位:亿美元)

年份	总额	出口	进口	顺差
1980	475.5	265.5	210	55.5
1985	730.9	429	301.9	127.1
1989	1 258	790	468	322
1993	3 012	1 795	1 217	578
1994	3 334.5	2 004	1 330.5	673.5
1995	3 605.8	2 191.8	1 414	777.8
1996	3 890	2 381	1 509	872
1997	4 218	2 553	1 665	888
1998	4 434	2 607	1 827	780
1999	4 609	2 696	1 913	783
2000	5 079.5	2 908.8	2 170.7	738.1
2001	4 866.2	2 762.8	2 103.4	659.4
2002	5 161	2 887.2	2 273.8	613.4
2003	5 603.9	3 140.9	2 563	477.9
2004	6 400.2	3 439.1	2 691.1	478

续表

年份	总额	出口	进口	顺差
2005	7 011.8	3 796	3 215.8	580.2
2006	7 790	4 302	3 489	813
2007	8 713	4 932	3 781	1 150
2008	9 528	5 741	4 057	1 413
2009	8 725	5 023	3 702	1 321
2010	8 729	5 150	3 579	1 571
2011	9 690	5 780	3 910	1 870
2012	10 693	6 323	4 370	1 953
2013	11 312	6 808	4 504	2 304
2014	11 434	6 901	4 533	2 368
2015	11 977	7 306	4 671	2 635

资料来源：http://www.bea.gov/international/international_services.htm。

由于服务贸易顺差的抵补，美国国际收支统计中的贸易收支项目的逆差规模大大降低，服务贸易顺差在减小货物贸易逆差对美国国际收支的威胁、增强其承受货物贸易逆差的能力方面发挥了重要作用。1980年美国的货物贸易额为4 825.51亿美元，而服务贸易额为885.2亿美元，仅是货物贸易额的18.34%。到2015年，服务贸易已经占到当年货物贸易总额的23.9%。1981—2015年间，美国服务贸易的年均增长率也远远超过了货物贸易。

(二) 以高科技为先导的新兴服务业成为主要支柱

从产业演进来看，高新技术在现代服务业的形成中起着决定性作用，只有通过高新技术的不断渗透才会形成高科技型的现代服务业。高新技术的渗透使得以其为基础的现代服务业的价值倍增，因此高科技一般都具有高附加值的特征。如采用计算机网络技术建立起电子银行和网上存贷款业务系统后，传统的银行存贷款就衍生为以高新技术为支撑的现代银行服务业，附加值也明显提高。在空间分布上，基于高新技术的现代服务业通常与先进制造业，尤其是信息技术产业高度相关，彼此渗透。

在许多国家，先进制造业与信息科技产业都表现出高度聚集的特性，由它们衍生出来的科技型服务业必然会形成区位的聚集。基于高新技术的现代服务业一般集聚在具有雄厚经济实力和知识储备的大城市，尤其在大都市中央商务区和高新技术园区出现了一系列高科技型产业集群。比如美国的纽约、洛杉矶、波士顿、芝加哥等城市都拥有众多信息传输和软件开发企业、国际咨询公司、会计师事务所、律师事务所、网络服务商、传媒和出版以及教育培训企业等，现代服务业在这些城市中占据着极其重要的地位,其经济总量达到这些城市经济总量的50%,甚至60%~70%。20世纪90年代美国步入信息社会,成为世界上最大的软件生产国,作为世界信息产业的发源地,美国拥有软件公司8万多个,其软件业的年增长率为18%,软件产业在美国已经成为继汽车、电子之后的第三大主导产业,世界排在前10位的软件公司有8个公司总部设在美国。不仅如此,美国作为软件先发国,凭借其技术上的领先地位、坚实的产业基础和良好的制度环境,已经掌握并控制了软件产品的核心技术、体系结构和标准,因此,尽管上游软件产品开发阶段的成本较高,但由于产品复制的成本较低,还可以通过服务外包方式进一步降低成本,所以软件销量的巨大成功仍为美国带来了丰厚的利润,以电子信息技术为基础和以高科技为先导的一系列新兴服务就成为美国服务贸易的主要支柱和强大动力。

（三）服务贸易地理方向趋于多元化

从贸易的地理方向来看,美国与加拿大、西欧有着天然的经贸联系,1989年美加自由贸易区以及1994年美、加、墨之间《北美自由贸易协定》的签订使得美国与这些国家的经贸关系更加密切,这点在美国的服务贸易中体现得非常明显。在美国的服务贸易伙伴构成中,2015年位居前10位的国家除了中国、墨西哥外,其余都是发达国家。在服务出口中,英国、加拿大、日本这三个国家占了美国跨境服务出口的25%。同样,英国(11%)、加拿大(7%)、日本(6%)和德国(6%)是向美国出口的主要国家。可见,英国是美国服务出口最大的目标市场和服务进口的最大来源国,日本对美国的服务贸易逆差在一定程度上弥补了相应的货物贸易顺差,加拿大与墨西哥同美国位置毗邻,交通便利,成为美国运输和旅游业的主要接受国。西欧国家主要与美国进行的是金融服务银行服务业、计算机信息服务、软件程序编制和数据库开发等方面的服务交易。所以,美国服务贸易的对象以发达国家为主,彼此之间进行互补性或产业内服务贸易。但是近年来美国也日益重视亚太地区的服务市场,韩国从1987年开始成为美国生产性服务出口的最大目的国,同时,菲律宾、马来西亚、新加坡和中国等市场增长也很快,成为美国在亚洲发展服务贸易的重中之重。

（四）新型的"服务外包"发展迅速

外包(Outsourcing)兴起的主要原因是为了降低成本,随着发达国家市场竞争的日益激烈,许多公司的战略从收益增强型逐渐转化为成本节约型。为了强化核心竞争力和降低成本,西方企业在全球范围内寻求成本最低的货物和服务,服务的国际外包和采购便顺势而生。由于离岸外包(Offshore Outsourcing)能真正体现不同地区的成本落差,因此它正逐步成为发展最快的领域。离岸外包和涉外在岸外包,都属于跨境服务贸易,本质上是服务产业的国际转移,随着全球范围内新一轮产业结构的调整和国际分工的进一步深化,离岸外包必将成为新的增长点。据美国麦肯锡全球研究所估计,同质同量的服务,外包到发展中国家可使平均成本降低65%~70%。同时,许多发展中国家拥有大量低工资、受过良好教育和专业训练、通晓外国市场知识和文化的专业员工,另外逐渐改善的知识产权保护体系和政府利用国际市场发展本国经济的优惠政策等,都为发达国家企业从事服务外包活动提供了可能。

欧洲市场虽然增速很快,但在这场由美国引起的服务外包浪潮中,美国仍然担任了领头羊的角色,它不仅是世界上最大的发包市场,同时也是世界上最大的接包市场之一,其外包商的竞争力居世界第一,排在世界前六位的外包商全都来自美国。根据外包调研机构国际伙伴公司(TPI)的调查,外包总额上美国一直居于首位。

(五)"商业存在"成为服务贸易的主要形式

由于服务产品有"无形性""不可储存性"等特殊属性,并且在服务贸易过程中通常不涉及服务所有权的转让,更多的是依赖于生产要素的国际移动和服务机构的跨国设置,这样国际间的服务交换无论采取什么形式,它都与资本、劳动力和信息等生产要素的跨国界移动密切相关,所以,直接投资在服务业国际化中扮演着重要角色。随着经济全球化进程的加快,世界范围的产业结构调整和转移进一步升级,跨国直接投资以高于世界经济和货物贸易的速度增长,国际产业转移的重点也由制造业转向服务业。截至2005年年底,服务业在全球FDI总存量中占到了64%,在每年FDI新增流量中约占2/3,服务业已经超过制造业,成为名副其实的全球FDI第一大产业,并且有迹象表明"在所有区域,外国直接投资的构成均转向服务业"(UNCTAD,2004),而这一趋势又构成了国际服务贸易发展的重要推动力。通过FDI实现的以"商业存在"形式在东道国提供服务,有利于服务提供者进行批量生产,取得规模效益,降低成本和价格,因此通过"商业存在"实现的服务贸易价值量也超过了其他方式实现的价值量,成为服务贸易的主要形式。

美国跨国公司海外分支机构的服务销售从1997年开始就超过其服务出口额,而外国服务提供者早在20世纪60年代就已经以"商业存在"方式向美国消费者提供其服务。

二、促进美国服务贸易迅速发展的因素

(一)高新科技成为服务贸易的重要助推力

新技术革命对美国服务贸易的发展起到巨大的推动作用。高新技术广泛应用到美国的服务产业,大大增加了美国服务贸易的种类和范围,提升了服务业的核心竞争力。同时,科学技术革命加快了美国劳动力和科技人员的国际流动,而且使美国的产业结构逐渐向技术密集和资本密集的高科技产业转移,并形成大规模的境内外服务输出。同时,由于服务业技术的领先,美国在国际服务业领域的"话语权"也比较强,成为重要的服务生产标准及服务贸易标准的制定者与控制者,进一步使美国经济保持了国际竞争力的优势。

（二）发达的服务业构成了服务贸易的产业基础

美国在20世纪60年代起就开始向服务型经济转型,其服务业的增加值在GDP中的比重在1980年就已经达到63.77%,而同期世界的平均水平为55.5%。此后在世界服务业整体水平提高的同时,美国的服务业一直保持着较高的增长速度。2015年,服务业对美国经济做出了巨大贡献:服务业占美国私营部分的GDP的78%,达到110 000亿美元;提供给美国9 180万个私营岗位,占美国所有工作岗位的82%。另外,从1980—2015年服务业的就业比重看,总体上呈现出上升趋势。20世纪90年代中期,美国有73.3%的劳动力在服务部门就业,而世界同时期的比例只有36.7%。金融危机爆发前,美国服务业从业人员比例一度超过了90%。美国服务业不仅总规模大,而且作为一个大国,其服务业的门类比较丰富、结构比较完整,加上前述的先进技术,形成了服务业扎实的产业基础。

（三）美国企业FDI对服务贸易发挥推动作用

20世纪90年代以来,美国服务业对外直接投资规模迅速扩大,并取代制造业成为美国对外直接投资的最大行业。美国企业对海外的关联企业提供服务是很多美国服务商向国外市场输送服务的主要渠道,这个比例也是逐年增长的。美国企业海外附属企业(FDI)的主要海外市场是英国(14%)、加拿大(10%)和爱尔兰(7%)。欧盟作为一个整体在2013年占了美企海外附属企业此类销售的42%。金融服务银行服务业是2015年美国金融服务跨境贸易的中流砥柱。而美国的金融服务主要通过关联交易进行。美国海外的金融服务机构(在海外的美企)占美国2013年所有海外美企销售总额的20%。在金融服务中,证券服务占2013年关联销售的最大份额39%,保险服务占2013年关联销售的25%,紧接着是银行(21%)。

（四）政府出台了一系列支持性的政策和措施

早在20世纪70年代,美国政界和经济界就已认识到其国际贸易的比较优势已从商品领域转向服务领域,扩展服务出口对其实现经济增长和增加就业的宏观经济目标极为重要,于是美国政府开始了为其服务出口提供动力和保障的一系列努力。从1974年美国国会通过《外贸法》,到1973—1979年推动"东京回合"多边贸易谈判,从《1988年综合贸易法》的颁布到1994年克林顿向国会递交的《出口战略实施报告》的执行,所有这些都是美国政府从国内经济和就业的增长出发,优先支持环保、信息、能源、交通运输、卫生保健以及金融等服务业,以增强这些服务部门竞争力的政府行为。另外,美国政府和民间团体还设立了专门的咨询机构,为服务业进入他国市场提供多种帮助。同时美国还对自己不具有竞争优势的服务行业和敏感性服务行业的市场准入设置种种障碍,借助各种灰色条款保护国内服务业和就业。

美国国际贸易委员会在2015年11月5日举办了第九届年度服务业圆桌论坛,由主席Meredith Broadbent和委员Rhonda Schmidtlein主持。委员会每年举办这些圆桌论坛来鼓励政府、产业和学术界就影响服务贸易的重要议题进行互相交流。2015年的主要关注点是现有贸易协定下服务贸易条例的变化与效率,以及数字技术对跨境条例和服务业自由化的影响。参会者认为TPP协议将阻止歧视,降低服务行业的市场准入难度;他们认为像服务贸易协定(TISA)这样的协议对建立服务贸易新标准来说是至关重要的。参会者还讨论了TPP中关于电子商务、保险和电信这些服务业的数据跨境流通相关承诺的重要性,尽管这些承诺无法阻止金融服务供应商强制的数据地方化。

这些政策措施的实行,无一不彰显了美国政府在提升服务贸易竞争力方面的不懈努力及其在国内服务业的发展过程中举足轻重的作用。

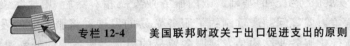

专栏12-4　美国联邦财政关于出口促进支出的原则

原则1:用于公共服务。

除了为"对抗国外补贴"而"不得不采取"的措施外,其对服务贸易出口的支持以提供公共的、促进性的服务为主,包括用于培训各相关政府机构的促进人员(为促进服务出口,近年来对全美所有出口援助中心和海外中心的业务人员专门进行了服务出口业务轮训)。

原则2:实行联合预算。

美国联邦财政多年来对出口促进一直安排有专门的预算支出,但在实施"国家出口战略"以前,这些支出比较分散。1992年通过的《出口扩大法》首次提出了整合资源、统一平衡、"联合预算"的要求,特别强调了联合建立预算的重要性。强调既要支持出口,又要加强跨部门的协调,提高资金使用效率,避免重复和过度使用。有些出口促进计划与项目鼓励实施跨部门联合服务。

原则3:明确支出重点。

根据1993年国家出口战略确定的重点支持方向,十几年来,美国联邦财政对出口促进支出的安排重点和分类一直未变。支出重点为以下七个方面:市场开放谈判及消除贸易壁垒;对抗国外的出口补贴支出;政策性融资与保险贴息支出;出口信息、咨询与援助等服务支出;政府间的支持、游说与攻关支出;对国外重大项目的可行性研究资助;直接支持市场营销活动的支出。

原则4:有效监督与评估。

美国国会和政府对各项财政支出的透明度很大,并且注重实施有效监督。自1993年开始至今,TPCC每年都要在其年度报告中向国会详细汇报其上一年度的各项支出情况。为便于与美国财政年度衔接,自1999年起特意将原来每年9月份向国会提交报告的时间改为3月份,与总统向国会提交预算建议的时间一致起来。

原则5:适时增减调整预算。

美国财政对出口的促进支出十几年来没有间断,但并不是根据出口规模的增长和财政收入的增加而必须年年增加,而是根据实际需要和各财政年度的预算支出原则适时增减调整的。

资料来源:沈丹阳.美国是如何促进服务贸易出口的[M].中国商务出版社,2013.

三、美国服务贸易发展对我国的启示

改革开放以来,我国服务贸易有了较快的发展,呈现良好的势头。据商务部公布的数据,2016 年,中国服务贸易保持较好发展势头,服务进出口总额 53 484 亿元人民币,进出口总额仅次于美国,居世界第二位。但是由于我国服务业和服务贸易发展起步较晚,服务贸易整体水平较低,规模较小,2016 年只占货物贸易的 18%,与其他宏观经济变量也不协调,有明显的滞后。另一方面,目前美国已是中国大陆最大的服务贸易伙伴。因此,了解和借鉴美国的先进经验,对于促进我国服务贸易的发展是很有意义的。

(一)加快改善国内服务业发展环境

服务业是发展服务贸易的基础。国内服务业发展相对滞后,增速缓慢、总量偏低、结构不合理、竞争力弱等问题严重制约了服务贸易的发展。将服务业的发展提升到战略高度,并不断优化服务业结构是发展服务贸易的根本。服务业的低资源消耗、高就业率和对劳动者素质要求较高等特点,对于中国亟须加快转变经济发展方式而言,是十分有意义的。在国际金融危机背景下,中国服务业的增长势头在 2009 年表现出较其他产业更强的抗危机能力。政府应继续制定和完善相关产业政策,使之进一步向服务业倾斜;特别是东部经济较发达地区的地方政府更应重视加快服务业特别是生产性服务业的发展。同时,在产业政策的基础上,对有利于服务产业结构升级的投资项目,在税收、金融等方面应给予一定的优惠措施。

(二)打造"中国服务"的品牌

科学技术的进步不仅提供新的服务手段,提高服务的"可贸易性",而且扩大了服务贸易的范围,极大地促进了服务贸易的发展。如美国投入大量的教育经费,通过各种途径吸引各国的优秀人才,美国作为人才大国和强国为其服务业发展奠定了良好的基础。因此,在当前我国服务贸易还处于连续逆差的情况下,一方面要积极介入国际服务分工,积极承接国际服务外包,从而获得更多的国际服务技术外溢的利益,并培养我国从事服务加工与服务贸易的人才和劳动力队伍;另一方面,从中长期战略看,必须尽快加强服务领域的研发和专利培育,以及"中国服务"的品牌打造,在服务领域形成更多更强的自有知识产权,以增强中国服务可持续发展的能力。要吸收物质生产领域长期"加工贸易"所存在的教训,充分认识加大对教育、科研和人才培养的投入是提高我国服务贸易竞争力的必由之路。

(三)加快产业结构和地区结构的调整与优化

保持和促进原有优势产业,加快发展新兴产业,优化产业结构。要深化从第一、二次产业中剥离生产性服务业的进程;在传统服务领域,应将运输服务业作为优先发展和加快升级的战略重点,特别是要发展包括海运在内的国际物流业,以满足对外贸易快速增长的需求;旅游业要继续大力挖掘丰富的旅游资源,继续扩大产业规模,延长产业链;建筑服务领域一直具有比较优势,要继续鼓励国内的企业走出去抢占国际市场,提高参

与国际工程的层次和水平。在现代新兴服务业领域,把信息技术服务贸易作为发展的战略重点,并通过重点行业和领域的快速发展来实现中国服务业和服务贸易结构的优化。要统筹规划全国的服务业和服务贸易的发展,要使东、中、西各区域协调发展。东部地区可率先发展知识、资本和技术密集型的现代服务业,特别是现代生产性服务业;而中西部地区除教育和旅游外,则应先从受益面大的生产性服务业和完善生活服务业配套开始发展。

(四)大力推动服务业对外投资

"商业存在"是服务贸易的一种重要方式,即服务企业的对外直接投资(FDI),美国服务贸易的迅速发展和服务企业的海外关联交易有密切关系。20世纪90年代以来,美国服务业FDI迅猛发展,服务业占总FDI的比例从1990年的49%上升到2013年的75%。投资行业包括信息业、金融业、专利技术服务等。我国服务企业也应该积极地"走出去",抓住"一带一路"的机遇,通过新设、并购、合作等方式,在境外开展投资合作,加快建设境外营销网络,增加在境外的商业存在。

(五)发挥政府和行业协会民间组织的作用

服务业对经济社会"软环境"的要求通常较高,而我国服务业整体管理水平不高,法律法规制度不健全,且存在部门分割、行业管理分散的问题,消除体制障碍,完善制度环境是当前服务业深化改革的重要环节。而环境的完善,首先是要发挥政府在服务贸易发展中的作用,要加强政府的组织、协调功能。美国的经验说明,在服务贸易发展过程中,政府行为的有效介入是十分必要的。特别是现阶段中国的国际服务贸易还处于需要加快推进的成长期,政府必须担负起相应的重要责任,这些责任主要包括对国内服务业发展规模与结构的政策支持和引导;对服务业体制改革与法律制度建设的支持和引导;对国内企业和事业单位发展服务贸易与"走出去"开展服务业对外投资的政策支持和投资安排;对国际服务贸易领域应对贸易壁垒的明确态度和政策等。并且,要鼓励民间组织、行业协会发挥广泛的作用,特别是中国目前服务业的大型企业不多(除金融业外),国际竞争经验普遍不足,行业协会可以帮助企业克服体制障碍,整合资源,收集和梳理信息。政府和行业协会应全力支持服务企业参与投资、建设和管理境外经贸合作区,支持知识产权境外登记注册,加大海外维权力度,维护企业权益,应对国际市场可能发生的贸易保护主义措施等,以发挥行业竞争的合力。

关 键 概 念

服务,服务贸易,国际技术贸易,服务贸易竞争力,服务贸易结构,服务贸易自由化,要素服务贸易,非要素服务贸易,传统服务贸易,新兴服务贸易,商业存在,服务外包

内 容 提 要

1. 服务是区别于一般有形商品的、主要以活劳动形式满足经济单位或个人需要并增加其价值的特殊商品。相对于有形商品,服务一般具有无形性、不可感知性、服务生产和消费的不可分离性、不可储存性、异质性等特征。在服务的上述特征中,无形性是其最基本的特征,是服务的核心和本质,其他特征都是由这一基本特征派生出来的。服务提供的基础是服务提供者具有一定知识和技术;服务要素是资本、劳动、知识与技术(人力资本)。

2. 国际服务贸易就是跨越国界进行服务提供和消费的商业行为。狭义的服务贸易是为国际货物贸易服务的运输、保险、金融等。广义的服务贸易包括新的贸易活动,如承包劳务、卫星传送等。服务贸易出口是指一个(地区)劳动力向另一国(地区)的消费者提供服务,并相应获得外汇收入的全过程。各国服务进出口活动构成国际服务贸易。

3. 《服务贸易总协定》(GATS)把服务贸易分为四种模式。第一种是"跨境交付"(Cross-Border Supply)(服务过境),即从某一成员(缔约方)的境内向任何其他成员境内提供服务;第二种是"境外消费"(Consumption Abroad)(消费者过境),即从某一成员的境内向任何其他成员的服务消费者提供服务;第三种是"商业存在"(Commercial Presence)(机构过境),即某一成员的服务提供者在任何其他成员境内以商业存在(设立商业机构)形式提供服务;第四种是"自然人存在"(Presence of Natural Person)(自然人过境),即某一成员的服务提供者以自然人存在的形式在任何其他成员境内提供服务。

4. 国际服务贸易的统计分类是一种操作性的应用分类,其依据是国际货币基金组织(IMF)统一规定和统一使用的各国国际收支账户形式。这种国际收支账户的格式和项目构成为世界绝大多数国家所采用,是记录和衡量一国在一定时期内同世界上其他国家之间经贸往来的规模和结构的一种标准形式。国际服务贸易统计分类的要点是将国际收支账户中的服务贸易流量划分成两种类型:一类是同国际收支账户中的资本项目相关,即同国际间资本流动或金融资产流动相关的国际服务贸易流量,称作"要素服务贸易"(Trade in Factor Services)流量;另一类则是只同国际收支账户中的经常项目相关,但同国际间资本流动或金融资产流动无直接关联的国际服务贸易流量,称作"非要素服务贸易"(Trade in Non-factor Services)流量。

5. 国内服务业和服务贸易的发展是国际服务贸易发展的基础,依据第二次世界大战后国际服务贸易发展过程的不同特征,可将国际服务贸易分为三个阶段,即作为货物贸易附属地位阶段(1970年以前);服务贸易快速增长阶段(1970—1994)和服务贸易向自由化方向发展阶段(1995年以来)。

6. 当代国际服务贸易的特征：一是国际服务贸易规模扩大；二是各个经济体服务贸易发展不平衡；三是服务贸易结构调整加快，国际服务贸易结构进一步优化；四是虽然国际服务贸易仍存在保护主义，但总体呈现全球化、自由化的趋势。

7. 《服务贸易总协定》结束了服务贸易仅存在于少数国家制定的法律框架下的局面，为发达国家、发展中国家和最不发达国家提供了一套更为公平、合理的贸易协定，制定了一个全面的多边服务贸易规则，它可以预防发达国家单方面的行动或是防止在区域贸易安排中出现对发展中国家或最不发达国家不利的歧视性做法。

8. GATS首次确定了有关服务贸易规则和原则的多边框架，促进了服务贸易的自由化；扩大了多边贸易权利与义务的范围；GATS是WTO的一大支柱，确立了综合解决争端机制；规定了促进服务贸易自由化的规范（最惠国待遇、经济一体化、商业惯例等），并纳入了各国在市场准入、国民待遇等方面的承诺内容；为金融服务、海运服务、基础电信服务以及提供服务的自然人的移动等问题纳入GATS框架奠定了基础。从组成部分来看，广义的GATS主要包括协定条款、附件和各国的承诺表以及相关决议四大部分。

9. 中国国际服务贸易受限于本国服务经济发展水平，起点较低但发展迅速，表现为贸易额增速较快，贸易占比、排位逐步上升，一些新兴服务贸易增长较快。但存在的问题也十分突出，包括：服务业总体发展水平落后；服务贸易各部门发展不均衡；服务贸易对外开放程度较低，与货物贸易相比发展相对滞后；服务业的国际竞争力低，制约了商品贸易和经济的进一步发展；服务贸易政策和法规不健全；高附加值服务产业落后；制度和技术的创新能力不足；等等。这意味着中国的服务贸易有着巨大的上升空间和发展潜力。因此，针对以上问题采取具有针对性的对策可以促进中国服务业和服务贸易的进一步发展。

10. 美国作为世界最大的服务贸易国，其服务贸易发展具有增长快、科技含量高、贸易顺差明显、服务外包与海外商业存在并举、市场结构较为高端等多方面的特点与优势。政府重视、技术创新、发展海外直接投资等因素显著提高了美国服务贸易的国际竞争力。因此，了解和借鉴美国的先进经验，对于促进我国服务贸易的发展是很有意义的。美国服务贸易发展对我国的启示如下：一是加快改善国内服务业发展环境；二是加大科技、教育投入，打造"中国服务"的品牌；三是加快产业结构和地区结构的调整与优化；四是大力推动服务业对外投资；五是发挥政府和行业协会民间组织的作用。

复习思考题

1. WTO是怎样定义服务贸易的？
2. 国际服务贸易的模式有哪些？
3. 国际服务贸易有何特征？

4. 非要素服务贸易的基本内容是什么?
5. 《服务贸易总协定》的主要原则有哪些?
6. 我国服务贸易的主要特点是什么?
7. 促进我国服务贸易发展有哪些政策和措施?
8. 美国服务贸易持续发展的原因是什么?
9. 美国服务贸易发展对我国发展服务贸易有什么启示?

第十三章 低碳经济背景下的国际贸易

1997年联合国"气候框架公约"第三次缔约方大会上通过的《京都议定书》针对全球气候变暖问题制定了主要工业国的碳减排标准。2003年英国布莱尔政府在其能源白皮书《我们能源的未来：创建低碳经济》中首次提出"低碳经济"的概念。该白皮书认为低碳经济是通过更少的自然资源消耗和更少的环境污染，获得更多的经济产出；指出低碳经济是创造更高生活标准和更好生活质量的途径，也为发展、应用和输出先进技术提供了机会，同时还能创造新的商机和更多的就业；宣布到2050年要从根本上把英国变成一个低碳经济的国家。低碳经济的概念一经提出，就得到国际社会尤其是发达国家和地区的广泛认同与积极推崇。欧盟将低碳经济视为一场新的工业革命，制订了低碳经济发展战略并以此来协调各成员国之间的行动。2007年7月，美国参议院提出了《低碳经济法案》，表明低碳经济的发展道路有望成为美国未来的重要战略选择。美国奥巴马政府也曾推进以低碳经济为核心的经济新进程，积极寻求能源技术方面的突破。近20年来，碳排放已成为各国经济发展、能源利用、气候变化方面的博弈对象，各国也在不同程度上采取实际行动以应对全球气候变暖问题。

近年来，中国的飞速发展令世人瞩目，外贸的快速增长使我国已逐步成为"世界工厂"，我国以比较优势为基础的出口导向型外贸发展模式取得了巨大成功，成为世界贸易发展史上的奇迹之一。在繁荣发展的背后，长期以来依靠低价和数量竞争取胜的粗放型外贸发展模式，给我国的资源与环境带来巨大压力。高能耗、高污染、低附加值的经济增长方式已经难以为继。全球极端气候频繁出现造成的生态、环境影响以及中国经济快速工业化过程中GDP能耗居高不下导致资源与环境代价过于沉重，解决这些问题的关键是积极倡导发展绿色低碳经济，减少温室气体排放。面对国际大环境的压力，中国作为负责任的发展中大国，在2009年哥本哈根气候大会上做出承诺，2020年二氧化碳排放强度将比2005年降低40%~45%。因此探讨中国碳排放的影响因素，找到实现减排的路径与对策对我国兑现承诺、树立大国形象以及应对气候问题至关重要。

2009年哥本哈根气候大会之后，低碳已成为全球最大共同话题。发展低碳经济是全球经济继工业革命和信息革命之后的又一次系统变革，被视为推动全球经济复苏的新动力源泉。低碳经济正以其独特的优势和巨大的市场成为世界经济发展的热点，逐步成为全球重要意识形态和国际主流价值观。发展"低碳经济"已成为世界各国的共识,它将全方位改造建立在化石能源基础上的现代工业文明,使之转向生态经济和生态文明。

随着国际经济一体化和贸易全球化趋势的不断深入,对外贸易对经济的影响越来越大。自改革开放以来,我国对外贸易以高于国内生产总值的速度增长,成为拉动国民经济的主要因素之一。对外贸易的不断发展,使我国成为全球经济增长最显著的国家之一。国际贸易为贸易品消费者所在国提供了环境污染转移至其他国家的机会。我国作为世界第一大货物贸易国和二氧化碳排放最多的国家之一,已成为国际贸易与污染排放责任关系问题的一个重要研究对象。国际金融危机发生后,一些国家和地区在扩大内需受阻的情况下,纷纷提出通过扩大出口来促进经济尽快复苏,甚至通过本币大幅贬值、增加各种形式的补贴等手段提高本国产品竞争力,致使贸易保护主义进一步抬头,中国因此深受其害。2009年下半年开始,美国相继对华输美油井管征收最高达99.14%的反倾销税,对从中国进口的铜版纸等产品征收"双反"关税等,中美贸易摩擦日渐升温,纠纷不断。值得注意的是,美国所针对中国商品的贸易保护措施,大都涉及高能耗、高污染、低附加值的产品。由此可见,在国际贸易中实行低碳经济势在必行。但是我们要充分考虑到我国国情,审慎对待转变过程中可能遇到的矛盾和问题,平衡好外贸发展模式的转变与国际贸易稳步发展之间的关系。

本章的主要内容是在概述低碳经济的基础上,介绍低碳经济背景下我国外贸发展面临的问题及应对的状况,研究目前低碳经济对我国贸易结构所产生的影响,通过对国外发展低碳经济相关政策措施的了解,借鉴西方发达国家关于低碳经济发展的成功经验,学习它们发展低碳经济所采取的行动对策,提出我国低碳经济的发展战略,逐步建立低碳经济的政策框架,以低碳经济理念促进我国对外贸易的可持续发展。这有助于我国实施可持续发展战略,有助于我国建设资源节约型和环境友好型社会。

第一节　低碳经济概述

随着生物质能、风能、太阳能、水能、化石能、核能等能源的开发和利用,人类社会逐步从农业文明走向工业文明。尤其从工业革命开始,我们就步入大量能源消耗时代。工业革命至今,人类发展的基础就是能源,特别是化石能源的使用。但是随着全球人口数量的上升和经济规模的不断增长,化石能源、生物能源等常规能源的使用造成的环境问题及其后果不断为人们所认识。近年来,废气污染、光化学烟雾、水污染和酸雨等的危害,以及大气中二氧化碳浓度升高将带来的全球气候变化,已被确认为是人类破坏自然环境、不健康的生产生活方式和常规能源的利用所带来的严重后果。21世纪,在全球气候变暖的背景下,低碳经济已成为国际社会聚焦的问题之一。在此背景下,"碳足迹""低碳经济""低碳技术""低碳发展""低碳社会"等一系列新概念、新政策应运而生。而能源与经济乃至价值观实行大变革的结果,可能将为逐步迈向生态文明走出一条新路,即摈弃20世纪的传统增长模式,直接应用新世纪的创新技术与创新机制,通过低碳经济模式与低碳生活方式,实现社会可持续发展。

在经济全球化的背景下,国际贸易的低碳化也是与时俱进的。在全球气候变暖的背景下,以低能耗、低污染为基础的"低碳经济"成为全球热点。欧美发达国家大力推进以高能效、低排放为核心的"低碳革命",着力发展"低碳技术",并对产业、能源、技术、贸易等政策进行重大调整,以抢占先机和产业制高点。低碳经济的争夺战,已在全球悄然打响。对中国而言,目前正处于把握经济增长机遇和进行低碳转型的两难选择中。我们必须既遵循经济社会发展与气候保护的一般规律,顺应发展低碳经济的潮流和趋势,同时还要根据中国的基本国情和国家利益,寻找一条协调长期与短期利益、权衡各类政策目标、谋求双赢的低碳发展路径。在全球反思经济模式的今天,低碳经济既是人类应对气候变化的基本趋势之一,也是21世纪世界经济发展的基本趋势之一;既是未来世界经济发展结构的大方向,也是全球经济新的支柱之一,更是我国占据世界经济竞争制高点的关键。

一、低碳经济的含义及相关概念

(一)低碳经济的含义

1. 低碳的含义

低碳意指较低(更低)的温室气体(二氧化碳为主)排放。

2. 低碳经济的含义

低碳经济(Low Carbon Economy),是以减少温室气体排放为前提来谋求最大产出的经济发展理念或发展形式。低碳经济是经济发展的碳排放量、生态环境代价及社会经济成本最低的经济,是一种能够改善地球生态系统自我调节能力的可持续性很强的经济。

2003年,英国政府在其能源白皮书《我们能源的未来:创建低碳经济》中指出,低碳经济是为减缓气候变化,依靠技术创新和政策措施,通过能源革命建立起来的一种减少温室气体排放的经济发展模式。其提出的背景主要有三个方面:① 全球人口增长与经济增长的过程中向空气中排放了大量废气、烟雾,大气中二氧化碳(CO_2)浓度迅速上升带来的全球气候变化;② 过多过滥、粗放式地使用资源,单位能耗与单位资源耗量过高,资源枯竭进一步加深;③ 企业生产排放出的未经过处理的废水、废气、废渣等高污染物威胁人类健康和动植物生存,破坏生物多样性,这些对人类社会赖以生存和发展的环境造成严重破坏。

低碳经济的概念自从英国最早提出以来,迅速为世界许多国家所采纳,成为一种新型的可持续发展模式。随后,各国学者围绕低碳经济这一概念,从技术可行性、实现可能性等方面分别进行阐释。学者们的研究角度虽各不相同,但都在结论中表达出低碳经济的基本内涵,即在保持经济社会发展的条件下,通过技术和制度的创新,提升资源利用效率,促进能源低碳或无碳开发,推动区域清洁发展,从而减缓全球气候变暖,实现人类的可持续发展。低碳经济有两个基本特点:其一,它是包括生产、交换、分配、消费在内的社会再生产全过程的经济活动低碳化,把二氧化碳(CO_2)排放量尽可能减少到最低限度乃至零排放,获得最大的生态经济效益;其二,它是包括生产、交换、分配、消费在内的社会再生产全过程的能源消费生态化,形成低碳能源和无碳能源的国民经济体系,保证生态经济社会有机整体的清洁发展、绿色发展、可持续发展。

因此低碳经济的含义是指在可持续发展理念指导下,通过技术创新、制度创新、产业转型、新能源开发等多种手段,尽可能地减少煤炭石油等高碳能源消耗,减少温室气体排放,达到经济社会发展与生态环境保护双赢的一种经济发展形态。低碳经济是以低能耗、低污染、低排放为基础的经济模式,是人类社会继农业文明、工业文明之后的又一次重大进步。

实际上"低碳主义"就是主张人类社会发展的方方面面都将在以保卫地球为宗旨的原则下进行的"低能耗、低排放、低污染"的一切行为,而且这种主张是不带任何意识形态色彩的中性主张,完全是一种人类的共同价值诉求。"低碳主义"是人类社会进入到低碳时代对价值观的必然选择,是一种不可逆转的人类社会发展趋势,这种趋势昭示着人类社会从过去的农业时代到现在的工业时代再到未来的低碳时代的"优选式"生存路径。

(二)碳减排、碳关税、碳交易和碳金融的概念

1. 碳减排

碳减排就是减少二氧化碳的排放量。随着全球气候变暖,二氧化碳的排放量必须减少,从而缓解人类的气候危机。一般节约一度电可视为减排一千克的二氧化碳。2009年8月5日,天平汽车保险股份有限公司成功购买奥运期间北京绿色出行活动产生的8 026吨碳减排指标,用于抵消该公司自2004年成立以来至2008年年底全公司运营过程中产生的碳排放,成为第一家通过购买自愿碳减排量实现碳中和的中国企业。中国政府在应对气候变化问题上更是一向持积极主动和负责任的立场。

为实现节能减排的目标,我们要大力发展可再生能源、积极推进核电建设等,关键在于真正把思想认识统一到将应对气候变化作为国家经济社会发展的重大战略决策和部署上来。当前我国实现这一目标所面临的形势还十分严峻。这是贯彻落实绿色发展理念和科学发展观、构建社会主义和谐社会的重大举措;是建设资源节约型、环境友好型社会的必然选择;是推进经济结构调整,转变增长方式的必由之路;是维护中华民族长远利益的必然要求。

2. 碳关税

所谓"碳关税",是指对高耗能的产品进口征收特别的二氧化碳排放关税。碳关税的概念最早由法国前总统希拉克提出,用意是希望欧盟国家应针对未遵守《京都协定书》的国家课征商品进口税,否则在欧盟碳排放交易机制运行后,欧盟国家所生产的商品将遭受不公平之竞争,特别是境内的钢铁业及高耗能产业。但现实情况是,发达国家多数没有切实遵守《京都议定书》,发展中国家又暂时不承担减排份额,这使得征收"碳关税"缺少现实的支撑。碳关税目前世界上并没有征收范例,但是欧洲的瑞典、丹麦、意大利,以及加拿大的不列颠和魁北克在本国范围内征收碳税。

2009年6月,美国众议院通过的一项征收进口产品"边界调节税"(Border Tax Adjustments,BTAs)法案,实质就是从2020年起开始实施"碳关税"——对进口的排放密集型产品,如铝、钢铁、水泥和一些化工产品,征收特别的二氧化碳排放关税。美国借"环境保护"的名义推行"碳关税",主要目的还是为了削弱竞争对手的竞争力,实行贸易保护主义。虽然"边界调节税"法案最终未能完成立法,但它反映了发达国家某些政治势力的企图。如果类似措施真地付诸实施并引发其他国家争相效仿,那对我国这个外贸依存度较高的国家将会造成很大的打击。

研究表明,人类排放的二氧化碳80%是发达国家在以前工业化进程中所排放的。并且,发达国家从20世纪50年代开始已将本国高污染、高排放的工业转移到发展中国家,现在发达国家想通过"碳关税"让发展中国家承担碳减排责任是不合适的,既违反了WTO基本规则,以环境保护为名,行贸易保护之实,也违背了《联合国气候变化框架公约》及《京都议定书》确定的"共同但有区别的责任"原则,事实上成为贸易保护主义的新借口,严重损害发展中国家利益。

3. 碳交易

碳交易是为促进全球温室气体减排,减少全球二氧化碳排放所采用的市场机制。在6种被要求排减的温室气体中,二氧化碳(CO_2)为最大宗,所以这种交易以每吨二氧化碳当量(tCO_2e)为计算单位,所以通称为"碳交易"。根据世界银行的定义,碳排放贸易也称为碳交易,它是指一方凭购买合同向另一方支付以使温室气体排放减少或获得既定量的温室气体排放权的行为。从经济学的角度看,碳交易遵循了科斯定理,即以二氧化碳为代表的温室气体需要治理,而治理温室气体则会给企业造成成本差异;既然日常的商品交换可看作是一种权利(产权)交换,那么温室气体排放权也可进行交换;由此,借助碳权交易便成为市场经济框架下解决污染问题最有效率的方式。这样,碳交易把气候变化这一科学问题、减少碳排放这一技术问题与可持续发展这个经济问题紧密地结合起来,以市场机制来解决这个科学、技术、经济的综合问题。

在环境合理容量的前提下,政治家们人为规定包括二氧化碳在内的温室气体的排放行为要受到限制,由此导致碳的排放权和减排量额度(信用)开始稀缺,并成为一种有价产品，称为碳资产。碳资产原本并非商品，也没有显著的开发价值。然而1997年《京都议定书》的签订改变了这一切。这种逐渐稀缺的资产在《京都议定书》规定的发达国家与发展中国家共同但有区别的责任前提下，出现了流动的可能。由于发达国家有减排责任，而发展中国家没有，因此产生了碳资产在世界各国的分布不同。另一方面，减排的实质是能源问题，由于发达国家的能源利用效率高，能源结构优化，新的能源技术被大量采用，因此本国进一步减排的成本高，难度较大。而发展中国家能源效率低，减排空间大，成本也低。这导致了同一减排量在不同国家之间存在着不同的成本，形成了价格差。发达国家有需求，发展中国家有供应能力，碳交易市场由此产生。

碳交易机制就是规范国际碳交易市场的一种制度。《京都议定书》规定的三种碳交易机制就是清洁发展机制(CDM)、排放贸易(ET)和联合履约(JI)。根据碳交易的三种机制，碳交易被区分为两种形态：配额形交易和项目形交易。配额形交易（Allowance-Based Transactions）是指总量管制下所产生的排减单位的交易，如欧盟排放权交易制的"欧盟排放配额"（European Union Allowances，EUAs）交易，主要是被《京都议定书》确定排减的国家之间超额排减量的交易，通常是现货交易。项目形交易（Project-Based Transactions）是指因进行减排项目所产生的减排单位的交易，如清洁发展机制下的"排放减量权证"、联合履行机制下的"排放减量单位"，主要是透过国与国合作的排减计划产生的减排量交易，通常以期货方式预先买卖。

碳交易是利用市场机制引领低碳经济发展的必由之路。碳交易本质上是一种金融活动，它将金融资本和实体经济联通起来，通过金融资本的力量引导实体经济的发展，因此它本质上是发展低碳经济的动力机制和运行机制，是虚拟经济与实体经济的有机结合，代表了未来世界经济的发展方向。

4. 碳金融

随着"低碳经济"的迅速兴起，与之相关的新型金融——碳金融也得到迅速发展。"碳金融"的兴起源于国际气候政策的变化以及两个具有重大意义的国际公约——《联合国气候变化框架公约》和《京都议定书》。碳金融是指服务于旨在减少温室气体排放的各种金融制度安排和金融交易活动，主要包括碳排放权及其衍生品的交易和投资、低碳项目开发的投融资以及其他相关的金融中介活动。国际主流商业银行在信贷业务中积极开展对相关贷款项目的环境影响评估，并严格执行环境风险的监测，用来锁定、隔离、规避与气候变化相关的风险，使对未来预期更为稳定，还可提高价格机制的效率，使资源配置到更为清洁的生产技术和部门中；同时，通过金融市场，碳排放指标的透明定价，完善包括直接投资融资、银行贷款、碳基金、碳指标交易、碳期权期货等一系列金融工具为支撑的碳金融体系。碳金融逐渐成为推动低碳经济发展、抢占未来低碳经济先机的关键。

据有关专家测算，2012年以前我国通过CDM项目减排额的转让收益不菲，因此中国已经被许多国家看作是最具潜力的减排市场。依托 CDM 的"碳金融"在我国应该有非常广阔的发展空间,并蕴藏着巨大商机。由于目前我国碳排放权交易的主要类型是基于项目的交易,因此,"碳金融"在我国更多的是指依托 CDM 的金融活动。随着越来越多中国企业积极参与碳交易活动,中国的"碳金融"市场潜力更加巨大。对于发达国家而言,能源结构的调整、高耗能产业的技术改造和设备更新都需要高昂的成本,温室气体的减排成本在 100 美元/吨碳以上。而如果在中国进行 CDM 活动,减排成本可降至 20 美元/吨碳。这种巨大的减排成本差异,促使发达国家的企业积极进入我国寻找合作项目。2006 年 5 月兴业银行开始与国际金融公司合作,针对中国在节能技术运用和循环经济发展方面的融资需求特点,在境内首创推出节能减排项目贷款这一"绿色信贷"品种。随着节能减排贷款的快速推广,部分节能减排项目已经进入碳减排交易市场。兴业银行运用在融资模式、客户营销和风险管理方面积累的初步经验,将节能减排贷款与"碳金融"相结合,创新推出以 CDM 机制项下的碳核定减排收入(CERS)作为贷款还款来源之一的节能减排融资模式——"碳金融"模式,为寻求融资支持的节能减排企业提供了新的选择。相关项目融资陆续的成功运作,体现出兴业银行在环境金融创新中节能减排贷款模式的新突破,标志着兴业银行节能减排项目贷款扩展到"碳金融"领域,也为今后探索碳保理等新兴业务奠定了基础。

  目前碳金融在我国的发展仍然存在障碍。首先,对"碳金融"和 CDM 的认识尚不到位。"碳金融"和 CDM 是随着国际碳交易市场的兴起而走入我国的,在我国传播的时间有限,国内许多企业还没有认识到其中蕴藏着巨大商机;同时,国内金融机构对"碳金融"的价值、操作模式、项目开发、交易规则等尚不熟悉,目前关注"碳金融"的除少数商业银行外,其他金融机构鲜有涉及。其次,中介市场发育不完全。CDM 机制项下的碳减排额是一种虚拟商品,其交易规则十分严格,开发程序也比较复杂,销售合同涉及境外客户,合同期限很长,非专业机构难以具备此类项目的开发和执行能力。在国外,CDM 项目的评估及排放权的购买大多数是由中介机构完成的,而我国本土的中介机构尚处于起步阶段,难以开发或者消化大量的项目。另外,也缺乏专业的技术咨询体系来帮助金融机构分析、评估、规避项目风险和交易风险。再次,CDM 项目开发时间长、风险因素多。与一般的投资项目相比,CDM 项目需要经历较为复杂的审批程序,这导致 CDM 项目开发周期比较长,并带来额外的交易成本。此外,开发 CDM 项目涉及风险因素较多,主要有政策风险、项目风险和 CDM 特有风险等,政策风险来自国际减排政策的变化;项目风险主要是工程建设风险,如项目是否按期建成投产、资源能否按预期产生等。在项目运行阶段,还存在监测或核实风险,项目收入因此存在不确定性,也会影响金融机构的金融服务支持。

  发展碳金融有助于我国经济向低碳经济转型,有利于经济结构加快调整。由于"碳金融"具有政策性强、参与度高和涉及面广等特点,发展"碳金融"是个系统工程,需要政府和监管部门根据可持续发展的原则制定一系列标准、规则,提供相应的投资、税收、信贷规模导向等政策配套,鼓励金融机构参与节能减排领域的投融资活动,支持低碳经济。

二、低碳经济的特征和实质

低碳经济作为一种从高碳能源时代向低碳能源时代演化的经济发展模式,区别于以"高能耗、高污染、高排放"为特征的传统高碳经济,是相对于农业经济、工业经济等来说的,表现为低碳发展、低碳产业、低碳技术、低碳生活等一类经济形态。

(一)低碳经济的特征

(1)降低能耗和减少污染物排放,在经济发展过程中实现"低能耗、低污染、低排放"。

(2)在保持经济增长的同时,提高能源效率,减少含碳气体(主要指二氧化碳)排放。

(3)低碳技术创新是直接手段。

(4)开发利用新型清洁可再生能源是有效途径。

(5)围绕低碳技术创新和发展新型清洁能源进行制度创新与法律体系建设。

低碳经济的特征是以减少温室气体排放为目标,构筑低能耗、低污染为基础的经济发展体系,包括低碳能源系统、低碳技术和低碳产业体系。低碳能源系统是指通过发展清洁能源,包括风能、太阳能、核能、地热能和生物质能等替代煤、石油等化石能源以减少二氧化碳排放。低碳技术包括清洁煤技术和二氧化碳捕捉及储存技术等。低碳产业体系包括火电减排、新能源汽车、节能建筑、工业节能与减排、循环经济、资源回收、环保设备、节能材料等。低碳经济的主要特征总结如下:一是碳生产率即每单位碳排放所创造的 GDP 或附加值比较高;二是社会人文发展水平、生活品质比较高。

(二)低碳经济的实质

其实"低碳"强调的是一种区别于传统的较高能耗、较多污染为代价的新发展思路;所谓"经济"则强调这种新理念根本不会排斥发展、产出最大化和长期经济增长。因此,广义上的低碳被视为经济发展在环境保护、节能降耗等方面所受的新的约束条件。但是这类条件并非只是一味消极地限制和约束发展,而是可以通过与新约束条件相匹配的技术和制度,创造和扩大市场规模,激发创造性和盈利能力,从而促进发展。

低碳经济的实质是能源高效利用、清洁能源开发、追求绿色 GDP 的问题,核心是能源技术和减排技术创新、产业结构和制度创新以及人类生存发展观念的根本性转变。低碳经济是法制经济,低碳经济的实现,制度创新是关键。低碳经济的目标就是在保证经济发展或者影响极小的状况下,降低单位 GDP 能耗,减少总体能源的消耗。低碳经济模式下,从最终消费者开始,减少能源消耗或使用各种节能产品,商业、制造业减少能耗,提高效率,最终传导给能源商,削减能源商暴利,使之回到合理利润的价格区间。对于国家,则可以减少总体能源消耗,降低对外能源依存度,保证经济平稳可持续发展。

在一定意义上说,发展低碳经济就能够减少二氧化碳排放量,延缓气候变暖,所以就能够保护我们人类共同的家园。发展低碳经济,一方面是积极承担环境保护责任,完成国家节能降耗指标的要求;另一方面是调整经济结构,提高能源利用效率,发展新兴工业,建设生态文明。这是摒弃以往先污染后治理、先低端后高端、先粗放后集约的发展模式的现实途径,是实现经济发展与资源环境保护双赢的必然选择。

三、低碳经济对中国的意义

中国最近几年已经深刻认识到能源的重要性。从铁矿石谈判的处处被动,到海外资源收购的屡屡失手,都让我们清晰地认识到,中国目前的处境非常尴尬:不但没有美国全球扩张夺取能源的实力,也没有欧盟、日本制定低碳经济规则的影响力,而且我们仍然处于经济快速发展、能源大量消耗的阶段。

国际金融危机正在催生新的科技革命和产业革命。世界各发达经济体都把发展低碳经济,把发展新能源、新的汽车动力、清洁能源、生物产业等作为走出国际金融危机的新的途径。低碳经济将催生新的经济增长点,它将与全球化、信息技术一样,成为重塑世界经济版图的强大力量。发展低碳经济是一种经济发展模式的选择,我们既要从能源结构、产业结构调整入手,转变高碳经济发展模式,也要从产业链的各个环节,产品设计、生产、消费的全过程寻求节能途径,推广节能技术;大力开发可再生能源,大力发展低碳产业、低碳技术、低碳农业、低碳工业、低碳建筑、低碳交通等,把低碳经济的理念渗透到社会各个领域,形成良好的发展低碳经济的社会环境。低碳有利于提高人们的生活品质,让我们的生活更美好。因此,低碳经济对中国有着深远的意义,我们相信中国经济将在量的积累之后,产生质的飞跃,中国将成为真正的世界经济引擎。

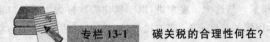

专栏 13-1　碳关税的合理性何在?

2012年1月,欧盟将所有途经欧盟机场的航班均纳入碳排放交易系统,这意味着碳关税正式付诸实践。许多研究结果表明,碳关税将导致国际利益出现再分配,不同国家将受到不同程度的影响,因此,碳关税博弈引起世界各国政府的关注。在2012年2月,中国、俄罗斯、美国等29个国家在俄罗斯首都发表"莫斯科会议宣言",来共同抵制欧盟所实施的航空碳关税。然而,形势却发生转变,在2012年5月,欧盟气候行动专员康妮·赫泽高称,除了中国、印度等10家航空公司之外,其他国家(包括美国、俄罗斯、日本等国)的航空公司均已经按照欧盟规定在3月3日前提交了2011年度的相关飞行数据,并提出把6月中旬作为"最后期限"。到目前为止,所谓的"最后期限"已过,但是中国政府依然没有屈服,碳关税博弈仍在继续,引起了世界各国关注。

中国是碳关税博弈的重要参与方,博弈结果也将对中国方方面面产生较大影响。值得注意的是,从"莫斯科会议宣言"到"最后期限"的提出表明,有的国家可以选择"旁观",但中国绝对不可能作为旁观者。因为碳关税一旦扩展到其他行业,将会对我国经济造成一定冲击,因此中国无法回避碳关税博弈。然而,碳关税可以降低中国二氧化碳排放量,能源税、碳税等措施同样也可以降低中国二氧化碳排放量。那么,哪种碳减排措施是更为有效的碳减排工具? 换句话讲,碳关税是不是一个有效的碳减排工具,在碳减排问题上是否具有合理性?《碳关税的合理性何在》采用多国 CGE 模型进行分析,探讨相关问题。

本文的模拟结果主要说明下列问题。

第一,碳关税及碳关税等效措施将会对世界经济贸易格局产生一定影响。因为碳关税(或碳关税等效措施)对不同国家产生不同影响,并导致生产跨国转移,影响国际利益分配,所以,碳关税及相关的二氧化碳减排问题将会在一定程度上影响世界经济贸易格局。同时,由于作用机制不同,碳关税与碳关税等效措施所产生的影响也存在较大差异。碳关税主要通过贸易渠道产生作用,对发达国家贸易依存度高的中国所受到的负面影响相对较大。能源税和碳税等碳关税等效措施也会对中国产出产生负面影响,不过影响相对较小。在此背景下,中国政府应该积极考虑能源税和碳关税,除了以最小成本减排外,还可以尽量在博弈中争取有利的位置。

第二,碳关税及碳关税等效措施都会产生具有国际外部性的问题,并对不同国家产生不同影响。这主要表现在以下两个方面:(1) 通过贸易渠道产生竞争力问题。无论是碳关税还是碳关税等效措施,都会使得相关发展中国家竞争力受损,发达国家从中获利。同时,竞争力问题主要是通过贸易渠道得到传递,目前与发达国家经贸联系密切的中国所受到的影响相对较大。(2) 通过能源渠道产生反弹效应。无论是碳关税还是碳关税等效措施,都会使发展中国家能源需求下降,产出下降。如果还可以导致世界市场能源价格下降,发达国家会因能源价格下降而从中获益。不过,反弹效应也意味着部分能源消费和二氧化碳排放从发展中国家转移到发达国家,这意味着碳泄漏,将不利于世界二氧化碳减排。这种影响主要是通过能源渠道传递的。因此,作为贸易大国和能源消费大国,中国政府一定要考虑税制改革所导致的国际外部性问题及其影响。

第三,碳关税不是最有效的二氧化碳减排措施,却是有效的威胁手段。本文模拟结果表明,从世界二氧化碳减排的角度来看,碳关税要劣于碳税,因为它会导致较高的碳减排成本、较高的碳泄漏、较小的世界二氧化碳减排量。从这个角度来讲,以二氧化碳减排为主要借口来主张实施碳关税不具有合理性。但是,从发达国家的角度来看,碳关税却是有效的威胁手段,因为它可以迫使发展中国家采用碳减排措施。

资料来源:林伯强,李爱军.碳关税的合理性何在?[J].经济研究,2012(11):118-127.

第二节　低碳经济背景下我国外贸发展面临的问题及应对

在全球气候变暖的背景下,以低能耗、低污染为基础的"低碳经济"成为全球热点。欧美发达国家大力推进以高能效、低排放为核心的"低碳革命",着力发展"低碳技术",并对产业、能源、技术、贸易等政策进行重大调整,以抢占先机和产业制高点。低碳经济之战已在全球悄然开始。面对全球的气候变化,发展低碳经济已成为必然趋势。改革开放三十多年来,我国对外贸易取得了举世瞩目的巨大成就,贸易总量不断攀升,商品结构持续优化,出口市场逐渐扩大,总体趋势良好。但在低碳经济背景下,我国外贸发展面临诸多问题和挑战。中国能否在未来走到世界发展前列,很大程度上取决于中国应对低碳经济发展调整的能力。所以中国必须尽快采取行动积极应对这种严峻的挑战。

一、我国传统外贸发展模式在低碳经济背景下所面临的问题和挑战

(一)对外贸易结构不合理

对外贸易结构的不合理主要体现在:

(1)资源消耗高、环境污染强度大的商品出口多;资源消耗低、环境污染强度小的商品出口少。例如矿物燃料、化学产品、原料制成品和高耗能金属制品及一般低端机械设备等产品占出口的比重较高。

(2)产业链低端商品出口多,产业链高端商品出口少。尽管改革开放三十多年来我国对外贸易出口结构一直在不断优化,但长期以来,我国出口商品多为低端加工产业链中的劳动和资源密集型初级加工产品、低附加值和低技术含量的工业制成品;我国进口商品多为高端加工产业链中的计算机、电子仪器等资本和知识密集型高科技产品。

(3)传统产业出口多,高新产业出口少。我国出口商品主要集中在纺织、轻工、采掘、钢铁、煤炭、石化、冶金、电力、建材等传统产业,这些传统产业相对于信息、生物制药、新材料等新兴高技术产业,呈现出能耗增长过快、资源利用效率低、排放总量大、结构性污染突出等特点。

(4)货物贸易出口多,服务贸易出口少。在我国的外贸结构中,货物贸易所占比重较大,而服务贸易所占比重较小。而且,我国的服务贸易出口优势部门仍然主要集中在传统的、劳动密集型的旅游服务和运输服务上面,以信息技术为基础的新兴服务业,如通信服务、保险服务、金融服务、计算机和信息服务、广告宣传服务、电影音像服务等在2009年出口贸易中所占比重大致从0.12%到4.25%不等,国际竞争力不强。服务贸易发展滞后不利于我国外贸结构的优化升级,还限制了货物贸易的进一步发展。目前,我国服务贸易增速逐渐加快,服务贸易占我国外贸的比重从2010年的10.3%增至2015年的15.4%,但规模和货物贸易相比仍然较小,这与经济规模大国的现实不匹配,未来服务贸易的发展还有很大的空间。

(5)加工贸易占比过大,一般贸易相对薄弱。我国的加工贸易是在20世纪70年代末80年代初,伴随着外贸体制改革和吸引外资的各项优惠政策首先在广东、福建等沿海地区发展起来的。在这一时期,一般贸易在我国对外贸易中占据主导地位。但是,由于加工贸易能够充分发挥中国劳动力资源优势的同时,还能有效避开中国开拓国际市场经验及能力不足和资金技术欠缺的不足,因此很快迅速发展起来,成为我国企业参与国际分工的重要渠道。

(6)对欧、美、日等发达国家和地区依赖严重,市场集中度偏高。20世纪90年代

初,香港地区由于承担了较多的转口贸易,成为我国最大的出口市场,日本和美国是第二集团,德国、韩国、新加坡、瑞士、荷兰、意大利、英国、泰国等欧洲和亚洲国家与我国的贸易关系也十分密切。之后,中国香港地区在我国出口市场中的地位有所下降,美国所占份额稳步上升,中国台湾地区高速崛起,跻身我国出口贸易伙伴的前十位,拉丁美洲、非洲和大洋洲国家在我国对外贸易中所占比重也有所上升。

2011年,我国对欧、美、日等发达国家和地区的出口份额持续下降,对自由贸易伙伴和新兴市场国家的出口份额不断上升。其中,欧盟所占比例下降到18.74%,美国所占比例下降到17.08%,日本所占比例下降到7.76%。相反,我国对东盟、印度、俄罗斯和巴西的出口份额呈现逐年增加的趋势。2016年上半年,我国对巴基斯坦、俄罗斯、孟加拉国、印度和埃及等国出口分别增长22.5%、16.6%、9%、7.8%和4.7%。同期,我国对欧盟出口增长1.3%,对美国出口下降4.6%,对东盟出口下降2.9%,三者合计占同期我国出口总值的46.4%,贸易伙伴呈现多元化发展趋势。

以上从贸易内容、贸易方式、出口产品、出口市场等方面归纳了我国对外贸易结构的基本特点。它们与低碳经济以及随之而来的政策变化密切相关,它们的存在使得我国的对外贸易发展有可能在未来的低碳经济潮流中面临极为严峻的挑战。为改善这种情况,可以采取开发新的低碳技术、优化出口贸易结构、熟悉国际法、完善国内法、加强国际交流与合作等方式。

(二) 出口商品环境效率低下

目前,我国贸易的绝大多数出口商品的污染强度均高于发达国家,出口商品的环境效率低下。而且,我国出口商品的平均资源能源消耗和污染强度普遍大于进口商品的相应指标。据测算,我国每年出口的高能耗商品的能源消耗占国内能耗总量的1/5,依赖传统能源生产出口商品所引起的环境污染将越来越严重,并且与"十二五"期间优化产业结构的升级目标相悖。

(三) 绿色贸易壁垒增多

面对复杂的全球气候变化问题,我国对外贸易的外延式增长将日益受到绿色贸易壁垒的制约,同时贸易摩擦不断增加并且有升级的趋势。当前,我国的主要贸易伙伴是美、日、欧等发达国家和地区,它们大多是"贸易与环境委员会"的成员国,其环境限制十分严苛。2007年8月欧盟推出《用能产品生态设计指令》,要求我国出口的用能产品须提供包括原材料和能耗等指标的"生态学档案"。2008年第一批实施细则涉及办公设备、冰箱、空调、机电和音像五类产品,2009年扩大到家庭照明、电视机、锅炉、热水器、洗衣机、家用冰箱和电扇等产品。随着绿色贸易壁垒的增多,发达国家和地区在新一轮贸易竞争中更是以"低碳"为名行新贸易保护之实。2009年6月,美国众议院通过《美国清洁能源安全法案》,该法案设置了未来几十年内美国减少碳排放的框架目标,并提出了具体的减排方案;而且还规定从2020年起美国将对包括中国在内的未实施碳减排限额国家的产品征收惩罚性关税,旨在利用"碳关税"增加我国出口商品成本,打压我国低端出口产业,削弱我国的国际市场竞争力。

（四）低碳能源资源的选择有限

"富煤、少气、缺油"的资源条件,决定了中国能源结构以煤为主,低碳能源资源的选择有限。电力中,水电占比只有20%左右,火电占比达77%以上,"高碳"占绝对的统治地位。据计算,每燃烧一吨煤炭会产生4.12吨的二氧化碳气体,比石油和天然气每吨多30%和70%,而据估算,未来20年中国能源部门电力投资将达1.8万亿美元。火电的大规模发展对环境的威胁,不可忽视。工业化、城市化、现代化加快推进的中国,正处在能源需求快速增长阶段,大规模基础设施建设不可能停止;长期贫穷落后的中国,以全面小康为追求,致力于改善和提高人民的生活水平和生活质量,带来能源消费的持续增长。"高碳"特征突出的"发展排放",成为中国可持续发展的一大制约因素。既确保人民生活水平不断提升,又不重复西方发达国家以牺牲环境为代价谋发展的老路,是中国现在必须面对的挑战。

（五）工业生产技术水平落后,技术研发能力有限

中国经济的主体是第二产业,这决定了能源消费的主要部门是工业,而工业生产技术水平落后,又加重了中国经济的高碳特征。调整经济结构,提升工业生产技术和能源利用水平,是一个重大课题。作为发展中国家,中国经济由"高碳"向"低碳"转变的最大制约,是整体科技水平落后,技术研发能力有限。尽管《联合国气候变化框架公约》规定,发达国家有义务向发展中国家提供技术转让,但实际情况与之相去甚远,中国不得不主要依靠商业渠道引进,显然是沉重的负担。

二、审慎应对转变外贸发展模式过程中的问题

从国内来看,我国长期以来以低价竞争和数量扩张为基本特征的粗放型外贸发展模式不仅使我国承受着巨大的资源和环境压力,而且带来了层出不穷的贸易争端;从国际来看,我国同世界的联系越来越紧密,身处低碳经济发展的洪流中。因此,转变我国现有的外贸发展模式,走可持续的低碳发展道路已是势在必行。但是考虑到我国的现实国情,要审慎对待转变过程中必须解决的问题,平衡好外贸发展模式转变与国内保持经济增长和国际上维护自身利益之间的关系。

（一）寻求外贸发展模式转变与保持国内经济增长之间的平衡

西方发达国家和地区是在完成了以高能源消耗为支撑的工业化和城市化之后才面临由高碳向低碳转变的问题。它们国内的社会基础设施已经趋于完备,人民生活水平也得到了应有的改善,因此对于能源的需求比较稳定,温室气体的排放也不会再有激增,低碳经济对于它们来说只是降低奢侈排放。而我国正处于工业化和城镇化快速发展的过程之中,经济增长和保障民生依然是我国现阶段发展的首要任务。但是,如今追求经济发展和社会建设不能再重蹈过去为了指标和政绩对资源和环境

进行掠夺性开发和使用的覆辙,各级政府必须转变一味追求高速度、高增长的错误观念,强化企业的环保意识,并将转变对外贸易发展模式与转变整个经济发展模式有机结合起来,以低碳经济的要求来指导整个经济和社会的发展,最终达到又好又快的发展目标。

促进低碳经济与经济发展的融合可以在以下几个方面多下功夫:第一,推进低碳技术和新能源技术的研究与开发。科技是第一生产力,对于我国这个资源结构不甚合理的经济体来说,优化能源结构、提高能源使用效率尤为重要。第二,对传统部门进行节能减排方面的改组改造。通过财政补贴和贷款优惠等方式积极鼓励企业引进先进技术设备,逐步淘汰落后产能,探索低能耗、低污染、高附加值的经济增长新领域。第三,合理引导外资。使外资尽可能多地流向符合国际节能和环保标准的深加工和技术密集型项目以及中西部和东北地区的城市基础设施建设与服务业项目,促进我国产业结构的合理化和高级化。

(二)寻求外贸发展模式转变与在国际上维护自身利益之间的平衡

尽管我们强调在国际贸易中市场范围越大,受个别市场影响的程度就越小,经济就越安全,因此也倡导实行市场多元化战略,但是由于我国同发达国家的经济发展水平差距较大,生产结构的互补性较强,容易形成产业内分工,因此我国出口产品对发达国家市场的依赖在短期内很难有实质性变化。要想继续参与全球化,就必须进行外贸发展模式的转变,否则就会遭到发达国家或地区的抵制,退出国际分工。但是在转变过程中,一定要正视中国所处的特定发展阶段,在国际市场上积极维护自身利益。要充分认识到,一方面,当代全球气候变化与工业化国家上百年来的过度排放密不可分,如今它们将温室气体减排的压力推给以我国为代表的广大发展中国家是不公平的;另一方面,中国的许多高碳排放起源于发达国家的需求拉动,是通过跨国公司的生产转移和国际贸易为发达国家而排放的。在目前我国的二氧化碳排放量中,大约有7%~14%是由于生产出口美国的产品而产生的,完全免除进口方责任,要我国单独背负气候异常、环境恶化的责任也是不合理的。因此,在进行外贸发展模式转变的过程中,有必要密切依托国际社会,坚定贯彻《联合国气候公约》共同但有区别的责任原则,通过国际间的对话,特别是与西方发达国家和地区的对话,维护我方的利益,坚决抵制欧美国家以低碳经济为名打压我国对外贸易和经济的发展。同时,还要注意培养同广大发展中国家和新兴工业化国家的关系,以低碳经济为契机,通过区域贸易协定或者自由贸易协定等形式加强与这些国家的贸易联系,减缓碳关税、碳标签等变相贸易壁垒对我国出口造成的冲击,使我国对外贸易朝向更加长效、健康的方向发展。

专栏 13-2　　林伯强：特朗普"能源独立"将给中国带来石油安全威胁

2017年冬季达沃斯论坛于1月17日—20日在瑞士召开，主题为"领导力：应势而为、勇于担当"。论坛期间，中国能源政策研究院院长林伯强接受了凤凰财经专访。

日前，全国雾霾大规模爆发，煤炭多的地方都有雾霾，能源替代主要得解决成本问题。

林伯强认为，现阶段治理雾霾已经不是简单的环境问题，而应该上升为政策问题。一方面是提高企业排放的门槛，另一方面是采取冬季采暖能源替代，用电能和天然气来替代煤。

现在烧煤炭取暖的主要是收入比较低的城乡交界处、农村，能替代的前提一定是他们能用得起。现在能源替代从技术上说已经不是问题，主要是成本问题，所以政府怎么在推动这个替代上采取一些价格机制的政策是最大问题。他强调政府一定不能只做简单的补贴，他建议政府着眼于在能源价格上做一些工作，比如降低环境成本，或设计一个比较可持续的补贴机制，如通过抬高一部分能源成本，让高价格产生的多付费去补贴收入较低的地区。政府现在需要思考的关键问题是怎么设计才是合理的、有效率的。

美国新任总统特朗普自竞选起便主张解除国内化石能源的生产限制，实现"能源独立"。对于特朗普究竟意指何方，林伯强分析表示，美国目前依然是全球最大的石油进口国之一，能源安全对一个国家至关重要，美国自二次石油危机起就意识到，过多依靠海外会对国内的原料安全造成很大的冲击。"能源独立并不是特朗普提出来的，但从来就没有哪一届政府像特朗普这么卖力，尤其是他选择身为石油公司CEO的蒂勒森担任国务卿，这样这个'能源独立'就比较可信，真正推行的预期非常大。"

对于特朗普"能源独立"对全球市场的影响，林伯强认为，美国增加产出后将减少国际进口，对国际的油价会产生下压的影响。由于中国是石油进口国，所以从价格角度来讲是好事情。美国"能源独立"对中国的影响关键不是市场问题、价格问题，而是安全问题。

"一个国家的能源安全，一方面是产地安全，一方面是通道安全，场地不安全买不到，通道不安全通不过。"林伯强表示，"如果特朗普坚持能源独立，假定美国的石油年产量大幅度增长并大幅度减少从中东进口，当它不从中东进口时就用不着去维持中东稳定，而且对伊朗等他不喜欢的国家，措施可能会更严格。中国大约超过40%的石油来自中东，走马六甲海峡。从这个意义上讲，一个更加动荡的中东，对于石油价格、石油安全是什么影响，这是中国应该考虑的。"

此外，林伯强还分析，美国能源除了独立之外还有一个很重要的目标，就是降低能源成本，这对应对气候是没有好处的，因为理论上讲推行低碳应该能源成本更高才对。而相比之下，中国在今后会增加能源成本，如向天然气、风电产能等倾斜，这些都比传统的煤炭要贵。"所以我们是往贵走，它是往便宜走，我们是往不安全走，它是往安全走。那我们就必须要好好想一想，怎样寻找平衡，找到应对的措施。"

资料来源：凤凰网财经.2017-01-21.

第三节 低碳经济对我国贸易结构的影响

改革开放以来,我国经济持续快速增长,对外贸易在其中发挥了重要作用。与此同时,我国也是能源消耗大国,二氧化硫和二氧化碳排放较多,且一部分气体排放来源于出口商品。随着全球气候的异常变化,低碳经济越来越受到国际社会的重视。全球气候变化给经济社会带来前所未有的冲击,也给我国高能耗、高排放的出口导向型经济带来了巨大压力。

近年来,以美国为代表的西方发达国家对碳减排和碳关税的呼声日渐高涨,试图通过碳减排和碳关税等一系列行动向发展中国家转嫁气候责任。这些发达国家在全球产业分工体系中处于领先地位,我国则处于相对低端位置,在产业技术含量、附加值和竞争力等方面均与发达国家有较大差距。征收碳关税的设想最早由法国提出,目的在于推动欧盟针对未遵守《京都议定书》的国家课征商品进口关税。欧盟 2008 年年初开始酝酿征收碳关税,但并未进入实质阶段。2009 年 6 月 26 日在美国众议院表决通过的《美国清洁能源安全法案》中也首次明确了征收碳关税的计划。2020 年起美国将在国内推行"总量控制与排放交易"计划的基础上,对来自不实施碳减排限额国家的进口产品征收关税。美国的碳关税计划为其他国家提供了示范,从而将在全球形成更大范围内的碳壁垒,对中国出口产生冲击。

一、低碳经济对我国贸易结构的影响

(一) 相关产业产品成本增加,出口受阻

我国高碳产业产品如被美国等发达国家增收高额的"碳关税",会使我国出口成本增加,竞争力下降,产品出口数量受到限制,最终产生贸易限制效应。有关研究表明,碳关税对工业品出口的负面冲击按照 30 美元/吨碳和 60 美元/吨碳两个等级的"碳关税"税率,出口量受碳关税冲击降幅最大的七个行业依次为:石油加工业、非金属矿物制品制造、金属冶炼加工、化学工业、金属制品制造业、电气机械器材制造业以及仪器仪表办公机械制造业。水泥、玻璃、钢材、铝材、锌及锌合金以及纸和纸板等是我国出口的主要能源密集型产品。碳关税的征收将冲击这些能源密集型产品出口。

(二) 高碳产业遭遇贸易摩擦增多,出口环境恶化,碳关税产生扩散效应

我国高碳产业的出口贸易面临的贸易摩擦数量、摩擦种类将不断增多,摩擦金额不断增大。发达国家对我国"碳关税"征收的易得性,将产生"碳关税"征收数量、产品和地区的扩散效应,使得国际贸易摩擦愈加激烈,出口环境恶化,严重影响我国相关产业的发展。

(三) 全球碳交易市场容量扩大,我国碳排放贸易潜力增强

2005年生效的《京都议定书》对发达国家的碳排放量设定了严格限制,发达国家可以向发展中国家购买排放指标,以解决自身指标不定问题。

我国现有的排放权交易主要涉及 SO_2、水污染物的排放权交易。CO_2 等温室气体的排放权交易只是在《联合国气候变化框架公约》京都机制的 CDM 项目中有我国企业的参与,而国内并未开展 CO_2 排放权交易。根据 CDM 规则估算,以目前我国每吨 CERs(经核证减排量)7~8 欧元的市场价格计算,中国未来碳交易潜力达数十亿欧元,碳排放贸易潜力逐步增强。

二、低碳经济背景下促进我国对外贸易稳健发展的措施

(一) 积极参与国际多边协定中环境条款的讨论和谈判,加强同发达国家的技术合作

发达国家推动的"低碳经济"与我国建设资源节约型、环境友好型社会,促进可持续发展目标没有本质冲突。我国应在国际气候变化及减排问题上坚持立场,对欧、美提出的碳关税议题,要坚持 WTO 的"自由贸易"原则和"最惠国待遇"原则以及《京都议定书》"共同而有区别的责任"原则,联合石油供应国和发展中外贸大国提高与欧、美等发达国家的谈判能力。推动建立以历史累积排放量为标准确认温室气体损害责任、以人均 GDP 或人均可支配收入为标准确定减排成本分担的机制,通过这些机制维护本国利益。积极参与有利于发达国家技术转让和资金支持的各类碳交易、清洁发展机制(CDM)和碳汇贸易。广泛开展低碳技术国际合作,积极推动低碳技术引进和自主创新,鼓励低碳经济技术国际直接投资与合作交流,最大程度降低企业生产成本,促进国内低碳经济发展。

(二) 积极参与国际碳交易,启动国内碳交易市场,推动国内产业绿色升级

CDM 项目是我国与西方发达国家进行碳排放权交易的主要形式。2008 年我国 CDM 项目产生的核证减排量的成交量,已占世界总成交量的 84%。因此,应建立我国碳排放贸易市场,摆脱对国际碳交易市场的依赖,掌握更多的话语权、定价权,以维护我国企业的利益。此外,按照《京都议定书》的规定,在 CDM 机制下,受到二氧化碳减排额度约束的发达国家企业和政府机构,可以通过技术转让或资金投入的方式,与发展中国家的节能减排项目进行合作,从而获得该项目所降低的二氧化碳排放量。这为我国企业进行产业绿色升级创造了良好条件。相关企业应在政府的引导下积极参与,在获取直接经济收益的同时,获得节能减排技术升级的渠道,以较低的成本完成企业的绿色升级,以高附加值的清洁产品来参与国际竞争。

(三) 制定政策以改变进出口商品结构,引导加工贸易转型升级

我国应制定针对性的政策来改变进出口商品结构,制定差别出口退税政策,鼓励低耗能产品的出口,限制高耗能产品的出口,降低高耗能产品的进口关税以鼓励进口。我

国出口贸易产品种类繁多,产品所附着的产业链和能源消耗各不相同。减少出口产品的载能量和隐性碳排放,改善出口贸易结构,已经成为发展低碳经济的重要任务。我国应制定促进加工贸易转型升级的中长期发展规划,准确把握国际产业发展方向,提升加工贸易发展水平,处理好转型升级与外商直接投资质量的关系,延伸加工贸易产业链,调整产业结构,促进加工贸易转型升级。

(四)建立和完善支持碳交易市场发展的金融、财税、环保及外汇管理等政策

针对各地开展的 CDM 项目中技术引进与吸收情况,我国应实施差别税收优惠,技术引进和使用量越多,CDM 项目税收减免就越多。外汇管理部门应配合 CDM 机制研究并开通"碳金融绿色通道",将跨境"碳资本"自由流动列为逐步实现资本项目可兑换的先行目标。商业银行等金融机构应充分落实国家绿色信贷政策,引导经济从"高碳"向"低碳"转型,加快环境金融创新,开发与 CDM 项目相配套的金融产品。国家要鼓励地方政府成立碳基金或担保公司,分担金融机构开展"绿色信贷"的风险。

专栏 13-3 "碳关税"与贸易保护主义是一回事吗?

作为全球第一大出口国和第二大进口国,中国和发达国家之间不仅存在着国际贸易收支的不平衡,积累了大量的贸易顺差,同时也存在着碳排放的严重不平衡。中国出口的产品多为高耗能、高含碳、高污染的产品,如钢铁、机电和纺织品等,而进口的多为低耗能产品,如高科技和服务业等。展望下一个十年,一个非常重要的与中国对外贸易和进出口密切相关的议题,就是有可能到来的"碳关税"。

碳关税作为对拒绝参加二氧化碳减排协议的国家的一种惩罚措施,具有一定的经济学理论依据。众所周知,碳排放对气候的影响并不存在排放地域的差异,不具有排他性,可以被认为是一种带来负效用的公共产品。由于碳排放的私人成本接近零,远低于其社会成本,在完全竞争的市场中,这种负的外部性会造成过高的碳排放水平。在封闭经济中,标准的经济学解决方案就是对商品的碳排放量征收庇古税(Pigovian Taxes),即碳税(Carbon Taxes),来弥补碳排放的社会成本,以使得均衡的碳排放量减少到帕累托最优的水平。

但是,在存在国际贸易的全球经济体系中,一个国家单独在国内实行碳税并不能达到预期的减排效果。这里存在两个问题。首先,可能导致碳泄漏(Carbon Leakage)问题,即高耗能产品的生产从实行碳税的国家转移到没有实行碳税的国家,而总的碳排放并没有减少。这种碳泄漏属于一种跨国的外部性问题(International Externality)。同时,存在竞争力问题,即一个国家的高耗能产品可能由于国内的碳税导致生产成本和价格提高,进而使得这些产品和来自没有实施碳税国家的同类商品相比竞争力下降,使得该国整个行业在国际贸易中处于不利的位置。因此,对来自没有采取类似碳税的国家的商品征收碳排放税在理论上是必要的。

但是,全面的碳关税一旦实施,毫无疑问对中国的国际贸易和出口会有很大的负面影响,因为我们的出口产品中相当大一部分都属于高能耗、高含碳、低附加值的产品。首先,直接的影响是碳关税会增加中国高耗能产品的出口成本。《中国低碳经济发展报告(2011)》分析预测,美、法、英、日等提出

的碳关税方案一旦全部实施，中国四大能源密集型产业在中等碳税的情形下，行业总碳税成本可以达到总出口额的10%。因此碳关税对中国的出口企业将是一个沉重的负担。其次，由于出口成本增加，碳关税将引起我国制造业出口额不同程度的下降。世界银行研究报告显示，如果发达国家到2020年减排30%，而发展中国家在正常水平基础上减排30%，将致使我国工业出口下降幅度高达11.7%；而美国和欧盟的工业出口却分别有5.0%和6.5%的增幅。最后，碳关税将改变我国出口商品的结构和贸易方式。高耗能出口品和加工贸易的比重都将下降。

显然，在全球范围内实行碳关税的条件尚未成熟。一方面，这是一个国际政治议题，在主要国家没有达成全球性气候变化协议以前，WTO不太可能就碳关税展开实质性的谈判。另外，从实际操作层面上看，大面积实施碳关税需要一定的基础设施条件。首先，要准确地计量进出口商品的碳含量，特别是对存在较长生产环节的商品，如何计算中间商品的含碳量存在争议。其次，碳关税应该以何种方式征收。北京师范大学的钟伟教授认为碳关税应该主要由消费者承担，而不是生产者承担。最后，碳关税应该如何使用。发达国家提出碳关税要用于补贴能源消费量较低的低收入人群，或者补贴清洁能源和节能技术的研发，而非增加财政收入。

尽管迄今为止还没有国家实施全面碳关税，但沿着这个方向，近年来有一些进展却值得我们重视。

第一，以欧盟国家为代表的一些发达国家已经开始在内部实行碳税或者选择特定的高耗能行业进行试点，如丹麦、荷兰、芬兰、挪威、瑞典等。加拿大魁北克省已开始对高能耗产品实施特别的"碳税"。澳大利亚于2011年7月宣布，从2012年7月1日起对国内商品征收"碳税"，其征收价格折算成人民币约为每吨碳排放160元人民币。

第二，欧盟议会和欧盟委员会于2008年通过法案，决定将国际航空业纳入欧盟ETS（碳排放交易体系）之中，并于2012年1月1日起开始实施。届时，全球的航空公司在欧洲机场起降的航班，都必须为超过免费配额的碳排放支付"航空碳税"。由于欧盟设定的免费配额将逐年递减，随着航空公司机队规模和航线网络的扩大，航空公司要缴纳的排放费用将逐年递增。据估计，此方案一旦实施，中国航空公司到2020年将为超出配额的碳排放支付约30亿元人民币。

第三，一些大的跨国企业，迫于国际舆论要求及企业形象的建设，会对其产品制造商或者供应商提出碳排放方面的要求。比如，沃尔玛2010年宣传有意推广"碳信息披露项目"，计划要求其供应商提供商品的"碳足迹"(Carbon Footprints)，即商品整个生产过程中产生的碳排放记录。由于这些大的跨国企业在中国采购了大量商品，拥有显著的市场影响力，它们可以绕过国家之间的贸易关税，而直接通过企业自身的影响力对中国中小企业提出进一步碳排放方面的要求。

从上面几方面进展来看，不管它是不是贸易保护主义或者是否违反WTO的原则，碳关税仍然会以某种形式向中国的进出口走来。同时，随着全球气候变暖的局势进一步严峻，在若干年内达成某种形式的全球气候变化协议的可能性会逐步增加。届时，随着主要发达国家在国内市场或发达国家内部推广碳税，那么没有施行碳税的国家就会因为形成对高耗能产品的实质性补贴，而面临贸易保护主义的指责。因此，我们应该积极应对，未雨绸缪，对这一议题和不同的应对政策结果进行深入研讨。

积极应对碳关税，其实符合中国的经济发展战略。首先，碳关税在某种意义上与中国的经济转型和结构调整的方向是一致的。中国的"十二五"规划中提出，要转变经济增长模式，从原来的出口导向和投资驱动的粗放式经济增长方式,逐步转变为以内需驱动为主的、资源节约和环境友好型的经济增长方式。同时,我国也承诺了单位 GDP 能耗要在下一个五年中下降约 17%。而且,在认识到碳关税归根到底是一种价格税的基础上,讨论的重点则应该放在碳关税的财富转移和分配的效应上。由于发展中国家和发达国家贸易的不平衡,一旦碳关税开征,就意味着财富从发展中国家流向发达国家经济体。中国应该对这一财富转移的成本和负面影响做深入的定性和定量分析,在全球气候变化以及未来可能的碳关税谈判中掌握主动,争取到最大的国家利益。

中国的改革开放和对外贸易的经济成就并不仅仅是因为发挥了低人力成本的禀赋优势,更重要的是通过对外开放学习发达国家的先进技术,同时利用后发优势,自主创新,抓住产业升级的机会,形成了中国制造业的核心竞争力。未来的十至二十年,国际社会将很有可能达成全球气候变化和碳减排的协议,与此相配套,世界各国将通过协商形成全球范围的碳减排交易体系、国内市场的碳排放税体系以及国际贸易的碳关税体系。这些新的规则必将对现有产业分布和世界经济贸易格局产生深远的影响。因此,我国应该积极应对碳关税的挑战,加紧对国内碳排放税的讨论和实施,促进能源消费结构的转型,加快自主创新步伐,抓住低碳产业技术升级和产业转移的历史机遇,实现可持续发展。

资料来源:黄卓."碳关税"与贸易保护主义是一回事吗?[J].国际经济评论,2011(5):35-39.

第四节 国外发展低碳经济的政策措施及其启示

在全球气候变暖的趋势下,自英国提出低碳经济之后,欧盟、美国、日本、巴西、俄罗斯等纷纷推出低碳经济发展战略与政策。这些政策措施主要表现为:改造传统高碳产业,加强低碳技术创新;积极发展可再生能源与新型清洁能源;应用市场机制与经济杠杆,促使企业减碳;加强国际范围内的减碳协作等。

一、国外的低碳经济政策发展现状

英国是最早提出低碳经济概念的国家。2003 年的英国能源白皮书《我们能源的未来:创建低碳经济》认为,预计 2020 年英国 80% 的能源都必须进口。为了应对这一挑战,2006 年,受英国政府委托前世界银行首席经济学家、英国政府经济顾问斯特恩爵士领导编写了《气候变化的经济学——斯特恩报告》,该报告对全球变暖的经济影响做了定量评估,呼吁全球向低碳经济转型。2009 年 4 月,英国布朗政府宣布将碳预算纳入政府预算框架,英国也因此成为世界上第一个公布碳预算的国家。

欧盟自 2005 年《京都议定书》强制生效以来,积极引导低碳经济、环保产业的发展。2008 年 11 月 17 日,欧盟全体会议批准通过了欧盟能源气候一揽子计划。这一有法律约束力的计划,大大推动了欧盟过渡到低碳经济。低碳经济也成为欧盟国家改善就业状况的最重要依靠,预计到 2020 年,低碳经济将为欧盟各国新增 280 万个工作岗位。

2007 年 7 月 11 日美国参议院提出了《低碳经济法案》,呼吁低碳经济为美国未来的战略选择。2009年3月31日由美国众议院能源委员会向国会提出了《2009年美国绿色能源与安全保障法案》。该法案由绿色能源、能源效率、温室气体排放、向低碳经济转型四个部分组成,法案规定美国到2020年时的温室气体排放要在2005年的基础上减少17%,到2050年减少83%,法案要求逐步提高美国来自风能、太阳能等清洁能源的电力供应,到2025年有25%的电力来自可再生资源。

日本低碳经济存在更为迫切的内在要求,早在1979年,日本政府就颁布实施了《节约能源法》。2006年日本经济产业省编制了《新国家能源战略》,通过强有力的法律手段,全面推动各项节能减排措施的实施。针对低碳社会建设,日本政府提出了非常详细的目标,将气体排放减排中期目标定为2020年与2005年相比减少15%,长期目标定为2050年比现阶段减少60%到80%,2020年要使70%以上的新建住宅安装太阳能电池板,太阳能发电量提高到目前水平的十倍,到2030年要提高到目前水平的四十倍。

巴西,作为南美经济发展最快的国家之一,为了降低对自然资源的过度开采,政府采取积极措施大力发展低碳经济。首先是大力推动生物燃料业的发展,政府专门设置一个跨部门委员会,由总统府牵头、十四个政府部门参与,负责研究和制定有关生物与柴油生产与推广的政策和措施。减少对传统能源的依赖,选择化废为宝,实现低碳生活的理念,在新技术能源的利用上实现节能减排。

俄罗斯作为一个能源大国,节能减排是低碳经济之路的重要选择。在节能方面,俄罗斯于1996年颁布了《俄罗斯联盟节能法》,该法旨在调节节能过程中出现的各种关系,包括在能源开采、生产、加工、运输、存储和使用过程中,国家对节能活动的监督、研发和推广节能技术及设备,保障能源领域计量的准确可靠和统一。2009年12月1日,普京签署政府令,批准了《罗斯联邦提高能源效率规划》,主要内容包括:根据用户登记的实物设备规定相关节能措施鼓励用户使用节能技术,规定了居民提高能源效率的措施,所有新建房屋在节热、节水、节能和其他参数方面实行新标准规定。

作为重要的发展中国家,印度在低碳经济方面的行动也值得关注,为了节约能源、鼓励新能源利用,印度政府于2001年颁布了《能源法》,目的在于调整资源的有效利用,促进国家长效发展。印度政府专门成立一个独立运作的"非条约性能源部",主要职责就是促进可再生能源的利用。

二、国外的低碳政策措施的特点

(一)低碳经济的重点在于改造传统高碳产业,加强低碳技术创新

纵观各发达国家的低碳政策,它们大多把重点放在改造传统高碳产业,加强低碳技术创新上,但又各具有侧重点。在低碳技术的研发中,欧盟的目标是追求国际领先地位,开发出廉价、清洁、高效和低排放的世界级能源技术。英、德两国将发展低碳发电站技术作为减少二氧化碳排放的关键。它们认为,煤在中期和长期内仍将继续发挥作用,因此必须发展效率更高、能应用清洁煤技术的发电站。为此,英、德国政府调整产业结

构,建设示范低碳发电站,加大资助发展清洁煤技术、收集并存储碳分子技术等研究项目,以找到大幅度减少碳排放的有效方法。德国还制定了二氧化碳分离、运输和埋藏的法律框架。日本政府为了达到低碳社会目标,采取了综合性的措施与长远计划,改革工业结构,资助基础设施以鼓励节能技术与低碳能源技术创新的私人投资。对可以大规模削减温室气体的捕捉及封存技术予以大力支持,从 2009 年开始进行大规模试验,并在 2020 年前投入使用。此外,日本还持续投资化石能源的减排技术装备,如投资燃煤电厂烟气脱硫技术装备,形成了国际领先的烟气脱硫环保产业。美国政府发展清洁煤更是不遗余力,在《清洁空气法》《能源政策法》的基础上提出了清洁煤计划。其目标是充分利用技术进步,提高效率,降低成本,减少排放。美国目前电力生产的 50% 来自煤炭,预计到 2030 年,这一比例将上升到 57%。为了能更加环保、更加高效地利用储量丰富的煤炭资源,自 2001 年以来,美国政府已投入 22 亿美元,用于将先进清洁煤技术从研发阶段向示范阶段和市场化阶段推进。政府通过"煤研究计划"支持能源部国家能源技术实验室进行清洁煤技术研发。"清洁煤发电计划"主要支持企业与政府建立伙伴计划,共同建设示范型清洁煤发电厂,对具有市场化前景的先进技术进行示范验证;通过税收优惠等政策措施,对经过示范验证可行的先进技术进行大规模商业化推广,通过税收补贴使新技术的生产成本具有市场竞争力。随着旧电厂逐步退役,美国决定逐步提高新建电厂的低碳标准,推动高效清洁煤炭技术的商业化,加速下一代发电技术的研究、开发及示范,计划在 2012 年建成世界上第一个零排放煤炭发电厂(称之为"未来发电")。

(二)降碳的重要措施是积极发展可再生能源与新型清洁能源

英国政府目前不考虑建设新的核电站,降碳的重要举措是发展风能与生物质能,把可再生能源技术的研究开发和示范放在首位。为此,英国提出了分三步走的目标:近期目标的重点是那些有竞争力的、可尽快实现出口的技术领域,包括近海风能、主动和被动式太阳能装置、水电以及垃圾能等;中期目标是确保实现 2010 年可再生能源发展目标的新技术以及有出口前景的技术,包括生物残留物、近海风能、能源作物、燃料电池以及太阳光电等;远期目标的重点是那些在执行研究和开发计划过程中发现的潜在能源技术,包括燃料电池、与建筑一体化的光电装置以及太阳能热电等。

德国政府通过《可再生能源法》保证可再生能源的地位。确定了以下几个重点领域:(1)大力发展风能,促进现有风力设备更新换代;开展了一项海上风力园实验项目。(2)制定《可再生能源发电并网法》,对可再生能源发电的并网与价格提供保护;鼓励沼气能的发展;制定了《可再生能源供暖法》,促进可再生能源用于供暖;制定《热电联产法》,积极推广热电联产技术,规定了以热电联产技术生产的电能可获得补贴,要求到 2020 年将热电联产技术供电比例较目前水平翻一番。

欧盟强调可再生能源比例的提高。要求到 2020 年,各成员国可再生能源使用量占各类能源总使用量的20%；根据各成员国的具体情况为其设定具有法律约束力的可再生能源发展目标，到2020年欧盟的可再生能源比例要达到20%（目前为8.5%）；鼓励使用"可持续性的"生物燃料；到2015年，将建成并投入运行10至12座碳捕获和存储的示范工厂。

澳大利亚政府建立气候变化政策部，整合相关部门资源，促进政府与产业互动，全方位建设一个低碳经济环境。低碳经济着力于支持新能源普及和相关技术发展，采取强制性的可再生能源指标，计划到2020年澳大利亚可再生能源比重要达到整个电力的20%，并以不断完善的清洁能源技术做支撑。为促进可再生能源技术的研究、开发和商业化，澳大利亚设立可再生能源专项基金，计划7年投资五个亿，重点用于热能技术升级与太阳能开发利用。澳大利亚政府对家庭购买太阳能系统均给予资金奖励，以实现家庭节能减碳。2008年9月实施"全球碳捕集与储存计划"，使澳大利亚对清洁煤技术的投资处于世界领先地位。这项计划包括建立一个全球碳捕集与储存中心，推动碳捕集与储存技术和知识在全球的推广。

日本在清洁能源方面强调核电与太阳能的作用。在核电站建设方面，日本计划兴建的13座核电站中，将有9座在2017年之前投入使用。在太阳能方面，提出未来太阳能的发展目标，强化了太阳能的研制、开发与利用，计划在未来3年至5年内，将家用太阳能发电系统的成本减少一半，而太阳能发电量是目前的10倍，到2030年达到目前的40倍。为实现这个目标，日本政府在积极推进技术开发降低太阳能发电系统成本的同时，进一步落实包括补助金在内的鼓励政策，强化太阳能利用世界第一的位置。

美国对可再生能源与清洁能源给予高度重视。布什总统在2006年《国情咨文》中提出的"先进能源计划"，强调增加可替代能源和清洁能源技术的投入。在该计划中，布什要求国会在2007年财政预算中对清洁能源技术研究经费增加22%。一是扩大核电能力，在30年没有新建核电站之后，美国重新启动了这一能源的开发，包括鼓励兴建先进的核电厂，资助研究与开发先进核反应堆技术，建立全球核能合作伙伴关系；二是加强生物燃料的研究与运用，推进生物燃料技术和降低生物燃料成本的研究；三是积极发展"氢经济"，美国根据"能源政策法"批准了研究经费达12亿美元的"总统氢燃料计划"，以加快氢燃料的开发以及相关基础设施建设。

（三）运用市场机制与经济杠杆促使企业减碳

1. 实施严格的能耗效率管制

发展低碳经济的国家，大多制定更严格的产品能耗效率标准与耗油标准，促使企业降碳。如对建筑物进行能源认证，提高新建筑物和修缮房屋的能源效率标准；推广节能产品，逐步淘汰白炽灯等；对贸易商品，例如电冰箱、计算机，执行更高的节能效率目标，推动改进交通能耗和强调使用低碳燃料，加强对已实施的措施的监管，防止能耗效率问题反弹；政府机构内部开展节能运动；等等。此外，日本的能耗管理还具有新的特点。

日本对能耗效率采取的是"最强者方式",即涉及空调等家用电器、汽车、新建住宅及其配套设备等行业的,将能源效率最好的产品作为整个行业的标准。

2. 排污权交易

英国于2002年正式实施排放交易机制,成为世界上第一个在国内实行排放市场交易的国家。其目的在于,使排放量的绝对数目有明显减少,获得排放交易的经验,力图未来在伦敦建立全球排放交易中心。

德国于2002年开始着手排放权交易的准备工作,目前已形成了比较完善的法律体系和管理制度,德国政府希望通过市场竞争使二氧化碳排放权实现最佳配置,减弱排放权限制给经济造成的扭曲,同时间接带动了低排放、高能效技术的开发和应用。欧盟在各成员国的基础上,建立了温室气体排放贸易体系,扩大交易范围,除了污染性工业企业与电厂,交通、建筑部门也可以参与交易,并于2005年在欧洲范围内实施了公司级别的排放交易。

欧盟摒弃分配许可量的做法,转为实现排污量的拍卖机制。这种方法将确保排污者实际支付由于排放二氧化碳而产生的环境破坏的成本。预计到2020年,碳交易能带来几百亿欧元的收入。通过制定排放限额,将鼓励企业以最低成本投资于能源效率和洁净技术。

美国、日本、澳大利亚也采取了上述相类似排污机制,不过在实施时间与配套政策上略有不同。日本从2008年10月起在企业试行温室气体排放权交易制度,并考虑今后开展研究可再生能源的收费标准体系。澳大利亚的"减少碳排放计划"于2010年7月正式实施。对于"减少碳排放计划"而引起的成本增加,澳大利亚政府对低收入家庭采取退税及其他福利措施予以补贴,对受影响的企业则实施"气候变化行动资金"和"电力系统调节计划"予以支持。

3. 财政与税收政策

许多国家建立起低碳经济的财政与税收政策。近年来,为了促进企业发展可再生能源,英国政府推出为期二十五年的可再生能源义务和气候变化税以替代非化石燃料义务与化石能源税。可再生能源义务要求电力供应商在其供应消费者的电量中必须有一定比例来自可再生能源,其比例与政府确定的该年度可再生能源的电力总供给所占比例目标同步浮动。与非化石燃料义务和化石能源税相比,新实施的可再生能源义务和气候变化税的好处十分明显:政府不再扮演交易员角色,使可再生能源市场更加符合市场理念;可再生能源由供应方机制向需求方机制转变,有利于可再生能源的发展;可再生能源义务的赎买措施,有利于通过价格手段调节生产。

德国从提高能源使用效率、促进节能的角度建立起低碳财政税收政策。一是从1999年起对油、气、电征收生态税;二是与工业界签订协议,规定企业享受的税收优惠与节能挂钩,同时德国联邦经济部与德国复兴信贷银行已建立节能专项基金,用于促进德中小企业提高能源效率;三是通过修改机动车税与征收载重汽车费规定以增加小排量汽车,来降低二氧化碳排放;四是支持"欧洲航空一体化"建议,力图将航空领域产生的二氧化碳减少10%。

欧盟财税政策重点是为碳捕获和埋存技术的发展与市场手段的应用(如环境税)制定新的规则。日本考虑推出"地球环境税"等。美国采取多种财政税收政策发展低碳经济,如制定免税政策鼓励节能,为购买节能型汽车提供减免税优惠,鼓励美国消费者购买节能型汽车。

(四)加强国际范围内的减碳协作

对于气候变化这个全球最大的公共物品,单靠一个国家是无法提供的,所以,西方各国纷纷加强相互协作。

英国政府与八个工业强国和欧盟伙伴一道研发遏制气候变化技术,实现碳减少的目标,同时也帮助其他国家,特别是发展中国家,实现它们自己确定的减少碳排放量目的,使英国能够从中获得最大限度回报。

德国同许多国家,尤其是发展中国家都开展了气候保护领域的合作,近年来加强了与美国的协作,发起欧盟与美国间的"跨大西洋气候和技术行动",重点是统一标准、制定共同的研究计划等,并在2007年4月召开的欧盟与美国首脑会议上确定了该项行动的具体措施。

澳大利亚推行一系列计划,为全球解决方案做贡献,包括为本地区脆弱的国家提供可观的援助,帮助其适应不可避免的气候变化。澳大利亚还通过2亿澳元的"国际森林碳计划"参与国际缓解气候变化的努力,为降低发展中国家森林采伐和森林退化造成的温室气体排放提供支持。

上述国家普遍认为,建立起低碳社会生产方式是发展低碳经济的关键,必须采取的措施包括:政府应加强公共交通网络建设,企业应开发温室气体排放量少的商品,民众也应改变生活方式,选择环保产品;城市建设应推行紧凑的城区布局,让居民徒步或依靠自行车就能方便出行等,借此摆脱以往大量生产、大量消费又大量废弃的社会经济运行模式。

三、国外低碳经济发展的政策措施对我国低碳经济发展的启示与建议

综观世界各国应对低碳经济发展所采取的行动,技术创新和制度创新是关键因素,政府主导和企业参与是实施的主要形式。我国必须尽快提出低碳经济战略,建立起低碳经济法律保障体系,加强低碳技术创新与制度创新,大力发展低碳产业群,激励企业从事低碳生产与经营等。因此,我国要积极借鉴西方发达国家关于低碳经济发展的成功经验与政策措施,明确减排任务的制定考虑多种指标,碳减排责任的分解与落实需要特别注重并坚持国与国之间、地区与地区之间"共同但有区别"的责任原则,针对降低二氧化碳强度潜力的来源问题,总体上应从缩小技术差距和提高管理水平两个方面着手,

积极推进二氧化碳排放国和地区之间的交流与合作,以保证先进技术、管理经验能够得到有效扩散,逐步建立起低碳经济的政策框架。

(一) 建立起低碳经济法律保障体系

我们要积极制定《低碳经济法》《循环经济法》,制定《可再生能源法》的配套法,对于涉及能源、环保、资源等的法律需要做进一步修改,包括可再生能源、环境保护的法律、通过立法、通过修改法律、通过采取行动落实这些法律,支持企业走发展低碳经济的道路,为中国特色的经济走新型工业化道路提供可靠的保障。

(二) 必须采取强有力的经济政策手段

我们要认真研究低碳经济模式下的财政、税收、产业政策体系,研究与择机推出气候变化税、气候变化协议、排放贸易机制、碳信托基金等多项经济政策。当前,特别要引导重工业降碳,可以借鉴英国经验,开征"气候变化税"。这种税是与重工业能源用户签订自愿协议,如果他们能够通过新的投资实现较低的排放,则不需要支付全税。这样做的结果是可极大地降低二氧化碳的排放,而且也可增加工业的能效以及竞争力,并让他们更有动力实现低碳行业的发展。此外,我国要积极抓住国际碳金融发展契机,建立"碳金融市场",建立碳交易市场。国家应加强财政和金融的政策支持力度,支持建立低碳经济技术体系。

(三) 强调低碳技术创新与制度创新,大力发展低碳产业群

低碳技术的创新能力,在很大程度上决定了我国是否能顺利实现低碳经济发展。低碳技术是低碳经济发展的动力和核心,应组织力量开展有关低碳经济关键技术的科技攻关,并制定长远的发展规划,优先开发新型的、高效的低碳技术,鼓励企业积极投入低碳技术的开发、设备制造和低碳能源的生产。我国要积极开展低碳经济的研究和技术推广工作。目前可选择若干地区开展低碳经济试点,吸引社会资本、外资参与。当前,我国迫切需要研发的低碳技术包括节能和清洁能源、煤的清洁高效利用、油气资源和煤层气的勘探开发、可再生能源、核能、碳捕集和封存、清洁汽车技术、农业和土地利用方式等。为此,需要加快推进我国能源体制改革,建立有助于实现能源结构调整和可持续发展的价格体系;推动中国可再生能源发展的机制建设,培育持续稳定增长的可再生能源市场,改善健全可再生能源发展的市场环境与制度创新。加快低碳技术的转化,积极调整经济结构和能源结构,尤其是要调整高耗能产业结构,推进能源节约,重点预防和治理环境污染的突出问题,有效控制污染物排放,促进能源与环境协调发展。逐步形成低碳农业、低碳工业、低碳服务业等完善的低碳经济体系。

(四) 加强国际低碳技术的合作与交流,共同应对气候变化

我国要积极参与到全球应对气候变化体系中来,参与全世界的碳市场,促进碳交易机制在中国的发展。应加强与发达国家的技术交流合作,引进消化先进的节能技术、提高能效的技术和可再生能源技术。特别是要加强与欧盟、美国的低碳合作。积极探索

与西方国家之间、企业之间、学术、研究、管理、培训机构之间,以及其他非政府组织和协会之间的合作伙伴关系,为环境的可持续发展探索新的合作模式,开展具体项目技术合作、经验交流及能力建设等形式的合作活动。

(五)转变经济发展方式,大力构建低碳发展产业

要努力实现经济发展方式的三个转变,并将其作为关系国民经济全局的紧迫而重大的战略任务。推进产业结构的战略性调整,大力发展高新技术产业和现代服务业,大力发展服务贸易,进一步强化抑制高耗能和高排放产品的出口政策,努力开发和生产高附加值、低能耗产品,实现整个产业结构的低碳化。

(六)激励企业从事低碳生产与经营

企业在发展低碳经济、应对气候变化中扮演着极其重要的角色,发挥着不同于政府和民众的作用。低碳技术涉及电力、交通、建筑、冶金、化工、石化等多个行业,包括可再生能源及新能源、煤的清洁高效利用、油气资源和煤层气的勘探开发、二氧化碳捕获与埋存等的新技术。应对气候变化所推动的低碳技术和产业的新兴与发展将成为未来经济发展的大趋势,企业应预先认识并抓住这一全球趋势带来的重大变革与契机,未来的经济必定是低碳经济,未来的竞争必定是基于低碳产品与技术的竞争。要赢得未来的竞争,企业应该考虑以下几点:关注国家气候方面的政策发展,对低碳技术进行战略性投资,发展低碳技术,尽早实现技术升级;紧密研究和跟踪国际企业应对气候变化的情势,制定低碳产业与产品的技术标准,要大量应用减少排放的技术,超前做出企业的低碳战略部署;在企业中推行低碳标识,规模化应用低碳技术,将企业社会低碳责任与产品质量、信誉结合起来;抓住国际碳金融的新机遇,发展低碳融资;利用好国际低碳技术转让,加快实现跨越式技术发展;政府应通过低碳产业规划与财政、税收的扶持及金融融资的支持,引导企业发展低碳产业、低碳产品。在中国低碳经济之路上,企业必须未雨绸缪,积极准备,以迎接未来更大的挑战。

总之,中国应该积极应对低碳经济,建立与低碳发展相适应的生产方式、消费模式和鼓励低碳发展的国际国内政策、法律体系与市场机制,最终实现由"高碳"时代到"低碳"时代的跨越。

专栏13-4　　从"低碳经济"走向"美丽中国"

十八届五中全会提出"创新、协调、绿色、开放、共享"的五大发展理念,同时也首次提出"推进绿色发展、循环发展、低碳发展"和"建设美丽中国"。绿色发展战略的提出,既是在新常态下对中国经济发展的科学选择和判断,同时,又与世界整体发展趋势相合。

在中国大力发展低碳经济,也是构建小康社会、实现"美丽中国"的蓝图必由之路和坚实保障。在中国,习近平总书记提出的"绿水青山就是金山银山"是对低碳经济最为形象的描述和概括,也是最为明确的指示和要求。2005年,时任浙江省委书记的习近平指出:"生态环境优势转化为生态农业、

生态工业、生态旅游等生态经济的优势,那么绿水青山也就变成了金山银山。"发展绿色经济强调"科技含量高、资源消耗低、环境污染少的生产方式",强调"勤俭节约、绿色低碳、文明健康的消费生活方式"。

低碳经济作为新的发展模式,不仅是实现全球减排目标的战略选择,也是保证经济持续健康增长的最佳选择。全球经济发展理念和模式的转型,为中国经济发展提供了重大机遇。在政府倡导和企业自觉的双向努力下,中国已经成为积极发展低碳经济的引领者。历经数年发展,中国企业目前已经在多个低碳产品和服务领域取得世界领先地位,其中以可再生能源相关行业最为突出。早在 2009 年 3 月,英国《星期日泰晤士报》发布绿色富豪榜,在上榜的全球 100 位绿色巨人中,中国内地占 17 席,在这 17 人中,11 人从事太阳能产业。中国是世界上风力发电装机增长最快的国家,在不到 8 年时间里突破了 1 000 万千瓦,年增长速度接近翻番;中国是世界最大的光伏组件出口国,供应着世界 40% 的光伏产品需求。

2015 年 11 月 30 日,国家主席习近平在气候变化巴黎大会领导人活动开幕式上的讲话中透露,中国在 2016 年启动在发展中国家开展 10 个低碳示范区、100 个减缓和适应气候变化项目及 1 000 个应对气候变化培训名额的合作项目,继续推进清洁能源、防灾减灾、生态保护、气候适应型农业、低碳智慧型城市建设等领域的国际合作,并帮助它们提高融资能力。

习近平表示,中国将把生态文明建设作为"十三五"规划重要内容。中国在"国家自主贡献"中提出将于 2030 年左右使二氧化碳排放达到峰值并争取尽早达峰;2030 年单位国内生产总值二氧化碳排放比 2005 年下降 60%～65%,非化石能源占一次能源消费比重达到 20% 左右,森林蓄积量比 2005 年增加 45 亿立方米左右。

资料来源:《中国建设报》,2016 年 10 月 21 日。

第五节　以低碳经济理念促进我国对外贸易可持续发展

根据联合国的定义,贸易可持续发展不仅是对外贸易总量的持续增长和对外贸易结构和质量的提升,还是贸易与资源、环境、人口、社会等方面的协调发展。我国"高碳经济"的传统外贸模式严重影响了对外贸易的可持续发展。因此,我国必须以低碳经济理念构筑绿色贸易体系,以低碳经济理念促进我国对外贸易可持续发展,形成贸易、资源、环境、社会的共赢局面。

2003 年英国的能源白皮书《我们能源的未来:创建低碳经济》虽然是最早提及低碳经济概念的官方文件,但是 1992 年的《联合国气候变化框架公约》和 1997 年的《京都协议书》则是比较系统地论述了低碳经济的思想。发展低碳经济是全人类的共识与追求,是人类发展方式的又一次战略性选择。发展低碳经济,一方面要积极承担环境保护责任,完成国家节能降耗指标的要求;另一方面要调整经济结构,提高能源利用效益,发展新兴工业,建设生态文明。这是实现经济发展与资源环境保护双赢的必然选择。从社会再生产的角度看,发展低碳经济不是社会再生产中某一个特定领域的基本要求,而是渗透到生产、流通、消费等国民经济各部门、各环节的系统性工程。

从低碳经济的基本思想与基本要求上看,发展低碳经济必须实现四个方面的根本转变:第一是推进消费观念和消费结构的转变,即由粗放式的消费观念向绿色消费和低碳消费观念的调整,从而推动消费结构的绿色化。第二是推进产业结构的转变,即不断降低高碳产业的比重,加快低碳产业的发展步伐,大力发展高科技产业和环境友好型产业,大力推进第三产业的快速发展。第三是推进能源供给结构的转变,要大力发展清洁能源,不断降低电能供应的比重,将逐步实现水能、风能、核能和太阳能等多种新型能源的供应。第四是推进能源使用方式的转变,即提高能源的利用效率,减少能源的无效耗散,注重能源的循环使用。然而,要实现上述四个方面的转变,不可能一蹴而就,必须遵循循序渐进的原则。因此,发展低碳经济应该着眼长远,立足当前,在最有全局影响的部门和在最有条件的地区着手推进低碳经济的发展,是当务之急。对外贸易是带动国民经济持续发展的重要引擎之一,它与投资和消费一起被称为拉动经济增长的"三驾马车",在国民经济中居于十分重要的地位。对外贸易属于国民经济的流通环节,它是联结生产与消费的桥梁。将低碳经济的发展理念与发展方式应用于对外贸易领域,既可以促进上游生产环节低碳技术的应用与发展,又可以带动下游消费环节消费理念和消费结构的转变,因而,在对外贸易领域推进低碳经济的发展,具有全局性的作用和影响。

一、发展低碳经济影响对外贸易的基本路径

(一) 低碳经济影响对外贸易的竞争优势

低碳经济是一种集约式的发展模式,它要求在产品的设计、原材料的选择、生产、销售、消费等各个环节,系统全面地贯彻低碳发展的基本思想。由于各个国家的资源禀赋不同,凝聚在贸易产品之中的生产要素的比例存在差异,它决定了产品在世界市场上竞争优势的来源与结构。传统的国际贸易理论认为,国际贸易的基础是生产技术的相对差别(而非绝对差别),以及由此产生的相对成本的差别。每个国家都应根据"两利相权取其重,两弊相权取其轻"的原则,集中生产并出口其具有"比较优势"的产品,进口其具有"比较劣势"的产品。比较优势贸易理论在更普遍的基础上解释了贸易产生的基础和贸易利得,大大发展了绝对优势贸易理论。虽然现代贸易理论在研究的视角和内容上得到了极大的丰富和发展,但比较优势理论仍然产生着重要影响。一种产品在生产过程中所消耗的能源结构最终以成本的方式反映在产品的价格结构中,也就是说,出口的产品在生产过程中如果主要使用本国相对充裕的能源,那么这种出口产品就具有价格优势。因为本国相对充裕的能源较之其他国家而言要相对便宜些,那么在其他条件不变的情况下,这种产品的成本就较低,因而具有价格竞争优势。例如,煤炭是我国最安全、最经济、最可靠的能源。我国煤炭资源总量远远超过石油和天然气资源;随着高新技术的推广应用,煤炭生产成本正在并将继续降低;洁净煤技术已取得重大突破。这些都将使煤炭成为廉价、洁净、可靠的能源。我国的出口产品在价格上之所以具有较强的竞争优势,煤炭作为主要的能源供应功不可没。与世界大多数国家相比,"富煤、贫油、少气"的现实,决定了我国在未来30年至50年内以煤为主的能源结构不会发生根本性改变。在这种情况下,低碳经济的发展将会在很大程度上冲击我国出口产品的竞争优势,因而"煤变油"技术的利用及推广十分紧迫。

(二)低碳经济影响对外贸易的商品结构

低碳经济已经成为全人类的共识与探索,随着低碳经济的兴起与深化,国际贸易的结构将发生重大变化。首先,在原有的劳动力、资本、技术、自然资源等要素之外,由于又多出一个碳要素,各国在参与国际分工过程中所拥有的比较优势也会发生重大变化。相对来说,发达国家在新能源技术上占有领先地位,因而希望通过发展低碳经济占据未来国际市场竞争制高点,而对于尚未完成工业化进程的广大发展中国家来说则面临着更加严峻的挑战。由于发展中国家以劳动密集型产业为主导,粗加工比重大、能耗多、污染大,要在短时间内大幅度削减碳排放量,无异于使一大批原先具有竞争优势的产品退出世界市场。其次,在低碳经济的大环境下,各国对碳关税的理解与实施也不尽相同。许多国家特别是近些年来已经丧失劳动力成本优势的发达国家,以限制碳排放为名征收碳关税则有可能成为实施贸易保护主义的一个重要借口。再次,随着未来碳排放权交易的日益扩大,碳排放权有可能像劳动力、资本、技术、自然资源等其他生产要素一样跨国流动,因此,碳排放权的交易将可能在一定程度上替代一部分货物贸易,而成为一种新型的贸易方式,改变着国际贸易的商品结构与贸易方式。此外,由于碳要素镶嵌于世界经济的各个领域,在国际产业链条的不同环节上,有可能出现碳排放权的稀缺性差异,一些缺少碳排放权的环节有可能成为产业链上的"死结"。在这种情况下,未来的国际产业链条将面临新的一轮重构与调整。

(三)低碳经济影响对外贸易的政策措施

我们要明确,低碳经济的提出意味着人类在发展方式上的重大进步,体现了人类在发展的重要关头所做的战略性选择。但是,围绕发展低碳经济而采取的态度和措施则各有不同,因而不能排除一些发达国家借"低碳经济"之名,行贸易保护主义之实。目前少数发达国家正在贸易领域磋商制定包含"碳关税"条款在内的国内法案,还酝酿在相关国际组织中提出将"碳关税"纳入国际贸易规则。因而,低碳经济的发展为各国实施关税措施与非关税措施提供了更大的选择余地。然而,发展低碳经济是以低碳技术作为支撑的,各国在制定有关的低碳政策时,会根据自身的低碳技术水平,制定有利于自身利益的政策与制度。在这样的情况下,发达国家与发展中国家之间由于低碳技术水平的差距甚远,因而在多边或双边的相关谈判过程中,利益分歧明显,难以协调一致。在这种状况下,未来相当长一段时间各国围绕低碳经济而制定的贸易政策将会呈现"百花齐放"的局面。由于低碳经济涉及的技术标准较多,实施起来程序复杂,为各国之间开展对外贸易活动带来诸多障碍。与此同时,世界贸易将更多地转向区域经济一体化的内部体系之中。由于区域经济一体化内部是以多边协议为基础,具有多边协调的机制与功能,因而在协调各方利益方面具有组织和协调优势。在低碳经济的国际贸易环境中,区域经济一体化的作用将会进一步加强。一方面,区域内的各成员之间通过贸易的创造效应,以减少外部因低碳要求而给出口贸易带来的负面影响;另一方面,区域内的各成员之间通过贸易的转移效应,以减少外部贸易的不确定性,使各成员发展低碳经济赢得了时间和空间。

二、对外贸易影响低碳经济的基本路径

低碳经济看似是经济模式的选择问题,实质上是人类发展方式的选择问题,涉及政治、经济、社会、文化等方方面面的问题。因而,影响低碳经济发展的因素有政治因素、经济因素、社会因素等诸多方面,但从现代社会来看,经济因素处于主导地位。一国外贸对低碳经济的发展主要通过以下路径发生作用,作用的结果有时具有不确定性,要视其特定历史条件下作用强度与作用方向而定。

(一)供给效应

这里的供给效应是指发展低碳经济的国家,为了淘汰那些高能耗、高排放产品的生产,不影响国内市场的供求关系,通过从国外进口国内现减少或停止生产的高碳产品,实现既满足国内消费者对同类产品的需求,也发展低碳经济的双重目标。低碳产品是一个相对的概念,由于不同国家的低碳技术水平存在差异,一种产品相对于本国是高碳产品,可能相对于低碳技术水平较高的国家则属于低碳产品。对于某种特定产品生产过程的能耗与排放较高的国家来说,则可以通过对外贸易,进口国外的同类产品,在不影响国内市场供应的情况下,降低本产品的生产规模,甚至淘汰这种高能耗、高排放的产业。发展低碳经济必然要求有所为、有所不为。一方面,要加大节能技术研发的公共投入,大力推进节能技术的应用与推广;另一方面,要对国内高能耗、高排放、高污染的产业加以严格限制。在结构调整的过程中,充分发挥对外贸易的调节作用,注重进口的供给效应,在保持国内市场供应充足的情况下,逐步使产业结构的调整向着高效、优化、低碳的目标迈进。另外,对外贸易的供给效应还可以在改变消费观念、引导消费升级方面发挥导向作用。影响人们消费观念的因素有很多,其中,社会主流文化、经济发展水平和世界各国物质与文化的交流等方面,对改变居民的消费观念具有十分重要的作用。我国自改革开放以来,正是通过对外贸易这条渠道,不断地引领消费结构的优化与提升。通过进口那些节能环保的产品,使国内消费者可供选择的消费范围空前扩大,对于那些环境友好型产品的进口,强化了人们的环保意识,并在经历消费之后产生积极体验,以改变人们的消费观念,引导消费结构的升级。这对于发展低碳经济十分重要,因为居民消费结构的升级是促进产业结构升级的内在动力,必然具有先导性作用。

（二）产业效应

产业效应是以规模经济为基础，通过对外贸易的出口环节，拓展了产品市场的空间范围，使新型产业得以形成并快速发展。任何产业的发展都是以市场为导向的，对外贸易能够突破国内市场的制约，开拓更大更广的市场空间，从而刺激和诱导低碳产业的成长与壮大。低碳经济是以资源的有限性与经济发展的无限性为逻辑起点，更加关注经济的增长与人居环境的协调发展，更加注重经济的发展与人类健康的协同演进，它是科学发展观的内在要求，符合全球环保运动的发展潮流，因而受到世界各国的广泛推崇与关注。特别是以欧、美、日等为代表的发达国家积极倡导低碳经济，并以低碳技术的发展作为摆脱金融危机的重要支撑。因此，它们率先在国内推行"碳足迹""碳标签"等贸易制度，形成了国际贸易的新"门槛"，在客观上对我国的出口贸易产生了较大冲击。然而，发展低碳经济是一把"双刃剑"，如果着眼于一国的长远发展，通过牺牲短期的出口利益换回未来低碳经济的长远发展，仍然具有战略意义。因此，我国除了积极应对低碳经济的过渡期外，还要从根本上抑制高能耗、高排放产业发展过猛的势头。通过世界市场需求结构的优化与升级，使国内新型的低碳产业具有更大的发展空间，并且通过发达国家高端市场的需求，使国内企业流向低碳产业的资本能够得到足够的回报，进一步刺激和强化国内新型低碳产业的发展，同时，也使国内高能耗、高排放产业因外部市场的萎缩而被逐步淘汰出局。

（三）物流效应

物流效应是指对外贸易的物流活动对低碳经济产生的影响。对外贸易是跨越国界的贸易活动，相对于国内贸易而言，具有里程更远、交易时间更长的特点。产品从出口国到进口国的指定地点要经过远距离的运输，交通工具的能源消耗与排放显然对于发展低碳经济会产生负面影响，但通过改进对外贸易物流的方式与路径，可以缓解对外贸易物流对环境的污染。它一般通过三种途径对低碳经济产生不同程度的影响：第一是尽量选择能耗小、排放低的交通工具进行国际贸易运输活动，从而降低能源的消耗与碳的排放；第二是尽量设计和生产轻便、小巧、环保、可循环利用的包装，减轻对外贸易运输的压力；第三是优化运输路线，在保证国际贸易运输安全的情况下，尽量选择最短的运输距离，以减少能源的消耗和碳排放。

（四）技术效应

发展经济学认为，一个国家的经济增长主要依赖于资本积累与技术进步，技术进步是国家经济发展的核心竞争力。国家或地区技术水平的提高主要依赖于该国的研发能力(R&D)和对各种可能技术溢出的吸收。技术溢出曾被认为是发达国家实现现代化的重要因素，也是发展中国家分享世界技术进步成果的重要途径，溢出的渠道包括国际贸易、FDI、R&D合作、国外R&D投资等。中间产品的贸易是对外贸易技术溢出的重要途径。通过进口国外先进的低碳产品可以提高一国最终产品的低碳技术含量。贸易伙伴国的 R&D 活动可以产生新的中间产品,当进口这些中间产品时,进口国企业便可以利用其含有的专业技术知识和相应的研发成果来提高自身的生产力。此外,国内企业在生产过程中摸索、了解和吸收国外同行的知识和技术窍门,逐步掌握生产这些含有先进技术或研发成果的产品,最终使企业生产效率和技术水平不断提高。国际发展经验表明,贸易开放度越高的国家,国外新技术就越有可能被有效复制,从其他国家学到先进技术的机会也就越大。

三、以低碳理念促进我国对外贸易可持续发展的对策建议

发展低碳经济是一个系统工程,要区分轻重缓急,要统筹规划,要有计划有重点地进行突破,实现短期与长远、局部与整体的协调,逐步推进。国际贸易作为联系国内与国外两个市场的重要渠道,在全球低碳运动的背景下,要因势利导,发挥对外贸易的积极作用,促进低碳经济的渐进式发展。

(一) 转变外贸增长方式,优化贸易结构,发展服务贸易

转变外贸增长方式是我国外贸可持续发展的根本。我们已经明确,仅仅关注外贸总量的增速和增长已不能适应当前形势的变化,最终应由单一出口创汇拉动经济增长方式向提升国家整体经济竞争力和确保宏观经济又好又快发展方式转变。针对我国外贸发展面临的能源环境约束,一方面要通过技术创新提高资源利用效率;另一方面则是积极开发新能源和替代品。优化贸易结构是我国外贸可持续发展的动力。针对外贸结构的不合理之处,我国必须建立起有利于生态平衡和环境保护的合理进出口商品结构,提高出口商品的环境效率。大力发展服务贸易,特别是优先发展生产性服务业。生产性服务业与制造业联系紧密,加快发展生产性服务业,推进服务业现代化,可以提升我国制造业整体水平和产品质量,进而带动货物贸易的发展,增强可持续发展的竞争力。

(二) 增强自主创新能力,提升出口商品科技含量

增强自主创新能力是我国外贸可持续发展的核心。我国应在转变外贸增长方式的过程中,发展高新技术产业和节能、环保、高效的新兴产业,扩大自主知识产权产品的出口,进而创造出中高端产品或生产环节的比较优势,提升我国在全球产业分工中的地位。

根据产业结构现状,我国主要应从劳动密集型、资源密集型和高能耗型的制造环节向产业价值链的上下游延伸,例如上游的技术与资本密集环节、下游的信息与服务密集环节等。围绕低碳技术,进行自主研发和设计,不断提高出口商品的科技含量和附加值,从而实现我国从贸易大国向贸易强国的历史转变。

(三) 完善环境政策措施,积极参与国际碳交易

完善环境政策措施是我国外贸可持续发展的保证。我国应遵循 WTO 规则及"入世"承诺,综合运用环境管理政策手段来优化贸易结构、调控贸易总量、提高贸易环境效率,促进对外贸易可持续发展。从政策内容的分类看,主要包括产品出口的资源环境关

税、进出口环境管理体系认证、市场准入与准出的环境要求、投资的资源环境导向等手段;从政策实施的层面看,主要包括产品、企业、行业三个层面;从政策执行的方式看,依据环境影响程度,应采取禁止、限制、允许、鼓励等形式。

国际经验表明,国际分工带来的结构性污染也需要国际产业结构的调整来解决。在我国完善自身环境政策措施之时,还应积极开展国际环境合作,参与国际碳交易。通过碳交易,既有利于地方和企业获取国际交易信息,申请到更多的CDM合作项目,吸收和利用国外先进技术,又能够使企业因碳排放权的买卖而获利,从而增强节能减排的主动性,获得新的发展机遇。

(四) 加强关税的调节导向作用

我们可以利用国际贸易来发展低碳经济。每个国家的资源禀赋、清洁能源的比重和成本都不一样,碳生产率相对较高的产品我们可以出口,碳生产率较低的产品则可以进口。对外贸易可以通过供给效应、产业效应推动低碳经济的发展。但供给效应与产业效应必须符合一定条件才能沿着理论分析的路径产生作用。对于供给效应而言,主要是通过进口贸易加以实现的。对外贸易的供给效应要求国内通过特定产品的进口,能够有利于产业结构的调整和升级,从而使国内的产业向着低碳方向发展。简言之,就是进口的产品在国内具有高能耗、高排放的生产特点,通过进口国外的类似产品,加强国内同类产品的竞争,抑制本产业的生产规模,从而刺激国内有条件的生产厂家改进技术装备,加大低碳技术的研发。同时,对于国内无竞争能力的同类企业,加快淘汰的步伐,避免资源的浪费和环境的破坏。所以,对外贸易的主管部门要加强国内产业的调查和研究,根据能耗和排放标准的检测与对比,将调整淘汰的产业或产品按照轻重缓急进行分门别类。对于近期重点淘汰的产业和产品,要加快进口的步伐与规模,通过税收上给予优惠,保证国内同类产品的充分供应,避免物价过分上扬。同时通过充足的进口,给国内同类产业的调整与升级施加压力。

(五) 重视进口的技术溢出效应

全球化浪潮使得国际产业(尤其是制造业)转移步伐加快,发达国家不断将高排放的制造业转移到中国等发展中国家。目前,中国已经成为世界制造大国,碳排放总量已位居世界第二,而制造业碳排放就占到80%以上,要实现2020年单位GDP二氧化碳排放比2005年下降40%~45%的目标任重道远。

从整体上看,我国在掌握低碳技术方面的能力仍十分有限。以高能效技术为例,发达国家的综合能效,也就是一次能源投入经济体的转换效率达到45%,而我国只能达到35%。近年虽然有很大提高,但总体上还是很落后,而且发展十分不平衡。如果分领域来看,电力行业中煤电的整体煤气化联合循环技术(IGCC)、高参数超临界机组技术、热电多联产技术等我国已经初步掌握,而且这两年进步很快,但仍不太成熟,没有达到产业化的程度。在可再生能源和新能源技术方面,大型风力发电设备、高性价比太阳能光伏电池技术、燃料电池技术、生物质能技术及氢能技术等与欧洲、美国、日本等发达国家相比,也还有不小差距。在交通领域,例如汽车的燃油经济性问题、混合动力汽车的相关技术等,我们虽然掌握一些,但短时间无法达到产业化的水平。对于冶金、化工、建筑等领域的节能和提高能效技术,我们在系统控制方面,还无法达到发达国家的水平。由于这些低碳技术关系到发达国家产业和产品的国际竞争力,因此,在低碳技术转让与合作方面总是差强人意。虽然在十几年的气候谈判中,相关的公约和协议中都表明发达国家要向发展中国家转让低碳技术,但总是以各种借口拖延这项义务的履行。虽然缔约方会议已经就技术转让问题做出过大量决定,但真正实现发达国家向发展中国家转让先进技术以减排温室气体的案例,还没有在缔约方会议上展示过。因此,我国寄希望于单纯的技术转让协议是没有出路的。我国各级政府或制造业规划部门应制定有效的低碳政策和规划,通过加强与发达国家的技术交流合作、引进吸收先进的节能技术和加大对低碳技术研发的投入力度等手段推进面向低碳技术的开发与推广,并实现对原有的老旧设备的技术升级和改造。一方面要加强国内低碳技术研发方面的投入,很多低碳能源技术、产品还需要进一步研究开发,政府公共财政投入和企业商业化的投入可以双管齐下。我们还应该有相应的政策补贴。所有技术的研发、运用,都会经历从高成本到低成本的转化过程,如果给予补贴,就会加速降低成本的过程。对一些暂时不具备商业竞争力,而社会成本又比较低的能源和技术进行补贴,会使它们更迅速地成长,走向竞争市场。另一方面要通过引进国外先进的低碳技术设备或与低碳技术有关的中间产品,充分发挥进口贸易的技术溢出效应,通过对中间产品的解构,掌握低碳技术的基本原理,从而消化吸收,提高我国低碳技术的整体实力。同时,利用经济手段和行政手段进一步优化制造业产业结构,推进制造业淘汰落后和兼并重组,强制淘汰一些高碳排放行业,使制造业产业结构向规模化、低碳化和高端化发展。

(六)实施出口市场多元化战略

随着低碳时代的到来,国际贸易的格局将会发生重大调整。其中,国际贸易的地理方向将发生显著变化。国际贸易将越发集中于各种贸易集团内部和各种区域经济一体化内部。在这样的情况下,我国对美国、欧盟和日本出口市场的过分依赖将难以为继。为此,我国必须大力实施出口市场多元化战略,减少对美国、欧盟和日本等主要贸易伙伴国市场的依赖,以争取更多的有利时间和回旋的余地,为国内发展低碳经济争取有利的机会。

我国现有的产业结构与能源结构形成了我国在短期内出口商品结构的刚性约束,因此,出口商品结构的调整将会是一个漫长的过程。在这样的情况下,很多涉外企业本身只有国外一个市场,如果立即放弃国外的业务,势必面临破产的威胁。因此,积极开拓国外的新型市场势在必行。尤其是广大的发展中国家,与我国一样,自身的低碳技术水平也不发达,对于进口产品的低碳技术的"门槛"较之发达国家较低,为我国出口贸易创造了机会。另外，要注意新型工业化国家和地区的市场开发，例如亚洲的韩国、中国台湾、中国香港和新加坡，拉丁美洲的巴西和墨西哥，欧洲的葡萄牙、西班牙、希腊和南斯拉夫等。这些国家和地区经济发展快，国内高端市场的潜力巨大，因而发展与它们的对外贸易具有很大的潜力与空间。

（七）引导消费者行为

我们要制定相应的政策措施，科学、正确地引导消费者行为，通过提高消费者的节能意识来加速低碳经济建设进程。二氧化碳对气候变化有负面作用，是有环境成本的，我们应该对它征税。碳税跟能源税不一样，征能源税可能会打压可再生能源，但如果加以区分，只对碳征税，那么就只会打压高碳能源。高碳能源的比较收益降低，零碳或低碳能源的比较成本就降低了，市场竞争力就会增强。但是要征收碳税就需要相应的技术、信息、统计资料，一般认为我们现在还不具备这种统计条件。实际上因为碳只是在煤炭、石油、天然气里才有，这三项能源都是进入市场的，统计的问题应该不难解决。所以，征收碳税原则上是可行的，关键是技术操作层面的问题。

在消费行为方面，还要有相应的经济政策措施对奢侈浪费加以限制。几年前有学者提出过碳排放累进税制的设想。我们的碳排放空间是有限的，而每个人的基本消费需求也是有限的，因而可以给每个人一定的碳排放量，超出之后就得交税，超得越多税率就越高，跟所得税一样。这样既兼顾了基本需求的满足，又可使消费者行为更理性化，降低奢侈浪费的部分。

（八）承担低碳经济的国际责任

随着我国经济实力的迅速提高，对世界经济的影响明显增强，越来越多的目光投向中国，国际社会要求中国承担"大国责任"的呼声日盛。我国在低碳经济时代的大国责任，主要体现在减排与发展低碳产业方面。2009年9月，胡锦涛主席在联合国气候变化峰会上承诺："中国将进一步把应对气候变化纳入经济社会发展规划，并继续采取强有力的措施。一是加强节能、提高能效工作，争取到2020年单位国内生产总值二氧化碳排放比2005年有显著下降。二是大力发展可再生能源和核能，争取到2020年非化石能源占一次能源消费比重达到15%左右。三是大力增加森林碳汇，争取到2020年森林面积比2005年增加4 000万公顷，森林蓄积量比2005年增加13亿立方米。四是大力发展绿色经济，积极发展低碳经济和循环经济，研发和推广气候友好技术。"这个承诺，充分反映出作为一个发展中大国的国际责任，作为能源消耗和生产大国，这一承诺无疑为我国未来的发展敲定了方向——低碳经济，同时也给中国企业的发展带来了新的挑战。气候变化和经济危机为中国的跨越式发展提供了难得的契机，我国将通过转变增长方式、调整产业结构、落实节能减排目标，在发展和低碳中找到最佳的平衡点。

总之，低碳经济不应该仅仅是时尚的概念，而应逐渐落实到现实的行动上。我们要通过经济发展方式的转型、消费方式的转型、能源结构的转型、能源效率的提高，使中国向低碳经济、低碳社会迈进——只有低碳社会,才是可持续发展的社会。

关键概念

低碳经济,碳减排,碳关税,碳交易,碳金融,气候变化税,低碳技术,比较优势,竞争优势,碳排放权,供给效应,产业效应,物流效应,技术效应,市场多元化

内容提要

1. 低碳经济(Low Carbon Economy),是以减少温室气体排放为前提来谋求最大产出的经济发展理念或发展形式。低碳经济是经济发展的碳排放量、生态环境代价及社会经济成本最低的经济,是一种能够改善地球生态系统自我调节能力的可持续性很强的经济。

2. 低碳经济的含义是指在可持续发展理念指导下,通过技术创新、制度创新、产业转型、新能源开发等多种手段,尽可能地减少煤炭石油等高碳能源消耗,减少温室气体排放,达到经济社会发展与生态环境保护双赢的一种经济发展形态。

3. 低碳经济作为一种从高碳能源时代向低碳能源时代演化的经济发展模式,区别于"高能耗、高污染、高排放"为特征的传统高碳经济,是相对于农业经济、工业经济等来说的,表现为低碳发展、低碳产业、低碳技术、低碳生活等一类经济形态。低碳经济的特征是以减少温室气体排放为目标,构筑以低能耗、低污染为基础的经济发展体系,包括低碳能源系统、低碳技术和低碳产业体系。

4. "低碳主义"就是主张人类社会发展的方方面面都将在以保卫地球为宗旨的原则下进行的"低能耗、低排放、低污染"的一切行为,而且这种主张是不带任何意识形态色彩的中性主张,完全是一种人类的共同价值诉求。

5. 碳减排就是减排二氧化碳的排放量。随着全球气候变暖,二氧化碳的排放量必须减少,从而缓解人类的气候危机。

6. "碳关税"是指对高耗能的产品进口征收特别的二氧化碳排放关税。碳关税的概念最早由法国前总统希拉克提出,用意是希望欧盟国家应针对未遵守《京都协定书》的国家课征商品进口税,否则在欧盟碳排放交易机制运行后,欧盟国家所生产的商品将遭受不公平之竞争,特别是境内的钢铁业及高耗能产业。

7. 碳交易是为促进全球温室气体减排,减少全球二氧化碳排放所采用的市场机制。在6种被要求排减的温室气体中,二氧化碳(CO_2)为最大宗,所以这种交易以每吨二氧化碳当量(tCO_2e)为计算单位,所以通称为"碳交易"。根据世界银行的定义,碳排放贸易也称为碳交易,它是指一方凭购买合同向另一方支付以使温室气体排放减少或获得既定量的温室气体排放权的行为。

8. 碳交易机制就是规范国际碳交易市场的一种制度。《京都议定书》规定的三种碳交易机制就是清洁发展机制(CDM)、排放贸易(ET)和联合履约(JI)。根据碳交易的三种机制,碳交易被区分为两种形态:配额形交易和项目形交易。配额形交易(Allowance-Based Transactions)是指总量管制下所产生的排减单位的交易,如欧盟排放权交易制的"欧盟排放配额"(European Union Allowances,EUAs)交易,主要是被《京都议定书》确定排减的国家之间超额排减量的交易,通常是现货交易。项目形交易(Project-Based Transactions)是指因进行减排项目所产生的减排单位的交易,如清洁发展机制下的"排放减量权证"、联合履行机制下的"排放减量单位",主要是透过国与国合作的排减计划产生的减排量交易,通常以期货方式预先买卖。

9. 碳金融是指服务于旨在减少温室气体排放的各种金融制度安排和金融交易活动,主要包括碳排放权及其衍生品的交易和投资、低碳项目开发的投融资以及其他相关的金融中介活动。

10. 低碳经济的实质是能源高效利用、清洁能源开发、追求绿色 GDP 的问题,核心是能源技术和减排技术创新、产业结构和制度创新以及人类生存发展观念的根本性转变。低碳经济是法制经济,低碳经济的实现,制度创新是关键。

复习思考题

1. 低碳经济的含义和实质是什么?
2. 当前低碳经济背景下我国外贸发展面临哪些问题?如何应对?
3. 低碳经济对我国贸易结构造成什么影响?
4. 请举例说明国外发展低碳经济的政策措施及对我国的启示。
5. 以低碳经济理念促进我国对外贸易可持续发展的措施是什么。

主要参考文献

[1] Balassa, Bela. *Intra-industry trade and the integration of developing countries in the world economy*[A]. In Giersch, Herbert, On the economics of intra-industry trade[M]. JCB Mohr, Tübingen, 1979.

[2] Brander, James A. and Spencer, Barbara J. Export subsidies and international market share rivalry[J]. *Journal of International Economics*, 1984(1): 83-100.

[3] Commission of the European Communities(CEC). *Limiting global climate change to 2 degrees Celsius: The way ahead for 2020 and beyond*[R]. Brussels: CEC, 2007.

[4] Eaton, Jonathan and Grossman, Gene M. Optimal trade and industrial policy under oligopoly[J]. *Quarterly Journal of Economics*, 1986(2): 383-406.

[5] Ekanayake, E. M. Determinants of intra-industry trade: the case of Mexico [J]. *The International Trade Journal*. 2001(1): 89-112.

[6] Grossman, Gene M. and Helpman, Elhanan. *Technology and trade*[R]. CEPR Discussion Paper No. 1134, 1994.

[7] Grubel, Herber J. and Lloyd, P. J. *Intra-industry trade: the theory and measurement of international trade in differentiated products*[M]. New York: John Wiley & Sons, 1975.

[8] Gu, Kejian. *Policy coordination between trade and investment: an empirical analysis of China*[C]. Proceeding of NEDSI Annual Conference in USA, 1995.

[9] Krugman, Paul. Increasing returns, monopolistic competition, and international trade[J]. *Journal of International Economics*, 1979(4): 469-479.

[10] Krugman, Paul. Scale economies, product differentiation, and the pattern of trade[J]. *American Economic Review*, 1980(5): 950-959.

[11] Krugman, Paul. Intra-industry specialization and the gains from trade[J]. *Journal of Political Economy*, 1981(5): 959-973.

[12] Krugman, Paul. Increasing returns and economic geography[J]. *Journal of Political Economy*. 1991(3): 483-499.

[13] Shaiken, Harley. The Nafta paradox[J]. *Berkeley Review of Latin American Studies*, 2014(1): 36-43.

[14] Svedberg, Peter. Optimal tariff policy on imports from multinationals[J]. 1979(1): 64-67.

[15] WTO and OECD. *Trade in value-added: concepts, methodologies and challenges*[R]. Joint OECD-WTO Notes, 2012.

[16] 保罗·克鲁格曼和茅瑞斯·奥伯斯法尔德. 国际经济学[M]. 北京: 中国人民大学出版社, 2011.

[17] 保罗·克鲁格曼. 克鲁格曼国际贸易新理论[M]. 黄胜强译. 北京: 中国社会科学出版社, 2001.

[18] 编辑部. WTO 争端解决机制概述[J]. 金融发展评论, 2011(2): 76-80.

[19] 伯纳德·霍克曼和迈克尔·考斯泰基. 世界贸易体制的政治经济学——从关贸总协定到世界贸易组织[M]. 上海: 上海人民出版社, 1997.

[20] 蔡荣生和刘传扬. 低碳、技术进步与产业结构升级——基于 VEC 模型和脉冲响应函数的实证分析[J]. 财政研究, 2012(6): 33-36.

[21] 曹海霞和张复明. 低碳经济国内外研究进展[J]. 生产力研究, 2010(3): 1-5.

[22] 陈海宽. 交通运输服务贸易与物流[M]. 北京: 中国海关出版社, 2002.

[23] 陈虎和刘芳. 服务贸易协定(TISA)对 WTO 法律规则的超越[J]. 上海对外经贸大学学报, 2015(6): 5-14.

[24] 陈宪和张鸿. 国际贸易——理论. 政策. 案例[M]. 上海: 上海财经大学出版社. 2007.

[25] 陈叶兰, 蔡守秋. WTO 在国际环境保护中的作用[J]. 咸宁学院学报. 2006, 26(2): 39-41.

[26] 陈云达. 战后日本的对外贸易政策及日美日欧的贸易摩擦问题[J]. 世界经济研究, 1983(6): 28-31.

[27] 崔大沪. 后危机时代美国外贸政策的调整及其影响[J]. 世界经济研究, 2010(12): 48-53.

[28] 崔凡. 美国退出 TPP 对中国的可能影响[J]. 人民论坛, 2017(3): 82-84.

[29] 丹尼斯 R. 阿普尔亚德, 小艾尔弗雷德 J. 菲尔德, 史蒂芬 L. 柯布. 国际经济学(国际贸易分册)[M]. 北京: 机械工业出版社, 2008.

[30] 邓敏. WTO 规则下我国贸易政策变化的趋势及其影响[J]. 国际商务——对外经济贸易大学学报. 2006(6): 10-15.

[31] 段秀芳. 俄罗斯外贸政策和措施的分析与评价[J]. 东北亚论坛. 2010, 19(2): 96-102.

[32] 范钰婷、李明忠：低碳经济与我国发展模式的转型[J]. 上海经济研究,2010(2):30-35.

[33] 冯萍,杨海余和张庸萍.无纸贸易发展动因及策略研究[J]. 长沙理工大学学报(社会科学版),2010,25(1):43-47.

[34] 冯宗宪,姜昕,赵驰.资源诅咒传导机制之"荷兰病"——理论模型与实证研究[J]. 当代经济科学,2010(7):74-82.

[35] 傅星国. WTO非正式决策机制"绿屋会议"研究[J]. 世界贸易组织动态与研究,2010,17(2):30-36.

[36] 海闻.国际贸易理论的新发展[J],经济研究,1995(7):67-73.

[37] 韩燕.产业内贸易研究综述[J]. 首都经济贸易大学学报,2005(6):11-16.

[38] 缑先锋.中美服务贸易发展比较及对我国的启示[J]. 经济体制改革,2016(5):166-171.

[39] 何建坤,周剑,刘滨,孙振清.全球低碳经济潮流与中国的响应对策[J],世界经济与政治,2010(4):18-35.

[40] 贺平,沈沉. RCEP与中国的亚太FTA战略[J]. 国际问题研究,2013(3):44-57.

[41] 贾建华,阚宏.国际贸易理论与实务[M].北京:首都经济贸易大学出版社,2000.

[42] 贾恩卡洛·甘道尔夫.国际贸易理论与政策[M].上海:上海财经大学出版社,2005.

[43] 姜莉琴,徐昀君.对产业内贸易理论的一些综述[J]. 金融经济,2006(10):115-117.

[44] 焦芳.低碳经济与中国对外贸易发展[J]. 贵州财经学院学报,2011(2):49-54.

[45] 金玲.英国脱欧:原因、影响及走向[J]. 国际问题研究,2016(4):24-36.

[46] 金雯飞,刁化功.浅谈中国旅游服务贸易的发展[J]. 现代经济探讨,2001,(12):62-63.

[47] 金孝柏.多哈回合服务贸易谈判:成果、挑战与我国的对策[J]. 国际贸易,2014(7):55-59.

[48] 克鲁格·安妮.发展中国家的贸易与就业[M].上海:上海人民出版社和上海三联书店,1997.

[49] 李俊.产业内贸易理论及其验证[J]. 财贸经济,1998(9):40-43.

[50] 李凯杰.供给侧改革与新常态下我国出口贸易转型升级[J]. 经济学家,2016(4):96-102.

[51] 李思奇,姚远,屠新泉.2016年中国获得"市场经济地位"的前景：美国因素与中国策略[J].国际贸易问题,2016(3)：151-160.

[52] 李小平和卢现祥.国际贸易,污染产业转移和中国工业CO_2排放[J].经济研究,2011(1)：15-19.

[53] 黎振强,陈望雄.产业内贸易与经济发展：理论与实证[M].成都：西南交通大学出版社,2015.

[54] 林伯强,李爱军.碳关税的合理性何在?[J].经济研究,2012(11)：118-127.

[55] 刘琳.中国参与全球价值链的测度与分析——基于附加值贸易的考察[J].世界经济研究,2015(6)：71-83.

[56] 理查德·庞弗雷特.国际贸易理论与政策讲义[M].上海：格致出版社、上海三联出版社和上海人民出版社,2014.

[57] 林发勤,崔凡.克鲁格曼新贸易理论及其发展评析[J].经济学动态,2008(12)：79-83.

[58] 林毅夫,蔡昉,李周.比较优势与发展战略——对"东亚奇迹"的再解释[J].中国社会科学,1999(5)：4-20.

[59] 刘似臣.中国对外贸易政策的演变与走向[J].中国国情国力,2004(8)：49-51.

[60] 刘文,吴霜.WTO的作用和地位[J].法制与社会,2006(8)：91.

[61] 卢荣忠,陈晓.新贸易保护主义特征剖析[J].国际商务研究,1996(2)：15-18.

[62] 鲁明泓.中国产业内贸易指数的测算与评估[J].国际贸易,1994(5)：37-40.

[63] 彭刚.发展中国家的定义、构成与分类[J].教学与研究,2004(9)：77-81.

[64] 秦嗣毅.日本入关后对外贸易政策演变述析[J].现代日本经济.2007(4)：33-37.

[65] 任靓.中国服务业产额业内贸易的影响因素及效应研究[D].辽宁大学博士毕业论文,2009.

[66] 任琳.英国脱欧对全球治理及国际政治经济格局的影响[J].国际经济评论,2016(6)：21-30.

[67] 商逸.新贸易保护主义趋势与我国的对策[J].山西财经大学学报,2000,22(1)：65-68.

[68] 沈丹阳.美国是如何促进服务贸易出口的[M].北京：中国商务出版社,2013.

[69] 沈卫.中国加入WTO的历程及其启示[J].财经科学,2002(S2)：80-83.

[70] 石广生.中国加入世界贸易组织知识读本[M].北京：人民出版社,2002.

[71] 苏庆义.TPP研究：我们该如何反思[R].中国社会科学院世界经济与政治研

究所《国际问题研究》系列工作论文,No. 201659.

[72] 苏庆义,薛蕊. 美国启动的301调查或以中美磋商的方式解决[R]. 中国社会科学院世界经济与政治研究所《国际问题研究》系列工作论文,No. 201721.

[73] 孙天竺,崔日明. 美国对外贸易政策变迁轨迹研究(1776—1940)[J]. 国际贸易问题,2008(2):41-46.

[74] 屠新泉. 党派政治与美国贸易政策的变迁[J]. 美国研究,2007(4):67-80.

[75] 王春妹. 金融危机背景下我国对外贸易政策的现实选择[J]. 南京理工大学学报(社会科学版),2009(2):51-54.

[76] 王静和张西征. 区域自由贸易协定发展新趋势与中国的应对策略[J]. 国际经济合作,2011(4):30-33.

[77] 王俊. 从制度设想到贸易政策:美国碳关税蜕变之路障碍分析[J]. 世界经济与政治,2011(1):77-98.

[78] 王俊,杨恬恬. 全球价值链、附加值贸易与中美贸易利益测度[J]. 上海经济研究,2015(7):115-127.

[79] 王鹏. 中国产业内贸易的实证研究——基于产业层面和国家层面的视角[D]. 上海:复旦大学博士毕业论文,2007.

[80] 王群伟,周德群,周鹏. 效率视角下的中国节能减排问题研究[M]. 复旦大学出版社,2013.

[81] 王文惠. 服务贸易是乌拉圭回合的一个崭新议题[J]. 黔西南民族师专学报,2001(2):37-40.

[82] 王孝松. 特朗普的贸易政策立场及中美贸易发展前景展望[J]. 中国工业经济,2017(6):53-59.

[83] 魏志恒,庞莹. 当前我国发展低碳经济的必要性与节能减排的艰巨性分析[J]. 生态经济,2010(6):95-96.

[84] 温怀德. 货物贸易、服务贸易与技术贸易发展趋向[J]. 商业研究,2011(6):208-212.

[85] 吴涧生,曲凤杰. 跨太平洋伙伴关系协定(TPP):趋势、影响及战略对策[J]. 国际经济评论,2014(1):65-76.

[86] 吴汉洪,封新建. 次优理论在国际贸易政策中的应用[J]. 中国人民大学学报,2001(5):46-51.

[87] 向松柞. 蒙代尔经济学文集第一卷:古典国际贸易理论[M]. 北京:中国金融出版社,2003.

[88] 肖小文. 论CAFTA《服务贸易协议》与中国旅游服务贸易的发展[J]. 法制与经济(下旬刊),2008(11):79-80.

[89] 谢伟伟.低碳经济的发展现状与对策[J].经济导刊,2010(6):54-55.

[90] 修文辉.中国复关和入世历程的法律反思[J].国际经贸探索,2004,20(4):70-73.

[91] 徐桂英.国际贸易——理论与政策[M].北京:经济科学出版社,2009.

[92] 许统生.产业内贸易类型、利益与经济增长[J].当代财经,2006(7):79-83.

[93] 许统生.布兰德-克鲁格曼产业内贸易模型及扩展[J].世界经济,2000(7):27-32.

[94] 许心礼,严建苗.马歇尔的国际贸易理论述评[J].世界经济研究,1988(1):74-79.

[95] 闫国庆,毛筠,孙琪.国际贸易理论与政策[M].北京:中国商务出版社,2006.

[96] 叶华光:低碳经济与对外贸易的互动机制探讨[J].环境经济,2010(5):54-59.

[97] 易先忠,欧阳晓.中国贸易增长的大国效应与"合成谬误"[J].中国工业经济,2009(10):36-46.

[98] 勇汉荣.走进WTO[M].杭州:浙江人民出版社,2003.

[99] 于立新,江皎.低碳经济压力下的可持续贸易发展战略[J].红旗文稿,2010(2):21-24.

[100] 余淼杰.国际贸易的政治经济学分析:理论模型与计量实证[M].北京:北京大学出版社,2009.

[101] 余淼杰.国际贸易学:理论、政策与实证[M].北京:北京大学出版社,2013.

[102] 余敏友.论关贸总协定的历史地位与作用[J].武大国际法评论,2003:4-31.

[103] 喻志军.国际贸易理论与政策[M].北京:中国人民大学出版社,2006.

[104] 张海燕.基于附加值贸易测算法:对中国出口地位的重新分析[J].国际贸易问题,2013(10):65-76.

[105] 张骞.美国实施"双反"措施的法律依据探析[J].南京大学法律评论,2009(秋季卷):204-212.

[106] 张建新.美国的战略性贸易政策[J].美国研究,2003(1):64-80.

[107] 张金龙.WTO争端解决机制与中国应对的思考[J].法制与社会,2011(4):107.

[108] 张磊.多哈回合谈判的最新进展:2012年度报告[M].北京:法律出版社,2014.

[109] 张巍,吴东.鼓励进口传递积极信号[J].中国财政,2012(14):69-70.

[110] 张锡嘏.国际贸易[M].北京:对外经济贸易大学出版社,2014.

[111] 张祥.原产地规则的认识与运用——一个关系我国经济发展和利益的重大问题[J].管理世界,2000(4):1-4.

[112] 赵春明,张晓甦.国际技术贸易[M].北京:机械工业出版社,2007.

[113] 郑学党,庄芮.RCEP 的动因、内容、挑战及中国对策[J].东南亚研究,2007(1):33-38.

[114] 周俊.美国 TPA 法案表决的政治经济学分析[J].国际贸易问题,2017(5):166-176.

[115] 周厚才.国际贸易理论与实务[M].北京:中国财政经济出版社,2001.

[116] 周永生.欧盟面临着哪些现实困难与挑战[J].人民论坛,2016(20):21-23.

[117] 朱刚体.产业内贸易、公司内贸易和公司竞争优势[J].国际贸易问题,1993(7):2-17.

[118] 庄起善.世界经济新论[M].上海:复旦大学出版社,2008.